자료조직개론 I: 분류

(『최신분류론』 2015년판의 전면개정판)

오 동 근

도서출판 태 일 사

서 문

이 책은 2015년에 태일사에서 발행된 저자의 『최신분류론』의 내용을 전체적으로 고치고 보완하여 이루어진 일종의 전면개정판이라고 할 수 있다. 당초 『최신분류론』은 좀 더 학술적인 내용으로 구성될 수 있도록 시도하였기 때문에, 그 내용을 일반 독자들이 쉽게 이해하기가 어렵다는 의견들이 적지 않았다. 이러한 이유로, 이 전면개정판에서는 우선 그 서명을 독자친화적인 이름인 『자료조직개론 I: 분류』로 고치고, 기존의 내용들을 일반적인 교재 수준으로 맞추어 수정하고자 노력하였다. 특히 DDC와 KDC에 관련된 부분을 상당 수준에서 다시 정리하여 독자들이 이해하기 쉽도록 조정하였다.

이 책의 구성 역시 이전판과 마찬가지로, 제1부 분류의 기초 이론, 제2부 분류의 역사와 주요 분류법, 제3부 청구 기호의 구성과 분류 작업의 3부로 나누어 구성하였다. 제1부의 제1장에서는 문헌 분류의 기초가 되는 다양한 이론, 문헌 분류의 특성, 문헌 분류와 학문 분류의 관계, 분류 업무나 분류표에 관련된 기본적인 내용을 다루고, 제2장에서는 Ranganathan의 문헌 분류 이론과 함께 일상생활 속에서 활용되고 있는 문헌 분류의 기법의 사례들을 살펴보았다. 제2부의 제3장에서는 학문 분류와 문헌 분류의 역사, 제4장에서는 DDC, 제5장에서는 KDC에 대해 상세하게 다루었다. 특히 DDC와 KDC에 대해서는 그 개발 과정과 역사, 특성과 사용법 등을 망라하여, 그 실제 사용에 관련된 보조표와 본표 등의 구체적인 부분까지를 포함하여 상세하게 다루었다. 제3부의 제6장에서는 청구 기호, 제7장에서는 실제의 분류 작업에 관련된 내용을 살펴보았다. 부록에는 DDC와 KDC의 최신판의 주요 내용과 함께, Cutter-Sanborn Three Figure Author Table을 참고용으로 제시하였다.

이미 『최신분류론』의 서문에서 상세히 밝힌 것처럼, 이 책의 내용들의 상당 부분은 저자가 수년간에 걸쳐 계속적으로 발행해온 다수의 단행본과 연구 논문 속에 담겨진 성과들을 바탕으로 이루어진 것이다. 따라서 그 내용은 새로운 이론을 독창적으로 제시하는 새로운 연구서가 아니라, 문헌정보학에 입문하여 문헌 분류 과목을 공부하거나 도서관 현장에서 자료 조직의 실무를 담당하는 현장 사서들이 문헌 분류의 이론과 실제에 대해 일반적인 지식을 갖출 수 있는 수준에서, 기존에 이루어진 연구 성과들의 다양한 내용들을 나름대로 체계적으로 한권의 책으로 정리하고자 한 개론서라고 할 수 있을 것이다. 그러므로 그 내용 중 상당 부분은 본인의 기존 연구를 바탕으로 하였고, 그 내용들을 다수 그대로 인용하여 때로는 별도의 인용 표시 없이 사용하였음을 밝혀두고자 한다. 물론 우리 분야의 대부분의 주요 관련 자료들을 참고했음은 물론이며, 이러한 점에서 관련 저자와 연구자 여러분에게도 감사의 말씀을 드린다.

여러 모로 부족한 점이 많은 이 책이 문헌 분류에 관심을 가진 독자 여러분의 학습과 실무에 다소나마 도움이 되길 바라며, 늘 아낌없는 관심과 가르침을 주시는 독자 여러분의 계속적인 성원을 기다리고자 한다.

2020년 1월
저자 드림

『최신분류론』 2015년판의 서문

분류는 목록과 함께 자료 조직의 양대 축으로 문명의 시작과 함께 정보와 자료, 문헌을 조직하기 위한 유용한 도구로 활용되어 왔다. 특히 도서관의 업무를 중심으로 발전해온 분류의 기법은 문헌 분류 또는 자료 분류라는 이름으로 연구되고 교육되어 오고 있다.

유사한 것을 함께 모으고 서로 다른 것을 분리시키는 것을 바탕으로 혼돈이나 혼란 속에 체계적인 질서를 부여하고자 하는 욕구는 어느 면에서는 혼돈스런 상황이 주는 불안감 속에서 안정감을 찾고 싶어 하는 인간의 기본적인 욕구일는지도 모른다. 문헌 분류는 이러한 인간의 기본적인 욕구를 문헌 세계에 적용하여 발전된 것이라고 할 수 있을 것이다. 따라서 문헌 분류의 본질은 그 문헌들이 담고 있는 내용이나 콘텐츠에 있고, 그 내용은 곧 인간의 정신적 · 지적 산물이라고 보면, 결국 분류는 그 내용에 담긴 지식이나 학문은 물론 인간의 본질적인 면을 다루게 된다고 할 수 있다. 분류의 기준이 되는 서로 간의 유사성과 차이점을 찾아내기 위해서는 그 본질을 제대로 파악하지 않으면 불가능한 것이기 때문에, 분류 과정에서는 본질에 좀 더 접근하고자 노력하지 않을 수 없게 되는 것이다. 그런 면에서 보면 문헌 분류의 연구는 인간의 본질에 대한 탐구와도 결코 무관하지 않다고 할 수 있을 것이다.

그러나 문헌 분류의 연구나 실무의 현실과 현장을 보면, 대부분의 연구나 관심이 실제 문헌 분류에 직결된 내용이나 특정 문헌 분류표에 관한 내용들이 중심이 되고 있는 경향이 있음을 부인하기 어렵다. 실제 문헌 분류의 실무를 수행하기 위해서는 주제 분석에 대한 이해와 함께, 사용하는 분류표에 대한 충분한 이해와 숙지가 필수적일 것이다. 그럼에도 불구하고, 문헌 분류에 대한 충분한 이해를 위해서는 문헌 분류의 이론적 측면과 역사에 대한 이해가 함께 필요할 것이다.

이러한 시각에서, 이 책에서는 제1부 분류의 기초 이론, 제2부 분류의 역사와 주요 분류법, 제3부 청구 기호의 구성과 분류 작업의 3부로 나누어 문헌 분류의 다양한 측면을 검토하고자 시도하였다. 제1부의 제1장에서는 문헌 분류의 기초가 되는 다양한 이론들과 문헌 분류의 특성들, 문헌 분류와 학문 분류의 관계, 분류 업무나 분류표에 관련된 기초적인 내용들을 다루었다. 제2장에서는 문헌 분류 이론의 새로운 기원을 이룬 것으로 평가되고 있는 Ranganathan의 문헌 분류 이론을 심도 있게 다루어 보았다. 제3장에서는 일상생활 속에서 문헌 분류의 기법이 어떻게 활용되고 있는지를 사례 분석을 통해 제시하였다. 제2부의 제4장에서는 문헌 분류의 역사에 대해 고대로부터 현대의 주요 분류법에 이르기까지 상세하게 분석하였다. 제5장에서는 전 세계적으로 가장 많이 사용되고 있는 DDC와 우리나라의 표준 분류표인 KDC, 일본의 NDC를 그 역사적 배경과 최신판의 내용을 중심으로 비교 · 분석하였다. 제3부의 제6장에서는 청구 기호의 전반적인 특성과 유형들에 대해 상세히 분석하였다. 제7장에서는 실제의 분류 작업에 관련된 내용들을 분류 규정과 함께 살펴보았다. 부록에는 DDC와 KDC, NDC의 최신판의 주요 내용과 함께, 문헌 분류 관련 주요 용어의 해설, 저자기호표의 대표적인 유형의 하나인 Cutter-Sanborn Three Figure Author Table을 참고용으로 제시하였다. 이 책에서는 이러한 전반적인 내용을 통해 문헌 분류의 이론적 측면과 실제적인 측면을 함께 다루고자 시도한 것이다.

저자의 입장에서는 문헌정보학에 입문한 지 거의 35년의 세월이 흘렀고, 계명대학교 문헌정보학과에 터를 잡은 지도 거의 사반세기가 흐른 시점에서, 보잘 것 없는 이 책을 상재(上梓)하게 되어 면목이 없다. 그동안 강단에서 문헌 분류 과목을 강의해왔고, 우리나라의 표준분류법인 한국십진분류법(KDC)의 개정을 담당하는 한국도서관협회 분류위원회의 전문위원과 위원장을 맡아 나름대로 현장의 의견을 수렴하고 실제 분류표를 개정하는 작업에 여러 차례 참여하면서 다양한 경험을 얻은 바 있다. 한편으로는 DDC 편집위원장이던 J. S. Mitchell 등을 직접 만나 그 편집 과정이나 현황 등에 대한 이야기를 듣기도 하였고, 대학과 대학원 시절 말로만 듣던 Ranganathan이 태어난 인도를 수차례 방문하고 그가 문헌정보학과를 만들고 봉직했던 University of Madras나 University of Delhi, DRTC(Documentation Research and Training Centre) 등의 대학은 물론 그가 설립한 Sarada Ranganathan Endowment for Library Science를 직접 방문하여 특강을 하고, 많은 인도의 친구들과 교유하면서, 이론과 실제의 차이를 직접 피부로 느끼기도 하였다. 글자 그대로 글로벌 시대에 걸맞게 이제는 우리의 학문이 국제적인 장에서 논의될 수 있는 충분한 조건들이 형성되었다고 할 수 있을 것이다.

다른 한편으로 보면, 과거에는 우리 분야의 사람들이 다른 전공을 공부하여 전문 지식을 갖추고 이용자에게 봉사하는 경우를 가끔씩 보기는 하였지만, 최근 들어서는 문헌 분류의 영역에서도 다른 전공 분야의 많은 연구자들이 관심을 가지고 접근하는 것들을 보게 된다. 컴퓨터 과학 분야의 프로그램 재사용에 관련된 연구에서는 열거식과 분석합성식 분류 이론이 소개되기도 하고, 건축학이나 한의학 분야 등을 비롯한 몇몇 학과의 교수님들은 본인들의 연구 분야의 분류표에 대한 논문들을 발표하는가 하면, 어느 대학의 한의학과에서는 KDC에 대한 연구로 박사학위를 받기도 하는 것을 보게 된다. 바야흐로 학문간 경계 없이 문헌 분류에 대한 관심이 높다는 사실은 반갑기만 하다. 그러면서도 그 분들의 연구들을 접하면서 늘 문헌 분류 연구자로서의 자부심보다는 부끄러움이 앞섰다는 사실을 부인하기 어렵다. 이 보잘 것 없는 책이 분류에 관심을 가진 모든 이들에게 조금이나마 도움이 되길 바란다.

이 책의 내용의 상당 부분은 본인의 기존의 연구 성과들을 바탕으로 하고 있다. 그 사이에 『문헌 분류 이론』(공역, 1989)을 시작으로 『도서관인 박봉석의 생애와 사상』(편저, 2000), 『DDC 연구』(저, 2001), 『KDC의 이해』(공저, 2002), 『객관식 자료조직론 해설: 문헌분류편』(편저, 2005), 『DDC 22의 이해』(저, 2007), 『KDC 5의 이해』(공저, 2009), 『한국십진분류법 제6판의 이해와 적용』(공저, 2014) 등의 단행본 발간하였고, 『한국십진분류법』의 제4판(위원)과 제5판(위원), 제6판(위원장)의 개정 작업에 직접 참여하였으며, 문헌분류 분야의 대표적인 국제학술지인 *Knowledge Organization*에도 DDC와 KDC에 관련된 논문들을 발표하였고, 국내의 각종 학술지에도 다수의 논문을 발표한 바 있다. 아울러 국립중앙도서관 등의 각종 특강이나 각종 자문위원으로서의 활동을 통해 도서관 현장의 다양한 의견을 경청할 기회를 얻을 수 있었다. 이 책은 기본적으로 이러한 본인의 기존 연구 성과와 경험을 바탕으로 한 것이다. 이 책의 적지 않은 부분은 이러한 성과들 가운데 독자들과 함께 생각하고 공유하고 싶은 내용들을 포함하고 있다. 그런 면에서 보면 연구자 본인의 문헌 분류에 대한 연구의 중간 점검이라고 해도 좋을 것이다.

이와 관련하여, 당초 이 책의 기획은 계명대학교에서 2010년에 본인에게 부여한 비사연구과제의 일환으로 시작된 것이다. 그러나 여러 가지 사정으로 미루고 미루기를 거듭하다 이제야 그 낯을 보이게 되었다. 저자의 부끄러운 민낯을 그대로 드러내게 되어 무안하기 짝이 없지만, 피할 수 없는 과제를 수행하느라 무리함을 무릅쓰고 이 책을 상재하게 됨을 양해해 주시길 부탁드린다. 아울러 이 책을 준비하는 과정에서는 많은 분들의 도움이 있었다. 우선 문헌정보학과 문헌 분류 연구의 길을 열어 주신 은사 정필모 교수님의 정신적인 뒷받침에 대해 감사드린다. 늘 부족한 지도 교수의 무리한 의욕과 무능함을 뒤에서 아무 불평 없이 도와주는 여지숙 박사님과 배영활 선생님께 고마움을 전하고 싶다. 김남석 교수님을 비롯한 계명대학교 문헌정보학과의 선배 교수님들과 현재의 교수님들은 단순한 동료 이상임을 늘 느끼며 살아가고 있다. 태일사의 김선태 사장님과 직원 여러분들은 이번에도 변함없이 부족한 소프트웨어를 하드웨어적으로 잘 보완해 주셨다. 학계의 많은 선배, 동료 학자 여러분에게도 늘 감사하게 생각하고 있음을 말씀드리고 싶다. 마지막으로 이 모든 성과들은 늘 독자 여러분의 성원과 관심을 바탕으로 이루어진다는 것은 언제나 불변의 사실이라는 점에서, 다시 한 번 독자 여러분의 많은 관심과 가르침을 기다리고자 한다.

2015년 6월

저자 씀

목 차

▸ 서 문 · 1

제1부 분류의 기초 이론

제1장 분류, 문헌 분류, 분류표의 이해 · 17

1.1. 분류의 어원(語源) 18
1.2. 분류의 정의 20
1.2.1. 사전적(辭典的) 정의 20
1.2.2. 논리학적(論理學的) 정의: 분류, 구분, 정의의 관계 21
1.2.3. 생물분류학과 조직계통학의 정의 23
1.2.5. 분류에 대한 일반적 정의 27
1.2.6. 분류에 대한 정의의 종합 27
1.3. 분류와 개념의 관계 28
1.3.1. 관념과 개념, 명사 28
1.3.2. 개념의 내포와 외연 30
1.3.3. 개념의 종류 31
1.3.4. 구분(분류)의 3요소 33
1.3.5. 구분(분류)의 규칙 34
1.4. 문헌 분류의 개념과 의의 36
1.4.1. 문헌 분류의 개념과 정의 36
1.4.2. 문헌 분류, 범주화, 온톨로지, 택소노미, 폭소노미의 관계 39
1.4.3. 서지 분류와 서가 분류 44
1.4.4. 문헌 분류의 효과 46

1.5. 문헌 분류의 도서관 업무상 및 편목 이론상의 위치 ······ 48
1.5.1. 도서관 업무상의 위치 ······ 48
1.5.2. 문헌 분류의 편목 이론상의 위치 ······ 51
1.6. 분류표와 분류 기호의 요건 ······ 54
1.6.1. 분류표의 기본 요건 ······ 54
1.6.2. 분류 기호의 요건 ······ 56
1.7. 분류표의 종류와 특성 ······ 59
1.7.1. 열거식 분류표와 분석합성식 분류표 ······ 60
1.7.2. 십진식 분류표와 비십진식 분류표 ······ 70
1.7.3. 일반 분류표와 특수 분류표 ······ 73

제2장 문헌 분류 이론의 분석과 활용 • 75

2.1. Ranganathan의 문헌 분류에 관한 기초 이론 ······ 75
2.1.1. 규범적 원칙의 레벨 ······ 77
2.1.2. Ranganathan의 기본 법칙 ······ 79
2.1.3. 도서관학의 법칙 ······ 82
2.2. 문헌 분류의 3단계에 관한 분석 ······ 87
2.2.1. 아이디어 단계 ······ 88
2.2.2. 언어 단계 ······ 89
2.2.3. 기호 단계 ······ 91
2.2.4. 문헌 분류의 3단계에 대한 설명용 모델 ······ 92
2.3. 일상생활 속의 문헌 분류 기법 활용 사례 ······ 95
2.3.1. 주민 등록 번호 및 학번 시스템 ······ 96
2.3.2. 지하철 노선도 ······ 98
2.3.3. 광역 전화 통화 권역(DDD) 구분 시스템 ······ 100
2.3.4. 대구광역시와 서울특별시의 시내 버스 번호 시스템 ······ 102
2.3.5. 실생활 속의 분류 기법의 활용 가능성 ······ 108

제2부 분류의 역사와 주요 분류법

제3장 학문 분류와 문헌 분류의 역사 • 113

3.1. 학문 분류의 개념과 역사 ········· 113
3.1.1. 학문 분류와 문헌 분류 ········· 114
3.1.2. 동양(東洋)의 학문 분류 ········· 116
3.1.3. 서양(西洋)의 학문 분류 ········· 117
3.2. 중국의 문헌분류사 ········· 122
3.2.1. 칠략(七略)의 출현과 칠분법(七分法)의 유행 ········· 123
3.2.2. 불전(佛典)의 삼장분류법(三藏分類法) ········· 124
3.2.3. 사부분류법(四部分類法) ········· 126
3.2.4. 중국과 일본의 현대분류법 ········· 131
3.3. 한국의 문헌분류사 ········· 133
3.3.1. 고려 시대 불전 목록(佛典目錄)의 분류 ········· 133
3.3.2. 조선 시대 유교 목록(儒教目錄)의 분류 ········· 135
3.3.3. 근대의 주요 분류법 ········· 138
3.3.4. 조선십진분류표(KDCP) ········· 141
3.4. 서양(西洋)의 문헌분류사 ········· 148
3.4.1. 고대 및 중세의 문헌분류사 ········· 148
3.4.2. 주요 분류표 등장 이전의 근세 문헌분류사 ········· 150
3.4.3. Cutter의 전개분류법(EC) ········· 155
3.4.4. Bliss의 서지분류법(BC) ········· 158
3.4.5. Brown의 주제분류법(SC) ········· 160
3.5. 현대의 특징적인 분류법 ········· 163
3.5.1. 국제십진분류법(UDC) ········· 163
3.5.2. 미국의회도서관분류법(LCC) ········· 185
3.5.3. 콜론분류법(CC) ········· 195
3.5.4. 일본십진분류법(NDC) ········· 207

제4장 DDC의 이해와 적용 • 213

4.1. 발전 과정과 이용 현황 ········ 213
4.1.1. Dewey의 생애와 DDC의 탄생 ········ 213
4.1.2. DDC의 의의와 발전 과정, 이용 현황 ········ 220
4.2. 일반적 특성과 장점 및 단점 ········ 223
4.2.1. 일반적 특성 ········ 224
4.2.2. 장점과 단점 ········ 232
4.3. 제23판의 성격과 특성, 일반적인 구조 ········ 236
4.3.1. 제23판의 발행 과정과 특징 ········ 236
4.3.2. 제23판의 포맷과 기본 구조 ········ 237
4.3.3. DDC를 이용한 분류상의 일반적인 고려 사항 ········ 245
4.4. 보조표의 이해와 적용 ········ 250
4.4.1. 제1보조표 표준세구분표 ········ 250
4.4.2. 제2보조표 지역구분표 ········ 256
4.4.3. 제3보조표 문학형식구분표 ········ 263
4.4.4. 제4보조표 언어공통구분표 ········ 271
4.4.5. 제5보조표 민족 및 국가군 구분표 ········ 277
4.4.6. 제6보조표 국어구분표 ········ 281
4.5. 본표의 이해와 적용 ········ 285
4.5.1. 000 컴퓨터과학 · 정보 · 총류 ········ 285
4.5.2. 100 철학 · 심리학 ········ 287
4.5.3. 200 종교 ········ 288
4.5.4. 300 사회과학 ········ 293
4.5.5. 400 언어 ········ 294
4.5.6. 500 과학 ········ 298
4.5.7. 600 기술과학 ········ 300
4.5.8. 700 예술 ········ 302
4.5.9. 800 문학 ········ 303
4.5.10. 900 역사 · 지리 ········ 307

제5장 KDC의 이해와 적용 • 311

5.1. 발전 과정과 이용 현황 ······ 311
5.1.1. 개발과 발전 과정 ······ 311
5.1.2. 이용 현황 ······ 315
5.2. 일반적 특성과 장점 및 단점 ······ 319
5.2.1. 일반적 특성 ······ 319
5.2.2. 장점과 단점 ······ 323
5.3. KDC 제6판의 구조와 특성 ······ 326
5.3.1. 제6판의 포맷과 기본 구조 ······ 326
5.3.2. 엔트리의 구조와 내용 ······ 328
5.3.3. 상관색인(相關索引) ······ 331
5.4. 조기표의 이해와 적용 ······ 332
5.4.1. 표준구분표(標準區分表) ······ 332
5.4.2. 지역구분표(地域區分表) ······ 337
5.4.3. 국어구분표(國語區分表) ······ 341
5.4.4. 언어공통구분표(言語共通區分表) ······ 344
5.4.5. 문학형식구분(文學形式區分) ······ 349
5.4.6. 종교공통구분표(宗教共通區分表) ······ 351
5.5. 주제 구분을 사용한 기호의 합성 방법 ······ 354
5.6. 본표의 이해와 적용 ······ 355
5.6.1. 000 총류(總類) ······ 356
5.6.2. 100 철학(哲學) ······ 358
5.6.3. 200 종교(宗教) ······ 359
5.6.4. 300 사회과학(社會科學) ······ 361
5.6.5. 400 자연과학(自然科學) ······ 362
5.6.6. 500 기술과학(技術科學) ······ 364
5.6.7. 600 예술(藝術) ······ 366
5.6.8. 700 언어(言語) ······ 367
5.6.9. 800 문학(文學) ······ 370
5.6.10. 900 역사(歷史) ······ 372

제3부 청구 기호의 구성과 분류 작업

제6장 청구 기호의 구성 • 377

6.1. 청구 기호의 기능과 구성 요소 ········· 377
6.1.1. 청구 기호의 기능 ········· 377
6.1.2. 청구 기호의 구성 요소 ········· 379
6.1.3. 저작 기호 ········· 380
6.1.4. 부차적 기호 ········· 382
6.2. 별치 기호의 특성과 유형 ········· 384
6.3. 도서 기호의 기능과 종류 ········· 385
6.3.1. 수입순 기호법의 특성 ········· 387
6.3.2. 연대순 기호법의 특성과 유형 ········· 388
6.3.3. 저자기호법의 특성과 유형 ········· 395

제7장 분류 작업과 분류 규정 • 411

7.1. 분류표와 분류 기호의 선택 ········· 411
7.1.1. 분류 작업의 과정 ········· 411
7.1.2. 분류표의 선정 ········· 412
7.1.3. 문헌의 내용 및 주제 파악 ········· 413
7.1.4. 분류 기호 선정상의 유의 사항 ········· 414
7.2. 분류 규정의 이해 ········· 415
7.2.1. 분류 규정의 정의와 특성 ········· 415
7.2.2. 분류 규정의 유형 ········· 416
7.3. 서가상의 배열 ········· 419

▪ 결 언: 문헌 분류의 미래, 미래의 문헌 분류 • 421

▪ 부 록 • 425

Ⅰ. DDC 제23판과 KDC 제6판의 주류 비교표 / 426

Ⅱ. DDC 제23판과 KDC 제6판의 강목(100구분) 비교표 / 427

Ⅲ. DDC 제23판의 주류표, 강목표, 조기표 / 430

Ⅳ. KDC 제6판의 주류표, 강목표, 요목표, 조기표 / 441

Ⅴ. Cutter-Sanborn Three-Figure Author Table / 457

▪ 참고문헌 • 493

▪ 색 인 • 496

제1부

분류의 기초 이론

제 1 장

분류, 문헌 분류, 분류표의 이해

우리는 일상생활을 통해 때로는 의식적으로, 때로는 아무런 의식도 하지 않은 채, 끊임없이 많은 것들을 분류하게 된다. 그러한 행위는 때로는 오랜 경험을 통해 몸에 배인 습관일 수도 있고, 배움과 학습을 통해 이루어지는 체계적인 것일 수도 있고, 아니면 본능적일 수도 있을 것이다. 어느 경우에는 우리가 터득한 어떤 패턴화된 인식을 바탕으로 한 것일 수도 있고, 어느 경우에는 직관(直觀)에 의해 이루어지는 경우도 있을 것이다. 그럼에도 불구하고, 우리 인간은 끊임없이 우리를 둘러싼 모든 것을 분류하고자 시도하고 있음은 분명하다.

낯선 곳에 가서 만나는 사람들을 보면서 우리는 거의 본능적으로 그 사람이 좋은 사람인지 나쁜 사람인지를 파악하여 분류하고자 한다. 맞선 시장에 나선 구혼자들은 상대방과의 대화를 통해 자신과의 공통점과 차이점을 지속적으로 분류하면서, 앞으로 더 만나봐야 할는지의 가능성을 점칠 수도 있을 것이다. 과일가게에서는 여러 가지 과일을, 커피숍에서는 각종의 커피를, 백화점에서는 온갖 물품들을 나름대로의 방식으로 분류하고 있다. 물론 도서관에서는 수많은 다양한 자료와 문헌들을 분류하고자 할 것이다.

Sokal은 "유기체(有機體)들은 생존을 위해 반드시 여러 자극들의 유사성(類似性)을 지각할 수 있어야 하며 … 감각적으로 입력되는 패턴들에 대한 유사성을 파악하는 것은 살아있는 유기체들의 감각적인 지각(知覺)의 초기 형식들만큼이나 오래되었을 것"이라고 주장하고 있다.[1)]

---

1) R. R. Sokal. "Classification: Purposes, principles, progress, prospects." *Science,* Vol.185, No. 4157(1974). p.1115.

Buchanan은 『문헌 분류 이론』(*Theory of Library Classification*)의 한국어판 서문에서, 이러한 인간의 행동은 "혼돈에 대한 두려움을 바탕으로 하고 있고, 아울러 통제(統制)할 수 없는 환경을 통제함으로써 불안정한 세계에서 안전하다는 망상(妄想)을 갖고자 하는 욕망에서 생겨난 듯"[2]하다고 재미있게 해석하고 있다. 이런 의미에서 보면, 끊임없이 무엇인가를 분류하고자 시도하고 이를 통해 안정을 얻고자 하는 인간은 '분류하는 동물'(classifying animal)이라는 그의 말은 적절해 보인다.

이 장에서는 이러한 분류의 일반적인 측면들과 문헌 분류의 기초적인 분야들에 대해 개략적으로 살펴보고자 한다.

1.1. 분류의 어원(語源)

한자로 보면, 분류는 '나눌 분'(分)과 '무리 류'(類)의 합성어이다. 이와 관련하여, 『대한화사전』(大漢和辭典)에서는, "'분(分)'은 '여덟 팔(八)'과 '칼 도(刀)'가 합자(合字)된 회의(會意) 글자로, '팔(八)'은 나눈다는 뜻이니, 칼로써 사물(物)을 분별(分別)하는 것이므로, 나누거나 나뉜다는 의미"[3]라고 설명하고 있다. 한편 '류(類)'는 "원래 개(犬)가 서로 모양이 비슷하다(相似)는 뜻으로, 의미가 변하여 사물(物)이 서로 비슷한 것을 일컫는다."[4]고 설명하고 있다. 그러므로 이로부터

분류(分類) = 분(分) + 류(類)
분(分): '팔(八)'과 '도(刀)'가 합자(合字)된 회의자(會意字)로 '나눈다'는 의미
류(類): 개(犬)가 서로 모양이 비슷하다(相似)는 뜻에서 유래. 서로 비슷한 사물을 지칭함

[그림 1-1] '분류(分類)'의 어원적 분석

---

2) Brian Buchanan 저; 정필모, 오동근 공역. 『문헌분류이론』(서울: 구미무역출판부, 1998). p.9.
3) 諸橋轍次. 『大漢和辭典』. 修訂版. (東京: 大修館書店, 1984). 卷2. p.195.
4) *Ibid.*, 卷12. p.296.

유추하면 분류는 '무리별로 나눈다,' 즉 '비슷한 것들끼리 나누어 놓는다'는 의미를 갖는다고 해석할 수 있을 것이다([그림 1-1] 참조).

또한 분류를 의미하는 영어 'classification'은 그 어원을 보면, 'class'와 접미어 '-fication'이 합성되어 만들어진 단어[5]이다. 옥스퍼드영어사전(Oxford English Dictionary)에서는 이와 관련하여, 'class'는 고대 라틴어의 'classis'에서 유래한 단어로, "초기 로마 왕정기(王政期)에 지주(地主)들을 군복무와 관련하여 5개 그룹으로 나눈 것과 관련하여, 부(富)의 어떤 최소 자격 기준을 충족시킬 수 있는 로마 시민의 그룹"을 의미했던 것으로부터, "그룹이나 등급(等級, ranks), 범주(範疇, categories)에 관련된 의미"라고 설명하고 있다.[6] 접미어 '-fication'은 행위를 의미하는 동사형 '-fy'의 명사형이다([그림 1-2] 참조). 그러므로 이로부터 유추해보면 'classification'은 '그룹으로 만들어주는 행위'(grouping)라는 의미를 갖는다고 해석할 수 있을 것이다.

Class(명사): 라틴어 'classis'에서 유래, 그룹 등의 의미
\+ -ify(접미사) → Classify(동사)
\+ -ication(classify'의 명사화) → Classification(명사)

Class(classis)(명사) + -ify → Classify (동사) → Classification(명사)

[그림 1-2] 'classification'의 어원적 분석

재미있는 사실은 동양의 분류라는 단어와 서양의 'classification'이라는 단어의 어원을 보면, 동양에서는 나누는 데 초점을 맞추고 있고, 서양에서는 모으는 데 초점을 맞추고 있는 것 같은 양상을 보이고 있다. 그러나 어느 경우이든, 그 결과로 이루어지는 그룹들은 '끼리끼리 모이게 되는 유유상종(類類相從)'의 모습을 띠게 될 것이다.

---

5) *Oxford English Dictionary*. 〈http://www.oed.com/view/Entry/33896?redirectedFrom=classification#eid〉
6) *Ibid.*, 〈http://www.oed.com/view/Entry/33874#eid9302669〉

1.2. 분류의 정의

1.2.1. 사전적(辭典的) 정의

어원적 의미를 바탕으로, 분류를 단순히 '끼리끼리 나누는 것'이라거나 '그룹으로 만드는 행위'라고 정의하는 것만으로는 무엇인가 부족하다는 느낌을 갖게 된다. 이러한 분류의 정의와 관련하여, 『우리말 큰사전』에서는 간단하게 "종류를 따라서 나눔"으로 설명하고 있을 뿐이다.[7] 일본의 『Goo 사서』(辞書)에서는 "사물을 그 종류 · 성질 · 계통 등에 따라 나누는 것. 동류(同類)의 것을 정리하여 몇 개의 모둠으로 구분하는 것. 유별(類別)"이라고 정의하고 있다.[8] 『世界大百科事典』에서는 "대상을 유(類)에 따라(비슷한 것을 정리하여) 나누는 것인데, '유별'(類別)과는 달리, 전체를 공통성(共通性)에 따라 크게 나누고, 나눈 것을 또다시 공통성에 따라 세분하여, 그 이상 나눌 수 없는 개체 하나 앞(종(種)이라고 한다)까지 순차적(順次的)으로 나누어가서 단계를 부여하고, 체계화(體系化)하는 것"으로 설명하고 있다.[9]

한편 *Oxford English Dictionary*에서는 다음과 같은 3가지 설명을 제시하고 있다.[10]

① 분류 작업(分類作業, classifying)의 결과; 공통된 특성 또는 인식되거나 추론된 유사성(類似性)에 따라, 어떤 것들(things)을 다수의 별개의 유(類)들로 체계적으로 배분하거나 배정하거나 배열하는 것. 또한 분류하기 위한 시스템이나 방법.

---

7) 한글학회. 『우리말 큰사전』 (서울: 어문각, 1992). 2권, p.1900.

8) Goo 辞書. 〈http://dictionary.goo.ne.jp/leaf/jn2/197824/m0u/〉.

9) 『世界大百科事典』. 第2版. (東京: 日立ソリューションズ · ビジネス, 1998). 〈https://kotobank.jp/word/%E5%88%86%E9%A1%9E-128722〉.

10) *Oxford English Dictionary*. 〈http://www.oed.com/view/Entry/33896?redirectedFrom=classification#eid〉

② 공통된 특성 또는 인식된 유사성(類似性)에 따라, 유(類)들을 분류하거나 배열하는 행위; 적절한 유를 배정하는 것

③ 어떤 것이 배정되는 범주(範疇); 어떤 유(類).

이상의 사전적 의미를 요약하면, 분류는 ① 어떤 유들(사물 등)을 공통의 특성이나 유사성(類似性)을 바탕으로 체계적으로 나누는 작업이나 그 결과, 또는 ② 그러한 작업을 수행하기 위한 시스템이나 방법을 말한다고 할 수 있을 것이다.

1.2.2. 논리학적(論理學的) 정의: 분류, 구분, 정의의 관계

분류의 논리학적 정의를 살펴보기 위해서는, 정의(定義, definition)와 구분(區分, division)과의 관계를 먼저 살펴보는 것이 좋을 것이다.

우선 정의는 내포적 정의와 외연적 정의로 구별된다. 우리가 일반적으로 이해하는 정의는 "개념(概念)의 내포(內包)를 정확히 규정함으로써 개념의 의미를 판명(判明)하게 하는 것"[11]으로, 이러한 정의를 '내포적 정의', '본질적 정의', '논리적 정의'라고도 한다. 이 내포적 정의는 "유개념에 종차(種差)를 가한 것", 즉 "정의 = 종차 + 최근류(最近類)"로 설명된다.[12] 여기서 종차란 "어떤 명사(名辭)를 바로 그 명사이게 하고 다른 어떤 명사도 아니게 해주는 명사의 본질"[13]로, 그 종개념(種概念)을 같은 유개념(類概念)에 속하는 다른 종개념과 구별해주는 본질적인 특성이라고 할 수 있을 것이다. 최근류는 가장 가까운 유개념을 말한다. 따라서 정의를 할 때는 그 개념의 가장 가까운 유개념(최근류)을 제시함으로써 그 개념의 위치를 파악할 수 있도록 하고, 그 개념이 다른 종개념들과 어떻게 다른지를 나타내주는 본질적인 특성(종차)을 제시함으로써 다른 종개념과의 구별을 명확하게 해주는 것이다. 예를 들어 '인간은 분류하는 동물'이라고 정의한다면,

---

11) 박준택. 『일반논리학』. 증보수정판. (서울: 박영사, 1980). p.54.

12) *Loc. cit.*

13) 강영계. 『논리정석』 (서울: 답게, 2003). p.394. (주: 강영계 교수는 '개념'이라는 용어보다는 개념을 말로써 나타내는 '명사'라는 용어로 표현하고 있으나, 이 책에서는 혼동을 피하기 위해 인용문에서는 괄호 안에 개념이라는 용어를 추가하여 표시하였다. 이하 동일).

정의되는 대상(개념)은 '인간'이 되고, '동물'은 사람의 가장 가까운 유개념(최근류)이 되며, '분류하는'은 인간의 본질적 특성(종차)이 된다(〈표 1-1〉 참조).

〈표 1-1〉 '내포적 정의'의 예시

구 분	예 시
내포적 정의	인간은 분류하는 동물이다
정의 대상 개념	인간
최근류	동물
종 차	분류하는

한편 '외연적 정의'(外延的 定義)는 "어떤 명사(개념)가 지시하는 대상의 범위(외연)를 분명히 밝힘으로써 그 명사(개념)를 다른 명사(개념)와 구분해주는 것"[14]이다. 예를 들면 '계절은 봄, 여름, 가을, 겨울이다'라고 말하는 것과 같은 예이다. 구분과 분류는 바로 이 외연적 정의에 관련된다.

구분과 분류에 대해, 일본의 『大辞林』에서는 구분은 "개념의 외연(外延)을 더 나누어 정리하는 것. 유개념(類概念)을 그에 종속되는 종개념(種概念)으로 나누는 것"[15]으로 설명하고, 분류는 "사물을 철저하게 구분하고, 유종 계열(類種系列)의 형(形)을 취한 체계를 형성하는 것"[16]으로 설명하고 있다. 박준택 교수는 구분은 "개념의 외연을 나눔으로써 개념과 개념과의 사이를 분명하게 구별하고, 개념의 적용 범위를 판명(判明)하게 하는 것. … 하나의 유개념을 종개념으로 나누어 계통있는 배열을 하는 것"[17]으로 설명하고 있다. 아울러 분류는 "구분지(區分肢)를 다시 구분하여, 개념의 외연(外延)을 계통적으로 세분하여 개념을 분명하게 하는 것"으로 설명하고 있다. 이상의 설명을 보면 사실상 구분과

14) 강영계. 『논리정석』(서울: 답게, 2003). p.393.

15) 松村明 編. 『大辞林』. 第3版. (東京: 三省堂, 2006).

16) *Loc. cit.*

17) 박준택. 『일반논리학』. 증보수정판. (서울: 박영사, 1980). p.57.

분류 두 용어가 거의 구별하기 어렵고, 어느 면에서는 분류가 구분의 하위 단계인 것처럼 보이기도 한다.

이와 관련하여, 강영계 교수[18]는 구분은 "유(유개념)를 종(종개념)으로 분할하는 것 … 명사(개념)의 외연(범위)을 분해하는 것"으로 설명하고, 분류는 "구분과 정반대로 종개념들을 유개념으로 묶어나가는 방법"이라고 설명하고 있다. 『철학사전』[19]에서도 구분에 대해 "한 개념의 내용을 이루는 종(種)을 각각 별도로 열거하는 것 … 구분의 특수한 경우에 분류라는 말을 사용한다"라고 설명하고, 분류와 관련해서는 "구분이 유개념에 포함되어 있는 종개념으로 나누는 것이라면, 분류는 이 구분의 어떤 총계"라고 설명하면서, "그 방향이 반대"라고 부연하고 있다.

따라서 이러한 구분과 분류는 어떤 대상을 단순히 물리적인 부피나 양을 기준으로 더 작거나 적게 나누거나 쪼개는 분할(分割)과는 다르다.

분류에 대한 이상의 논리학적 정의를 종합해보면, 분류는 "개념의 외연을 세밀하게 분석하여 체계적 · 종합적으로 이를 정의하는 것"이라고 할 수 있을 것이다.

1.2.3. 생물분류학과 조직계통학의 정의

생물 분류(生物分類, biological classification)는 "생물을 형태와 구조, 생식(生殖), 발생 등의 비슷한 점과 다른 점에 따라 정리하고 무리 짓는 일"[20]로 정의되는데, 택소노미(taxonomy)와 계통분류학(系統分類學, systematics)에서 다룬다. 생물의 종류와 다양성을 기술하고 그 관계를 어떤 의미있는 순서로 나타내고자 하는 생물학의 계통분류학에서는, 계통분류학과 택소노미를 동의어로 사용하기도 하고, 택소노미와 분류를 동의어로 사용하기도 하며, 택소노미는 분류의 이론을 말하고, 분류는 어떤 분류표의 측면에서 대상들을 분류하는 실제

18) 강영계. *op. cit.*, pp.400-401.

19) 철학사전편찬위원회 편. 『철학사전』 (서울: 중원문화, 2012). p.399.

20) 이영규, 심진경, 안영이, 신은영, 윤지선. 『학습용어 개념사전』 (서울: 북이십일 아울북, 2010). 〈http://terms.naver.com/entry.nhn?docId=959218&cid=47312&categoryId=47312〉.

활동을 가리키는 경우도 많다.[21] 생물분류학에서 분류학이라고 하면 대체로는 택소노미를 의미하는 경우가 많다. 이와 관련하여 분류학자의 과제로 다음과 같은 3단계를 제시하기도 한다.[22]

① 동정(同定, identification): 표본(標本)을 분석하는 단계로, 다양한 객체들을 인식하여 각각 동일한 군(群)으로 나누고 군 사이의 일정한 차이를 알아내는 단계로, 첫 단계라는 의미에서 알파 택소노미(alpha taxonomy)라고도 한다.

② 분류(classification): 확정된 분류군을 유사한 정도에 따라 정리하여 상위의 분류군으로 통합하여 계통적으로 배열하는 과정의 종합적인 단계로, 둘째 단계라는 의미에서 베타 택소노미(beta taxonomy)라고도 한다.

③ 종 형성(種形成)과 진화(進化) 요인의 연구: 생물의 다양성을 인과적(因果的)으로 설명하기 위해 종 형성(species formation)과 진화의 요인을 연구하는 단계로, 세 번째 단계라는 의미에서 감마 택소노미(gamma taxonomy)라고도 한다.

위키피디아 영문판에서는 생물 분류는 택소노미 프로세스의 중요한 구성 요소로, 이용자에게 분류군의 관계가 어떻다고 가정하고 있는지를 알려주며, 대체로 〈표 1-2〉와 같은 분류 등급(taxonimic ranks)을 사용한다고 설명하고 있다.[23]

한편 최근에는 많은 분야에서 생물학의 이론들을 도입하여 활용하고 있는데, 조직진화론(組織進化論)도 그 한 분야이다. 조직진화론은 생물학의 진화 이론을 바탕으로, 조직 형태와 환경 특성 간의 적합성에 기초하여 환경이 조직의 생존을 차별적으로 선택한다는 내용을 핵심으로 하고 있다.[24] 그 주요 연구

21) B. McKelvey. *Organizational systematics: Taxonomy, evolution, classification* (Los Angeles: Univ of California Press, 1982). pp.12-13.; 네이버 블로그. 〈http://blog.naver.com/kiss5645/140159717826〉.

22) 분류학자의 과제에 대한 이하의 설명은 다음 블로그의 내용을 참고하였음. "분류학자의 과제." 〈http://blog.naver.com/kiss5645/140159717826〉.

23) Wikipedia. 〈https://en.wikipedia.org/wiki/Taxonomy_(biology)〉

〈표 1-2〉 생물 분류의 일반적인 체계[25]

구 분	영어	라틴어
역(域)	Domain	Dominium
계(界)	Kingdom	Regnum
문(門)	Phylum(동물) Division(식물)	Phylum(동물) Divisio(식물)
강(綱)	Class	Classis
목(目)	Order	Ordo
과(科)	Family	Familia
속(屬)	Genus	Genus
종(種)	Species	Species

분야의 하나인 조직계통학(組織系統學, organizational systematics)에서는 조직간의 차이를 연구하기 위해 조직군들의 형태간의 차이에 대한 연구, 분류학적 이론의 개발, 중요한 차이들에 대한 인식(認識)과 분류, 그러한 차이들이 어떻게 왜 일어나는가에 대한 연구를 하게 되며, 조직의 종류와 다양성(多樣性), 이들 간의 모든 관계나 특정 관계들의 연구를 포함하고 있다.[26] 이와 관련하여, McKelvey는 이를 조직 과학의 맥락에 적용하여, 계통분류학은 서로 다른 종류의 조직들과 그것들이 어떻게 설립되었는지에 대한 과학적 이해를 증진시키기 위한 것으로 보고, 그 연구 영역을 다음과 같이 택소노미와 진화, 분류의 3개 영역으로 구분하고, 이 세 개 활동은 별도로 확인되지만 서로 깊은 상호 작용을 하고 있다고 밝히고 있다.[27]

24) 이준우, 김강식. "조직진화론 연구의 발전과 전개방향." 경상논총 제25권 제4호(2007.12). pp.89-90.
25) 위키피디아. 〈https://ko.wikipedia.org/wiki/%EC%83%9D%EB%AC%BC_%EB%B6%84%EB%A5%98〉.
26) 이준우, 김강식. *op. cit.,* p.93.
27) B. McKelvey. *op. cit.,* p.13.

① 택소노미(taxonomy): 조직들을 서로 다른 종류로 분리하기 위한 이론과 방법의 개발로, 조직 형식들이 장기간에 걸쳐 안정성을 갖는 원인과 그러한 것들이 환경적 요인의 결과로 발전하는 메커니즘에 대한 이해를 포함함. 또는 바꾸어 말하면 분류에 대한 이론.

② 진화(進化, evolution): 환경적 조직적 진화의 과정에 대한 연구, 서로 다른 조직 형식의 출현과 쇠퇴에 관한 연구, 장기간에 걸친 새로운 형식의 출현을 보여주는 계통의 개발.

③ 분류(classification): 분류표의 실제 작성과 조직 형식들을 공식적으로 지정된 유들로 식별(identification)하고 배정하는 것.

McKelvey는 분류를 소규모의 선택된 숫자의 특별히 관심을 가지고 있는 속성들을 근거로 개체들을 그룹화하는 특수 분류(special classification)와 전체 속성들을 근거로 객체들을 그룹화하는 일반 분류(general classification)로 구분하고 있다.[28] 이와 관련하여, 특히 조직의 일반 분류는 다음과 같은 몇 가지 점에서 중요한 역할을 하게 된다고 설명하고 있다.[29]

① 동질적(同質的) 조직 집단을 확인해 줌으로써 설명과 예측, 과학적 이해의 근거를 제공해준다.

② 기존 조직 집단의 다양성을 기술(記述)하고 이해하기 위한 개념적 틀(conceptual framework)을 제시해준다.

③ 기능적 연구로부터 도출되는 정보가 비교적 소수의 유들로 조직화되기 때문에 매우 유용한 정보 검색 시스템을 제공해준다.

④ 소수의 세트로 이루어지는 구성 개념(構成概念)들을 식별해 줌으로써 복잡한 일련의 변수(變數)들이나 속성들을 처리하는 데 도움을 준다.

---

28) B. McKelvey. *Organizational systematics: Taxonomy, evolution, classification* (Los Angeles: Univ of California Press, 1982). pp.15-16.

29) *Ibid.*, p.17.

⑤ 조직 행태 연구와 조직 개발, 조직 설계, 비교 연구와 같은 조직 탐구(組織探究)의 다른 영역에 유용한 분류표를 제공해준다.
⑥ 실제 경영 원칙들과 지침들이 발견되고, 개발되고, 교육되는 조직의 분류를 제공하는 데 필수 불가결하다.

1.2.5. 분류에 대한 일반적 정의

분류에 대한 일반적 정의는 분류에 대한 사전적 정의나 논리학적 정의만큼 구체적이지는 않지만, 일반인들이 이해하기에는 훨씬 더 용이할 것이다. 대표적인 예로, Sokal은 분류에 대해 "대상(對象)들을 그 관계(關係)를 바탕으로 여러 그룹이나 세트로 순서화(順序化)하거나 배열하는 것"으로 정의하고, "이러한 관계들은 관찰이 가능하거나 추론된 속성(屬性)들을 바탕으로 할 수 있다"고 밝히고 있다.[30] 아울러 그는 분류는 그 과정은 물론 그 결과도 함께 의미한다는 점을 제시하고 있다.

이러한 시각에서 보면, 분류는 그러한 업무를 수행하는 하나의 과정(過程)인 동시에 그 결과(結果)가 되기도 하는 것이다.

1.2.6. 분류에 대한 정의의 종합

어원적(語源的)으로 보면 분류는 어떤 대상을 유사한 것끼리 모으거나 나누는 것이다. 사전적(辭典的) 정의의 측면에서 보면, 분류는 이러한 작업을 '체계적으로' 수행하는 것과 그 결과, 그리고 이를 수행하기 위한 시스템이나 방법이 포함되는 것으로 확장될 수 있을 것이다. 논리학적(論理學的) 측면에서 보면, 분류는 어떤 대상이나 개념을 올바르게 정의하기 위한 하나의 방편이 된다. 생물분류학(生物分類學)과 조직계통학(組織系統學)에서는 분류표의 실제 작성에

---

30) R. R. Sokal. "Classification: purposes, principles, progress, prospects." *Science,* Vol.185, No. 4157 (1974). p.1116.

초점을 맞추고 있다. 아울러 분류는 그 과정은 물론 그 결과를 함께 의미한다고 할 수 있다. 즉 분류는 '어떤 대상이나 개념(概念)의 외연(外延)을 그 본질적인 특성(特性)과 유사성(類似性) 또는 그 관계를 기준으로 체계적으로 분석하고 정리하여 배열하거나 조직화(組織化)하는 과정 및 그 결과'라고 할 수 있을 것이다.

결과적으로, 외연적 정의(外延的 定義)에 해당하는 분류는 정의(내포적 정의)와 함께 어떤 개념을 명확하게 밝히고 규정하는 작업에 해당한다는 사실은 분명하다. 따라서 분류는 논리적 사고와 합리적 판단(合理的 判斷)의 중요한 근거가 된다는 것을 알 수 있다.

1.3. 분류와 개념의 관계

분류는 모든 것들을 대상으로 하게 된다. 앞서 예를 든 것처럼, 동물원에서는 동물을, 과일가게에서는 과일을 분류하게 된다. 그렇다고 해서, 사과나 귤, 딸기와 같은 실제의 과일이 없다고 우리가 그것들을 분류를 할 수 없는 것은 아니다. 우리는 그러한 과일이라는 실체(實體)에 대한 개념(概念)을 분류할 수 있는 것이다. 나아가서는 사랑이나 우정, 미움, 증오 등과 같이 추상적인 개념에 대해서도 분류가 가능하게 된다.

1.3.1. 관념과 개념, 명사

그럼 여기서 말하는 분류의 대상이 되는 개념(概念 concept)이란 무엇인가? 논리학에서 개념은 "어떤 대상 혹은 존재를 가리키는 의미 형식 … '일반적 관념'으로 판단의 구성 요소"[31]로 설명하고 있다. 개념은 어떤 대상에 대한 주관적인 인식을 바탕으로 하는 관념(觀念, idea)과는 다르며, 그런 점에서 "여러 관념 속에서 공통된 요소를 뽑아내어 종합하여서 얻은 하나의 보편적인 관념"[32]인 것이다.

---

31) 박준택. 『일반논리학』. 증보수정판. (서울: 박영사, 1980). pp.42-43.

32) Naver 국어사전. 〈http://krdic.naver.com/detail.nhn?docid=1151000〉.

이러한 "개념을 말로써 나타낸 것"을 명사(名辭, term)라고 한다.[33] 따라서 우리가 어떤 개념을 분류한다고 할 때, 사실은 그러한 개념을 나타내는 명사를 분류하게 되는 경우가 많은 것이다. 이를 도식화하면 [그림 1-3]과 같다.

대상(對象)
↓ 주관적인 인식
관념(觀念)
↓ 일반화
개념(槪念)
↓ 말로 표현
명사(名辭)

[그림 1-3] 관념과 개념, 명사의 관계

일반적으로 개념은 "명석(明晳, clear)하고 판명(判明, distinct)해야 한다"[34]고 한다. 어떤 개념을 다른 개념과 충분히 구별할 수 있을 때 이를 명석하다고 하고, 충분히 구별하기 어려울 때 이를 애매(曖昧, obscure)하다고 한다. 구분과 분류는 이와 같이 개념을 명석하게 하기 위해 필요한 것이다. 한편 개념을 이루는 요소인 의미가 분명할 때 이를 판명하다고 하고, 분명하지 못할 때 이를 혼란(混亂, confused)이라고 한다. 정의는 이와 같이 개념의 내용을 판명하기 위해 필요한 것이다.[35] ([그림 1-4] 참조)

애매(曖昧) (외연) ↓ 구분/분류 명석(明晳)	혼란(混亂) (내포) ↓ 정의 판명(判明)

[그림 1-4] 개념 형성과 분류와 정의의 기능

33) 박준택. *op. cit.*, p.44.
34) 김정소. 『자료분류론』(대구: 계명대학교출판부, 1983). p.13.
35) 박준택. *op. cit.*, p.44.

1.3.2. 개념의 내포와 외연

모든 개념은 내포(內包, intension)와 외연(外延, extension)으로 이루어진다. 내포는 "어떤 명사(개념)가 가리키는 대상의 특징이나 성질을 전부 합한 것"을 말하고, 외연은 "명사(개념)가 가리키는 대상의 전체 범위"를 말한다.[36] '새'라는 개념을 예로 들면, '다리가 둘인 날 수 있는 짐승'은 이 개념의 내포에 해당하고, '독수리, 기러기, 참새, 공작, …'은 이 개념의 외연에 해당된다. 따라서 내포는 "개념의 깊이", 외연은 "개념의 넓이"라고도 할 수 있고,[37] 다른 면에서 보면, 내포는 개념의 "특징이나 성질, 곧 질(質, quality)", 외연은 개념의 "범위, 곧 양(量, quantity)"을 말한다고 할 수 있을 것이다.[38] 우리가 일상적으로 사용하는 '내포된 의미를 살펴본다'라거나 '외연을 확대해야 한다'라는 표현도 이러한 설명을 통해 이해할 수 있을 것이다. 아울러 앞서 살펴본 것처럼, 정의(내포적 정의)는 내포의 전개에 관련되고, 구분과 분류(외연적 정의)는 그 외연의 전개에 관련되는 것이다.

어떤 개념을 정확하게 이해하기 위해서는 그 개념의 내포와 외연을 함께 파악해야 한다. 이런 의미에서 보면, 개념의 내포와 외연은 일반적으로 "서로 분리될 수 없는 관계로, 항상 일정한 양을 가지고 있어 이 양자 간의 관계에 따라 서로 증감(增減)"[39]하는 "반비례(反比例) 관계"[40]에 있다고 할 수 있다. 이와 관련하여, 개념의 내포가 증가되고 외연이 감소되는 과정을 한정(限定, determination)이라고 하고, 반대로 내포가 감소되고 외연이 증가되는 과정을 개괄(槪括, generalization)이라고 한다.[41] 우리가 일상적으로 사용하는 '범위를 한정한다'거나 '개괄적으로 살펴본다'고 하는 의미는 이러한 내포와 외연의 관계와 관련이 있는 것이다([그림 1-5] 참조).

36) 강영계. 『논리정석』 (서울: 답게, 2003). pp.389-390.
37) 박준택. 『일반논리학』. 증보수정판. (서울: 박영사, 1980). p.45.
38) 강영계. *op. cit.*, p.393.
39) 김정소. 『자료분류론』 (대구: 계명대학교출판부, 1983). p.14.
40) 강영계. *op. cit.*, p.392.
41) 김정소. *op. cit.*, p.14.

내포(內包)

개괄(추상화/보편화) ↓↑ 한정(구체화/특수화)

외연(外延)

[그림 1-5] 내포와 외연의 관계

1.3.3. 개념의 종류

개념은 종속 관계나, 내포와 외연, 기원 등에 따라 다양하게 분류되고 있다. 여기서는 분류에 참고가 될 수 있는 몇 가지 개념들을 살펴보고자 한다.[42]

① 유개념과 종개념: 유(類)와 종(種)이라고도 하며, 어떤 개념의 외연이 다른 개념의 외연보다 커서 다른 개념을 포섭하는 개념을 '유개념'(類概念, genus), 다른 개념에 포섭되는 개념을 '종개념'(種概念, species)이라 한다. 예를 들면 '타악기'와 '실로폰'이라는 개념 중 '타악기'는 유개념, '실로폰'은 종개념이 된다. 유개념과 종개념의 관계는 상대적인 것으로, 유개념은 외연이 큰 반면 내포는 작게 되고, 종개념은 외연은 작은 반면 내포는 풍부하다.

② 상위 개념과 하위 개념, 동위 개념: 유개념과 종개념을 그 포섭의 상하 관계에 따라 유개념은 '상위 개념'(上位概念, superordinate concept), 종개념은 '하위 개념'(下位概念, subordinate concept), 동일한 유개념 속에 포섭되는 같은 레벨의 종개념은 '동위 개념'(同位概念, coordinate concept)이라고 한다. 예를 들면 '가축'과 '소', '돼지'라는 개념 중 '가축'은 상위 개념(유개념)에 해당하고, 그에 포섭되는 두 하위 개념(종개념)인 '소'와 '돼지'는 서로 동위 개념이 되는 것이다.

42) 이 소절의 개념에 대한 설명은 다음 자료를 주로 참고하였으며, 각각에 대한 하나하나의 별도의 인용 표시는 생략하였음: (1) 박준택. *op. cit.*, (2) 철학사전편찬위원회 편. 『철학사전』(서울: 중원문화, 2012).

③ 구체 개념과 추상 개념: '강아지', '돌', '바다'와 같이 시간적 · 공간적으로 실재하는 대상을 가리키는 개념을 '구체 개념'(具體概念, concrete concept), '진리', '정의', '사랑'과 같이 어떤 대상의 속성이나 관계를 가리키는 개념을 '추상 개념'(抽象概念, abstract concept)이라고 한다.

④ 반대 개념과 모순 개념: 어떤 유개념에 종속하는 개념 가운데 그 내포의 차이가 가장 큰 개념을 '반대 개념'(反對概念, contrary concept)이라고 한다. 반대 개념은 '다(多)-소(少)', '고(高)-저(低', '장(長)-단(短)', '미(美)-추(醜)' 등과 같이 분량이나 정도의 차이를 나타내는 개념으로 그 사이에 중간 개념이 들어갈 여지가 있다. 그러나 '생(生)-사(死)', '유(有)-무(無)', '진(眞)-위(僞)' 등과 같이 그 질이 아주 상반되고 서로 배척하여 그 사이에 중간 개념이 들어갈 여지가 없이 대립되는 두 개념을 '모순 개념'(矛盾概念, contradictory concept)이라고 한다.

⑤ 이류 개념과 상관 개념: 두 개념의 내포가 전혀 달라 공통적인 징표(徵表)를 찾을 수 없을 때 이 두 개념을 '이류 개념'(異類概念, heterogeneous concept), '스승-제자', '부-모'와 같이 동위 개념으로서 서로 의존적인 상관 관계에 있는 개념을 '상관 개념' (相關概念, correlative concept)이라고 한다.

⑥ 선언 개념과 교착 개념: '동물, 식물', '남자, 여자'와 같이 동일한 유개념에 속하는 동위 개념이지만 그 외연이 전혀 달라 서로 교차되지 않은 개념을 '선언 개념'(選言概念, disjunctive concept), '탤런트, 개그맨', '교수, 학생'과 같이 그 근본적인 의미는 서로 다르지만 그 외연의 일부가 서로 공통되는 개념을 '교착 개념'(交錯概念, cross concept) 또는 '교차 개념'이라고 한다.

⑦ 순수 개념과 경험 개념: '시간', '공간', '신(神)'과 같이 어떤 경험도 없이 이성(理性) 자체의 상상을 통해 성립된 개념을 '순수 개념'(pure concept), '사랑', '교육'과 같이 경험을 통해 얻어지는 개념을 '경험 개념'(empirical concept)이라 한다. 순수 개념을 '선천적 개념'(先天的 概念), 경험 개념을 '후천적 개념'(後天的 概念)이라고도 한다.

⑧ 동일 개념과 등치 개념: '삼각형, 세모', '부모, 양친'과 같이 개념의 내포는 물론 외연이 완전히 일치하지만 명칭만 다른 두 개념을 동일 개념(identical concept), 이라 하고, "서울－한국의 수도"와 같이 개념의 내포는 일치하지 않으나 외연이 같은 개념을 '등치 개념'(等値概念, equipollent concept)이라 한다. 동일 개념을 '동의(同義) 개념', 등치 개념을 '동연(同延) 개념' 또는 등가(等價) 개념이라고도 한다.

1.3.4. 구분(분류)의 3요소

개념의 외연을 전개하여 이를 명석하게 해주는 구분과 분류는 세 개 요소로 이루어진다. 논리학에서는 통상 '구분의 3요소', 즉 '피구분체'와 '구분지', '구분의 원리(기준)'로 설명하고 있으나, 분류에 관한 문헌정보학 분야의 많은 자료에서는 이를 원용하여 '분류의 3요소', 즉 '피분류체', '분류지', '분류의 원리(기준)'으로 바꾸어 설명하고 있다. 여기서는 '구분의 3요소'에 대해 살펴보고자 한다.[43]

① 피구분체(被區分體, divisible totality): 구분될 대상(유개념)의 외연 전체(外延全體)를 말한다.
② 구분지(區分肢, members of division): 구분의 결과로 생겨나는 각각의 종개념(種概念). 이러한 구분지의 수에 따라 이분법, 삼분법, 사분법, 다분법(多分法) 등으로 구분된다. 이분법의 대표적인 예로 '포르피리오스의 나무'(Porphyrios' tree)가 있다.
③ 구분의 원리(區分原理: principle of division): 구분의 기준으로 사용되는 일정한 특징을 말한다.
④ 이상의 3요소를 '사과'의 구분을 예로 들면, 구분의 대상이 되는 '사과'는 피구분체, 구분의 기준이 되는 '출하 시기'은 구분 원리, 그러한 구분의 결과로 나타나는 '조생종, 중생종, 만생종'은 각각 분류지가 된다.([그림 1-6] 참조)

43) 박준택. 『일반논리학』. 증보수정판. (서울: 박영사, 1980). p.57.

사과 ← 출하 시기

(피구분체) ↓ (구분 원리)

조생종, 중생종, 만생종

(구분지)

[그림 1-6] 구분의 3요소의 예시

1.3.5. 구분(분류)의 규칙

구분(분류)을 올바르게 하기 위해 지켜야 할 사항으로 논리학에서는 일반적으로 다음과 같은 몇 가지를 제시하고 있다.[44] 이러한 규칙과 원칙은 문헌 분류에도 그대로 적용될 수 있을 것이다.

① 구분을 할 때는 반드시 한 개의 구분 원리(구분 기준)에 의해 구분해야 한다. '대학생'의 구분을 예로 들면, '소속 학과'나 '출신 지역' 등의 기준 중 어느 하나의 원리를 일관성(一貫性) 있게 적용하면 학생들이 올바르게 구분되지만, 동시에 이 2개의 구분 원리를 함께 적용하게 되면 '문헌정보학과, 심리학과, 서울, 대구 …' 등의 구분지가 만들어지게 되기 때문에, '대구 출신 문헌정보학과 학생'은 어디에 구분해야 할지 혼란을 초래하게 된다.

② 상호배타성(相互排他性)의 규칙(rule of exclusivity): 구분을 할 때는 모든 구분지가 그 외연(外延)이 서로 중첩(重疊)되지 않고 상호배타적이 되도록 구분해야 한다. 예를 들어 '언어'를 '고어'(古語)와 '외국어'로 구분하게 되면, '고대 외국어'는 두 구분지에 구분되는 교착 구분(交錯區分, cross division)이 이루어지게 되는 문제가 발생한다. 이는 구분 원리가 명확하지

44) 이하의 설명은 다음 자료를 주로 참고하였음: (1) 강영계. 『논리정석』(서울: 답게, 2003). pp.400-401.; (2) 김정소. 『자료분류론』(대구: 계명대학교출판부, 1983). pp.19-20; (3) 박준택. 『일반논리학』. 증보수정판. (서울: 박영사, 1980). p.58.; (4) 윤희윤. 『정보자료분류론』. 제5판. (대구: 태일사, 2015). p.12.

않으면 이솝 우화에 나오는 박쥐의 경우처럼 이른바 '양다리'를 걸치게 되는 예들이 생기게 되는 것이다. 그러나 결과적으로 이러한 교착 구분의 원인이 되는 것은 복수의 구분 원리를 적용하였기 때문이라는 점에서, 이는 첫 번째 규칙과 내용상 다른 점이 없다고도 할 수 있을 것이다.

③ 망라성(網羅性)의 규칙(rule of exhaustivity): 분류 대상이 되는 유개념(類概念), 즉 어떤 피구분체의 구분지(종개념)를 모두 합치면 그 피구분체의 외연 전체(外延全體)와 부합되어야 한다. '직업'의 구분을 예로 들면, 일부 직업만을 열거해서는 안 되고, 적용되는 구분 원리에 따라, 그에 해당하는 모든 직업을 하나도 누락되지 않게 망라적으로 열거해야 하는 것이다. 그렇지 않을 경우, 특정 직업을 '왕따'시키는 결과를 가져오게 된다. 대부분의 분류표에서 '기타'(others)의 항목을 설정하는 것은 이러한 망라성의 규칙을 지키기 위한 하나의 방편이라고도 할 수 있을 것이다.

④ 점진성(漸進性)의 원칙: 구분을 할 때는 최상의 유개념으로부터 최하의 종개념에 이르기까지 점진적으로 이루어지도록 구분해야 하며, 중간에 특정 단계를 건너 뛰게 되는 어떤 비약(飛躍)이 있어서는 안 된다. 우리나라 '행정 구역'의 구분의 예를 들면 '시도 → 시군구 → 읍면동'의 순서가 올바르게 유지될 수 있도록 구분해야 하며, 만일 '서울특별시'에서 '흑석동'으로 바로 전개하게 되면, 중간 단계의 '동작구'에 해당하는 구분이 불가능해지게 되는 것이다.

⑤ 합목적성(合目的性)의 원칙: 모든 구분과 분류는 그 목적이나 성격에 맞도록 이루어져야 한다. 따라서 학문의 분류와 문헌 분류가 반드시 모든 부분에서 일치하는 것만은 아니며, 둘 모두 도서를 대상으로 하는 서점과 도서관에서 이루어지는 분류가 항상 같은 것만은 아니다. 각 도서관의 경우에도 그 도서관의 성격과 목적에 따라 분류를 해야 할 것이다.

1.4. 문헌 분류의 개념과 의의

분류를 통해 우리는 다양한 대상을 체계화하게 된다. 그 대상은 어떤 사물이 될 수도 있고, 그 사물에 대한 개념이 될 수도 있으며, 어떤 대상도 존재하지 않는 추상적인 개념이 될 수도 있을 것이다. 과일의 실물이 존재한다면 우리는 그 과일들을 분류할 수 있을 것이다, 그렇지만 그 과일이 존재하지 않더라도 우리는 그 과일에 대한 개념 또는 그 과일을 나타내는 명사(名辭), 즉 과일의 이름만을 가지고도 분류를 수행할 수 있을 것이다. 또한 '신'(神)이나 '선'(善), '악'(惡)과 같은 추상적인 개념에 대해서도 분류가 가능할 것이다.

다양한 학문 분야에서는 각 학문 분야의 목적과 필요에 따라 이러한 분류의 지식들을 활용하고 아울러 학문적으로 발전시켜 오고 있다. 동물 분류나 식물 분류 등은 오랜 연원(淵源)을 가진 학문 분야들이다. 물론 도서관에서는 데이터나 정보, 지식, 그리고 그것을 담고 있는 자료나 문헌들을 분류하게 된다.

문헌 분류는 흔히 대상 자료의 이름을 붙여, '도서 분류', '자료 분류', '정보 분류', '정보 자료 분류', '문헌 분류' 등의 이름으로 불리기도 하고, 그 영역을 확대하여 '지식 분류'나 '학문 분류'를 포괄하여 불리거나, 그대로 '분류'라고만 불리기도 한다. 영어로는 'library classification'이나 그대로 'classification'이라고도 표기하고 있다. 아울러 이러한 분야의 연구를 지칭하기 위해 각각의 명칭에 '~론'이나 '~법', 또는 영어로는 'Theory of ~'를 추가하여 사용하고 있는 것이다. 각각의 용어에 대한 구체적인 분석은 이 책의 범위를 넘어서는 것으로, 이 책에서는 이러한 용어들을 포괄하는 의미로, '문헌 분류'라는 용어로 통일하여 표기하고, 이러한 문헌 분류의 개념과 의의에 대해 살펴보고자 한다.

1.4.1. 문헌 분류의 개념과 정의

문헌 분류에 관한 많은 책에서는 그에 대한 다양한 정의를 통해 문헌 분류의 개념을 설명하고 있다. 앞서 살펴본 구분의 3요소에 따라 이를 정의해보면 그 의미가 더 명확해질 것이다.

우선 문헌 분류의 '피구분체'(被區分體)가 되는 것은 무엇일까? 전통적인 도서관의 측면에서 보면 그것은 '도서'일 것이다. 그런 의미에서 과거에는 '도서 분류'라는 명칭이 일반적으로 사용되어 왔던 것이다. 그러나 오늘날에는 도서관이나 문헌정보학에서 다루어야 하는 대상이 점차 더 넓어지면서, 그 범위가 '도서'는 물론 각종의 '데이터'나 '정보', '지식', '학문' 등으로 확대되고 있다. 아울러 '자료'로서의 도서의 범위도 단행본을 비롯한 전통적인 도서나 책뿐만이 아니라 각종의 '비도서자료'를 포함한 모든 유형의 매체를 포괄하도록 확대되고 있다. 앞서 살펴본 '자료'나 '정보 자료,' '문헌' 등은 이러한 매체를 표현하기 위한 용어들에 해당한다. 결과적으로 오늘날의 분류의 대상은 전통적으로 다루어온 매체, 즉 용기(容器, containers)는 물론 그 알맹이, 즉 내용물(콘텐츠, contents)을 함께 다루는 개념으로 영역이 확장되고 있는 것이다. 따라서 이 책에서는 그러한 '피구분체'의 모든 범위를 포괄할 수 있는 '문헌 분류'라는 용어를 사용하고자 한다.

아울러 분류의 결과가 되는 '구분지'(區分肢) 역시 분류의 '피구분체'와 동일한 것이 될 것이다.

분류의 기준이 되는 구분 원리(區分原理)는 데이터나 정보, 지식 등의 내용 또는 주제를 기준으로 하거나 그러한 내용을 담고 있는 매체의 외적인 형식, 즉 자료나 문헌의 형식을 기준으로 하게 된다.

따라서 문헌 분류의 개념은 구분의 3요소에 의거하면, 〈표 1-3〉과 같이 정리할 수 있을 것이다. 요약하면, 문헌 분류는 '데이터나 정보, 지식 등의 내용(contents)과 그것을 담고 있는 각종의 자료 및 매체(containers)를 그 주제와 형식에 따라 그 유사성(類似性)에 근거하여 체계적으로 배열하는 것'이라고 할 수 있을 것이다.

〈표 1-3〉 구분의 3요소에 따른 문헌 분류의 개념적 정리

구 분	피구분체	구분원리	구분지
매 체 (containers)	자료(도서, 자원, 문헌)	형 식 (format)	자료(자원, 문헌)
내 용 (contents)	데이터 정보 지식	주 제 (subject)	데이터 정보 지식

다만 이러한 정의만으로는 문헌 분류의 범위를 설명하기에 다소 미흡한 면이 있다. 따라서 문헌정보학 분야의 많은 용어 사전과 관련 자료에서는, '분류'의 범위에 대해 좀 더 명확하게 설명하고 있다. 정필모 교수는 이러한 다양한 자료들의 내용을 요약하여, 문헌 분류를 "일체의 정보 자료를 그의 주제에 따라서 배열하고 형식에 따라서 구분하기 위한 체계적인 조직 및 그 조직에 따라서 정보 자료를 당해 위치에 배정하는 것"[45]으로 정의한 바 있다. 이는 문헌 분류의 범위를 '자료를 체계적으로 조직화하는 것' 즉 분류표와 그러한 분류표에 따라 이루어지는 '분류 작업'을 포괄하는 것으로 정의하고 있는 것이다. 이와 관련하여, 분류표에 관련된 업무를 수행하는 사람을 'classificationist'(분류표의 개발자), 분류 기호를 부여하고 서가상에 배열하는 분류 작업에 관련되는 사람을 'classifier'(분류 업무의 담당자)로 구분하기도 한다[46](〈표 1-4〉 참조). 물론 이러한 작업에는 그 과정은 물론 그 결과가 포함됨은 물론이다.

〈표 1-4〉 문헌 분류의 범위

구 분	내 용	담당자
분류표의 작성	자료의 체계적 조직화	분류표 개발자(classificationist)
분류 작업	분류 기호 부여 및 서가상 배열	분류 담당자(classifier)

이상의 내용을 분류에 대한 일반적인 정의를 포함하여 종합적으로 정리해보면, 문헌 분류는 '데이터나 정보, 지식 등의 내용(콘텐츠, contents)과 그것을 담고 있는 각종의 자료 및 매체(containers)를 그 주제와 형식에 따라 그 유사성(類似性)에 근거하여 체계적으로 배열하고 조직하기 위한 일체의 행위와 과정 및 그 결과'라고 할 수 있을 것이다.

---

45) 정필모. 『문헌분류론』 (서울: 구미무역출판부, 1991). p.15.

46) Krishan Kumar. *Theory of classification*. 2nd ed. (New Delhi: Vikas Publishing House, 1981). p.15.

1.4.2. 문헌 분류, 범주화, 온톨로지, 택소노미, 폭소노미의 관계

한편 최근에는 분류 및 문헌 분류와 관련하여, 범주화(範疇化, categorization), 온톨로지(ontology), 택소노미(taxonomy)나 폭소노미(folksonomy) 등의 용어들이 사용되고 있다. Sokal이 지적하고 있는 것처럼, 분류에 관련된 다양한 용어들이 서로 다른 학문 분야에서 다양한 의미로 사용되고 있는 것이 사실이다.[47] 따라서 이러한 용어의 관계를 우선적으로 살펴볼 필요가 있을 것이다. 다만 이러한 용어들은 현재도 다양한 분야에서 그 분야의 목적에 따라 다양한 의미로 명확한 구분 없이 사용되는 경우가 많다는 사실을 지적해 두고자 한다.

우선 범주화(範疇化, categorization)는 "사물이나 개념들이 지닌 공통적인 속성, 용도, 관계 등을 이용하여 사물이나 개념들을 조직하는 전략"[48]으로, "특정한 사례가 특정한 범주의 구성원인지 여부를 결정하는 것, 그리고 특정한 개념이 다른 개념의 부분 집합인지를 결정하는 것,"[49] 즉 특정 개체가 특정 개념 속에 포함되는지를 결정하는 것을 말한다. 특히 범주화는 "인간 활동의 근본으로서 다양성 속에서 유사성(類似性)을 파악하기 위한 인간의 능력"[50]이다. 흔히 고전 범주화 모형이라고 불리는 모형에서는 '범주 내의 모든 성원(成員)은 공통의 속성을 지니며, 따라서 모든 성원은 대등하다'고 간주하는 데 비해, 오늘날의 자연 범주화 이론에서는 특정 범주에는 그 범주를 대표하는 가장 전형적인 원형(原型, prototype)이 존재하고 범주의 성원은 위계 구조(位階構造)를 갖는다고 주장하고 있다.[51] 논리학에서 범주는 "모든 유개념(類槪念)을 포괄하는 최고의 유개념"[52]으로 정의되지만, 개개 사례들을 포함하는 하위 개념들이 범주로서

---

47) R. R. Sokal. "Classification: Purposes, principles, progress, prospects." *Science,* Vol.185, No. 4157 (1974). p.1116.

48) 한국교육심리학회. 『교육심리학용어사전』 (서울: 학지사, 2000).

49) 곽호완 등저. 『실험심리학용어사전』 (서울: 시그마프레스, 2008).

50) 김태수. 『분류의 이해』 (서울: 문헌정보처리연구회, 2000). p.27.

51) *Ibid.,* pp.33-34.

52) 박준택. 『일반논리학』. 증보수정판. (서울: 박영사, 1980). p.51.

이해되기도 한다.53) 한편 동물분류학에서는 일반적으로 “단계적인 분류의 어떤 단계에서 하나의 형식적인 단위로 인식되고 실재하는 생물의 한 군”을 분류군(分類群, taxon; 복수는 taxa)이라 하고, “단계적인 분류의 계급(階級, rank)이나 단계(level)”를 범주(category)라고 한다.54) 동물의 범주에 대해서는 앞서 〈표 1-2〉에서 살펴본 것처럼, 통상 계(界, kingdom), 문(門, phylum), 강(綱, class), 목(目, order), 과(科, family), 속(屬, genus), 종(種, species)의 7개 기본 범주로 구분하는 경우가 많다. 결국 동물분류학의 범주화는 분류군을 분류하기 위해 편의상으로 설정된 범주에 동물들을 분류하는 것이 될 것이다. 따라서 어느 경우이든, 범주화는 특정의 목적을 가지고 특정의 대상을 범주별로 구분해주는 것이라고 할 수 있을 것이다.

온톨로지의 정의로 널리 인용되고 있는 Gruber의 정의에서는, 온톨로지를 “어떤 개념화된 것에 대해 명시적으로 구체적으로 밝혀주는 것”(an explicit specification of a conceptualization)55)으로 설명하고 있다. 위키피디아(Wikipedia)에서는, 컴퓨터과학과 정보학의 정의들 들어, “담화(談話, discourse)의 특정 영역에 실제로 또는 기본적으로 존재하는 실재들(實在, entities)의 유형(types)과 속성(屬性, properties), 상호 관계(interrelationships)에 대해 공식적으로 명명(命名)하고 정의하는 것”56)으로 설명하고 있다. 심경 박사는 이와 관련하여, 시소러스와의 관련성과 차이점을 제시하면서, 온톨로지의 공식성(公式性)과 명시성(明示性), 공유성(共有性)에 대해 주목한 바 있다.57) 이 책이 온톨로지에 대한 전체적인 분석을 시도하기 위한 것은 아니지만, 관련된 전문 자료들을 종합적으로 분석해 보면, 온톨로지는 “다양한 실재(entities)(대상이나 객체 포함)에 대한 다양한 사람들의 주관적인 인식들을 객관화(客觀化)하여 개념화(概念化)하고,

---

53) 한국교육심리학회. 『교육심리학용어사전』(서울: 학지사, 2000).

54) 동물분류학에 대한 이상의 설명은 다음 블로그의 내용을 참고하였음. “분류학상의 분류군과 범주.” 〈http://blog.naver.com/kiss5645/140159719385〉.

55) T. R. Gruber. “Toward principles for the design of ontologies used for knowledge sharing.” *International journal of human-computer studies,* Vol. 43(1993). pp.907-928.(〈http://rsscashsecrets.tripod.com/onto-design_thomas-gruber.pdf〉, 1)

56) Wikipedia. (〈http://en.wikipedia.org/wiki/Ontology_(information_science)〉.

57) 심경. “온톨로지(Ontology).” 도서관문화 제50권 제10호. pp.49-50.

그들 사이의 관계를 누구나가 이해할 수 있도록 표준화(標準化)된 용어나 기호를 통해 구체적이고 체계적인 방법으로 밝힘으로써, 이를 누구나가 공유할 수 있도록 하는 것"이라고 정의해도 틀린 말은 아닐 것이다. 따라서 문헌정보학적인 시각에서 보면, 이미 Soergel이 지적하고 있는 것처럼,[58] 이는 전통적인 분류의 재발명(再發明)이라는 지적이 근거 없는 주장은 아님을 알 수 있을 것이다.

택소노미(taxonomy)는 그리스어의 순서(順序, order)나 배열(排列, arrangement)을 의미하는 'taxis'와 법(law)이나 과학(science)을 의미하는 'nomos'가 합성된 단어이다.[59] 일본에서는 분류 체계라는 용어로 번역하기도 한다.[60] 원래는 생물학에서 사용하던 용어가 오늘날에는 문헌정보학 및 컴퓨터과학 등 다양한 분야에서 사용되고 있다. 이와 관련하여, 위키피디아(Wikipedia)에서는 이를 "사물과 개념에 대한 분류의 실제와 과학으로, 그와 같은 분류의 바탕이 되는 원칙들을 포함한다."[61]라고 설명하고, 그 정의는 자료마다 다르게 이루어지고 있음을 파악하고 다음과 같은 다양한 정의를 제시하고 있다.[62]

① 개개의 것들을 종(種)으로 그룹화하고, 종을 더 큰 그룹으로 배열하고, 그러한 그룹들에 대해 이름을 부여함으로써, 분류를 만들어내는 이론과 실제.
② 기술(description)과 동정(同定, identification), 명명법(命名法, nomenclature), 분류를 망라하는 과학 및 계통분류학(系統分類學, systematics)의 한 영역.
③ 생물학에서 유기체(有機體)들을 분류로 배열하는 분류의 과학.
④ 종들의 구성 수단 등의 연구를 포함하는 살아 있는 유기체에 적용되는 분류의 과학.
⑤ 분류를 목적으로 하는 유기체의 특성에 관한 분석.
⑥ 계통분류학에서, 분류로 변환될 수 있는 패턴을 제공해주는 계통발생론(系統發生論, phylogeny)의 연구와 택소노미의 더 포괄적인 영역의 이름들.

---

58) D. Soergel. "The rise of ontologies or the reinvention of classification." *Journal of the American Society for Information Science,* Vol.50, No.12(1999). pp.1119-1120.

59) Wikipedia. (〈http://en.wikipedia.org/wiki/Taxonomy_(general)〉)

60) ウィキペディア. 〈https://ja.wikipedia.org/wiki/%E5%88%86%E9%A1%9E%E4%BD%93%E7%B3%BB〉

61) Wikipedia. (〈http://en.wikipedia.org/wiki/Taxonomy〉).

62) Wikipedia. 〈https://en.wikipedia.org/wiki/Taxonomy_(biology)#Alpha_and_beta_taxonomy〉.

또한 니와(丹羽智史) 등은 이를 "소수(少數)의 권위를 가진 담당자가 미리 분류 계층 구조를 구축해두고, 그 후에 개개의 분류 피대상물을 계층 구조의 최하층에 채워 넣어가는 하향식(下向式, top-down) 방식의 분류 기법으로, 분류 구조의 구축 단계와 분류 단계로 나뉘어 있는 것이 특징"[63]이라고 설명하고 있다. 물론 생물분류학에서는 앞서 살펴본 것처럼, 분류는 "어떤 분류표의 측면에서 대상들을 분류하는 실제 활동"을 말하고, 택소노미는 "분류의 한 이론"(a theory of classification)을 말하기도 한다.[64]

폭소노미(folksonomy)는 대중을 의미하는 'folks'와 '택소노미'(taxonomy)의 합성어로, 협동 분류(協同分類, collaborative categorization)나 소셜 태깅(social tagging), 소셜 인덱싱(social indexing)이라고도 한다. 일반적으로는 개개 이용자들의 자유로운 참여를 통해 모아진 키워드 형식의 정보, 즉 태그를 여러 사람의 수정과 추가라는 태깅 과정을 거쳐 이 태그들을 모아 하나의 가치 있는 정보가 되는 구조로 만들게 되는데, 이 구조를 폭소노미라고 한다.[65] 즉 폭소노미는 이용자 생성 메타데이터로서 사람들에 의한 분류법[66]을 의미하는 동시에 협동적 분산 분류(協同的 分散 分類) 시스템'[67]이다. 따라서 폭소노미는 정보 이용자의 관점을 시스템 구축에 반영하여 이용자 중심의 탐색 도구를 개발한다는 점에서 중요한 의미를 갖는다고 할 수 있다.[68] 이와 관련하여, 니와(丹羽智史) 등[69]은 이를 "상향식(上向式, bottom-up)의 분류 방식으로, 폭소노미의 분류 구조는

---

63) 丹羽智史, 土肥拓生, & 本位田真一. "Folksonomyの3部グラフ構'造を利用したタグクラスタリング." セマンティックウェブとオントロジー研究会. 人工知能ロ学会研究会資料SIG-SWO-A602-07(2006). p.07-02.

64) B. McKelvey. *Organizational systematics: Taxonomy, evolution, classification* (Los Angeles: Univ of California Press, 1982). p.13.

65) 박희진. "폭소노미에 따른 웹 분류 연구." 한국문헌정보학회지 제45권 제1호(2011). p.190..

66) 이성숙. "대학도서관 폭소노미 태그의 형태적 특성에 관한 연구." 한국문헌정보학회지 제42권 제4호(2008.12). p.466.

67) 이정미. "폭소노미의 개념적 접근과 웹 정보 서비스에의 적용." 한국비블리아 제18권 제2호(2007.6). pp.141-159.

68) 노지현. "도서관목록에서 폭소노미 적용의 의미와 한계." 한국도서관·정보학회지 제40권 제4호(2009.12). pp.381-400.

69) 丹羽智史, 土肥拓生, & 本位田真一. *op. cit.,* p.07-02.

개개의 최종 이용자(end user)가 각각의 문서에 태그 부여를 실시함으로써 구축된다"고 하고, "태그 부여는 이용자가 대상 문서의 특징을 단적으로 표현하는 키워드를 자신의 주관에 따라 선택하는 행위로, 임의의 키워드를 문서에 태그를 부여할 수 있다"고 하였다. 또한 폭소노미에서는 "분류 단계가 그대로 분류 구조 구축 단계를 겸하게 되고, 분류 구조는 수평적"이다.

이상에서 살펴본 내용을 중심으로 택소노미와 폭소노미를 비교해보면 〈표 1-5〉와 같다. 결과적으로 폭소노미는 대중의 참여와 그들로부터의 피드백을 바탕으로 전통적인 분류를 개선하고자 하는 시도의 하나로 볼 수 있을 것이다. 과연 이러한 시도가 기존의 문헌 분류를 대체하게 될는지, 아니면 한때 각 분야마다 자체의

〈표 1-5〉 택소노미와 폭소노미의 비교

구 분	택소노미	폭소노미
분류개발 및 참여자	권위를 가진 담당자(authority)	최종 이용자(end users)
참여자 수	소수	다수
분류의 방식	하향식(top-down)	상향식(bottom up), 양방향식
분류의 구조	계층적 분류 (hierarchical classification)	수평적 분류 (flat classification)
분류 단계	분류구조의 구축단계와 분류단계로 구분	분류구조의 구축단계 = 분류단계
특 징	전문적, 중앙집중적 분류시스템	협동적 분산 분류시스템
장 점	전문가나 숙련된 이용자에 적합 분류작업의 일관성 유지 분류시스템의 확장·축소에 유리 용어의 문맥상 관계 표현	저비용 시스템 이용자 참여에 의한 요구 반영 웹정보 변화의 신속한 수용 가능 검색의 다양한 접근점 제공 가능 재현율이 높아질 가능성
단 점	고비용 시스템 많은 시간과 노력 소요 이용자 피드백 반영 미흡	정확률(정도율)의 감소 분류체계상의 비일관성 전체적 통제·관리상의 어려움

메타데이터를 독자적으로 개발하면서 이러한 것들이 기존의 전통적인 검색 도구들을 대체할 것처럼 요란스럽던 것이 결국 미국의회도서관 중심의 METS나 MODS로 수렴되는 경향을 보이는 것과 같이, 결국은 어느 시점에서 자체의 한계에 봉착하여, 다양한 시도와 수정을 거듭하면서 성과를 축적해온 전통적인 분류 기법의 도움을 얻고자 유턴할는지는 두고 볼 일이다. 다만 어느 경우이든, 이와 같이 정보나 자료의 체계적인 조직을 통해 검색의 효율과 편리성을 높이고자 하는 시도들은 분류의 재발견(再發見) 내지는 분류에 대한 새로운 관심이라는 점에서 충분히 환영할만한 일이다. 아울러 그 미래가 어느 방향으로 가든, 이러한 분야의 연구자들은 전통적인 문헌 분류 이론으로부터 도움을 얻고자 할 것이다. 따라서 기존의 문헌 분류의 학문적 기반이 이러한 관심과 연구에 도움이 될만한 충분한 이론적 토대와 근거를 제공함으로써 그 가치와 성과가 재평가(再評價)될 수 있는 계기를 얻을 수 있다면, 문헌 분류의 연구는 한층 더 업그레이드될 수 있는 기회를 갖게 될 것이다.

1.4.3. 서지 분류와 서가 분류

문헌 분류는 그 목적과 용도에 따라 서지 분류(書誌分類, bibliographic classification)와 서가 분류(書架分類, shelf classification)로 구분하기도 한다. Rowley와 Farrow를 비롯한 서양의 많은 학자들은 'bibliographic classification'을 문헌 분류를 의미하는 용어로 사용하기도 한다.[70] 그러나 동양의 많은 자료들은 이를 서지 분류로 번역하고 서가 분류에 대응하는 용어로 사용하는 경우가 많다.[71]

서지 분류는 글자 그대로 원래 서지 작성을 기본적인 목적으로 시작된 분류로, 책자체(冊子體) 형식을 기본 전제로 한다. 따라서 정보나 자료의 검색은 부차적인

70) J. Rowley & J. Farrow. *Organizing knowledge: An introduction to managing access to information*. 3rd Ed. (Hampshire: Gower, 2000). p.194.

71) 김정소. 『자료분류론』 (대구: 계명대학교출판부, 1983). pp.32-34.; 일본도서관정보학회 용어사전편집위원회 편; 오동근 역. 『문헌정보학 용어 사전』(대구: 태일사, 2011). p.276, p.285.; 윤희윤. 『정보자료분류론』. 제5판. (대구: 태일사, 2015). pp.16-17.

목적이 되며, 서지의 저록(著錄, entry)의 배열도 당연히 고정적이 될 수밖에 없다. 즉 어떤 자료에 대한 서지 레코드가 책자에 필사(筆寫)되거나 인쇄되면 그 레코드의 순서는 당초 만들어질 때 그대로 유지되며, 따라서 그것을 수록하고 있는 책자가 개정될 때까지는 그 위치를 변경할 수 없게 되는 것이다. 이를 고정식 배열법(固定式排列法, fixed location)이라 한다.

서지 분류(書誌分類)는 자료의 배열 기준으로 자료의 주제나 내용뿐만 아니라, 자료의 크기나 장정(裝幀), 입수 순서, 출판 연도, 분류 기호 등의 다양한 기준을 채택할 수 있다는 장점이 있다. 때로는 이러한 기준 가운데 몇 가지를 필요에 따라 복수로 채택할 수도 있는 것이다. 복수 주제(複數主題)를 다루고 있는 자료의 경우에도 필요한 주제 수만큼 서지의 저록을 작성하여 부출(副出)하게 되면 되기 때문에, 서지 내에서 복수 주제를 표현하는 데 제한을 받지 않는다는 장점이 있다.

서가 분류(書架分類)는 글자 그대로 서가상에 자료를 체계적으로 배열하기 위한 분류를 말한다. 서가에 배열한다는 의미에서 배가 분류(排架分類)라고도 한다. 대부분의 경우는 자료나 문헌의 청구 기호(請求記號) 순서대로 서가에 배열된다. 따라서 서가 분류의 목적은 자료를 서가상에 배열하고 이를 이용자들이 편리하게 검색하여 활용할 수 있도록 하기 위한 것이다. 물론 이러한 서가상의 배열 순서대로 목록을 작성한 서가 목록(書架目錄, shelf list)을 갖추고 있는 도서관들도 있지만, 서가 분류는 책자 행태의 목록을 작성하기 위한 것과는 목적이 다르다. 하나의 자료나 문헌은 서가상의 한 곳에만 배치될 수 있기 때문에, 설사 그 자료나 문헌이 복수의 주제를 가지고 있는 경우라고 하더라도, 이를 반영하여 서가상의 여러 곳에 자료를 배치하는 것은 불가능하다. 서지 분류에서 저록의 위치가 고정되는 것과는 달리, 서가 분류의 경우에는 자료나 문헌이 다른 자료나 문헌과의 상호 관계에 따라 그 배열 위치가 달라지는데, 이런 의미에서 이를 상관식 배열법(相關式排列法, relative location)이라고도 하고, 문헌이나 자료의 배열 위치가 움직일 수 있다는 의미에서 이동식 또는 가동식(可動式) 배열법(movable location)이라고도 한다.

이상의 내용을 요약하면 〈표 1-6〉과 같다.

〈표 1-6〉 서지 분류와 서가 분류의 비교

구분	서지 분류	서가 분류 (배가 분류)
개 념	목록 정보를 책자체 서지에 체계적으로 배열하기 위한 분류	자료를 서가상에 체계적으로 배열하기 위한 분류
분류목적	서지 작성	서가상의 배열·검색(개가제)
배열방식	고정식 배열법	상관식 배열법
복수주제	복수주제의 다면적 표현 가능	복수주제의 다면적 표현 불가능
배열기준	자료의 크기, 장정, 입수, 연대, 분류기호 등	청구기호순(필수)
배가방식	고정식 배가법(순차적 배가법)	상관식 배가법(이동식 배가법)
역 사	고대부터 19세기까지 (칠략, Pinakes 등)	19세기 이후부터 현대까지 (DDC 등을 포함한 대다수의 분류법)

연원으로 보면, 서지 분류가 특히 목록을 재산 관리의 중요한 도구로 간주했던 재산 목록 시대(財産目錄時代)로부터 일반적으로 사용되었다고 할 수 있다. 서가 분류가 일반화된 것은 공공도서관이 보급되기 시작한 19세기 후반의 일로 알려져 있다.72) 또한 서지 분류와 서가 분류의 일원화(一元化)는 1870년 W. T. Harris의 분류법에서 시도되었으며, 1876년에 발행된 Melvil Dewey의 DDC에 의해 결정적으로 일원화되었다고 한다. 현대의 대부분의 문헌분류법은 서가 분류와 서지 분류에 동시에 적용할 수 있는 공용 분류법(共用分類法)이라고 할 수 있다.

1.4.4. 문헌 분류의 효과

문헌 분류는 도서관의 입장에서는 물론 이용자의 입장에서도 여러 가지 면에서 도움이 될 수 있는 효과를 가지고 있다.

우선 도서관의 입장에서 문헌 분류를 통해 얻을 수 있는 효과를 보면 다음과 같다.73)

72) 일본도서관정보학회 용어사전편집위원회 편; 오동근 역. 『문헌정보학 용어 사전』(대구: 태일사, 2011). p.276.
73) 김정소. 『자료분류론』 (대구: 계명대학교출판부, 1983). p.36.; 정필모. 『문헌분류론』 (서울: 구미무역

① 해당 도서관의 소장 자료의 구성 내용이나, 주제별 분포, 밀집 정도, 강점(强點) 및 약점(弱點) 등을 용이하게 파악할 수 있다.

② 문헌 분류를 통해 자료 선택이나 장서 구성에 필요한 각종의 통계 데이터를 제공함으로써 장서 개발(藏書開發)에 도움을 줄 수 있다.

③ 해당 도서관의 소장 자료의 대출 현황이나 이용 상황, 경향(傾向) 등을 학문 영역이나 주제, 유형, 이용자 집단 등 별로 신속하게 파악하는 데 도움을 줄 수 있다.

④ 주소의 역할을 하는 분류 기호를 해당 자료나 문헌에 부여함으로써 신착자료(新着資料)를 서가에 배열하거나 반납 자료를 정확하게 재배열(再排列)하는 데 도움을 준다.

⑤ 각 문헌이나 자료에 부여된 분류 기호를 활용하여 대출(貸出)과 반납(返納) 업무를 효율적으로 용이하게 수행할 수 있다.

⑥ 필요할 경우 주제별 서지(主題別書誌)를 작성하거나 주제별로 자료를 전시하는 데 도움이 된다.

⑦ 청구 기호 순으로 된 서가 목록이나 데이터베이스를 활용할 경우 장서 점검(藏書點檢)이나 문헌의 제적(除籍) 및 제거에 편리하다.

⑧ 많은 도서관이 동일한 표준 분류법(標準分類法)을 채택하고 있을 경우, 이를 활용하여 도서관 상호 협력(相互協力)이나 분류 작업의 효율화를 도모할 수 있다.

한편 이용자의 입장에서 문헌 분류를 통해 얻을 수 있는 효과는 다음과 같다.[74)]

① 도서관 이용자가 자신이 이용하고자 하는 도서관의 장서 구성이나 수서경향(收書傾向), 주제별 장서량, 강점 및 약점 등 자료의 전체적인 특징을 용이하게 파악할 수 있다.

출판부, 1991). pp.18-19.; 윤희윤. 『정보자료분류론』. 제5판. (대구: 태일사, 2015). pp.21-22.; 이창수. 『자료분류론』 (서울: 한국도서관협회, 2014). p.10.

74) 김정소. *op. cit.*, p.36.; 정필모. *op. cit.*, pp.18-19.; 윤희윤. *op. cit.*, p.22.; 이창수. *op. cit.*, p.9.

② 해당 도서관의 특정 주제 내의 자료나 문헌의 소장 정도를 일목요연하게 파악할 수 있다.
③ 특히 해당 도서관에서 개가제(開架制)를 채택하고 있을 경우, 서가상의 분류 기호를 활용한 체계적인 브라우징(systematic browsing)을 통해 유사한 자료를 용이하게 접근하여 신속하게 검색할 수 있다.
④ 체계화된 분류표나 서가상에 체계적으로 배열된 자료나 문헌들을 통해 학문 영역이나 주제, 관심 분야 별로 지식을 체계화하는 데 도움이 된다.
⑤ 정확한 분류 기호를 알고 있을 경우 이를 활용하면 서가 접근이나 탐색에 소요되는 시간과 노력을 줄일 수 있다.

1.5. 문헌 분류의 도서관 업무상 및 편목 이론상의 위치

1.5.1. 도서관 업무상의 위치

우리는 현대 사회를 살면서 끊임없이 새로운 정보와 지식을 입수하고, 처리하고, 활용한다. 도서관에서는 다양한 자료와 문헌을 수집하고, 정리하고, 이용자가 이용할 수 있도록 하고 있다. 이와 관련하여, Chapman 등[75]은 도서관의 토털 시스템을 수서(acquisition)와 편목(cataloging), 유통(circulation), 참고 봉사(reference), 연속간행물(serials), 경영·기획(administration and planning)의 여섯 개 기본 시스템으로 구분하여 제시한 바 있다. [그림 1-7]은 Chapman 등의 모델을 바탕으로 시대 변화에 맞춰 조정된 도서관 시스템에 대한 설명용 모델이다.

75) E. A. Chapman, P. L. St. Pierre, J. Lubans, Jr. *Library systems analysis guidelines* (New York: Wiley-Interscience,1970). p.12. 이것은 1970년에 제시된 모델이기 때문에, 그 용어들은 오늘날 더 일반적으로 사용되는 용어로 다소 조정하였다. 예를 들면, 수서는 장서 개발(collection development), 참고 봉사는 정보 서비스(information service)와 같이 변경하였다. 그럼에도 불구하고, 이 모델은 도서관의 전체적인 업무를 이해하기 위해서는 여전히 훌륭한 모델이라고 생각한다.

[그림 1-7]에서 볼 수 있는 것처럼, 도서관의 하위 시스템에서 분류 업무는 편목 업무(編目業務)와 함께, 정리 업무의 중요한 구성 요소가 되고 있다. 전통적으로는 이 둘을 합쳐 자료 조직(資料組織)이라고도 부르고 있으며, 이 업무가 갖는 전통적 중요성 때문에, 도서관 사서를 선발하기 위한 대부분의 채용 시험에서는 이 과목을 필수 과목으로 채택해오고 있다.

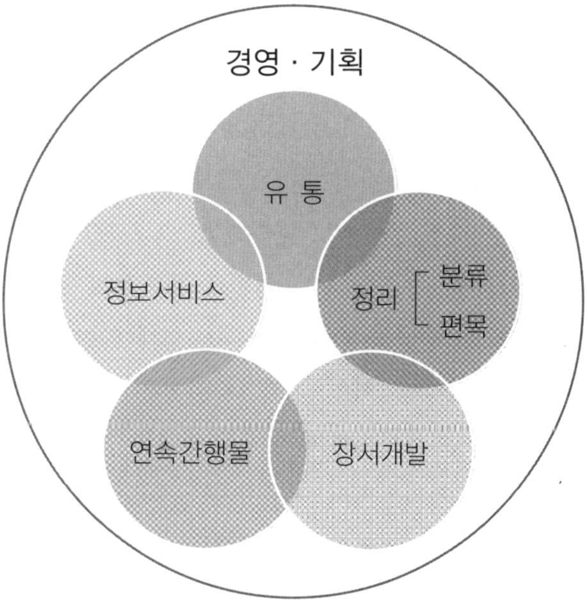

[그림 1-7] 도서관 시스템의 설명용 모델

장서 개발은 좋은 자료나 문헌을 입수하고 소장하고 관리하기 위한 중요한 업무이다. 열람과 대출을 포함한 유통 업무는 자료와 문헌이 효과적으로 이용자에게 활용될 수 있도록 순환시켜 주는 역할을 한다. 정보 서비스는 정보 이용에 관련된 이용자의 다양한 요구를 해결해 주는 중요한 업무이다. 정기간행물을 포함한 연속간행물을 다루는 업무는 일반 단행본과는 다른 서지적 특성(書誌的 特性)을 갖기 때문에 별도로 다루어지는 업무로 오늘날에는 각종 비도서 자료들을 포함하여 다양한 매체들에 대한 이용자의 요구들을 해결해주는 중요한 업무가 되고 있다.

[그림 1-7]에도 잘 나타나 있는 것처럼, 정리 업무는 장서 개발과 유통 업무 사이에서 수집된 정보와 자료, 문헌들이 잘 유통될 수 있도록 해주는 역할을 하는 업무라고 할 수 있다. 일반적으로 말하면, 이러한 정리 업무 중에서 분류는 정보와 자료에 대한 체계적인 접근이 가능하도록 해주는 역할을 하고, 편목의 결과로 만들어지는 목록은 그러한 정보와 자료를 직접적으로 검색해낼 수 있도록 하는 데 도움을 주는 도구라고 할 수 있다.

이러한 체계적인 정리의 장점은 일상생활의 예를 통해서도 쉽게 확인할 수 있다. 일례로, 과일 가게의 예를 살펴보면 다음과 같다. 과일 가게 아저씨는 좋은 과일을 확보하기 위해 새벽 일찍 청과물 도매 시장으로 가서 경매에 참여하고자 할 것이다. 가게에 돌아와서는 이렇게 입수한 좋고 싱싱한 과일을 과일상자에서 꺼내, 우선 과일 종류별로 분류하고, 그 상태나, 크기 등을 확인하여, 같은 종류의 과일 안에서는 다시 가격대별로 세분하게 될 것이다. 이러한 작업들은 과일을 사러 오는 손님들이 그 과일들을 쉽게 확인하고 구입할 수 있도록 하기 위한 것이다. 각각의 과일 가게 주인들은 각자의 판매 전략과 노하우(knowhow)를 가지고 자신들의 특성에 따라 과일들을 다양한 방식으로 전시하고 판매할 것이다. 이 과정에서 이루어지는 선별(選別)과 분류, 전시의 업무들은 도서관에서 이루어지는 분류와 그 목적이나 방식이 다를 바가 없다. 적절한 선별과 분류를 하지 못하게 되면, 과일을 많이 팔더라도 손해를 볼 수 있고, 일시적으로 높은 가격을 받을 수는 있더라도 장기적으로는 손님들이 줄어들게 되어 가게 문을 닫아야 할 수도 있을 것이다. 생선 가게 주인도 의식적이든 무의식적이든 나름의 노하우를 가지고 생선들을 분류할 것이다. 어린 아이는 마찬가지로 자신의 방식으로 장난감을 분류할 것이다. 이런 시각에서, Buchanan은 "어떤 패턴이나 순서에 대한 관심은 우리 인간들이 타고 나는 것"으로 보고, "인간은 분류하는 동물(classifying animal)"이라고 정의한 바 있다.[76)]

76) Brian Buchanan 저; 정필모, 오동근 역. 『문헌분류이론』 (서울: 구미무역출판부, 1998). p.9.

1.5.2. 문헌 분류의 편목 이론상의 위치

Cutter는 목록의 목적을 다음과 같이 설명하고 있는데,77) 이것은 목록의 목적에 관한 고전적인 설명으로 인정되고 있다.

1. 어떤 사람이 다음 중 어느 것인가가 알려져 있는 책을 찾을 수 있도록 하기 위해,
   (A) 그 저자(the author),
   (B) 그 서명(the title),
   (C) 그 주제(the subject)
2. (다음과 관련하여) 그 도서관이 가지고 있는 것을 보여 주기 위해,
   (D) 어떤 특정 저자에 의해,
   (E) 어떤 특정 주제에 관해,
   (F) 어떤 특정 종류의 문학에서
3. (다음과 관련하여) 어떤 책의 선정을 도와주기 위해.
   (G) 그 판(edition)에 관해 (서지적으로),
   (H) 그 특성에 관해 (문학적으로나 주제적으로)

문헌 분류는 Cutter의 이러한 목록의 목적 중 '주제가 알려져 있는 책을 찾을 수 있도록' 해주거나, '특정 주제에 관해 그 도서관이 가지고 있는 것을 보여 주기 위해' 이루어지는 것이다. 도서관의 입장에서 보면 주제는 책이나 자료, 문헌에 저자나 편자(編者) 등이 표현하고 있는 주요 내용으로, 이러한 주제에 대한 검색은 주제명(主題名)이나 분류 기호를 활용하여 이루어지게 된다.

도서관의 목록을 작성하는 업무는 크게 기술목록법(記述目錄法, descriptive cataloging)과 주제목록법(主題目錄法, subject cataloging)으로 구분된다.78)

---

77) Charles A. Cutter. *Rules for a dictionary catalog.* 4th ed. (Washington: Government Printing Office, 1904). p.12. (〈https://archive.org/details/rulesforadictio06cuttgoog/page/n16/mode/2up〉)

78) 일본도서관정보학회 용어사전편집위원회 편; 오동근 역. 『문헌정보학 용어 사전』(대구: 태일사, 2011).

기술목록법은 "대상이 되는 자료의 특징을 기록하고, 자료 자체의 대용(代用)이 되는 서지 기술(書誌記述, bibliographic description)의 작성과, 기술을 검색하기 위한 표제어(標題語)가 되는 표목(접근점, access point)의 선정과 형식의 결정, 그것들로부터 구성되는 서지 레코드의 배열 등에 관계되는 목록법"[79]으로, "서지 기술의 작성과 접근점(接近點)의 결정"[80]을 포함하게 된다. 이에 대해 주제목록법은 "주제에 관한 레코드 작성에 관계되는 측면으로, 주제 정보에 관계되며, 주제 분석(主題分析, subject analysis)과 그 결과에 대한 분류 기호 및 주제명 표목(主題名標目)의 부여"[81]가 중심이 된다. 즉 주제 분석의 결과를 통제된 주제어로 바꾸면 주제명이 되고, 이를 기호로 변환하면 분류 기호가 되는 것이다. 이상의 내용을 요약하면 [그림 1-8]과 같다.

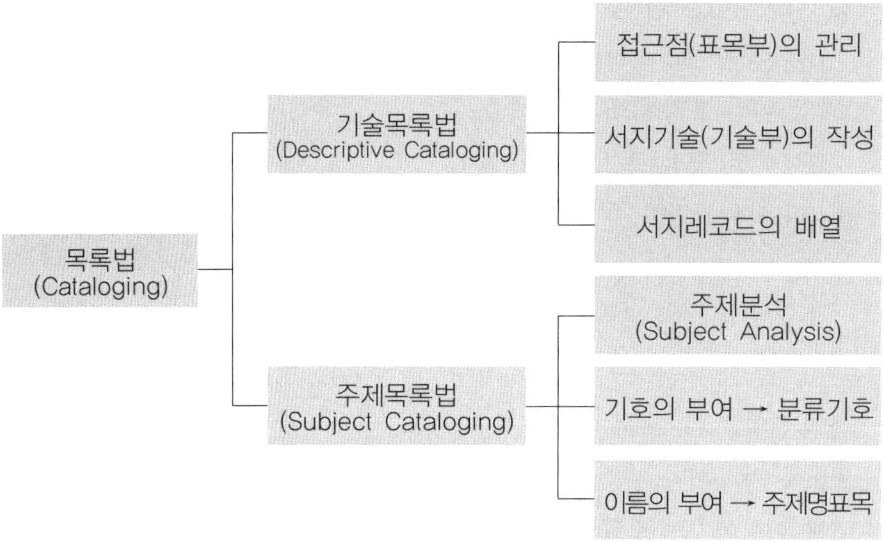

[그림 1-8] 목록법 체계상의 분류의 위치

---

pp.199-200.

79) 일본도서관정보학회 용어사전편집위원회 편; 오동근 역. 『문헌정보학 용어 사전』(대구: 태일사, 2011). p.106.

80) Lois Mai Chan. *Cataloging and classification: An introduction* (New York: McGraw-Hill Book Company, 1981). p.11.

81) 일본도서관정보학회 용어사전편집위원회 편; 오동근 역. *op. cit.*, p.471.

Chan은 자료나 문헌이 담고 있는 주제를 명확하게 하는 주제 분석을 다음과 같은 세 단계로 구분하여 제시하고 있다.[82)]

① 해당 저작을 검토하고 그 주제 내용을 결정한다. 이러한 주제의 결정에는 저작에 대한 통독(通讀)이나 서명, 외부 서지 자료의 활용 등의 다양한 방법이 활용될 수 있을 것이다.
② 주요 주제나 주된 개념을 파악한다. 여기에는 저자의 관점(觀點)이나 시간, 장소 등과 같은 주제의 서로 다른 측면도 포함된다.
③ 파악된 주제나 개념을 특정 시스템이나 분류표에 의해 표현한다.

이러한 주제 분석의 결과는 통제된 형태의 주제명이나 분류 기호로 표현될 수 있는데, 이러한 주제목록법의 결과로 완성되는 검색용의 통제 어휘집이 시소러스(thesaurus)이다. 문헌정보학 분야에서 개발하여 사용해오고 있는 주제명표목표와 문헌분류표는 이러한 시소러스의 대표적인 유형이라고 할 수 있다. 아울러 주제 분석의 결과를 도서관에서 목록의 형태로 완성한 것이 주제 목록으로, 여기에는 분류순 목록(分類順目錄)과 주제명 목록(主題名目錄)이 포함된다. 즉 주제 목록은 자료를 주제로부터 검색하기 위한 목록으로, 분류순 목록은 자료의 주제나 형식을 기호로 나타낸 분류 표목에 의해 배열한 것이고, 주제명 목록은 자료나 문헌의 주제 또는 형식을 명사(名辭)로 나타낸 주제명 표목에 의해 배열한 것이다.[83)]

분류순 목록(分類順目錄, classified catalog)은 자료나 문헌을 체계적으로 검색하기 위한 목록으로,[84)] 저자나 서명, 특정 주제보다도 일정한 연구 분야나 조사 사항에 대해 어떤 문헌이 있는가를 체계적으로 알고자 할 때 활용할 수 있는 목록이다. 주제명 목록(主題名目錄, subject catalog)은 기본적으로 저자나 서명을

82) Lois Mai Chan. *op. cit.*, pp.133-134.
83) 일본도서관정보학회 용어사전편집위원회 편; 오동근 역. *op. cit.*, p.471.
84) 志保田務, 高鷲忠美, 平井尊士.『情報資源組織法』(東京: 第一法規, 2012). p.180.

〈표 1-7〉 분류순 목록과 주제명 목록의 장점과 단점의 비교[85]

	분류순 목록	주제명 목록
장점	배열이 이론적 · 체계적이다. 관련주제가 집중된다. 용어에 좌우되지 않는다. 분류표목의 결정이 서가분류작업의 연장선상에서 가능하다.	원하는 주제를 나타내는 용어를 사용하여 직접적으로 검색할 수 있다. 검색은 표목의 의미만 이해하면 된다. 관점이 다른 경우에도 특정주제에 대한 저록들이 집중된다.
단점	분류표목의 기호가 자명(自明)하지 않고 추상적이기 때문에 이해하기 어렵다. 검색에 분류체계에 대한 이해가 필요하다. 특정주제의 경우에도 관점이 다르면 저록이 분산된다.	주표목(主標目)의 배열이 체계적이지 않다. 관련주제가 용어에 따라 분산된다. 용어에 좌우되어, 주제명참조에 끌려다닐 수 있다. 서가분류작업과는 별도로 주제명작업을 추가로 해야 한다.

알지 못하고, 주제를 알고 있거나 특정 주제에 관한 자료나 문헌의 유무를 알고자 할 때 활용할 수 있는 목록이다. 분류순 목록과 주제명 목록은 각각의 장점과 단점을 가지고 있는데, 이를 비교해보면 〈표 1-7〉과 같다.

1.6. 분류표와 분류 기호의 요건

자료나 문헌을 분류하기 위해서는 체계화된 표가 필요하게 되는데, 이러한 목적을 위해 개발된 것이 분류표이다. 일반적으로 분류표는 분류를 위한 용어들을 체계적인 순서로 편성하고 분류 기호와 색인을 갖추고 있다.

1.6.1. 분류표의 기본 요건

분류표가 갖추어야 할 기본적인 요건으로는 다음과 같은 것들이 있다.[86]

85) 志保田務, 高鷲忠美, 平井尊士. 『情報資源組織法』(東京: 第一法規, 2012). p.167.

86) *Ibid.*, pp.184-185.; 윤희윤. 『정보자료분류론』. 제5판. (대구: 태일사, 2015). p.50.; 이창수. 『자료분류론』(서울: 한국도서관협회, 2014). pp.12-13.; 정필모. 『문헌분류론』(서울: 구미무역출판부, 1991). pp.19-20.

① 분류표의 체계: 전반적인 체계는 학계에서 객관성(客觀性)과 보편성(普遍性)을 인정받는 학문 분류를 바탕으로 해야 하며, 학문 분류 체계의 변화에 순응할 수 있는 유연성(柔軟性)과 최신성(最新性)을 갖추어야 한다.

② 분류표의 각 항목의 전개: 논리적(論理的)인 원리와 원칙에 따라 분류 항목의 전개와 구분이 이루어져야 하며, 계층적 구조(階層的 構造)를 갖도록 하는 것이 바람직하다.

③ 용어법(用語法): 분류표에서 사용하는 용어는 그 의미가 명확하고, 시대에 적합하며, 통일성(統一性)을 가지고 사용해야 한다.

④ 분류표의 전개 수준: 분류표는 구체적이고 상세하고 정밀하며, 도서관의 규모에 따라 적절히 적용할 수 있는 융통성(融通性)을 가져야 한다.

⑤ 분류 원칙의 준수: 일관성, 망라성(網羅性), 상호배타성, 전개상의 점진성(漸進性) 등과 같은 분류 및 구분의 일반 원칙을 지켜야 한다.

⑥ 분류의 구성 요소: 분류표는 분류 기호는 물론 가능하면 본표와 보조표에 대한 상관색인(相關索引, relative index)을 갖추고 있어야 한다. 특히 색인은 분류 항목을 쉽게 찾을 수 있도록 분류표의 주요 항목과 관련 항목들을 알파벳순이나 가나다순으로 배열하고 그에 해당하는 분류 기호를 제시한 것으로, 오늘날에는 분류표상의 용어는 물론 이용자가 검색할 가능성이 있는 관련 용어들을 모두 수록한 상관색인이 일반적으로 사용되고 있다.

⑦ 총류(總類)와 형식류(形式類) 등의 설정: 문헌 분류의 특성을 반영하는 총류와 형식류 등과 같은 인위적(人爲的)인 항목들을 설정해야 한다.

⑧ 분류 기호의 요건(要件): 분류표는 적절한 분류 기호를 부여해야 하며, 사용하는 분류 기호는 기호법의 일반 요건을 충족해야 한다.

⑨ 해설과 사용법: 분류표는 편리하고 용이하게 이용할 수 있도록 가능한 한 상세한 해설이나 설명, 사용법을 마련해야 한다.

⑩ 유지·관리 기관: 분류표를 유지하고 관리할 수 있는 영구적(永久的)인 기관에 의해 정기적이고 지속적인 개정과 관리가 이루어져야 한다.

1.6.2. 분류 기호의 요건[87)]

분류 기호는 문헌의 배열 위치를 표시해주고 문헌의 배열과 검색을 용이하게 해주기 위한 수단이다. 대부분의 사람들은 문헌 분류하면 곧 분류 기호를 연상하는 것이 사실이지만, 거의 대부분의 분류학자들은 분류 기호를 '부차적(副次的)인 것'[88)]으로 간주하고 있다. Ranganathan도 분류 기호의 부여와 관계되는 기호 단계(記號段階, notational plane)를 언어 단계와 함께 주(主)가 되는 아이디어 단계에 대한 객(客)의 관계(master-slave relation)로 설명하고 있다. 즉 분류 기호는 분류표의 본질적인 것이 아니며, 하나의 수단에 불과하다는 것이다.

그러나 Buchanan의 지적과 같이, "이용자가 분류표를 수용할 가능성은 그 기호의 질- 특히 이용의 편리성 - 에 상당히 크게 좌우되며, 병치(竝置)와 순서에 관한 모든 결정이 신중하게 이루어진 분류표가 그 기호 때문에 성공을 거두지 못할 수도 있다"[89)]는 사실을 우리는 인정하지 않을 수 없다. 이 책의 제2장에서 상세히 살펴보게 될 문헌 분류에 관한 3단계 이론의 측면에서 본다면, 기호 단계는 아이디어 단계의 발견 결과를 구현(具現)하는 단계이므로, 아이디어나 지식을 수용할 수 있도록 하는 기호법을 개발해야 하는 것이다. 그러나 실제의 문헌분류표에서는 기호의 한계(限界)나 제약(制約) 때문에, 아이디어의 전개에 지장을 받는 경우가 많은 것이 사실이다. 따라서 분류를 손상시키지 않도록 하기 위해서는, 기호의 속성과 질을 신중하게 고려하여 분류 기호를 부여해야 한다.

---

87) 이 소절의 내용은 저자의 다음 자료의 내용을 바탕으로 하였음. 오동근. "분석적 합성식 문헌분류법에 관한 연구." 한국문헌정보학회지 제32권 제2호(1998). pp.55-76.

88) H. E. Bliss. *The organization of knowledge on libraries and the subject approach to books.* 2nd ed. (New York: The H. W. Wilson Company, 1939). pp.47-48.

89) Brian Buchanan 저; 정필모, 오동근 공역. 『문헌분류이론』(서울: 구미무역출판부, 1989). p.88.

분류 기호는 분류상의 배열 순서를 나타내기 위해 사용되는 서수(序數, ordinal numbers)로 된 인공 언어(人工言語, artificial language)로,[90] 분류 언어(分類言語, classificatory language)라고도 한다. 분류 언어는 어떤 주제나 그 주제를 담고 있는 문헌을 배열하기 위한 것으로, 분류학자의 통제를 받게 되는 통제어(統制語, controlled language)이다.

이와 같은 분류 기호는 기본적으로 기호 사용의 편리성에 영향을 미치는 속성과 분류표에 갖추어져야 할 모든 유에 유일한 기호가 부여되도록 하는 속성의 두 가지 속성을 기본적으로 갖추어야 한다. 이러한 목적을 위해 사용되는 대표적인 분류 기호로는 다음과 같은 종류들이 있다.

① 문자 기호: 알파벳 문자(대문자, 소문자), 그리스 문자, 로마자, 한글, 가나(假名), 한자 등
② 숫자 기호: 아라비아 숫자, 로마 숫자, 한글 숫자, 한자 숫자 등
③ 특수 문자나 부호: 수학 부호, 각종 특수 문자 등

또한 사용하는 분류 기호의 종류에 따라 단 한 종류의 문자나 숫자만을 사용하는 순수 기호법(純粹記號法, pure notation)과 문자나 숫자, 각종 특수 문자 등을 함께 사용하는 혼합 기호법(混合記號法, mixed notation)이 있다.

이러한 속성을 가질 수 있는 분류 기호의 성질과 요건에 대해서는 학자마다 다양한 견해를 보이고 있으나, 공통적인 요소들을 살펴보면 다음과 같다.[91]

① 명확한 순서(ordering): 분류 기호는 순서를 잘 나타내 줄 수 있어야 한다. 주지하는 것처럼, 기호는 순서를 결정해주는 것이 아니라 이를 반영하는

---

90) Krishan Kumar. *Theory of classification*. 2nd ed. (New Delhi: Vikas Publishing House, 1981). p.15.

91) H. E. Bliss. *op. cit.*, p.54.; Brian Buchanan 저; 정필모, 오동근 공역. *op. cit.*, p.94; Rita Marcella & Robert Newton. *A new manual of classification* (Hampshire: Gower, 1994). pp.47-61.; J. Mills. *A Modern outline of library classification* (London: Chapman & Hall, 1962)(일본어판: J. Mills 著; 山田常雄 譯. 『現代圖書館分類法概論』 (東京: 日本圖書館硏究會, 1982). pp.38-43.; 志保田務, 高鷲忠美, 平井尊士. 『情報資源組織法』 (東京: 第一法規, 2012). p.186.; 이창수. 『자료분류론』 (서울: 한국도서관협회, 2014). pp.13-15.

것이다. 이 경우에 당연한 이야기처럼 들리겠지만, 순서가 명확하다는 것은 아주 중요한 요건이다. 예를 들어 DDC의 분류 기호로 사용되는 아라비아 숫자와 불교 경전(佛教經典)의 분류에 사용되는 천자문(千字文)의 한자(漢字)를 비교해 보면, 이 성질의 중요성을 잘 이해할 수 있을 것이다.

② 간결성(짧막성, brevity): 간략하다는 것은 지나치게 길지 않도록 해야 한다는 것이다. 기호는 시각적(視覺的)으로나 발음상(發音上)으로 가능한 한 짧고 간결해야 한다. 분류 기호의 길이로는 아라비아 숫자만 사용하는 순수 기호법보다 여러 기호를 사용하는 혼합 기호법의 경우가 짧아지지만, 발음상으로는 그 반대인 경우가 많다.

③ 단순성(simplicity): 분류 기호는 그 형태가 단순해야 한다. 단순하다는 것은 복잡하지 않도록 해야 한다는 것이다. 이것은 읽고, 쓰고, 기억하고, 회상해내는 데 도움이 될 것이다. 문자보다는 숫자가 단순하며, 여러 기호를 함께 사용하는 혼합 기호법보다는 한 종류의 기호만을 사용하는 순수 기호법이 단순성에 적합하다.

④ 신축성(伸縮性, flexibility) 또는 수용력(受用力, hospitality): 분류 기호는 분류의 전체 체제를 흩트리지 않고 새로운 주제를 적절한 위치에 삽입하기가 용이해야 한다. 즉 지식의 발전에 따른 새로운 주제와 토픽들의 출현에 대비하여 이들을 분류표의 적절한 위치에 삽입할 수 있도록 하는 능력을 갖추어야 한다.

⑤ 계층성(hierarchy) 또는 표현력(表現力, expressiveness): 기호는 주제와 토픽들의 계층적 관계를 표현할 수도 있다. 이것은 주제와 토픽들의 상하 관계, 동위 관계(同位關係) 등 분류 체계의 계층 구조를 분류 기호를 통해 표현하는 것으로, 반드시 필수적인 요건이라고는 할 수 없다.

⑥ 조기성(助記性, mnemonics): 가능한 한 동일 개념에 동일 기호를 부여함으로써 기억하기 쉽도록 해야 한다. 조기성은 기억을 도와주는 성질로서, 기호 체계 속에 조기법을 적용시키면 검색할 때 추리(推理)를 도울 수 있는 장치가 된다. 특히 CC를 비롯한 분석합성식 분류표의 경우에는 이와 같은 조기성의 도입에 많은 관심을 보이고 있다.

⑦ 상 관계(相關係, phase relationships)의 표현: 기호는 패싯의 각각의 변화와 상 관계의 성격을 나타내줄 수 있어야 한다. 패싯의 구분을 위해서는 패싯 지시 기호(facet indicator)를 도입하고, 비교 관계(比較關係)나 영향 관계와 같은 상 관계를 나타내기 위해 다양한 기호들을 사용하기도 한다.

⑧ 통용성(通用性, currency): 분류 기호는 특히 국제적으로 활용되는 분류표의 경우에는 가능하면 국제적으로 널리 사용되는 것이 좋다.

이상의 여러 가지 점을 고려하여 분류표에 적합한 기호법을 선택하는 것은 결코 쉬운 일이 아닐 것이다. 때로는 이상의 요건이 서로 상충하는 경우가 생기는 것도 사실이다. 예를 들어, 기호로 하여금 계층적 관계를 표현할 수 있도록 하거나 조기성을 갖도록 하기 위해서는 기호가 길어질 수도 있다. 이것은 기호는 간략해야 한다는 점과는 상충(相衝)되는 것이다. 따라서 분류표를 설계할 때는 이러한 요건 가운데 우선 순위를 정해야 할 수도 있다.

1.7. 분류표의 종류와 특성

분류표는 그 구조 원리(構造原理)나 작성 방식(作成方式)에 따라 열거식과, 준열거식, 분석합성식, 기호법에 따라 십진식과 비십진식, 지식이나 주제의 적용 범위에 따라 종합(일반) 분류표와 특수(전문) 분류표, 작성 의도에 따라 한 도서관에서만 사용하기 위해 작성되는 일관 분류표(一館分類表)와 각종 도서관에서 공통적으로 사용하도록 할 목적으로 간행되는 표준 분류표(標準分類表, standard classification)로 구분하기도 한다.

1.7.1. 열거식 분류표와 분석합성식 분류표[92)]

(1) 유형별 특성

우선 열거식 분류표(列擧式分類表, enumerative classification)에서는 본질적으로 하나의 표에 과거와 현재, 예상되는 미래의 모든 주제들을 열거하게 된다.[93)] 아울러 이 유형의 분류표에서는 관련되는 지식 분야를 어떤 분류 특성에 따라 하위 주제로 계속하여 세분해 나가게 되는데, 이와 관련하여 이를 계층식 분류법 또는 하향식 접근법(下向式接近法, top down approach)이라고도 한다.[94)] 따라서 이 분류표에서는 기본 주제는 물론 합성 주제, 복합 주제 등의 모든 주제가 분류표에 열거되며, 대부분의 주제에 대해 미리 만들어진 분류 기호를 제공하게 된다. 일반 분류표 가운데는 미국의회도서관분류법(LCC, Library of Congress Classification)이 열거식 분류표의 대표적인 유형에 해당한다.

분석합성식 분류표는 모든 주제들을 분류표에 일일이 열거하는 대신에, 지식의 각 분야를 어떤 분류 특성을 기초로 하여 패싯(facet)으로 불리는 기본 주제로 구분하고, 분류표도 이러한 기본 주제와 이를 합성하기 위한 공통 구분표(共通區分表, common isolate)와 특수 구분표(特殊區分表, special isolate)만으로 작성하게 된다. 따라서 이러한 유형의 분류표에는 합성 주제나 복합 주제는 열거되지 않으며, 이러한 주제들은 실제 분류 작업이 이루어질 때 이들을 구성하는 기본 주제와 공통 구분표 및 특수 구분표의 기호들을 결합하여 구성하게 된다. 분석합성식 분류표는 분류의 연속적인 과정에서 일어나는 이러한 분석(分析, analysis)과 합성(合成, synthesis)이라는 과정을 중시하여[95)] 부여된 이름인 것이다. 일반

---

92) 이 소절의 내용은 저자의 다음 자료의 내용을 바탕으로 하였음. 오동근. "분석적 합성식 문헌분류법에 관한 연구." 한국문헌정보학회지 제32권 제2호(1998). pp.55-76.

93) S. R. Ranganathan. *Prolegomena to library classification* (New York: Asia Publishing House, 1967). p.95.

94) Eric Hunter. *Classification made simple* (Aldershot: Gower, 1988). p.34. Hunter는 열거식 분류표라는 용어 대신에 계층식 분류표라는 용어를 주로 사용하고 있는데, 색인에서 '열거식 분류표' (enumerative classification)는 '계층식 분류표'(hierarchical classification)를 보도록 지시하고 있는 것으로 보아, 두 용어를 동일한 용어로 사용하고 있는 것으로 판단된다.

분류표 가운데는 CC(Colon Classification)와 BC(Bibliographic Classification)가 분석합성식 분류표의 대표적인 유형에 해당한다.

준열거식 또는 절충식 분류표는 열거식 분류표와 분석합성식 분류표의 방법을 절충하여 사용하는 방식으로, 기본적으로는 열거식 분류표에 분석합성식의 기법을 도입하는 경우가 대부분이므로, 준열거식 분류표로 불리는 경우가 많다. 일반 분류표 가운데는 UDC(Universal Decimal Classification)와 DDC(Dewey Decimal Classification)가 준열거식 또는 절충식 분류표의 대표적인 유형에 해당한다.

분류표의 발전 역사에서 보면, 1876년 Dewey에 의해 열거식을 바탕으로 하는 일반 분류표가 출현한 이후로 열거식 위주의 분류표가 주류를 이루어왔다. 그러나 1930년대부터 Ranganathan의 문헌 분류 이론에 대한 연구 성과를 바탕으로 하여 분석합성식 분류 이론이 제시된 이래로, 특히 인도의 분류학자들을 중심으로 한 CC에 대한 연구와 Vickery와 Mills 등을 중심으로 하는 CRG (Classification Research Group)의 회원들에 의한 특수 분류표(特殊分類表)에 대한 분석적 합성 이론의 적용을 통해 분석합성식 분류 이론의 연구는 상당한 성과를 거두고 있다. 오늘날에는 기존의 열거식 위주의 분류표에서도 분석합성식 분류표의 기법들을 부분적으로 받아들이고 있는 상황이다. 따라서 문헌분류표는 열거식 분류표로부터 분석합성식 분류표의 방향으로 발전되고 있다고 할 수 있을 것이다.

(2) 분석합성식 분류표의 장점과 단점

분석합성식 분류표는 열거식 분류표보다 뒤에 나타난 분류표이기 때문에, 당연히 열거식 분류표가 갖는 문제점이나 단점을 극복하기 위해 출현했다고 할 수 있을 것이다.

우선 분석합성식 분류표의 장점(長點)은 다음과 같다.[96]

95) S. R. Ranganathan. *Colon Classification,* 7th ed. (Bangalore: Sarada Ranganathan Endowment for Library Science, 1989). p.8.

96) Brian Buchanan 저; 정필모, 오동근 공역. 『문헌분류이론』(서울: 구미무역출판부, 1989). pp.38-43.; Eric Hunter. *op. cit.,* p.58.; Rita Marcella & Robert Newton. *A new manual of classification* (Hampshire: Gower, 1994). pp.30-31.

① 분석합성식 분류표의 장점은 분류표 편찬자의 입장에서 보면, 분석합성식 분류표는 열거식 분류표에 비해 편찬하기가 용이하다는 점이다. 그 이유는 앞서도 살펴본 것처럼, 이 유형의 표에서는 기본 주제만을 열거하게 되고, 합성 주제(合成主題)나 복합 주제(複合主題)는 열거하지 않기 때문이다. 따라서 열거식 분류표에 비해 작성 시간이 적게 들고 작업도 덜 복잡하게 된다.

② 분석합성식 분류표는 열거식 분류표에 비해 부피가 적어질 수 있다. 그 이유는 합성 주제와 복합 주제는 물론 반복적으로 나타나는 주제를 열거할 필요가 없기 때문이다. 이것은 같은 일반 분류표인 LCC와 DDC, CC의 분량을 비교해 보면 바로 알 수 있을 것이다. 그러나 분량이 적다고 해서 분류 작업이 어려워지는 것은 아니다. 분석합성식 분류표를 사용하여 기본 주제는 물론 합성 주제, 복합 주제의 분류도 가능한 것이다.

③ 새로운 주제를 분류표에 삽입하기가 용이하며, 따라서 지식의 폭발적 발전에 대처하기가 용이하다. 새로이 출현하는 주제가 분류표에 포함되어 있는 기존의 개념을 활용하여 분류할 수 있을 경우에는 분류표에는 더 이상의 어떤 작업도 할 필요가 없다. 다만 분류 작업을 할 때 기존의 개념들을 활용하여 합성하기만 하면 될 것이다. 그것이 새로운 기본류를 포함하고 있을 경우에는 그 기본류만을 분류표에 추가하면 될 것이다. 정기적인 개정을 통하여 관련되는 모든 경우를 상정하여 분류표에 이를 추가해야 하는 열거식 분류표와 비교해볼 때 그 이점은 분명해질 것이다. 아울러 모든 주제를 분류표에 빠짐없이 완전히 열거한다는 것이 이론적으로나 현실적으로 불가능하다고 보면, 이것은 결코 작은 이점(利點)이 아닐 것이다.

④ 조기성(助記性)을 광범위하게 도입할 수 있다. 동일 주제에 대해서는 언제나 동일한 기호를 사용하고, 공통 구분표나 특수 구분표를 전체적으로 도입하게 되므로, 기억하기가 용이하게 되는 것이다.

⑤ 분류담당자가 자신의 도서관에 적합한 문헌의 그룹화 방식을 선택하기가 용이하다. 분석합성식 분류표는 문헌의 그룹화에 영향을 미치는 열거 순서(列擧順序, citation order)나 패싯 배열식(facet formula)을 선택하는 데 유연성을 부여할 수 있기 때문에, 자신의 도서관의 상황을 우선적으로 반영할 수 있도록 하는 자국 우위(自國優位, local emphasis)를 취하기가 용이하다.

한편 분석합성식 분류표는 다음과 같은 단점(短點)을 가지고 있다.[97]

① 합성에 의해 만들어지는 분석합성식 분류표의 기호가 때로는 열거식으로 전개되는 분류표의 기호보다 더 길고 복잡해질 수 있다. 아울러 이와 같은 기호는 문헌을 서가상에 배열하는 데 불편을 줄 수도 있다.
② 분류 작업을 할 때 열거 순서(citation order)가 어려움을 야기할 수도 있기 때문에, 분류 담당자가 더 많은 사고(思考)를 해야 할 수도 있다. 분류표 자체에 기본 주제는 물론 합성 주제와 복합 주제가 열거되고 그에 대한 기호가 부여되어 있어, 이를 그대로 가져다가 부여하는 열거식 분류표를 사용한 분류 작업과는 달리, 분석합성식 분류표를 사용하는 분류 작업의 경우는 열거 순서나 패싯 배열식 등에 유의해야 한다.

(3) 분석합성식 분류표의 작성 과정

분류표의 작성은 실제 분류 작업과는 별개로 이루어지게 되며, 실제의 분류 작업에서는 분류표의 작성자들이 고안해낸 분류표를 활용하여 문헌에 분류 기호를 부여하고 필요에 따라 서가상에 배열하게 된다. 따라서 일반적으로 분류표의 작성자(classificationist)와 분류 업무의 담당자(classifier)는 그 관심사가 다르다고도 할 수 있을 것이다. 그러나 분류표의 작성 과정에 대한 이해가 분류 업무의 수행에 상당한 도움을 줄 수 있는 것이 사실이고, 아울러 분석합성식 분류표에 대해 올바로 이해하기 위해서는 그 작성 과정에 대해서도 반드시 파악해 두어야 한다.

97) Brian Buchanan 저; 정필모, 오동근 공역. 『문헌분류이론』(서울: 구미무역출판부, 1989). p.43.; Eric Hunter. *Classification made simple* (Aldershot: Gower, 1988). p.58.

분석적 합성식 분류표의 작성 단계에 대해서는 학자들에 따라 견해가 반드시 일치하는 것은 아니지만, 분석합성식 분류표 작성의 핵심이 되는 것은 각 주제들을 기본적인 구성 요소가 되는 패싯으로 나누는 패싯 분석(facet analysis)과 분류 작업을 할 때 각 패싯의 순차(順次), 이른바 주류(主類)의 순서와 열거순서(列擧順序, citation order), 배열 구조(配列構造, array)상의 순서 등을 결정하는 문제, 그리고 기호법(notation)의 문제이다.

(가) 패싯 분석

문헌 분류는 기본적으로 주제에 대한 분류로서, 주제 분석(主題分析, subject analysis) 또는 구분(division)은 문헌 분류 과정의 중요한 기본적 단계가 된다. 분석합성식 분류의 첫 번째 단계도 역시 글자 그대로 분석의 단계이다. 특히 합성 주제나 복합 주제의 분류를 가능하도록 하기 위해서는, 이 주제들을 어떤 분류 특성을 바탕으로 하여 그 구성 요소(構成要素, component parts)로 구분하게 되는데, 이 때 이 구성 요소를 패싯(facet)이라 한다. 패싯 분석(facet analysis)이란 이와 같이 어떤 주제를 패싯으로 분석하는 것을 말한다.

이러한 패싯 분석의 아이디어는 1930년대에 Ranganathan에 의해 체계화되었다고 할 수 있다. 이 패싯 분석에 관련된 원칙들은 그가 만들어낸 원칙들 가운데 가장 강력하고도 영향력 있는 원칙들로, 20세기의 주제 분석의 기초가 되고 있다는 평가를 받고 있다.[98)]

모든 문헌 분류는 주제 분석을 기본으로 하고 있기 때문에, 당연히 전통적인 열거식 분류에서도 주제에 대한 분석이 이루어진다. 이러한 분류에서 채택하고 있는 구분 규칙들은 논리학 교과서에서 볼 수 있는 논리적 구분(論理的 區分, logical division)의 규칙과 같은 것으로 간주되어 왔다.[99)] 그러나 전통적 분류에서는 전반적인 관계가 아닌 특정의 관계만이 나타나는 경우가 대부분이다. 그리하여 이와 같은 하향적(下向的, top-down) 분석 방법을 채택하고 있는 기존의

---

98) Lois Mai Chan, P. A. Richmond & E. Svenonius, ed. *Theory of subject analysis: A sourcebook* (Littleton: Libraries Unlimited, 1985). pp.86-87.

99) J. Mills. *A modern outline of library classification* (London: Chapman & Hall, 1962)(일본어판: J. Mills 著; 山田常雄 譯. 『現代圖書館分類法概論』(東京: 日本圖書館研究會, 1982). pp.7-8.

논리적 구분 방식을 CRG(Classification Research Group)에서는 채택하지 않고, Ranganathan이 제시한 패싯 분석 기법을 선택했던 것이다.[100] 패싯 분석은 기본적으로 상향적(上向的, bottom-up), 귀납적(歸納的, inductive) 분석 방법을 채택하게 된다. 이 경우에는 용어가 어떤 구분 특성을 바탕으로 하여 그 모체류(母體類, parent class)에 따라 범주화되게 된다. Ranganathan이 제시하고 있는 PMEST의 5개 기본 범주는 대표적인 예이다.

패싯 분석을 위해서는 우선 대표적인 표본들을 추출해내어 이를 포커스(focus)[101]가 될 수 있는 개념들로 분석해야 한다. 다음 단계는 그 개념들을 파악하여 적절한 구분 특성에 따라 패싯으로 그룹화해야 한다. 패싯으로 그룹화 하는 과정에서는 동의어(同義語, synonym)와 동음이의어(同音異議語, homonym)를 파악해내고, 아울러 합성 주제나 복합 주제를 찾아내야 한다.[102]

이상의 단계는 Ranganathan이 말하는 아이디어 단계(idea plane)로서 분석합성식 분류의 가장 중요한 단계이다. 따라서 이 단계에서는 관련되는 주제에 대한 모든 분석이 빠짐없이 이루어져야 하는데, 이를 위해 Ranganathan은 여러 분류 규준(分類規準, canons)을 제시한 바 있다.[103] 이와 같은 분류 규준은 분석적 합성식 분류표의 작성에 아주 유용하게 활용될 수 있다. 예를 들어 망라성(網羅性)의 규준(canon of exhaustiveness)은 어떤 분류 특성을 기준으로 하든 모든 분류지(分類肢)를 망라적으로 빠짐없이 열거하도록 하고 있다.

패싯에 대한 분석이 끝나게 되면, 그 분석을 토대로 각 패싯 내의 포커스들의 순서도 정해질 수 있을 것이다. 그러나 그에 대한 순서의 설정과 기호 부여는 열거 순서 등 다른 순서와의 관계도 충분히 고려해야 하므로, 기호의 부여는 각종 순서가 결정된 이후에 이루어지는 것이 바람직할 것이다.

---

100) Lois Mai Chan, P. A. Richmond & E. Svenonius, ed. *op. cit.*, p.155.

101) 분류 이론에 관련된 국내의 상당수의 자료에서는 '패싯'과 '포커스'를 구분 없이 사용하는 경우가 많으나 이는 분명히 다른 개념으로써, 이하의 예들을 통해 명확해질 수 있을 것이다.

102) Brian Buchanan 저; 정필모, 오동근 공역. 『문헌분류이론』(서울: 구미무역출판부, 1989). p.61.

103) Ranganathan의 분류 규준의 구체적인 내용에 대해서는 오동근. 『최신분류론』 (대구: 태일사, 2016)의 제2장 참조.

(나) 주류의 순서

주류(主類, main classes)는 분류표에 나타나는 제일 첫 번째의 구분 단계이다. 주류는 분류표의 총체적인 구조에 직접적인 영향을 미치게 되므로, 그 구분 정도뿐만 아니라 그 순서는 분류표에서 중요한 역할을 하게 된다. Sayers는 이를 거시적 순서(巨視的 順序, macro order)라고 하였다.[104)]

일반적으로 주류는 지식 영역에 대한 관습적인 구분에 따르는 경우가 많은데, 일반 분류표의 경우는 지식의 모든 영역을 망라하게 된다. 이론적인 면에서 보면, 각각의 주류는 학문 전 영역이라는 하나의 배열 구조(配列構造, array)에 속하는 동위류(同位類)라고 할 수 있을 것이다. 따라서 각 주류는 서로 대등한 수준의 것이어야 함은 물론이다. 그러나 현실적으로 보면, 현행의 분류표들은 분류표마다 주류의 수와 구분 정도에 있어서는 물론 대등 관계(對等關係)에 있어서도 서로 차이를 보이고 있다. DDC의 예만 하더라도, 주류가 인문과학에 지나치게 편중되어 있다거나, 언어와 문학이 따로 구분되어 있다는 점이 늘 비판의 대상이 되고 있다.

또한 현행의 대부분의 분류표들은 주제분류표(SC, Subject Classification)를 제외하고는 모두가 주제가 아닌 학문이나 연구 영역에 의해 주류들을 선정하고 있다. 이런 의미에서 오늘날의 분류표들은 학문적 분류표 또는 측면적 분류표(側面的 分類表, aspect scheme)[105)]라고 할 수 있을 것이다. 이것은 분류표에서 특정의 주제들을 한 곳에 모으기보다는, 그 주제들을 어느 측면에서 다루는가하는 학문적 관점(學問的 觀點)에서 함께 모은다는 것이다. 따라서 동일한 주제라 하더라도 그 취급 방법에 따라 분류표에서는 여러 곳에 분산될 수 있는 것이다. DDC의 예를 들면, '결혼'이라는 주제는 결혼 음악에 관련된 경우는 음악에 분류되고, 결혼의 법적 문제는 법률학에 분류되고, 결혼의 사회적 측면은 사회학에 분류되는 것과 같다.

이와 같은 문제들을 고려하여 주류의 선정이 완료되면, 이를 어떤 순서로 배치해야 한다. 주류의 순서가 갖는 중요성에 대해서는 분류학자들마다 다소간의

---

104) A. Maltby. *Sayers' manual of classification for librarians*. 5th ed. (London: Andre Deutsch, 1978). pp.57-59.

105) Brian Buchanan 저; 정필모, 오동근 공역. 『문헌분류이론』(서울: 구미무역출판부, 1989). p.126.

견해차가 있는 듯하다. Buchanan은 이용자는 자기가 관심을 가지고 있는 주류 안에서의 순서와 병치(竝置)에 대해 관심을 가지고 있을 뿐이기 때문에, 이 순서가 분류표의 효율성에 대단할 정도로 영향을 미치는 것은 아니라고 주장하고 있다.[106] Ranganathan도 이에 대해서는 상당히 무관심했고, 그보다는 유내(類內)의 마이크로적인 순서(micro order)에는 상당히 엄격했던 것으로 평가되고 있다.[107] 그리하여 Ranganathan은 분류표의 계획에 있어서 주류의 순서는 어느 정도 견뎌낼 수 있는 한에서는 아주 중요한 것은 아니라고 주장하고 있다.[108] 한편 Bacon의 학문 분류에 영향을 받은 것으로 알려지고 있는 DDC는 주류의 인문과학 편중은 물론 언어와 문학의 분리, 역사와 사회과학의 분리 등으로 그 순서에서도 비판을 받고 있는 것이 사실이다. 이것은 Dewey가 철학적 연원이 모호한 초기의 분류표에 근거했기 때문이기도 하지만,[109] 어쨌든 주류의 배열에 관심이 부족했음을 보여주는 것은 사실이다.

반면에 Bliss는 자신의 BC 이전에 개발된 일반 분류표들은 학식있는 사람들의 눈으로 볼 때 도서관학이라는 전문직(專門職)의 위엄(威嚴)을 갖추는 데 실패했다고 주장하고 있다.[110] 이 말은 이전의 분류표들이 철학적으로 튼튼한 토대를 갖추고 지식의 광범위한 영역들을 연결시키고 학문적 사상을 반영하도록 하는 것이 중요함을 지적하는 것이다. 또한 C. A. Cutter와 E. C. Richardson도 영속성(永續性)을 가질 수 있는 분류는 진정한 과학적 순서(科學的 順序)를 지켜야 한다고 생각한 바 있다[111]

Sayers의 지적대로 주류의 순서에 대한 연구와 기존의 순서에 대한 비판과 개선 노력은 가치가 있는 것이다.[112] 따라서 이용자의 편의성(便宜性)을 위해서는 적어도 Buchanan이 이른바 '견뎌낼 수 있는 순서'로 하기 위해 제시한 두 가지

---

106) Brian Buchanan 저; 정필모, 오동근 공역. *op. cit.*, p.132.

107) Rita Marcella & Robert Newton. *A new manual of classification* (Hampshire: Gower, 1994). p.35.

108) Brian Buchanan 저; 정필모, 오동근 공역. *op. cit.*, p.133. 재인용.

109) Rita Marcella & Robert Newton. *op. cit.*, p.35.

110) *Loc. cit.*

111) *Ibid.*, pp.35-36.

112) A. Maltby. *op. cit.*, p.59.

원칙, 즉 관련된 주류는 병치(竝置)되어야 하고, 다른 주류에 좌우되거나 다른 주류로부터 또는 다른 주류보다 더 나중에 개발된 주류는 그 주류 다음에 오도록 해야 한다는 원칙[113]은 지켜져야 할 것이다.

(다) 열거 순서

열거 순서(列擧順序, citation order)는 어떤 유(class)에 나타나는 둘 이상의 특성, 즉 패싯들을 기호를 합성하기 위해 결합할 때 적용하는 순서를 말한다. 따라서 합성 주제나 복합 주제의 경우는 이를 구성하기 위한 패싯들의 배열 순서(排列順序)가 바로 열거 순서가 된다. 이런 의미에서 Ranganathan은 열거 순서라는 용어보다는 패싯 순차(facet sequence)라는 용어를 사용하고, 그 순서를 결정해주는 식을 패싯 배열식(facet formula)이라 부르고 있다. 따라서 CC의 각 유에는 대부분 패싯 배열식이 열거되고 있다.

다른 의미에서 보면 열거 순서는 구분 특성(區分特性, characteristic of division)을 구분의 대상이 되는 영역, 즉 피구분체(被區分體)에 적용하는 순서라고도 할 수 있을 것이다. 예컨대 문학이라는 피구분체는 문학이라는 학문 패싯과 언어 패싯, 문학 형식 패싯, 시대 패싯 등으로 분석할 수 있는데, 이 때 이 패싯들을 어떤 순서로 열거할 것인가 하는 것이 바로 열거 순서가 된다. 그것은 결국 문학이라는 피구분체에 어떤 순서로 각각의 구분 특성을 적용할 것인지를 결정하는 것과 마찬가지인 것이다.

한편 열거 순서와 혼동하기 쉬운 개념으로 우선 순위(優先順位, preference order)가 있다. 우선 순위는 기호를 합성할 때 그 기호들이 합성 주제나 복합 주제의 서로 다른 특성들을 완전하게 나타낼 수 없을 때 그 가운데 어느 것을 선택해야 할는지를 지시해주는 순서를 말한다. 따라서 우선 순위에서 탈락된 패싯은 합성된 분류 기호에는 나타나지 않는다. 그러나 열거 순서의 경우는 열거되는 순서는 다르지만, 합성된 기호에 모든 패싯들이 나타나게 되는 것이다.

---

113) Brian Buchanan 저; 정필모, 오동근 공역. 『문헌분류이론』(서울: 구미무역출판부, 1989). p.133.

어떤 열거 순서를 선택하느냐에 따라 합성 주제나 복합 주제를 다루는 문헌들은 함께 모일 수도 있고 분산될 수도 있기 때문에 열거 순서는 중요한 의미를 갖는다. 즉 문학의 예에서 언어 패싯을 문학 형식 패싯보다 먼저 열거하게 되면 동일한 언어로 된 문학 작품들은 한 곳에 모일 수 있게 되는 반면, 시나 드라마, 소설, 수필 등의 작품들은 작성된 언어별로 분산되게 되는 것이다. 그러나 문학 형식 패싯을 언어 패싯보다 먼저 열거하게 되면 동일한 형식의 문학 작품들은 한 곳에 모이는 반면, 동일한 언어의 작품들이 문학 형식에 따라 분산될 수밖에 없는 것이다. 따라서 열거 순서는 문헌들을 우선적으로 함께 모을 수 있는 순서에 따라 결정해야 한다.

열거 순서는 물론 이용자의 요구 내지는 필요성을 근거로 결정해야 한다. 그것은 결국 이용자에게 도움이 되는, 즉 유용성(有用性)을 갖는 순서(helpful order)일 것이다. 그러나 문제는 어떤 순서가 이용자에게 유용한가하는 데 있다. 아울러 모든 이용자에게 유용한 순서, 그리고 모든 주제에 망라적으로 적용될 수 있는 유용한 순서는 존재하지 않을 것이다. 따라서 주제 분야에 따라 다양한 순서들이 유용한 역할을 수행할 수도 있을 것이다.

열거 순서의 결정에는 분류학자들이 제시하고 있는 일반 원칙들이 도움이 될 수 있을 것이다. 여기에는 Ranganathan이 패싯과 배열 구조의 유용한 순서를 결정하기 위한 규범으로 제시한 원칙(principles)[114]들을 비롯한 분류학자들이 제시한 다양한 원칙들을 적용할 수 있을 것이다. Buchanan은 더 구체적인 것은 구체성이 적은 것보다 더 앞에 열거해야 한다는 구체성 감소(具體性減少)의 원칙(principle of decreasing concreteness)과 그 주제의 연구 목표를 나타내는 유는 다른 어떤 유보다도 더 앞에 열거해야 한다는 목표 또는 최종 결과(最終結果)의 원칙(principles of purpose or end-product), 열거 순서는 교육받은 사람들이 그 주제의 구조로 생각하는 방법 특히 교육이 이루어지는 방식에 따라야 한다는 합의(合意)의 원칙(principle of consensus), 종속된 주제는 그 주제가

114) Ranganathan은 기본적으로 PMEST의 열거순서를 채택하도록 하고 있으므로, 열거 순서에 대해서는 많은 원칙을 제시하고 있지는 않다. 그의 열거 순서(패싯 순차)에 관한 네 개의 원칙 및 배열구 조상의 유용한 순서의 원칙에 대해서는 각각 S. R. Ranganathan. *Prolegomena to library classification* (New York: Asia Publishing House, 1967). pp.412-434 및 pp.181-197 참조.

의존하고 있는 유의 다음에 열거해야 한다는 벽과 그림의 원칙(wall-picture principle, Ranganathan이 제시한 원칙)을 소개하고 있다.[115)]

(라) 배열 구조상의 순서

하나의 동일한 패싯에 속하는 포커스들은 이른바 동위류(同位類) 또는 등위류(等位類, coordinate class)로서, 이와 같이 계층 구조상 같은 레벨에 있는 동위류들의 집합을 배열 구조(配列構造, array)[116)]라고 한다. 예를 들어 국가 패싯에 속하는 한국과 중국, 일본, 미국 등으로 이루어지는 국가들의 집합이나, 문학 형식 패싯에 속하는 시와 드라마, 소설, 수필 등으로 이루어지는 문학 형식들의 집합이 바로 배열 구조가 된다. 분류표에서는 유들의 순서화가 필수적이기 때문에, 배열 구조 내의 유들의 배열 순서를 결정해야 한다.

이 순서는 경우에 따라서는 임의적인 순서나 알파벳순으로 할 수도 있겠으나, 분류에서 대상으로 하는 사람들의 목적에 유용한 체계적인 순서를 선택해야 할 것이다. 그러나 모든 주제에 망라적으로 적용될 수 있는 유용한 순서는 존재하지 않을 것이며, 주제에 따라 다양한 순서들이 유용한 역할을 수행할 수 있을 것이다. 이 순서 역시 밀접하게 관련된 자료들을 함께 모으고 유사성(類似性)이 적은 자료들을 분산시키는 데 중요한 역할을 하게 된다.

1.7.2. 십진식 분류표와 비십진식 분류표

(1) 십진식 분류표

십진식 분류표(decimal classification)는 순수 아라비아 숫자를 사용하여 주제의 내용을 10구분씩 점진적으로 세분하여 계층 구분하는 분류 시스템으로, 대표적인 예로는 DDC, UDC, KDC, KDC(P), NDC 등이 있다.

---

115) Brian Buchanan 저; 정필모, 오동근 공역. 『문헌분류이론』(서울: 구미무역출판부, 1989). pp.49-50.

116) 'array'는 배열(配列)로 번역하는 것이 좋을 듯하나, 이는 동사에서 온 배열(排列: arrangement)과 동일한 음을 갖는다는 문제도 있어, 명사임을 분명히 나타낼 수 있도록 배열 구조라는 용어로 사용하고자 한다.

십진식 분류표는 다음과 같은 장점을 가지고 있다.[117)]

① 아라비아 숫자로 된 분류 기호가 단순하고, 이해하기 쉬우며, 순서성(順序性)이 명확하다.
② 분류 기호의 상하 관계(上下關係)가 분명하여 용이하게 개념을 파악할 수 있다.
③ 분류 기호가 신축성(伸縮性)이 있기 때문에 계속적인 전개를 통해 새로운 주제를 용이하게 삽입할 수 있다.
④ 대부분의 경우 조기성(助記性)이 풍부하여 기억하기 쉽다.
⑤ 아라비아 숫자를 사용하기 때문에 국제적 통용성(國際的 通用性)을 가지며 실용적이다.
⑥ 특히 상관색인(相關索引)을 갖추고 있을 경우 사용하기가 편리하다.

십진식 분류표는 다음과 같은 단점을 가지고 있다.[118)]

① 기수(基數, base)가 제한되어 분류지(分類肢)가 9개로 한정되어 있어 형식적이고 동위류(同位類)의 전개 능력이 떨어지는 등 기호 배분상의 문제가 있다.
② 10개씩 점진적으로 전개해 나가는 지식 전체에 대한 구분이 지나치게 기계적(機械的)이고 인위적(人爲的)이 될 가능성이 높다.
③ 새로운 항목을 적절한 위치에 삽입하기가 곤란한 경우가 많고, 그로 인해 주제의 배열에 비논리적(非論理的)인 곳이 많아질 가능성이 있다.
④ 십진식 전개에 의해 분류 기호가 불필요하게 길어지는 경우가 생길 수 있다.

---

117) 이창수. 『자료분류론』 (서울: 한국도서관협회, 2014). p.19.; 일본도서관정보학회 용어사전편집위원회 편; 오동근 역. 『문헌정보학 용어 사전』(대구: 태일사, 2011). p.319.; 최정태, 양재한, 도태현. 『문헌 분류의 이론과 실제』 (부산: 부산대출판부, 1998). p.21.

118) 이창수. *op. cit.*, p.20.; 일본도서관정보학회 용어사전편집위원회 편; 오동근 역. *op. cit.*, p.319.; 최정태, 양재한, 도태현. *op. cit.*, p.21.

(2) 비십진식 분류표

비십진식 분류표(non-decimal classification)는 십진식의 전개 방식을 사용하지 않고 기호를 전개하는 분류표로, 분류 기호로 문자만을 사용하는 경우와 문자와 숫자를 혼용하는 경우가 있다. 그 대표적인 예로는 LCC, EC, SC, CC 등이 있다.

비십진식 분류표는 다음과 같은 장점을 가지고 있다.[119)]

① 기수(基數, base)를 확장할 수 있기 때문에 기호의 전개 능력(展開能力)이 십진식 분류표에 비해 크다.
② 분류 기호에 구애되지 않고 상세한 분류 체계를 합리적으로 구성할 수 있다.
③ 학문적이고 명확하고 논리적인 구성 가능성이 높다.
④ 새로운 주제를 적절한 위치에 추가하기가 용이한 경우가 많다.

비십진식 분류표는 다음과 같은 단점을 가지고 있다.[120)]

① 기호가 복잡해지고 따라서 배열이 어려워지는 경우가 많다.
② 조기성(助記性)을 부여하기가 어렵고 따라서 관련 분류 기호를 기억하기가 어렵다.
③ 최초의 기호 배정이 잘못될 경우 신규 주제(新規主題)를 삽입하기가 곤란하다.

---

119) 윤희윤. 『정보자료분류론』. 제5판. (대구: 태일사, 2015). p.52.; 이창수. 『자료분류론』 (서울: 한국도서관협회, 2014). p.20.

120) 윤희윤. *op. cit.,* p.52.; 이창수. *op. cit.,* p.20.

1.7.3. 일반 분류표와 특수 분류표

일반 분류표(general classification)는 일반 도서관을 위한 분류표로, 지식의 전 분야를 망라적으로 체계화한 분류표로, 모든 주제를 포괄한다는 점에서 종합 분류표(綜合分類表)라고 한다. 대표적인 예로는 DDC, LCC, UDC, CC, BC, KDC, NDC 등이 있다.

특정 주제에 국한되는 전문 분류표와는 달리, 몇 가지 특성을 갖는다.[121] 이러한 유형의 분류표는 분류표에 필요한 거의 모든 조건을 갖추게 되며, 각종 도서관에 공통적으로 사용할 수 있다. 공간(公刊)으로 출판되는 경우가 많아 구입하거나 입수하기가 용이하고, 해당 분류표를 보호하고 육성하기 위한 영구적인 관리 기관이 설립되어 있는 경우가 많다. 이런 이유 때문에, 대개는 도서관계에 널리 채택되어 표준 분류표(標準分類表)가 되는 경우가 많다.

특수 분류표(特殊分類表) 또는 전문 분류표(專門分類表, special classification)는 의학이나 약학, 법률, 음악 등과 같은 전문화된 특정 주제 분야나 지도, 신문기사, 특허 등과 같은 특정 유형의 자료를 분류하기 위한 분류표이다. 따라서 전문 주제를 다룰 경우에는 전문 분류표, 특정 유형의 자료를 다룰 경우에는 특수 분류표로 부르는 것이 타당할 것이다. 그 대표적인 예로는 NLMC(National Library of Medicine Classification),[122] 국제특허분류표(IPC, International Patent Classification),[123] CPC(Cooperative Patent Classification),[124] 국제산업분류표(ISIC, International Standard Industrial Classification),[125] 한국표준산업분류,[126]

---

121) 김정소. 『자료분류론』 (대구: 계명대학교출판부, 1983). pp.46-47.

122) NLMC에 대해서는 다음 홈페이지 및 관련 자료 참조: 〈https://www.nlm.nih.gov/class/index.html〉.

123) IPC에 대해서는 다음 홈페이지 참조: WIPO(〈https://www.wipo.int/classifications/ipc/en/〉); 국제특허분류코드(〈https://www.kipo.go.kr/kpo/HtmlApp?c=40304&catmenu=m06_07_02_09&year=2019&ver=01〉)

124) CPC에 대해서는 다음 자료 참조: 선진특허분류코드(〈https://www.kipo.go.kr/kpo/HtmlApp?c=4021&catmenu=m06_07_01〉); 채수현, 김장원. "CPC 기반 특허 기술 분류 분석 모델." 한국콘텐츠학회논문지 제18권 제10호 (2018). pp.443-452.

125) The International Standard Industrial Classification of All Economic Activities (ISIC)의 최신판(2008)인 제4판에 대해서는 다음 자료 참조: 〈https://unstats.un.org/unsd/publication/seriesM/seriesm_4rev4e.pdf〉

126) 한국표준산업분류에 대해서는 다음 자료 참조: 〈http://www.law.go.kr/%ED%96%89%EC%A0%95%E

국가과학기술표준분류체계,[127] 한국표준직업분류,[128] 기록 관리 분야의 정부기능분류체계(BRM)[129] 등이 있다.[130]

A%B7%9C%EC%B9%99/%ED%95%9C%EA%B5%AD%ED%91%9C%EC%A4%80%EC%82%B0%EC%97%85%EB%B6%84%EB%A5%98〉

127) 과학기술정보통신부. 국가과학기술표준분류체계. (〈https://www.msit.go.kr/cms/www/work/laws/law_2/__icsFiles/afieldfile/2018/05/15/%EA%B5%AD%EA%B0%80%EA%B3%BC%ED%95%99%EA%B8%B0%EC%88%A0%ED%91%9C%EC%A4%80%EB%B6%84%EB%A5%98%EC%B2%B4%EA%B3%84(2018%EB%85%84%20%EA%B0%9C%EC%A0%95).pdf〉).

128) 통계청. 한국표준직업분류. (〈file:///C:/Users/Administrator/Downloads/(%EC%B0%B8%EA%B3%A0)%EC%A0%9C7%EC%B0%A8%20%ED%95%9C%EA%B5%AD%ED%91%9C%EC%A4%80%EC%A7%81%EC%97%85%EB%B6%84%EB%A5%98_%EB%B6%84%EB%A5%98%ED%95%AD%EB%AA%A9%ED%91%9C%20%EC%A0%84%EC%B2%B4(%ED%86%B5%EA%B3%84%EC%B2%AD,%20%EC%A7%81%EC%A2%85%20%EC%A0%84%EC%B2%B4).pdf〉).

129) 정부기능분류체계(BRM)에 대해서는 다음 자료 참고: 설문원. "기록분류를 위한 정부기능분류체계의 적용 구조 및 운용 분석: 중앙행정기관을 중심으로." 한국비블리아학회지 제24권 제4호 (2013). pp.23-51.

130) 특수분류표에 대한 자세한 설명에 대해서는, 정연경. 『지식정보분류론』 (서울: 이화여자대학교출판문화원, 2017). pp.298-311. 참조.

제 2 장

문헌 분류 이론의 분석과 활용

문헌 분류에 관련된 이론들은 수많은 연구자들에 의해 발전을 거듭해오고 있고, 그러한 이론들은 분류표의 고안과 활용뿐만 아니라 우리의 실생활에도 적용되고 있다. 이 장에서는 현대 문헌 분류 이론의 발전에 가장 큰 공헌을 한 학자의 한 사람으로 인정되고 있는 S. R. Ranganathan의 이론의 기본적인 내용과, 우리가 살아가는 실제 생활에서 문헌 분류 이론이 적용되어 활용될 수 있는 가능성을 찾아보기 위해 그 실제 사례들을 살펴보고자 한다.

2.1. Ranganathan의 문헌 분류에 관한 기초 이론

인도의 대표적인 문헌정보학자 Ranganathan은 과학은 특정의 주제보다는 체계적인 탐구 방법에 의해 결정된다고 간주하고, 문헌정보학이 좀 더 과학적이 되기 위해서는 구체적인 이론 체계를 갖추어야 한다고 생각하였다. 이를 위해 그는 자신의 분류 사상을 문헌정보학에 관한 이론적 개념과 통합하여 종합화하고자 시도하였는데, 문헌 분류에 관한 자신의 이론을 집대성한 *Prolegomena to Library Classification*을 비롯한 많은 연구 성과를 이른바 분석합성식 분류표인 CC(Colon Classification)에 적용하였다. 이러한 성과는 문헌 분류에 관한 체계적인 이론을 바탕으로, 이를 실제의 분류표에 적용함으로써, 이론과 실제를 통합시켰다는 점에서도 또 다른 의의를 갖는다고 할 수 있다. 이것은 C. A. Cutter가 사전체(辭典體) 편목 규칙의 이론을 제시하고, 이를 Boston Athenaeum의 장서

목록에 적용함으로써 그 이론과 실제를 통해 목록 연구의 수준을 한층 업그레이드한 것과도 유사한 점이 있어 흥미롭다.

그러나 정작 Ranganathan의 분류 이론은 어렵고 난해하다는 인식이 대부분이고, 이를 연구한 국내의 연구도 많지 않다. 분류표를 놓고 보면, 학계(學界)의 높은 평가와는 대조적으로, 그가 고안한 CC는 현재 인도에서조차도 사실상 외면을 받고 있는 형편이라는 점을 고려해볼 때, 이론적 연구의 견실성(堅實性)이나 성과 못지않게 그에 대한 관리와 교육도 중요할 것이다. 아이러니컬하게도 이론적으로 훌륭하다는 평가를 받는 이론들과 이를 바탕으로 한 결과물들이 올바른 제대로 된 평가를 받지 못하는 경우를 우리는 현실의 세계에서 너무나도 자주 목격하고 있다. 이러한 시각에서도 그의 분류 이론은 흥미로운 연구 주제임이 분명하다. Ranganathan의 분류 이론에 관한 연구는 주로 인도의 학자들을 중심으로 이루어져 온 것이 사실이다. 국내의 경우는 CC나 조기성(助記性)과 관련하여 부분적으로 이를 다룬 논문들이 발표되어 있으나, 이를 전체적으로 다룬 연구는 많지 않다.[1)]

이 절에서는 Ranganathan의 분류 이론을 총체적으로 접근할 수 있는 개념적 틀을 제시하는 데 주안점을 두고자 한다. 이를 위해 저자의 선행 연구를 바탕으로,[2)] 그가 제시하고 있는 이론들을 문헌 분류와 관련하여 재해석하고, 그의 문헌 분류에 관한 전반적인 이론적 체계와 3단계 분류 이론에 대해 살펴보고자 한다.

---

1) 노정순. 한국십진분류법과 콜론분류법의 비교 연구(석사학위논문. 성균관대학교대학원. 1979). ; 이은철. "콜론분류법: 발전 및 CC의 관점에서 본 KDC의 문제점에 대한 고찰." 국회도서관보 제20권 제1호. pp.53-62.; 남태우. "분류기호법에서의 조기성 연구." 도서관학 제22집(1992). pp.179-217.;박종배. 랑가나단의 조기성이론에 의한 한국십진분류법과 일본십진분류법의 비교분석(석사학위논문. 경북대학교대학원, 1989).; Dong-Geun Oh. 2012. "Ranganathan, Dewey, and Bong-Suk Park." 한국문헌정보학회지 제46권 제1호(2012.3). pp.11-27.; 유소영. 콜론分類法의 構造原理와 推理性에 관한 硏究(박사학위논문. 연세대학교 대학원, 1989).; 이경호. "CC의 구조적 분석을 통한 분류자동화 원리유도." 도서관학논집 제15집 (1988). pp.113-151.; 유소영. "콜론分類法의 助記性에 관한 硏究." 동화와 번역 제8호(1989.9). pp.67-95.

2) 이 절의 내용은 기본적으로 저자의 다음 논문을 바탕으로 재구성한 것이다. 오동근, "Ranganathan의 3단계 분류이론." 도서관학연구지 제14호(1989). pp.17-29.; 오동근. "Ranganathan의 文獻分類에 관한 規範的 原則: 특히 분류의 3단계와 분류규준을 중심으로." 도서관학논집 제21집(1994.12). pp.195-229. 따라서 상당 부분의 내용은 별도의 인용 표시 없이 전재하였다.

2.1.1. 규범적 원칙의 레벨

Rangnanthan의 규범적 원칙(規範的 原則, normative principle)은 문헌정보학의 학문적 체계를 정립하기 위해 그가 연역적 추리(演繹的 推理)를 바탕으로 제시한 것이다. 이 규범적 원칙은 사회과학 분야에서 자연과학 분야의 '가설'(假說, hypothesis)과 같은 역할을 하는 것으로, Newton의 운동의 법칙이 자연과학 분야의 가설의 한 예라고 하면, '국가의 주권은 모든 성인 시민에게 동등하게 주어진다'라는 것은 사회과학 분야의 규범적 원칙의 한 예라 할 수 있다.[3] 즉 자연과학 분야에서는 실험(實驗)이나 과학적 연구를 바탕으로 하는 경험적 방법으로 가설을 입증하게 된다면, 사회과학 분야에서는 연역적 추리에 의해 제시된 규범적 원칙들을 경험(經驗)을 통해 보완해 나간다고 할 수 있을 것이다. Ranganathan은 문헌정보학, 나아가 문헌 분류에도 이와 같은 규범적 원칙을 세움으로써 과학적 토대를 구축하고자 시도하였던 것이다. 따라서 그의 분류 원칙을 올바로 이해하기 위해서는 먼저 이러한 규범적 원칙에 대해 이해해야 할 것이다. 이러한 규범적 원칙들은 다음과 같은 목적으로 활용이 가능하다.[4]

① 분류표의 근거로 활용할 수 있다.
② 이를 바탕으로 특정 분류표에 대한 비판적 연구를 수행할 수 있다.
③ 서로 다른 분류표의 비교에 매우 유용하게 활용할 수 있다.
④ 이를 바탕으로 과학적인 근거를 두고 특정의 기호를 해석할 수 있다.
⑤ 분류 담당자의 일상적인 분류 작업의 지침(指針)을 제공해줄 수 있다.

3) S. R. Ranganathan. *Prolegomena to library classification*. 3rd ed. (New York: Asia Publishing House, 1967). p.551.

4) Ranganathan 이전의 분류에 관한 규범적 원칙이나 일반 이론에 대해서는, 특히 R. S. Parkhi. *Library classification: Evolution of a dynamic theory* (Delhi: Vikas Publishing House, 1972). pp.52-101. 참조.

이런 의미에서 보면, 문헌 분류 분야의 규범적 원칙은 다양한 용어를 사용하기는 하였지만, 조기성(助記性)의 원칙과 같은 예에서 알 수 있는 것처럼, Ranganathan 이전에도 이미 많은 학자들에 의해 상당수가 설정되고 이용되어 왔다고 할 수 있다.

Ranganathan은 여러 학자들이 다양한 용어로 사용해온 규범적 원칙들을 그 레벨에 따라 다섯 단계로 나누어 계층적으로 그룹화하여 체계화하고, 각 단계별로 별도의 용어를 사용하고 있다. 이와 같은 각각의 용어들은 Ranganathan의 문헌 분류 이론에서는 특별한 의미로 사용된다. 즉 기본 법칙(basic laws)은 기본적인 사고 과정의 수준에서 사용되며, 기초 법칙(fundamental laws)은 하나의 학문으로서의 도서관학의 수준에서 적용되고, 규준(規準, canons)은 분류와 편목, 장서 구성 등과 같은 도서관학이라는 학문의 제1단계 분과들과 관련하여 사용되며, 원칙(principles)은 배열 구조(配列 構造)와 패싯 배열의 유용한 순서와 같은 도서관학의 제2단계 분과와 관련하여 사용된다. 따라서 이 용어들을 문헌 분류에 적용해 보면, 기본 법칙, 도서관학의 법칙, 문헌 분류 규준, 배열 구조(配列構造)의 원칙, 패싯 배열의 원칙과 같은 용어로 사용할 수 있을 것이다. 그 내용을 표로 요약하면 〈표 2-1〉과 같다.[5)]

〈표 2-1〉 Ranganathan의 규범적 원칙의 계층 구조

규범적 원칙의 명칭	레 벨	문헌정보학에 적용한 명칭
기본법칙(Basic laws)	기본적 사고과정	기본 법칙
기초법칙(Fundamental laws)	도서관학	도서관학의 법칙
규준(Canons)	분류	문헌 분류 규준
원칙(Principles)	배열의 유용한 순서	배열구조의 원칙
공준(Postulates) 및 패싯배열원칙	분류작업	패싯 배열의 원칙

5) S. R. Ranganathan. *Prolegomena to library classification*. 3rd ed. (New York: Asia Publishing House, 1967). p.113.; Krishan Kumar. *Theory of classification*. 2nd ed. (New Delhi: Vikas Publishing House, 1981). pp.86-87.

2.1.2. Ranganathan의 기본 법칙

Ranganathan이 제시하고 있는 기본 법칙(basic laws)은 일반적인 사고 과정을 지배하는 것으로, 도서관학의 법칙과 함께 도서관학의 모든 분야의 작업에 도움이 된다. 문헌 분류에 있어서는 일반적으로 둘 이상의 도서관학의 법칙이나 분류 규준에 의해 마찬가지로 타당하기는 하지만 서로 다른 상충하는 결정이 내려지게 될 경우에만 사용된다. *Prolegomena to Library Classification*의 초판(1937)에는 원래 간소성(簡素性)의 법칙(Law of parsimony)만이 제시되어 있었으나, 제3판(1967)에는 해석(解釋)의 법칙과, 공평성(公平性)의 법칙, 균형(均衡)의 법칙, 지역적 변형의 법칙, 삼투성(滲透性)의 법칙과 같은 다섯 개 법칙이 추가되었다.

(1) 해석(解釋)의 법칙

해석의 법칙(laws of interpretation)은 문헌 분류의 규칙과 원칙, 규준들은 법률적인 저작과 같은 것으로, 각 부분은 법조문(法條文)과 같이 해석해야 한다는 것이다.[6] 따라서 서로 상충되는 부분이 있으면, 해석의 법칙에 따라 이를 해결해야 한다. 아울러 그는 상충되는 부분을 제거하기 위해 필요하면 규칙과 원칙, 규준들을 경험(經驗)에 비추어 정기적으로 수정할 것을 제안하고 있다. 그러므로 해석의 법칙을 적용하여 분류표를 상세히 분석함으로써 분류표의 단점을 상당 부분은 줄일 수 있을 것이다.

(2) 공평성(公平性)의 법칙

공평성의 법칙(law of impartiality)은 어떤 주제의 두 패싯 가운데 첫 번째 패싯을 정하거나 서로 다른 범주의 이용자 요구를 선택할 경우와 같이, 둘 이상의 대상에 대해 우선 순위를 설정할 때는 이를 임의로 정해서는 안 되며, 충분한

6) S. R. Ranganathan. *op. cit.*, p.123

근거를 바탕으로 결정해야 한다는 것이다. 서로 다른 주제에서 모든 주제에 적용할 수 있는 일반적인 성격의 원칙에 따라 패싯의 배열 순서를 결정하게 되면, 공평성의 법칙은 충족되는 것이다. DDC 제23판의 서문에 제시되어 있는 둘 이상의 주제나 학문 분야의 결정에 관한 지침은 이와 같은 예에 속하는 것이다.7) 혼합 기호법을 사용하는 CC에서 '9'를 무의미 기호(empty digit)로 사용함에 따라 그와 유사한 성격을 갖는 'Z'와 'z'도 마찬가지로 무의미 기호로 사용하게 되는 것도 공평성의 법칙을 적용한 예가 된다.8)

(3) 균형(均衡)의 법칙

균형의 법칙(law of symmetry)은 서로 대칭적인 관계에 있는 두 개의 실체나 상황이 존재할 경우, 어느 특정의 상황에서 어느 하나를 중시하게 되면 나머지 하나도 그에 상응하는 정도로 중시해야 한다는 것이다. CC의 경우 앞서 살펴본 무의미기호 '9'와 'Z', 'z'는 배열 구조(配列構造)에서 독립 개념(isolate)을 맨 뒤에 추가하기 위한 기호로서 채택되었다. 그런데 균형의 법칙에 따라, 독립 개념을 중간에 삽입할 수 있도록 하는 규정이 필요함을 알게 되었다. 그리하여 무의미화 기호(emptying digit)가 정해지게 되었던 것이다.9)

(4) 간소성(簡素性)의 법칙

간소성의 법칙(law of parsimony)은 특정 현상과 관련하여 둘 이상의 가능한 대안(代案)이 존재할 경우에는, 인력이나 자원, 자금, 시간의 측면에서 전체적으로 경제성(經濟性)을 보장하는 대안을 우선적으로 선택해야 한다는 것이다. 이 법칙을 따를 경우 문헌 분류에서 분류 기호는 가능한 한 짧게 해야 한다. 특히 분석합성식 분류표는 모든 주제를 분류표에 열거하는 열거식 분류표와는 달리,

---

7) Melvil Dewey. *Dewey Decimal Classification and relative index*. 23rd ed. (Dublin, OH: OCLC, 2011). Vol.1. pp.xlvii-xlvii.

8) S. R. Ranganathan. *Prolegomena to library classification*. 3rd ed. (New York: Asia Publishing House, 1967). p.125.

9) Krishan Kumar. *Theory of classification*. 2nd ed. (New Delhi: Vikas Publishing House, 1981). p.91.

기본 주제만을 분류표에 열거하고, 공통 구분표(common isolate)나 특수 구분표(special isolate)의 기호와 이를 합성시킬 수 있도록 함으로써, 전체 분류표의 길이를 줄일 수 있도록 한다는 점에서, 이 법칙을 충족시켜 주고 있다고 할 수 있을 것이다. 아울러 Ranganathan은 이 법칙의 적용에는 신중을 기해야 하며, 도서관학의 법칙이나 분류 규준을 간과해서는 안 된다는 점을 분명히 밝히고 있다.

(5) 지역적 변형(地域的 變形)의 법칙

지역적 변형의 법칙(law of local variation)은 모든 학문이나 기법에서는 이용자들이 순전히 지역적으로 이용하기 위하여, 일반적으로 이용되는 결과에 대한 별법(別法)으로 사용할 수 있는 결과를 확보할 수 있도록 하는 규정을 마련해야 한다는 것이다. 오늘날의 대부분의 분류표에서는 이와 같은 지역적 변형의 법칙을 따르고 있는데, DDC에서는 이른바 자국 우위(自國優位, local emphasis)를 두기 위해 마련하고 있는 대부분의 임의 규정(任意規定)이 그 대표적인 예에 해당한다고 할 수 있다. 아울러 문헌 분류에서 널리 사용되는 별치 기호(別置記號, collection number)도 특수 집단의 요구를 충족시켜 준다는 점에서, 이와 같은 법칙에 일치한다고 할 수 있다.

(6) 삼투성(滲透性)의 법칙

삼투성은 삼투 현상(滲透現象)이라고도 하는데, "분자(分子)의 크기에 따라 선택적으로 물질을 통과시키는 막(반투성 막)을 경계로 용액의 농도가 낮은 쪽에서 높은 쪽으로 물이 이동하는 현상"[10]을 말한다. 삼투성의 법칙(law of osmosis)은 이러한 원리에서 착안한 법칙으로, 재분류(再分類)에 관련된 원칙이라고 할 수 있는데, 편목 규칙이나 분류표의 변경이 필수적일 때는 특정일로부터 다음과 같은 작업을 수행하도록 하고 있다.[11]

---

10) 네이버 지식백과. 〈http://terms.naver.com/entry.nhn?docId=1610904&cid=50314&categoryId=50314〉.

11) S. R. Ranganathan. *op. cit.,* p.136.; Krishan Kumar. *op. cit.,* pp.94-95.

① 새로 입수되는 모든 자료는 새로운 편목 규칙과 분류표에 따라 편목하고 분류한다.
② 많이 이용되는 과거의 장서들은 필요할 경우 추가의 임시 직원을 고용하여 재편목(再編目)하고 재분류(再分類)한다.
③ 새로 입수된 자료와 재정리된 자료는 신장서(新藏書)에 보관하고, 마찬가지로 목록 카드도 신장서에 보관한다.
④ 과거의 장서 중 나머지는 구장서(舊藏書)로 보관하고, 목록 카드도 구장서로 보관한다.
⑤ 두 개의 장서를 유지하고 있다는 사실에 대해 참고 사서가 독자에게 안내해야 한다.
⑥ 구장서에서 독자가 대출해간 책은 반납할 때 이를 재편목하고 재분류하여 신장서에 포함시키고, 목록 카드도 동일하게 처리한다.

재분류는 막대한 비용이 소요되는 복잡한 작업으로, 대부분의 도서관에서는 거의 이를 포기하고 있는 것이 사실이다. 그러나 삼투성의 법칙에 따르게 되면, 처음에는 많은 추가의 작업량이 요구되겠지만, 점차 그 양이 줄어들게 될 것이다. 따라서 도서관의 서비스에도 거의 영향을 미치지 않으면서, 적은 비용으로 이를 실시할 수 있다는 이점(利點)이 있다. 이것은 앞서 살펴본 간소성의 법칙에도 적합한 것이다.

2.1.3. 도서관학의 법칙

Ranganathan이 제시하고 있는 제2수준의 규범적 원칙은 도서관학의 법칙이다. 이 법칙들은 그의 첫 번째 저작인 *Five Laws of Library Science*[12]를 통해 1931년에 처음으로 발표되었다. 이 책은 도서관학의 목적에 관한 그의 주요 사상을 구체화한 것으로, 이 다섯 가지 법칙의 정신은 이후에 발표된 그의 거의 모든 저작에 스며있다고 해도 좋을 것이다. 그 내용은 〈표 2-2〉와 같다.[13]

---

12) 이 책의 내용에 대해서는 그 해설본을 한국어판으로 소개한 다음 책을 참고하라. 타케우치 사토루 저; 오동근 역. 『랑가나단 박사의 도서관학 5법칙에서 배우는 도서관이 나아갈 길』 (대구: 태일사, 2012).

〈표 2-2〉 도서관학의 5법칙의 내용

법칙별	내 용
제1법칙	Books are for use.
제2법칙	Books are for all. (Every reader his/her book.)
제3법칙	Every Book its reader.
제4법칙	Save the time of the reader.
제4법칙	A library is a growing organism. (A library is a growing organization.)

도서관학의 법칙은 도서관학과 도서관 서비스, 도서관의 실무에서 발생하는 모든 문제에 적용할 수 있는 구체적인 규범적 원칙이다.14) 그 자체는 간단한 설명문에 불과하지만, 도서에 대한 접근이나 서가상의 분류순 배열(分類順排列), 도서관의 홍보, 상호 협력과 같은 도서관학의 모든 것들이 이로부터 유추될 수 있을 것이다.15) 따라서 문헌 분류의 규준과 원칙들은 모두가 도서관학의 법칙과 관련을 갖게 되며, 이들 사이에 상충되는 문제가 생길 경우에는 이를 해결하기 위해 도서관학의 법칙에 의존하게 된다. 이하에서는 문헌 분류에서의 시각에서 이를 재분석해 보고자 한다.

---

13) Ranganatha의 도서관학의 5법칙을 벤치마킹하여 많은 학자들은 다양한 방식의 '5법칙'들을 제시한 바 있는데, 미국도서관협회장을 역임한 Michael Gorman은 Walt Crawford와 함께 이른바 '신도서관학의 5법칙'을 다음과 같이 제시한 바 있다(M. Gorman and W. Crawford. *Future libraries: Dreams, madness, and realities* (New York: American Library Association, 1995)).
① 도서관은 인류에 봉사한다(Libraries serve humanity).
② 지식을 전달하는 모든 형식을 고려하라(Respect all forms by which knowledge is communicated).
③ 테크놀로지를 현명하게 활용하여 서비스를 향상하라(Use technology intelligently to enhance service).
④ 지식에 대한 자유로운 접근을 보호하라(Protect free access to knowledge).
⑤ 과거를 존중하며 미래를 창조하라(Honor the past and create the future).

14) S. R. Ranganathan. *Prolegomena to library classification*. 3rd ed. (New York: Asia Publishing House, 1967). p.115.

15) Bernard I. Palmer. "Dr Ranganathan and his impact on world librarianship." *Herald of library science*, Vol.12, No.2-3.(1973). p.219.

(1) 제1법칙

제1법칙은 "책은 이용하기 위한 것"(Books are for use)이라는 것이다. 여기에서 말하는 책은 오늘날의 개념으로는 문헌 또는 정보 자료로 해석해야 할 것이다. 제1법칙에서 말하는 '이용'은 '보존'에 대응하는 말이다. 즉 도서관의 모든 자료는 단지 보존을 위하여 존재하는 것이 아니라, 이용하기 위해 존재하는 것이기 때문에, 이용을 극대화하기 위한 방안을 모색해야 한다는 것이다. 문헌 분류의 측면에서 보면, 문헌 분류는 적자(適者)에게 적서(適書)를 제공하기 위한 방법을 모색해야 한다고 할 수 있다. 이를 위해 문헌 분류에서는 이용자에게 가장 도움이 되는 순서(helpful order)로 문헌이나 그에 대한 기록들을 배열하기 위해 체계적 순서(體系的 順序, systematic order)를 찾고자 노력하고 있는 것이다. 오늘날의 대부분의 문헌 분류에서 채택하고 있는 주제에 의한 배열은 이 법칙을 만족시키는 것으로 생각된다.

(2) 제2법칙

제2법칙은 "책은 모든 사람을 위한 것이다"(Books are for all) 또는 "모든 독자에게 책을"(Every reader his/her book)이다. 이 법칙은 이용자에게 초점을 맞춘 것으로서, 책의 내용은 모든 인류를 위한 것이기 때문에, 그에 대한 이용이 소수의 특권층(特權層)에만 제한될 수 없다는 사실을 강력하게 암시하고 있다. 아울러 이 법칙은 이용자들을 파악하고 연구하여 그들에게 적합한 자료를 제공해야 함을 의미하는 것이다. 문헌 분류의 측면에서 보면, 문헌의 분류도 특정 이용자 집단에게만 적합한 방식을 채택하기보다는, 대부분의 이용자들에게 가장 적합한 방식을 채택해야 한다고 할 수 있다. 또한 문헌의 주제 자체를 그 상호 관련도에 따라 배열함으로써, 이용자가 명확히 인식하지 못하고 있던 관련 주제들을 찾아낼 수 있도록 해주어야 한다.[16] 주제에 의한 배열은 아마도 이 법칙도 만족시켜 주게 될 것이다.

---

16) S. R. Ranganathan. *Prolegomena to library classification*. 3rd ed. (New York: Asia Publishing House, 1967). p.120.

(3) 제3법칙

제3법칙은 "모든 책을 독자에게"(Every book its reader)이다. 이 법칙은 책 자체에 중점을 둔 것으로, 주로 자료에 대한 접근 가능성(接近可能性)에 관계가 있다.[17] 타케우치 교수는 이를 "모든 책에게 그 책의 독자를"이라고 번역하고 있는데,[18] 이것은 모든 책에는 그 책에 어울리는 독자가 있을 것이라는 의미이다. 즉 모든 책은 그에 적합한 이용자를 갖게 될 것이기 때문에, 문헌 분류에서는 적어도 어떤 책을 원하는 이용자가 그 책을 가장 편리하게 접근할 수 있는 방법을 제시해 주어야 하는 것이다. 앞서 제시한 상호 관련도에 따른 배열은 이 법칙도 아울러 만족시켜 주게 될 것이다.

(4) 제4법칙

제4법칙은 "독자의 시간을 절약하라"(Save the time of reader)이다. 이 법칙은 효율적인 서비스를 강조하고 있는데,[19] 사서가 정보의 유통을 촉진시키기 위해 스스로 이용자의 입장에 설 수 있는 모든 일을 하고자 노력해야 함을 의미한다. 포괄적인 색인과 서지의 작성, 신속한 대출 시스템이 이용자의 시간을 줄여 주기 위한 대표적인 예라 할 수 있다. 문헌 분류와 관련해서는, 주제에 의한 배열을 통해 이를 다시 설명할 수 있을 것이다. 국내의 경우 상당수의 도서관에서는 연속간행물실의 자료는 주제에 의한 분류보다는 서명의 알파벳순에 의해 배열하고 있다. 이와 같은 방식은 종합적인 성격을 가진 대학 논문집 등을 대상으로 하는 경우나, 연속간행물실을 폐가제(閉架制)로 운영하고 있는 경우에는 적합할는지 모른다. 그러나 개가제(開架制)로서 이용자가 직접 서고에서 자료를 이용하고자 하는 경우에는, 가령 문헌정보학에 관련된 논문 기사들을 찾고자 할 경우에는, 색인 등의 도움을 받는다고 하더라도, 해당 잡지를 찾아내기 위해

---

17) G. O. Mattews. The influence of faceted classification (Doctoral Dissertation. Case Western Reserve University. School of Library Science, 1980). pp.36-37.

18) 타케우치 사토루 저; 오동근 역. 『랑가나단 박사의 도서관학 5법칙에서 배우는 도서관이 나아갈 길』(대구: 태일사, 2012). p.221.

19) Eugine Garified. "Father of library science in India." *Herald of library science,* Vol.24, No.30 (1985). p.153.

연속간행물실을 온통 다 헤매게 될 수도 있을 것이다. 그러나 주제에 의한 배열의 경우는 한 곳에서 해당 주제에 대한 모든 자료를 이용할 수 있을 것이다. 따라서 주제에 의한 배열은 이 법칙을 만족시켜 주게 된다.

(5) 제5법칙

제5법칙은 "도서관은 성장하는 유기체(有機體)"(A library is a growing organism)라는 것이다. 제1법칙부터 제4법칙은 도서관의 관리 운영을 특징지어 주는 사고 방식을 보여 주는 것이라면, 제5법칙은 도서관의 계획이나 조직을 생각할 경우에, 그 사고 방식의 근거가 되는 기본적인 사고 방식을 표명하는 것이다.[20]

도서관은 자료나 직원, 이용자 등의 모든 측면에서 성장(成長)과 변화(變化)를 거듭하게 된다. 따라서 이러한 성장과 변화를 전제로 모든 계획을 세우고 이에 대비해야 할 것이다. 문헌 분류도 도서관의 성장과 변화에 관계없이 편리하게 자료를 이용할 수 있는 방향으로 이루어져야 한다. 오늘날 대부분의 도서관에서 채택하고 있는 이른바 상관식 배가법(相關式排架法, relative location)은 이러한 문헌의 증가에 대비할 수 있는 서가 배열법이라 할 수 있을 것이다.

이상에서 살펴본 도서관학의 법칙은 Ranganathan의 연역적 사고(演繹的 思考)에 의해 제시된 것으로, 때로는 지나치게 당연한 사실에 바탕을 둔 진부한 표현이라는 지적을 받기도 한다.[21] 그러나 이 법칙들은 도서관학에 대한 그의 기본적인 철학의 토대를 이루는 것으로서, 그의 문헌 분류 이론도 이를 바탕으로 한다는 점에서 의의가 있다.

---

20) 타케우치 사토루; 오동근 역. 『랑가나단 박사의 도서관학 5법칙에서 배우는 도서관이 나아갈 길』 (대구: 태일사, 2012). p.281.

21) 최성진. 『도서관학통론』(서울: 아세아문화사, 1987). p.298.

2.2. 문헌 분류의 3단계에 관한 분석[22)]

Ranganathan은 자신의 분류 이론을 아이디어 단계(idea plane)와 언어 단계(verbal plane), 기호 단계(notational plane)의 세 개 수준으로 구분하여 개념화하고 있다. 그가 제시한 이른바 분석합성식 문헌 분류(analytico-synthetic classification)는 이러한 3단계의 분류 작업을 통해 주제를 분석하고 이를 다시 기호로서 합성하는 과정을 통해 이루어진다. 그의 분류 이론은 이러한 3단계의 구분을 바탕으로 *Prolegomena to Library Classification*에 상세하게 제시되었고, 이를 바탕으로 Colon Classification에서 구체화되었다는 점에서,[23)] 분류의 3단계는 그이 이론을 이해하는 데 핵심이 되는 요소의 하나라고 할 수 있다. 아울러 상세한 분류 규준(分類規準)들도 이와 같은 3단계로 구분하여 제시되고 있음은 물론이다. 효과적인 '분할 통치'(分割統治, divide and rule)의 방법[24)]으로 제시된 이러한 구분은 역동적(力動的) 문헌 분류 이론의 탄생을 가능하게 한 대도약(大跳躍)[25)]이라는 평가를 받고 있다. 그럼에도 불구하고, Ranganathan 자신도 심지어는 자신이 가르치는 학생들에게도 설명하기가 쉽지 않다고 토로하고 있는 것처럼, 많은 사람들에게는 이해하기가 그리 쉽지 않은 것이 사실이다.[26)] 그리하여 이하에서는 그가 제시하고 있는 문헌 분류의 3단계에 대해 구체적으로 살펴보고자 한다.

---

22) 이 절은 저자가 1989년에 시험적으로 발표한 Ranganathan의 3단계분류이론(오동근, "Ranganathan의 3단계 분류이론." 도서관학연구지 제14호(1989). pp.17-29.)의 내용을 대폭 수정 보완한 것임.

23) S. R. Ranganathan. *Colon Classification*. 7th ed. revised and edited by M. A. Gopinath. (Bangalore: Sarada Ranganathan Endowment for Library Science, 1989). p.28.

24) S. R. Ranganathan. *Prolegomena to library classification*. 3rd ed. (New York: Asia Publishing House, 1967). p.328.

25) M. A. Gopinath. "The Colon Classification." In *Classification in the 1970's* (Arthur Maltby. Linnet Books, 1972). p.57.

26) S. R. Ranganathan to Phylis A Richmond. Apri 29, 1965. G. O. Mattews. The influence of faceted classification (Doctoral Dissertation. Case Western Reserve University. School of Library Science, 1980). p.38에서 재인용.

2.2.1. 아이디어 단계

아이디어(idea)는 일반적으로 직관(直觀)이나, 관찰, 사고, 회상(回想), 상상, 평가, 그 밖의 지적 과정(知的過程) 등을 통하여 얻게 되는[27] 생각이나 관념(觀念)으로 이해된다. 이와 관련하여, Ranganathan은 지식을 인간이 가지고 있는 아이디어의 총체로 정의하고, 정보는 다른 사람들에 의해 전달되거나 개인적 연구나 조사를 통해 얻어지는 아이디어로 정의하고 있다. 아울러 이와 같은 아이디어들은 인간의 기억 속에 축적되게 된다. 논리적인 사고를 바탕으로 지적 능력을 통해 기억의 일부를 통합시킴으로써 자체 내에서 새로운 아이디어들이 생겨나게 되는데, 이 때 전달의 매체가 되는 것이 바로 언어 단계의 핵심이 되는 언어인 것이다.

한편 이와 같은 "아이디어가 체계화된 부분"[28]을 주제(主題, subject)라고 하는데, 그 범위나 깊이가 시종일관 관심의 영역 내에 속해 있고, 보통 사람의 지적 능력과 전문 영역의 범위 내에 속해 있을 때 하나의 주제가 된다고 할 수 있다. 일반적으로 주제는 '수학'과 같이 하나의 기본 주제(basic subject)만으로 구성되거나, '1994년의 자동차 산업'과 같이 하나의 기본 주제와 하나 이상의 독립 아이디어(isolate idea)가 결합된 합성 주제(合成主題, compound subject)가 될 수도 있다. 여기서 독립 아이디어란 '1994년'과 같이, 그 자체로서는 하나의 주제가 될 수 없으나, 어떤 주제의 한 구성 요소를 이룰 수 있는 어떤 아이디어나 복합 아이디어를 말한다. 한편 '사회과학자를 위한 통계학'과 같이 둘 이상의 주제 사이의 관계를 바탕으로 둘 이상의 주제가 결합되는 경우도 있는데, 이를 복합 주제(複合主題, complex subject)라고 한다.

---

27) S. R. Ranganathan. *Colon Classification.* 7th ed. revised and edited by M. A. Gopinath. (Bangalore: Sarada Ranganathan Endowment for Library Science, 1989). p.29.

28) *Loc. cit.*

아이디어 단계는 이러한 아이디어를 다른 단계와는 독립적으로 다루는 단계이다. 문헌 분류에서는 기본적으로 이러한 주제 영역을 다루게 되는데, 이와 같은 주제는 이미 살펴본 바와 같이 아이디어로 이루어지게 되는 것이다. 즉 아이디어 단계에서는 각 주제를 패싯(facet)이라는 기본 주제나 독립 아이디어로 분석하여 그 일반적인 구조를 설정하고, 그들 사이의 관계와 순서를 결정하게 되는 것이다. 이러한 분석된 패싯들이 기호 단계에서 다시 합성됨은 물론이다.[29] 따라서 아이디어 단계의 작업이 세 단계 가운데 최고의 것이 되며,[30] 다른 단계들은 아이디어 단계의 발견 결과를 성취하기 위한 후속의 단계라고 할 수 있다.

그러나 이와 같은 아이디어 단계의 작업은 겉으로는 드러날 수가 없기 때문에, 분류표에서는 단어나 분류 기호의 형태로 바뀌어 나타나게 된다. 또한 때로는 언어 단계나 기호 단계의 제약을 받기도 한다. 즉 동일한 아이디어를 서로 다른 용어로 표현함으로써 아이디어가 왜곡되기도 하고, 아이디어 단계의 발견 결과를 기호 단계에서 충분히 수용하지 못하는 경우도 있다. 그러므로 아이디어 단계의 발견 결과를 성취하기 위해서는 언어 단계에서의 용어(用語)의 표준화(標準化)와 기호 단계의 지속적인 발전이 함께 필요하게 되는 것이다.

2.2.2. 언어 단계

언어의 사용은 인간이 갖는 고유의 특성 가운데 하나이다. 인간은 이 언어를 통해 그들이 창조한 아이디어를 전달하고 재창출해왔다. 음성 언어(音聲言語, spoken language)가 갖는 시간적 공간적 한계를 극복하기 위해 개발된 문자라는 기록 언어(記錄言語, written language)를 통해 인간은 전달의 폭을 더욱 확대시켰다.

---

29) 분석합성식 분류의 다른 이름인 패싯식 분류(faceted classification)는 이러한 패싯으로 이루어진다는 구조적 측면에 초점을 맞추어 붙여진 것이다.

30) S. R. Ranganathan. *Prolegomena to library classification*. 3rd ed. (New York: Asia Publishing House, 1967). p.335.

언어 단계는 아이디어를 이와 같은 자연어(自然語)나 기술적인 용어로 표현하는 단계이다. 즉 아이디어 단계에서 찾아낸 아이디어나 주제에 대해 이름을 붙이는 단계인 것이다.[31] 그러나 자연어는 당연히 아이디어보다 개발 속도가 느리기 때문에, 어느 경우에는 어떤 아이디어나 개념을 나타내는 단어가 존재하지 않을 수도 있고, 어느 경우에는 동음이의어(同音異議語, homonym)나 동의어(同義語, synonym)가 사용되기도 한다. 따라서 이와 같은 현상으로부터 야기되는 혼란이나 착오를 줄이기 위해서는, 용어의 표준화가 필요하게 되는 것이다. 용어의 표준화와 관련하여, 각 학문 분야의 전문가들은 자체의 전문 용어(專門用語, jargon)를 개발하고자 노력하고 있다. 나아가 최근에는 언어 간의 장벽을 없애고 커뮤니케이션을 촉진하기 위해, 국제적인 기술 용어의 사용에 대해서도 관심을 보이고 있다. 이와 같이 어떤 학문 분야에서 설정된 전문 용어는 그 분야의 '대상 언어'(對象言語, object language)가 될 수 있을 것이다. 기본적으로 자연어를 바탕으로 이루어지는 이와 같은 대상 언어는 한 걸음 더 나아가 '메타 언어'(metalanguage)로 표준화될 수 있다면 더욱 바람직할 것이다. 그러나 국제표준화기구(ISO) 등의 노력에도 불구하고, 아직까지는 그와 같은 표준화가 제대로 이루어지지 못하고 있는 것이 사실이다. Ranganathan은 이와 관련하여, 도서관학, 나아가 문헌 분류에 있어서도 자체의 대상 언어를 확정할 필요성이 있음을 지적하고, 자신의 *Prolegomena to Library Classification*에서 제시한 용어들이 영어를 메타 언어로 하는 문헌 분류 분야의 대상 언어가 될 수 있음을 밝히고 있다.[32]

한편 이상과 같은 표준화의 미비(未備)와 언어의 복잡성 때문에, 언어 단계의 작업은 다른 단계의 작업에 비해 신속하게 이루어지지 못하는 경우가 많다. 새로운 용어를 표현하는 '정확한' 용어를 선정하기가 어려운 점이나, 구체적인 정의를 내리지 못하는 경우가 그 예가 될 것이다. 이 때문에 실제적인 측면에서는, 어떤 분류표에서는 용어의 다음에 주석을 달거나, 판마다 유의 명칭을 변경하지 않을 수 없게 되는 경우가 발생하기도 한다.

---

31) M. A. Gopinath. "The Colon Classification." In *Classification in the 1970's* (Arthur Maltby. Linnet Books, 1972). p.57.

32) S. R. Ranganathan. *Prolegomena to library classification*. 3rd ed. (New York: Asia Publishing House, 1967). p.331.

그러므로 언어 단계에서는 아이디어 단계에서 형성된 아이디어나 개념을 정확하게 표현할 수 있는 최신의 표준화된 용어의 개발이 필수적이다.

2.2.3. 기호 단계

기호 단계는 아이디어나 개념, 또는 이를 나타내는 단어를 기호로 표현하는 단계이다. 즉 아이디어 단계와 언어 단계의 작업 결과를 기호로 변환시키는 단계인 것이다. 이때는 분류상의 배열 순서를 나타내기 위해 서수(序數, ordinal number)로 된 인공 언어(artificial language)를 사용하게 되는데, 이를 분류 언어(classificatory language)라 한다. 서수는 숫자를 세거나 양을 나타내는 기수(基數, cardinal number)와는 달리, 어떤 순서에서 어떤 실체의 위치를 고정시키기 위해 사용되는 기호이다. 따라서 분류 언어는 어떤 주제나 그 주제를 담고 있는 문헌을 배열하기 위한 것으로, 분류 학자의 통제를 받게 되는 통제어(統制語, controlled language)이다. 그러므로 기호 단계에서는 자연어(自然語)가 가질 수 있는 동음이의어나 동의어와 같은 불명확성(不明確性)을 극복할 수 있게 된다. 또한 이를 위해 기호 단계에서는 아이디어와 개념, 또는 언어를 나타내주는 일단의 서수(序數)와 이를 사용하기 위한 규칙을 개발해야 한다.

분류 언어는 문헌분류표를 개발할 때는 대상 언어가 된다.[33] 아울러 분류의 대상이 되는 주제 영역이 계속적으로 성장한다는 점에서, 분류 언어도 지속적으로 발전되어야 한다. 즉 기호 단계는 아이디어 단계의 발견 결과를 구현하는 단계이기 때문에, 기호 단계에서는 아이디어나 지식을 수용할 수 있도록 하는 기호법을 개발해야 하는 것이다. 그러나 실제의 문헌분류표에서는 오히려 기호의 한계나 제약 때문에, 아이디어의 발전이나 전개가 저해되는 경우가 많았다. Ranganathan이 고안한 여러 가지 기호법들은 이와 같은 문제점을 해결하기 위한 방법으로 제시된 것이다. 예를 들면 앞서 제시한 무의미 기호(empty digit)는 '아무런 의미도 갖지 않고 순서 값만 갖는 기호'[34]로, 배열 구조(array)의 맨 뒤에

---

33) *Ibid.*, p.332.

34) *Ibid.*, p.238.

새로운 주제나 독립 아이디어가 추가될 경우에 이를 수용할 수 있도록 함으로써 수용력(受用力)을 증가시킬 수 있도록 하기 위한 기호이다. 또한 무의미화 기호(emptying digit)는 그 기호와 결합되는 기호의 의미를 없애줌으로써, 배열 구조의 중간에 새로운 주제나 독립 아이디어의 삽입이 가능하도록 하기 위한 방법으로 고안된 것이다. 따라서 이와 같은 기호들은 주종 관계(主從關係)에 있는 아이디어 단계와 기호 단계의 관계를 올바로 나타낼 수 있도록 하기 위한 수단으로 제시된 것들이라고 할 수 있다.

결국 기호 단계에서는 아이디어 단계에서 분석한 주제나 아이디어의 구조나 순서를 구체적으로 기호화하여 합성한 형태로 완성하여 하나의 분류 기호로 완성하게 된다. 이로써 분석합성식 분류의 3단계도 완성되는 것이다.

2.2.4. 문헌 분류의 3단계에 대한 설명용 모델

이상에서 살펴본 바와 같이, 분석합성식 분류에서는 기본적으로 아이디어 단계에서 주제를 패싯이라는 기본 요소로 분석하고, 언어 단계에서는 이를 표준화된 용어로 변형시키고, 기호 단계에서는 이를 기호로 변환시켜 합성하게 된다. 그러나 Ranganathan 자신도 분류학자로서의 연구를 시작한 지 20년이 지난 후인 1944년에 이르러 비로소 이 3단계의 중요성과 분리 가능성을 파악하고, 1952년에 가서야 이 방법을 충분히 이해할 수 있었다고 한다. 아울러 앞서 살펴본 것처럼, 그 자신도 이를 설명하는 데 어려움을 겪었음을 실토하고 있다. 그리하여 이하에서는 화학식의 예를 원용하여 이를 설명하기 위한 모델을 제시해 보고자 한다.

주지하는 바와 같이, 화학의 역사는 물질을 나누는 '분석'과 물질을 합하는 '합성'의 두 분야로 나뉘어 발전해 왔다고 할 수 있다. 고대 그리스의 철학자들은 사물을 구성하는 기본 요소(아르케, arche)에 대해 관심을 가졌는가 하면, 고대의 기술자들이나 연금술사(鍊金術師)들은 합성을 통하여 많은 물질들을 만들어냈다. 아울러 화학자들은 물질을 그 구성 성분이 일정한지의 여부에 따라 균일물(均一物)과 불균일 혼합물로 나누고, 균일물은 물리적 방법으로 분리가 가능한지의 여부에 따라 균일 혼합물과 순물질로 나눈다. 순물질(純物質)은 다시 화학적 방법으로 더 작은 물질로 분해할 수 있는지의 여부에 따라 화합물과 원소로 나눈다. 여기서 말하는 원소란 통상의 방법으로는 더 작은 물질로 분해할 수 없는 물질이며, 화합물은 둘 이상의 원소로 이루어진 물질이다. 화합물은 두 개의 원소로 이루어진 이성분(二成分) 화합물과 그 이상의 원소로 이루어진 세 성분 화합물, 네 성분 화합물 등이 있다. 따라서 이를 Ranganathan의 주제에 대한 분석과 대비시켜 보면, 원소는 기본 주제, 화합물은 합성 주제, 혼합물은 복합 주제와 대략 일치하는 것으로 생각된다. 아울러 기본 주제가 되는 원소는 패싯과 포커스에 상당한다고 할 수 있지 않을까?[35)]

한편 화학에서는 둘 이상의 원소가 결합하여 화합물을 만들 때 이를 나타내기 위해 화학식을 사용하게 되는데, 이 과정이 문헌 분류의 3단계와 아주 유사함을 볼 수 있다. [그림 2-1]은 원자의 존재를 체계적으로 정리한 것으로 알려지고 있는 John Dalton이 제시한 원소 기호와 화학 반응식의 예이다.

Dalton의 식에서도 대략 알 수 있는 것처럼, 예컨대 물을 화학적으로 수소와 산소로 분리하고 그 결합 순서가 정해지는 단계까지의 과정은 문헌 분류의 아이디어 단계와 유사하다. 또한 그 분석된 원소에 대해 각각 수소와 산소, 또는 Hydrogen과 Oxygen이라는 이름을 붙여주는 단계는 언어 단계와 일치한다. 화학에서도 원소는 물론 그 화합물에 대한 명명법(命名法)의 표준화가 시도되고 있는데, 이것은 문헌 분류 분야에서와 마찬가지이다. 아울러 각 원소를 표기하기 위한 기호로서 각각 H와 O를 사용하고 이를 결합시켜 H_2O로 나타내는 과정은 문헌 분류의 기호 단계와 동일하다. 따라서 문헌 분류의 3단계의 기본적인 아이디어를 설명하기 위한 모델로서 화학식의 모델이 적합함을 알 수 있다.

35) 물론 Ranganathan이 말하는 패싯과 포커스의 개념은 분명히 다르다. 즉 하나의 패싯에는 여러 개의 포커스가 존재하게 되는데, 예를 들어 DDC 문학 구분의 경우 문학의 세 번째 패싯인 문학형식이라는 패싯은 시, 드라마, 소설 등의 여러 포커스로 구성된다. 그러나 화학의 예에서는 이를 구별하기가 어려운 것 같다.

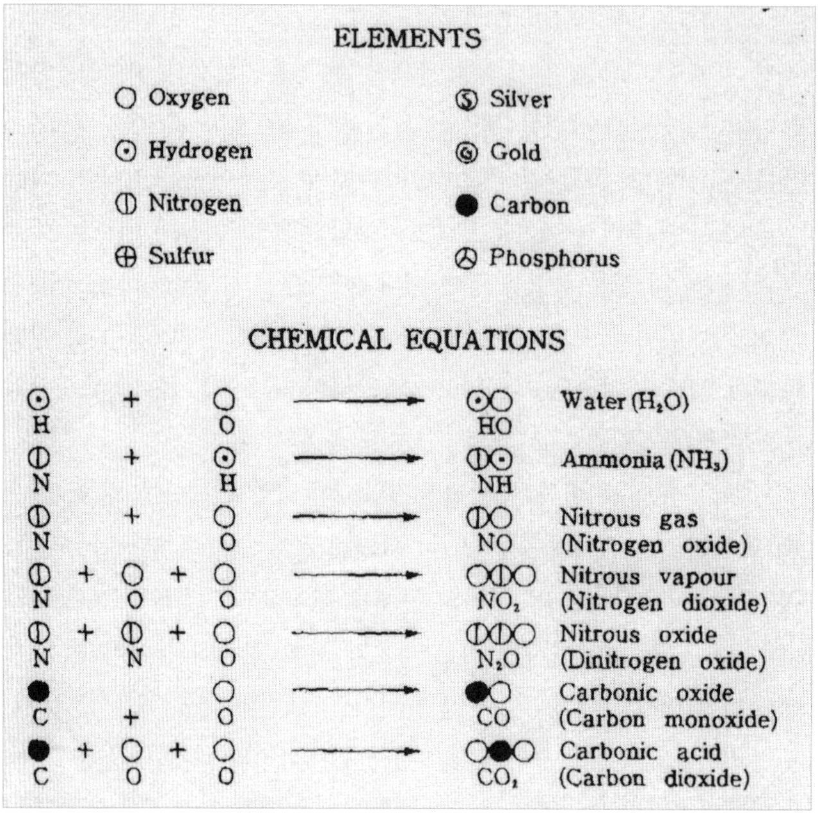

[그림 2-1] Dalton의 원소 기호와 화학 반응식36)

한편 화학식에서는 원소 기호를 사용하여 그 물질을 구성하고 있는 원소의 종류는 물론 원자의 수, 원자의 결합 양식 등을 나타낼 뿐만 아니라, 원소의 순서와, 원소 및 그 화합물의 명명법, 기호 부여 방법, 화학식의 표현 방법 등이 명확한 원칙과 화학에서 밝혀진 법칙에 따라 규정되고 준수되는 것이다. Ranganathan의 규범적 원칙은 실험과 경험을 통해 완성되는 화학의 원칙과는 대비되지만, 문헌 분류에서 이와 같은 원칙을 세우기 위해 설정된 연역적 사고에 의한 원칙인 것이다.

아울러 그는 분류에 관한 규범적 원칙, 즉 분류 규준(分類規準, canon)을 3단계의 작업에 따라 이를 구분하여 제시하고 있다. Ranganathan의 분류 규준은 도서관학의

36) David W. Oxtoby 등저; 강삼우 등역. 『일반화학』. 수정판(서울: 청문각, 1992). p.13. [그림 2-1] 가운데 일부는 오늘날 알려진 사실과 다르다고 한다. 괄호 안의 예는 오늘날의 수정된 식과 명칭이다.

법칙에 따라 설정된 것으로, 주로 문헌분류표의 설계에만 관련되는 규범(規範)들이다. 그는 문헌 분류의 3단계에 따라 아이디어 단계에
15종, 언어 단계에 4종, 기호 단계에 18종, 총 37종의 분류 규준을 각각 별도로 제시하고 있다.[37]

2.3. 일상생활 속의 문헌 분류 기법 활용 사례

많은 사람들은 문헌 분류는 도서관 현장에서 자료의 정리에만 활용되는 이론으로, 우리의 실생활과는 무관한 이론이나 기법으로 생각하는 경우가 많다. 그러나 우리는 일상생활을 포함한 많은 경우에 의식적이든 무의식적이든, 매일매일 수많은 분류 시스템들을 접하고 실제로 활용하게 된다. 이 장에서는 이러한 점에 착안하여, 우리 실생활에 적용되고 있는 문헌 분류의 이론과 기법들의 예들을 찾아 구체적으로 분석하고, 필요할 경우 개선을 위한 아이디어를 제공해 보고자 한다. 이러한 분석은 실제 사례들의 구체적인 개선은 물론 이론의 정립에 좋은 아이디어를 제공하고 정보시스템이나 홈페이지, 각종 실제 분류 시스템의 설계를 담당하는 연구자나 실무자에게도 구체적이고 실제적인 개선책을 제공할 수 있으리라고 생각한다. 이를 위해 이 절에서는 관련 자료와 홈페이지 등을 분석하고, 일부 예에 대해서는 패싯 분석을 통해 분석합성식 분류 이론의 측면에서 분류 기법들이 어떤 방식으로 실제 생활에서 의식적 또는 무의식적으로 활용되고 있는지 살펴보고자 한다.[38]

---

37) 분류 규준은 이 책의 범위를 넘어서는 것으로, 다음 자료들을 참고하기 바란다: S. R. Ranganathan. *Prolegomena to library classification.* 3rd ed. (New York: Asia Publishing House, 1967).; Krishan Kumar. *Theory of classification.* 2nd ed. (New Delhi: Vikas Publishing House, 1981); R. S. Parkhi. *Library classification: Evolution of a dynamic theory* (Delhi: Vikas Publishing House, 1972); M. S. Sachdeva. *Colon Classification* (New Delhi, Sterling Publishers, 1975); 오동근. 『최신분류론』. (대구: 태일사, 2015). pp.88-99.

38) 이 절의 내용의 상당 부분은 기본적으로 저자의 다음 논문을 바탕으로 재구성한 것이다. 오동근. "실생활에 적용된 분석합성식 분류기법의 사례에 관한 심층분석." 한국도서관정보학회지 제42권 제2호(2011.6). pp.151-170.

2.3.1. 주민 등록 번호 및 학번 시스템

대한민국 국민은 누구나 자신의 고유 번호로 주민 등록 번호를 부여받는다. 이 번호를 개발한 것으로 알려져 있는 김대영에 따르면, 주민 등록 번호 시스템은 1975년 주민 등록 제도를 처음 실시할 때, 통계학(統計學) 지식을 활용하고 미국의 사회 보장 번호(Social Security Number) 시스템을 참고하여 만들어졌다고 한다.[39)]

주민 등록 번호는 대개 앞쪽 6자리와 뒤쪽 7자리의 숫자로 이루어진다. 앞쪽 6자리는 '출생년도-월-일'로 구성된다. 즉 2015년 3월 1일생의 경우 '연도(15) + 월(03) + 일(01) → 150301'이 되는 것이다. 뒤쪽 7자리 중 첫 번째 숫자는 성별에 따라 남자는 1이나 3, 여자는 2나 4로 표시한다. 2번째부터 5번째까지의 4자리 숫자는 시도 · 군구 등을 나타내는 지역 번호로 발행 지역이 4자리 숫자로 표시된다. 6번째 숫자는 해당 지역에서 그 번호를 부여하는 순서 기호, 마지막의 7번째 숫자는 검증용의 체크 디지트(check digit)라고 한다(〈표 2-3〉 참조). 이와 같이 우리가 일상적으로 사용하는 주민 등록 번호는 정교한 코딩 시스템에 의한 분류 체계에 따라 부여되고 있음을 알 수 있다.

〈표 2-3〉 주민 등록 번호의 구성

앞자리(6자리)			–	뒷자리(7자리)			
연도(1/2)	월(3/4)	일(5/6)	–	성별(1)	지역(시군구) 번호(2/5)	지역의 순서기호(6)	체크 디지트(7)
15	03	01	–	1	****	*	*

39) "세계 10대 경제강국 대한민국, 청사진은 KDI에서 나왔다," 중앙일보 2011.4.26일자. 서경호 기자의 김대영 전 건설부 차관(당시 수석연구원) 인터뷰 내용으로, 이하의 설명은 이 인터뷰내용을 바탕으로 하였음. 〈http://article.joinsmsn.com/news/article/article.asp?total_id=5399813&cloc=olink|article|default〉

이와 유사한 예로, 학생들은 대학에 입학하면 학번을 부여받게 된다. 계명대학교의 예를 들면, 과거에는 여덟 자리로 이루어진 학번을 사용하였다. 첫 번째 자리는 단과 대학을 나타내는 알파벳 대문자, 2번째 자리는 단과 대학 내 계열을 나타내는 숫자, 3번째 자리는 학과 고유 번호, 4-5번째 자리는 입학 연도, 6-8자리는 학생 고유 번호로 구성되어 있었다. 즉 문헌정보학과 1992년도 입학생 중 1번인 학생의 학번은 '사회과학대학(H) + 사회계열(3) + 문헌정보학과(4) + 입학 연도(92) + 학생 고유 번호(000) → H3492000'이 되는 것이다(〈표 2-4〉 참조). 이 학번 체계의 고안자가 문헌 분류 이론에 대한 깊은 이해나 조예가 있어서 이러한 시스템을 설계했을 가능성은 많지 않지만, 이것은 조기성을 갖춘 분석합성식 분류 기법을 활용한 편리한 시스템이라고 할 수 있다.

〈표 2-4〉 계명대학교 구 학번 시스템의 구성

단과대학(1)	계열(2)	학과(3)	입학연도(4/5)	학생고유번호(6/8)
H	3	4	92	***

그러나 현재 계명대학교에서 사용하고 있는 학번 시스템은 이러한 분류 체계와는 전혀 관계가 없는 학생들의 일련 번호에 의한 코드로 변경되었다. 아마도 그 이유는 몇 년 전에 학부제를 도입하면서 학부제로 입학한 학생들이 학과가 정해지기 이전인 1학년 때에는 별도의 학번을 가져야 하고, 2학년에 진학하게 되면 학과별 학번 부여 시스템에 따라 별도의 또 하나의 새 학번을 갖게 되기 때문에, 이로 인해 학사 관리가 번거로워지는 것을 피하기 위해, 1학년에 입학할 때 부여된 학번을 졸업할 때까지 사용하도록 하면서 생긴 변화일 것이다. 그러나 분류 이론적 측면에서 보면, 열거식 시스템에 의해 부여되는 현재의 학번 시스템은 그 번호만으로는 대략적인 짐작은 가능하다고 하더라도, 그 학생의 소속 학과나 입학 연도 등을 파악하기 어렵다는 점에서, 그러한 조기성(助記性)을 갖춘 이전의 시스템에 비해 불편한 점이 많다.

2.3.2. 지하철 노선도

지하철은 복잡한 도시 교통의 대안으로 우리나라의 많은 대도시에서 널리 이용되고 있다. 그 노선의 수가 늘어나면서, 많은 이용자들은 특히 환승 등을 위해 여러 노선을 이용해야 하는 경우 적지 않은 혼동을 겪게 된다. 이러한 불편을 최소화하기 위해, 대부분의 지하철 시스템에서는, 각 지하철 호선별로 각각 별도의 색깔을 지정하여 관리하고 있다. 예를 들면, 대구 지하철 1호선은 주황색으로 표시되고, 대구 지하철 2호선은 연두색으로 표시되는 것과 같다. 9호선까지 운행되고, 그 외에도 분당선, 중앙선, 경춘선, 공항 철도 등이 복잡하게 얽혀있는 수도권의 지하철 노선은 더욱 더 복잡하게 마련이다([그림 2-2] 참조).

이러한 노선의 경우에도, 각각의 색깔과 노선별 지정역의 고유 번호(固有番號)를 별도로 부여하고, 아울러 운행되는 각 차량은 물론 각 차량의 객실에도 고유의 분류 기호를 부여함으로써, 이용승객의 편리성을 도모하고 있는 것이다.

다만 현재의 대부분의 지역의 지하철 역 번호들은 임의의 순서로 부여된 반면, 대구광역시 지하철의 경우에는 환승역인 반월당역을 중심으로 1호선의 경우에는 1을 앞세운 3자리의 기호로, 2호선은 2를 앞세운 3자리의 기호, 3호선은 3을 앞세운 3자리의 기호로 부여하고 있다([그림 2-3] 참조). 1호선과 2호선의 환승역인 반월당역의 지하철역 번호는 1호선의 경우 130, 2호선의 경우 230의 번호를 갖게 되고, 2호선과 3호선의 환승역인 청라언덕역의 지하철역 번호는 2호선의 경우 229, 3호선의 경우 329의 번호를 갖게 된다. 이러한 번호 시스템은 조기성(助記性)을 가질 뿐만 아니라, 그 번호를 보고 환승역으로부터의 해당역까지의 역의 수를 추정할 수도 있는 흥미로운 시스템이다. 이러한 방식을 수도권처럼 많은 노선이 존재하는 지역에 확대하여 활용하기는 쉽지 않겠지만, 분류 연구자의 입장에서는 참신한 아이디어로 받아들일 수 있을 것이다.

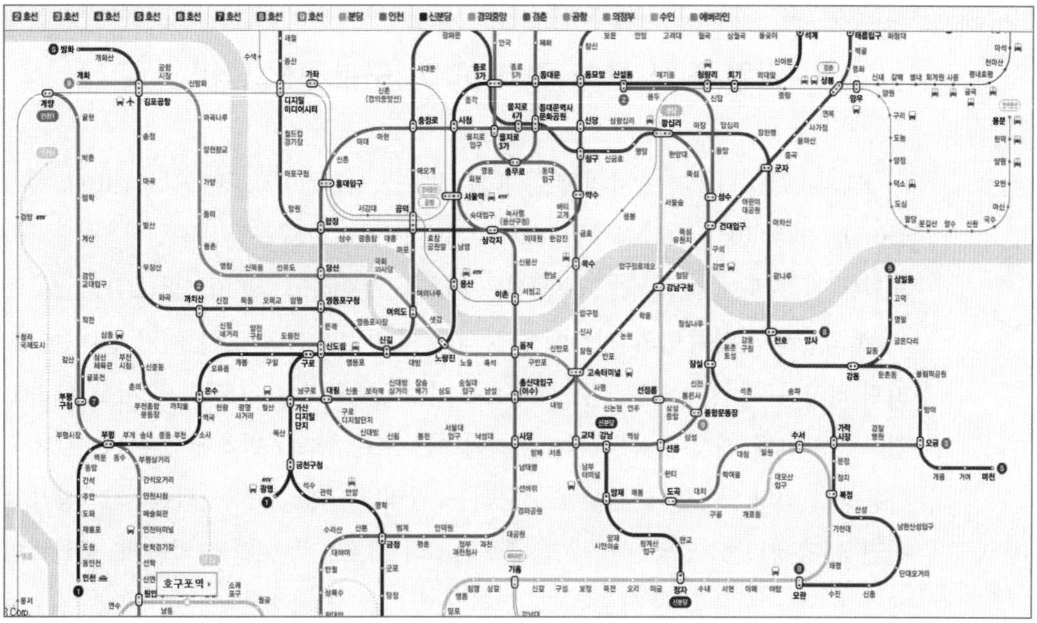

[그림 2-2] 서울특별시 지하철 노선도의 예40)

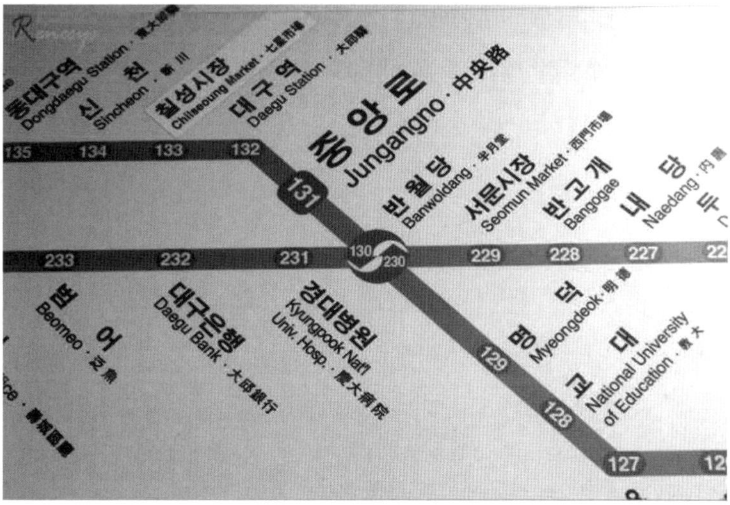

[그림 2-3] 조기성이 부여된 지하철역 번호의 예(대구광역시 지하철)

40) 수도권 지하철 노선도. 〈http://map.naver.com/?menu=subway&region=1000〉.

2.3.3. 광역 전화 통화 권역(DDD) 구분 시스템[41)]

KT의 DDD 번호는 전국의 전화 통화 권역을 서울권(02), 경기·강원권(03), 충청권(04), 영남권(05), 호남·제주권(06)의 5개 광역권으로 구분한 후에, 서울특별시를 제외한 각 시도에 대해서는 추가 세분 기호를 부여하고 있다([그림 2-4] 참조).[42)]

분석합성식 분류법의 시각에서 분석해 보면, DDD 번호의 열거 순서는 "프리픽스(0) + 권역별 구분 기호(2~6) + 시도 구분 기호(1~5)"의 순서를 택하고 있다. 첫 번째 패싯에 해당하는 프리픽스는 모든 DDD 번호에 공통적으로 0을 사용하고 있다. 두 번째 패싯에 해당하는 권역별 구분 기호는 서울권 2, 경기·강원권 3, 충청권 4, 영남권 5, 호남·제주권 6의 기호를 부여하고 있는데, 포커스의 배열 순서는 서울을 중심으로 그 인접순에 따라 시계 방향으로 번호를 부여하고 있음을 알 수 있다. 세 번째 패싯에 해당하는 시도 구분 기호는 〈표 2-5〉에서 볼 수 있는 것처럼, 일부 예에는 광역시의 2나 남도의 1, 북도의 3과 같이 공통된 기호를 사용하고 있으나, 일관성이 부족함을 볼 수 있다. 만일 이러한 기호를 표에 제시한 것과 같은 패싯 분석을 통해 조기성을 부여했더라면, 전 국민이 훨씬 더 편리하게 이 기호들을 사용할 수 있었을 것이다.

---

41) 이 소절의 내용은 오동근. "실생활에 적용된 분석합성식 분류기법의 사례에 관한 심층분석." 한국도서관 정보학회지 제42권 제2호(2011.6). pp.168-169.의 일부 내용을 수정하고 개편한 것임.

42) 전기통신사업법 제36조의 규정에 의해 전기통신번호관리세칙(정보통신부고시 제2003-29호, 2003. 6. 12) 제2장 제7조 제3항에서는 다음과 같이 구분하고 있다.

번 호 권	서 울	경 기	인 천	강 원	충 남	대 전	충 북	부 산	울 산
지역번호	2	31	32	33	41	42	43	51	52
번 호 권	대 구	경 북	경남	전 남	광 주	전 북	제 주	예 비	
지역번호	53	54	55	61	62	63	64	34~39, 44~49 56~59, 65~69	

권역별	번호	해당구역별	
		세분번호	지역명
서울권	02	02	서울특별시
경기 · 강원권	03	031	경기도
		032	인천광역시
		033	강원도
충청권	04	041	충청남도
		042	대전광역시
		043	충청북도
영남권	05	051	부산광역시
		052	울산광역시
		053	대구광역시
		054	경상북도
		055	경상남도
호남· 제주권	06	061	전라남도
		062	광주광역시
		063	전라북도
		064	제주도

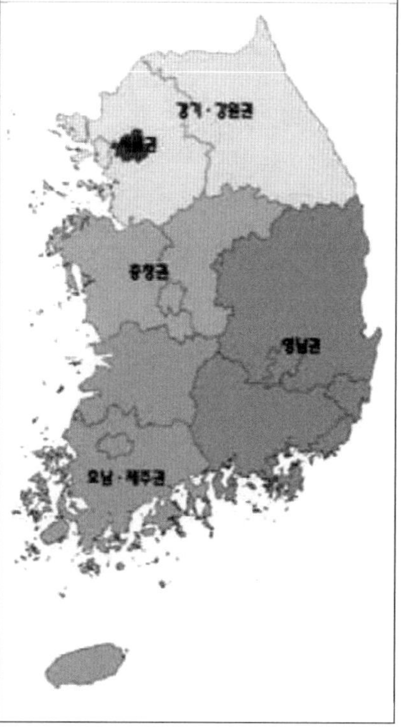

[그림 2-4] KT의 광역 전화 통화 권역 구분[43)]

〈표 2-5〉 권역별 기호 부여 비교표[44)]

구 분	서울권		경기 · 강원권		충청권		영남권		호남 · 제주권	
	시도	기호	시도	기호	시도	기호	시도	기호	시도	기호
특별시 · 광역시	서울	02	인천	032	대전	042	부산 대구 울산	051 053 052	광주	052
남 도					충남	041	경남	055	전남	061
북 도					충북	043	경북	054	전북	063
기 타			경기 강원	031 033						

---

43) 다음 자료의 내용을 바탕으로 수정하였음. 김광익. 국토경쟁력 강화를 위한 광역경제권 설정 및 발전구상 (서울: 국토연구원, 2008) p.28.

44) 이러한 기호법에는 일부 예외가 있다고 한다. 예를 들면, 경기도의 경우, 부천시 전 지역과 안산시 단원구 도서 지역은 032를, 과천시 및 광명시 전 지역과 고양시 덕양구 및 하남시의 일부는 02를 지역번호로 사용하며, 충남 계룡시 전 지역은 042를 사용한다. 울산의 일부지역은 055를 사용하고, 경북 경산시 전 지역은 053을 사용한다고 한다(전기통신번호관리세칙 "[별표 1] 번호권별 지역번호 및 수용 통화권" 참조).

2.3.4. 대구광역시와 서울특별시의 시내 버스 번호 시스템[45)]

대구광역시에서는 대구 지하철 1호선의 개통과 함께 1998년 5월부터 시내 버스 노선을 전면적으로 개편하였다. 이를 계기로 새롭게 운행되는 버스 노선을 간선과 지선, 오지로 구분하고, 시내버스의 번호 체계를 전체적으로 새로이 변경하였다. 현재는 간선 버스, 지선 버스, 급행 버스, 순환 버스의 4가지 유형을 기본으로 하고 있으나, 간선 버스와 지선 버스가 그 중심을 이루고 있다(〈표 2-6〉 참조). 또한 색상은 급행 버스는 적색, 간선과 지선, 순환 버스는 청색으로 각각 단순화하도록 하였다.

대구광역시의 시내 버스 번호 체계에서는 우선 버스를 유형별로 구분하고, 각 유형별로 그 특성에 맞게 별도의 번호 부여 방법을 채택하고 있다. 번호 부여에서도 그 수가 많지 않은 급행 노선이나 순환 노선은 그 유형의 명칭의 약칭을 그대로 사용하고 그 뒤에 일련 번호를 부여하는 방식을 채택하고 있으며, 지역을 중심으로 운행하는 지선의 경우에도 지역명의 약칭에 일련 번호를 부여한

〈표 2-6〉 대구광역시 시내 버스 유형 패싯[46)]

버스유형	색 깔	특 징	버스번호의 예
급행노선	적 색	– 시외곽과 도심 급행연결 – 주요정류소만 정차	급행1: 유형(급행)+일련번호(1)
순환노선	청 색	– 2.3차 순환선 양방향 운행 – 간선, 지선, 지하철 연결	순환2: 유형(순환)+일련번호(2)
간선노선	청 색	– 시외곽, 도심, 부도심 등 지역간 연결	509: 출발지(5)+경유지(0)+도착지(9)
지선노선	청 색	– 간선, 지하철 연계 환승 – 지역생활권(학교, 시장 연결)	달서3: 지역구분(달서)+일련번호(3)

45) 이 소절의 내용은 오동근. "실생활에 적용된 분석합성식 분류기법의 사례에 관한 심층분석." 한국도서관정보학회지 제42권 제2호(2011.6). pp.157-161.의 일부 내용을 수정하고 개편한 것임.

46) 다음 자료를 바탕으로 재구성하였음: 한근수. 대구시 대중교통 이용 제고방안(대구: 대구경북연구원, 2010). p.10.

번호를 사용하도록 하고 있다.

한편 65개 이상의 주요 노선을 운행하고 있는 간선 노선의 경우는 지역 구분을 바탕으로 하는 번호를 합성하여 시내 버스로 사용하도록 하고 있다. 즉 대구 지역을 10개 권역으로 구분하고, 각 지역에 0부터 9까지의 고유 번호를 부여하였다([그림 2-5] 참조).

이어서 간선 노선 버스에 대해서는 이러한 지역 구분 기호를 바탕으로, '출발지 + 경유지 + 도착지'의 순서로 기호를 합성하여 버스 번호를 부여하도록 하였다. 문헌 분류 이론적 측면에서 보면, 이것은 버스 번호에 지역 구분을 바탕으로 하여 조기성을 부여하고자 하는 독창적인 방법을 도입한 첫 사례로 높은 평가를 받을 수 있을 것이다. 다만 권역별 구분에 따른 기호 부여의 순서가 지역적 인접성을 바탕으로 하지 못하고 있다는 점과, 지역별 구분을 상세하게 하다 보니 십진식의 0부터 9까지의 모든 기호를 사용하여 차후에 새로운 권역을 추가하기가 어렵다는 점에서 아쉬움을 주고 있다.

<table>
<tr><th rowspan="2">권역별 구분도</th><th colspan="2">지역구분 패싯</th></tr>
<tr><th>기호</th><th>권역별</th></tr>
<tr><td rowspan="10">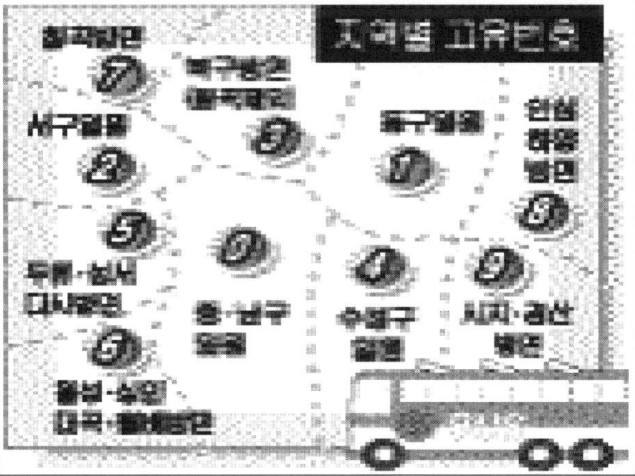</td><td>0</td><td>중구, 남구 일원</td></tr>
<tr><td>1</td><td>동구 일원</td></tr>
<tr><td>2</td><td>서구 일원</td></tr>
<tr><td>3</td><td>북구 일원(칠곡 제외)</td></tr>
<tr><td>4</td><td>수성구 일원</td></tr>
<tr><td>5</td><td>두류, 성서, 다사 방면</td></tr>
<tr><td>6</td><td>월성, 상인, 대곡, 월배 방면</td></tr>
<tr><td>7</td><td>칠곡</td></tr>
<tr><td>8</td><td>안심, 하양 방면</td></tr>
<tr><td>9</td><td>시지, 경산 방면</td></tr>
</table>

[그림 2-5] 대구광역시의 권역별 구분도47) 및 지역 구분 패싯

47) "시내버스노선 전면 개편 D-5," 대구매일신문 1998년 4월 30일자 기사.(〈http://www.imaeil.com/sub_news/sub_news_view.php?news_id=13072&yy=1998〉

한편 이러한 번호 시스템에 대한 시민들의 반응을 기사화한 "버스 노선 드러난 문제점"이라는 타이틀의 '비슷한 번호 헷갈려'라는 소제목이 달린 당시의 신문 기사는 흥미로운 점을 제시하고 있다.

> "새 버스 번호 숙지하기 어렵다 = 세 자릿수인 새 버스 번호에 대한 불만도 있다. 새 버스 번호는 대구시를 10개 권역으로 나눠 지역별로 고유 번호를 부여해 첫 번째 숫자는 출발지 지역 번호, 두 번째 숫자는 경유지 지역 번호, 세 번째 숫자는 도착지 지역 번호로 구성했다. 버스 번호만 보면 대충 어느 지역을 운행하는지를 알 수 있는 장점이 있다. 그러나 고령자들은 버스 번호가 세 자리여서 익숙해지기 어렵다고 밝혔다. 또 세 자리 버스 번호는 좌석 버스라는 인식이 강해 일반과 좌석을 혼동하기 쉽고 출발지 - 경유지 - 종점으로 번호를 구성하다 보니 비슷한 버스번호가 많은 것도 혼란을 준다는 것."[48]

이 기사는 분석합성식 분류 기법과 동일한 방식으로 고안된 새로운 번호가 조기성(助記性)을 통해 충분한 장점을 발휘할 것이라는 점을 이해하면서도, 열거식에 비해 기호의 길이가 길어질 수도 있다는 사실에 따른 인식을 바탕으로 하는 우려도 정확하게 짚고 있다.

한편 서울특별시의 버스 교통 체계는 7년간의 준비 과정을 거쳐 2004년 7월 버스의 노선과 번호, 요금 체계가 전면적으로 개편되었다.[49] 이 시스템에서는 버스의 유형을 목적지까지의 구간이 도심과 부도심간 이동인지 또는 도심에서 수도권으로의 이동인지 등에 따라, 간선 버스, 지선 버스, 광역 버스, 순환 버스, 마을 버스 등으로 구분하고, 각 유형별로 버스의 색깔이 달리하고 있다(〈표 2-7〉 참조). 아울러 각 버스의 유형 안에서는, 대구광역시의 경우와 마찬가지로, 버스 번호를 규칙에 따라 조합하여 사용할 수 있도록 하고 있다. 즉 서울특별시와 경기도 출발 지역을 권역별로 구분하고, 각 권역별로 기호를 부여하고(〈표 2-8〉 참조), 각 유형별로 별도의 방식에 따라 버스 번호를 합성하도록 하고 있다.

---

48) "버스노선 드러난 문제점." 대구매일신문 1998년 4월 30일자 기사(〈http://www.imaeil.com/sub_news/sub_news_view.php?news_id=13626&yy=1998〉

49) 김선영. "DB서비스평가 ②: 버스 이용의 길잡이 '서울시 버스 노선 안내'." 디지털콘텐츠 8(2004). pp.68-70.

이상의 지역 구분을 보면, 주민의 생활 권역별로 지역을 구분하고, 지리적 인접성에 따라 일련 번호를 부여하고 있으며, [그림 2-6]에서 볼 수 있는 것처럼, 경기도의 출발 지역에 대한 번호도 서울특별시의 인접 지역의 번호와 동일한 번호를 부여함으로써 조기성(助記性)을 갖도록 하고 있음을 알 수 있다.

〈표 2-7〉 서울특별시의 버스 유형의 패싯 구분

버스유형	색 깔	특 징	버스번호의 예
간선버스	BLUE(파랑)	서울시내 먼 거리 운행 버스	506
지선버스	GREEN(초록)	간선버스와 지하철의 연계 환승 및 지역 내 운행 버스	4212
광역버스	RED(빨강)	수도권과 부도심을 급행 연결하는 버스	9401
순환버스	YELLOW(노랑)	수도심, 부도심 내 업무, 쇼핑 등 통행 수요 대응	41
마을버스	GREEN(녹색)	마을과 주요 지점을 왕복하는 버스	강남01

〈표 2-8〉 서울특별시와 경기도 출발 지역의 지역 구분 패싯[50)]

서울특별시		경기도	
기 호	권역별	기 호	출발지역
0	종로, 중구, 용산	1	의정부, 양주, 포천
1	도봉, 강북, 성북, 노원	2	구리, 남양주,
2	동대문, 중랑, 성동, 광진	3	하남, 광주
3	강동, 송파	4	성남, 용인
4	서초, 강남	5	안양, 과천, 의왕, 안산, 군포, 수원
5	동작, 관악, 금천	6	인천, 부천, 김포, 광명, 시흥
6	강서, 양천, 영등포, 구로	7	파주, 고양
7	은평, 마포, 서대문		

50) 오동근. "실생활에 적용된 분석합성식 분류기법의 사례에 관한 심층분석." 한국도서관정보학회지 제42권 제2호(2011.6). p.160. 이 버스번호의 구체적인 예는 설명을 위해 채택된 것이며. 반드시 운행되는 번호는 아닐 수도 있다.

한편 버스 번호는 이상의 각 버스 유형에 따른 구분과 지역 구분을 바탕으로 합성하도록 하고 있는데, 각 유형별 버스 번호의 사례와 합성 방식을 살펴보면 다음과 같다.

① 간선 버스: 506 – 출발지(5) + 도착지(0) + 일련 번호(6)
② 지선 버스: 4212 – 출발지(4) + 도착지(2) + 일련 번호(12)
③ 광역 버스: 9401 – 9(광역버스) + 경기도 출발권역(4) + 일련 번호(01)
④ 순환 버스: 41 – 권역구분(4) + 일련 번호(1)
⑤ 마을 버스: 강남01 – 구 이름(강남) + 일련 번호(01)

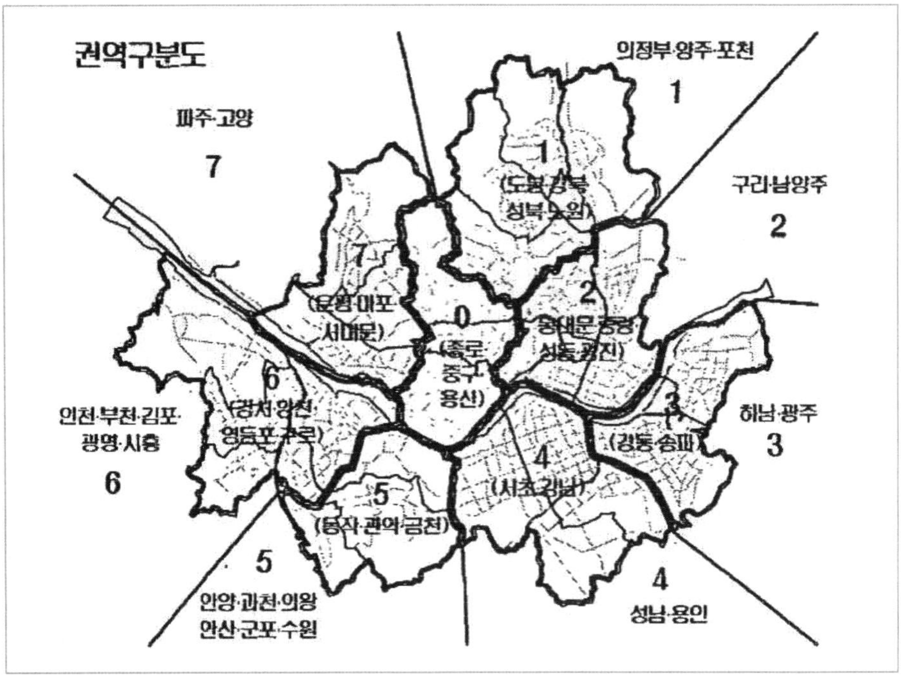

[그림 2-6] 서울특별시와 경기도 출발 지역의 권역별 구분도[51]

---

51) 권태범. 서울시 대중교통체계 개편 사례 분석과 시사점(대구: 대구경북연구원, 2005). p.13.; 박범진. 강원의, 노창균. "지역간 형평성을 고려한 Zone 기반의 버스노선 평가모형 개발: 서울특별시 간선버스의 Zone별 분포도를 중심으로." 대한토목학회논문집 제33권 제5호(2013.9). pp.20-44.

이상의 분석 내용을 문헌 분류적 용어를 사용하여 설명해보면 다음과 같다. 대구광역시와 서울특별시의 버스 번호 시스템은 기본적으로 버스 유형 패싯과 지역 패싯, 일련 번호로 구성된다. 버스 유형 패싯과 관련해서는, 시민의 이용 편의를 위해 버스의 유형과 색깔을 결합시켜 구분하고 있는 점이 특징이다. 버스 번호의 합성에서는 각 유형에 따라 별도의 열거 순서를 설정하고 있다. 이때 대구의 경우는 출발지 패싯과 경유지 패싯, 도착지 패싯, 서울의 경우는 출발지 패싯과 도착지 패싯에 동일한 지역 구분 기호를 사용함으로써 조기성을 부여하고 있다. 따라서 이러한 조기성(助記性)을 바탕으로, 시민들은 권역별 고유 번호만 기억하고 있으면 목적지까지 가는 버스 번호를 쉽게 찾을 수 있을 것이다.

한편 기호법적 측면에서 보면, 대구의 경우는 0부터 9까지의 모든 기호를 지역 구분 기호로 사용함으로써, 차후의 지역의 확장에 대비하기에 불편하도록 하고 있는데 비해, 서울의 경우는 0부터 7까지의 기호만을 부여하고 하고 있다.[52] 그 결과, 9는 광역 버스의 기호로 사용할 수 있게 되었을 뿐만 아니라, 8은 분류표의 간격 기호(gap notation)의 예와 같이, 차후에 새로이 형성될 수도 있는 권역에 대한 기호로 사용할 수 있도록 대비할 수 있을 것이다.

이러한 시스템의 고안자가 정교한 분류 이론을 활용하고자 의식적으로 그러한 기법을 활용했는지는 알 수 없다. 그러나 결과적으로 서울특별시의 버스 번호 시스템은 분석합성식 분류 이론의 측면에서 해석해보면, 기본적으로 버스 유형 패싯과 지역 패싯, 일련 번호로 구성된다. 버스 유형 패싯과 관련해서는, 각 지역의 지하철의 경우와 마찬가지로, 시민의 이용 편의를 위해 버스의 유형과 색깔을 결합시켜 구분하고 있다. 버스 번호의 합성에서는 각 유형에 따라 별도의 열거 순서를 설정하고 있다. 이때 출발지 패싯과 도착지 패싯에 동일한 지역 구분 기호를 사용함으로써 조기성을 부여하고 있다. 따라서 이러한 조기성을 바탕으로, 시민들은 권역별 고유 번호(固有番號)만 기억하고 있으면 목적지까지 가는 버스 번호를 쉽게 찾을 수 있을 것이다.

---

52) 물론 새로운 권역이 추가될 경우에는, 새로운 패싯에 대해 "ABC"나 "가나다"와 같은 새로운 기호법을 추가하여, 예컨대 "40A"나 "가75"와 같은 새로운 버스번호를 만들어낼 수 있을 것이다. 그러나 아라비아숫자로 된 단일시스템을 유지하지 못하는 것만은 분명하며, 그에 따른 불편함은 충분히 예상이 가능하다.

2.3.5. 실생활 속의 분류 기법의 활용 가능성

이 절에서는 실제 생활에서 쉽게 볼 수 있는 분석합성식 분류 이론과 기법의 응용이 가능하거나 그와 유사한 사례들을 찾아 문헌 분류적 시각에서 해석해 보았다.

문헌정보학 분야의 문헌 분류에 대한 연구에서는 지금까지 특정 분류표에 대한 연구가 주를 이루고 있으며, 실제의 일상생활 속에서 활용되고 있거나 활용할 수 있는 사례들에 대한 연구는 거의 전무했다고 해도 과언이 아니다. 따라서 문헌 분류에 관한 기존의 연구는 최근에 이루어진 인터넷 자료들이나 인터넷 서점 등에 관한 몇몇의 연구를 제외하고는, 도서관현장의 자료 정리라는 좁은 범위에 갇혀 있었을 뿐, 어느 의미에서는 실제 생활에 대한 기여가 거의 이루어지지 못하고 있었다. 이러한 시각에서 보면, 기존의 분류에 대한 다양한 연구 성과, 특히 분석합성식 문헌 분류 이론의 풍부한 연구 성과를 실제의 일상생활에 적용하여, 체계적인 접근을 통해, 원하는 자료나 물품, 정보를 체계적으로 검색하고 활용할 수 있도록 하는 방안을 모색하는 것은 중요한 과제가 될 수 있을 것이다.

이 절의 분석을 통해, 실생활의 일부 사례는 단순한 패싯 분석과 그에 따른 열거 순서의 적용 단계에 머무르는 경우도 있었고, 일부 사례는 기호 부여까지 이른 경우도 있었다. 이상의 사례들이 패싯 분석이나 기호법 이론 등 정교한 분석합성식 이론을 충분히 숙지하고 이를 바탕으로 하여 원용한 경우는 거의 없을 것이며, 그들의 시각에서는 경험(經驗)을 바탕으로 하는 휴리스틱(heuristic)한 접근법을 바탕으로 그것이 단지 정교한 코딩 시스템의 설계로 간주되었을는지도 모른다. 그러나 이러한 예들은 예컨대 조기성의 원리 등을 포함한 문헌 분류 이론과 기법을 그와 같은 시스템에 적용했을 경우에, 그것들이 어떻게 얼마나 개선될 수 있는지에 대해서는 그 효용성을 충분히 입증할 수 있었으리라고 본다. 특히 일상생활의 분류 시스템의 적용 사례들은 전문적인 시각이 결여된 상태에서 대체로 열거식(列擧式)의 방법에 의해 이루어지는 경우가 많다는 점에서,

분석합성식의 아이디어를 포함한 문헌 분류에 대한 지식과 각 주제 분야나 업무에 관련된 전문 지식을 결합시켜 활용한다면 더 큰 시너지(synergy) 효과를 발휘할 수 있을 것이다. 따라서 문헌 분류 전문가와 각 해당 분야의 전문가 및 실무자의 협동적인 노력과 공동 연구도 기대할 수 있을 것이다.

또한 이러한 지식들을 바탕으로, 다양한 시스템의 디렉토리를 설계하거나 검색용 도구들을 개발하는 것도 중요한 연구 분야의 하나가 될 수 있을 것이다. 차후에는 이러한 아이디어를 바탕으로 작은 주제나 업무 영역, 예컨대 소규모 부동산 중개업소를 위한 분석합성식 분류 시스템을 활용한 통합적 정보 관리 시스템의 시제품의 개발 등과 같은 프로젝트로부터 출발하여, 대규모 건설 회사의 설계 도면이나 각종 시방서, 자재의 관리에 이르는 포괄적인 정보 관리 시스템의 설계에 이르기까지, 다양한 영역에서 이러한 분류 기법들을 활용하는 방안을 모색할 수 있을 것이다.

제 2 부

분류의 역사와 주요 분류법

제3장

학문 분류와 문헌 분류의 역사

문헌 분류와 오늘날의 주요 분류표에 대해 올바로 이해하기 위해서는, 우선 그 역사를 알고 이해할 필요가 있다. 이 장에서는 문헌 분류의 바탕이 되는 학문 분류의 개념과 개략적인 역사를 살펴본 후, 문헌 분류의 발전 과정을 역사적 흐름에 따라 살펴보고자 한다.

3.1. 학문 분류의 개념과 역사

흔히 문헌 분류는 학문 분류 또는 지식 분류를 바탕으로 한다고들 한다. Dahlberg는 지식의 범주화(範疇化)나 분류를 포함한 지식의 조직은 역사를 통해 볼 때 다음과 같은 네 가지 주된 목적을 가지고 있다고 하였다.[1)]

① 지식 표현(knowledge representation): 철학적 분류 시스템 및 교육 지향적 분류 시스템

② 지식 활용(knowledge utilization): 백과사전적 분류 시스템 및 단어 분류 시스템

---

1) I. Dahlberg, I. "The basis of new universal classification systems seen from philosophy of science point of view." In N. J. Williamson & M. Hudon, *Classification research for knowledge representation and organization* (New York: Elsevier, 1992). pp.187-188.

③ 지식 중개(knowledge mediation): 도서관의 서지 분류 시스템 및 도큐멘테이션 분류 시스템

④ 지식 조직(knowledge organization): 과학 지향적 및 경제 · 행정 지향적 분류 시스템 및 정보 시스템 지향적 분류 시스템

Fadaie는 Dahlberg의 이러한 접근법을 우리에게 현실 세계를 '표현'하기 위한 '활용'을 위해 '중개'를 통해 지식을 '조직'하는 것이라고 재미있게 정의하고 있다.[2] 결국 지식이나 학문의 분류를 포함한 지식이나 학문의 조직은 그러한 모든 목적을 위한 것이라고 할 수 있을 것이다. 이런 시각에서 보면, 문헌 분류를 올바르게 이해하기 위해서는 학문 분류나 지식 분류에 대한 이해가 전제되어야 할 것이다. 이 소절에서는 학문 분류와 문헌 분류의 관계를 검토하고, 동양과 서양의 주요 학문 분류의 예들을 특히 문헌 분류에 영향을 미친 대표적인 예들을 중심으로 살펴보고자 한다.

3.1.1. 학문 분류와 문헌 분류

이 책의 제1장에서 문헌 분류는 '데이터나 정보, 지식 등의 내용(콘텐츠, contents)과 그것을 담고 있는 각종의 자료 및 매체(containers)를 그 주제와 형식에 따라 그 유사성(類似性)에 근거하여 체계적(體系的)으로 배열하고 조직하기 위한 일체의 행위와 과정 및 그 결과'라고 정의하였다. 이러한 시각에서 보면, 문헌 분류는 형식을 고려하기는 하지만, 기본적으로 해당 자료나 문헌이 담고 있는 내용을 바탕으로 하기 때문에, 그 내용의 중심이 되는 지식(知識)이나 학문(學問)의 분류를 고려하지 않을 수 없게 되는 것이다. 그럼에도 불구하고, 문헌 분류는 자체의 고유의 특성을 갖게 되는데, 이러한 문헌 분류와 학문 분류를 비교해보면 〈표 3-1〉과 같다.[3]

---

2) Gholamreza Fadaie. "The influence of classification on world view and epistemology." *Proceedings of the Informing Science & IT Education Conference 2008*. p.5.

3) 이창수. 『자료분류론』(서울: 한국도서관협회, 2014). p.7; 정필모. 『문헌분류론』(서울: 구미무역출판부, 1991). pp.21-22.; 조윤정. 비십진식분류법의 주류설정에 관한 연구(석사학위논문. 중앙대학교대학원, 2005). pp.8-11.

〈표 3-1〉 문헌 분류와 학문 분류의 비교

구 분	문헌 분류	학문 분류
정 의	정보자료의 체계적 배열과 배치	학문 자체의 구분과 배열
동 기	이용자의 요구 해결 · 이용 효율성 제고	철학자의 지적 만족 추구
목 적	정보 · 자료 · 문헌의 효과적 이용을 위한 배치	학문자체의 분류나 사물 및 개념 상호간의 관계 발견
분류대상	데이터, 정보, 자료, 문헌	사물 · 학문연구과정에서 얻어진 개념 · 사상
분류기준	자료나 문헌의 주제 · 표현형식	학문의 논리적 특성과 성질
분 류 지	자료나 문헌 자체	학문의 대상, 방법, 목적 등
분류기호	필요	불필요
색 인	필수	불필요
성 격	구체적 · 실용적 · 실제적 성격	사색적 · 이론적 · 추상적 성격

문헌 분류는 기본적으로 데이터나 정보, 자료, 문헌의 체계적인 배열과 배치를 통해 이를 효과적으로 이용할 수 있도록 하기 위한 것으로, 자료나 문헌의 주제와 그 표현 형식을 기준으로 분류하게 되는 구체적(具體的)이고 실용적(實用的)인 성격의 분류이다. 한편 학문 분류는 학문 자체의 분류나 사물 및 개념 상호간의 관계를 발견하기 위한 것으로, 사물이나 학문 연구 과정에서 얻어지는 개념이나 사상을 대상으로 하는 추상적(抽象的)인 성격의 분류이다. 그러나 이러한 차이에도 불구하고, 학문 분류와 문헌 분류는 지식이나 학문을 증진시키고 발전시키고자 하는 거시적 측면(巨視的 側面)에서는 동일하다고 할 수 있을 것이다.[4]

---

4) 조윤정. *op. cit.*, p.11.

3.1.2. 동양(東洋)의 학문 분류

동양의 학문의 시작은 고대 중국의 하(夏) 나라와 상(商) 나라에서도 교육이 이루어졌다는 기록이 있는 것으로 보아 이미 그 시기에도 학문의 발전이 있었을 것이다. 그러나 일반적으로 교육과 연구의 틀은 주대(周代)에 이루어진 것으로 보고 있는데,[5] 그 중심에는 육예(六藝)가 있었다.

육예는 주대의 선비가 배워야 할 여섯 종류의 기술로, 당초에는 예(禮: 예의), 악(樂: 음악), 사(射: 활쏘기), 어(御: 말 타기 또는 말 몰기), 서(書: 글쓰기), 수(數: 셈하기)를 일컫는 용어로 사용되었다. 예와 악은 정서를 도야(陶冶)하고 사회를 안정시키기 위한 것이라면, 사와 어는 생존(生存)을 위해 수렵 기술을 익히고 전쟁이나 방위(防衛)를 위해 갖추어야 할 군사 훈련이었으며, 서와 수는 일반 서민들도 기본적으로 배워야 하는 일상생활을 위한 지식이었던 것이다.[6]

이 육예는 공자(孔子) 이후에는 이른바 육경(六經), 즉 시(詩, 시경), 서(書, 서경), 예(禮, 예기), 악(樂, 악기), 역(易, 역경), 춘추(春秋)를 일컫는 용어로 사용되기도 한다. 따라서 육예는 원래 실과적(實科的)인 성격을 띠었으나, 나중에 학과적(學科的)인 성격으로 변화되었던 것이다. 특히 육경은 당시 학문 전반을 포괄한 것으로, 공자와 그 정통 계열 학자들에 의해 대성(大成)되어 차후 경학(經學)으로 발전되었다.

동양의 학문은 인생의 원리를 연구하는 학문(경학 및 제자(諸子)들의 학문)과 실천 과정에 대한 학문(사학, 史學), 정서에 대해 연구하는 학문(시학, 詩學)을 기초로 하였다.[7] 이러한 전통은 근대 이전 동양 학문의 이른바 문사철(文史哲) 중심의 인문학 연구로 이어지고 있다.

---

5) 이경자. "중국 고대의 六藝 교육." 윤리교육연구 제22집(2010.8). p.158.

6) *Ibid.*, p.173.

7) 정필모. 『문헌분류론』 (서울: 구미무역출판부, 1991). pp.22-23.

3.1.3. 서양(西洋)의 학문 분류

일반적으로 진정한 서양의 지식과 학문의 연원은 고대 그리스 문명으로부터 시작되었다고 한다.[8] 지식과 학문의 축적은 이를 효율적으로 활용하기 위한 방법의 하나로 분류법의 고안으로 이어지고, 이후 수많은 분류 체계들이 나타나게 되었다. 특정의 지식 및 학문 분류 체계는 그 시대와 문화를 반영하기 때문에,[9] 역사적으로 다양한 분류 체계들이 고안되었음을 볼 수 있다.

(1) 고대와 중세의 학문 분류

(가) 고대 그리스의 플라톤과 아리스토텔레스 학파의 학문 분류

고대 플라톤(Platon, BC 428/427 또는 BC 424-BC 348/347)의 학문 분류로 알려진 분류에서는 철학(학문)을 도덕적 측면에서 다룬 윤리학(倫理學, ethica), 자연적 측면을 다룬 자연학(自然學, physica), 이성적 측면에서 다룬 논리학(論理學, logica)으로 구분하였는데, 아우구스티누스의 전수(傳授)를 통해 중세에 유명해졌다고 한다.[10]

아리스토텔레스(Aristotle, BC 384-BC 322)는 분석론 후서(Analytica hystera)에서 학문 분류 시도한 후 제자들에 의해 계승되었는데, 정신 능력에 의해 각각 이성, 감각적 지각, 의지 및 욕망에 대응하는 학문으로 3구분하는 방법과 학문의 목적에 의해 이론학과 실천학(윤리학)으로 구분하는 방식을 제시하였다고 한다.[11] 아리스토텔레스의 이론학과 실천학에 대한 분류 방법은 [그림 3-1]과 같다. 이론적 지식(이론학)과 실천적 지식(실천학)에 제작적 지식으로서의 예술을 추가하고, 이론적 지식은 다시 자연학과 수학, 신학(형이상학, 形而上學), 실천적 지식은 다시 윤리학과 정치학, 경제학(가정학)으로 세분하고 있는 것이다.[12]

---

8) 박옥화. "지식분류의 역사적 고찰." 사회과학연구(충남대) 제3집(1992.12). p.27.

9) 이명규. "지식분류에 대한 동서양의 비교: 베이컨의 분류와 사고전서를 중심으로." 한국비블리아학회지 제11권 제2호(2000.12). p.28.

10) 박승찬. "학문간의 연계성: 중세 대학의 학문분류와 교과과정에 대한 고찰." 철학 제74집(2003.2). pp.57-58.

11) 정필모. *op. cit.,* p.24.

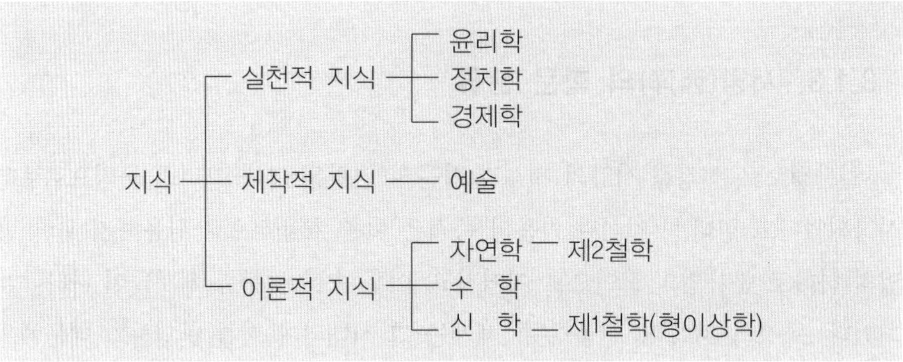

[그림 3-1] 아리스토텔레스의 이론학과 실천학에 대한 분류

(나) 중세(中世)의 학문 분류

중세는 전반기의 기독교 중심의 시대를 거치면서 새로운 학문 분류의 양상을 보이는데, 새로운 연구 논문들에서는 기독교-신학적인 경향과 아랍 중심의 세속 학문 분류(世俗學問分類)를 강조하는 경향 등으로 나타났다고 한다.[13] 중세 후반기에 대학들이 등장하면서는 신학과 철학, 7자유교과(自由敎科, liberal arts)를 중심으로 교과 과정이 만들어졌는데([그림 3-2] 참조), 7자유교과 중 문법(文法)과 수사학(修辭學), 논리학(論理學)으로 이루어지는 3학(trivium)은 철학의 중심이 그리스 식민 도시에서 아테네로 옮겼을 때 발달한 것들이고, 산술(算術)과

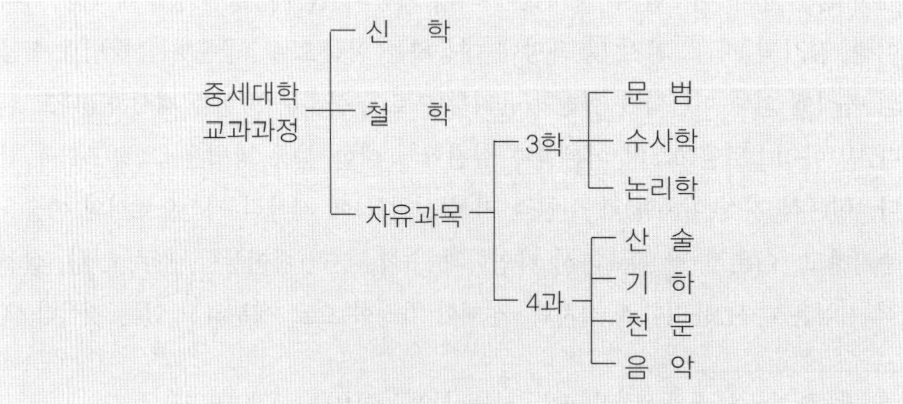

[그림 3-2] 중세 대학의 교과 과정의 분류

12) 박옥화. "지식분류의 역사적 고찰." 사회과학연구(충남대) 제3집(1992.12). p.33.

13) 박승찬. "학문간의 연계성: 중세 대학의 학문분류와 교과과정에 대한 고찰." 철학 제74집(2003.2). p.60.

기하(幾何), 천문(天文), 음악(音樂)으로 이루어지는 4과(quadrivium)는 그리스 자연 철학 시대(自然哲學時代)에 성립된 것들이다.[14)]

(2) 근대(近代)의 학문 분류

르네상스와 종교개혁 이후의 근대적인 학문의 분류는 학문과 지식에 대한 욕구와 수요의 폭발적인 증대에 따른 새로운 학문들의 등장에 발맞추어 한층 더 전문화되고 세분화되었다.

(가) 베이컨의 학문 분류

베이컨(Francis Bacon, 1562-1626)의 학문 분류는 오늘날의 학문 분류와 문헌 분류에 가장 큰 영향을 미치고 있는 분류의 하나이다.[15)] 그는 『학문의 진보』(*Advancement of learning*)와 『과학의 위엄과 진보에 관하여』(*De dignitate et*

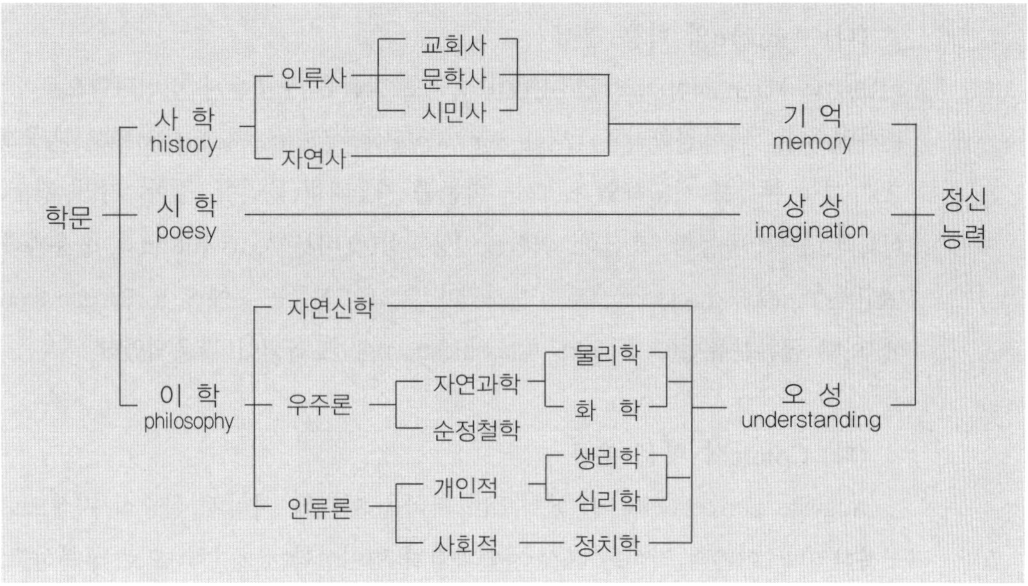

[그림 3-3] Bacon의 학문 분류의 개요[16)]

14) 박옥화. *op. cit.*, p.11.

15) 이명규. “지식분류에 대한 동서양의 비교: 베이컨의 분류와 사고전서를 중심으로.” 한국비블리아학회지 제11권 제2호(2000.12). p.32.

16) 정필모. 『문헌분류론』 (서울: 구미무역출판부, 1991). p.25.

augmentis scientiarum)에서 학문 분류를 시도하였다. 그는 인간의 정신 능력을 기억(記憶, memory), 상상(想像, imagination), 오성(悟性, understanding 또는 reason)의 셋으로 구분하고, 그 각각에 대응하는 학문을 사학(史學, history), 시학(詩學, poesy), 이학(理學, philosophy)으로 구분하였다. 또한 2차 분류에서는 학문의 대상을 분류 원리로 하여, 사학은 인류사와 자연사, 이학은 자연 신학, 우주론, 인류론으로 추가 세분하고 있다. 베이컨의 학문 분류의 개요를 요약하면 [그림 3-3]과 같다.

이러한 분류를 통해 베이컨은 지식의 모든 분과들은 상호 연결되어 있다는 점과 자신의 분류는 지식을 반영할 뿐만 아니라 지식 확장의 지침이 된다는 사실을 믿고 있었던 것이다.[17] 베이컨의 학문 분류는 후에 백과전서파(百科全書派)의 학문 분류는 물론 W. T. Harris의 분류법과 Melvil Dewey의 DDC(Dewey Decimal Classification)에 영향을 끼친 분류법이다.

(나) Ampere의 학문 분류

Andre Marie Ampere(1775-1836)는 당초 학문을 우주론과 정신과학으로 구분하였으나, 『과학철학시론』(*Essai sur la philosophie des sciences*)에서 본격적으로 학문 분류를 시도하였다. 그는 학문을 기초과학(물리학, 공학; 지리, 광업; 식물학, 농학; 동물학, 축산학, 의학), 실용과학(實用科學, useful arts), 응용과학(應用科學, applied science)으로 구분하였다.[18] 그의 분류는 후에 S. R. Ranganathan에 의해 콜론분류법(CC: Colon Classification)에 도입되어 활용되었다.

(다) Comte의 학문 분류

Auguste Comte(1798-1857)는 모든 지식을 이론적 지식과 실증적 지식으로 구분하였다. 이론적 지식은 다시 자연과학과 형이상학(形而上學)으로 구분하고, 자연과학은 다시 추상적 지식(抽象的 知識, 모든 현상을 규정할 수 있는 법칙을

---

17) Hope A. Olson. "Bacon, Warrant, and Classification." In Breitenstein, Mikel, Eds. *Proceedings 15th Workshop of the American Society for Information Science and Technology Special Interest Group in Classification Research,* (Providence, Rhode Island, 2004). 〈http://dlist.sir.arizona.edu/1767/01/SIG-CR2004Olson.pdf〉.

18) 김태수. 『분류의 이해』 (서울: 문헌정보처리연구회, 2000). p.83.

발견하는 영역)과 구체적 지식(具體的 知識, 법칙을 실제 존재하는 사물에 적용하는 영역)으로 구분하였다. 실증적 지식, 즉 실증과학(實證科學)은 단순에서 복잡으로 이르는 위계에 따라 수학과 5대 현상군(천문학, 물리학, 화학, 생물학, 사회물리학)의 6개 실증과학으로 체계화하였다. Comte의 학문 분류는 후에 C. A. Cutter의 전개분류법(EC, Expansive Classification), 미국의회도서관분류법(LCC, Library of Congress Classification), 일본십진분류법(NDC)에 영향을 미친 학문 분류이다.

(라) Spencer의 학문 분류

Herbert Spencer(1820-1903)는 *The Classification of the Sciences*에서 이른바 추상성(抽象性)과 구체성(具體性)의 진화론적 관점(進化論的 觀點)에서,[19] 추상과학(abstract science)과 추상-구체과학(abstract-concrete science), 구체과학(concrete science)로 구분하고 있다. 즉 추상성을 추구하는 과학으로 현상이 우리에게 알려지는 형식을 다루는 학문(논리학, 수학)과 현상 그 자체를 다루는 학문으로 구분하고, 현상 자체를 다루는 학문을 다시 추상성과 구체성을 겸한 과학으로 현상의 구성 요소를 다루는 학문(역학, 물리학, 화학 등)과 구체성을 추구하는 과학으로 현상 자체를 다루는 학문(천문학, 지리학, 생물학, 심리학, 사회학 등)으로 세분하였다.[20] 이를 요약하면 [그림 3-4]와 같다.

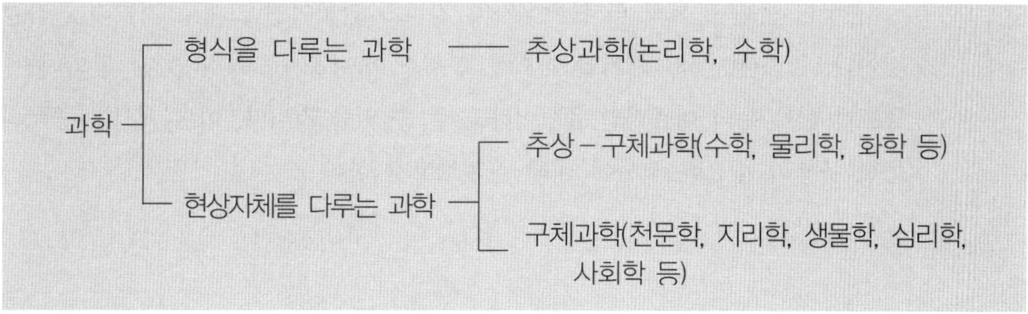

[그림 3-4] Spencer의 학문 분류의 개요[21]

---

19) 배영활. "학문분류의 발전과정과 문헌분류에 끼친 영향." 도서관 제41권 제2호(1986). p.30.

20) 김옥희. 認識論的 主題觀点에서의 知識과 文獻分類의 展開考(석사학위논문. 전남대학교, 1984). p.58.

(마) 학문 분류가 문헌 분류표의 개발에 미친 영향

현대의 학문 분류는 학문의 목적, 대상, 방법 등 다양한 기준에 의한 분류를 채택하고 있으나, 문헌 분류에서는 이 중 대상(對象)에 의한 분류와 목적(目的)에 의한 분류를 주로 채용하고 있다.

이상의 근대 서양의 학문 분류 중 오늘날의 주요 분류표의 개발, 특히 주류(主類, main classes)의 구성에 영향을 미치고 있는 학문 분류로는 Bacon과 Ampere, Comte의 학문 분류를 들 수 있는데, Bacon의 학문 분류는 Dewey의 DDC와 KDC, Ampere의 학문 분류는 Ranganathan의 CC, Comte의 학문 분류는 Cutter의 EC와 LCC, NDC에 영향을 미치고 있다([그림 3-5] 참조).

Bacon의 학문분류	→	Melvil Dewey의 DDC, KDC
Ampere의 학문분류	→	S. R. Ranganathan의 CC
Comte의 학문분류	→	C. A. Cutter의 EC, LCC, NDC

[그림 3-5] 학문 분류와 문헌 분류표의 영향 관계

3.2. 중국의 문헌분류사

중국의 문헌 분류의 역사는 문자와 자료가 만들어진 고대로 거슬러 올라갈 것이다. 공자(孔子)의 제자들의 학문 분류에 바탕을 둔 육경(六經) 등의 분류 등도 문헌 분류의 대표적인 유형이라고 할 수 있을 것이다. 이 절에서는 중국의 문헌 분류의 주요한 역사에 대해 살펴보고자 한다.

21) Herbert Spencer. *Classification of the Sciences* (New York, D. Appleton and company, 1864). p.6. 〈https://archive.org/stream/classifications01spengoog#page/n8/mode/2up〉).

3.2.1. 칠략(七略)의 출현과 칠분법(七分法)의 유행

한(漢) 나라는 건국 초기부터 진시황(秦始皇)의 분서갱유(焚書坑儒) 이후 흩어진 자료와 문헌을 수집하고자 노력하였다. 특히 무제(武帝)로부터 궁정 문고(宮廷文庫)인 비부(秘府)를 설치하였던 성제(成帝)에 이르는 100년의 시기에는 수집된 도서가 산더미 같았다고 한다.[22] 그러나 이러한 문헌들이 정리가 되지 못한 탓에 어려움을 겪자, 무제는 광록대부(光祿大夫) 유향(劉向)에게 그 정리 작업을 맡기게 된다.

이 정리 작업은 비부에서 주관하여 이루어졌는데, 유향은 육예(六藝)와 제자(諸子), 시부(詩賦), 보병교위(步兵校尉) 출신 임굉(任宏)은 병서(兵書), 태사령(太史令) 윤함(尹咸)은 술수(術數), 시의(侍醫) 이주국(李柱國)은 방기(方技)를 정리하였다. 정리 과정에서는 교정과 편목 작업을 거쳐 신정본(新定本)으로 완성하고, 유향은 그 신정본의 서명 편목 목록과 교정 과정, 내용 소개 등을 담은 서록(敍錄)을 편찬하였는데, 이 서록을 모아 20권의 서책(書冊)으로 편성한 것이 '별록(別錄)'이다.

유향이 정리 작업과 목록 편성을 완성하지 못한 채 세상을 뜬 후, 그 아들 유흠(劉歆)이 별록을 바탕으로 하여, AD 5년에 중국 역사상 최초의 국가 장서 목록이자 계통 목록(系統目錄)[23]인 칠략(七略)을 완성하게 된다. 칠략은 실존하지는 않으나, 분류의 연원을 알 수 있는 중국에서 가장 오래된 목록으로 인정되고 있으며, 후세 목록학의 전범(典範)이 되었고, 반고(班固)의 한서 예문지(漢書藝文志)를 비롯한 역대 정사(正史)의 목록 편찬에 많은 영향을 미치고 있다.[24]

칠략의 내용은 다음과 같은 7개 대류(大類)로 편성되어 있다.

① 집략(輯略): 다른 여섯 개 대류(大類) 전반에 대한 총설(總說)

---

22) 김정애. "中國의 最初系統目錄 七略에 대한 硏究." 국회도서관보 제32권 제6호(1995.12). p.40.

23) *Ibid.*, p.42.

24) 위키피디아. "七略." 〈https://zh.wikipedia.org/wiki/%E4%B8%83%E7%95%A5〉.

② 육예략(六藝略): 역(易), 서(書), 시(詩), 예(禮), 악(樂), 춘추(春秋), 논어(論語), 효경(孝經), 소학(小學) 등 9종의 유교 경전(儒教經典)

③ 제자략(諸子略): 유가(儒家), 도가(道家), 음양가(陰陽家), 법가(法家), 명가(名家), 묵가(墨家), 종횡가(縱橫家), 잡가(雜家), 농가(農家), 소설가(小說家) 등 10종의 제자백가서(諸子百家書)

④ 시부략(詩賦略): 굴부(屈賦), 육부(陸賦), 손부(孫賦), 잡부(雜賦), 가시(歌詩) 등 5종의 문학서

⑤ 병서략(兵書略): 병권모(兵權謀), 병형세(兵形勢), 병음양(兵陰陽), 병기교(兵技巧) 등 5종의 병서

⑥ 수술략(數術略): 천문(天文), 역보(曆譜), 오행(五行), 시구(蓍龜), 잡점(雜占), 형법(形法) 등 6종

⑦ 방기략(方技略): 의경(醫經), 경방(經方), 방중(房中), 신선(神仙) 등 4종

집략은 나머지 6개략에 대한 총론(總論)과 분론(分論)으로, 각 유의 내용을 설명하는 부분이기 때문에, 칠략은 실제적으로는 6분법이라고 할 수 있다.[25] 칠략에서는 대류를 '약'(略), 소류(小類)를 '종'(種), 종 아래의 세구분을 '가'(家)라 하는데, '가' 아래에 작자(作者)의 연대순(年代順)에 따라 서적들을 배열하였다.[26] 칠략에는 총 7개 약, 38개 종, 603개 가, 13,129권의 서적이 수록되어 있다.

칠략의 발행 이후 칠략은 중국의 칠분법(七分法)의 기원이 되었는데, 송(宋)나라의 '칠지'(七志), 양(梁) 나라의 '칠록'(七錄) 등은 칠분법의 대표적인 예이다.

3.2.2. 불전(佛典)의 삼장분류법(三藏分類法)

서역(西域)으로부터 새로운 종교인 불교가 전래되고, 그 경전인 불경의 한역본(漢譯本)이 증가하면서, 그에 대한 목록들이 발행되게 되었다. 중국 최초의 불전 목록(佛典目錄)은 AD 374년에 석도안(釋道安)이 편찬한 '종리중경목록'

25) 정필모. 『문헌분류론』 (서울: 구미무역출판부, 1991). p.32.

26) 김정애. "中國의 最初系統目錄 七略에 대한 硏究." 국회도서관보 제32권 제6호(1995.12). p.42.

(綜理衆經目錄)으로 알려져 있다.[27] 그러나 현존하는 가장 오래된 것은 AD 510년 전후에 양(梁) 나라의 승우(僧祐)가 편찬한 것으로 알려진 '출삼장기집'(出三藏記集)이다.[28] 그 이후로도 많은 불전 목록들이 발행되었으나, 분류법의 체계가 확립되지 못하고 있다가, 당 나라의 지승(智昇)이 730년에 편찬한 불전 목록 '개원석교록'(開元釋教錄)에 이르러, 불교의 특징적 분류법인 이른바 삼장 분류법의 전통이 확립되었다고 할 수 있다.[29]

개원석교록은 기존의 불전 목록을 집대성한 중국 불전 목록 사상 최고의 걸작[30]으로 평가받고 있는 20권으로 된 일체경 목록(一切經目錄)이다. 그 내용은 총록(總錄)과 별록(別錄)의 2부로 되어 있는데, 총록(總括群經錄)은 후한(後漢) 시대부터 그때까지 664년간에 역출(譯出)된 경전 2,275부를 연대순 · 역자별로 배열한 것이고, 별록(別分乘藏錄)은 전체 경전을 대소승(大小乘)의 경 · 율 · 론(經律論) · 단역(單譯) · 중역(重譯) · 현존본 · 결본(缺本) 등으로 분류 · 정리한 것이다.[31] 특히 실질적인 목록 부분에 해당하는 유역유본록(有譯有本錄)과 현장입장록(現藏入藏錄)에서는 일차적으로 대소승으로 구분하고, 이차적으로는 경율론으로 구분하고, 삼차적으로 경이 부별(部別)이나 중단합역(重單合譯)과 단역(單譯)으로 구분하고 있다.[32]

이와 같이 개원석교록에서 체계가 정립된 삼장분류법은 기본적으로 경장(經藏, 경전), 율장(律藏, 불법(佛法)의 금계(禁戒), 계율), 논장(論藏, 연구서)의 삼장(三藏)으로 이루어지게 되는데, 이후 우리나라의 초조대장경을 포함한 동양의 거의 모든 불전 목록은 이 개원석교록의 삼장분류법의 분류 체계를 따르고 있다.[33]

---

27) 김종천. "中國佛教典籍分類의 一硏究." 도서관학논집 제11집(1984). p.48.

28) 위키피디아. "出三藏記集." 〈https://zh.wikipedia.org/wiki/%E5%87%BA%E4%B8%89%E8%97%8F%E8%A E%B0%E9%9B%86〉

29) 정필모. *op. cit.*, p.35.

30) 김종천. *op. cit.*, p.48.

31) 두산백과. "개원석교록." 〈http://terms.naver.com/entry.nhn?docId=1057900&cid=40942&categoryId=33394〉.

32) 정필모. *op. cit.*, p.40.

33) *Loc. cit.*

3.2.3. 사부분류법(四部分類法)

칠략(七略)의 발행 이후 유교 자료(儒教資料)의 분류에는 칠분법이 하나의 흐름을 형성하였으나, 점차 유교의 특징적인 분류법으로 동양 자료의 분류에 가장 널리 적용되어 온 사부분류법으로 변화하게 된다.

(1) 발전 과정[34)]

기존의 칠분법에서 사분법(四分法)으로 옮겨가는 과정에서는 과도기적 성격의 최고(最古)의 목록서로서 진(晋)나라 초 순욱(荀勖)의 중경신부(中經新簿)(265-316)가 편찬되었다. 동진(東晋) 초에 이충(李充)이 편찬한 진원제서목(晋元帝書目)(317-322)은 갑을병정(甲乙丙丁)의 명칭을 사용하고 있으나, 사분법의 내용차서(內容次序)를 현재의 사부분류법과 같이 확정하였다. 오늘날의 경부(經部), 사부(史部), 자부(子部), 집부(集部)의 구분을 바탕으로 하는 사분법의 토대를 확립한 것은 당 태종의 직령(勅令)으로 이순풍(李淳風), 위안인(韋安仁), 이연수(李延壽) 등이 편찬한 수서경적지(隋書經籍志)(641)이다. 이후 사부분류법은 당 · 송 · 원 · 명 · 청의 관수목록(官修目録)과 사지목록(史志目録)의 분류에 채택되면서 중국의 분류법의 주류가 되었다. 특히 청나라의 사고전서(四庫全書)(1773-1782)의 편찬에 적용되면서 그 정점(頂點)을 이루었다고 할 수 있다.

(2) 사고전서(四庫全書)의 분류 체계[35)]

사고전서는 청(淸) 나라의 고종(건륭제, 乾隆帝)의 명으로 기윤(紀昀), 육석웅(陸錫熊), 손사의(孫士毅), 대진(戴震), 주영년(周永年), 소진함(邵晋涵) 등에 의해 편찬된 대규모 총서로, "18세기 동아시아 지역에서 일구어낸 학술 문화의

---

34) 이 부분의 내용은 다음 자료를 참고하였음. 정필모. 문헌분류론(서울: 구미무역출판부, 1991). pp.41-48.; 위키피디아. "四部分類法." 〈https://zh.wikipedia.org/wiki/%E5%9B%9B%E9%83%A8%E5%88%86%E9%A1%9E%E6%B3%95〉

35) 정필모. *op. cit.,* pp.42-89.

결정체"[36]이며, 중국 고대 목록 중에서도 가장 완비된 편찬 제계를 갖추고 있다[37]는 평가를 받고 있다.

1772년에 사고전서 편찬 사업을 공식적으로 개시하고, 1773년에는 이 사업을 총괄하는 사고전서관(四庫全書館)을 개설하였다. 10년만인 1782년에 1질을 완성하여 문연각(文淵閣)에 소장하였고, 1787년에 총7질의 사고전서를 완성[38]하여, 7개의 누각에 나누어 보관하였다고 한다.[39] 이를 위해 문연각, 문원각(文源閣), 문진각(文津閣), 문조각(文潮閣) 등 사고(四庫)의 책을 포함한 총 10,869종의 서적을 검토하여 교감하고, 이 중 총 3,697종의 서적을 필사하여 사고전서에 수록하고, 134종은 무영전취진판총서(武英殿聚珍版叢書)로 인쇄하고, 7,038종은 존목(存目)으로 제목만을 소개하였다.[40]

『사고전서총목』(四庫全書總目) 200권은 『사고전서총목제요』(四庫全書總目提要)라고도 하는데, 이것은 관부에서 편찬한 대형의 해제 서목(解題書目)으로 『사고전서』의 부록이라고 할 수 있다.[41] 즉 이것은 사고전서에 수록되거나 미수록된 도서를 대상으로 제요라는 해제 형식을 통해 사고전서에 대한 이해와 편리를 제공하기 위해 저술된 것이다.[42] 이것은 사부분류법에 의거하여 경·사·자·집을 강(綱)으로 삼고, 경부 10류, 사부 15류, 자부 14류, 집부 5류 등 총 44류로 분류하고, 유 아래에서 각각 별도의 자목(子目)으로 구분하고 있다. 경부, 사부, 자부, 집부의 앞에는 각각 총서(總序), 44류의 앞에는 소서(小序)를 두고 있다. 수록된 도서는 제요(提要)를 붙여, 저자의 출신지, 시대 배경, 도서의

36) 신정근. "四庫全書는 실재로 '全書'인가?: 유가 중심성의 강화." 동양철학 35집(2011). p.103.

37) 당윤희. "청대(清代) 사고관신(四庫館臣)의 유학(儒學) 사상 고찰: 『사고전서총목(四庫全書總目)』의 자부(子部) 유가류(儒家類)를 중심으로." 동아문화 50 (2012). p.405.

38) 신정근. *op. cit.,* p.104.

39) 7개의 누각은 청 궁중의 문연각(文淵閣), 봉천(奉天, 지금의 심양瀋陽) 고궁에 있는 문소각(文溯閣), 원명원(圓明園)의 문원각(文源閣), 열하(熱河) 피서산장(避暑山莊)의 문진각(文津閣), 진강(鎮江)의 문종각(文宗閣), 양주(揚州)의 문휘각(文彙閣), 항주(杭州)의 문란각(文瀾閣)을 말하는데, 앞의 4곳을 '내정사각'(內廷四閣) 혹은 '북사각(北四閣)'이라고 하고 뒤의 3곳을 '절강삼각'(浙江三閣) 혹은 '남삼각'(南三閣)이라고 한다(당윤희. *op. cit.,* pp.403-404.).

40) 신정근. *op. cit.,* p.105. 각 질별로 다소간의 차이가 있으므로, 수치는 일정하지 않음.

41) 당윤희. *op. cit.,* p.404.

42) 조영래. "四庫全書總目提要의 '凡例'와 '案語' 연구: 凡例二十則의 譯注를 중심으로." 서지학연구 제53집(2012). p.113.

장단점, 여러 학설의 차이점, 문자의 증삭, 편질(編帙)의 분합(分合) 등을 상세하게 밝히고 있다.[43)]

사고전서총목제요의 주요 분류 항목들을 보면 다음과 같다.

① 경　부(經部): 10류

역　류(易類)

서　류(書類)

시　류(詩類)

예　류(禮類: 주례, 의례, 예기, 삼례통의, 통례(通禮), 잡예서 등 포함)

춘추류(春秋類)

효경류(孝經類)

오경총의류(五經總義類)

사서류(四書類)

악　류(樂類)

소학류(小學類: 훈고(訓詁), 자서(字書), 운서(韻書) 등 포함)

② 사　부(史部): 15류

정사류(正史類)

편년류(編年類)

기사본말류(紀事本末類)

별사류(別史類)

잡사류(雜史類)

조령주의류(詔令奏議類: 조령, 주의 포함)

전기류(傳記類: 성현, 명인, 총록, 잡록, 별록 등 포함)

사초류(史鈔類)

재기류(載記類)

시령류(時令類)

---

43) 한국현대문학대사전 "사고전서." 〈http://terms.naver.com/entry.nhn?docId=337272&cid=41708&categoryId=41737〉.

지리류(地理類: 총지, 도회군현, 하거(河渠), 변방, 산천, 고적, 잡기, 유기(遊記), 외기 등 포함)
직관류(職官類: 관제, 관잠(官箴) 포함)
정서류(政書類: 통제(通制), 전례, 방계(邦計), 군정, 법령, 고공(考工) 등 포함)
목록류(目錄類: 경적(經籍), 금석(金石) 포함)
사평류(史評類)

③ 자　부(子部): 14류
유가류(儒家類)
병가류(兵家類)
법가류(法家類)
농가류(農家類)
의가류(醫家類)
천문산법류(天文算法類: 추보(推步), 산서(算書) 포함)
술수류(術數類: 수학, 점후(占候), 상택상묘(相宅相墓), 점복(占卜), 명서상서(命書相書), 음양오행, 잡기술)
예술류(藝術類: 서화, 금보(琴譜), 전각(篆刻), 잡기 등 포함)
보록류(譜錄類: 기용(器用), 식보(食譜), 초목, 조수(鳥獸), 충어(蟲魚) 등 포함)
잡가류(雜家類: 잡학, 잡고(雜考), 잡설, 잡품, 잡찬(雜纂), 잡편 등 포함)
유서류(類書類)
소설가류(小說家類: 잡사, 이문(異聞), 쇄어(瑣語) 등 포함)
석가류(釋家類)
도가류(道家類)

④ 집　부(集部): 5류

초사류(楚辭類)

별집류(別集類)

총집류(總集類)

시문평류(詩文評類)

사곡류(詞曲類: 사집(詞集), 사선(詞選), 사화(詞話), 사보(詞譜), 사운(詞韻), 남북곡(南北曲) 등 포함)

(3) 사부분류법의 이용과 장점, 단점[44)]

사부분류법은 근대화 이전의 전통적인 동양 자료의 분류법에 널리 사용되었으나, 서양 학문이 도입된 이후로는 고서 자료(古書資料)나 귀중본(貴重本) 자료 등의 분류에만 제한적으로 사용되고 있다.

이러한 사부분류법의 주요한 장점(長點)은 다음과 같다.

① 분류 조직이 간단하기 때문에 기억하기가 쉽고 정리가 간편하다.

② 전통적인 동양 문화(東洋文化)를 분산시키지 않고 원형 그대로 집약적으로 조직할 수 있다.

③ 고서의 보존 위주인 각종 문고와 동양학(東洋學) 전문도서관에 적합하다.

④ 사서가 아니라도 동양학에 관한 지식을 가지고 있는 사람은 분류 업무를 담당할 수 있다.

사부분류법의 주요한 단점(短點)은 다음과 같다.

① 분류법의 유문 배열(類門排列)이 실제보다 명분(名分)에 치우친 측면이 있다.

---

44) 이 부분의 내용은 다음 자료를 참고하였음. 천혜봉. 『고서분류목록법』. 상. (서울: 한국도서관협회, 1970). pp.34-39.; 위키피디아. "四部分類法." 〈https://zh.wikipedia.org/wiki/%E5%9B%9B%E9%83%A8%E5%88%86%E9%A1%9E%E6%B3%95〉

② 분류법의 유문이 주제의 이론적인 체계보다는 체재 위주(體裁爲主)의 전통적 방법으로 나열된 경우가 있다. 사부(四部)의 경우에 정사류(正史類, 기전체)를 중심으로 하는 것과 같다.

③ 특히 자부(子部)의 경우 제자(諸子)의 저술 이외에, 총류(總類)에 해당하는 자료나 서양 학문 및 신학문(新學問)의 잡다한 여러 책들이 집중되어 있어 불합리하다.

④ 유속(類屬)의 명사(名辭) 가운데 부적당하거나 그 개념이 명석치 않아 이해하기 어려운 경우나, 분류 항목이 부족한 경우가 있다.

⑤ 중국 이외의 동양 여러 나라의 고전(古典)과 서양 학문을 수용하기 어렵다.

⑥ 자료의 검색이 불편하다. 사부분류법으로 정리된 목록은 부유속(部類屬)의 순서로 책이 적혀 있을 뿐, 개개 책의 배가 위치(排架位置)를 정확하게 지시해주는 추가의 기호가 부여되지 않기 때문에 그 검색이 불편하다.

3.2.4. 중국과 일본의 현대분류법

현대에 접어들면서 중국과 타이완에서는 전통적인 방식의 분류법과 서양의 DDC의 영향을 받은 분류법, 사회주의 사상을 바탕으로 한 구소련의 BBK의 영향을 받은 분류법 등 다양한 유형의 분류법들이 함께 사용되고 있다.[45]

DDC의 영향을 받은 분류법의 유형으로는 다음과 같은 것들이 있다.

① 두정우(杜定友)의 두씨분류법(杜氏图书分类法): 1922년 '세계도서분류법'으로 발표된 후, 1925년에 '도서분류법'을 거쳐, 1935년에 명칭 변경

② 왕운오(王云五)의 중외통일분류법(中外图书统一分类法, 1928)

45) 이 소절의 내용은 다음 자료를 주로 참고하였음. 이창수. 『자료분류론』(서울: 한국도서관협회, 2014). pp.27-30.; 이창수, 유검홍. "외국의 분류법이 중국의 문헌분류법에 끼친 영향." 한국도서관정보학회지 제33권 제1호). pp.143-167.; 바이두. "文献分类法." 〈http://baike.baidu.com/view/222205.htm〉.

③ 유국균(刘国钧)의 중문도서분류법(中文圖書分類法): 1929년 고안되어 이전판인 증정8판까지는 중국도서분류법(中国图书分类法)으로 발행되었으나, 2007년판부터 현재의 이름으로 변경
④ 피고품(皮高品)의 중국십진분류법 및 색인(中国十进分类法及索引, 1934)

사회주의 사상을 바탕으로 한 대표적인 분류표로는 다음과 같은 것들이 있다.

① 중국인민대학도서관도서분류법(中国人民大学图书馆图书分类法)은 1954년에 발행된 중국적 특징을 가진 사회주의 분류법이다. '인대법'(人大法)이라고도 불리며, 1996년에 제6판이 발행된 바 있다.
② 중국과학원도서관도서분류법(中国科学院图书馆图书分类法)은 1958년에 발행되었으며, 중국의 전국 문헌 분류법 통일의 경험을 제공한 분류법이다. '과도법'(科图法)이라고도 불리며, 1994년에 제3판이 발행되었다.
③ 중국도서관분류법(中国图书馆分类法)은 원래 1975년에 국립북경도서관에서 '중국도서관도서분류법'(中国图书馆图书分类法)으로 발행되었으며, 2010년에 제5판이 국가도서관출판사에서 발행되었다. '중도법'(中图法)이라고도 불리며, 중국에서 가장 널리 사용되는 대형 표준 분류법이다. 중국의 주요 대형 도서 목록과 간행물, 컴퓨터데이터베이스, 중국국가표준도서번호 등에도 그 기호가 수록되고 있다.[46)]

일본에서는 모리 키요시(森清)라는 개인에 의해 개발된 것을 일본도서관협회에서 일본의 표준분류표로 발전시킨 일본십진분류법(NDC, Nippon Decimal Classification)을 많은 도서관에서 활용하고 있다. 최신판인 신정10판은 신정9판 발행 후 19년만인 2014년 12월에 2권으로 발행된 바 있다. 제1권은 본표 · 보조표편으로, 서설과 세목표, 보조표를 포함하고 있고, 제2권은 상관색인 · 사용법편으로, 상관색인과 사용법, 용어 해설, 사항 색인으로 구성되어 있다.[47)]

---

46) 이창수. 『자료분류론』 (서울: 한국도서관협회, 2014). p.30.
47) NDC에 대한 자세한 내용은 이 장의 3.5.4. 참조

3.3. 한국의 문헌분류사

한국은 이미 삼국 시대(三國時代)에 많은 교육 기관들이 설립되어 교육이 이루어졌던 점에 비추어 볼 때, 그러한 교육 기관에 상당수의 문헌들이 소장되어 있을 것으로 추정된다는 점에서, 한국의 문헌 분류의 역사는 삼국 시대로 거슬러 올라갈 수 있을 것이다. 그러나 문헌 분류의 구체적인 근거들을 찾을 수 있는 것은 고려 시대부터이다. 이 절에서는 한국의 문헌 분류의 주요한 역사들을 살펴보고자 한다.

3.3.1. 고려 시대 불전 목록(佛典目錄)의 분류

고려는 건국 당시부터 이른바 숭불 정책(崇佛政策)을 통해 국교(國教)로서 불교를 장려하고, 연등회와 팔관회 등의 국가적 불교 행사를 실시하는 등 불교를 정책적으로 뒷받침하였다. 그 결과 불교는 왕실과 관료는 물론 일반 백성의 생활에도 많은 영향을 미치게 된다. 고려 시대에 이루어진 대장경(大藏經)의 간행은 이러한 국가적 상황을 반영한 것이라고 할 수 있을 것이다. 이하에서는 이러한 대장경과 대장경에 관련된 목록들에 대해 살펴보고자 한다.

(1) 초조대장목록(初雕大藏目錄)

초조대장목록(1011-1083)은 고려 현종(顯宗) 때 간행된 고려 최초의 대장경인 초조대장경의 목록이다. 초조대장경은 거란의 침략을 물리치기 위한 이른바 진병대장경(鎭兵大藏經)으로 알려져 있는데,[48] 대장경판은 1232년 몽고의 제2차 침입군에 의해 소실(燒失)되었지만,[49] 그 인쇄본은 국내의 호림박물관을 비롯한 16개처와 일본의 남선사(南禪寺) 등에 다수 존재하고 있다.[50]

---

48) 김성수. "고려 초조대장경 조조의 가치와 의미에 관한 연구." 한국문헌정보학회지 제46권 제1호(2012.3). p.268.

49) 윤용혁. "몽고 침입과 부인사 대장경의 소실." 한국중세사연구 28(2010). pp.173-201.

초조대장목록은 최사위(崔士威)에 의해 편찬된 우리나라 최고(最古)의 목록으로 추정되지만, 현존하지는 않는다. 다만 정필모의 연구에 의해 복원(復元)된 바 있다.[51] 또한 이것은 성책(成冊)된 불전의 목록이 아니라, 기본적으로 불전을 인출(印出)하기 위한 누판 목록(鏤板目錄)[52]이라는 사실에 유의해야 한다.

초조대장목록의 분류 체계는 개원석교록의 현장입장록(現藏入藏錄)과 속정원석교록(續貞元釋教錄)의 분류 체계를 따르고 있으며, 크게 대승경율론(大乘經律論), 소승경율론(小乘大乘經律論), 성현집전(聖賢集傳)으로 분류하고 있다. 그러므로 이 목록은 불교의 기본 분류법인 삼장분류법을 따르고 있다고 할 수 있다.

(2) 신편제종교장총록(新編諸宗教藏總錄)

신편제종교장총록(1090)은 고려 선종(宣宗) 때 대각국사 의천(義天)이 '고려와 중국(송), 거란, 일본 등 대승(大乘) 불교권 전체의 장소(章疏)를 수집하여 책자 목록과 주제명 목록의 개념으로 편성한 11세기 후반 당시의 속장경 목록(續藏經目錄)'[53]이다. 현존하는 우리나라 최고(最古)의 목록으로, 의천록(義天錄), 교장총록, 속장목록이라고도 한다.[54] 우리나라 불교 장소 목록의 효시(嚆矢)가 된 목록이다.

신편제종교장총록은 대장경에 관한 개개 연구 논저들인 장소 전체를 경·율·론의 삼장(三藏)으로 3구분하여 이를 상·중·하의 제3권으로 편성하고, 각 권에서는 그 내제목(內題目)을 해동유본견행록(海東有本見行錄)이라고 별기(別記)하는 독립된 3책의 책자 목록의 형태를 가지고 있다.[55]

---

50) 김성수. "고려 초조대장경의 분류체계 및 〈호림박물관〉 소장 초조본의 분석에 관한 연구." 한국도서관·정보학회지 제37권 제1호(2006.3). p.406.

51) 정필모. "고려초조대장목록의 복원." 서지학연구 제2집(1987). pp.3-108.

52) 정필모. 『문헌분류론』(서울: 구미무역출판부, 1991). p.85.

53) 김성수. "新編諸宗教藏總錄의 著錄에 관한 研究." 도서관학논집 26집(1997). p.1.

54) 정필모. 『문헌분류론』 *op. cit.*, p.86.

55) 김성수. *op. cit.*, p.4.

(3) 재조대장목록(再雕大藏目錄)

재조대장목록(1236-1248)은 수기법사(守其法師)에 의해 편찬된 재조대장경의 목록이다. 재조대장경(통칭 팔만대장경)은 초조대장경이 몽고군의 침입으로 소실된 이후에 다시 판각(板刻)한 대장경으로 해인사 고려대장경판이 그것이다. 초조대장경에 이어 두 번째 새긴 것이라 하여 재조대장경(再雕大藏經)이라고 한다. 이규보(李奎報)가 쓴 동국이상국집 제25권의 대장각판군신기고문(大藏刻板君臣祈告文)에서 과거 거란군이 침입하였을 때 (초조)대장경을 각판하여 적을 물리쳤음을 예로 들며 대장경을 다시 새길 것을 요청하는 내용을 근거로 고려가 몽고의 침입에 대항하기 위한 동기가 그 각판(刻板)의 계기가 된 것으로 인정되고 있다.

재조대장경은 몽고의 침략으로 인해 전국이 병화(兵禍)에 휩싸인 사정에도 불구하고, 주로 초조대장경을 바탕으로 하면서, 송의 칙판대장경(勅版大藏經)은 물론 거란대장경, 고려 국내의 여러 경전을 일일이 대조하고 교정하였고, 재조대장목록도 초조대장목록을 바탕으로 하면서 주로 개원석교록과 정원석교록을 대교(對校)하여 편찬된 것이다.[56] 그러한 교정의 내용은 수기법사의 고려국신조교정별록(高麗國新雕校正別錄, 약칭 교정별록)에 자세히 기록되어 있다.

재조대장목록에는 중국의 개원석교록의 경전 거의 전부와 속정원석교록, 대중상부법보록(大中祥府法寶錄), 경우신수법보록(景祐新修法寶錄)의 경전 전부는 물론 거란대장경의 거의 300권, 우리나라 고유의 경전 15종 43권이 수록되어 있어, 한역 불경(漢譯佛經) 전체를 총망라한 총체적인 불전대장경이라고 할 수 있다.[57] 재조대장목록의 분류 체계는 초조대장목록과 유사하다.

3.3.2. 조선 시대 유교 목록(儒教目錄)의 분류

조선 시대는 찬란한 유교 문화를 꽃피우고 있다. 또한 학문과 교육의 발전과 더불어 많은 서적들이 출판되고 많은 서원(書院)과 도서관들이 설립되었다. 따라서 이러한 자료들을 정리하기 위한 다수의 목록들이 간행되었다.

---

56) 馬場久幸. 高麗大藏經이 日本佛教에 미친 影響 (박사학위논문. 원광대학교대학원. 2008). p.48.

57) 정필모. 『문헌분류론』 *op. cit.*, p.86.

(1) 해동문헌총록(海東文獻總錄)

해동문헌총록(1637)은 조선 인조(仁祖) 때 김휴(金烋)가 편찬한 1책의 필사본(筆寫本)으로 된 해제 서목(解題書目)이다. 그는 스승 장현광(張顯光)의 권유로 1616년부터 1638년까지 약 20년에 걸쳐, 임진왜란을 겪고 병화(兵禍)를 면한 경북 안동을 중심으로 한 그 일대의 명문대가(名門大家)에 소장된 문헌을 대상으로 조사하고 분석하여 이를 분류순(分類順) 해제 목록으로 편찬하였다.[58]

이것은 우리나라 최고(最古)의 유교 목록(儒敎目錄)으로 알려져 있다. 분류체계는 사부분류법의 일반적인 체계인 경사자집(經史子集)의 순을 따르지 않고 있으나, 용어 면에서의 유사한 점이 있는데, 이것은 저작자의 지위와 저작물의 수준 때문에 사부분류법을 그대로 준용하지 못하고 개수(改修)하여 적용하고 있는 것으로 볼 수도 있을 것이다.[59] 이와 관련해서는, 이를 독자적인 전개법을 적용시킨 것[60]으로 해석하기도 하고, 중국의 사부분류법이 아닌 독자적인 분류방식을 채용한 것으로 해석하기도 한다.[61]

(2) 규장총목(奎章總目)

규장총목(1781)은 조선 정조(正祖)의 왕명(王命)으로 서호수(徐浩修)가 편찬한 규장각(奎章閣)의 장서목록이다. 규장각은 세조 때의 문신(文臣) 양성지(梁誠之)가 제안했던 내용을 바탕으로 정조가 설치한 왕실 문고(王室文庫)이다. 이 규장총목은 정조가 서명응(徐命膺)에게 그 편찬을 명하였으나 완성하지 못하고 그 아들인 서호수가 완성한 해제 서목이다.

당시 편찬된 규장총목은 열고관서목(閱古觀書目)과 서서서목(西序書目)의 합본이었으나, 현전하는 규장총목은 장서각 소장의 열고관서목과 서울대 소장의 규장총목과 서서서목이라고 한다.[62] 서울대 소장 규장총목은 열고관 개유와

---

58) 이상용. "海東文獻總錄 수록 도서의 질적 평가에 대한 연구." 서지학연구 제49집(2011). p.171.
59) 정필모. 『문헌분류론』(서울: 구미무역출판부, 1991). p.89.
60) 천혜봉. 『고서분류목록법(상)』(서울: 한국도서관협회, 1970). p.14.
61) 이상용. *op. cit.*, p.171.
62) 이상용. "규장총목의 목록기술방식에 대한 연구." 한국문헌정보학회지 제47권 제2호(2013). p.378.

(皆有窩)의 소장되어 있던 중국 서적을 대상으로 해제 서목을 작성한 것으로, 권수제(卷首題)와 표제(表題)가 규장총목으로 기재되어 있다.63)

규장총목은 중국의 사부분류법에 따라 분류・배열하였는데, 중국의 사고전서총목보다 1년 전에 편찬된 것으로, 유의 전개에 있어서는 소장 문헌의 차이를 반영하여 다소 차이를 보이고 있다.64)

(3) 누판고(鏤板考)

누판고(1796)는 조선 정조 때 서유구(徐有榘) 등이 정조의 왕명으로 편찬한 각판(刻板)한 판목(版木)의 목록이다. 누판고의 편찬은 정조 2년에 전국에 유시(諭示)를 내려 목판본(木版本)의 대본(臺本)인 책판(冊板)들을 조사하고 파악하여 목록을 작성하게 하고, 규장각에서 그 실존 여부를 확인하여 그 결과 보고서로 중외장판부(中外藏板簿)를 편찬하게 한 것이 계기가 되었다고 한다.65)

누판고가 역대의 다른 책판 목록과 다른 점은 각 지역별로 만든 책판 목록이 아니라, 책판을 경사자집의 사부분류법에 의해 배열하고, 각 저작에 대해 그 저자명과 그 내용의 요지(要旨)와 권질(卷帙)의 다과(多寡)와 그 소재를 밝히고 있다는 점이다.66)

(4) 기타 참고할만한 목록

이상에서 살펴본 대표적인 목록 이외에도 몇몇 목록들이 사부분류법의 분류체계에 따라 편찬되었다.

한치윤(韓致奫)의 해동역사 예문지(海東繹史藝文志)는 본국서목(本國書目), 중국서목, 동국기사(東國記事)로 나누어 경사자집의 4개 유목으로 분류하고 있는데, 저자명을 서명의 앞에 기재하고 있다는 특징을 보여주고 있다.67)

---

63) *Loc. cit.*

64) 정필모. *op. cit.*, p.91.

65) 이상용. "누판고의 목록기술방식에 대한 연구." 서지학연구 53집(2012). p.207.

66) 이재철. "韓國에서의 古典籍分類考: 四部分類法의 適用史를 중심하여." 민족문화 1(1975. 12). p.31.; 정필모. *op. cit.*, p.92.

67) 이재철. *op. cit.*, p.33.

제실도서목록(帝室圖書目錄)은 1909년 규장각 도서과에서 편찬한 조선조의 서목 중 저록(著錄)의 수가 가장 방대한 목록으로, 중국의 사고전서총목의 사부분류법을 그대로 채용한 것이다.[68]

이밖에도 조선도서해제나 조선총독부고도서목록, 규장각도서한국본총목록 등도 사부분류법으로 편찬된 목록에 해당한다.

종래의 사부분류법과 다른 방식으로 전개된 목록으로는 이긍익(李肯翊)이 편찬한 연려실기술(燃藜室記述) 별집 권14 문예전고(文藝典故) 등이 있다.

한편 주한 프랑스공사관의 서기로 근무했던 프랑스인 Mourice Courant이 편찬한 한국서지(*Bibliographie Corienne*)는 한국 관련 서적 3,821종에 대해 해제(解題)한 4권으로 된 목록(1894-1901)이다. 이것은 우리나라 고전을 대외적으로 소개한 최초의 것으로,[69] 사부분류법과는 판이한 분류법에 의해 분류되었다. 이 책은 우리말로 번역된 바 있다.[70]

3.3.3. 근대의 주요 분류법

구한말 서양 문물이 들어오면서 전통적인 사부분류법 방식만으로는 새로운 자료와 문헌을 분류할 수 없게 되었다. 따라서 이 시기에는 새로운 서양식의 분류법이 도입되어 사용되기 시작했는데, 이하에서는 이 중 중요한 분류법들에 대해 살펴보고자 한다. 이상의 분류표들은 KDC나 DDC가 광범위하게 사용되기 이전에 조선십진분류법(KDCP)와 함께 당시의 도서관 현장에서 사용되었다. KDCP에 대해서는 별도의 소절에서 상세히 살펴보고자 한다.

---

68) 이재철. “韓國에서의 古典籍分類考: 四部分類法의 適用史를 중심하여.” 민족문화 1(1975. 12). pp.33-37.
69) 이철규. “Maurice Courant과 한국서지.” 도서관문화 제11권 제1호(1970). p.7.
70) 모리스 꾸랑 저; 이희재 역. 『한국서지』(서울: 일조각. 2005).

(1) 조선총독부도서관분류표

일제 강점기에 설립된 조선총독부도서관은 국립중앙도서관의 전신(前身)으로 우리나라 최초의 관립도서관(官立圖書館)이었다. 조선총독부도서관분류표는 자체 도서관에서 사용하기 위해 만들어져, 1945년까지 사용되었던 분류표로, 정확한 작성 연도나 작성자는 알려져 있지 않다.

조선총독부도서관분류표의 특징은 다음과 같이 요약할 수 있다.71)

① 신서부(新書部), 고서부(古書部), 양서부(洋書部) 분류표를 각각 별도로 마련하여 사용하고 있다.
② 십진식 분류법을 채택하고 있다.
③ 십진식이지만 11번째 주류로 조선문(朝鮮門)을 설정하고, 여기에 조선과 함께 밀접하게 관련된 만주, 몽고, 시베리아 지역의 도서를 분류할 수 있도록 하고 있다.
④ 주류의 각 문(門)은 두 개로 크게 대별(大別)하고 있기 때문에. 전체 도서는 20개의 대분류를 기초로 하게 된다.
⑤ 편찬자와 편찬 연도 및 주제 배열의 이론이 명기(明記)되어 있지 않다.
⑥ 보조표를 사용하지 않고 있으며, 색인도 마련되어 있지 않다.
⑦ 분류 기호는 부호와 한자, 알파벳, 가나 문자, 아라비아 숫자를 혼용하는 혼합 기호법을 사용하고 있다.

(2) 철도도서관분류표

철도도서관은 일제 강점기에 조선총독부도서관과 쌍벽을 이루던 관립도서관(官立圖書館)의 하나였다. 철도도서관분류표는 그 편찬 연도가 명확하게 밝혀지지는 않았으나, 조선총독부도서관분류표보다는 먼저 편찬된 것으로 추정된다. 일제 강점기에 사용되던 철도도서관분류표는 현재 소실되어 발견되지 않으나,

---

71) 여지숙, 오동근. "조선총독부도서관분류표에 관한 연구." 한국도서관 · 정보학회지 제35권 제3호(2004. 9). pp.295-296.

해방 이전까지 사용된 것으로 추정된다. 그 특징은 다음과 같다.[72]

① 십진식 분류법을 채택하고 있다. 그러나 소수점은 사용하지 않고 있다.
② 보조표를 사용하지 않고 있다.
③ 특히 조선 및 만주에 관해서는 부문 07에 모이도록 하고 조선철도관계는 07과 0797에 배정하였다.

(3) 한은도서분류법

한은도서분류법은 1954년에 고재창(高在昶)에 의해 편찬되어 지금까지 한국은행 정보자료실에서 사용하고 있는 한국은행의 실정에 맞도록 자체적으로 편찬된 분류표이다. 이것은 한국은행 정보자료실을 이용하는 행원들의 도서 이용과 검색에 도움이 되고 분류 업무 종사자에게는 실무의 지침이 되도록 하기 위해 편찬되었다고 한다.[73] 1981년에는 자료실에서 스탭 매뉴얼(staff manual)의 하나로 수정판을 발행한 바 있다.[74]

한은도서분류법의 특징은 다음과 같이 요약할 수 있다.[75]

① 십진식 분류법의 체계를 따랐으며, 분류 기호는 아라비아 숫자만을 사용하는 순수 기호법을 채택하고 있고, 세 자리 다음에 소수점을 찍어 긴 분류 기호로 인한 불편함을 줄이려 하였다.
② 명사는 모두 한글로 적고 한자를 괄호에 넣어 상호 참조에 편리하게 하였으며, 동·서양서 공용이므로 영문도 병기(竝記)하였다.
③ 초판에는 색인이 마련되어 있지 않으며, 개정판에는 상관색인이 마련되어 있다.

---

72) 여지숙, 오동근. "일제강점기 철도도서관분류표에 관한 연구." 한국도서관·정보학회지 제35권 제2호 (2004.6). pp.98-99.

73) 高在昶. 『韓銀圖書分類法: 東書·洋書 共用』 (서울: 韓國銀行, 1954). p.編者序.

74) 韓國銀行 圖書資料室, 『韓銀圖書分類法』 (서울: 韓國銀行, 1981), p.1.

75) 여지숙, 오동근. "한은도서분류법에 관한 연구." 한국도서관·정보학회지 제37권 제1호(2006.3). p.332.

④ 한국은행 조사부도서실용으로 자체 편찬한 분류표이며 일관 분류표(一館分類表)로, 한국은행의 특성을 분류표에 반영하고 있다. 090에는 한국은행에서 간행한 자료를 한곳에 모으도록 하고, 사회과학 분야의 전개에서는 은행자료실용을 별도로 마련하여 은행과 밀접한 관계에 있는 금융, 은행, 재정, 통계에 대한 자료를 한곳에 모을 수 있도록 하고 있다.

⑤ 별도의 조기표를 마련하는 등 분류표 전반에 걸쳐 조기성을 고려하였다.

(4) 국연십진분류표

국연십진분류표는 1958년에 국방연구원(國防硏究院) 도서관에 의해 편찬되었다.[76] 이 분류표는 자관(自館)에서 사용하기 위해 만들어진 십진식 분류법으로, 그 특성에 맞게 국방 및 군사 부분을 확충하고 사회과학 분야에 중점을 두고 편성되었다.

그러나 1960년의 국연도서정리규정[77]에서는 I. O를 제외한 A부터 S까지의 17개 문자를 사용하여 주류를 전개하는 비십진식의 새로운 분류표를 제시하고 있다. 강목 이하의 전개는 NDC를 참고하여 아라비아 숫자를 사용하는 십진식으로 전개하고 있다.

3.3.4. 조선십진분류표(KDCP)

조선십진분류표(朝鮮十進分類表)[78]는 박봉석(朴奉石)이 편찬한 한국인에 의한 최초의 십진분류표이다. 영어로는 원래 Korean Decimal Classification으로 표기하였으나, 한국십진분류법이 동일한 표기를 사용하게 되면서, 편찬자 박봉석의 성의 머리글자 P를 붙여 약어로 KDCP라고 부른다.

---

76) 『국연십진분류표』 (서울: 국방연구원, 1958). 이창수. 『자료분류론』 (서울: 한국도서관협회, 2014). p.36. 재인용.

77) 『국연도서정리규정』 (서울: 국방연구원, 1960). 이창수. 『자료분류론』 (서울: 한국도서관협회, 2014). p.36. 재인용.

78) 박봉석 편. 『朝鮮十進分類表』(서울: 국립도서관, 1947). 이 분류표는 오동근 편. 『도서관인 박봉석의 생애와 사상』 (대구: 태일사, 2000). pp.127-261.에 한글 전용으로 바꾸어 전체 내용이 수록되어 있음.

(1) 박봉석의 생애와 업적[79)]

박봉석(1905. 8. 22 - 1950?)은 경남 밀양의 시골 마을에서 태어난 것으로 알려져 있다. 그러나 그의 출생과 초등 교육 등에 대해서는 알려진 게 거의 없다. 심지어는 무슨 이유에서인지 그의 이름은 20년 동안 민적(民籍)에 등재되지 않았었다고 한다. 그는 서당(書堂)에서 한학(漢學)을 배우고 16세이던 1921년에 초등학교를 졸업한 것으로 되어 있다. 원종린은 그가 통도사 학림(通度寺學林)의 사집과(四集科)에서 초등 과정을 이수한 것으로 추정하고 있다.[80)] 1922년에는 중앙고등보통학교에 입학한다. 고등학교 시절의 학적부에는 수학과 역사에 우수하였고, 종합 인물 평가에서도 "갑"으로 평가된 것으로 나타났다.[81)] 중앙고보를 졸업(1927)한 뒤에는, 1년간 밀양의 표충공립보통학교에서 교원으로 재직한 바 있다(1927-1928).

[그림 3-6] 박봉석

79) 이 소절의 Ranganathan의 생애에 대한 부분은 다음 자료의 내용을 재정리한 것임. 오동근. "Ranganathan, Dewey, 그리고 박봉석." 랑가나단 "도서관학 5법칙" 발표 80주년 기념 국제학술대회 자료집(서울: 한국도서관협회, 2012). pp.78-91. 박봉석의 생애와 도서관계에 대한 공헌에 대해서는, 다음 자료도 함께 참고하라. 오동근 편. 『도서관인 박봉석의 생애와 사상』(대구: 태일사, 2000).; Dong-Geun Oh. 2012. "Ranganathan, Dewey, and Bong-Suk Park." 한국문헌정보학회지 제46권 제1호(2012.3). pp.11-27.

80) 원종린. "박봉석의 도서관 사상 연구." 도서관연구 제22권 제1호(1981.2). pp.3-52. 오동근 편. *op. cit.*, p.32에서 재인용.

81) *Ibid.*, p.34에서 재인용.

박봉석은 교원을 사임한 후, 통도사와 표충사의 사비생(寺費生)으로 중앙불교전수학교와 중앙불교전문학교(후에 혜화전문학교가 되며 오늘날의 동국대학교의 전신)를 졸업한다(1929-1931). 재학 중 성적은 우수한 편(24명 중 4등)이었고, 특히 체조와 철학에 능했다고 한다.[82]

박봉석이 도서관과 인연을 갖게 된 것은 대학 졸업 직후인 1931년 조선총독부도서관에 취직하면서부터의 일이다. 1939년에는 일본문부성 공공도서관 사서검정시험(司書檢定試驗)에 합격하고, 1942년에는 총독부도서관의 80여명의 직원 중 제3석으로 승진하였다.[83] 해방 이전에는 여러 저널에 많은 연구 논문과 도서해제(圖書解題)를 계속적으로 발표하였다. 1945년의 해방과 함께, 16명의 한국인 사서를 중심으로 '도서수호문헌수집위원회'를 조직하여 조선총독부도서관의 인수 작업을 이끌었으며, 국립도서관으로 재출발할 수 있도록 준비하였고, 개관 후 그 부관장(副館長)이 되었다. 초창기에 그는 국립도서관의 총무부장과 사서부장, 열람부장도 겸직한 바 있다.[84] 그는 1946년에 국립도서관학교(國立圖書館學校)의 설립에 힘썼는데, 이것은 사서직을 교육하고 훈련하기 위한 한국 최초의 공식적인 전문직 학교였다. 이 학교의 교수로서 그는 학생들에게 분류와 편목 등을 가르쳤다. 1946년부터 1950년까지 이 학교에서는 77명의 학생을 배출한 바 있는데, 그들은 당시 한국 도서관의 발전에 중추적인 역할을 수행하였다.[85] 그는 또한 국립도서관이 전국적인 규모의 강습회(講習會)를 개최하도록 힘썼는데, 세 번의 대회 중 두 번은 조선도서관협회(朝鮮圖書館協會)에서 주최하였다. 그는 매번 주도적으로 준비하고, 상당수의 프로그램을 직접 맡기도 하였다. 그는 초등학교 교과서에 도서관에 관한 내용을 수록하도록 노력하였는데, 그 결과 6학년 국어 교과서에 도서관에 관한 내용이 포함되게 되었다.[86] 또한 미군정당국이 법률 자료를 자신들의 법률도서관(法律圖書館)으로 이관해 가려는 움직임에 대해 국립도서관의 집중화된 장서를 지켜내기 위해 반대 운동을 벌이기도 하였다.[87]

---

82) *Ibid.*, p.35에서 재인용.

83) *Ibid.*, pp.36-37에서 재인용.

84) 국립중앙도서관. 『국립중앙도서관 60년사』 (서울: 국립중앙도서관, 2006). pp.43-44.

85) *Ibid.*, pp.336-338.

86) 원종린. *op. cit.* p.50. 재인용.

박봉석은 근대 한국 도서관계의 가장 영향력 있는 인물의 한 사람이었던 것이다.[88] 국립도서관의 부관장, 국립도서관학교의 교수 등을 역임하였고, 1945년 해방 직후의 혼란스런 상황 속에서 도서관계의 파워를 극대화하고 상호 협력을 통해 여러 문제에 대처하기 위해 조선도서관협회의 결성을 주도하고, 그 준비위원장으로서 제1회 총회를 준비하였으며, 그 총회에서 당시의 국립도서관장 이재욱(李在郁)을 회장으로 선출하였다. 이후 그는 전무이사로서 협회의 제반 업무를 관장하였다.[89] 이 기간 동안 대표적인 저작인 조선십진분류표(KDCP)(1947)와 조선동서편목규칙(朝鮮東書編目規則, 1948)을 저술하였다. 이 두 책은 1950년대 초에 한국에서 가장 널리 사용되는 서지 도구였다. 그는 한국 전쟁 중에 인민군이 서울을 점령한 후에도 자신의 책임을 다하기 위해 피난도 가지 않은 채 국립도서관에 출근했다고 한다.[90] 그는 1950년에 납북될 때까지 활발한 활동을 계속하였다.

이러한 공로를 인정받아 박봉석은 2003년에 도서관계 인사로서는 처음으로, 은관문화훈장을 수여받았다.[91] 그는 '한국 도서관학의 선구자'로 불리고 있다.[92]

박봉석은 도서관계에서 활발하게 활동하고 공헌한 이외에도, 한국사와 서지학, 불교 분야 등을 포함한 다양한 분야에서 초인적인 노력과 능력을 발휘하였다. 그는 조선서지학회 상임위원으로 활약하고, 근로 여성을 위한 야간 고등교육

---

87) 원종린. "박봉석의 도서관 사상 연구." 도서관연구 제22권 제1호(1981.2). pp.3-52. 오동근 편. 『도서관인 박봉석의 생애와 사상』(대구: 태일사, 2000). pp.47-48. 재인용.

88) Lee Yong-Jae & Jo Jae-Soon. "The modern history of the library movement and reading campaign in Korea." *Paper presented at IFLA Conference, 20-24 August 2006, Seoul, Korea.* p.6.

89) 원종린. *op. cit.,* pp.44-45에서 재인용.

90) 1950년 7월 13일, 국립도서관으로 출근하려고 준비하던 중, 수위 아저씨를 앞세운 인민군 내무서원에 의해 끌려가셨다고 한다. 안타깝게도 그 이후로의 소식은 들을 수가 없다. 이것은 박봉석 선생의 아드님 박기홍의 증언을 바탕으로 한 것임. 오동근 편. *op. cit.* pp.14-15. 한편 한국전쟁납북사건자료원의 납북자명단DB에는 박봉석에 관련된 3건의 기록이 보인다. 하나는 51년 가족회의 주장을 근거로 한 것으로 인용자료와 동일한 내용이며, 다른 하나는 정부의 1952년 명부를 근거로 한 것으로 납치일이 기록되어 있지 않다. 국립중앙도서관 60년사(서울: 국립중앙도서관, 2006. p.49)에는 행방불명으로 기록되어 있다. 다른 하나는 공무원이 직업인 박봉석이 6.25 전쟁중 납치된 것으로 기록되어 있다. 다만 그 나이는 각각 47세, 48세, 52세로 다르게 표시되어 있는데, 주소는 동일하게 표시되어 있다.

91) 박봉석의 뒤를 이어, 다섯 분의 도서관계 인사들이 이 훈장을 수여받았다: 엄대섭(2004, 은관), 이봉순(2005, 보관), 리재철(2006, 보관), 육병일(2007, 보관), 조원호(2011, 화관), 이용남(2019, 옥관).

92) 원종린. *op. cit.,* p.82. 재인용.

기관인 국화여자전문학관(國華女子專門學館)을 설립하기도 하였으며, 모교인 동국대학교의 강사로 서지학 등을 강의하기도 하고, 한국불교청년단의 단장을 맡기도 하였으며, 불교와 불경에 대한 다수의 논문을 발표하고, 여러 편의 시와 수필도 남긴 바 있다. 한국사 참고서인 『국사정해』(國史精解)는 거의 30년 가까이 베스트셀러가 되기도 했다.[93]

최근 들어 박봉석의 일제 강점기 행적(行蹟)에 대한 비판적인 글들도 나타나고 있다.[94] 이것은 지금까지의 무관심에서 관심의 단계로 진화하는 과정으로 볼 수 있는 것으로, 앞으로 그의 공(功)과 과(過)를 함께 제대로 평가하여 인간 박봉석의 다양한 참모습을 볼 수 있게 되길 기대해본다.[95]

(2) KDCP의 개발과 이용

KDCP는 원래 박봉석이 개발하여 국립도서관학교의 교재로 사용하고 있던 동서도서분류표를 개정하여, 조선도서관협회 분류위원회의 승인을 받아, 1947년에 조선십진분류표라는 서명으로 국립도서관에서 발행한 것이다. 1965년에 국립중앙도서관의 개정판(한국십진분류표로 개제)이 발행된 바 있고, 1980년에는 고려대 중앙도서관의 고대보정판이 발행된 바 있다.

해방 초기에는 한국도서관계에서 이를 널리 채용하였으나, DDC와 KDC에 밀려 현재는 사실상 도태된 상태로, 현재 KDCP를 이용하는 것으로 보고된 도서관의 사례는 없다. 한국도서관협회에서 발행하고 있는 KDC는 실제적으로 KDCP와는 사실상 아무런 직접적인 관련이 없다.

---

93) 오동근 편. 『도서관인 박봉석의 생애와 사상』 (대구: 태일사, 2000). pp.11-16.

94) 백창민, 이혜숙. "'제국의 사서' 이재욱과 박봉석은 '친일파'인가?" (〈http://www.ohmynews.com/NWS_Web/View/at_pg.aspx?CNTN_CD=A0002558512&CMPT_CD=P0010&utm_source=naver&utm_medium=newsearch&utm_campaign=naver_news〉) 등.

95) 이와 관련하여, 2019년 ALA의 Council에서는 Dewey의 반유태주의와 인종 차별, 성희롱 등의 전력(前歷)을 이유로, Melvil Dewey Medal의 이름을 변경하기로 하는 결의안을 통과시킨 바 있다는 사실을 기억할 필요가 있다고 본다. 이런 점에서, 박봉석의 학문적 업적과 도서관계에 대한 기여와 인간적 측면에 대한 평가가 Dewey의 경우와 마찬가지로, 반드시 일치하지는 않을 수도 있을는지 모른다.

(3) KDCP 주류(主類)의 배열

KDCP는 십진식의 일반적인 관례에 따라, 전 주제를 1류부터 9류까지 나누고, 0류에 총류(總類)를 배정하고 있다. 그러나 주류의 배열 순서에서는 독자적이면서도 독창적인 배열을 하고 있다.[96] 주류의 배열을 NDC와 비교하여 살펴보면 〈표 3-2〉과 같다. 0류부터 3류까지는 표목만 다를 뿐 NDC와 동일하지만, 다른 주류들은 분명하게 다름을 알 수 있다.

〈표 3-2〉 KDCP와 NDC의 주류 비교

KDCP	NDC
0류 총　　류	0류 총기(総記)
1류 철학 · 종교	1류 철학(哲学)
2류 역사 · 지지	2류 역사(歴史)
3류 어학 · 문학	3류 사회과학(社会科学)
4류 미술 · 연예	4류 자연과학(自然科学)
5류 사회 · 교육	5류 기술(技術)
6류 정법 · 경제	6류 산업(産業)
7류 이학 · 의학	7류 예술(芸術)
8류 공학 · 공업	8류 언어(言語)
9류 산업 · 교통	9류 문학(文学)

이러한 KDCP의 주류의 배열 순서는 과학과 생활의 관계를 바탕으로 과학적 이론보다는 도서의 수량(數量)과 그 이용 가치(利用價値)를 더 중요시하여 배치하였다고 하는데, 이를 살펴보면 [그림 3-7]과 같다.[97]

96) 정필모. 『문헌분류론』 (서울: 구미무역출판부, 1991). p.100.
97) 박봉석 편. *op. cit.*, p.131. 재인용.

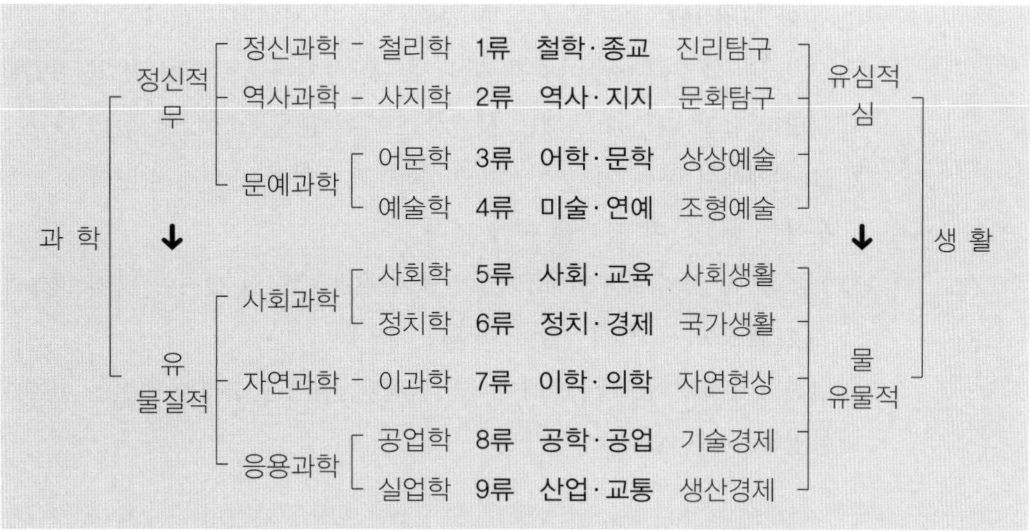

[그림 3-7] KDCP 주류 배열상의 과학과 생활의 관계

(4) KDCP의 장점과 단점[98]

KDCP는 다음과 같은 장점(長點)을 가지고 있다.

① 다른 십진식 분류법과 마찬가지로, 아라비아 숫자로 된 순수 기호법을 채택하고 있다.

② 주류를 학문간에 걸쳐 균형적으로 배분하였고, 그 순서도 비교적 자연스럽다. KDCP의 주류는 인문과학 4개류(철학 · 종교, 역사 · 지지, 어학 · 문학, 미술 · 연예), 사회과학 2개류(사회 · 교육, 정법 · 경제), 과학기술 3개류(이학 · 의학, 공학 · 공업, 산업 · 교통)의 구분으로 학문간 균형을 비교적 잘 유지하고 있다는 장점을 가지고 있다.[99]

③ 어학과 문학을 제3류에 통합하여 분리되는 것을 방지하였다.

---

98) 정필모. *op. cit.,* pp.100-101.

99) 이와 관련하여, 정필모 교수는 '2류 역사 · 지지'를 사회과학에 포함시켜 인문과학, 사회과학, 과학기술이 3개류씩 균형을 이루고 있다고 평가하고 있는데(정필모. *op. cit.,* p.100), 역사 · 지지는 인문과학에 포함시키는 것이 타당하다고 본다. 그렇다 하더라도 이 장점이 결코 작은 것은 아니다.

KDCP의 단점(短點)으로는 다음과 같은 것들이 지적되고 있다.

① 정기적인 개정이 이루어지지 않아 새로운 주제가 누락되어 있다. 이러한 치명적 단점 때문에 현재는 사실상 도태된 분류표라고 할 수 있다.
② 그 전개에서 분류 기호의 전개를 4자리로 국한하고 있기 때문에 새로운 분야를 세분하여 전개할 수가 없다.
③ 기호를 네 자리로 제한하고 있어 조기성(助記性)의 변칙이 많기 때문에 기호 배정이나 기호 식별이 어렵다.
④ 십진식 분류법 공통의 문제이기는 하지만, 새로운 주제를 적절한 위치에 삽입하기가 어렵다.

3.4. 서양(西洋)의 문헌분류사

서양의 도서관사는 인류가 문자를 발명하고 문명 생활을 시작한 시기로부터 시작한다고 보면, 문헌분류의 역사도 거의 같은 시기로부터 시작되었을 것이다. 이 소절에서는 분류의 역사에 중요한 계기가 되었던 중요한 분류법들을 중심으로 살펴보고자 한다.

3.4.1. 고대 및 중세의 문헌분류사

(1) Pinakes의 분류

Pinakes는 Callimachus(BC 305?-BC 240?)가 편찬한 것으로 알려진 Alexandria 도서관의 소장 목록(所藏目錄)으로, 분류의 전반적인 내용을 파악할 수 있는 최고(最古)의 목록으로 알려져 있다.

Alexandria도서관은 고대 도서관 중 가장 대표적인 도서관의 하나로, 헬레니즘 문명의 절정기를 함께 했던 도서관이기도 하다. 이 도서관은 Ptolemaios 왕조의 후원 아래 방대한 장서를 바탕으로 학문과 연구의 중심이 되었다. 이 도서관은 공동 연구소(共同研究所)와 같은 성격을 갖는 Brucheium도서관과 시민을 대상으로 하는 Serapeum도서관으로 구성되었는데,[100] 그 장서 규모는 학자들에 따라 추정치가 달라지기는 하지만, 파피루스가 대략 50만권에서 70만권에 달했다고 한다.[101] 이러한 방대한 도서관의 장서를 정리하기 위해 만들어진 것이 바로 Pinakes인 것이다.

Pinakes는 원래 한 장의 점토판(粘土板)을 의미하는 Pinax의 복수형으로 '점토판의 집합'이라는 뜻을 갖지만, Alexandria도서관의 Pinakes는 파피루스(papyrus)에 의한 것이었기 때문에, 서가 위에 놓인 자료에 대한 안내판의 의미로 해석되기도 한다.[102] Pinakes는 오랫동안 표준 목록으로 평가받아 왔고 그 후 거의 모든 고문헌 서지(古文獻書誌)의 기초가 되었는데,[103] 그 주요 특징을 살펴보면 다음과 같다.[104]

① 유별로 배열한 분류순(分類順) 목록이다. 목록이 현재는 존재하지 않기 때문에, 서로 다른 주장도 있기는 하지만, 아와노(粟野)의 12구분법을 근거로,[105] 사본(寫本)을 시문서(詩文書)(서사편, 비가조편(悲歌調篇), 단가조편(短歌調篇), 가요조편, 비극편, 희극편)과 산문서(散文書)(법률편, 철학편, 수사학편, 사학편, 의학편, 잡편)로 편별(篇別)한 것으로 받아들이는 경우가 많다.

② 각 구분의 아래에 저자를 알파벳순으로 배열하고 있다.

③ 서명, 저자명, 모두(冒頭)의 몇 행(行)을 기록하고 있어 고대 목록의 재산목록(財産目錄)으로서의 기능은 물론 검색 기능과 식별 기능을 갖춘 검색 목록으로, 저작 해설, 저자 소개를 붙인 해제 서지(解題書誌)의 성격도 가지고 있다.

---

100) 남태우. "알렉산드리아 대 도서관 성립사 연구." 한국문헌정보학회지 제36권 제1호(2002.3). pp.259-296.

101) 김명옥. "서양의 자료분류법의 발달과정: 고대에서 해리스까지." 도서관학논집 25집(1993). p.190.

102) 김창하. 서양 목록법 이론 연구(박사학위논문. 중앙대학교 문헌정보학과, 2007). p.41.

103) 김명옥. *op. cit.,* p.191.

104) 일본도서관정보학회 용어사전편집위원회 편. 『문헌정보학 용어 사전』 오동근 역(대구: 태일사, 2011). p.558.; 김창하. *op. cit.,* pp.42-45.

105) 粟野頼之祐. "アレクサンドリア図書館目録の研究 2." 関西学院史学 2號(1953). pp.23-24.

(2) 중세(中世)의 분류법

중세의 도서관 문화는 전기(前期)는 수도원(修道院)을 중심으로 이루어지고, 후기(後期)는 중세 대학(中世大學)을 중심으로 이루어졌다.

중세의 수도원은 기독교 문헌과 세속 문헌(世俗文獻)을 함께 관리하였으나, 대개는 양피지(羊皮紙, parchment)로 된 장서들을 소장하고 있었으나 그 규모가 작았기 때문에 상세한 분류나 목록이 필요한 경우가 적었다. 대개는 몇 개의 유로 도서를 분류하고, 크기에 따라 고정적으로 서가에 배열하였는데, 때로는 유 내(類內)에서 저자명의 알파벳순으로 배열하는 경우도 있었다고 한다.[106) 이러한 이유로 분류학적 관점에서 특징적이거나 중요한 분류법을 찾아보기는 어렵다.

12-13세기 이후에 등장하는 서양 중세 대학에서는 3학(三學, trivium)과 4과(四科, quadrivium)로 이루어지는 7자유교과(自由教科, liberal arts)를 중심으로 교육이 이루어졌고, 도서관에서도 이러한 분류를 수용하게 되었다. 7자유교과는 그리스와 로마 시대를 거치면서 점차 정형화된 프로그램으로 정착되었는데, 3학은 언어와 논리적 논증(論證)과 연관을 맺고 있으며, 라틴 학문을 수행하기 위한 전제 조건으로서의 기능을 수행하는 반면, 4과는 수학과 밀접한 연관을 지니고 있다.[107) 3학은 문법(文法), 수사학(修辭學), 논리학(論理學), 4과는 산술(算術), 기하(幾何), 천문(天文), 음악(音樂)으로 이루어진다.

3.4.2. 주요 분류표 등장 이전의 근세 문헌분류사

(1) Gesner의 분류법

이 분류법은 스위스의 박물학자(博物學者) Konrad von Gesner(1516-1565)가 세계서지(世界書誌, *Bibliotheca Universalis*)를 편찬하기 위해 사용했던 것이다. Gesner는 원래 제1부 저자명 목록, 제2부 분류 목록, 제3부 주제 색인으로 이루어지는 3부의 체계적인 서지를 계획한 바 있다. 이를 바탕으로 1545년에

---

106) 김명옥. "서양의 자료분류법의 발달과정: 고대에서 해리스까지." 도서관학논집 25집(1993). p.193.
107) 손승남. "대학설립 초기의 교양교육 전통과 그 창조적 재생." 교양교육연구 제7권 제2호(2013). p.203.

제1부를 발행하였고, 1548년에는 21분류로 된 제2부의 제1류부터 제19류를 발행하고 1549년에 제21류를 발행하였으나, 제2부의 제20류와 제3부는 완성하지 못하였다.[108)]

세계서지의 주요 특징을 살펴보면 다음과 같다.[109)]

① 3,000명 이상의 저자에 의한 라틴어, 그리스어, 히브리어의 도서 12,000종을 일정한 원칙에 따라 분류한 목록이다.
② "bibliotheca"라는 단어를 처음으로 서지라는 의미로 사용하고 있다.
③ 서문에서 조사한 개수와 참고문헌을 제시하고 있다.
④ 저자를 종래의 연대순(年代順)이 아닌 이름순으로 배열하고 있다.
⑤ 인쇄본(印刷本)의 출판 사항, 판형, 페이지 수 등을 기술하고 있다.
⑥ 분류 체계에서는 학문 전체를 교양(敎養)의 학문(Praeparantes)과 실체(實體)의 학문(Substantiales)으로 대별(大別)하고, 교양의 학문은 다시 필수(문법, 변론(弁論), 수사(修辞), 시, 산술, 기하, 음악, 천문, 점성술)와 선택(역사, 지리, 점(卜筮), 예술)의 13개 분야로 나누고, 실체의 학문은 물리, 형이상학(形而上学), 윤리, 경제, 정치, 법률, 의학, 신학의 8개 분야로 나누어, 총 21개 분야로 구분하였다(〈표 3-3〉 참조).

〈표 3-3〉 Gesner의 분류 체계

구분		21개 주요 분야
교양의 학문 (13분야)	필수(9분야)	문법, 변론(弁論), 수사(修辞), 시, 산술, 기하, 음악, 천문, 점성술
	선택(4분야)	역사, 지리, 점(卜筮), 예술
실체의 학문(8분야)		물리, 형이상학(形而上学), 윤리, 경제, 정치, 법률, 의학, 신학

108) 雪嶋宏一. "コンラート・ゲスナー『万有書誌』の書誌的源泉." 学術研究: 教育学・生涯教育学・初等教育学編 59號(2010). p.47.

109) 일본위키피디아. "コンラート・ゲスナー." 〈https://ja.wikipedia.org/wiki/%E3%82%B3%E3%83%B3%E3%83%A9%E3%83%BC%E3%83%88%E3%83%BB%E3%82%B2%E3%82%B9%E3%83%8A%E3%83%BC〉.

Gesner의 분류법은 그의 독창적인 원칙에 따라 분류된 것으로, 이것은 최초의 서지학적 목록, 철학적 기초를 가진 목록, 학문을 계층화하여 체계화한 목록, 학문의 분류를 서지 저록(書誌著錄)의 배열에 응용한 최초의 서지 분류법(書誌分類法) 등으로 높이 평가받고 있으나,[110] 후세의 문헌분류법에는 거의 영향을 미치지 못하고 있다.

(2) Naudé의 분류법

서지학자 Gabriel Naudé(1600-1653)는 프랑스의 정치가이자 추기경인 Mazarin의 장서를 관리하면서 1627년에 일종의 도서관 운용 지침인 *Advis Pour Dresser une Bibliotheque*를 발표하였다. 이것은 도서관 역사상 최초의 개론서로 인정되고 있는데, 도서관 사상과 도서관 운영의 일반적 원리, 즉 도서관의 사회적 역할과 교육에 관련된 내용은 물론 문헌의 수집과 분류를 포함한 정리 등에 대해서도 종합적으로 다루고 있다.[111]

Naudé는 17세기 프랑스의 위대한 의사이자 학자, 도서관인으로, 특히 Mazarine도서관 등과 관련된 업적을 통해 '도서관학의 아버지'(father of librarianship)나 '사서의 사서'(librarian's librarian), '도서관 사상의 개조(開祖)' 라고도 불리고 있다.[112]

Naudé가 독자적으로 개발한 분류법에서는 주제 분야를 신학, 의학, 서지학, 연대학(年代學), 지리학, 역사, 군사학, 법률학, 종교 회의 및 교회법, 철학, 정치학, 문학 등의 12개 분야로 구분하고 있다.[113] 이 책의 내용은 후에 영국과 독일, 미국 등에 번역되어 소개되면서 당시의 도서관계에 많은 영향을 미치게 되는데, 특히 그 분류법은 파리서적상분류법으로도 잘 알려져 있는 프랑스분류법

---

110) 김명옥. "서양의 자료분류법의 발달과정: 고대에서 해리스까지." 도서관학논집 25집(1993).p.196.

111) 김명옥. *op. cit.,* pp.198-199.

112) 남태우, 조홍연. "Naudé의 도서관 사상 연구: 〈la Bibliothèque Mazarine〉을 중심으로." 한국문헌정보학회지 제47권 제3호(2013.9). p.382.

113) 정필모. 『문헌분류론』(서울: 구미무역출판부, 1991). pp.117-118.

(French Classification System)[114]의 기초가 되었고, J. C. Brunet의 분류에도 영향을 미쳤다고 한다.[115]

(3) Brunet의 분류법

J. C. Brunet(1780-1867)는 프랑스분류법 등을 포함한 당시의 주요 분류법들을 종합하여 1810년에 상세한 분류법을 고안하여 자신이 편찬한 서지 '서적상(書籍商)과 애서가용(愛書家用) 매뉴얼'(*Manuel du libraire et de l'amateur de livres*)의 제5권 분류편에 사용하였다. 이것은 학문 분야를 신학, 법학, 과학 및 예술, 순문학(純文學), 역사의 5개 주류로 구분하고, 각 분야를 추가로 세분하여 전개하고 있다[116](〈표 3-4〉 참조).

Brunet의 분류법은 프랑스 서지학자들의 호평 속에 많은 도서관의 목록 작성과 배가(排架)는 물론 여러 서지의 편찬, 재고 도서(在庫圖書)의 배열, 서적상

〈표 3-4〉 Brunet 분류법의 학문 구분

5개 주류	세분 주제
신 학	성서, 기도서, 예배학, 종교회의, 교부(敎父), 신학자, 이단의 견해, 유대교, 동양종교, 기타 (10개 분야)
법 학	일반법, 자연법 및 국제법, 정치법, 민법 및 형법, 교회법 (5개 분야)
과학 및 예술	사전 및 백과사전, 철학, 물리학 및 화학, 자연과학, 의학, 수학, 조기성(mnemonics), 미술, 기계공학, 체육 및 오락과 게임 (10개 분야)
순문학	서론, 언어학, 수사학, 시학, 산문소설, 문헌학, 대화 및 회화, 서간, 잡집(polygraphy), 전집 (10개 분야)
역 사	서론, 세계사, 교회사, 고대사, 현대사 (5개 분야)

114) 프랑스분류법은 신학, 법학, 역사, 철학, 문학의 5개 분야로 주제를 구분하고 있다. 정필모. *op. cit.*, p.118.

115) 김명옥. *op. cit.*, p.199.

116) 정필모. *op. cit.*, pp.118-120.

및 개인 문고의 배열 등에 활용되었고, 프랑스국립도서관(Bibliotheque Nationale), 대영박물관도서관의 초기 분류, Harvard대학도서관의 분류법 등에 직접적 또는 간접적으로 영향을 미친 바 있다.[117]

(4) Harris의 분류법

미국 St. Louis공립학교도서관의 William T. Harris(1835-1909)는 1870년에 자관용(自館用)의 새로운 분류법을 고안하는데, 이것은 분류 기호와 도서 기호를 서가 배열과 목록 배열, 도서의 대출과 반납 등의 모든 업무에 활용할 수 있도록 한 최초의 분류법으로 알려져 있다.[118] 이런 의미에서 이 분류법은 서지 분류(書誌分類)와 서가 분류(書架分類)의 통합을 시도한 최초의 분류법이라고도 한다.

Harris의 분류법의 체계는 그의 Essay on the system of classification의 내용을 바탕으로 하고 있는데, 학문 분야를 우선 과학(Sciences)과 예술(Art), 역사(History), 부록(Appendix)의 4부문으로 구분하고 이를 다시 추가 세분하고 있다(〈표 3-5〉 참조).[119] 100구분은 숫자로 표시하고, 각 유의 세목은 알파벳 소문자 1글자(a-g)를 부가하였으며, 세목을 다시 세분할 때는 원괄호와 함께 아라비아 숫자를 사용하고, 동일한 유에서는 저자 및 서명의 알파벳순으로 배열하였다.[120]

Harris의 분류법은 자신의 Hegel에 대한 연구 결과를 반영하여 고안한 것으로, Bacon의 학문 분류의 순서를 도치시킨 이른바 역Bacon식(inverted Bacon)을 사용하고 있다.[121] 이것은 이후 DDC의 주류 배열을 비롯한 현대 주요 분류법에 직접적으로나 간접적으로 많은 영향을 미치고 있다.

---

117) 김명옥. "서양의 자료분류법의 발달과정: 고대에서 해리스까지." 도서관학논집 25집(1993). p.204.
118) 정필모. 『문헌분류론』(서울: 구미무역출판부, 1991). p.135.
119) 정필모. *op. cit.*, p.136.
120) 김정현. "해리스의 사상과 분류법에 관한 연구." 한국비블리아학회지 제21권 제2호(2010.6). p.77.
121) 윤희윤. 『정보자료분류론』 제5판. (대구: 태일사, 2015). 31-32.

〈표 3-5〉 Harris의 분류 체계

부 문	세 구 분		
1 Science		2–5	Philosophy
		6–16	Theology
	17 Social and political sciences	18–25	Jurisprudence
		26–28	Politics
		29–31	Social science
		32–34	Philology
	35 Natural sciences and useful arts	36–40	Mathematics
		41–45	Physics
		46–51	Natural history
		52–58	Medicine
		59–63	Useful arts
64 Art		65	Fine arts
		66–68	Poetry
		69–70	Prose fiction
		71–78	Literary miscellany
79 History		80–87	Geography and travels
		88–96	Civil history
		97	Biography
98 Appendix		98	Polygraphy
		99	Cyclopaedias
		100	Periodicals

3.4.3. Cutter의 전개분류법(EC)

전개분류법(展開分類法, Expansive Classification)은 Charles Ammi Cutter (1837-1903)가 고안한 분류법이다. Cutter는 Harvard Divinity School을 졸업하고 Harvard대학에서 사서의 길을 시작한 후 평생을 Boston Athenaeum 등에서 일하면서 많은 업적을 남긴 미국 초기 도서관계의 거목(巨木)이다. Winke는 다음과 같은 세 가지 업적을 그의 주요 업적으로 들고 있다.[122)]

122) 이하의 설명의 상당 부분은 다음 자료를 참고하였음. R. C. Winke. "The contracting world of Cutter's Expansive Classification." *Library resources & technical services* Vol.48, No.2 (2013). 122-123.

① 1874부터 1882년에 걸쳐 최초의 근대적인 사전체 목록(辭典體目錄)인 Boston Athenaeum 장서목록(藏書目錄)을 편찬하였다.
② 앞서의 장서목록을 편찬하기 위한 사전체편목규칙(辭典體編目規則, *Rules for a Printed Dictionary Catalogue*, 1875)을 편찬하고 지속적으로 개정하였다.
③ 전개분류표를 편찬하였다.

EC가 당초 고안될 당시에는 Boston Athenaeum의 10만권의 장서에 적합하도록 숫자와 알파벳 기호를 혼합하여 사용하였는데, 후에 알파벳 문자만을 기호로 사용하는 분류표를 개발하여 Massachusetts주 Lexington의 Cary Library에서 사용해본 결과, 성공을 거두게 되고 많은 사서들로부터 그러한 분류표에 대한 요구가 있자, 어떤 규모의 도서관에나 적합한 분류표를 만들기로 했다고 한다. 즉 제1표는 아주 작은 도서관을 위한 것으로 이를 점차 확장하고 전개하여 제7표에 이르기까지 더 큰 도서관에 적용할 수 있도록 하는 아이디어인 것이다. 제1표부터 제6표는 1891년부터 1893년에 걸쳐 발행되었으나, 제7표는 1896년부터 1911년에 걸쳐 발표되던 중 Cutter가 세상을 뜨면서, 테크놀로지 섹션을 포함한 상당 부분이 미완성인 채로 남아 있다.

EC의 제3표부터 제6표는 〈표 3-6〉과 같은 동일한 개요(outline)를 사용하고 있다.[123]

EC의 주류(主類)의 배열은 주로 Auguste Comte의 지식 분류의 영향을 받고 있는데, 특히 주제를 사물의 진화순(進化順)에 의해 배열한 이론적 배열이 특징이다. 이런 이유로, EC는 개발 당시 미국의 가장 논리적이고 학술적인 분류표로 간주되었고, 미국의회도서관분류법(LCC)의 개발, 특히 LCC의 다른 분류표의 개요 역할을 하는 "Class Z: Bibliography and Library Science"의 개발에도 직접적인 영향을 미친 바 있다.[124]

---

123) Lois Mai Chan. *Cataloging and classification: An introduction.* (New York: McGraw-Hill Book Company, 1981). p.304.

124) A. G. Taylor. *Introduction to cataloging and classification.* 10th ed. (Englewood, Col.; Libraries Unlimited, 2006). p.426.

또한 제7표를 기준으로 하면, 공통 세목(형식 구분)과 지역구분표(지방표) 등의 보조표를 설정하고 있기 때문에, 조기성(助記性)이 풍부하고, 일국(一國)에 관한 주제를 한 곳에 모을 수 있다는 장점도 있다.[125]

〈표 3-6〉 EC의 개요(제3표부터 제6표에 공통 적용)

기호	주제 분야
A	General works
B	Philosophy
Br	Religion (Christian and Jewish 제외)
C	Christian and Jewish religions
D	Ecclesiastical history
E	Biography
F	History
G	Geography and travels
H	Social sciences
I	Sociology
J	Government; Politics
K	Legislation; Law; Woman; Societies
L	Science in general; Physical sciences
M	Natural history
N	Botany
O	Zoology
Q	Medicine
R	Useful Arts (Technology)
S	Engineering; Building
T	Manufactures; Handicrafts
U	Defensive and preservative arts
V	Recreative arts; Sports; Thearter
Vv	Music
W	Fine Arts
X	Language
Y	Literature
Z	Book Arts

125) 정필모. 『문헌분류론』 (서울: 구미무역출판부, 1991). pp.144-145.

그러나 앞서 살펴본 것처럼, 제7표를 기준으로 하면, EC는 미완성(未完成) 상태로 개정도 이루어지지 못하고 있다. 또한 주제 간의 구분이 불균등하고, 기호가 기록하고, 기억하고, 배가하기 곤란하다는 점도 단점으로 지적되고 있다.[126)]

그럼에도 불구하고, 최근의 한 흥미로운 연구에 의하면, 북미(北美) 지역의 57개 도서관들이 EC를 채택한 바 있고, 현재도 4개 도서관이 이를 기본 분류표로 사용하고 있다고 한다.[127)]

3.4.4. Bliss의 서지분류법(BC)

서지분류법(書誌分類法, Bibliographic Classification)은 New York 시립대학 도서관장 Henry Evelyn Bliss(1870-1955)가 분류에 대한 이론적 연구를 바탕으로 1940년에서 1953년까지 13년에 걸쳐 4권으로 발행한 분석합성식 분류법이다. 그 과정에서 Bliss는 많은 연구 논문과 *Organization of Knowledge in Libraries and the Subject Approach to Books*(1933) 등의 저서를 발표하였는데, 이러한 Bliss의 분석합성식 분류 이론을 비롯한 문헌 분류 이론은 S. R. Ranganathan을 위시한 많은 연구자에게 큰 영향을 끼친 바 있다.

Bliss는 BC를 발행하기에 앞서 BC의 개요를 *A System of Bibliographic Classification*(1935)을 통해 발표한 바 있다. 1967년에는 영국의 School Library Association에서 간략판(簡略版)을 발행하였으며, 현재는 Bliss Classification Association(BCA)[128)]에 의해 연구되고 개정되고 있다. 그 홈페이지에 의하면 현재 제2판[129)]이 발행되고 있는 상태로, 제2판은 23권으로 완성될 예정이라고 한다. 2020년 1월 현재 14권이 발행된 상태로, 12개 대학도서관과 7개 전문도서관이 BC를 사용하는 것으로 알려지고 있다. BC2의 개요를 살펴보면 〈표 3-7〉과 같다.

---

126) 정필모. 『문헌분류론』 (서울: 구미무역출판부, 1991). pp.144-145.

127) R. C. Winke. "The contracting world of Cutter's Expansive Classification." *Library resources & technical services,* Vol.48, No.2 (2013). p.124.

128) Bliss Classification Association 홈페이지(〈http://www.blissclassification.org.uk〉) 참조. 이하의 설명은 이 홈페이지의 정보를 주로 활용하였음.

129) J. Mills and Vanda Broughton. *Bliss Bibliographic Classification.* 2nd ed. (London: Bowker-Saur, 1970-2000; K.G. Saur, 2001-).

BC는 세심한 주류의 배열 순서와 도서관의 성격에 따라 분류의 위치를 선택할 수 있는 양자택일(兩者擇一)의 방법(alternative)을 채택한 것으로 주목받은 바 있다.[130] BCA에서는 BC2의 주요 특징을 다음과 같이 밝히고 있다.[131]

〈표 3-7〉 BC2의 개요

기호	주제 분야
1	Introduction and auxiliary schedules
2/9	Generalia, phenomena, knowledge, information science & technology
A/AL	Philosophy and logic
AM/AX	Mathematics, probability, statistics
AY/B	General science, Physics
C	Chemistry
D/DF	Astronomy
DG/DY	Earth sciences
E/GQ	Biological sciences
GR/GZ	Applied biological sciences: agriculture and ecology
H	Physical anthropology, human biology, health sciences
I	Psychology and psychiatry
J	Education
K	Society (includes social sciences, sociology and social anthropology)
L/O	History (including area studies, travel and topography, and biography)
LA	Archaeology
P	Religion, occult, morals and ethics
Q	Social welfare and criminology
R	Politics and public administration
S	Law
T	Economics and management of economic enterprises
U/V	Technology and useful arts (including household management and services)
W	The Arts
WV/WX	Music
X/Y	Language and literature
ZA/ZW	Museology

130) J. Aitchison. "A classification as a source for a thesaurus: The Bibliographic Classification of HE Bliss as a source of thesaurus terms and structure." *Journal of documentation,* Vol.42, No.3(1986). p.161.

131) BCA 홈페이지. 〈http://www.blissclassification.org.uk/bchist.shtml〉

① 주류 배열의 순서가 점진성(漸進性)의 원칙(principle of gradation) 등과 같은 이론적 원칙을 바탕으로 이루어지고 있다.
② 각각의 주류(主類)와 하위류(下位類)들이 완전한 패싯식으로 이루어져 있고, 어휘들이 쉽게 이해할 수 있도록 명확하게 정의된 범주(範疇)들로 조직화되어 있다.
③ 전체에 걸쳐 열거 순서(列擧順序, citation order)를 포괄적으로 일관성 있게 적용하고 있기 때문에, 합성류(合成類)의 위치를 예측할 수 있다.
④ 일반적인 것을 특수한 것 앞에 두는(general-before-special) 배열 순서(filing order)를 일관성 있게 적용하고 있다.
⑤ 기호법은 완전 패싯식이며 합성식이다. 기호는 1부터 9의 아라비아 숫자와 A부터 Z의 알파벳 대문자 총 35자를 사용하며, 완전히 서수적(序數的)인 의미만을 갖는다.
⑥ 모든 유들에 대해 아주 상세한 알파벳순 색인(索引)을 마련하고 있다.

이 밖에도 BC는 다른 분류표의 총류(總類, Generalities)에 해당하는 선행류(先行類, Anterior classes, 1-9)를 두고 있고, 자연과학을 상위에 배정하며, 다수의 보조표(補助表)를 마련하고 있고, 알파벳 대문자, 숫자, 부호 등으로 구성된 혼합 기호법을 채택하고 있다는 특징이 있다.[132)]

3.4.5. Brown의 주제분류법(SC)

주제분류법(主題分類法, Subject Classification)은 James Duff Brown(1862-1914)이 편찬하여 1906년에 개발된 것이다. Brown은 영국 근대 도서관의 선구자로, *Manual of Library Classification and Shelf Arrangement*(1898)와 *Manual of Library Economy*(1930) 등의 많은 저술 활동과 개가제(開架制)의 보급 등을 통해 도서관계에 많은 공헌을 한 바 있다.[133)]

---

132) 정필모. 『문헌분류론』 (서울: 구미무역출판부, 1991). pp.140-141.
133) *Ibid.*, p.124.

SC는 원래 1894년에 발표했던 Quinn-Brown Classification과 이를 수정하여 1898년에 발표했던 Adjustable Classification을 개선하여 발표한 것이다. 제2판은 1914년에 *Subject Classification, with Tables, Indexes, Etc., for the Subdivision of Subjects*라는 긴 서명으로 발행되었고, 제3판은 그의 사후(死後)에 조카 J. D. Stewart에 의해 1939년에 발행되었다.

Brown은 학문 분야의 개요를 나타내는 주류의 배열을 A 총류(總類, Generalia)로부터 시작하여 B-D(물리학)는 Matter and Force, E-I(생물학, 인종학 및 의학, 경제생물학 및 가정학)는 Life, J-L(철학 및 종교, 사회과학 및 정치학)은 Mind, M-X(어문학, 문학형식, 역사 및 지리, 전기)는 Record의 순으로 이론적으로 배열하고 있다.[134] 그 결과 CC나 BC와 마찬가지로, 자연과학을 상위에 배열하게 되었다. 주류의 기호로는 알파벳 대문자를 사용하고, 주류를 세분하기 위해서는 아라비아 숫자를 사용한다. SC의 개요를 살펴보면 〈표 3-8〉과 같다.

〈표 3-8〉 SC의 개요

영 역	기 호	주제 분야
	A	Generalia
Matter and Force	B C D	Physical Science
Life	E F G H I	Biological Science Ethnological and Medical Science Economic Biology and Domestic Arts
Mind	J K L	Philosophy and Religion Social and Political Science
Record	M N O-W X	Language and Literature Literary Forms History, Geography Biography

134) C. Beghtol. "Exploring new approaches to the organization of knowledge: The Subject Classification of James Duff Brown." *Library trends,* Vol.52, No.4(2004). p.705. 이 부분의 상당 부분은 이 논문의 내용을 참고하였음.

SC는 또한 배열에서 자연과학과 그 응용 분야를 접근시키고 있는데, 이것은 이론(理論)과 실제(實際)의 엄격한 구분을 반대하는 Brown의 견해에 따른 것[135]이라고 한다. 예를 들면 'B000 물리학 및 역학'과 그 응용 분야인 'B166 기계공학,' 'B200 토목공학'을 접근시키고, 'D700 화학'과 그 응용 분야인 'D800 화학공학'을 접근시키고 있는 것이다.

SC라는 이름을 갖게 된 것은 Brown의 이른바 '동일 장소 이론'(one-place theory)[136]에 따라 주요 주제를 모두 한 곳에 배정하기 때문이다. 현대의 대부분의 분류표는 학문적 분류표로서 동일한 주제라고 하더라도 그 취급 방법에 따라 서로 다른 곳에 배정되지만, SC는 동일한 주제를 한 곳에 배정한다. 이것은 도서 분류에서는 더 일반적인 관점이나 일시적인 주제보다는 일상적이거나 구체적인 주제를 우선적으로 선택해야 한다는 Brown의 견해를 반영한 것이다.[137] 따라서 DDC에서는 그 취급 방법에 따라 각각 'chemistry 547.7815,' 'food 641.336' 등으로 분산되어 분류되는 '설탕'이라는 주제가 SC에서는 'I885' 한 곳에 배정되고, 그 취급 방법은 범주표에 따라 'chemistry I885.348,' 'food I885.604' 등으로 분류되는 것이다.[138]

이와 같이 동일한 곳에 배정되는 주제를 추가로 세분하기 위해 이른바 범주표(範疇表, categorical table)를 사용하고 있다. 이 범주표는 형식이나 양상(phases), 관점, 한정(限定) 등을 포함하고 있는데, 숫자 기호로 되어 있으며, 항상 마침표를 앞세워 적는다(예를 들면 '.1 Bibliography). 범주표는 기호순으로 배열되며, 범주표에 대한 알파벳순 색인이 별도로 마련되어 있다.

이 밖에도 SC는 지역구분표(지방표)를 사용하고 있고, 본표에 나타나는 명사 및 동의어 등을 수록한 열거 색인(列擧索引, specific index)을 마련하고 있으며, '인명 기호표,' '연대 기호표,' '저작 세분표' 등도 수록하고 있다.[139]

---

135) C. Beghtol. "Exploring new approaches to the organization of knowledge: The Subject Classification of James Duff Brown." *Library trends,* Vol.52, No.4(2004). p.706.

136) Lois Mai Chan. *Cataloging and classification: An introduction* (New York: McGraw-Hill Book Company, 1981). p.311.

137) C. Beghtol. *op. cit.,* p.707.

138) 정필모. 『문헌분류론』 (서울: 구미무역출판부, 1991). p.128.

139) *Ibid.,* pp.130-131.

3.5. 현대의 특징적인 분류법

이 절에서는 현재 여러 나라에서 널리 사용되거나 이론적으로 훌륭한 평가를 받고 있는 주요 분류표인 UDC와 LCC, CC, 그리고 일본의 표준 분류표인 NDC에 대해 분석해 보고자 한다. 국제적으로 가장 널리 사용되는 DDC와 한국의 표준 분류표인 KDC에 대해서는 제4장과 제5장에서 좀 더 상세하게 살펴보고자 한다.

3.5.1. 국제십진분류법(UDC)

(1) 발전 과정과 현황

UDC(Universal Decimal Classification)는 Paul Otlet(1868-1944)와 Henri La Fontaine(1854-1943, 1913년 노벨평화상 수상자)에 의해 개발된 준열거식(準列擧式) 분류표의 대표적인 유형이다. 그들은 1885년 당시 모든 출판 정보에 대한 포괄적인 분류순 색인(分類順索引)을 만들고자 계획된 'Universal Bibliographic Repertory' 작업을 함께 하면서, 저록(著錄)을 배열하기 위한 수단으로서 DDC의 활용 가능성을 확인하고 1895년에 DDC의 프랑스어 번역을 허락받은 바 있었다.[140] 이 때 DDC를 검토하는 과정에서 기호의 합성 등을 포함한 여러 면에서 기존의 DDC를 그대로 번역하기보다는 세계 서지(世界書誌)의 편찬에 적합한 새로운 분류표를 편찬하기로 하였다. 이런 점에서 보면 UDC는 원래 단행본(單行本) 뿐만 아니라 논문 및 그 밖의 종류의 문헌들을 대상으로 하고 있었던 것이다.[141] 이와 관련하여, UDC 홈페이지에서는 UDC를 "지식의 전 영역을 다루는

---

140) 이 부분의 내용은 UDC 홈페이지에 소개된 역사 부분을 주로 참고하였음. 〈http://www.udcc.org/index.php/site/page?view=about_history〉.

141) Birger Hjørland. "Is classification necessary after Google?." *Journal of documentation*, Vol.68, No.3(2012). p.302.; Lois Mai Chan. *Cataloging and classification: An introduction* (New York: McGraw-Hill Book Company, 1981). pp.306-307.

분류표의 형식으로 된 문헌 색인어(文獻索引語, document indexing language). UDC는 운반 수단이나 형식, 포맷, 언어에 관계없이 정보 자원의 콘텐트에 대한 주제 기술(主題記述)과 색인 작성을 위해 설계된 것"142)이라고 밝히고 있고, UDC의 편집 책임자였던 McIlwaine도 "광범위한 서지 자료들을 배열하기 위해 적합한 색인어로서 UDC가 당초에 가지고 있었던 개념은 명심해야 할 중요한 개념"143)이라고 밝히고 있다.

그 결과로 이들은 1902년부터 1907년 사이에 약 33,000개의 세목(細目)으로 전개되고 약 38,000개 항목의 알파벳순 색인을 갖춘 *Manuel du Répertoire Bibliographique Universel*이라는 이름의 UDC 초판을 프랑스어판으로 발행하였다. 1927년부터 1933년에 걸친 개정 작업을 통해 70,000개 이상의 세목으로 확장된 *Classification Decimale Universelle*(영문명은 *Universal Decimal Classification*)라는 이름의 UDC 마스터버전(master version)을 발행하게 된다. 1933년부터 1993년까지는 이 제2판 프랑스어판이 모든 UDC판의 공식 정보원(公式情報源, official source)의 역할을 하였다. 약 140,000개 세목으로 대폭 확장된 제3판(독일어판 초판)은 1934년부터 1951년에 걸쳐 독일어로 발행되었다. 이러한 최초의 UDC판들의 서지 사항을 살펴보면 다음과 같다.

① *Manuel du Répertoire Bibliographique Universel,* Brussels: IIB, 1905-1907.
② *Classification Décimale Universelle* (FID 151), Brussels: IIB, 1927-1933.
③ *Dezimal-Klassifikation* (*Gesamtausgabe*) (FID 196), Berlin: DNA, 1934-1953

Otlet와 La Fontaine의 주도로 세계 서지 정보 관리를 위해 1895년 창설된 국제서지학회(IIB, Institut Internationale de la Bibliographie)는 국제도큐멘테이션학회(IID, Institute International Documentation), 국제도큐멘테이션연맹(FID, Federation International de Documentation), FID(International Federation

142) UDC 홈페이지 자료: 〈http://www.udcc.org/index.php/site/page?view=factsheet〉.

143) Ia McIlwaine. *The Universal Decimal Classification: guide to its use,* volume no P035 of *UDC publication.* The Hague: UDC Consortium, 2000. p.2.

for Information and Documentation)로 명칭을 변경하게 된다. 이 기관들은 지속적으로 UDC를 지원해 왔는데, 특히 FID는 2000년에 해산(解散)될 때까지 UDC를 관리하고 유지하기 위한 센터로서 중심적인 역할을 해왔다. 그러나 UDC의 모든 권리는 1992년부터는 FID와 UDC의 네덜란드, 스페인, 영국, 일본, 프랑스판의 출판사의 연합체로 출범된 UDCC(UDC Consortium)에서 갖게 되었다. UDCC는 Hague의 Koninklijke Bibliotheek에 본부를 두고 있다.

UDCC는 UDC의 개발과 배포를 관리하기 위해 설립된 자체 자금으로 운영되는 비영리 조직(非營利組織)으로, UDC에 관련된 전략과 경영, 홍보상의 책임을 가지며, UDC의 콘텐트 개발과 관리를 맡고 있는 편집팀(편집위원장 포함)과 국제적인 분류 전문가들로 구성되는 자문 위원을 임명하기도 한다. 2020년 1월 현재 UDC의 편집위원장은 Aida Slavic 박사이다. UDC 홈페이지에 명시된 UDCC의 구체적인 활동은 다음과 같다.[144)]

① UDC의 공인 버전인 UDC MRF(Master Reference File)의 관리와 배포
② UDC 본표와 텍스트북의 발행
③ 전 세계 UDC 출판사에 대한 지원: 출판 라이선스 및 라이선스 기금의 제공, 데이터 서비스, 번역 서비스, 컨설팅 및 마케팅
④ UDC 이용자에 대한 지원: UDC 관련 질의에 대한 답변, 도큐멘테이션과 업데이트 및 뉴스에 대한 출판 및 커뮤니케이션
⑤ UDC 리서치에 대한 참여, 홍보, 지원
⑥ 도서관학교와의 협력을 통한 UDC 교육 훈련의 지원과 교육 및 연수용 UDC 데이터의 제공
⑦ 지식 조직의 모든 문제에 관한 전문 지식을 교환하기 위한 다양한 배경을 가진 학자들과 실무자들을 함께 모으는 정기적인 국제 행사의 조직
⑧ UDC 자료 및 출판물의 아카이빙과 수집, 디지털화를 통한 UDC 관련 유산의 큐레이션 및 보존

---

144) UDC 홈페이지 자료: 〈http://www.udcc.org/index.php/site/page?view=about_udcc〉.

UDC는 공인 버전으로서 마스터참조파일(MRF, Master Reference File)을 국제적인 데이터베이스를 구축하여 제공하고 있다. 이 데이터베이스는 UDC 본표(本表, schedules)와 함께 관리, 유지 및 보수, 아카이빙, UDC 판의 제작과 배포를 위한 레코드를 함께 포함하고 있다. UDC MRF는 업데이트를 통해 수정·확장된 새 버전들을 출판사와 이용자에게 연간(年刊)으로 배포하고 있으며, 본표의 변경에 대한 제안들과 공지 사항은 'Extensions and Corrections to the UDC'를 통해 발표된다. 최신판은 2018년에 배포된 UDC MRF12이며, 72,000건 이상의 유들을 수록하고 있다. UDC MRF13는 2020년 12월에 배포될 것으로 예고되어 있다.

UDC는 현재 국제적으로 130여 개국에서 사용되고 있으며, 30개국 이상의 국가 서지에 제공되고 있으며,[145] 다양한 수준에서 50여개 언어로 제공되고 있다. 그 결과 UDC는 오늘날 세계에서 가장 상세하고, 가장 보편적이며, 발전되고, 제대로 된 개정이 이루어지는 최신의 문헌분류표 중 하나가 되었다.[146] 특히 2008년에 이루어진 조사에 의하면, 유럽과 아시아, 아프리카의 34개국에서는 거의 모든 유형의 도서관과 도서관 네트워크에 적용되는 대표적인 분류표로 활용되고 있는 것으로 알려져 있다.[147] 각국에서는 완전판, 중간판(완전판의 30% 정도), 간략판(포켓판)(완전판의 10% 정도), 특수 주제판 등을 발행하고 있다.[148] 한국에서는 한국전력공사, 한국생산기술연구원, 한국산업기술시험원 등의 등 일부 전문도서관의 자료실에서 사용하고 있으며,[149] 한국과학기술정보센터(KORSTIC, 현재는 KISTI로 통합되었음)에서 한국어 간략판(1973)이 발행된 바 있다.[150]

---

145) UDC 홈페이지 자료: 〈http://www.udcc.org/index.php/site/page?view=collections〉.

146) Gedam, Pranali B., and Ashwini Paradkar. 2013. "A study of web-based library classification schemes." *International journal of library and information science* 5.10: 388.

147) Aida Slavic. 2008. "Use of the Universal Decimal Classification: A world-wide survey." *Journal of documentation,* 64(2): 224.

148) 이창수. "UDC 표준판의 구조적 특성 분석." 한국도서관·정보학회지 제39권 제3호(2008.9). p.300.

149) 이창수. "UDC 한국어판의 개정에 관한 연구." 정보관리연구 제41권 제3호(2010.9). p.5.

150) 韓國科學技術情報센터. 『國際十進分類法: 韓國語簡略版』(서울: 韓國科學技術情報센터, 1973).

(2) 분류표의 구성과 내용, 기호법

UDC는 원래 도서와 연속간행물 기사를 포함한 모든 출판물을 수록할 세계 서지에 대한 하나의 분류 색인을 편찬하기 위한 목적으로 개발된 분류표이다.[151] 초판 개발 당시 DDC의 최신판이었던 제5판을 주로 참고하였기 때문에, UDC는 기본적으로 학문에 의한 주류 구분 및 주류와 강목의 구성 체계, 아라비아 숫자를 사용한 십진식에 의한 전개, 계층 구조, 분류 기호의 합성 등의 면에서 DDC와 많은 유사한 점을 가지고 있다. UDC의 테이블은 본표(main tables or schedules)와 공통 보조표(common auxiliary tables)로 이루어진다. 본표의 특정 부분에는 특수 보조표(special auxiliaries)가 마련되어 있는 경우도 있다.

(가) 본표의 구조와 기호법

본표(main tables or schedules)의 주류는 다양한 학문 분야를 '0'부터 '9'까지의 기호가 부여된 10개의 유로 구분하고 있다. 그 구성은 DDC와 유사하지만 (〈표 3-9〉 참조), 언어와 언어학을 '8' 문학류에 통합하고 있기 때문에, 주류 '4'는 사용되지 않는다.

〈표 3-9〉 UDC의 주류 구성

UDC		DDC	
기호	주 류	기호	주 류
0	Science and knowledge. Organization. Computer science. Information science. Documentation. Librarianship. Institutions. Publications	000	Computer science, information & general works
1	Philosophy. Psychology	100	Philosophy & psychology
2	Religion. Theology	200	Religion
3	Social sciences	300	Social sciences
4	[vacant]	400	Language
5	Mathematics. Natural sciences	500	Sciences
6	Applied sciences. Medicine, Technology	600	Technology
7	The arts. Entertainment. Sport	700	Arts & recreation
8	Linguistics. Literature	800	Literature
9	Geography. History	900	History & geography

151) 정필모. 『문헌분류론』 (서울: 구미무역출판부, 1991). p.199.

UDC의 기호는 아라비아 숫자로만 구성될 수도 있고, 아라비아 숫자와 UDC에서 공인한 그 밖의 부호들로 구성된 수도 있다. 아라비아 숫자의 전개는 DDC와 마찬가지로 십진식으로 계층적으로 전개된다. 따라서 더 상세한 세목일수록 더 긴 분류 기호를 갖게 된다. 분류 기호의 세 자리 다음에는 소수점을 찍는다. 다만 DDC에서 세 자리를 채우기 위해 형식적으로 부가되는 주류나 강목의 무의미한 '0'은 UDC에서는 부가하지 않는다([그림 3-8] 참조).

5	Mathematics. Natural sciences
53	Physics
539	Physical nature of matter
539.1	Nuclear physics. Atomic physics. Molecular physics
539.12	Elementary and simple particles (charge less than 3)
539.120	Theoretical problems of elementary particles physics
539.120.8	Strong interaction, including experiments
539.120.81	Quantum chromodynamics
539.120.811	Lattice QCD

[그림 3-8] UDC의 계층적 구조와 기호법152)

(나) 공통 보조표의 종류

공통 보조표(共通補助表, common auxiliary tables)는 본표의 기호 전개와 기호 합성을 뒷받침하기 위한 기호로, 공통 보조 부호와 공통 보조 기호의 두 종류가 있다.153) 기호법으로 아라비아 숫자 외에도 다양한 특수 문자들을 사용하고 있기 때문에, DDC에 비해 훨씬 더 복잡하다.

공통 보조 부호(共通補助符號, common auxiliary signs)는 둘 이상의 주제 사이의 다양한 관계를 표현할 수 있도록 둘 이상의 기호들을 링크하기 위해 사용되는 부호이다(〈표 3-10〉 참조). 이 부호들은 UDC의 특징을 잘 보여주는 대표적인 기호법이다.

---

152) UDC 홈페이지에 제시된 예임: 〈http://www.udcc.org/index.php/site/page?view=about_structure〉

153) 이하의 내용은 UDC 홈페이지의 다음 설명을 인용하였음: 〈http://www.udcc.org/index.php/site/page?view=about_structure〉

〈표 3-10〉 UDC의 공통 보조 부호

기호	보조표 번호	내 용
+	Table 1a	Coordination. Addition (plus sign)
/	Table 1a	Consecutive extension (oblique stroke sign)
:	Table 1b	Simple relation (colon sign)
::	Table 1b	Order-fixing (double colon sign).
[]	Table 1b	Subgrouping (square brackets).
*	Table 1h	Introduces non-UDC notation (asterisk).
A/Z	Table 1h	Direct alphabetical specification.

공통 보조 기호(共通補助記號, common auxiliary numbers)는 모든 범위의 주제들에 대해 적용할 수 있는 반복적인 특성들을 나타내주는 개념들을 나타내주는 보조표이다(〈표 3-11〉 참조). DDC의 보조표(Tables)와 유사한 성격을 가지며, 상당수는 많은 공통점을 갖는 경우도 있다.

〈표 3-11〉 UDC의 공통 보조 기호

기호	보조표 번호	내 용
=...	Table 1c	Common auxiliaries of language
(0...)	Table 1d	Common auxiliaries of form
(1/9)	Table 1e	Common auxiliaries of place
(=...)	Table 1f	Common auxiliaries of human ancestry, ethnic grouping and nationality
"..."	Table 1g	Common auxiliaries of time
-0...	Table 1k	Common auxiliaries of general characteristics: Properties, Materials, Relations/Processes and Persons
-02	Table 1k	Common auxiliaries of properties
-03	Table 1k	Common auxiliaries of materials
-04	Table 1k	Common auxiliaries of relations, processes and operations
-05	Table 1k	Common auxiliaries of persons and personal characteristics

(다) 특수 보조 기호

UDC에서는 본표의 특정 범위의 제한된 주제에서 반복적으로 나타나는 특성이나 측면들을 나타내기 위한 보조표로 특수 보조표(special auxiliaries) 또는 특수 보조 기호(特殊補助記號, special auxiliary numbers)를 마련하고 있다. 이것은 성격상 DDC의 부가표(附加表, add table)와 유사한 것으로, 작업(operations)이나 기법, 프로세스, 재료, 에이전트 등에 관련되는 경우가 많다.

특수 보조 기호는 ‘ .0...’(point naught), ‘ -...’(hyphen), ”...’(apostrophe)와 같은 세 개 부호 중 하나로 시작된다. ‘ -... ’는 해당 보조 기호가 ‘ .0...’보다 더 광범위한 부문에 적용될 때 사용된다. 예를 들면 62의 -1/-9는 62에서 69까지의 거의 모든 부문에 적용되지만, .0은 극히 제한된 범위에만 적용된다. 한편 ”...‘는 화학 및 화학 공업 분야에서만 사용된다. 특수 보조 기호의 사용 사례를 살펴보면 〈표 3-12〉와 같다.

〈표 3-12〉 UDC 특수 보조 기호의 사용 사례[154)]

종 류	사 례	
‘ .0...’(point naught)	636.088	가축의 용도와 훈련
‘ –...’(hyphen)	809.51–23	중국어(宋代)
‘ ’...’(apostrophe)	546.32’131	염화칼륨

(3) 공통 보조 부호의 특성과 사용법

공통 보조 부호(共通補助符號, common auxiliary signs)는 기호를 합성하기 위한 연결 기호 또는 조합 기호(組合記號)이다. 이것은 분류하고자 하는 자료의 내용이 보조 기호나 본표 분류 기호의 2개 이상에 해당하는 복합 주제로 되어 있을 때, 각 기호와 기호를 조합하여 복합 기호로 표현하고자 할 경우에 사용할 수 있는 기호로,[155)] 부가 기호와 상관 기호, 의존 보조 기호가 사용된다.[156)]

---

154) 이 예시와 이하의 예시는 주로 다음 자료의 예시를 참고하였으며, 각각의 예시에 대해서는 별도의 인용을 표하지 않았음. 오동근 편. 『자료조직론 해설 I: 문헌분류편』 제3개정판. (대구: 태일사, 2012). pp.507-515.

155) 공통 보조 부호에 대한 이하의 설명은 주로 다음 자료의 내용을 참고하였음. 韓國科學技術情報센터. 『國際十進分類法: 韓國語簡略版』 (서울: 韓國科學技術情報센터, 1973).

156) 이 부분의 예시는 UDC 홈페이지(〈http://udcdata.info/078885〉)의 공통 보조 부호 관련 부분의 내용을 정리한 것임.

(가) 부가 기호(附加記號, Table 1a)

부가 기호는 둘 이상의 복합 주제가 아무런 관계나 영향 없이 독립적으로 되어 있을 때 사용하며, 첨가 기호와 연속 기호가 있다.

① 첨가 기호(添加記號, +): 독립된 복수 주제를 결합하기 위한 기호로, 'and'의 의미로 사용한다. 예를 들면 '아시아와 아프리카'는 '아시아'를 나타내는 기호 '5'와 '아프리카'를 나타내는 기호 '6'을 '+'로 연결하여 '(5+6)'이 되는 것과 같다.

예: 정치와 경제 → 32+33

France and Spain → (44+46)

Russia, Russian federation → (470+571)

Mining and Metallurgy → 622+669

② 연속 기호(連續記號, /): 복합 주제의 내용에 해당하는 분류 기호가 본표나 보조표에 연속으로 나타날 때 첫 기호와 마지막 기호를 연결할 경우에 사용하며, 'from' ~ 'to' ~의 의미로 사용된다. 예를 들면 '구대륙(유럽, 아시아, 아프리카)'를 나타내기 위해 '유럽'을 나타내는 기호 '4'부터 '아프리카'를 나타내는 기호 '6'을 '/'로 연결하여 '(4/6)'이 되는 것과 같다.

예: 구대륙의 역사 → 9(4/6)

629.734+629.735 → 629.734/.735

(나) 상관 기호(相關記號, Table 1b)

상관 기호는 둘 이상의 주제가 서로 어떤 관계가 있을 때, 즉 서로 영향, 작용, 원인, 결과, 목적, 용도, 수단, 비교, 대조(對照) 등의 관계가 있을 때 사용하는데, ' : ', ' :: ', ' [ ] ' 등의 부호를 사용한다.

① 콜론(:): 관련된 주제의 전후 순서(前後順序)를 고정할 수 없을 경우에 사용한다. 따라서 채택되지 않은 순서의 기호는 분류 부출(分類副出)을 하는 것이 바람직하다. 예를 들면 '예술과 윤리 및 도덕의 문제'는 '예술'을

나타내는 '7'과 '윤리학'을 나타내는 '17'을 ' : '으로 연결하여 '7:17'로 하거나, 또는 그 순서를 바꾸어 '17:7'로 할 수 있을 것이다.

예: Ethics in relation to art → 17:7

Use of computers in education → 37-042.4:004

Influence of politics on education → 37-042.3:32

② 더블콜론(::): 상관 관계에서 그 전후 순서가 일정하고 고정적(固定的)일 때 사용한다. 예를 들면 '세포유전학'은 '575 유전학'과 '576.3 세포학'의 순서가 고정적이기 때문에 '575::576.3'이 될 것이다.

예: Cytogenetics → 575::576.3

War photography → 77.04::355.4

③ 각괄호([ ]): 복합 기호 중 어느 한쪽이 다른 한쪽에 지극히 종속적(從屬的)이고 부차적일 때 사용한다. 예를 들면 통계 중심으로 되어 있는 '농업 통계 자료'는 '31 통계'에 '63 농업'을 연결하여 '31[63]'이 될 것이다.

예: International Union of Pure and Applied Chemistry

→ 061.2(100)::[54+66]IUPAC

(다) UDC 이외의 기호법에 의한 주제 세분 기호(主題細分記號, Table 1h)

자료를 추가적으로 개별화하기 위해 각종 기호나 알파벳 문자를 사용하는 방식이다.

① 별표(*): 자료를 추가적으로 개별화하기 위해 해당 자료에 나타나는 고유 명사의 일부 문자나 번호나 숫자를 차용하여 UDC 기호 대신에 분류 기호로 사용하는 방식으로, *을 앞세워 적는다.

예: 서울의 288번 버스 → 656.132(519.11)*288

Planetology, minor planet Eros (IAU authorized number) → 523.4*433

Chemical technology, thermal characteristics, temperature of 150 degrees Centigrade → 66-97*C150

Fighting sports (boxing): flyweight (maximum 51 kg) → 796.8*kg51

② 일파벳 대문자(A/Z): 자료를 추가적으로 개별화하기 위해 해당 자료에 나타나는 고유 명사나 약어나 약칭을 별표나 빈칸 없이 그대로 UDC 기호 다음에 부기하는 것이다.

예: 에디슨의 전기 → 92EDI

City of Utrecht → (492UTR)

Works of Molière → 821.133.1MOL

Biography of Napoleon I Bonaparte → 929NAP1

(4) 공통 보조 기호의 특성과 사용법

UDC에서는 공통의 특징들을 나타낼 수 있는 다양한 공통 보조 기호를 사용하고 있다.[157] 이를 그 모체가 된 DDC와 비교해보면, 일부는 유사한 경우도 있고, 그렇지 않은 경우도 있다(〈표 3-13〉 참조). 즉 언어와 형식, 지역, 민족에 관련된 보조표들은 공통적으로 마련되어 있으나, 그 밖의 보조표는 차이를 보이고 있음을 알 수 있다.

〈표 3-13〉 UDC와 DDC의 보조표 비교

UDC	DDC
T.1c Common auxiliaries of language	T.6. Languages
T.1d Common auxiliaries of form	T.1. Standard subdivisions
T.1e Common auxiliaries of place	T.2. Graphic areas, historical periods, persons
T.1f Common auxiliaries of human ancestry, ethnic grouping and nationality	T.5. Ethnic and national groups
T.1g Common auxiliaries of time	
T.1k Common auxiliaries of general characteristics	
	T.3. Subdivisions for the arts, for individual literatures, for specific literary forms
	T.4. Subdivisions of individual languages and language families

157) 이 부분의 예시는 UDC 홈페이지의 공통 보조 기호 관련 부분(〈http://udcdata.info/078886〉)의 내용을 정리한 것임.

(가) 언어 공통 보조 기호(言語共通補助記號, Table 1c, =...)

언어 공통 보조 기호(common auxiliaries of language)는 자료에 사용된 언어나 언어 형식을 나타내기 위해 사용되는 보조 기호로, 등호(=)를 앞세워 적는다. 00-93의 기호를 사용하며(〈표 3-14〉 참조: 주요 언어만을 열거하였음), 분류기호의 맨 마지막에 부여된다. Table 1c는 UDC의 언어 관련 내용을 열거하는 기본적인 장소이다. 이 보조표는 DDC의 T.6 국어구분표에 해당하는 보조 기호이지만, 구체적인 기호의 배정은 전혀 다른 양상을 보이고 있다. 이 보조 기호의 예에 따라, '일본어로 된 법학 사전'을 분류하면 '34(03)=521'이 될 것이다.

예: Brewing industry in Belgium: textbook in Flemish →
663.4(493)(075)=112.5

(나) 형식 공통 보조 기호(形式共通補助記號, Table 1d. (0...))

형식 보조 기호(common auxiliaries of form)는 자료의 성질이나 형식을 구분하기 위해 사용되며, 01-09의 숫자가 사용된다. DDC의 T.1 표준구분표에 해당하는 보조 기호로, 원괄호로 묶는 것을 제외하고는 DDC와 상당히 유사한 부분이 많다. 그 개요는 〈표 4-14〉와 같다. 이 보조 기호의 예에 따라, '음악 백과사전'을 분류하면 '78(031)' 또는 '(031)78'이 될 것이다.

예: Handbooks of chemistry (filed beside other handbooks) → (035)54
Dictionaries of chemistry (filed beside other dictionaries) → (038)54
French newspapers → (054)(44)
Handbooks of chemistry (filed beside other books on chemistry) →
54(035)
Dictionaries of chemistry (filed beside other works on chemistry) →
54(038)

〈표 3-14〉 UDC의 언어 보조 기호의 개요(일부)

기 호	내 용
=00	Multilingual. Polyglot
=030	Translated documents. Translations
=1	Indo-European languages of Europe
=11	Germanic languages
=111	English
=112	West Germanic languages (other than English)
=112.2	German
=112.5	Dutch
=12	Italic languages
=124	Latin
=13	Romance languages
=131	Italo-Romance languages
=131.1	Italian
=133	Gallo-Romance languages
=133.1	French
=134	Ibero-Romance languages
=134.2	Spanish
=134.3	Portuguese
=14	Greek (Hellenic)
=15	Celtic languages
=16	Slavic languages
=2	Indo-Iranian, Nuristani (Kafiri) and dead Indo-European languages
=3	Dead languages of unknown affiliation. Caucasian languages
=4	Afro-Asiatic, Nilo-Saharan, Congo-Kordofanian, Khoisan languages
=5	Ural-Altaic, Palaeo-Siberian, Eskimo-Aleut, Dravidian and Sino-Tibetan languages. Japanese. Korean. Ainu
=51	Ural-Altaic languages
=521	Japanese
=531	Korean
=58	Sino-Tibetan languages
=581	Chinese languages
=6	Austro-Asiatic languages. Austronesian languages
=7	Indo-Pacific (non-Austronesian) languages. Australian languages
=8	American indigenous languages
=9	Artificial languages

〈표 3-15〉 UDC의 형식 공통 보조 기호의 개요(일부)

기 호	내 용
(01)	Bibliographies
(02)	Books in general
(03)	Reference works
(031)	Encyclopaedias
(035)	Handbooks. Manuals
(038)	Dictionaries
(04)	Non-serial separates. Separata
(042)	Addresses. Lectures. Speeches
(043)	Theses. Dissertations
(044)	Personal documents. Correspondence. Letters. Circulars
(045)	Articles in serials, collections etc. Contributions
(046)	Newspaper articles
(047)	Reports. Notices. Bulletins
(048)	Bibliographic descriptions. Abstracts. Summaries. Surveys
(05)	Serial publications. Periodicals
(051)	Periodicals (in the strict sense)
(054)	Newspapers
(055)	News bulletins. Newsletters. Information bulletins
(058)	Yearbooks. Directories
(06)	Documents relating to societies, associations, organizations
(07)	Documents for instruction, teaching, study, training
(072)	Documentary materials for teaching. Teaching aids
(073)	Curricula. Syllabuses
(075)	Educational texts. Schoolbooks. Texts for students
(076)	Documents for practical instruction, training
(08)	Collected and polygraphic works. Forms. Lists. Illustrations. Business publications
(081)	Individual polygraphies. Collected works of individual authors
(082)	Collective polygraphies. Collections of works by several authors
(09)	Presentation in historical form. Legal and historical sources

(다) 지역(장소) 공통 보조 기호(地域共通補助記號, Table 1c, (...))

지역 공통 보조 기호(common auxiliaries of place)는 자료의 지리적 특성을 나타내기 위해 사용되는 보조 기호로, DDC의 T.2 지역구분표에 해당한다. 이것은 원괄호로 묶는 것을 제외하고는 DDC와 상당히 유사한 부분이 많다. 그 개요는 〈표 3-16〉과 같다. 이 보조기호의 예에 따라, '미국 철학'을 분류하면 '1(73)' 또는 '(73)1'이 될 것이다.

예: Foreign trade - USA → 339.5(73)

USA - Foreign trade → (73)339.5

〈표 3-16〉 UDC의 지역 공통 보조 기호의 개요(일부)

기 호	내 용
(1)	Place and space in general. Localization. Orientation
(2)	Physiographic designation
(3)	Places of the ancient and mediaeval world
(4)	Europe
(5)	Asia
(510)	China. People's Republic of China. Zhōnghuá Rénmín Gònghéguó
(512.317)	Hong Kong. Xianggang (Hsiang-Kang)
(515)	Tibet. Tibet Autonomous Region. Xizang Zizhiqu
(517.9)	Mongolia. State of Mongolia. Mongol Uls
(519)	Korea
(519.3)	North Korea. People's Democratic Republic of Korea. Chosŏn Minjujuŭi In'min Konghwaguk
(519.5)	South Korea. Republic of Korea. Taehan Min'guk
(52)	Japan and adjacent islands
(53)	Arabian states and territories
(6)	Africa
(7)	North and Central America
(8)	South America
(9)	States and regions of the South Pacific and Australia. Arctic. Antarctic

(라) 민족 · 국민성 공통 보조 기호(民族 · 國民性共通補助記號, Table 1f, (=...))

민족 · 국민성 공통 보조 기호(Common auxiliaries of human ancestry, ethnic grouping and nationality)는 자료에서 다루고 있는 민족이나 국민성을 나타내기 위해 사용된다. 이 보조 기호는 주로 언어 공통 보조 기호(Table 1c)에서 도출된 것이며, 여러 나라에 거주하는 사람들은 지역 공통 보조 기호(Table 1e)를 적용해야 하는 경우가 많을 것이다. 그러나 이 보조 기호는 실제로 언어나 지역이 아닌, 민족이나 국민성을 나타내는 주제들에 사용하게 된다. 이 보조 기호의 예에 따라, '프랑스인의 직업 윤리'을 분류하면 '174(=133.1)'이 될 것이다.

예: North American Indigenous Peoples Folklore → 398(=81)

(마) 시대(타임) 공통 보조 기호(時代共通補助記號, Table 1g, "...")

시대 공통 보조 기호(Common auxiliaries of time)는 자료에서 다루고 있는 특정 시대를 나타내기 위해 사용된다. 이 보조 기호의 예에 따라, '19세기 음악'을 분류하면 '78"18"'이 될 것이다. 이 보조 기호의 사용과 관련하여 UDC 홈페이지에서는 다음과 같이 설명하고 있다.[158]

① 연-월-일을 구분하기 위해, 각 단위마다 마침표를 찍는다. 예를 들면 2015년 6월 6일은 '2015.06.06'으로 표시한다.
② 연-월-일-시의 표시는 아라비아 숫자로 한다.
③ 열거 순서: 시대 공통 보조 기호는 일반적으로는 기본 기호 뒤에 부여하지만, 인용 표시가 붙기 때문에, 그 순서를 변경할 수도 있다. '19세기 실내 음악'은 보통 785.7"18"로 분류하지만, 일자에 우선 순위를 부여하여 배열하고자 할 경우에는 785"18"7이나 "18"785.7로도 분류할 수 있다. 그러나 연-월-일의 순서는 변경할 수 없다.
④ 일자 표시: 일반적인 것으로부터 특수한 것으로 이어지는 진행의 원칙에 따라 연-월-일의 순서로 표시한다. 일관성을 유지하기 위해 연도는 4자리, 월과 일은 2자리 숫자로 표시하되, 자리수가 모자랄 경우에는 0을 추가한다.

158) UDC 홈페이지의 시대 공통 보조 기호 부분(〈http://udcdata.info/011472〉)의 내용을 요약하여 정리한 것임.

예를 들면 106년 3월 1일은 '0106.03.01'로 표시한다. 기원전(BC)과 기원후(AD)를 모두 참고할 가능성이 있을 경우에 한하여 기원전의 일자 앞에 뺄셈 부호(-)를 붙여 기재한다(별법(別法)으로 기원후에 대해서도 덧셈 부호(+)를 붙일 수도 있다). 기원전(紀元前)과 기원후(紀元後)를 나타내기 위해 일자 표시 없이 '-'나 '+'를 사용할 수도 있다.

⑤ 세기(世紀) 및 10년 단위의 표시: 세기와 10년은 각각 2자리와 3자리로 표시할 수 있다. 500년대 또는 6세기는 "05"가 되고, 1980년대 또는 1980-1989는 "198"이 된다.

⑥ 일정 범위의 시간: 수 세기나 수십 년, 수년의 기간에 대해서는 연속 기호(/)를 사용하여 처음 숫자와 마지막 숫자로 표시할 수 있다. 5세기부터 15세기(중세)는 "04/14", 1992년부터 2003년까지는 "1992/2003"으로 표시할 수 있다. 20세기까지의 세계사는 94(100)"…/19"이고, 20세기부터 기술한 세계사는 94(100)"19/…"이 된다.

⑦ 더 상세한 시간 구분: 필요할 경우에는 정확한 시간과 분, 초를 각각 2자리씩 마침표로 구분하여 표시할 수 있다. 1992년 3월 1일 9시 10분은 "1992.03.01.09.10"이 된다.

이상의 내용을 요약하면, 〈표 3-17〉과 같다.

〈표 3-17〉 UDC 시대 공통 보조 기호의 사례

사 례	기 호
기원전, BC	"–"
BC 108년	"–0108"
기원후, AD	"+"
21세기(2000년대)	"20"
중세(5세기부터 15세기)	"04/14"
1980년대	"198"
2015년	"2015"
1992년까지	"…/1992"
2015년 1월 1일 12시 12분	"2015.01.01.12.12"

(바) 일반 특성 공통 보조 기호(一般特性共通補助記號, Table 1k, -0...)

일반 특성 공통 보조 기호(common auxiliaries of general characteristics)는 일반적인 특성이나 속성을 추가로 나타내고자 할 때 사용되는 보조 기호로, 속성과 재료, 관계 및 프로세스, 사람에 대한 보조 기호들이 마련되어 있다. 이 보조 기호들은 단독으로 사용할 수 없으며, 기본 기호나 한정해야 할 주제를 표현하는 기호 다음에 부가하여 사용한다.[159]

① -02 속성 공통 보조 기호(屬性共通補助記號, common auxiliaries of properties): 대상의 일반적인 속성이나 특질을 추가적으로 표현하기 위해 사용하며, 그 구체적인 내용은 〈표 3-18〉과 같다. 예를 들면 'Audio-visual training methods'는 '37.02-028.26'으로 분류된다.

〈표 3-18〉 -02 속성 공통 보조 기호의 내용(일부)

기호	내 용
–021	Properties of existence
–022	Properties of magnitude, degree, quantity, number, temporal values, dimension, size
–023	Properties of shape
–024	Properties of structure. Properties of position
–025	Properties of arrangement
–026	Properties of action and movement
–027	Operational properties
–028	Properties of style and presentation
–029	Properties derived from other main classes

② -03 재료 공통 보조 기호(材料共通補助記號, common auxiliaries of materials): 대상이나 제품을 만든 재료나 자재, 구성 요소를 추가적으로 표현하기 위해 사용하며, 그 구체적인 내용은 〈표 3-19〉와 같다.

159) 일반특성공통보조기호에 대한 설명과 예시는 다음의 UDC 홈페이지의 해당 부분(〈http://udcdata.info/011791〉)을 참고하였음.

〈표 3-19〉 -03 재료 공통 보조 기호의 내용(일부)

기호	내 용
−032	Naturally occurring mineral materials
−033	Manufactured mineral-based materials
−034	Metals
−035	Materials of mainly organic origin
−036	Macromolecular materials. Rubbers and plastics
−037	Textiles. Fibres. Yarns. Fabrics. Cloth
−039	Other materials

③ -04 관계 · 프로세스 공통 보조 기호(common auxiliaries of relations, processes and operations): 개념간의 관계와 프로세스, 활동, 작업을 추가적으로 표현하기 위해 사용하며, 그 구체적인 내용은 〈표 3-20〉와 같다. 예를 들면 'Appraisal of research and methodology in the social sciences'는 '303.1-047.4'가 될 것이다.

〈표 3-20〉 -04 관계·프로세스 공통 보조 기호의 내용(일부)

기호	내 용
−042	Phase relations
−042.1	Bias phase
−042.2	Comparison phase
−042.3	Influence phase
−042.4	Tool phase. Exposition phase
−042.5/.8	Other terms descriptive of relationships between entities
−043	General processes
−044.3	Processes of value
−044.4	Processes of ordering and sequence
−044.5	Processes of magnitude
−044.6	Processes of number and degree
−044.7	Processes related to time and chronology
−044.8	Processes related to dimension
−044.9	Processes related to shape
−045	Processes related to position, arrangement, movement, physical properties, states of matter
−047/−049	General operations and activities

④ -05 사람 공통 보조 기호(common auxiliaries of persons and personal characteristics): 자료에서 다루고 있는 사람이나 그 사람의 여러 특성을 추가적으로 표현하기 위해 사용하며, 그 구체적인 내용은 〈표 3-21〉과 같다. 예를 들면 'Male nurses'는 '616-083-055.1'이 될 것이다.

〈표 3-21〉 -05 사람 공통 보조 기호의 내용(일부)

기호	내 용
−051	Persons as agents, doers, practitioners (studying, making, serving etc.)
−052	Persons as targets, clients, users (studied, served etc.)
−053	Persons according to age or age−groups
−054	Persons according to ethnic characteristics, nationality, citizenship etc.
−055	Persons according to gender and kinship
−056	Persons according to constitution, health, disposition, hereditary or other traits
−057	Persons according to occupation, work, livelihood, education
−058	Persons according to social class, civil status

(5) 분류 기호의 조합 및 배열 순서

UDC에서 채택하고 있는 분류 기호의 일반적인 조합 순서(組合順序)는 다음과 같다.[160)]

① 하나의 기본 분류에 여러 개의 공통 보조 기호를 추가할 경우에 그 순서는 '관점 → 지리 → 시대 → 형식 → 언어'의 순서로 한다.

예: 영어로 된 한국의 1960년대 화학 공업 제품의 대용품 제조에 관한 규격

→ 66.002.69(519) "1960" (083)=20

② 동일 개념에 대해 둘 이상의 특수 보조 기호가 설정되어 있을 경우에는 적용 범위가 좁은 쪽을 우선적으로 채택한다. 따라서 '.0'과 '-'가 있을 경우에는 '.0'을 우선적으로 채택하여 사용한다.

예: 과실(果實)의 방사선 처리 → 664.85.039.5

---

160) 韓國科學技術情報센터. 『國際十進分類法: 韓國語簡略版』 (서울: 韓國科學技術情報센터, 1973). pp.6-7.

③ 기본 분류 기호의 조합형과 보조 기호가 부가된 자료들이 여러 유형으로 나타날 경우는 〈표 3-22〉에 제시된 순서에 따라 배열한다.[161)]

〈표 3-22〉 UDC의 분류 기호 배열 순서

기 호	조합된 분류 기호	의 미
+	636+637	가축과 농산물
/	636.1/.3	말, 소, 양
단독기호	636	가축
:	636 : 612	가축생리학
::		
=	636=111	영어로 된 가축자료
(0)	636(05)	가축용 전문잡지
(1/9)	636(44)	프랑스의 축산업
“ ”	636 “1966”	1966년의 축산업
*		
A/Z	636KIM	김씨목장의 축산업
.00	636.007.6	축산업전문가
–0		
–1/–9		
.0	636.084	가축의 영양
'		

(6) UDC의 장점과 단점

UDC는 다음과 같은 장점(長點)을 가지고 있다.[162)]

① 국제적 서지 정보 관리를 도모하기 위해 개발된 분류표로 전 세계 자료 정리의 일원화(一元化)를 시도하였다.

② 다양한 종류의 보조표의 도입 등을 포함한 많은 분석합성식 분류 원리를 도입하고 있기 때문에 복합 주제(複合主題)의 상세한 표현이 가능하다.

③ 십진식 기호법을 사용하고 있기 때문에 이론상 무한한 전개가 가능하고 신축적(伸縮的)이다.

④ 다른 분류표에 비해 과학 기술 분야의 전개가 상대적으로 상세하기 때문에 과학 기술 분야의 전문도서관(專門圖書館)에 적합하다.

---

161) 오동근 편. 『자료조직론 해설 I: 문헌분류편』. 제3개정판.(대구: 태일사, 2012). p.316.

162) 윤희윤. 『정보자료분류론』. 제5판. (대구: 태일사, 2015). p.234.; 이창수. 『자료분류론』 (서울: 한국도서관협회, 2014). pp.164.-165.; 최정태, 양재한, 도태현. 『문헌분류의 이론과 실제』(부산: 부산대출판부, 1998). p.141.

⑤ 다른 분류표에 비해 분류 기호의 계층적 구조가 체계화되어 있기 때문에 서지 분류는 물론 온라인 검색 환경에서의 자료 탐색에도 적합하다.
⑥ 국제적인 관리 기구인 UDCC에 의해 개정과 관리가 이루어지고 있기 때문에 보호와 육성이 지속적이다.
⑦ 국제적으로 다양한 국가의 전문가(專門家)들이 참여하는 자문위원회가 구성되어 있기 때문에 여러 나라의 다양한 의견을 반영하여 분류표를 개선하기가 용이하다.
⑧ 다양한 이용자의 요구에 부응할 수 있도록 다양한 언어로 된 다양한 수준의 판(간략판, 완전판 등)과 다양한 형태의 판(인쇄본과 웹 버전 등)을 제공하고 있다.
⑨ 디지털 환경에 적합하도록 UDC 분류표 자체는 물론 그에 관련된 상세하고 풍부한 정보와 내용을 담고 있는 홈페이지(〈http://www.udcc.org〉)를 갖추고 있어 이용자에게 도움이 된다.

UDC의 단점(短點)으로는 다음과 같은 것들이 지적되고 있다.[163]
① 원래 서가 배열은 물론 서지 분류를 목적을 함께 가지고 개발된 분류표이기 때문에 분류 기호가 복잡하고 길어지는 경우가 많다.
② 다른 분류표들과 비교할 때, 많은 다양한 형태의 특수 기호(特殊記號)를 포함한 보조 기호를 사용하고 있기 때문에 서가상의 배열이 어렵다.
③ 십진식 분류법의 일반적인 구성 체계상의 많은 문제들을 함께 가지고 있으며, 새로운 주제를 적절한 위치에 삽입하기가 어렵다.
④ 분류 항목의 전개가 여전히 서양 중심(西洋中心)으로 이루어져 있기 때문에 아직은 동양 부문의 전개가 여전히 부족하다.
⑤ UDCC가 리더십을 발휘하고는 있으나, 단일 기관의 후원을 통한 강력한 리더십을 발휘하여 분류표를 개정하고 보급하는 데는 여전히 한계를 갖는다.

---

163) 윤희윤. 『정보자료분류론』 제5판. (대구: 태일사, 2015). p.235.; 이창수. 『자료분류론』 (서울: 한국도서관협회, 2014). pp.164.-165.; 최정태, 양재한, 도태현. 『문헌분류의 이론과 실제』 (부산: 부산대출판부, 1998). pp.141-142.

3.5.2. 미국의회도서관분류법(LCC)

(1) 발전 과정과 현황

미국의회도서관(LC, Library of Congress)은 이전에 사용하던 건물을 1987년에 새 건물로 옮기면서, 기존의 분류법(Thomas Jefferson System)으로는 150만 권 이상의 장서를 분류하는 데 한계가 있다는 판단 아래, 당시에 이미 개발되어 있던 DDC와 EC의 도입을 검토하였다. 그러나 둘 모두 여러 가지 이유로 LC에서 사용하기에는 적합하지 못하다는 결론을 내리고, 1900년에 새로운 분류표를 개발하기로 하고 구체적인 작업에 착수하게 되었던 것이다.[164] 당시의 일부 분류 이론가들은 LC가 DDC를 채택하지 않은 것을 후회하게 되리라고 주장하기도 하였다.[165] 그러나 당시 목록 부서의 책임자였던 J. C. M. Hanson과 새로 임명된 분류 담당 수석 Charles Martel의 주도로 각 분야의 서로 다른 전문가들의 집단에 의해 유별(類別)로 LC의 장서량(藏書量)과 특수성(特殊性)을 고려하여 독자적인 새로운 분류표를 성공적으로 완성해내게 되었다. 서로 다른 전문가(專門家)에 의한 분류표의 개발 방식은 현재의 개정에도 그대로 이어지고 있는데, 그렇기 때문에 미국의회도서관분류법(LCC, Library of Congress Classification)이라는 하나의 이름으로 발행되기는 하지만, 사실은 "서로 조정하여 작성된 특수분류표(特殊分類表)"[166]라고 할 수 있다.

LCC의 개발 과정에서 Hanson은 1901년에 C. A. Cutter의 전개분류법(EC) 제6표를 바탕으로 하여 LCC의 개요를 만들어내고, 기호법과 관련하여, 주류(主類)에 대해서는 알파벳 대문자 한 글자 또는 두 글자, 세목(細目)들에 대해서는 아라비아 숫자, 개개 도서에 대해서는 Cutter 기호를 사용하기로 하였다.[167] 특히 'Z. Bibliography and Library Science'류는 EC의 'Z. Book Arts'류를 바탕으로

164) Lois Mai Chan. *Cataloging and classification: An introduction* (New York: McGraw-Hill Book Company, 1981). p.269.

165) 정연경. "미의회도서관 분류법에 관한 연구: 역사와 원칙을 중심으로." 國會圖書館報 제38권 제5호 (2001). p.54.

166) 정필모. 『문헌분류론』 (서울: 구미무역출판부, 1991). p.228.

167) Lois Mai Chan. *op. cit.*, pp.269-273.

하였기 때문에, 이 유에서 Cutter의 영향이 가장 분명하게 나타나고 있다.[168]

LCC는 현재 LC의 정책표준부(PSD, Policy and Standards Division)에서 유지 보수와 개발을 담당하고 있는데, 추가 및 개정을 위한 제안들은 이 PSD의 스탭 회의에서 정기적으로 검토하고 승인된 리스트를 업데이트의 형식으로 웹페이지에 포스트하고 출판하게 된다.[169]

LCC 인쇄본은 현재 41권의 분책(分冊) 형태로 개개 분류표 별로 자체의 일정에 따라 개정되어 LC의 CDS(Cataloging Distribution Service)를 통해 발행되고 있는데, 낱권별로 또는 세트로 입수할 수 있다. 출판사 Thomson Gale에서는 이 41권을 그 개정 사항과 함께 모아 SuperLCCS라는 서명으로 발행한 바 있다. LCC의 최신판(2020년 1월 기준)은 LC 홈페이지에 PDF 파일로 공개되어 있다.[170]

LCC 전자판은 LC의 CDS(Cataloging Distribution Service)를 통해 ① 온라인 서비스인 'Classification Web'(〈http://www.loc.gov/cds/classweb/〉)을 이용하여 LCSH(Library of Congress Subject Headings)와 함께 거의 매일 업데이트되는 최신 정보의 형식으로 입수하거나, ② MARC 21이나 MARCXML 포맷으로 된 주간 단위로 배포되는 LCC 풀세트의 형식으로 입수할 수 있다.[171]

LC에서는 LCC 전체에 대한 공식적인 통합 색인(統合索引)을 별도로 발행하고 있지 않다. 그러나 LCSH(Library of Congress Subject Heading)에 포함되어 있는 LCC 기호를 확인하여 색인처럼 활용할 수 있다. 또한 M. L. Scott의 Conversion Tables: LC-Dewey, Dewey-LC, and LC Subject Headings-LC and Dewey (Englewood, Col: Libraries Unlimited, 1999)를 색인의 대용으로 활용할 수도 있다.

---

168) Chan, Lois Mai. *Immroth's guide to the Library of Congress Classification.* (Englewood, Col: Libraries Unlimited, 1990). p.7.

169) LC 홈페이지. 〈http://www.loc.gov/aba/cataloging/classification/〉.

170) LC 홈페이지. 〈http://www.loc.gov/aba/publications/FreeLCC/freelcc.html#About〉

171) Lori Robare, et. al. ed. "Fundamentals of Library of Congress Classification." 〈http://www.loc.gov/catworkshop/courses/fundamentalslcc/pdf/classify-trnee-manual.pdf〉. pp.4-2-4-3.

LCC는 미국과 캐나다를 포함한 북미의 많은 대학도서관과 연구도서관, 대규모 공공도서관에서 널리 채택하고 있으며, 국내의 경우 한국과학기술정보연구원(KISTI), 한국교육개발연구원 등을 포함한 과학 기술 분야의 전문도서관과 KAIST와 POSTECH 등의 대학도서관 등에서 채택하고 있다.

(2) 분류표의 구성과 기호법

(가) 주류(主類)의 구성과 배열

LCC는 기본적으로 학문에 의한 분류표로, Comte의 학문 분류의 영향을 받은 Cutter의 전개분류법(EC)을 참고하여 개발된 것이다.

LCC의 주류는 21개로 이루어져 있다(〈표 3-23〉 참조).[172] 주류는 알파벳 대문자

〈표 3-23〉 LCC의 21개 주류의 개요

기 호	내 용
A	General Works
B	Philosophy. Psychology. Religion
C	Auxiliary Sciences of History
D	World History and History of Europe, Asia, Africa, Australia, New Zealand, etc.
E	History of the Americas
F	History of the Americas
G	Geography. Anthropology. Recreation
H	Social Sciences
J	Political Science
K	Law
L	Education
M	Music and Books on Music
N	Fine Arts
P	Language and Literature
Q	Science
R	Medicine
S	Agriculture
T	Technology
U	Military Science
V	Naval Science
Z	Bibliography. Library Science. Information Resources (General)

172) LC 홈페이지. 〈http://www.loc.gov/catdir/cpso/lcco/〉.

한 글자로 표시되는데, I, O, W, X, Y를 간격 기호(공기호, gap notation)로 남겨둔 채 사용하지 않고 있다. 주류의 배열 순서는 특정 주제에 한정되지 않은 분야(A), 우주에 관한 인간의 이론과 정신(B), 인간의 사회 생활, 환경의 영향, 사고의 기록 등(C-G), 인간의 경제적 및 사회적 발전(H-L), 인간의 미적 활동(M-P), 이공계 영역(Q-V), 서지 및 도서관학(Z)의 순서로 이루어져 있다.[173]

이 21개의 주류들은 다시 더 구체적인 하위류(下位類, subclasses)로 세분되는데, 주류 'Q Science'를 예로 들면 [그림 3-9]와 같이 세분하고 있다. 결국 주류 'Q Science'의 일차 하위류에는 그 분과 학문(分科學問)들이 전개되는 셈이다.

Subclass Q	Science (General)
Subclass QA	Mathematics
Subclass QB	Astronomy
Subclass QC	Physics
Subclass QD	Chemistry
Subclass QE	Geology
Subclass QH	Natural history – Biology
Subclass QK	Botany
Subclass QL	Zoology
Subclass QM	Human anatomy
Subclass QP	Physiology
Subclass QR	Microbiology

[그림 3-9] LCC 하위류의 예(주류 Q Science의 경우)

LCC의 기호법은 한 자리부터 세 자리까지의 알파벳 대문자, 한 자리부터 네 자리까지의 숫자로 된 정수(1-9999), 그리고 경우에 따라서는 소수 기호를 사용하는 혼합 기호법을 채택하고 있다. 경우에 따라서는, 여기에 문자와 숫자의 결합으로 이루어지는 저자 기호인 LC Cutter Table[174]의 기호를 추가하게 된다. LCC에서는 이 Cutter 저자 기호를 분류 기호의 일부로 사용되는 경우가 많으며, 일부의 경우에는 본표에 포함되어 있는 경우도 있다. 이상의 기호법의 사용을 주류 'N Fine arts'의 하위류 'N Visual arts'와 'NA Architecture'의 일부 예를 들어 살펴보면 [그림 3-10]과 같다.

173) 최정태, 양재한, 도태현. 『문헌분류의 이론과 실제』 (부산: 부산대출판부, 1998). pp.178-179.

174) LC Cutter Table에 대해서는, 제6장의 저자 기호에 대한 부분 참고.

[그림 3-10]에서도 볼 수 있는 것처럼, 각 하위류는 일반적인 것으로부터 더 구체적인 것으로의 순서로 다시 추가의 세분을 통해 필요할 때까지 계속적으로 전개된다. 하위류 N에서 볼 수 있는 것처럼, 개별 토픽들은 특정 장소나 시대, 서지 형식 등에 따라 세분되기도 한다. 각 토픽에 대해서는 하나 또는 일정 범위의 분류 기호가 배정되는데, 기본적으로는 한 자리에서 네 자리의 숫자 기호가

[Outline의 일부: Subclass N]

N1-(9211)	Visual arts
N1-58	General
N61-72	Theory. Philosophy. Aesthetics of the visual arts
N81-390	Study and teaching. Research
N400-3990	Art museums, galleries, etc.
N4390-5098	Exhibitions
N5198-5299	Private collections and collectors
N5300-7418	History
N7420-7525.8	General works
N7560-8266	Special subjects of art
N8350-8356	Art as a profession. Artists
N8510-8553	Art studios, materials, etc.
N8554-8585	Examination and conservation of works of art
N8600-8675	Economics of art
N8700-9165	Art and the state. Public art

[Text 일부: Subclass N]

N VISUAL ARTS N

	Visual arts
	Including architecture, decorative arts, drawing, painting, prints, and sculpture
	Cf. TR1+ Photography
	Periodicals
1.A1	Polyglot
1.A12-Z	American and English
2	French
3	German
4	Italian
5	Dutch and Flemish
6	Russian. Slavic
6.5	Scandinavian
7	Spanish and Portuguese
8.A-Z	Other (including Oriental), A-Z
	Yearbooks
	see N1+
(9.A1)	Polyglot
(9.A12-Z)	American and English
(9.2)	French

[그림 3-10] LCC 하위류 및 본표의 구조(N Fine arts의 일부)[175]

175) LC의 홈페이지〈http://www.loc.gov/aba/publications/FreeLCC/LCC_N2019OUT.pdf〉와 〈http://www.loc.gov/aba/publications/FreeLCC/N-text.pdf〉의 내용의 일부를 인용한 것임.

배정되고, 그 이상으로 추가 세분할 때는 소수점을 찍고 전개한다. LCC의 기호는 DDC의 기호와는 달리, 계층적 구조(階層的 構造)를 나타내는 의미를 갖지 않는다는 사실에 유의해야 한다.[176] 따라서 각 주제나 토픽의 의미는 분류 기호가 아닌 표목에 있으며, 분류 기호는 단지 표목의 순서를 나타내기 위해 사용되는 것으로, 주제나 토픽의 종속 관계(從屬關係)는 인덴션을 통해 나타나게 되는 것이다.[177] 표목으로 설명이 부족할 때는 범위 주기(範圍註記, scope note)가 추가되어 있는 경우도 있고, 다른 분류 기호에 전개된 유를 안내하기 위해 '보라 참조'(see note)를 제시하고 있는 경우도 있다.

(나) LCC를 적용한 분류 사례

LCC 최신판을 활용한 사례를 살펴보면, [그림 3-11] 및 [그림 3-12]와 같다.

H. Yaobang: A Chinese Biography by Y. Zhongmei, 1988 → DS 779.29 .H79 Y36 1988[178]

[분류표의 전개]

DS	HISTORY OF ASIA
	Biography and memoirs
779.28	Collective
779.29.A-Z	Individual, A-Z
	e.g.
779.29.H8	Hua, Guofeng

[분류 기호]

DS	HISTORY OF ASIA
779.29	Biography and memoirs — Individual
.H79	Cutter Number — Hu Yaobang
Y36	Cutter Number — Yang Zhongmei
1988	The date of publication

[그림 3-11] LCC 분류 사례 1:

176) Lois Mai Chan. *Cataloging and classification: An introduction.* (New York: McGraw-Hill Book Company, 1981). p.281.

177) Lori Robare, et. al. ed. "Fundamentals of Library of Congress Classification." 〈http://www.loc.gov/catworkshop/courses/fundamentalslcc/pdf/classify-trnee-manual.pdf〉. p.3-8.

178) Lois Mai Chan. *Immroth's guide to the Library of Congress Classification.* (Englewood, Col: Libraries Unlimited, 1990). p.156.

Journal of the American Mathematical Society, 1988 → QA 1 .J9763[179)]

[분류표의 전개]

QA		MATHEMATICS
	Mathematics	
1	Periodicals, societies, congresses, serial publications	

[분류 기호]

QA	MATHEMATICS	
1	Periodicals, societies, congresses, serial publications	
.J9763	Cutter Number — Journal of the American ...	

[그림 3-12] LCC 분류 사례 2:

(3) 표의 형식

앞서 살펴본 것처럼, LCC의 대부분의 개개 분류표들은 서로 다른 전문가(專門家)에 의해 편집된다. 그러나 그 형식에 있어서는 반드시 따라야 하는 것은 아니지만, 대체로 유사한 외적 및 내적 형식을 가지고 있다.

(가) 외적 형식(外的形式, external format)

LCC 개개 분류표는 대체로 다음과 같은 물리적인 구성으로 이루어져 있다.[180)]

① 서문(序文, preface): 대체로 표제지 바로 다음에 오며, 최근 들어 더욱 간략해지는 경향이 있다.

② 개괄표(概括表, broad outline): 해당 분류표의 일차 세목(대개는 알파벳 대문자로 표시되는 세목)을 열거한다.

③ 개요표(概要表, detailed outline): 해당 분류표의 상세 세목(알파벳 대문자로 표시되는 세목과 알파벳과 숫자 기호를 동시에 갖는 세목 포함)을 2-3 단계까지 열거한다.

---

179) *Ibid.*, p.365.

180) Lori Robare, et. al. ed. *op. cit.*, pp.435-441.

④ 기본표(基本表, schedule): 본표에 해당하는 핵심 부분으로 분류 항목들을 실제 분류 기호와 함께 체계적으로 열거하게 된다.

⑤ 보조표(補助表, tables): 둘 이상의 유사한 주제나 토픽에 공통적으로 적용하기 위해 고안된 보조표로, 대개 색인 앞에 나타난다.

⑥ 색인(索引, index): 해당분류표의 분류 항목들을 찾을 수 있도록 하기 위한 장치로, 수록 범위나 깊이는 개개 표에 따라 다양하다.

(나) 내적 형식(內的形式, internal format)

LCC의 대부분의 개별 분류표의 내적 구조는 흔히 'Martel의 세븐포인트'(Martel's seven point)를 바탕으로 하고 있는데, 그 구조는 다음과 같다.[181] 다만 이것은 하나의 가이드라인으로, LCC의 모든 개개 분류표가 반드시 이를 따라야 하는 것은 아니다.

① 일반 형식 구분(general form divisions): DDC의 표준세구분(Table 1)과 유사한 방식으로, 자료를 정기간행물, 전집, 사전 등과 같은 표현 형식별로 그룹화 하고자 한다.

② 이론(theory), 철학(philosophy)

③ 역사(history), 전기(biography)

④ 논문(treatises), 일반 저작(general works)

⑤ 법률(law), 규정(regulation), 국가 관계(state relations)

⑥ 연구 및 교수(study and teaching), 리서치(research), 교재(textbook)

⑦ 주제 및 주제의 세목(subjects and subdivisions of subjects)

---

181) 이하의 설명은 다음 자료를 주로 참고하였음. A. G. Taylor. *Introduction to cataloging and classification*. 10th ed. (Englewood, Col.; Libraries Unlimited, 2006). pp.441-444.

(4) LCC의 장점과 단점

LCC는 다음과 같은 장점(長點)을 가지고 있다.[182]

① 도서관 현장에서 실제로 광범위하게 만족스럽게 사용되고 있는 실용적인 분류표이다.

② 장서의 양을 고려하는 문헌적 근거(文獻的 根據, literary warrant)를 바탕으로 하고 있기 때문에, 특히 대규모의 대학도서관과 연구도서관에 적합하다.

③ 열거식 분류표이기 때문에, 다른 분석합성식 분류법에 비해 기호 합성의 필요성이 적고, 분류 기호의 길이가 짧아지는 경우가 많고, 필요한 추가 항목을 전개하기가 용이하다.

④ 개개의 개별 분류표가 해당 분야의 주제 전문가(主題專門家)에 의해 개발되기 때문에, 해당 주제에 적합한 분류가 가능하다.

⑤ 개별 학문 주제 분야의 분책별(分冊別)로 개정이 이루어지기 때문에, 해당 분야의 요구에 따라 분류표를 적시(適時)에 개정하고 최신성(最新性)을 유지하기가 용이하다.

⑥ LC라는 안정된 기관에서 분류표의 개정을 비롯한 전반적인 관리를 맡고 있고, 카피 편목(copy cataloging) 등이 가능한 관련 서비스들을 제공하고 있기 때문에, 분류를 포함한 자료 정리에 도움이 된다.

⑦ 디지털 환경에 적응할 수 있도록 웹을 통한 서비스와 LCC 자체는 물론 그에 관련된 정보와 내용을 담고 있는 홈페이지를 갖추고 있어 이용자에게 도움이 된다.

---

182) Lois Mai Chan. *Cataloging and classification: An introduction.* (New York: McGraw-Hill Book Company, 1981). pp.282-283.; Lori Robare, et. al. ed. "Fundamentals of Library of Congress Classification." 〈http://www.loc.gov/catworkshop/courses/fundamentalslcc/pdf/classify-trnee-manual.pdf〉. p.1-10.; 윤희윤. 『정보자료분류론』 제5판. (대구: 태일사, 2015). p.250.; 정필모. 『문헌분류론』 (서울: 구미무역출판부, 1991). p.243.; 최정태, 양재한, 도태현. 『문헌분류의 이론과 실제』 (부산: 부산대출판부, 1998). p.184.

한편 LCC는 다음과 같은 단점(短點)을 가지고 있다.[183)]

① 분류 기호의 사용을 설명해주는 범위 주기(範圍註記, scope note)가 DDC에 비교해볼 때 상세하지 못하고 우수하지 못하다.

② 기호의 배분과 용어의 사용법에서 미국 중심적인 경향이 많이 나타나고 있다.

③ 열거식 분류표이기 때문에 분류표에 열거되지 않은 복합 주제(複合主題)나 복수 주제(複數主題)의 저작을 분류하기가 어렵다.

④ 본표의 세분 전개에서 논리적 구분에 의한 체계적인 분류 대신에 알파벳순 배열이라는 임의적 순서(任意的 順序)를 사용하는 경우가 지나치게 많다.

⑤ 계층적 구조의 도입 등을 비롯한 문헌 분류 이론에 입각하여 주제 분석(主題分析)을 위한 정확하고 예측 가능한 이론적 토대가 부족하다.

⑥ 전체 분류표에 일관성 있게 적용할 수 있는 통일된 보조표(補助表)가 갖추어져 있지 않기 때문에, 조기성(助記性)이 부족하다.

⑦ 혼합 기호법의 사용하고 있기 때문에, 순수 기호법을 채택하고 있는 DDC와 비교할 때 서가 배열(書架排列)이 더 복잡하다.

⑧ 개개 분류표 전체를 망라하는 단일의 색인(索引)이 마련되지 못하고 있다.

⑨ 분류표 자체가 너무 방대하여 중소 규모 도서관의 입장에서는 너무 복잡하고 충분히 이해하고 사용하기가 어렵다.

---

183) Lois Mai Chan. *Cataloging and Classification: An introduction.* (New York: McGraw-Hill Book Company, 1981).; Lois Mai Chan. *Cataloging and classification: An introduction.* (New York: McGraw-Hill Book Company, 1981). p.283.; Lori Robare, et. al. ed. "Fundamentals of Library of Congress Classification." 〈http://www.loc.gov/catworkshop/courses/fundamentalslcc/pdf/classify-trnee-manual.pdf〉. p.1-10.; 『정보자료분류론』 제5판. (대구: 태일사, 2015). p.250.; 정필모. 『문헌분류론』 (서울: 구미무역출판부, 1991). pp.243-244.; 최정태, 양재한, 도태현. 『문헌분류의 이론과 실제』 (부산: 부산대출판부, 1998). p.184.

3.5.3. 콜론분류법(CC)

(1) Ranganathan의 생애와 CC의 발전 과정

CC(Colon Classification)는 인도의 도서관학자 S. R. Ranganathan(1892-1972)이 고안한 분석합성식(패싯식) 분류법의 대표적인 유형이다. 이 소절에서는 그의 생애와 CC의 발전 과정에 대해 살펴보고자 한다.[184]

(가) Ranganathan의 생애와 업적

Ranganathan(1892. 8. 9 - 1972. 9. 27)은 영국 지배하의 인도의 남부 지역인 Tamil Nadu주 Shiyali의 작은 마을에서 태어났다. 그는 "넷째 중 장남으로 친가와 외가 양쪽의 첫 번째 손자였다."[185] 그의 가족은 브라만 계급에 속했지만, 부친은 그가 겨우 6살 때 돌아가셨다. 그 때문에 그는 교사였던 조부의 영향을 받으면서 자랐다. 조부는 Ranganathan에게 평생토록 힌두교 성문학(聖文學, sacred literature)을 사랑하도록 하는 마음을 심어주었다.[186] 그는 긴장이 인 줄있고 경제적으로 어려움을 겪는 경우도 많았고,[187] 말을 더듬는 장애를 가지고 있었지만,[188] 우수한 학생이었던 것으로 알려져 있다.

Ranganathan은 Madras Christian College에서 수학을 전공하고 대학의 수학과 교수로 재직하던 중 "더 나은 봉급"을 받기 위해 1924년에 Madras University의 도서관장에 지원하여, 불과 면접 며칠 전에 *Encyclopedia Britannica*에서 읽은

---

184) 이 소절의 Ranganathan의 생애에 대한 부분은 다음 자료의 내용을 재정리한 것임. 오동근. "Ranganathan, Dewey, 그리고 박봉석." 랑가나단 "도서관학 5법칙" 발표 80주년 기념 국제학술대회 자료집(서울: 한국도서관협회, 2012). pp.78-91.; Dong-Geun Oh. 2012. "Ranganathan, Dewey, and Bong-Suk Park." 한국문헌정보학회지 제46권 제1호(2012.3). pp.11-27.

185) G. O. Matthews. The influence of Ranganathan on faceted classification(Doctoral Dissertation. Case Western Reserve University, 1980). p.27.

186) E. Garfield. "A Tribute to S. R. Ranganathan, the father of Indian library science: Part 1. Life and works." *Essays of an information scientist,* Vol.7(1984). p.37.

187) G. O. Matthews. *op. cit.,* p.27.

188) "S. R. Ranganathan," In Wikipedia(〈http://en.wikipedia.org/wiki/S._R._Ranganathan〉).

도서관에 대한 지식을 제외하고는, 어떤 도서관학 교육도 받지 못한 채, 예상치 못한 결과로, 도서관장에 임명되었다.[189] 처음에는 도서관계에 발을 들이는 데 주저하여 마지못해 일을 시작하였다.[190] Madras University 도서관장에 임명된 후, 영국으로 건너가 University College London에서 도서관학 자격 인증 과정(honors certificate)에서 공부하게 된다. 9개월간 영국에 머물면서, 100여 곳의 도서관을 돌아보면서 업무에 대해 파악하였다. 1925년에 London에서 돌아온 후, 1944년까지 Madras University의 도서관장 겸 교수로 근무하였는데, 그 기간 중에 *Five Laws of Library Science*(1931), *Colon Classification*(1933), *Classified Catalog Code*(1935) 등의 그의 대표적인 저작들이 탄생하였다. Hindu University in Varanasi(Banaras)(1945-1954)와 University of Delhi (1947-1954)에서 근무한 후, 한동안은 Zürich에서 연구와 저술에 종사하기도 하였다(1954-1957). 다시 인도로 돌아온 후에는, Vikram University에서 방문교수로 근무하다가, 1962년 Bangalore에 Documentation Research and Training Centre (DRTC)를 설립한 후 소장으로 일하였다.

많은 사람들은 Ranganathan을 일 중독자로 간주하였다. Madras에 머무르던 20여년 동안 방학도 없이 일주일 내내 하루 13시간씩 계속해서 일했으며, 심지어는 결혼식 당일에도 일했다고 한다.[191] 그는 "절제하는 삶을 산 것으로 유명한데, … 소식(小食)을 하고, 커피와 차는 멀리 하였으며, 집에서 만든 소박한 옷을 입었고, 대개는 도서관에 맨발로 출근해서 맨발로 일했으며, … 그의 집에는 가구가 거의 없었고, 전기도 부족하였다"[192]고 한다. 그는 이와 같이 절약한 돈들을 수학과의 지도 교수 Edward B. Ross를 기념하여 Madras Christian College에 수학 장학금으로 기부하기도 하고(1925),[193] 부인의 이름을 딴 Sarada Ranganathan Endowment for Library Science(SRELS)를 설립하기도 하였다.

---

189) E. Garfield. "A tribute to S. R. Ranganathan, the father of Indian library science: Part 1. Life and works." *Essays of an information scientist,* Vol.7(1984). p.38.

190) *Loc. cit.*

191) "S. R. Ranganathan," In Wikipedia(〈http://en.wikipedia.org/wiki/S._R._Ranganathan〉).

192) E. Garfield. *op. cit.,* p.43.

193) *Loc. cit.*

Ranganathan의 일부 추종자들은 그를 "요가 수행자로 간주하기도 하는데, 그는 자신의 온몸과 정신, 영혼을 도서관학이라는 학문에 집중하였으며, 따라서 그들은 그가 그것을 영적 완성(靈的完成)을 이루어가는 길로 받아들이고 있다고 생각하였다."[194)]

Ranganatha은 도서관학에 기여한 공로를 인정받아, 인도 정부로부터 1957년에는 Padmashri[195)] 훈장을 수여받았으며, 1965년에는 도서관학 분야의 국가 연구교수의 직을 부여받았다. 1970년에는 ALA로부터 Margaret Mann Citation in Cataloging and Classification을 수여받고, 1971년에는 Mark Twain Society로부터 Grand Knight of Peace를 수여받았다. 1948년에는 University of Delhi에서, 1964년에는 University of Pittsburgh에서 명예박사 학위를 받았다. 그는 "인도 도서관학의 아버지"라고 불리고 있다.[196)] FID는 그를 기념하여 Ranganathan Award를 신설하기도 하였다. 인도에서는 매년 Ranganathan의 생일을 National Library Day로 지정하고 있다.[197)]

Gopinath는 가장 광범위한 영향을 미치고 있는 Ranganathan의 공헌은 *Five Laws of Library Science*를 발표한 것[198)]이라고 말하고 있다. 그는 이러한 활발한 저술 활동을 통해 인도는 물론 전 세계의 문헌정보학 발전해 기여하였다. 또한 Ranganathan은 "인도에서 사서들의 전문직 교육하기 위한 높은 기준의 체계를 세웠다"[199)]고 일컬어진다. 그가 1929년에 설립했던 도서관학교는 후에 University of Madras에 통합되었다. 그는 University of Delhi에 석사 과정과 박사 과정을 1948년과 1950년에 각각 개설하였으며, 1962년에는 Indian Statistical Institute의 후원으로 Bangalore에 Documentation Research and Training Centre(DRTC)를 설립하였다. 또한 "대학원 과정의 설립과, 교육 과정의 구성,

---

194) *Loc. cit.*

195) "S. R. Ranganathan." Wikipedia(〈http://en.wikipedia.org/wiki/S._R._Ranganathan〉). 이것은 인도에서 민간인이 받을 수 있는 네 번째로 높은 훈장이라고 한다.

196) E. Garfield. *op. cit.*, pp.37-44.

197) "S. R. Ranganathan," In Wikipedia(〈http://en.wikipedia.org/wiki/S._R._Ranganathan〉).

198) M. A. Gopinath. "Ranganathan, Shiyali Ramamtita." In: *Encyclopedia of library and information science.* vol.25(New York: Marcell Dekker, 1972). p.66.

199) *Ibid.*, p.74.

그러한 과정의 교재 개발, 전문직의 우수성을 확보하기 위한 핵심 그룹의 구성도 중요한 공헌이었다."[200]

Ranganathan이 문헌 분류에 끼친 공헌은 그의 *Colon Classification*(1933)에서 구체화되고, *Prolegomena to Library Classification*(1937)에서 이론화된 분석합성식 아이디어(analytico-synthetic ideas)로 잘 알려져 있다. 그는 *Classified Catalogue Code*(1935) 등의 연구를 통해 주제색인 엔트리를 추출하기 위해 Chain Procedure를 고안하였다. 이 분야에 대한 그의 공헌은 가장 높은 평가를 받고 있는 바, Margaret Mann Citation in Cataloging and Classification의 다음과 같은 공적 내용(功績內容)에 잘 요약되어 있다: "… 패싯 분석 기법을 통해 근대 분류 이론 및 연구에 광범위한 영향을 미치고 있는 Colon Classification과, 분류순(分類順) 목록 및 사전체(辭典體) 목록의 제 원칙과 구조에 관한 그의 업적, 그리고 도서관학의 발전에 대한 소중한 헌신(獻身)에 대해."[201]

[그림 3-13] 도서관학의 5법칙을 담고 있는 델리대학의 S. R. Ranganathan 흉상

200) M. A. Gopinath. "Ranganathan, Shiyali Ramamtita." In: *Encyclopedia of library and information science.* vol.25(New York: Marcell Dekker, 1972). p.74.

201) Pauline Atherton, Dr. S. R. Ranganathan, *Library resources & technical services,* 14(4)(1970), p.582.

Ranganathan은 인도 국내외의 도서관 단체의 활동에 활발하게 참여하였다. 1928년에는 Madras 주 공공도서관의 발전을 도모하기 위해 Madras Library Association을 결성하였다. 후에 그는 Indian Library Association의 회장(1944-1953), Madras Library Association의 회장(1958-1967), Governing Council of the Indian Standards Institute의 부회장(1965-1972)을 역임하였다. 또한 UNESCO, IFLA, ISO, FID와 같은 국제기구의 활동에도 활발하게 참여하였는데, 특히 FID에서는 부회장과 분류연구위원회의 명예의장의 역임한 바 있다.

(나) CC의 발전 과정

Ranganathan은 University College London에서 당대 최고의 분류학자였던 W. C. B. Sayers의 강의를 들으면서 분류표에 대해 관심을 갖던 중, London의 Selfridges백화점에서 금속 조각과 너트, 볼트의 새로운 조합에 따라 완전히 새로운 인형이 만들어지는 Meccano set라는 조립식 장난감을 보았을 때, 그는 자신의 분류표는 각각의 구체적인 주제의 요구에 따라 자유로이 결합될 수 있는 요소들로 구성되어야 한다는 사실을 깨달았다고 한다.[202] 이것이 바로 그 유명한 분석합성식 분류 이론의 탄생의 아이디어가 되었던 것이다.

그는 자신의 아이디어를 Madras대학도서관의 소장 목록에 적용한 결과를 바탕으로 개선을 거듭하여, 1933년에 Colon Classification의 초판을 발행하였다. 이 분류표에서는 각 패싯들을 구분해주는 패싯 지시 기호(facet indicator)로 콜론(:)을 사용하였기 때문에, CC라는 이름이 부여되었다. 1987년에는 M. A. Gopinath의 개정에 의해 제7판의 제1권 본표가 발행된 바 있으나, 색인 부분은 아직 발행되지 못하고 있는 미완성(未完成)의 상태이다. 제7판의 제1권 본표는 Part A 서론(introduction), Part B 초보자용 지침(guidance to the beginner), Part C 일반 규칙(general rules), Part D 일반 구분 및 공통 구분 기호(general divisions and common isolates), Part E 특수 구분 기호(special isolates)로 구성되어 있다.[203]

---

202) E. Garfield. "A tribute to S. R. Ranganathan, the father of Indian library science: Part 1. Life and works." *Essays of an information scientist,* Vol.7(1984). p.40.

203) S. R. Ranganathan. *Colon Classification.* 7th ed. 2nd reprint. (Bangalore: Sarada Ranganathan Endowment for Library Science, 1989).

〈표 3-24〉 CC 기본 주제의 내용(일부 발췌, 총류 포함)

기 호	내 용
01	Generalia
1	Communication Science
2	Library and Information Science
3	Book Science
4	Mass Communication
5	Exhibition Technique
6	Museology/Museum Technique
7	Systems Research, Systemology
8	Management Science
A	Natural Sciences
B	Mathematics
C	Physics
D	Engineering
E	Chemistry
F	Chemical Technology
G	Biology
H	Geology
I	Botany
J	Agriculture
K	Zoology
L	Medicine
M	Useful Arts
N	Fine Arts
O	Literature
P	Linguistics
Q	Religion
R	Philosophy
S	Psychology
T	Education
U	Geography
V	History
W	Political Science
X	Economics (Macro –economics)
Y	Sociology
Z	Law

Ranganathan 특유의 문헌 분류 이론을 바탕으로 개발된 분류표로, 주로 인도에서 널리 사용되었으나, 현재는 인도에서도 이를 사용하는 도서관이 많지 않으며, 인도 이외의 다른 나라에서는 거의 사용되지 않고 있다.

(2) 분류표의 구성과 기호법

(가) 주류의 구성과 배열[204)]

CC는 기본적으로 학문에 의한 분류표로, 주류의 배열은 A. M. Ampere의 학문 분류를 바탕으로 하고 있으며, 자연과학, 인문과학, 사회과학의 순으로 배열하고 있다.

CC의 주제 영역들은 '기본 주제(basic subject) → 메인 주제(main subject) → 규범류(canonical class) → 기본 범주(fundamental category)'로 점차 세분된다. CC의 기본 주제는 다른 분류표의 주류에 상당하는데, 그 내용을 살펴보면 〈표 3-24〉와 같다. 기본 주제의 배열은 추상적인 것에서 구체적인 것으로, 자연적인 것에서 인위적인 것으로 전개된다.

(나) 보조표의 유형

기본 기호에 부가되는 보조 기호의 표로는 전체 주제에 적용되는 공통 구분 기호(共通區分記號, common isolate)와 특정 주제에만 적용되는 특수 구분 기호(特殊區分記號, special isolate)가 마련되어 있다. 공통 구분 기호로는 언어 구분 기호(language isolate), 시대 구분 기호(time isolate), 지리 구분 기호(space isolates), 에너지 공통 구분 기호(common energy isolates), 재료 속성 공통 구분 기호(common matter property isolates), 개성 공통 구분 기호(common personality isolates), 선행 공통 구분 기호(anteriorising common isolate) 등이 설정되어 있다.

또한 CC에서는 불필요한 중복된 열거를 피하고 분류 담당자에게 자율권(自律權)을 부여하기 위해 연대 기호표(chronological device), 지리 기호표(geographical

---

204) S. R. Ranganathan. *Colon Classification*. 7th ed. 2nd reprint. (Bangalore: Sarada Ranganathan Endowment for Library Science, 1989).의 내용을 바탕으로 하였음.

device), 주제 기호표(subject device), 알파벳순 기호표(alphabetical device), 열거순 기호표(enumeration device) 등의 추가의 보조 기호표들을 마련하고 있다.

(나) 5개 기본 범주(基本範疇, fundamental categories)

CC는 기본적으로 분석합성식 분류법이기 때문에, 각 유는 어떤 특징을 기준으로 하여 기본적인 개념이나 요소들로 세분되게 되는데, 이를 패싯(facet)이라고 한다. Ranganathan은 이러한 요소들을 Time, Space, Energy, Matter, Personality의 5개의 기본 범주로 구분하고 있는데, 그 내용은 〈표 3-25〉와 같다. 5개의 기본 범주의 열거 순서(패싯 배열식)는 구체성 감소(具體性減少)의 순서에 따라, [P] [M] [E] [S] [T]가 된다.

〈표 3-25〉 CC의 기본 범주

범주명	패싯의 기호	패싯 지시 기호
Time	T	’(apostrophe)
Space	S	.(dot)
Energy	E	:(colon)
Matter	M	;(semi-colon)
Personality	P	,(comma)

각 기본 범주는 다음과 같은 의미를 가지고 있다.

① 시간(時間, Time): 시대 구분을 의미하며, 거의 모든 주제에 적용할 수 있다.
② 공간(空間, Space): 지역 구분 또는 지리 구분을 의미하며, 거의 모든 주제에 적용할 수 있다.
③ 기능(機能, Energy): 활동, 작용, 공정(工程), 문제 등을 나타낸다.
④ 소재(素材, Matter): 주제를 구성하는 물질의 주요 소재나 사물의 원재료(原材料)를 나타낸다.
⑤ 개성(個性, Personality): 주제를 구성하는 본질적인 속성(屬性)을 나타낸다.

(다) 기호법

CC는 알파벳 대문자와 소문자, 아라비아 숫자, 각종의 특수 문자를 사용하는 혼합 기호법을 채택하고 있다.

기본 주제와 그 세분 주제들에 대해서는 다음과 같은 기호들을 사용한다.

① 23개 알파벳 소문자(i, o, l을 제외한 a-z)

② 10개 아라비아숫자(0-9)

③ 26개 알파벳 대문자(A-Z)

④ 원괄호로 묶은 숫자(( ))

⑤ 지시 기호(指示記號, indicator digit), 붙임표(-), 별표(*)

공통 구분 기호와 특수 구분 기호로는 다음과 같은 기호들을 사용한다.

① 23개 알파벳 소문자(i, o, l을 제외한 a-z)

② 10개 아라비아숫자(0-9)

③ 26개 알파벳 대문자(A-Z)

④ 그리스 문자(△: Delta)

⑤ 3개의 전치 기호(* " ←)

⑥ 11개의 지시 기호(& ' . : ; - = → + ( ))

총류(總類)는 아라비아 숫자를 사용하고, 기본 주제들은 알파벳 대문자를 사용하여 표시한다. 그 세분 주제들은 이상의 아라비아 숫자 등을 사용하여 표시한다.

CC를 적용하여 자료를 분류할 때는, 분류표에서 그 자료의 주제 내용을 구성하는 개개의 요소들로 분석하고 그 각각의 분류 기호를 확인한 후, 각각의 유에 제시되어 있는 패싯 배열식(facet formula)[205]에 따라 이를 합성해야 한다. 필요할 경우에는 공통 구분 기호와 특수 구분 기호를 추가해야 한다.

205) 다른 분류표의 용어로는 열거 순서(citation order)에 해당한다.

(라) CC를 적용한 분류 사례

CC 최신판을 활용한 사례를 살펴보면, [그림 3-12] 및 [그림 3-13]과 같다.

[분류표의 전개]

S PSYCHOLOGY

Facet Formula of Special Facets for Macro Subjects
S,(1P1);1MP1)
S,(Entity);(Property)

Schedule of (1P1) Entity isolates
OZ By Entity
38 Old age

Schedule of (1MP1) Property isolates
OZ By Property
56 Anxiety

[분류 기호]

S	PSYCHOLOGY
,	Facet indicator for Personality
38	Old age
;	Facet indicator for Matter
56	Anxiety

[그림 3-12] CC 분류 사례 1: The anxieties of the old → S,38;56[206]

206) R. Marcella & R. Newton. *A New manual of classification*. (Gower Publishing Company, 1994). p.100.

[분류표의 전개]

V HISTORY

Facet Formula of Special Facets for Macro Subjects
V,[1P1];[MP1]:[2MM1],
History,[Community];[Property]:[Action]:[Method of action]

Schedule of (1P1) Community isolates
44 India

TIME ISOLATE
B*Z By Calender time
M 1800 to 1899 AD

[분류 기호]

V HISTORY
, Facet indicator for Personality
44 India
' Facet indicator for Time
M 1800 to 1899 AD

[그림 3-13] CC 분류 사례 2: History of India in 19th century → V,44'M[207]

(3) CC의 장점과 단점

CC는 다음과 같은 장점(長點)을 가지고 있다.[208]

① 고안자인 Ranganathan의 견실한 분류 이론에 바탕으로 하고 있기 때문에, 학문적 연구 가치가 높은 분류표이다.

② 분류표 전체가 분석합성식으로 이루어져 있기 때문에, 서가 배열(書架排列)은 물론 정보 검색에도 유용한 분류표이다.

---

207) M. P. Satija. *Colon Classification, 7th Edition.* (New Delhi: Ess Ess Publication, 1989).

208) R. Marcella & R. Newton. *op. cit.,* pp.103-104.; 김명옥. 『자료분류론』 (서울: 구미무역출판부, 1986). pp.144-145.; 윤희윤. 『정보자료분류론』. 제5판. (대구: 태일사, 2015). pp.263-264.; 최정태, 양재한, 도태현. 『문헌분류의 이론과 실제』 (부산: 부산대출판부, 1998). pp.198-199.

③ 다양한 합성 기법들을 도입하고 있기 때문에, 본표에 열거되지 않은 합성 주제와 복합 주제를 포함하여 주제의 다면적 표현(多面的 表現)과 기호화가 가능하다.
④ 분류표 자체의 길이가 열거식 분류표(列擧式分類表)에 비해 아주 간단하다.
⑤ 분류 기호의 합성을 위한 패싯 배열식(facet formula)이 제시되어 있기 때문에, 기호의 조합(組合)이 용이하다.

CC는 다음과 같은 단점(短點)을 가지고 있다.209)
① 적용된 분류 이론과 용어, 규칙들이 상당히 난해(難解)하기 때문에, 이해하고 적용하기가 어렵다.
② 최신판인 제7판의 경우 현재 본표만이 발행된 상태로 미완성(未完成)이다.
③ 기호법의 측면에서 보면, 다양한 종류의 복잡하고 읽고 쓰기가 불편한 기호를 사용하고 있을 뿐만 아니라, 그 결과 합성된 분류 기호도 매우 복잡해지기 때문에, 배열이 어렵다.
④ 주제 분야에 따라 패싯 배열식(facet formula)이 달라지는 경우가 많기 때문에, 기호의 조합 방식이 복잡하여 실용성(實用性)이 떨어지고 기억하기 어렵다.
⑤ 개정될 때마다 내용이나 용어, 기호의 변경이 이루어지는 경우가 많기 때문에, 분류표를 일관성(一貫性) 있게 적용하기가 어렵다.

209) R. Marcella & R. Newton. *A New manual of classification*. (Gower Publishing Company, 1994). pp.103-104.; 김명옥. 『자료분류론』(서울: 구미무역출판부, 1986). pp.144-145.; 윤희윤. 『정보자료분류론』 제5판. (대구: 태일사, 2015). p.264.; 최정태, 양재한, 도태현. 『문헌분류의 이론과 실제』(부산: 부산대출판부, 1998). pp.198-199.

3.5.4. 일본십진분류법(NDC)

일본십진분류법(Nippon Decimal Classification)의 초판은 모리 키요시(森清)라는 개인에 의해 개발되어 1929년에 마미야상점(間宮商店)에서 발행되었다. 이것은 원래 모리가 청년도서관원연맹의 기관지인『圖書館硏究』제1권에 1928년에 발표했던 '화양도서공용십진분류법'(和洋圖書共用十進分類法)을 바탕으로 한 것으로, 이런 이유 때문에 이를 'NDC 0판'이라고도 한다.[210]

일본도서관협회에서는 1948년에 분류위원회를 결성하고, 모리의 기존 분류표를 개정하여, 1950년에 신정6판을『日本十進分類法: 和洋圖書共用十進分類法及び索引』이라는 서명으로 발행하였다. 이후 NDC는 일본도서관협회에서 그 개정과 발행을 맡고 있는데, 신정7판부터는 부서명(副書名)을 삭제하였다.

최신판인 신정10판은 신정9판 발행 후 19년만인 2014년 12월에 2권으로 발행된 바 있다. 제1권은 본표 · 보조표편으로, 서설과 세목표, 보조표를 포함하고 있고, 제2권은 상관색인 · 사용법편으로, 상관색인과 사용법, 용어 해설, 사항색인으로 구성되어 있다.

신정10판을 발행하기 위한 분류표 개정의 방침은 실무의 계속성을 확보하는 관점에서 NDC의 근간(根幹)에 관한 체계의 변경은 하지 않기로 하고, 기존의 틀 안에서 분류 작업을 쉽게 하고 이용자에게도 이해하기 쉬운 분류표를 실현하고자 노력하였다고 한다.[211] 일본도서관협회의 홈페이지 소개 자료에 의하면,[212] 신정10판에서는 기능과 구조상의 개선을 하였고, 특히 정보학 및 관련 영역의 학제적 부분에서 관점의 명확화하고 구조를 정리하였다고 한다. 또한 전체적으로 신설 항목이 세목표에서 288건, 삭제 항목이 55건, 새로운 별법 주기에 의한 주제의 부분적 개정이 52건이라고 한다. 서설(序說) 및 각 유(類)에 대한 설명 부분에서는 구조 등을 알기 쉽도록 하였고, 사용법을 독립시켜 충실히 하고 사용하기 쉽도록 했다고 한다. 상관색인은 주제명표목표 등에서 새로운 색인어를

210) 志保田務.『情報資源組織論』(京都: ミネルヴァ書房, 2013). pp.89-90.

211) 高橋良平. "日本十進分類法新訂10版の概要." カレントアウェアネス 324(2015.6). p.11.

212) 일본도서관협회 홈페이지. 〈http://www.jla.or.jp/publications/tabid/87/pdid/p11-0000000413/Default.aspx〉

약 4,000 단어 추가하고, 새로 용어 해설과 사항 색인을 수록하였다고 한다. 또한 일본도서관협회에서는 신정8판 이후 이루어지고 있는 MRDF(Machine Readable Data File)의 작성과 배포를 10판에서도 검토할 예정이며, 일본 국립국회도서관과 함께 NDC의 Linked Data화를 위한 실험도 실시할 예정이라고 한다.[213)]

NDC는 1949에 일본 문부성(文部省)이 『学校図書館の手引き』에 이를 소개하고, 일본의 국가대표도서관인 국립국회도서관이 동양서(和漢書))의 분류를 위해 NDC를 채택하고, 국립국회도서관에서 작성하여 배포하는 목록 카드에 NDC 기호를 추가하면서 그 보급이 급격하게 확대되었다.[214)] 1981년의 조사에 의하면, 공공도서관의 99%, 대학도서관의 75%, 전문도서관의 66%가 NDC를 채택하고 있었다고 한다. 2008년의 조사에 의하면, 신규로 입수되는 일반도서 중 일본도서에 일본십진분류법을 채택하고 있는 도서관은 공공도서관 99%, 대학도서관 92%였고, 서양 도서에 채택하고 있는 경우는 각각 96%, 87%로 나타났다.[215)]

〈표 3-26〉 EC와 LCC, NDC의 주류 배열 비교

NDC 10	EC (제5표 기준 블록별 구분)		LCC (비교를 위한 블록별 구분임)	
0 総　記	A	General Works	A	General Works
1 哲　学	B–D	Philosophy & Religion	B	Philosophy & Religion
2 歴　史	E–G	History & Geography	C–G	History
3 社会科学	H–K	Social Sciences	H–L	Social Sciences
4 自然科学	L–Q	Natural Sciences	M–N	Arts
5 技　術	R	Useful arts, Technology	Q	Sciences
6 産　業	S–U	Manufactures, etc.	R–T	Technology
7 芸　術	V–W	Arts	U–V	Military & Naval Science
8 言　語	X	Language	P	Language & Literature
9 文　学	Y	Literature		
	Z	Book arts	Z	Bibliography & Library Science

213) 高橋良平. "日本十進分類法新訂10版の概要." カレントアウェアネス 324(2015.6). p.13.

214) 이하의 내용은 Wikipedia의 '日本十進分類法' 항목을 참고하였음. 〈https://ja.wikipedia.org/wiki/%E6%97%A5%E6%9C%AC%E5%8D%81%E9%80%B2%E5%88%86%E9%A1%9E%E6%B3%95〉

215) 이하의 내용은 Wikipedia의 '日本十進分類法' 항목을 참고하였음. 〈https://ja.wikipedia.org/wiki/%E6%97%A5%E6%9C%AC%E5%8D%81%E9%80%B2%E5%88%86%E9%A1%9E%E6%B3%95〉

보조표와 관련하여, NDC에서는 공통 보조표(共通補助表)로 형식 구분, 지리 구분, 해양 구분, 언어 구분 등 4개의 구분을 설정하고 있으며(〈표 3-27〉 참조), 특정의 유나 주제에 한정되어 사용하는 보조표로 별도의 고유 보조표(固有補助表)를 설정하고 있다. 이와 관련하여, NDC 신정10판에서는 9판까지 "복수의 유에 공통으로 사용되는" 일반 보조표에 포함시켰던 언어 공통 구분과 문학 공통 구분을 "특정의 유에서만 사용되는" 고유 보조표[216]로 변경하였다.[217]

〈표 3-27〉 KDC와 NDC의 주요 보조표 비교

KDC의 조기표	NDC의 보조표
1. 표준구분표	1. 형식구분(공통보조표)
2. 지역구분표	2. 지리구분(공통보조표)
3. 국어구분표	4. 언어구분(공통보조표)
4. 문학형식구분표	6. 문학공통구분(특수보조표)
5. 언어공통구분표	5. 언어공통구분(특수보조표)
6. 종교공통구분표	
	3. 해양구분(공통보조표)

NDC의 주류(主類)의 전개와 배열은 Comte의 학문 분류를 바탕으로 하는 C. A. Cutter의 전개분류법(Expansive Classification)을 바탕으로 하고 있기 때문에, DDC 및 KDC와는 다른 양상을 보이고 있다(〈표 3-26〉 참조). 표에서 볼 수 있는 것처럼, NDC는 완전히 일치하지는 않지만, 오히려 LCC의 주류 배열에 더 가깝다는 것을 알 수 있다. 또한 NDC에서는 DDC와 KDC와는 달리, '1 철학'에 종교를 포함시키고, 과학기술 분야를 '5 기술'과 '6 산업' 두 개 유로 구분하고 있다. 그 개요(100구분)을 살펴보면, 〈표 3-28〉과 같다.

---

216) NDC 신정10판에서는 이 두 개 보조표를 포함하여, 총 10개의 고유보조표를 마련하고 있는데, 다른 8개 구분은 다음과 같다. 1. 신도(神道) 각 교파 공통구분표, 2. 불교 각 종파의 공통구분표, 3. 기독교 각 교파 공통구분표, 4. 일본 각 지역 역사(오키나와 제외)의 시대 구분, 5. 각국 · 각 지역의 지리, 지지(地誌), 기행의 공통구분표, 6. 각종 기술 · 공학의 경제적 경영적 관점 세구분표, 7. 양식별 건축의 도집(圖集), 8. 사진 · 인쇄를 제외한 각 미술의 도집(圖集)에 관한 공통구분표

217) 高橋良平. "日本十進分類法新訂10版の概要." カレントアウェアネス 324(2015.6). p.12.

〈표 3-28〉 NDC의 개요(100구분)

00	총 기	50	기술, 공학
01	도서관, 문헌정보학	51	건설공학, 토목공학
02	도서, 서지학	52	건 축 학
03	백과사전, 용어색인	53	기계공학, 원자력공학
04	일반논문집, 일반강연집, 잡저	54	전기공학
05	연속간행물, 일반연감	55	해양공학, 선박공학, 병기, 군사공학
06	단체, 박물관	56	금속공학, 광산공학
07	저널리즘, 신문	57	화학공업
08	총서, 전집, 선집	58	제조공업
09	귀중서, 향토자료, 기타특별장서	59	가정학, 생활과학
10	철 학	60	산 업
11	철학각론	61	농 업
12	동양사상	62	원예, 조원(造園)
13	서양철학	63	잠 사 업
14	심 리 학	64	축산업, 수의학
15	윤리학, 도덕	65	임업, 수렵
16	종 교	66	수 산 업
17	신도(新道)	67	상 업
18	불 교	68	운수, 교통, 관광사업
19	기독교, 유대교	69	통신사업
20	역사, 세계사, 문화사	70	예술, 미술
21	일 본 사	71	조각, 오브제
22	아시아사, 동양사	72	회화, 서(書), 서도(書道)
23	유럽사, 서양사	73	판화, 인장, 전각, 인보(印譜)
24	아프리카사	74	사진, 인쇄
25	북아메리카사	75	공 예
26	남아메리카사	76	음악, 무용, 발레
27	오세아니아사, 양극지방사	77	연극, 영화, 대중예능
28	전 기	78	스포츠, 체육
29	지리, 지지(地誌), 기행	79	제예(諸藝), 오락
30	사회과학	80	언 어
31	정 치	81	일본어
32	법 률	82	중국어, 기타 동양제언어
33	경 제	83	영 어
34	재 정	84	독일어, 기타 게르만제어
35	통 계	85	프랑스어, 프로방스어
36	사 회	86	스페인어, 포르투갈어
37	교 육	87	이탈리아어, 기타로망스제어
38	풍속습관, 민속학, 민족학	88	러시아어, 기타슬라브제어
39	국방, 군사	89	기타 제언어
40	자연과학	90	문 학
41	수 학	91	일본문학
42	물 리 학	92	중국문학, 기타 동양문학
43	화 학	93	영미문학
44	천문학, 우주과학	94	독일문학, 기타게르만문학
45	지구과학, 지학	95	프랑스문학, 프로방스문학
46	생물과학, 일반생물학	96	스페인문학, 포르투갈문학
47	식 물 학	97	이탈리아문학, 기타로망스문학
48	동 물 학	98	러시아 · 소비에트문학, 기타슬라브문학
49	의학, 약학	99	기타 제언어문학

NDC는 다음과 같은 장점(長點)을 가지고 있다.

① 실용적인 분류법이다. 일본의 공공도서관과 학교도서관을 비롯한 많은 도서관에서 사용하고 있는 실제적이고 실용적인 분류법이다.

② 일본도서관협회라는 영구적인 기관이 분류표를 관리하고 있고, 지속적으로 개정판을 발행함으로써 최신성(最新性)을 유지해주고 있다.

③ 아라비아 숫자로 된 순수 기호법(pure notation)을 채택하고 있다.

④ 관련 항목의 검색이 용이한 상관색인(relative index)을 갖추고 있다.

⑤ 공통 보조표와 특수 보조표 등을 갖추고, 조기성(助記性)을 잘 활용하고 있다.

⑥ 분류표 전체에 걸쳐 기호의 계층적 구조를 광범위하게 적용하고 있다.

⑦ 일본의 국립국회도서관(国立国会図書館)에서 제공하는 JAPAN/MARC은 물론 도서관유통센터(株式会社図書館流通センター)에서 제공하는 TRC MARC에도 NDC 기호가 포함되어 있기 때문에, 이러한 다양한 목록 정보를 통해 카피 편목(copy cataloging)을 할 때 해당 분류 기호를 활용할 수 있다.

⑧ 각각의 유들에 대해 비교적 상세한 다양한 주기들을 마련하고 있을 뿐만 아니라, 기본 구조를 설명하는 '서설'(序說)과 분류 작업 방식에 대해 해설하는 '사용법', 전문 용어에 대한 '용어 해설'을 마련하는 등 사용법에 대한 상세한 설명과 해설을 포함하고 있다.

⑨ 재전개된 다수의 분류 항목을 적용하는 대신 신정9판의 분류 항목을 그대로 유지하도록 하는 별법(別法)을 마련하는 등의 방법으로, 도서관의 상황에 맞게 적용할 수 있도록 하고 있다.[218)]

⑩ 일본 도서관의 실정에 맞도록 지속적인 개선을 거듭하고 있다.

⑪ 신정8판 이후 MRDF(Machine Readable Data File)을 발행해오고 있고, 국립국회도서관과 공동으로 Linked Data화를 위한 공동 실험 등을 진행하는 등 인터넷 시대에 걸맞는 다양한 변화를 모색하고 있다.

---

218) 高橋良平. "日本十進分類法新訂10版の概要." カレントアウェアネス 324(2015.6). p.14.

NDC는 다음과 같은 단점(短點)을 가지고 있다.

① 다른 십진식 분류표와 마찬가지로, 십진식의 한계로 인해 학문 및 주제 사이의 불균형과 불균등의 문제가 발생하고 있다.

② 십진식의 전개상의 문제 때문에, 분류표를 개정할 때 새로운 주제를 적절한 위치에 삽입하는 데 한계를 갖는 경우가 있다.

③ 개정 주기가 일정치 않아 이를 사용하는 도서관에게 불편함을 야기하고 있다.

제 4 장

DDC의 이해와 적용

DDC는 Dewey Decimal Classification의 머릿글자를 딴 것으로, Melvil Dewey가 개발하여 현재 OCLC에서 개정과 관리를 맡고 있는 전 세계적으로 가장 널리 사용되고 있는 분류표이다. 이 장에서는 DDC의 역사와 현황, 특성, 사용법 등을 구체적으로 살펴보고자 한다.

4.1. 발전 과정과 이용 현황

4.1.1. Dewey의 생애와 DDC의 탄생[1)]

DDC는 Melvil Dewey(1851-1931, [그림 4-1] 참조)가 Amherst College에 재학하면서 도서관에서 학생 보조원으로 일하던 당시에 William Stearns 총장의 설교를 듣던 중 십진식(十進式)의 아이디어를 생각해낸 것으로 알려져 있다.[2)] 일반적으로 이를 창안한 Dewey의 성을 붙여 DDC로 약칭(略稱)으로 부르고 있지만, 십진식 분류법의 최초의 유형이기 때문에 DC 또는 Decimal Classification으로 부르기도 한다.

---

1) 이 소절의 내용은 다음 자료의 내용을 옮겨 정리한 것임: 오동근. "Ranganathan, Dewey, 그리고 박봉석." 랑가나단 "도서관학 5법칙" 발표 80주년 기념 국제학술대회 논문집(대전: 한국도서관협회, 2011). pp.77-91.

2) G. G. Dawe. ed. *Melvil Dewey: seer, inspirer, doer, 1851-1931* (New York: Lake Placid Club, 1932). p.165.

Melvil Dewey(1851. 12. 10 - 1931. 12. 26)는 New York의 Adams Center에서 Joel 및 Eliza Greene Dewey의 5번째인 막내아들로 태어났으며, 원래 이름은 Melville Louis Kossuth Dewey였다. 그의 부친은 구둣방을 운영하고 있었다. Linderman는 Dewey의 일기를 바탕으로, 그의 어린 시절은 "교회와 주일 학교, 금주회(禁酒會) … 낚시, 사냥, 썰매타기 … 에 정기적으로 참석하고 학기 중이나 그 사이에 공부도 했다"[3]고 적고 있다. 그는 부모님이 가졌던 공화당원과 침례교도의 가치들을 그대로 이어받았다.[4] 그는 Annie R. Godfrey와 1878년에 결혼하여 1887년에 외동아들 Godfrey를 얻었다. 1924년에는 Emily McKay Beal과 재혼하였다.

Dewey는 1870년에 Amherst College에 입학하여 1874년에 졸업하였는데, 그 시기는 "아주 틀에 박힌 듯한" 시절이었다고 한다. 그 시기에 그는 일종의

[그림 4-1] Melvil Dewey

---

3) Winifred B. Linderman. "Dewey, Melvil Dewey," In: *Encyclopedia of library and information science*. vol.7 (New York: Marcell Dekker, 1972). p.144.

4) Wayne A. Wiegand, "Melvil Dewey," In: American national biography online(〈http://www.anb.org/articles/09/09-00229.html〉

속기(速記)와 철자법 간소화(綴字法簡素化)에 관심을 갖기 시작하였다. 남자 친구보다는 여자 친구가 더 많았고, W. S. Biscoe와도 친분을 쌓아가기 시작하였다. 3학년 때부터 대학도서관에서 일하기 시작하여 1976년까지 계속하였다. 1874년에 학사를 마쳤으며 1876년에 석사학위를 받았다.
Dewey는 1873년에 학생 보조원으로서 도서관에서 일하기 시작한 이래로, 도서관직에 종사하게 된다. 그가 작성한 간략한 메모들을 바탕으로, Amherst College는 그의 분류표를 채택하고 1876년에는 이를 발간하였다. 1876년에 Philadelphia에서 사서들의 모임이 있은 후, 그는 미국 도서관계의 관심을 받기 시작하게 된다. *Library Journal*의 편집을 포함하여 미국도서관협회(American Library Association)에서 몇 년간 일한 후, 그는 Columbia University의 도서관장(1883-1888), New York State Library의 도서관장(1988-1906), University of the State of New York의 집행임원(1988-1900)으로 활동하면서 도서관계에 기여하였다.

Dewey는 미터법, 철자법 간소화, 리조트 개발 등을 포함한 다양한 분야에 관심을 가지고 있었다.[5] 1876년에 Boston으로 옮기면서는, Spelling Reform Association, Metric Bureau, American Library Association 등의 결성에 참여하였다. 또한 도서관 용품을 공급하는 회사로 1881년에 직접 설립한 Library Bureau를 통해, 도서관 서비스의 효율성을 증진하고 철자법과 미터법을 혁신하기 위한 노력을 계속하였다.[6] 1895년에는 부인 Annie와 함께 헬스리조트인 Lake Placid Club을 설립하였다. 또한 New York State Winter Olympics Committee의 위원장으로서 아들 Godfrey와 함께 1932년 동계 올림픽 유치에도 힘썼다. 그는 또한 Florida 소재 "Lake Stearns"의 이름을 "Lake Placid"라는 이름으로 공식적으로 바꿀 것을 주창한 것으로 알려져 있다.[7] 1922년에는 자신의 사후(死後)에도 미터법과 철자법 간소화, DDC 발행과 같은 사업을 수행할 수 있도록 하기 위해 Lake Placid Club Education Foundation을 설립하고 자신의 전 재산을 양도하였다.

---

5) "he shortened his first name to Melvil as a young adult, dropped his middle names and, for a short time, even spelled his last name as Dui." ("Melvil Dewey biography," 〈http://www.oclc.org/dewey/resources/biography/〉).

6) Wayne A. Wiegand, *op. cit.*

7) "Melvil Dewey," In: Wikipedia(〈http://en.wikipedia.org/wiki/Melvil_Dewey〉).

Dewey는 훤칠하고 건장한 체격에 호리호리하면서도 강단이 있어, 강렬한 인상을 풍겼다고 한다.[8] 그러면서도 그는 까탈스런 성격으로 젊어서는 적들을 많이 만드는 스타일이었던 것 같다.[9] Linderman은 다음과 같이 말하고 있다. "그는 진지하면서도, 말을 붙이기는 쉬운, 정력적이고 대단히 적극적이지만, 눈치는 좀 떨어지는 경우가 많은, 타고난 조직가(組織家)였다. … 과로와 빽빽한 일정에도 불구하고, Dewey는 언제나 시간을 내어 환대해 주었으며, … 적극적인 생각으로 아이디어들을 신속하게 생각해냈지만, 자신의 생각을 다른 사람에게 교육시킬만한 인내심이 부족했다. 그는 자기를 반대하는 사람들에 대해 반감(反感)을 가졌던 것이 아니라 다른 사람들이 자신과 같은 방식으로 반응하길 바랐던 것이다."[10] 어떤 사람은 몇 년 동안 ALA의 여성들을 공공연히 성희롱했다고도 한다.[11] 그는 Lake Placid Club의 회원 가입(會員加入)을 인종과 종교에 따라 제한하는 규정을 두어 그 지역의 인종 차별(人種差別)의 오명(汚名)을 증폭시켰다고도 알려져 있다.[12] Wiegand는 Dewey에 대해 다음과 같이 설명하고 있다: "그는 의욕이 넘치고, 신경이 날카로우며, 오만한 태도를 보이는 경우가 많고, … 컨트롤에 대한 강박증을 가지고 있으며, 자신의 인종 차별 주의와 계층에 대한 편견을 독선적으로 부인한 사람."[13] Dewey는 "근대 도서관학의 아버지,"[14] "도서관 교육의 선구자,"[15] "도서관학의 선구자,"[16] "문헌 분류의 아버지,"[17]

---

8) Winifred B. Linderman. "Dewey, Melvil Dewey," In: *Encyclopedia of Library and Information Science*. vol.7(New York: Marcell Dekker, 1972). p.156.

9) "Melvil Dewey," In: Wikipedia(〈http://en.wikipedia.org/wiki/Melvil_Dewey〉).

10) Winifred B. Linderman. *op. cit.*, pp.156-157.

11) Wayne A. Wiegand, "Melvil Dewey," In: American national biography online(〈http://www.anb.org/articles/09/09-00229.html〉.

12) *Loc. cit.*

13) Wayne A. Wiegand, *Irrepressible reformer: a biography of Melvil Dewey*. Chicago: American Library Association, 1996, back cover.

14) "Melvil Dewey biography," 〈http://www.oclc.org/dewey/resources/biography/〉).

15) *Loc. cit.*

16) Magaret G. Cook, *The new library key*(New York: Wilson, 1956, p.6. (小倉親雄 저; 박희영 역. 미국도서관사상의 연구: Melvil Dewey의 사상과 그의 업적(서울: 아세아문화사, 1990). p.60.에서 재인용.

17) P. N. Kaula, *Library education in perspective, library science today: Ranganathan Festschrift*. Vol.1. Bombay: Asia Publishing House, 1965. p.541. (小倉親雄 저; 박희영 역. *op. cit.* p.60.에서 재인용.

"근대 문헌 분류의 아버지"[18] 등으로 불리고 있다. 그는 Alfred University와 Syracuse University에서 명예박사학위를 수여받았다. ALA는 Melvil Dewey Medal을 수여하고 있는데, 이것은 "Dewey가 특히 관심을 가졌던 도서관 경영, 도서관 교육 훈련, 분류 및 편목, 도서관학의 툴과 기법 영역에서 최근에 뛰어난 독창적 리더십을 발휘한 사람에게 매년 수여된다."[19] Comaromi는 그의 역할들을 조직가, 주창자, 표준화의 대가(大家), 사서, 교사로 요약하였다.[20] Hill은 그를 "우리와 함께 한 가장 영향력 있고 효과를 미치고 있는 사서"[21]라고 말하고 있다.

Dewey는 비록 자신의 이름으로 도서관학의 일반 이론서나 개론서를 집필하지는 않았지만(물론 그의 지도 아래 편찬된 다수의 핸드북이나 그의 발언이나 주장들을 기록한 회의록 등은 존재한다), 도서관 대회나 세미나에서의 일련의 강연과, Columbia University 등에서의 강의와 교육을 통해, 그리고 *Library Journal*을 포함한 여러 저널에 논문이나 에세이를 지속적으로 투고함으로써 문헌정보학 이론의 발전에 공헌하였다고 할 수 있다. Dewey는 우리가 잘 알고 있는 것처럼, 1887년에 Columbia College에서 School of Library Economy라는 이름의 세계 최초의 도서관학교를 개설하였다. 그는 1883년에 그 대학도서관의 사서가 되었다. 또한 그는 "여성들이 직업을 얻을 수 있는 기회를 만들어주는 데 선구적인 역할을 하였다"[22] ― 이 학교는 "20명의 제1회 입학생 중 17명의 여성에게 입학을 허락했다고 한다."[23] 1890년에 이 학교는 Albany로 옮겨가게 되는데,

---

18) S. R. Ranganathan, *Elements of library classification.* London: Association of Assistant Librarians, 1959, p.6.

19) ALA Homepage.(〈http://www.ala.org/ala/awardsgrants/awardsrecords/deweymedal/deweymedal.cfm〉). 한편 Guardian의 2019년 6월 27일자 보도에 따르면, ALA의 Council에서는 그의 반유태주의와 인종 차별, 성희롱 등의 전력을 이유로, 이 메달의 이름을 변경하기로 하는 결의안을 통과시킨 바 있다(〈https://www.theguardian.com/books/2019/jun/27/melvil-deweys-name-stripped-from-top-librarian-award?fbclid=IwAR3nYyaah3Otq-RqpqFsTrwb5njssGIRvbf5iJP81B1EXJl28fzXXV2NZy0〉).

20) J. P. Comaromi, Dewey, Melvil, In: Robert Wedgeworth, ed. *World encyclopedia of library and information services* (Chicago: ALA, 1980), p.251.

21) Frank P. Hill, "Melvil Dewey: A personal view," ALA Bulletin 26(1932), p.95. Cited in: Winifred B. Linderman. "Dewey, Melvil Dewey," In: *Encyclopedia of library and information science.* vol.7 (New York: Marcell Dekker, 1972). p.157.

22) "Melvil Dewey Biography," 〈http://www.oclc.org/dewey/resources/biography/〉).

23) Wayne A. Wiegand, "Melvil Dewey," In: American national biography online(〈http://www.anb.org/articles/09/09-00229.html〉.

Dewey의 지도 아래 그곳에서 New York State Library School로 재탄생하게 된다. 이 도서관학교는 전국에 걸쳐 개설되는 다른 도서관학교들의 모델이 되었다.24) 그 이후로, 실제 경험과 도서관의 기술 훈련(技術訓練)에 중점을 두는 체계적인 도제식(徒弟式) 프로그램을 바탕으로 하는 전문직 교육은 1923년에 Williamson 보고서가 발행될 때까지, 미국 도서관학교의 주류(主流)를 이루었다. 또한 Dewey는 University of the State of New York(USNY)의 이사회 비서관으로 일하면서(1888-1900) 이 대학이 New York 교육 시스템의 질을 실질적으로 개선하는 강력한 조직으로 탈바꿈하는 데 기여하였다.25)

우리는 Dewey가 현재까지 전 세계에서 가장 널리 사용되는 DDC를 21세에 학생 보조원의 신분으로 고안해냈다는 사실을 잘 알고 있다. 십진식 분류법의 아이디어는 다음과 같은 유레카의 순간(Eureka moment)에 생겨났다고 한다: "나는 밤낮으로 분명히 만족스런 해결책이 있으리라고 꿈꾸었다. … 어느 일요일 날 설교를 듣던 중 해결책이 불현듯 떠올라 나는 자리에서 일어나 하마터면 '유레카!'라고 외칠 뻔했다."26) 이 시스템은 실제적인 활용 가능성이 갖는 중요성과 파워를 보여주고 있다. DDC는 Dewey 살아생전에 12판을 발행하였다. 한편 편목과 관련해서는, 그가 설립한 Library Bureau는 고품질(高品質)의 색인카드와 파일링 캐비닛을 판매하였고, 1877년에는 편목 카드의 규격(規格)에 대한 표준을 설정하였다.27)

Dewey는 학생 보조원의 신분으로 도서관과 인연을 맺은 후, 당대의 가장 유능한 도서관장의 한 사람이 되었다. 그는 1883년에 Columbia College의 도서관장이 되었는데, 그의 리더십을 바탕으로, 5년 이내에 편목과 분류가 제대로 이루어져 있지 않고, 9개 부서에 흩어져 거의 이용되지 않던 50,000권의 장서가

---

24) Wayne A. Wiegand, "Melvil Dewey," In: American national biography online(〈http://www.anb.org/articles/09/09-00229.html〉.

25) *op. cit.*

26) Dewey, Melvil. Decimal Classification beginning. *Library journal,* 45(1920), pp.151-152. Cited in: Moya K. Mason, Dewey Decimal Classification and fundamental laws governing knowledge. (〈http://www.moyak.com/papers/melvil-dewey-classification.html〉).

27) Wayne A. Wiegand, *Irrepressible teformer: a biography of Melvil Dewey.* Chicago: American Library Association, 1996, p.54

통일적으로 정리되어 중앙도서관에 소장된 100,000권의 장서로 바뀌었고 대출도 500퍼센트나 늘었다고 한다.[28] 1888년부터 1906년까지는 New York State Library의 도서관장으로 재직하면서, 주립도서관을 미국에서 가장 효율적인 도서관의 하나로 변모시키고,[29] "우량" 도서(優良圖書)의 서지를 발행하고 이동도서관(移動圖書館) 시스템을 갖추었다고 한다.[30] 그는 또한 주립도서관을 주내의 학교 및 공공도서관 서비스의 관리 기관으로 하는 아이디어를 제시하기도 했다.[31] 그는 주립도서관의 장서를 1905년까지 500,000권으로 늘려, 미국에서 5번째로 큰 도서관으로 탈바꿈시켰다.[32]

Dewey는 American Library Association의 설립자의 한 사람으로서 사무국장(1876-1891)과 회장(1890/1891 및 1892/1893)을 역임하였다. 또한 1877년에는 Boston으로 이사하면서 *Library Journal*을 발간하고 편집자로 활동하였다. Miksa는 흥미롭게도 "ALA에 대해 Dewey가 원래 가지고 있었던 비전은 분명히 공공의 안녕과 개인 사업을 결합한 것이었을 것"[33]이라고 말하고 있다. 즉 그는 "사서의 일을 계속하기 위해서가 아니라 자신의 분류표 및 도서관 잡지를 발행하고 도서관 용품 및 교육 용품들을 판매하는 데 중점을 둔 독자적인 상업적 프로젝트를 통해 돈벌이를 하기 위해"[34] ALA를 시작했다는 것이다. 이유가 어쨌든, 그 이후로, Dewey는 1906년에 자신을 반대하는 사람들에 의해 ALA에서 밀려날 때까지 활발한 활약을 보여주었다.[35]

Dewey가 이루어낸 많은 성과와 그의 인간적 측면에 대한 다양한 평가 속에서도, DDC의 고안과 그 발전에 기여한 그의 헌신과 업적에 대해서는 이견(異見)이 없는 것 같다.

---

28) Wayne A. Wiegand, "Melvil Dewey," *op. cit.*

29) "Melvil Dewey," In: Wikipedia(〈http://en.wikipedia.org/wiki/Melvil_Dewey〉).

30) Wayne A. Wiegand, "Melvil Dewey," *op. cit.*

31) "Melvil Dewey," In: Wikipedia(〈http://en.wikipedia.org/wiki/Melvil_Dewey〉).

32) Wayne A. Wiegand, "Melvil Dewey," I*op. cit.*

33) Miksa, Francis, Melvil Dewey and the corporate ideal, In: G. Stevenson and J. Kramer-Greene, ed, *Melvil Dewey: The man and the classification* (Albany, N.Y.: Forest Press, 1983), p.95.

34) *Ibid.*, p.74.

35) Wayne A. Wiegand, "Melvil Dewey," *op. cit.*

4.1.2. DDC의 의의와 발전 과정, 이용 현황

Dewey는 십진식 분류법의 아이디어를 이른바 '3종의 메모'로 구체화하여 1873년에 Amherst대학 도서관에 사용할 수 있도록 제안하였으며, 이를 동 대학도서관에 적용한 경험을 바탕으로 하여, 그가 25살이던 1876년에 공식적으로 초판(初版)을 출판하게 되었다. 44페이지의 소책자(小冊子)로 된 초판의 서명은 *A Classification and Subject Index for Cataloguing and Arranging the Books and Pamphlets of a Library*로, 이는 Amherst College Library라는 한 도서관(a Library)에서 사용하기 위한 분류표임을 분명히 밝히고 있다고 할 수 있다. 원래 익명(匿名)으로 출판되었으나, 표제지 뒷면에는 "Copyrighted 1876. Melvil Dewey"라고 명시되어 있다.[36] 이 초판은 0부터 999까지만 전개하고 있는데, 서론 12페이지, 본표 12페이지, 색인 18페이지 등 총 44페이지로 이루어져 있다.

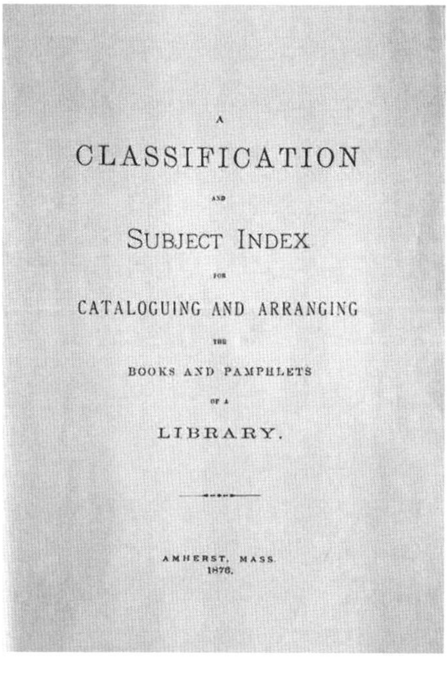

[그림 4-2] DDC 초판의 표제지

36) 오동근. 『DDC 22의 이해』 (대구: 태일사, 2007). pp.32-33.

Dewey는 DDC를 고안하기 위해 수개월간 수백 권의 책과 팸플릿을 공부하고 개인적으로 미국의 다양한 도서관을 50회 이상이나 방문하였다고 밝히고 있다.[37] 그러나 그가 초판의 서문에서 언급한 감사의 말씀(acknowledgement)을 근거로, 많은 연구에서는 1970년에 W. T. Harris가 고안한 분류법의 영향을 받은 것으로 인정되고 있다.

Rowley와 Farrow는 DDC 초판은 다음과 같은 세 가지 새로운 특징을 보여주고 있다고 설명하고 있다.[38]

① 상관식 배가법(相關式排架法)의 채택: 책을 고정식 배가법(固定式排架法, fixed location) 대신 상관식 배가법(relative location)에 의해 서가에 배열하였다. 즉 기존에는 서가상의 고정된 위치를 기준으로 하여 책에 기호를 부여하던 것을 책들 사이의 상호 관계(相互關係)를 나타내는 기호로 변경함으로써, 도서관의 장서가 증가하거나 서가상의 위치가 변경되더라도 더 체계적이고 기계적인 방식으로 장서들을 분류할 수 있게 되었다. 이것은 당시로서는 혁신적인 것으로, 그 때문에 DDC는 '혁명적 분류법'(革命的 分類法)이라고 불리기도 하였다고 한다.[39]

② 십진식 기호법(十進式記號法)의 도입: 기존의 복잡하고 번거로운 기호법 대신에 간단한 십진식 기호법을 사용하였다. 이러한 방식은 DDC가 널리 사용되게 되는 데도 중요한 역할을 했을 뿐만 아니라, 차후의 많은 유사한 십진식 분류법의 개발에도 직접적인 영향을 주었다.

③ 상관색인(相關索引)의 개발: 상세하고 포괄적인 상관색인(relative index)을 개발하였다. 이것은 본표 전체에 걸쳐 학문 분야에 따라 이리저리 흩어져 있는 여러 관련 주제들을 한곳에서 찾아볼 수 있도록 하는 역할을 하는 것이다. 오늘날의 대부분의 분류표에서 이를 갖추고 있을 정도로

---

37) Lois Mai Chan. *Cataloging and classification: An introduction* (New York: McGraw-Hill Book Company, 1981). p.217.

38) J. Rowley & J. Farrow. *Organizing knowledge: An introduction to managing access to information*. 3rd Ed. (Hampshire: Gower, 2000). pp.215-216.

39) 小倉親雄 저; 박희영 역. 미국도서관사상의 연구: Melvil Dewey의 사상과 그의 업적(서울: 아세아문화사, 1990). p.196.

상관색인은 분류표의 필수 요소가 되고 있다.

Rowley와 Farrow는 1885년에 발행된 제2판의 ① 십진식에 의한 추가의 세구분(decimal subdivision), ② 기호의 안정성(integrity of numbers),[40] ③ 형식 구분(form division) 테이블과 'divide like' 지시에 의한 합성(synthesis)의 원칙에 대해 주목하고 있다. 실제로 이러한 원칙을 도입하고 이러한 원칙들을 지속적으로 발전시켜 나간 것이 차후의 DDC의 성공에 큰 도움이 되었음은 물론이다.

〈표 4-1〉 DDC의 발행 역사

판차	발행연도	보조표 페이지	본표 페이지	색인 페이지	전체 페이지	편집책임자
1	1876		10	18	44	Melvil Dewey
2	1885		176	86	314	Melvil Dewey
3	1888		215	185	416	Melvil Dewey
4	1891		222	186	471	E. M. Seymour
5	1894		222	186	471	E. M. Seymour
6	1899		255	241	612	E. M. Seymour
7	1911		408	315	779	E. M. Seymour
8	1913		419	332	850	E. M. Seymour
9	1915		452	334	856	E. M. Seymour
10	1919		504	358	940	E. M. Seymour
11	1922		539	366	990	J. D. Fellows
12	1927		670	477	1243	J. D. Fellows
13	1932	4	890	653	1647	J. D. Fellows
14	1942	4	1044	749	1927	C. Mazney
15	1951	1	467	191	716	M. J. Ferguson
15r	1952	1	467	400	927	G. Dewey
16	1958	5	1313	1003	2439	B. A. Custer
17	1965	249	1132	633	2153	B. A. Custer
18	1971	325	1165	1033	2718	B. A. Custer
19	1979	452	1574	1217	3385	B. A. Custer
20	1989	476	1804	726	3388	J. P. Comaromi
21	1996	625	2205	1207	4037	J. S. Mitchell
22	2003	530	2318	923	3983	J. S. Mitchell
23	2011	583	2425	963	4175	J. S. Mitchell

40) 분류 기호를 재배치할 경우 그에 따른 재분류의 문제가 발생하므로, 필요에 따른 전개는 불가피하나 재배치는 최소화한다는 원칙.

DDC는 이후 발전과 개정을 거듭하였는데, 현재 최신판은 2011년에 발행된 제23판이다(〈표 4-1〉 참조). 아울러 20,000권 내외의 장서를 가진 도서관을 위해 간략판(簡略版)을 발행하고 있는데, 제23판에 대응하는 간략판은 제15판으로 2012에 발행되었다.

한편 DDC의 개발과 유지 및 보수는 현재 미국의회도서관(LC)의 Dewey Section에 설치된 편집국(Dewey Editorial Office)에서 맡고 있다. 또한 DDC의 방향과 정책의 결정에 대해 조언하기 위한 국제적인 기구로 DDC편집정책위원회(EPC, Decimal Classification Editorial Policy Committee)가 구성되어 있다.

DDC는 현재 전 세계에서 가장 널리 사용되는 분류법으로 알려지고 있다. DDC의 홈페이지에 제시된 정보[41]와 'Introduction'의 설명에 의하면, DDC는 현재 138개 이상의 나라에서 200,000개 이상의 도서관이 사용하고 있고, 60개국 이상의 국가 서지(國家書誌)에 사용되고 있으며, 30개국 이상의 언어로 번역되고 있다고 한다. 미국에서는 전체 공공도서관과 학교도서관의 95퍼센트와 전체 대학도서관의 25퍼센트, 전문도서관의 20퍼센트가 사용하고 있다.[42] DDC 분류기호는 MARC 서지레코드에 통합되어, 컴퓨터 매체와 CIP(Cataloging in Publication) 데이터 등을 통하여 전 세계의 도서관에 배포되고 있다. 한국교육학술정보원(KERIS)의 학술정보통계시스템에 따르면, 한국의 대학 및 전문대학 도서관들은 2016년 현재 동양서의 경우 462개관 중 163개관(35.3%), 서양서의 경우 237개관(51.3%)이 DDC를 채택하고 있는 것으로 나타나고 있다.[43]

4.2. 일반적 특성과 장점 및 단점

DDC는 최초의 십진식 분류법으로서, 후속의 다른 십진식 분류법들에 영향을 미치고 있는 몇 가지 특징들을 가지고 있다. 이 절에서는 이러한 특징들과 그 장점 및 단점을 함께 살펴보고자 한다.[44]

41) DDC 홈페이지. 〈http://www.oclc.org/dewey.en.html〉

42) 오동근. 『DDC 22의 이해』(대구: 태일사, 2007). pp.43-46.

43) 한국교육학술정보원. 학술정보통계시스템(〈http://www.rinfo.kr/〉)의 데이터 분석 결과임.

4.2.1. 일반적 특성

(1) 학문에 의한 분류

일반적으로 오늘날의 대부분의 분류표는 주제에 의한 배열(subject arrangement)을 한다고 말한다. 즉 동일한 주제에 관련된 자료들을 함께 모으는 것을 기본 원칙으로 한다는 것이다. 그러나 엄밀히 말하면, J. D. Brown의 주제분류표(Subject Classification)를 제외한 현대의 대부분의 분류표는 동일한 주제를 다루는 자료라고 하더라도, 그 관점이나 측면, 취급 방법(取扱方法) 등에 따라 그 학문 분야나 연구 분야에 분류하고 있다. 이러한 방식을 흔히 "학문에 의한 분류"[45]라고 하고, 이러한 방식의 분류표를 학문적 분류표(學問的 分類表) 또는 측면적 분류표(側面的 分類表, aspect scheme)[46]라고 한다.

이와 같은 원칙은 DDC에서도 가장 기본적인 원칙의 하나로 사용되고 있다.[47] 그러므로 DDC에서는 경우에 따라서는 동일한 주제의 자료가 분류표 상에서 둘 이상의 곳에 나타날 수도 있다. 예를 들면 "Marriage"라는 동일한 주제를 다루더라도, "customs"에 관련된 것은 392.5, "ethics"에 관련된 것은 173, "law"에 관련된 것은 346.016, "music"에 관련된 것은 781.587, "religion"에 관련된 것은 204.41으로 분류 기호가 부여되어 있으며, 따라서 해당 자료들은 그에 해당하는 기호에 분류해야 한다. 한편 DDC는 이와 같이 동일 주제를 다루면서도 본표에서는 그 학문적 측면에 따라 분산되게 되는 관련 항목(關聯項目)을 함께 모으기 위한 장치로서 상관색인(相關索引, relative index)을 마련하고 있다.[48]

---

44) 이 절은 오동근. 『DDC 22의 이해』 (대구: 태일사, 2007)의 주요 내용을 주로 참고하여 작성되었음.

45) 오동근. 『DDC 22의 이해』 (대구: 태일사, 2007). p.47.

46) Brian Buchanan 저; 정필모, 오동근 공역. 『문헌분류이론』 (서울: 구미무역출판부, 1989). p.126.

47) Melvil Dewey. *Dewey Decimal Classification and relative index.* 21st ed. New York: Forest Press, 1996. vol.1. p.xxxii.

48) 오동근. *op. cit.* pp. 48-49.

학문 분류와 관련하여, DDC는 일반적으로 Bacon의 학문 분류를 따르고 있다고 알려져 있다. 즉 DDC의 주류(主類)의 배열은 Francis Bacon의 분류[49]의 역순(逆順)을 채택하고 있는 W. T. Harris의 분류법의 영향을 받고 있다고 할 수 있다(〈표 4-2〉 참조).

〈표 4-2〉 Bacon 및 Harris의 분류와 DDC의 주류 배열의 관계

Bacon	Harris	기호	주 제
History	1–63 Science	000	Computer science, information & general works
		100	Philosophy & psychology
		200	Religion
		300	Social sciences
		400	Language
		500	Sciences
		600	Technology
Poesy	64–78 Art	700	Arts & recreation
		800	Literature
Philosophy	79–97 History	900	History & geography

(2) 순수 기호법을 이용한 십진식 전개

DDC는 그 이름에 포함되어 있는 'decimal classification'이 나타내고 있는 것처럼, 십진식 분류법이다. 이것은 0부터 9까지의 10개의 숫자를 사용하여 수를 나타내는 수학의 십진법의 원리를 분류법에 적용한 것으로, Melvil Dewey가 DDC를 고안할 때 분류법에 처음으로 도입한 것이다. 즉 이 분류법들은 모두 학문의 전 분야를 10개의 주류(主類, main classes)로 나누고, 각각의 주류를 다시 10개의 강목(綱目, divisions)으로 나누고, 각각의 강목은 다시 10개의 요목(要目, sections)으로 나누고, 각각의 요목은 다시 10개의 세목(細目, subdivisions)으로 나누고, 추가의 세분이 필요할 경우는 그 필요한 만큼 이러한 십진식 방식으로

49) Bacon은 인간의 정신 능력을 기억(memory)과 상상(imagination), 오성(悟性(understanding); 또는 이성(理性, reason))으로 구분하고, 그에 대응하여 학문을 사학(史學: history)과 시학(詩學: poesy), 이학(理學: philosophy)으로 분류하였다. 자세한 내용은 오동근, 배영활, 여지숙. 『KDC의 이해』 (대구: 태일사, 2002). p.30. 참조.

계속적으로 세분해 나가는 것을 기본으로 하고 있다.

한편 십진식 기호의 표기에 있어서는, 아라비아 숫자를 기반으로 하는 순수 기호법(純粹記號法, pure notation)을 채택하고 있다. 아울러 세 자리가 모자랄 때에는 그 모자라는 자리를 '0'으로 채우고, 세 자리가 넘을 때에는 세 번째 자리와 네 번째 자리 사이에 소수점을 찍도록 하고 있다.

여기서 유의해야 할 사실은 십진식에서는 구분 단위가 사실은 10개가 아니라 9개라는 사실이다. 즉 '0'은 000 총류(總類)에서와 마찬가지로, 항상 전체를 포괄하는 유에 부여되기 때문이다. 더구나 9개가 넘을 경우에는 '9'에 '기타'에 해당하는 나머지 유들을 모아야 하기 때문에 사실상 그 수용 능력(收容能力, hospitality)은 줄어든다. 십진식의 외형(10개)과는 달리, 기수(基數: base)로 사용할 수 있는 자리 수는 8개에 불과한 것이다. 이를 그림으로 나타내면 [그림 4-3]과 같다. 즉 그림에서 볼 수 있는 것처럼, 알파벳 대문자를 사용한 분류법의 기호를 십진식으로 전개하면 네 자리의 아라비아 숫자가 필요할 수도 있다는 사실에 유의해야 한다. 정필모 교수가 제안한 이른바 '백진식 분류법'(百進式分類法, Plan for Centesimal Classification)은 이러한 십진식의 문제점을 보완하고자 시도한 것으로, 흥미로운 아이디어를 보여주고 있다.[50]

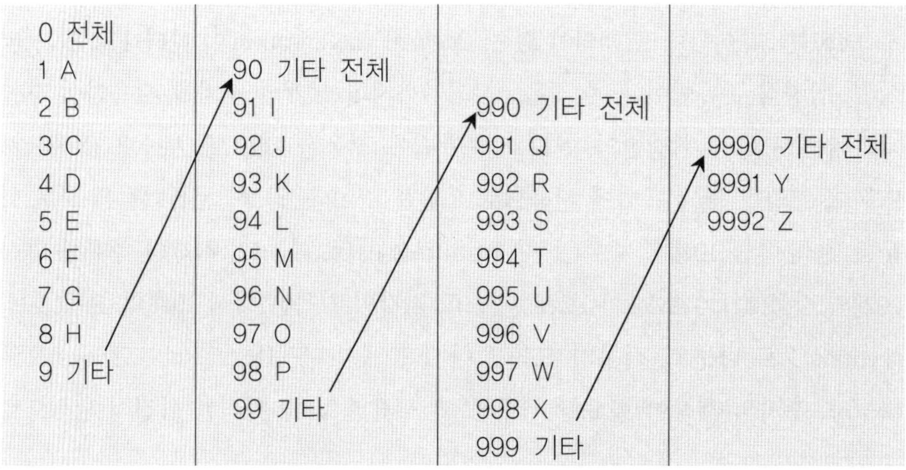

[그림 4-3] 십진식의 수용 능력을 보여주는 예

50) 정필모. (2002). "국제백진분류법의 기본구조." 한국도서관 · 정보학회지, 제33권 제1호(2002.3). pp.1-13.

결국 Rowley와 Farrow가 DDC의 기호법에 대해 지적하고 있는 것처럼, 이러한 십진식 기호법은 DDC의 가장 큰 장점인 동시에 가장 큰 약점이 되기도 한다.[51] 즉 모든 상위 주제(上位主題)를 10개씩 구분한다는 것은 이상과 같이, 이론적으로나 실제적으로 불합리(不合理)한 것이 사실이며, 따라서 늘 문제점으로 지적되어 오고 있다. 그러나 이 십진식 전개가 갖는 단순함에서 오는 편리성이 DDC를 비롯한 이러한 십진식 분류법의 인기에 일조(一助)하고 있는 것도 사실이다. 특히 DDC가 국제적으로 성공을 거둔 데는 이러한 아라비아 숫자가 갖는 국제성(國際性)과 언어의 장벽을 초월할 수 있다는 점도 크게 작용하고 있다고 할 수 있을 것이다.[52]

(3) 계층적 구조

DDC는 각 학문 분야 주제들의 전개가 모두 일반적인 것들로부터 시작하여 점차 구체적인 것들로 확장되는 계층적 분류표(階層的 分類表, hierarchical classification)이다.[53] 그 단계는 주류(主類, main classes)와 강목(綱目, divisions), 요목(要目, sections), 세목(細目, subdivisions)으로 이어지는 구조를 갖는다. 다만 이 계층적 구조의 원칙은 분류표 전체에 걸쳐 모든 경우에 항상 적용되는 것은 아니라는 사실에 유의해야 한다.

계층적 구조에 대한 이해를 위해, KDC의 주류와 강목, 요목의 계층적 구조를 300 사회과학의 320 경제학의 경우를 예를 들어 개략적으로 살펴보면 〈표 5-10〉과 같다.

---

51) J. Rowley & J. Farrow. *Organizing knowledge: An introduction to managing access to information.* 3rd ed. (Hampshire: Gower, 2000). p.222.

52) A. Maltby. *Sayers' manual of classification for lbrarians.* 5th ed. (London: Andre Deutsch, 1978). p.148.; Lois Mai Chan. *Cataloging and classification: An introduction* (New York: McGraw-Hill Book Company, 1981). p.226.

53) Marty Bloomsberg and Hans Weber. *An introduction to classification and number building in Dewey* (Colorado: Libraries Unlimited, 1976). p.17.

주류(主類, main classes)는 학문이나 지식의 모든 영역을 전통적 구분에 따라 각각 광범위한 분야나 일단의 상호 관련된 분야로 이루어지는 9개로 나누고, 각각에 대해 100부터 900까지의 기호를 부여하고 있다. 아울러 이상의 9개의 어떤 유에도 분류하기 어렵거나 여러 유를 망라적(網羅的)으로 다루고 있는 주제들을 모아 총류(總類, 000라고 한다)에 분류하도록 하고 있다. 그 결과 〈표 4-3〉과 같은 10개 주류를 구성하게 된다. 주류의 3자리 기호는 첫 번째 자리만 의미를 갖게 되며, 나머지 2개의 '0'은 3자리로 유지하기 위해 덧붙여진 기호이다.

강목(綱目, divisions)은 각각의 주류를 각각 10개씩 추가로 세분하여 이루어지게 된다. 〈표 4-3〉의 강목은 DDC의 500 Science를 예로 든 것이다. 여기서 강목의 의미는 두 번째 자리의 기호로 나타난다. 따라서 주류의 기호 '500'과 강목의 기호 '500'은 외견상으로는 동일한 기호이지만, 각각 의미를 갖는 부분이 한 자리와 두 자리로 서로 다르기 때문에, 그 의미는 다른 것이다.

〈표 4-3〉 DDC의 계층적 구조: 주류, 강목, 요목

주 류	강 목	요 목
000 Computer science, information & general works		
100 Philosophy & psychology	500 Science	
200 Religion	510 Mathematics	
300 Social sciences	520 Astronomy	530 Physics
400 Language	530 Physics	531 Classical mechanics
500 Sciences	540 Chemistry	532 Fluid mechanics
600 Technology	550 Earth sciences	533 Pneumatics(Gas mechanics)
700 Arts & recreation	560 Fossils	
800 Literature	570 Biology	534 Sound/related vibrations
900 History & geography	580 Plants(Botany)	
	590 Animals(Zoology)	535 Light/related radiation
		536 Heat
		537 Electricity/electronics
		538 Magnetism
		539 Modern physics

요목(要目, sections)은 각각의 강목을 각각 10개씩 추가로 세분하여 이루어지게 된다. 〈표 4-3〉의 요목은 DDC의 530 Physics를 예로 든 것이다. 여기서 요목의 의미는 세 번째 자리의 기호로 나타난다. 따라서 강목의 기호 '530'과 요목의 기호 '530'은 외견상으로는 동일한 기호이지만, 각각 의미를 갖는 부분이 두 자리와 세 자리로 서로 다르기 때문에, 그 의미는 다른 것이다.

세목(細目, subdivisions)은 필요에 따라 요목을 계속적으로 세분하여 이루어지게 된다. 세 자리가 넘는 분류 기호는 3자리 다음에 소수점을 찍도록 하고 있기 때문에, 세목들은 기본적으로 소수점 아래의 기호로 표현된다.

이상에서 살펴본 DDC의 계층적 구조는 기본적으로 기호법을 통해 나타나게 된다. 즉 계층적 구조는 [그림 4-4]의 DDC의 예에서 볼 수 있는 것처럼, 의미를 갖는 분류 기호의 자리 수(밑줄로 표시)에 의해 그 상하 관계(上下關係)나 대등 관계(對等關係)가 표현된다. 'Recreational and performing arts'류(790)는 의미를 갖는 자리 수가 그보다 하나 더 적은 'Arts & recreation'류(700)의 하위류(下位類, subordinate class)가 되고, 그보다 자리 수가 하나 더 많은 'Indoor games of skill'류(794)의 상위류(上位類, superordinate class)가 된다. 'Indoor games of skill'류와 'Games of chance'류(795)는 둘 모두 'Recreational and performing arts'류(790)의 하위류가 되지만, 이 두개 유는 서로 동위류(同位類) 또는 등위류(等位類, coordinate class)가 된다. 'Darts'류(794.3)는 'Indoor games of skill'류(794)의 하위류가 되지만, 'Go'류(794.4)와는 동위류가 되는 것이다.

700 Arts & recreation
790 Recreational and performing arts
793 Indoor games and amusements
794 Indoor games of skill
794.3 Darts
794.4 Go
795 Games of chance

[그림 4-4] DDC의 기호법에 의한 계층적 구조의 표현

한편 DDC의 계층적 구조는 기호법 이외에도 '구조에 의한 계층 구조'(structural hierarchy)를 갖는데, 이는 '계층적 구속력'(階層的 拘束力, hierarchical force)으로도 설명되고 있다.[54] 이것은 상위류에 적용되는 것은 하위류 전체에도 적용된다는 것으로, [그림 4-4]의 예를 들면 700 Arts & recreation에 적용되는 것은 그 하위류인 790 Recreational and performing arts는 물론 794 Indoor games of skill, 794.3 Darts에도 적용된다. 따라서 700 Arts & recreation 전체에 적용되는 내용은 700 아래에 한번만 주기(註記)로 설명하면 되는 것이다.

(4) 조기성(助記性)

조기성(mnemonics)은 기억을 도와주는 특성으로, "기억을 돕거나 향상시키기 위한 기술이나 방법 또는 그것을 통해 기억을 새로이 하거나 향상시키는 것"[55]을 말한다. 많은 분류표에서는 반복적으로 나타나는 주제나 개념, 형식, 특성에 대해 동일한 기호를 일관성(一貫性) 있게 사용함으로써 분류 담당자나 이용자가 이러한 것들을 더 쉽게 기억할 수 있도록 하기 위해 이러한 조기성의 기법을 활용하고 있다.

사실 이러한 조기성의 기법은 분류법 이외에도 실제로 다양한 방식으로 적용되고 있다. 예를 들면 생물학의 분류에서는 생물학의 분류 체계를 쉽게 외우기 위해, 각 분류 개념(**k**ingdom(界), **p**hylum(門), **c**lass(綱), **o**rder(目), **f**amily(科), **g**enus(屬), **s**pecies(種))의 첫 글자를 문장화하여, "**K**ing **P**hilip **c**ame **o**ver **f**rom **G**ermany **S**aturday"와 같이 사용하고 있다.[56] 천문학에서는 별들이 내는 빛의 빛띠 형태에 따른 일곱 가지 종류(O, B, A, F, G, K, M)를 쉽게 외우기 위해, "**O** **b**e **a** **f**ine **g**irl **k**iss **m**e right now smack"이라는 문장을 사용하기도 한다.[57] Ranganathan은 이러한 순서를 전문가들의 전문적인 지식과 규범(規範)을

---

54) 이에 대한 자세한 내용은 다음 부분 참조. 오동근. 『DDC 22의 이해』 (대구: 태일사, 2007). pp.51-52.

55) 오동근. *op. cit.*, p.53.

56) A. J. 제이콥스저; 표정훈, 김명남 역. 『한 권으로 읽는 브리태니커』 (서울: 김영사, 2007). p.230.

57) Brian Buchanan 저; 정필모, 오동근 공역. 『문헌분류이론』 (서울: 구미무역출판부, 1989). p.56

활용한 순서라는 의미에서 '규범적 순서'(規範的 順序, canonical order)라고 말하고 있는데,[58] 이것은 조기성의 중요한 기법이 되기도 한다.

분류법에서 조기성을 도입하는 예는 열거식 분류법보다는 분석합성식 분류법에서 더 두드러지게 나타난다. 이와 관련하여, Chan은 이러한 장치가 분류기호에 대한 독자의 기억과 식별(識別)을 더 용이하게 해주는 것은 물론 DDC가 열거식 시스템에서 더 분석합성적인 분류표로 발전할 수 있도록 하는 데도 도움이 되었다고 주장하고 있다.[59]

DDC는 동일한 개념에 대해 동일한 기호를 부여하는 체계적 조기성(體系的 助記性, systematic mnemonics)을 광범위하게 도입하고 있다. 이것은 분류표의 구조에 의해 조기성이 생기기 때문에 붙여진 이름으로,[60] 표를 활용하는 경우가 많기 때문에 표에 의한 조기성(scheduled mnemonics)라고도 한다.[61] 그 대표적인 예는 보조표(補助表)를 사용하는 것으로, DDC의 6개 보조표(Table)가 여기에 해당한다.[62]

조기성을 부여하는 또 하나의 방법은 본표의 다른 부분에서 사용하는 기호를 해당 부분에 직접 추가하도록 하는 것이다. DDC에서 자주 사용하는 이른바 전 주제 구분(全主題區分)은 분류표의 001-999 전체 주제를 해당 분류 기호에 추가할 수 있도록 하는 것이다. 예를 들면, DDC의 '016 Bibliographies and catalogs of works on specific subjects'의 주기에는 "Add to base number 016 notation 001-999"라고 지시되어 있다. 이에 따를 경우, '문헌정보학 서지'는 '016 + 020 → 016.02'(소수점 이하의 '0'은 생략되었음)가 되는 경우와 같다. 따라서 016 아래의 모든 전개는 전체 주제와 조기성을 갖게 되는 것이다.

DDC의 부가표(附加表, add table)는 특정 주제에 국한하여 공통적으로 적용할 수 있는 별도의 표를 만들어 활용하는 경우로, 이것도 조기성을 부여하는 예에

58) *Loc. cit.*

59) Lois Mai Chan. *Cataloging and classification: An introduction* (New York: McGraw-Hill Book Company, 1981). p.228.

60) Brian Buchanan 저; 정필모, 오동근 공역. *op. cit.,* p.104.

61) 오동근. *op. cit.,* p.54.

62) 보조표의 구체적인 내용에 대해서는, 4.4. 참조.

해당한다. 예를 들면, DDC의 '155 Differential and developmental psychology' 아래에는 [그림 4-5]와 같은 주기가 추가되어 있다. 따라서 이 경우에는 해당 부가표를 적용하는 모든 주제들이 조기성을 갖게 되는 것이다.

155 Differential and developmental psychology

Except for modifications shown under specific entries, add to each subdivision identified by * as follows:
2 Sensory perception, movement, . . .
Add to 2 the numbers following 152 in 152.1– . . .
3 Conscious mental processes and intelligence
Standard subdivisions are added for . . .
8 Individual, evolutionary, environmental psychology

[그림 4-5] DDC 부가표의 예(155)[63]

4.2.2. 장점과 단점

DDC는 최초의 십진식 분류법으로서, 여러 장점과 단점을 가지고 있는데, 그 주요한 것들을 살펴보면 다음과 같다.[64]

(1) 장점(長點)

① 실용적인 분류법이다. DDC는 미국은 물론 전 세계의 많은 도서관이 사용하고 있는 실제적(實際的)이고 실용적(實用的)인 분류법이다.

② OCLC(Online Computer Library Center)와 LC(Library of Congress)라는 영구적인 기관이 분류표를 관리하고 있고, 지속적으로 개정판을 발행함으로써 최신성(最新性)을 유지해주고 있다. 특히 개정 사항을 홈페이지를 통해 공지(公知)하고 있기 때문에, 최신 개정 내용을 쉽게 파악할 수 있다.

63) Melvil Dewey. *Dewey Decimal Classification and relative index*. 23rd ed.(New York: Forest Press, 2011). Vol.2. p.133.

64) 이하의 장점과 단점에 대한 설명은 다음 자료를 주로 참고하였음: 오동근. 『DDC 22의 이해』(대구: 태일사, 2007). pp.55-57.

③ 아라비아 숫자로 된 순수 기호법(純粹記號法, pure notation)을 채택하고 있다. 아라비아 숫자는 그 기호가 단순하고 누구나 쉽게 그 의미와 순서를 이해하기 쉽기 때문에, 분류표의 확산과 보급에 도움이 되고 있다. 아울러 새로운 지식 영역을 확장할 필요가 있을 경우에도 십진식의 특성을 활용하여 비교적 용이하게 분류표를 추가로 전개할 수 있다.

④ 상관색인(相關索引, relative index)을 갖추고 있다. 이를 통해, 학문 분야에 따라 본표의 여러 곳에 분산되거나 흩어져 있는 관련 주제(關聯主題)들과 항목들을 일목요연하게 한곳에서 찾아볼 수 있도록 하고 있다.

⑤ 조기성(助記性)을 잘 활용하고 있다. 여섯 개의 보조표(補助表)를 갖추고 있으며, 필요에 따라 부가표(附加表, add table)를 활용하거나 전 주제구분(全主題區分)을 활용하여, 동일한 개념이나 주제에 대해 동일한 기호를 부여할 수 있도록 하는 조기성을 부여하고 있다.

⑥ 분류표 전체에 걸쳐 기호의 계층적 구조(階層的 構造)를 광범위하게 적용함으로써, 이를 활용한 탐색에 도움을 줄 수 있도록 하고 있다. 중앙엔트리(centered entry)의 예에서 볼 수 있는 것처럼, 십진식 분류법의 특성상 모든 주제에 대해 계층적 구조를 완전하게 유지할 수는 없지만, 가능한 한 계층적 구조를 유지할 수 있도록 하여, 주제의 상하 관계(上下關係) 등을 활용하여 탐색(探索)의 범위를 확대하거나 좁혀감으로써 주제에 대해 탐색에 도움을 줄 수 있도록 하고 있다.

⑦ 중앙집중식 편목 서비스 기관에서 제공하는 다양한 목록 정보를 활용하여 카피 편목(copy cataloging)을 위해 필요한 분류 기호를 입수하여 활용할 수 있다. DDC 기호는 LC에서 제공하는 MARC 21 정보나 CIP 데이터 등은 물론 국립중앙도서관에서 제공하는 KORMARC 데이터 및 e-CIP 데이터의 목록 정보에도 포함되어 있다. 따라서 DDC를 사용하는 도서관들은 자체의 목록을 작성할 때 이러한 기관들의 목록 정보를 활용하여 해당 분류 기호를 부여할 수 있을 것이다.

⑧ 사용법에 대한 상세한 설명과 해설을 포함하고 있다. DDC는 제1권의 'Introduction'을 통해 분류표 전반에 대해 해설하고, 'Glossary'에서는 주요

용어에 대한 해설을 제공하고 있다. 또한 매뉴얼을 통해 분류하기 어려운 분야에 대한 설명과 관련된 분류 기호들을 선택하기 위한 지침을 제공해 주고 있다. 또한 각각의 유들에 대해 비교적 상세한 다양한 주기(註記)들을 마련하고 있다. 이러한 것들은 분류표를 편리하게 이해하고 사용하는 데 도움이 될 것이다.

⑨ 별법(別法, option)을 마련하여 도서관의 상황에 맞게 적용할 수 있도록 하고 있다. DDC는 기본적으로 영어권의 이용자들을 위한 표준 기호(標準記號)를 제공하고 있기 때문에, 다른 지역의 도서관을 위해 'option'이라는 이름으로 별법을 제공하고 있다. 물론 표준적인 방식 이외의 기호를 채택하고자 하는 도서관을 위한 별법도 다수 포함되어 있다.

⑩ 국제적인 분류표의 위상에 맞게 세계화(世界化)와 국제화(國際化)를 지향하여 다양한 방식으로 국제적인 요구를 반영하고자 노력하고 있다.

⑪ 인터넷 시대에 걸맞는 다양한 변화를 모색하고 있다. 제22판 이후로 Web-Dewey를 발행하고 있고, 홈페이지(http://www.oclc.org/dewey.en.html〉를 운영하고 있으며, '025.431: The Dewey blog'(〈http://ddc.typepad.com/〉)라는 블로그를 통해 DDC에 대한 정보들을 공유하고 있다.

⑫ 중소규모의 도서관을 위해 간략판(簡略版, abridged edition)을 발행하고 있다는 사실도 중요한 장점이 될 것이다. DDC 제23판(2011)에 대응하는 간략판은 2012년에 발행된 제15판이다.

(2) 단점(短點)

① 학문 분야에 따른 주제의 구분이 불균등(不均等)할 뿐만 아니라(예를 들면 철학 분야와 과학기술 분야), 특정 분야(특히 역사나 지리, 어문학, 종교 등)의 경우는 지나치게 서양, 특히 영국과 미국 중심으로 전개되어 있는 경우가 많다.

② 주류(主類)의 배열에서 상호 관련된 학문이 서로 분리되어 있는 경우가 있다(예를 들면 300 사회과학과 900 역사 및 지리, 400 언어와 800 문학).

③ 특정 주제의 위치와 열거 순서(列擧順序) 등에 대해 이견(異見)이 제기되는 경우들이 있다. 예를 들면, 총류(000)에 배정된 문헌정보학(020)과 철학류(100)에 배정된 심리학(150), 예술류(700)에 배정된 스포츠와 오락의 적절성 문제와 문학류(800)에서 문학 형식을 우선적으로 고려함으로써 동일 저자에 의한 여러 형식의 작품들이 분산되도록 하는 문제에 대해 의문이 제기되고 있다.

④ 기계적인 10구분법의 불합리성(不合理性)과 십진식의 한계 때문에 학문 및 주제 사이의 불균형(不均衡)과 불균등(不均等)의 문제가 발생하고 있다. 모든 주제나 학문 분야를 10개씩 계속해서 구분해 나간다는 것은 이론적으로나 실제적으로 불합리하기 때문에, 이것은 모든 십진식 분류법이 가질 수밖에 없는 내재적(內在的)이고 근본적인 단점이라고도 할 수 있을 것이다.

⑤ 분류표를 개정할 때 새로운 주제를 적절한 위치에 삽입하는 데 한계를 갖는다. 이 역시 십진식 전개상의 문제로, 분류표의 기존 전개를 유지하면서 적절한 위치에 새로운 주제를 삽입하기 어려운 것이 사실이다. 아울러 새로운 주제를 기존 기호의 전개를 통해 추가하는 경우에도, 십진식 전개로 인해 분류 기호의 길이가 길어진다는 단점을 갖게 되는 것은 불가피하다.

⑥ 분류표의 개정에 따른 재분류(再分類, reclassification)의 문제가 발생할 수 있다. 분류표를 개정할 때는 학문 분야의 변화를 반영하기 위해 특정 분야에 대한 전면적인 개정(complete revision)이나 분류 기호의 재배치(再配置, relocation)가 필요할 수 있다. 그러나 그럴 경우, 도서관 현장에서는 기존의 장서에 새로운 분류 기호를 부여하기 위해 재분류를 해야 한다.

4.3. 제23판의 성격과 특성, 일반적인 구조

이 소절에서는 인쇄본의 최신판인 제23판의 일반적인 성격과 구조에 대해 살펴보고자 한다.

4.3.1. 제23판의 발행 과정과 특징

최신판인 제23판은 2011년에 인쇄 형식과 웹 형식(Web-Dewey)의 두 가지 방식으로 배포되었는데, J. S. Mitchell이 편집을 맡아, OCLC Forest Press에서 발행하였다. 인쇄본의 주요 구성을 살펴보면 제1권은 서언 및 서문, 서론, 매뉴얼, 보조표 등으로 구성되어 있고, 제2권은 DDC의 개요표와 본표(000-599), 제3권은 본표(600-999), 제4권은 상관색인으로 구성되어 있다.[65]

제23판에서는 상당 부분의 개정이 이루어졌는데, 그 주요 내용을 살펴보면 다음과 같다.[66]

① 표준세구분의 -06과 -08, -09의 일부 개정, 전개, 이치.
② 제2보조표의 'Persons'를 'Biography'로 변경, 900 역사류의 일부 분류 항목에 지역구분을 적용하기 위한 보조표의 추가 전개
③ 제5보조표와 제6보조표의 -9의 개정 및 전개
④ 003-006 컴퓨터과학 분야의 업데이트
⑤ 200 종교류(Religion)의 동방정교회 및 이슬람 관련 항목 업데이트
⑥ 390, 640, 660, 680의 음식 및 의복 관련 부분의 대폭 개정 및 업데이트

---

65) OCLC에서는 2017년 8월에, 도서관이 최신의 갱신된 정보를 입수할 수 있도록 하기 위해, DDC 영어판 인쇄본의 발행을 중단한다고 발표한 바 있다(〈https://ddc.typepad.com/025431/2017/08/dewey-print-editions.html〉).

66) 오동근, 배영활, 여지숙. "DDC 제23판의 특성과 KDC 제5판 개정을 위한 함의." 한국도서관 · 정보학회지 제42권 제3호(2011.9). p.214.

⑦ 610 의료 및 보건(Medicine & health) 전체 항목 개정 및 영양과 치료법, 질병 관련 항목 신설
⑧ 690의 명칭을 Construction of building으로 변경 및 빌딩 관련 항목 추가 전개
⑨ 760의 Graphic arts를 740으로 이치 및 740의 명칭을 Graphic arts and decorative arts로 변경
⑩ 790의 스포츠 분야에 다수 항목 신설
⑪ 800 문학류의 T.6(추가된 언어) 및 T.2(지리적 변경) 관련 항목, 문학 시대 구분 추가
⑫ 900 역사 및 지리류의 T.2 지리적 변경 관련 항목 및 시대 구분 업데이트

아울러 구조상으로는 ① 개념상의 혼동을 줄이기 위해 기존의 이중 표목(二重標目, dual heading)을 없애고 모두 단일 표목으로 변경하였고, ② 범위 표시(spans)에서 001-09와 같이 자리수를 달리 했던 주제 범위를 001-009와 01-09로 분리하는 방식으로 시작과 끝을 나타내는 분류 기호의 양쪽 범위의 표시를 같은 길이로 표시하도록 하여 혼동을 줄였다.

4.3.2. 제23판의 포맷과 기본 구조

(1) 각 권별 구성

DDC 제23판 인쇄본은 4권으로 발행되었는데, 각 권별로 그 주요 구성 부분을 살펴보면 다음과 같다.

① 제1권: 서론, 보조표, 매뉴얼, 비교표 등
- 서론(緖論, The introduction to Dewey Decimal Classification): DDC와 그 사용 방법에 대해 개략적으로 설명하고 있다.
- 용어 해설(用語解說, Glossary): DDC의 주요 용어들에 대해 간략하게 정의하고 있다.

- 매뉴얼(Manual): 분류 작업 과정에서 어려움을 겪을 수 있는 분야에 대한 지침(指針)이며, 새로운 본표에 대한 정보. 미국의회도서관의 DCD (Dewey Decimal Classification Division)에서 따르고 있는 방침과 관례에 대한 설명. 매뉴얼의 정보는 본표와 보조표의 기호에 의해 배열된다.
- 보조표(補助表, Tables): 다음과 같은 6개의 보조표와 그 내용을 다루고 있다.

Table 1 Standard Subdivisions

Table 2 Geographic Areas, Historical Periods, Biography

Table 3 Subdivisions for the Arts, for Individual Literatures, for Specific Literary Forms

Table 4 Subdivisions of Individual Languages and Language Families

Table 5 Ethnic and National Groups

Table 6 Languages

② 제2권과 제3권: 본표(本表, Schedule)

- DDC의 핵심을 이루는 부분으로 모든 분류 기호를 포함한 본표를 DDC의 분류 기호순에 따라 수록하고 있다.
- 일반적으로 DDC 기호와 그에 해당하는 주제를 나타내주는 표목(標目), 사용법에 대한 설명을 담고 있는 주기(註記) 등이 포함된다.
- 제본(製本)과 이용상의 편리성을 위해 제2권에는 000-599, 제3권에는 600-999를 수록하고 있다.

③ 제4권: 상관색인(相關索引, Relative index)

- 본표에 분산되어 있는 동일한 주제에 대한 여러 관련 항목들을 함께 모아 각 표목 아래에 알파벳순으로 세분 배열되어 있으며, 주제에 대한 알파벳순 리스트라고 할 수 있다.

(2) 개요표(概要表, summary)

DDC 제23판의 본표와 보조표에는 그 구조를 개괄적으로 살펴볼 수 있도록 하기 위한 세 종류의 개요표가 마련되어 있는데, 이것은 분류 기호와 표목을 개략적으로 제시함으로써, DDC의 지적 구조(知的構造)와 기호법상의 구조를 대략적으로 살펴보는 데 도움을 준다.[67]

① 본표에 대한 전체적인 개요표: 제2권의 본표가 시작되는 맨 앞에 주류표(主類表), 100 구분표, 1000 구분표의 순으로 본표 전체에 대한 개요표가 제시되어 있다.

② 단일 단계 개요표: 어떤 특정류가 4페이지 이상에 걸쳐 나타날 때 이를 개략적으로 살펴볼 수 있도록 하기 위해 해당류의 맨 앞에 제시되는 개요표이다.

③ 2단계 개요표: 각각의 주류와 본표의 강목(綱目, divisions) 그리고 40페이지 이상의 세목(細目)을 갖는 제2보조표의 주요 기호의 맨 앞에 제시되는 개요표이다.

(3) 엔트리의 구조와 내용[68]

DDC의 기본 엔트리(entry)는 분류 기호 칼럼(number column)과 표목(heading), 주기(notes)로 구성된다. 기호 칼럼의 분류 기호와 그에 대응하는 표목은 계층 구조상의 위치에 따라 다양한 활자로 인쇄된다. 기본적인 엔트리의 예를 살펴보면, [그림 4-6]과 같다.

004 Computer science
Class here data processing; selection and use of computer hardware; . . .

[그림 4-6] DDC의 기본 엔트리의 예[69]

---

67) OCLC. "The introduction to Dewey Decimal Classification" (〈https://www.oclc.org/content/dam/oclc/dewey/versions/print/intro.pdf〉. p.10.

68) 이하의 설명은 다음 자료의 내용을 제23판에 맞도록 수정하여 보완하였음: 오동근. 『DDC 22의 이해』 (대구: 태일사, 2007). pp.70-73.; OCLC. *op. cit.*, pp.11-12.

69) Melvil Dewey. *Dewey Decimal Classification and relative index*. 23rd ed. (New York: Forest Press, 2011). Vol.2. p.11.

① 분류 기호 칼럼('004')

본표의 분류 기호 가운데 주류와 강목, 요목을 나타내는 처음 세 자리는 기호 칼럼에는 맨 처음에 단 한 번만 표시된다. 해당 기호가 다음 페이지로 이어질 때는 기호 칼럼이 아닌 페이지의 상단에 반복적으로 표시되며, 이후의 기호 칼럼에는 이를 제외한 나머지 자리만이 표시된다. 보조표(Tables)의 기호는 항상 붙임표(–)를 앞세워 완전형으로 기호 칼럼에 표시된다. 분류 기호는 십진식으로 전개되고, 언제나 최소한 3자리를 유지하게 되며, 세 번째 자리와 네 번째 자리 사이에는 소수점을 찍는다.

각괄호([ ])는 해당류가 다른 곳으로 재배치(再配置)되었거나 더 이상 사용하지 않는 기호의 경우에 부가한다. 따라서 각괄호로 묶여 있는 기호는 사용해서는 안 된다. 원괄호(( ))는 임의 규정(任意規程, options)의 기호에 대해 부가한다.

② 표목 칼럼('Computer science')

표목 칼럼의 표목들은 주제의 종속 관계(從屬關係)를 나타내는 계층 구조를 반영할 수 있도록 인덴션(indention)을 통해 주제가 구체화될수록 오른쪽으로 들이켜 적는다.

기호법에 의한 계층 구조를 위반하는 토픽들 사이의 관계는 특수 표목과 주기, 엔트리들을 통해 표시된다. 예를 들면, 중앙 엔트리(centered entry)는 분류 기호와 표목, 주기가 페이지의 중앙에 위치하는 엔트리로 기호법에 의한 계층 구조를 벗어난 것으로 이루어지는 경우에 사용된다. 대부분의 경우, 이용 가능한 구체적인 계층 구조에 의한 기호법이 존재하지 않는 어떤 단일 개념을 함께 구성해 주는 일정 범위의 기호들을 지시해 주고 구조적으로 연결시켜 주게 되는데, 인쇄상에서는 항상 기호 칼럼에 〉라는 부호로 표시된다([그림 4-7] 참조).

〉 **156.2-156.5 Animals**

Class habits and behaviour patterns of animals in 591.5; . . .

[그림 4-7] DDC의 중앙 엔트리의 예[70]

---

70) Melvil Dewey. *Dewey Decimal Classification and relative index*. 23rd ed. (New York: Forest Press,

③ 주기(註記)('Class here data processing . . .')

엔트리의 세 번째 구성 요소인 주기는 기호나 표목에 명확하게 나타나 있지 않은 순서나 구조, 종속 관계(從屬關係), 그 밖의 문제에 관련된 추가의 정보를 제공하기 위해 사용된다. 이것은 해당 엔트리가 다루고 있는 주제의 의미와 범위, 한계를 설명하고 해석하는 데 도움을 주는 것으로, 문헌을 정확하게 분류하는 데 있어 분류 기호와 표목 못지않게 중요한 역할을 하게 된다.

(4) 주기의 유형

DDC 제23판의 주기는 다음과 같은 몇 가지 유형으로 제시되고 있다.71)

① 해당류와 그 세목에 나타나 있는 것을 설명하는 주기

- 정의(定義) 주기(definition notes): 해당류의 의미와 범위를 지시해준다.
- 범위(範圍) 주기(scope notes): 표목에 명시적으로 나타나 있지 않은 해당 기호가 의미하는 범위를 지시해준다.
- 기호 합성(記號合成) 주기(number-built notes): 합성된 기호의 소스(source)를 확인하고 식별해준다.
- 이전 표목(以前標目) 주기(former heading notes): 새로운 표목이 과거의 표목과 유사성이 없을 정도로 수정되었을 때 이전에 사용하던 표목을 기재해준다.
- 별명(別名) 주기(variant name notes): 표목의 동의어(同義語)나 준동의어(準同義語)를 설명해준다.
- 분류 지시(分類指示) 주기(class-here notes): 해당 표목만으로는 그 주제에 분류해야 한다는 사실을 알기 어려운 상위 주제, 하위 주제, 관련 주제 또는 해당 주제에 대한 서로 다른 견해 등을 열거해 준다. 이 주기는 항상 "Class here . . ."로 시작된다.

2011). Vol.2. p.148.

71) 이하의 설명은 다음 자료를 참조하였으며, DDC의 주기의 유형과 그 예시는 해당 자료 참조: 오동근. 『DDC 22의 이해』 (대구: 태일사, 2007). pp.77-91.; OCLC. "The introduction to Dewey Decimal Classification" (〈https://www.oclc.org/content/dam/oclc/dewey/versions/print/intro.pdf〉. pp.12-22.

② 포함 주기(包含註記, including notes): 현재는 문헌의 양이 충분하지 못하여 자체의 독립된 기호를 가질 수 없으나, 장차는 문헌이 증가하여 별도의 기호를 가질 수도 있는 토픽('입석'(立席: standing room)의 토픽이라고도 한다)들을 식별해준다.

③ 다른 유에 나타나 있는 것을 설명해 주는 주기

- 분류 기호 안내 주기(class-elsewhere notes): 해당 분류 기호와 혼동할 수도 있는 상호 관련된 토픽의 분류 기호들을 안내해주는 주기로, "Class"로 시작되는 주기 중 "Class here . . ."로 시작되는 것 이외의 주기는 모두 이에 해당한다. 또한 해당 토픽을 포괄하는 기호를 안내해주는 포괄적 저작 주기(comprehensive-works notes)와 해당 토픽에 관련되는 다학문적 주제의 기호를 안내해주는 다학문적 저작 기호(interdisciplinary work notes)도 여기에 해당한다.
- 보라 참조(see references): 해당 주제의 일부나 관련 주제, 하위 주제 등 분류에 도움이 될 만한 주제의 분류 기호를 안내해주는 것으로, 항상 이탤릭체로 된 "For"라는 단어로 시작된다.
- 도보라 참조(see also references): 해당 주제와 직접적으로 관련된 주제를 함께 참조하도록 안내해주는 주기로, 이탤릭체로 된 "See also"라는 단어로 시작된다.

④ 변경 사항이나 불규칙성(不規則性)을 설명해 주는 주기

- 미사용(未使用) 주기(discontinued notes): 개정으로 인해 더 이상 사용되지 않는 기호를 안내해준다.
- 재배치(再配置) 주기(relocation notes): 분류 기호의 내용 전체 또는 그 일부가 다른 기호로 옮겨졌을 때 그 내용을 설명해 준다.
- 사용 금지(使用禁止) 주기(do-not-use notes): 오분류(誤分類) 가능성이 있는 분류 기호에 명시적으로 그 분류 기호를 사용하지 못하도록 지시해준다.

⑤ 매뉴얼 참조 주기(see-manual notes): 매뉴얼에 특정 기호나 특정 범위의 기호, 기호들 간의 선택에 관한 추가의 정보가 제공되어 있는 경우에

매뉴얼의 해당 부분을 참고하도록 안내해주는 주기이다. 항상 이탤릭체로 된 "*See Manual at . . .*"라는 어구로 시작되는데, 도보라 참조(see-also reference)가 추가되는 경우도 있다.

⑥ 기호 합성 주기: 분류 기호의 합성에 관련하여 구체적으로 지시해주는 주기로, 해당 엔트리에만 적용되는 개별적인 부가 주기와 일련의 여러 기호에 적용되는 종합적인 부가 주기가 있다.

- 개별적인 부가 주기: "Add to base number . . . notation 1-8 from Table 3A"나 "Add to base number . . . the number following . . ."의 형식으로, 기호의 합성 방식을 지시해준다.
- 종합적 부가 주기: 필요한 모든 엔트리마다 동일한 합성 지시를 반복해야 하는 필요성을 줄이기 위해 고안된 주기이다([그림 4-8] 참조). 모든 합성 대상 분류 기호의 표목에 별표(*)나 그 밖의 기호를 표시하고(예시의 '*Korean' 등), 그와 같은 엔트리를 수록하고 있는 해당 페이지의 하단에 관련 부가 지시의 소재를 지시해주는 각주(脚註: footnote)('*Add to base number as instructed under 420-490')를 기재하는데, 이 각주는 해당 기호로 표시된 모든 분류 기호에 적용된다. 이러한 각주에 따른 지시의 일부로 특정주제 분야에 대해 별도의 부가표(附加表, add tables)가 제시되는 경우도 많다.

495.6 *Japanese
.7 *Korean
.8 *Burmese
.
.
.

*Add to base number as instructed under 420-490

[그림 4-8] DDC의 종합적 부가 지시의 예[72)]

72) Melvil Dewey. *Dewey Decimal Classification and relative index*. 23rd ed. (New York: Forest Press, 2011). Vol.2. p.974.

(5) 상관색인(相關索引)[73]

상관색인은 분류표 전체에 걸쳐 각 학문 분야로 분산(分散)되어 있는 동일한 주제에 관한 서로 다른 관점(觀點)들을 함께 모아 한곳에서 찾아볼 수 있도록 해주는 기능을 하는 색인이다. 이 색인은 본표와 보조표의 표목(標目)과 주기(註記) 등 분류표 상에 나타나는 기본적인 용어뿐만 아니라 본표와 보조표에 의해 표현되는 개념들에 대해 문헌적 타당성(文獻的 妥當性, literary warrant)을 갖는 모든 용어들에 대해 그 해당 위치를 표시해준다. 따라서 특정 주제의 여러 측면이나 관점을 한 곳에서 파악하고 확인할 수 있다.[74]

상관색인에는 기본 용어는 물론 필요할 경우 도치 형식(倒置形式)과 동의어(同義語), 유사어(類似語)를 모두 포함하여 알파벳순으로 배열하게 된다. 다만 실제로 분류할 때는 상관색인에서 찾아낸 분류 기호를 곧바로 그대로 적용하기에 앞서, 항상 본표와 보조표를 참고하여 그 기호가 올바른 것인지를 반드시 확인해야 한다.

상관색인의 색인 항목(索引項目, index entry)들은 단어순(單語順) 배열 방법(word by word)에 따라 알파벳순으로 배열되며, 두문자어(頭文字語, initialism)와 약성어(略成語, acronym)는 구두점 없이 기재하고 한 단어로 표기되는 경우와 마찬가지로 배열한다. 보조표의 기호는 T1부터 T6을 앞세워 표시한다. 색인 항목에 표시되는 첫 번째 분류 기호(들이켜 표시되어 있지 않은 용어)는 다학문적 저작(多學問的 著作, interdisciplinary works)에 대한 기호이다.

(6) 매뉴얼(Manual)[75]

DDC의 매뉴얼은 분류표에 나타나는 난해(難解)한 분야를 분류하기 위한 조언을 제공하고, 주요 개정 부분에 대한 심층 정보(深層情報)를 제공해주고,

---

73) 오동근. 『DDC 22의 이해』 (대구: 태일사, 2007). pp.73-76.; OCLC. "The introduction to Dewey Decimal Classification" (〈https://www.oclc.org/content/dam/oclc/dewey/versions/print/intro.pdf〉. pp.32-35.

74) 따라서 상관색인은 분류표에 표시되어 있는 용어만을 알파벳순으로 나열하여 그 위치를 지시해주는 열거식 색인(列擧式索引, specific index)과는 구별된다.

75) 오동근. *op. cit.*, pp.67-68.; OCLC. *op. cit.*, pp.31-32.

미국의회도서관 DCD의 정책과 관례(慣例)에 대해 설명해 주는 부분[76]이다. 따라서 동일한 토픽에 관한 기호들 간의 선택에 대한 지원과 복잡한 분류표의 사용에 대한 상세한 지시, 주요 개정 사항에 대한 자세한 소개를 포함하는 선별적(選別的)인 지침이라고 할 수 있을 것이다.

매뉴얼의 주기는 다음과 같은 세 종류로 구분할 수 있다.[77]

① 둘 이상의 기호에 공통적으로 나타나는 문제에 대한 주기
② 단하나의 기호(또는 그 세목 포함)에 관련되는 문제에 대한 주기
③ 오분류(誤分類)의 가능성이 있는 기호들 간의 구분에 관한 주기

매뉴얼은 편리하게 사용할 수 있도록 하기 위해 보조표와 본표의 기호에 따라 배열되며, 가장 광범위한 저록(著錄)이 더 좁은 범위나 개별 기호에 대한 기호보다 앞에 온다. 표목으로 사용되는 용어들은 보조표와 본표에 나타나는 동일한 기호에 관련된 용어들과 일치된다.

4.3.3. DDC를 이용한 분류상의 일반적인 고려 사항

(1) 둘 이상의 주제를 다루는 문헌의 취급

DDC에서는 둘 이상의 주제를 가진 문헌은 다음과 같은 방식으로 처리하도록 제시하고 있다.[78]

① 적용 규칙(適用規則, rule of application): 서로 영향 관계(影響關係)에 있는 복수의 주제들을 다루고 있는 문헌은 영향을 받고 있는 주제에 분류해야 한다. 이 규칙은 다른 어느 규칙보다도 높은 우선 순위를 갖는다.

---

76) Melvil Dewey. *Dewey Decimal Classification and relative index*. 22nd ed. (Dublin, OH: Forest Press). Vol.1. p.lviii.

77) Lois Mai Chan, et al. *Dewey Decimal Classification: A practical guide*. 2nd ed. (New York: Forest Press, 1996). p.64.

78) 오동근. *op. cit.*, pp.97-99; OCLC. *op. cit.*, pp.7-8.

② 포괄적 취급 규칙: 어떤 문헌에서 두 개의 주제를 다루고 있을 경우에는, 더욱 완전하고 포괄적으로 다루어지는 주제에 분류해야 한다.

③ 선행 규칙(先行規則, first-of-two rule): 어떤 문헌에서 두 주제를 동등(同等)하게 다루고 있으면서 서로에 대한 별도의 소개나 설명이 이루어져 있지 않을 경우에는, 그 분류 기호가 DDC 본표에서 첫 번째로 나타나는 주제에 해당 문헌을 분류해야 한다.

④ 삼자 규칙(三者規則, rule of three): 모두가 동일한 상위 주제(上位主題)의 세목(細目)에 해당하는 셋 이상의 주제를 다루고 있는 문헌은 어느 한 주제가 다른 주제들보다 더욱 완전하고 포괄적으로 다루어지지 않는 한, 이 주제들을 모두 포함하는 첫 번째 상위 주제에 대한 기호에 분류해야 한다.

⑤ 0의 규칙(rule of zero): 기호법의 계층 구조에서 동일한 위치에 0과 1-9의 선택권이 있을 경우에는, 0으로 시작되는 세목은 피해야 한다. 마찬가지로, 00과 0의 선택권이 있을 경우에는, 00으로 시작되는 세목은 피해야 한다.

(2) 둘 이상의 학문 분야를 다루는 문헌의 취급

DDC에서는 둘 이상의 학문 분야를 다루는 문헌은 다음과 같은 방식으로 처리하도록 제시하고 있다.79)

① 다학문적 기호(多學問的 記號, interdisciplinary number): 본표나 상관색인에 다학문적 기호가 제시되어 있고, 해당 문헌이 그러한 학문 분야에 관한 상당한 자료를 수록하고 있을 경우에는, 그에 해당하는 다학문적 기호를 사용해야 한다.

② 포괄적 취급 학문 분야: 다학문적 기호가 부여되지 않은 문헌은 그 문헌에서 해당 주제를 가장 완전하고 포괄적으로 다루고 있는 학문 분야에 분류해야 한다.

---

79) 오동근. 『DDC 22의 이해』 (대구: 태일사, 2007). pp.99-100; OCLC. "The introduction to Dewey Decimal Classification" (〈https://www.oclc.org/content/dam/oclc/dewey/versions/print/intro.pdf〉. pp.8-9.

③ 총류(總類)의 적용 가능성: 다학문적 문헌을 분류할 경우에는, 주류 000 총류에 분류할 수 있는지의 가능성을 고려해야 한다.

④ 그 밖의 경우에는 동일 학문 분야에 속하는 둘 이상의 주제의 취급 방법과 같은 방식으로 처리해야 한다.

(3) 복수 분류 기호 부여 가능 문헌에 대한 최종 참고표

어떤 문헌에 대해 복수의 분류 기호를 부여할 수 있는 가능성이 있고, 그 각각의 기호가 모두 똑같이 유익한 것으로 판단될 경우에는 다음과 같은 우선 순위를 적용해야 한다.[80)]

① 사물의 종류(種類, kinds)
② 사물의 일부(一部, parts)
③ 사물이나 종류, 부품을 만들어내는 재료(材料, materials)
④ 사물이나 종류, 부품, 재료의 속성(屬性, properties)
⑤ 사물이나 종류, 부품, 재료 내에서 이루어지는 절차(節次, processes)
⑥ 사물이나 종류, 부품, 재료에 대한 작업(作業, operations)
⑦ 그와 같은 작업을 수행하기 위한 수단(手段, instrumentalities)

(4) 열거 순서(列擧順序)[81)]

열거 순서(citation order)는 분류 기호를 합성할 때 어떤 주제나 유에 나타나는 여러 패싯(facets)이나 특성들을 어떤 순서로 결합할 것인지를 결정해 주는 순서이다. DDC에서는 열거 순서에 대한 지시 사항을 주기(註記)에 명시하고 있으므로, 해당 문헌에 어떤 특성이나 패싯을 적용할 것인지를 결정하고, 분류표의 지시에 따라 이를 순서화해야 한다.

DDC의 일반적인 열거 순서는 "① 학문 → ② 주제와 각 계층의 세분 주제 → ③ 지리 및 시대 세분 → ④ 표현 형식"의 순서를 취하게 된다. 그러나 000

---

80) 오동근. *op. cit.,* pp.100-101; OCLC. *op. cit.,* p.9.
81) 오동근. *op. cit.,* p.107; OCLC. *op. cit.,* p.29.

총류(總類)와 800 문학은 형식을 중시하는 별도의 순서를 채택하고 있다. 즉 총류는 "① 학문 → ② 표현형식 → ③ 언어나 장소", 문학류는 "① 학문 → ② 언어 → ③ 문학형식 → ④ 시대"의 순서를 취하고 있다. 이러한 이유 때문에 이 두 개 주류는 형식류(形式類, form class)라고도 한다.

(5) 우선 순위(優先順位)[82]

우선 순위(preference order)는 어떤 주제의 여러 특성을 기호의 합성을 통해서는 충분히 나타낼 수 없을 경우에, 그와 같은 특성을 나타내는 기호 가운데 어느 기호를 선택해야 할는지를 지시해 주는 순서이다. 따라서 복수(複數)의 특성이나 패싯에 관련된다는 점에서는 열거 순서와 동일하지만, 그 특성을 기호를 통하여 합성할 수 있는 경우는 열거 순서에 의하고, 합성할 수 없는 경우에는 우선 순위에 따른다는 점에서 차이가 있다.

DDC를 사용하여 우선 순위를 적용할 때는 주기의 형식으로 제시된 우선 순위에 대한 지시 사항이나 우선 순위를 설정한 보조표(table of preference)의 지시에 따라야 한다.

(6) 임의 규정(任意規程)[83]

임의 규정(options)은 어떤 주제를 공식적으로 채택된 방식과는 다른 방식으로 배열하고자 하는 도서관에 융통성(融通性)을 부여하기 위해, 특정 주제에 대해 임의 기호(任意記號, optional numbers)를 부여할 수 있도록 하는 것이다.

DDC는 기본적으로 영어권 이용자들을 위한 표준 기호(標準記號)를 제공하고 있기 때문에, 표준 영어판에 나타나 있는 요구를 넘어서는 요구에 부응할 수 있도록 하기 위한 장치로 마련된 것이다. 따라서 이것은 기본적으로 문화적 차이(文化的 差異)를 수용하기 위한 수단으로서, 관할 구역이나 민족 및 국가군, 언어 등의 측면에서 자국(自國)의 특성이 중요시되는 토픽들을 강조하기 위한

---

82) 오동근. 『DDC 22의 이해』 (대구: 태일사, 2007). p.108; OCLC. "The introduction to Dewey Decimal Classification" (〈https://www.oclc.org/content/dam/oclc/dewey/versions/print/intro.pdf〉. pp.29-31.

83) 오동근. *op. cit.*, pp.108-110; OCLC. *op. cit.*, pp.35-36.

방법으로 제시되는 경우가 많다.

주기에 설명되는 임의 규정은 원괄호(( ))로 묶어 표시되며, "Option: "이라는 어구를 앞세워 적는다. 전 항목(全項目)에 적용되는 임의 규정은 해당 항목의 맨 끝에 나타나며, 해당 항목의 특정 지시 사항에 대한 임의 규정은 해당 주기 아래에 한 칸 들이켜 표시한다.

알파벳순 배열 주기(arrange-alphabetically notes)와 연대순 배열 주기(arrange-chronologically notes)는 원괄호로 묶어 기재하지는 않지만, 이들도 임의 규정에 해당한다.

(7) 상세 분류와 간략 분류[84)]

상세 분류(詳細分類, close classification)는 어떤 문헌의 내용을 분류할 수 있는 최대 한도로 기호를 사용하여 구체적으로 표시하는 것이고, 간략 분류(簡略分類, broad classification)는 해당 분류 기호를 논리에 따라 간략화하여 사용함으로써 해당 문헌을 상위류(上位類)에 분류할 수 있도록 하는 것이다.

DDC에서는 그 계층적 구조와 십진식 기호법의 이점(利點)을 활용하여, 상세 분류 대 간략 분류에 대한 기본적인 임의 규정을 제공하고 있다. 따라서 각 도서관에서는 해당 장서의 규모와 이용자의 필요성을 바탕으로 그에 대한 결정을 내려야 한다. 다만 도서관의 장서가 아무리 소규모라고 하더라도, 기호를 가장 구체적인 세 자리 기호 이하로 줄여서는 안되며, 소수점 오른쪽의 어느 곳에서도 0으로 끝나도록 기호를 줄여서는 안 된다.

미국의회도서관(LC, Library of Congress)과 영국도서관(BL, British Library) 등에서 제공하는 CIP(Cataloging in Publication) 데이터에는 구분 장치(區分裝置, segmentation device)를 활용하면 DDC 기호를 논리적으로 간략화하는 데 도움이 될 수 있다.

---

84) 오동근. *op. cit.*, pp.110-111; OCLC. *op. cit.*, p.37

4.4. 보조표의 이해와 적용

DDC는 본표의 여러 유에 적용할 수 있는 주제나 형식 등에 대해 동일한 기호를 부여함으로써 조기성(助記性)을 가질 수 있도록 하기 위해 별도의 표들을 만들어 활용하고 있다. 이러한 표들은 다양한 유나 주제에 공통으로 적용되는 것과 특정의 유나 주제에 한정하여 사용하는 것들이 있다. 6개의 보조표(補助表, Table)는 다양한 주제에 대해 적용하기 위한 것이고, 부가표(附加表, add table)는 특정의 유나 주제에 한정하여 사용하도록 하기 위한 표이다.

DDC 제23판에서 사용되는 6개 보조표는 다음과 같다.

Table 1. Standard subdivisions
Table 2. Graphic areas, historical periods, biography
Table 3. Subdivisions for the arts, for individual literatures, for specific literary forms
Table 4. Subdivisions of individual languages and language families
Table 5. Ethnic and national groups
Table 6. Languages

보조표의 기호는 항상 본표의 기호와 합성하여 사용해야 하며, 단독으로는 사용할 수 없다. 이 때문에 보조표의 기호는 붙임표(-)를 붙여 적고 있다. 이 소절에서는 DDC의 보조표들에 대해 구체적으로 살펴보고자 한다.

4.4.1. 제1보조표 표준세구분표(Table 1 Standard Subdivisions)

여러 학문 분야나 주제는 이론이나 역사, 연구 방법과 같은 취급 방법(取扱方法)이나 표현 형식(表現形式) 또는 사전이나 백과사전, 정기간행물 등의 물리적 형식(物理的 形式)이나 형태의 측면에서 동일하게 다루어질

-01	**Philosophy and theory**
-011	Systems
-012	Classification
-014	Communication
-015	Scientific principles
-(016)	Bibliographies, catalogs, indexes
-019	Psychological principles
-02	**Miscellany**
-021	Tabulated and related materials
-022	Illustrations, models, miniatures
-023	The subject as a profession, occupation, hobby
-024	The subject for people in specific occupations
-025	Directories of persons and organizations
-(026)	Law
-027	Patents and identification marks
-028	Auxiliary techniques and procedures; apparatus, equipment, materials
-029	Commercial miscellany
-03	**Dictionaries, encyclopedias, concordances**
-04	**Special topics**
-05	**Serial publications**
-06	**Organizations and management**
-068	Management
-07	**Education, research, related topics**
-071	Education
-072	Research
-074	Museums, collections, exhibits
-075	Museum activities and services
-076	Review and exercise
-078	Use of apparatus and equipment in study and teaching
-079	Competitions, awards, financial support
-08	**Groups of people**
-081	People by gender or sex
-082	Women
-083	Young people
-084	People in specific stages of adulthood
-085	Relatives
-086	People by miscellaneous social attributes
-087	People with disabilities and illnesses, gifted persons
-088	Occupational and religious groups
-089	Ethnic and national groups
-09	**History, geographic treatment, biography**
-091	Areas, regions, places in general
-092	Biography
-093-099	Specific continents, countries, localities; extra-terrestrial worlds

수 있다. 이와 같이 특정 학문 분야나 주제 분야를 다룰 때 공통적으로 나타나는 내적 또는 외적 형식에 대해 공통의 기호를 부여하고자 하는 것이 바로 제1보조표 표준세구분표이다.

이러한 아이디어가 십진식 분류법에 본격적으로 도입된 것은 1885년에 발행된 DDC 제2판부터이다. 처음에는 '형식 구분'(形式區分, form divisions)이라 불렸는데, 제17판부터 현재의 이름으로 변경되었다.[85]

(1) 표준세구분표의 구성과 특성

표준세구분표의 구성 내용을 구체적으로 살펴보면 [그림 4-9]와 같다. 이것은 세 자리까지 전개된 항목들 중 중요 항목만 제시한 것으로, DDC에는 십진식에 따라 추가로 전개되어 있다.

표준세구분의 대부분은 주류(主類) 100 총류(總類)의 강목과 상당 부분이 조기성(助記性)을 가지고 있다. 다만 -02는 020과 어느 의미에서 유사한 정도이고, -07은 370 교육학과 조기성을 가지며, -01과 -09는 각각 주류인 100 철학 및 900 역사 및 지리와 조기성을 갖는다. 아울러 -08은 제20판부터 그 의미가 변경되어, 기존의 조기성이 상실되었다([그림 4-10] 참조).

-01	←	100	Philosophy and psychology
-02	←	(020)	Library & information sciences
-03	←	030	General encyclopedic works
-04			
-05	←	050	General serial publications
-06	←	060	General organizations & museology
-07	←	370	Education
-08	←	080	(19판까지) General collections
-09	←	900	History and Geography

[그림 4-10] DDC 표준세구분(T.1)의 조기성

85) 차용갑. DDC 표준세분표의 제문제(석사학위논문. 중앙대학교대학원, 1990). p.72.

(2) 표준세구분의 적용 방법

표준구분의 기호들은 원칙적으로 본표에서 추가하지 못하도록 하는 지시가 없는 한, 모든 분류 항목에 대해 이를 추가할 수 있도록 하고 있다. 다만 이 경우에도, 'Introduction'에서 분명히 밝히고 있는 것처럼, 입수된 문헌이 해당 분류 기호가 나타내고 있는 주제 전체 또는 그 주제 전체에 상당하는 부분을 다루고 있을 경우(approximate the whole)에만 추가해야 할 것이다.[86] 이것은 문헌의 일부 주제를 다루고 있는 자료에 대해 불필요하게 표준세구분을 추가하지 못하도록 하는 지시인 동시에, 자체의 핵심 주제(核心主題)가 별도의 독립된 기호를 가질 정도로 안정된 경우에만 이 보조표를 추가하여 사용하도록 하는 지시라고 할 수 있다.

표준세구분을 적용하여 문헌을 분류할 때는 해당 문헌의 고유 주제(固有主題)에 대한 본표의 분류 기호를 부여한 후, 그 기호에 표준세구분의 기호를 추가하게 된다. 예를 들어, '교육학 용어 사전'을 분류하면, '37(교육학의 기본 기호) + -03(용어 사전을 나타내는 표준세구분의 기호) → 370.3'이 된다. 이를 그림으로 나타내면 [그림 4-11]과 같다.

[교육학 용어사전]
37 교육학의 기본 기호
-03 용어 사전을 나타내는 DDC의 표준세구분의 기호

37 + -03 → 370.3

[그림 4-11] DDC를 활용한 '교육학 용어 사전'의 분류 사례

한편 표준세구분의 기호를 사용할 때는 또한 기호의 중복(重複)에도 유의해야 한다. 즉 역사류(900)의 주제에 대해 역사를 의미하는 -09를 다시 추가하거나 언어류(400)의 사전(辭典)을 나타내는 기호에 다시 -03을 추가하는 것은 자칫 중복된 기호를 부여하게 될 수 있으므로 특히 유의해야 할 것이다.

---

86) Melvil Dewey. *Dewey Decimal Classification and relative index.* 23rd ed.(New York: Forest Press, 2011). Vol.1. p.lx.

(3) 영(0)의 사용 규칙

기호법상으로 보면, 표준세구분의 기호들은 모두 '-0'으로 시작되고 있다. 이 '0'은 패싯 지시 기호(facet indicator)의 역할을 하도록 부여된 기호이다.

특히 표준세구분의 '0'의 사용에 관련해서는 특별한 주의가 필요하다.[87] 기본적인 원칙은 표준세구분의 기호를 합성하기에 앞서, 본표에서 세 자리 숫자를 맞추기 위해 추가된 주류나 강목의 '0'을 삭제하는 것이다. 그러나 실제에서는, 주류의 경우만 예로 들더라도, 200 종교류, 300 사회과학류, 700 예술류의 경우와 마찬가지로, '0'을 삭제하면 이미 전개된 다른 주제와 그 기호가 중복되는 경우들이 발생하게 된다. 따라서 이 경우에는 '0'을 둘 모두 삭제한 경우와 하나만 삭제한 경우의 의미가 달라진다(〈표 4-4〉 참조).

〈표 4-4〉 DDC의 주류에 대한 '0'의 규칙의 적용에 따른 의미 차이

주류	'0'을 둘 모두 삭제한 경우		'0'을 하나만 삭제한 경우	
	합성기호	의미	합성 기호	의미
200	201–209	종교 일반의 요소들	200–'0'+T.1 → 200.1–.9	200의 표준세구분
300	301–307	사회학/인류학의 주제들	300–'0'+T.1 → 300.1–.9	300의 표준세구분
700	701–709	미술/장식예술의 표준세구분	700–'0'+T.1 → 700.1–.9	700의 표준세구분

이것은 강목(100구분)의 경우에도 마찬가지이며, 때로는 기호의 중복을 피하기 위해 별도로 '0'을 더 추가해야 하는 경우도 있다. DDC에서는 이러한 경우에 대비하여, 기호 칼럼의 기호법이나 각주(note) 등을 통해 '0'의 사용에 대해 구체적으로 지시하고 있다([그림 4-12] 참조). [그림 4-12]에 제시된 지시에 따를 경우, '333 Economics of land and energy'의 표준세구분은 .001부터 .009의 기호를 사용하여 전개하게 될 것이다.

87) DDC의 '0'의 사용 규칙의 상세한 내용에 대해서는, 다음 자료 참고: 오동근. 『DDC 22의 이해』(대구: 태일사, 2007). pp.121-124.

333	**Economics of land and energy**	
	SUMMARY	
333.001-.009		Standard subdivisions
.01-.08		[Theories and land surveys]
.1		Public ownership of land
.2		Ownership of land by nongovernmental groups

[그림 4-12] 표준세구분의 '0' 의 사용을 지시해주는 DDC 개요표의 예[88)]

(4) 표준세구분표의 적용 사례 분석

① The Journal of Technology

- 600 - 00 + -05(T.1) → 605

② Encyclopedia of Philosophy & psychology

- 100 + -03(T.1) → 103

③ Biographies of mineralogists

- 549 + -092(T.1) → 549.092

④ Geometry for Sculpture

- 516 + -024(T.1) + 730 → 516.02473

⑤ Practice problems for the civil engineering PE exam

- 624 + -076(T.1) → 624.076

⑥ Agricultural systems management : its efficiency and performance

- 630 − 0 + -068(T.1) → 630.68

⑦ Teaching and learning mathematics

- 510 − 0 + -071(T.1) → 510.71

⑧ Basic geological illustrations and mapping

- 550 − 0 + -022(T.1) → 550.22

---

88) Melvil Dewey. *Dewey Decimal Classification and relative index*. 23rd ed. (New York: Forest Press, 2011). Vol.2. p.468.

⑨ John Dewey and the art of teaching

- 370 - 0 + -01(T.1) → 370.1

⑩ An Encyclopedia of English Literature

- 820 - 0 + -03(T.1) → 820.3

4.4.2. 제2보조표 지역구분표(Table 2 Geographic areas, historical periods, biography)

제2보조표 지역구분표는 어떤 문헌이나 자료가 어떤 주제를 다루면서 특정 지역이나 특정 국가에 한정하여 기술하고 있을 때 사용할 수 있는 보조표이다. 즉 한국에 국한(局限)하여 다루고 있는 자료들은 그것이 문헌정보학에 관한 것이든 경제학에 관한 것이든, 한국에 관한 분류 기호를 동일하게 부여할 수 있도록 하기 위해 마련된 보조표인 것이다.

물론 어떤 지역을 포함하는 개념들이 해당류에서 중요하기 때문에 분류 기호로 나타내야 할 경우에는 900 역사류나 910 지리류의 경우와 마찬가지로, 당연히 강목이나 요목, 세목의 기호로 직접 열거되기도 한다. 물론 이러한 경우에도 대부분 지역구분표와 조기성(助記性)을 갖게 된다. 이에 비해 지역구분표를 사용하는 경우는 특정 주제의 지역적 측면을 보완하기 위한 보조적인 성격의 역할을 하게 되는 것이다.

DDC에서는 지역구분의 개념을 제2판부터 도입하여, 역사류의 전개를 다른 유에 직접 활용하기 위한 시도로서, "Divide like 930-999"와 같은 지시 사항의 방식으로 사용되던 것이 제17판부터 별도의 보조표로 정착되었던 것이다. 제23판에서는 정식 명칭으로 'Table 2 Geographical areas, historical periods, biography'로 표시하고 있으나, 통상 약칭인 'Area table'로 불리고 있다. DDC는 이름대로 -01-05에 시대구분을 포함하고 있다. 이러한 배경 때문에, 지역구분표는 역사류와 조기성을 갖게 된다.

-001-009	Standard subdivisions
-01-05	Historical periods
-1	**Areas, regions, places in general; oceans and seas**
-2	**Biography**
-22	Collected treatment
-3	**Ancient world**
-4	**Europe**
-41	British Isles
-42	England and Wales
-43	Germany and neighboring central European countries
-44	France and Monaco
-45	Italy, San Marino, Vatican City, Malta
-46	Spain, Andorra, Gibraltar, Portugal
-47	Russia and neighboring east European countries
-48	Scandinavia
-49	Other parts of Europe
-5	**Asia**
-51	China and adjacent areas
-519	Korea
-5195	South Korea (Republic of Korea)
-52	Japan
-53	Arabian Peninsula and adjacent areas
-54	India and neighboring south Asian countries
-55	Iran
-56	Middle East (Near East)
-57	Siberia (Asiatic Russia)
-58	Central Asia
-59	Southeast Asia
-6	**Africa**
-7	**North America**
-71	Canada
-72	Mexico, Central America, West Indies, Bermuda
-73	United States
-74	Northeastern United States (New England and Middle Atlantic states)
-75	Southeastern United States (South Atlantic states)
-76	South central United States
-77	North central United States
-78	Western United States
-79	Great Basin and Pacific Slope of United States
-8	**South America**
-9	**Australasia, Pacific Ocean islands, Atlantic Ocean islands, Aarctic islands, Antarctica, extraterrestrial worlds**
-93	New Zealand
-94	Australia
-95	New Guinea and neighboring countries of Melanesia
-96	Polynesia and other Pacific Ocean islands
-97	Atlantic Ocean islands
-98	Arctic islands and Antarctica
-99	Extraterrestrial worlds

(1) 지역구분표의 구성과 특성

지역구분표는 6개 보조표 가운데 가장 긴 보조표로, 시대와 지역은 물론 전 세계의 자연적 구분과 지리적 구분, 지구물리학적 구분도 포함하고 있다. 그 기본적인 구분은 정치적(政治的)으로 되어 있는데,[89] 그 구성 내용을 구체적으로 살펴보면 [그림 4-13]과 같다. -1에 일반적인 성격을 바탕으로 하는 지역구분을 우선 배정하고, -2에 전기 자료를 분류하기 위한 기호를 두고, 실제의 지역구분은 -3부터 -9까지에 전개하고 있다. -3에는 고대(古代)의 지역구분을 두고, -4-9에 현대 국가들을 유럽부터 시작하는 구대륙(舊大陸)으로부터 신대륙(新大陸)의 순서로 기호를 부여하고 있다([그림 4-14] 참조).

(2) 지역구분표의 적용 방법

지역구분표는 다음과 같은 두 가지 방식으로 사용할 수 있다.[90]

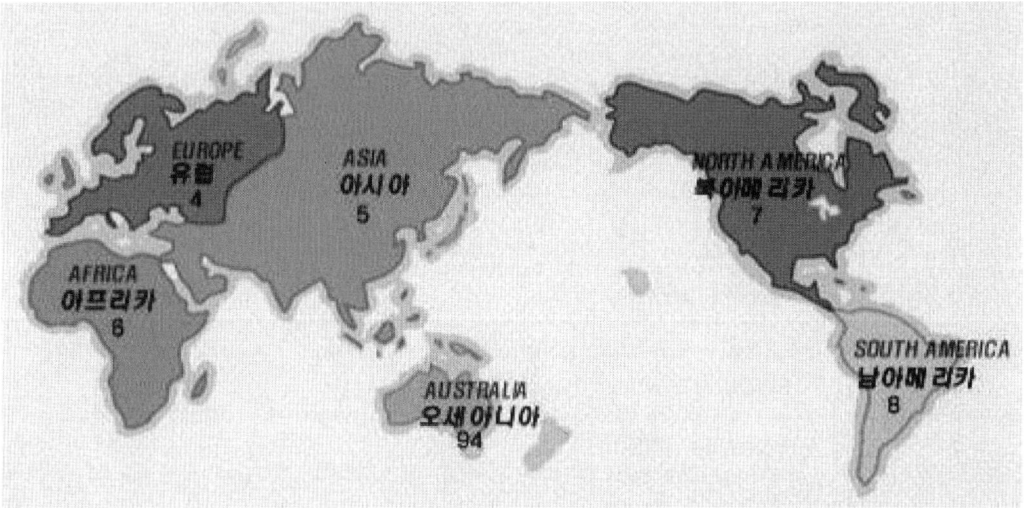

[그림 4-14] DDC 지역구분표(T.2)의 대륙별 구분(-4-9)[90]

---

89) Lois Mai Chan, *et. al. Dewey Decimal Classification: A practical guide*. 2nd ed. (New York: Forest Press, 1996). p.111.

90) 오동근. 『DDC 22의 이해』 (대구: 태일사, 2007). p.137.

① 본표의 부가 지시 사항(附加指示事項, add instructions)에 따라 지역 구분 기호를 추가하는 방식: 본표의 분류 항목 아래에 지역구분표의 기호를 직접 추가하도록 하는 주기 형태의 지시가 있을 경우에는 해당 분류 기호에 지역구분표의 해당 기호를 직접 추가한다. 이 경우는 대부분 해당 주제 분야의 지역에 관련된 자료들이 많기 때문에 분류표의 주기에 직접 지역구분표를 활용한 기호 합성에 관한 주기를 제시하고 있다.

예를 들면 일반 도서관 등을 나타내는 027에는 "Add to base number 027.0 notation 1-9 from Table 2"라는 주기가 제시되어 있다. 이 주기에 따라 '영국의 도서관'를 분류하면, '027.0(일반 도서관을 나타내는 기본 기호) + -41(영국을 나타내는 DDC 지역구분표의 기호) → 027.041'이 되는 것이다([그림 4-15] 참조).

027 General libraries, archives, information centers
.01-.09 Geographic treatment
Add to base number 027.0 notation 1-9 from Table 2,
e.g., libraries in France 027.044

[영국의 도서관]
027.0 Base number
-41 British Isles (T.2)

027.0 + -41 → 027.041

[그림 4-15] DDC의 부가 지시 사항에 따른 지역구분의 적용 사례[91)]

② 표준세구분표의 지역을 나타내는 패싯 지시 기호(facet indicator) -09를 추가하고 이어서 지역구분표의 기호를 부기하는 방식: 이 경우에는 통상의 도서관에서는 일반적이지 않지만, 자관(自館)의 장서 상황에 따라 해당 분야를 추가로 지역별로 세분하는 것이 이용자에게 도움이 된다고 생각할

91) Melvil Dewey. *Dewey Decimal Classification and relative index*. 23rd ed. (New York: Forest Press, 2011). Vol.2. p.69.

때는, 본표의 지시 없이 분류 담당자의 판단에 따라 표준세구분표의 기호 -09를 활용하여 추가로 전개할 수 있는 것이다. [그림 4-16]은 표준세구분의 -09를 활용하여 특정 지역에 관련된 자료를 추가로 세분한 예('호주의 은행')이다. 이 예에서는 '332.1(은행을 나타내는 기본 기호) + -09(지역을 나타내는 표준세구분의 기호) + -94(호주를 나타내는 지역구분표의 기호) → 332.10994'가 되는 것이다.

[호주의 은행]

332.1		Bank
	−09	History, geographic treatment, biography (T.1)
	−94	Australia (T.2)

332.1 + −09 + −94 → 332.10994

[그림 4-16] DDC 표준세구분(T.1)의 -09를 활용한 지역구분의 적용 사례[92]

(3) 지역구분표의 적용 사례 분석

① Russia and China : foreign policy and the end of the Cold War

- 327 + -47(T.2) + 0 + -51(T.2) → 327.47051

② Economic policy making in India

- 338.9 + -54(T.2) → 338.954

③ Mediterranean sea ecology

- 577.7 + -38(T.2) → 577.738

④ Matisse, Monet and Manet; late works

- 759 + -4(T.2) → 759.4

⑤ Improving higher education in Japan

- 378 + -52(T.2) → 378.52

⑥ The Volcanoes of Chile

- 551.21 + -09(T.1) + -83(T.2) → 551.210983

---

92) 오동근. 『DDC 22의 이해』 (대구: 태일사, 2007). p.142.

⑦ Contemporary architecture in Germany

- 720 - 0 + -09(T.1) + -43(T.2) → 720.943

⑧ Constitutional law in America

- 342 + -73(T.2) → 342.73

⑨ Folklore about the Mississippi river

- 398.329 + -762(T.2) → 398.329762

⑩ Patriotic societies in France

- 369 + -44(T.2) → 369.44

(4) 한국도서관을 위한 DDC 지역구분표의 재전개 방안[93)]

DDC 지역구분표의 실제적인 지역 구분에 해당하는 -4-9의 기호는 대륙별 구분을 바탕으로 하고 있다. 그러나 그 구분에서 영국과 미국을 위시한 서양의 전개는 상세한 반면, 한국을 포함한 기타 지역은 충분한 전개가 이루어지지 않고 있을 뿐만 아니라, 한국의 입장에서는 한국에 대한 자국 우위(自國優位, local emphasis)가 부족한 것이 사실이다. 아울러 DDC 제23판의 지역구분표에는 자국 우위를 부여할 수 있는 어떠한 임의 규정도 마련되어 있지 않다.

따라서 DDC 제23판의 대륙별 구분을 포함한 기본 골격은 그대로 유지하면서, 한국에 대한 지역 구분에 자국 우위를 부여하고, 한국의 지역 구분을 〈표 4-5〉와 같이 상세하게 재전개할 수 있을 것이다.

〈표 4-5〉의 기본적인 아이디어는 중국에 대해 사용되던 -51을 한국에 배정하고, 일본에 대해 사용되던 -52를 중국과 일본에 할당하는 것이다. 이와 같은 재전개를 통해 국내 도서관에서 일반적으로 사용되는 관용적인 배열 순서인 "한국 → 중국 → 일본"의 순서를 그대로 반영하면서 최소한(最小限)의 재배치(再配置)를 통해 한국에 대한 자국 우위를 부여할 수 있다.

93) 이 소절의 내용은 다음 자료의 내용을 DDC 제23판의 내용에 맞게 수정하여 적용한 것이다. 오동근. *op. cit.*, pp.142-144.; 오동근. "한국도서관을 위한 DDC의 재전개 방안." 한국문헌정보학회지 제35권 제4호(2001.12). pp.79-95.

〈표 4-5〉 DDC 지역구분표(T.2)의 재전개

DDC 23	재전개안
–5 Asia Orient Far East	–5 Asia Orient Far East
–51 China & adjacent areas	–51 Korea
–511–518 Subdivisions of China	–511–519 Subdivisions of Korea
–519 Korea	–52 China & Japan
–5193 North Korea	–521–528 Subdivisions of China
–5195 South Korea	–529 Japan
–52 Japan	–53 Arabian Peninsula & adjacent areas
–53 Arabian Peninsula & adjacent areas	

아울러 한국과 중국, 일본의 세분 전개는 KDC 제6판 지역구분표의 -11-13에 전개된 해당 국가의 지역 구분의 전개를 그대로 채용할 수 있을 것이다.[94] 이 경우 한국과 중국, 일본의 지역구분표는 〈표 4-6〉와 같이 추가로 전개할 수 있을 것이다.

〈표 4-6〉 DDC 지역구분표(T.2)의 재전개안(한국과 중국, 일본)의 추가 세분

한 국	중 국	일 본
–511 관북지방	–521 북부(화북)	–5291 홋카이도(北海道)지방
–512 관서지방	–522 중부(화중)	–5292 혼슈(本州)
–513 해서지방	–523 남부(화남)	–52921 도호쿠(東北)지방
–514 강원도	–524 타이완(대만)	–52923 간토(關東)지방
–515 경기도	–525 동북(만주)	–52925 후쿠리쿠(北陸)지방
–516 서울특별시	–526 몽 골	–52926 주부(中部)지방
–517 충청도	–527 신장웨이우얼	–52928 긴키(近畿)지방
–518 경상도	–528 티베트	–52929 주고쿠(中國)지방
–519 전라도		–5293 시코쿠(四國)지방
–5199 제주특별자치도		–5294 규슈(九州)지방
		–5298 오가사와라제도

94) 한국도서관협회. 『한국십진분류법(KDC)』 제6판. (서울: 한국도서관협회. 2013). 본표. pp.17-26.

이상에서 제시한 DDC의 재전개 방식에 따라, 몇몇 예들을 재전개해보면 다음과 같다.

① 한국의 정치 상황
- DDC 23: 320.9 + -5195(T.2) → 320.95195
- 재전개: 320.9 + -51(T.2) → 320.951

② 경기도 지리
- DDC 23: 91 + -5195(T.2) → 915.195
- 재전개: 91 + -515(T.2) → 915.15

③ 중국의 역사
- DDC 23: 9 + -51(T.2) → 951
- 재전개: 9 + -52(T.2) → 952

④ 일본의 은행
- DDC 23: 332.1 + -52(T.2) → 332.152
- 재전개: 332.1 + -529(T.2) → 332.1529

4.4.3. 제3보조표 문학형식구분표(Table 3 Subdivisions for the arts, for individual literatures, for specific literary forms)

제3보조표 문학형식구분표는 문학류의 각국 문학에 공통적으로 나타나는 문학 형식상의 주요 특성들을 모아 기호화하여 이를 각국의 문학에 공통적으로 적용함으로써 조기성을 갖도록 하기 위해 만들어진 보조표이다. 즉 그 문학이 한국 문학이든, 영문학이든, 독일 문학이든, 예컨대 각 문학의 소설이라는 문학 형식에 대해서는 추가 전개를 위해 어떤 문학에 대해서나 동일한 기호를 추가할 수 있도록 하기 위해 마련된 것이 문학형식구분인 것이다. 다만 T.3C는 제21판부터 700에도 적용할 수 있도록 하고 있다는 점에 유의해야 한다.

(1) 문학형식구분표의 구성과 특성

DDC의 문학형식구분표는 다음과 같은 세 개의 보조표로 구성되어 있다.

① T.3A: 1인 개인 저자의 문학 작품이나 1인 개인 저자에 관한 문헌에 대한 기호를 세분하기 위한 보조표
② T.3B: 2인 이상의 저자의 문학 작품이나 2인 이상의 저자에 관한 문헌에 대한 기호를 세분하기 위한 보조표
③ T.3C: 3-B를 보완하기 위한 보조표로, 보조표 3-B와 700.4, 791.4, 808-809의 지시에 따라 추가

DDC의 문학형식구분은 제21판부터 예술류의 700.4와 791.4에서도 사용할 수 있도록 하고 있지만, 기본적으로는 주류 800 Literature에서 사용하기 위해 고안된 것이다. 또한 이는 특정 언어로 된 문학 작품이나 문학에 관련된 문헌들을 추가로 세분하기 위한 것이라는 사실에 유의해야 한다.

이런 이유 때문에, 문학류(800)는 언어류(400)와 마찬가지로, 여러 주류 중 분석합성식 분류법(analytico-synthetic classification)의 성격이 강한 주류의 하나가 되고 있다.[95] 문학류의 기본적인 열거 순서(列擧順序, citation order)는 [그림 4-17]과 같은 순서로 되어 있다. 즉 문학형식구분은 문학류의 세 번째 패싯에 적용되는 것이다.

주류(800)	+	언어	+	문학 형식(T.3)	+	문학 시대
(문학류)		(language)		(literary form)		(literary period)

[그림 4-17] DDC 문학류(800)의 기본적인 열거 순서

95) Lois Mai Chan, *et. al. Dewey Decimal Classification: A practical guide*. 2nd ed. (New York: Forest Press, 1996). p.130.

문학형식구분표 중 자주 사용되는 T.3A와 T.3B의 구성 내용을 구체적으로 살펴보면 〈표 4-7〉과 같다. 둘 모두 -1-6까지는 '시 → 희곡 → 소설 → 수필 → 연설 → 서간'의 순서로 동일한 문학 형식들로 전개되어 있고 -8 역시 동일하게 기타 저작을 분류하도록 되어 있으나, T.3B에서는 -7에 '유머와 풍자'를 추가로 전개하고 있음을 알 수 있다.

〈표 4-7〉 DDC 문학형식구분(T.3)의 개요

T.3A		T.3B	
−1	Poetry	−1	Poetry
−2	Drama	−2	Drama
−3	Fiction	−3	Fiction
−4	Essays	−4	Essays
−5	Speeches	−5	Speeches
−6	Letters	−6	Letters
		−7	Humor and Satire
−8	Miscellaneous writings	−8	Miscellaneous writings

(2) 문학형식구분의 적용 방법[96)]

문학형식구분 역시 본표의 주기에 제시된 사용 지시에 따라 본표의 기호에 추가하여 전개하게 된다. T.3A를 기준으로 살펴보면, 기본적으로는 개별 주기(個別註記) 형태로 지시되는 경우와 종합적 부가 지시를 활용하는 경우가 있다.

① 개별 주기 형태로 지시되는 경우

이 경우는 주기에 직접 "Except for modifications shown under specific entries, add to base number □□ as instructed at the beginning of Table 3"와 같은 형태로 지시 사항이 제시된다. Table 3의 시작 부분에는 이와 관련하여, "Notation from Table 3 . . . may be used . . . with the

96) 이 책에서는 가장 많은 자료에 적용되는 T.3A를 중심으로 분석하였으며, T.3B와 T.3C에 대해서는 다음 자료를 참조하라. 오동근. 『DDC 22의 이해』 (대구: 태일사, 2007). pp.156-163.

base numbers for individual literatures identified by * under 810-890"이라 지시되어 있다.97) [그림 4-18]은 프랑스 문학에 대해 문학형식구분의 적용을 지시하고 있는 예와 그 적용 사례('프랑스 소설')를 보여 주는 것이다. 이 예에서는 '84(프랑스 문학을 나타내는 기본 기호) + -3(소설을 나타내는 문학형식구분의 기호) → 843'이 되는 것이다.

〉 **841-848 Subdivisions for specific forms of French literature**

Except for modifications shown under specific entries, add to base number 84 as instructed at the beginning of Table 3 . . .

Table 3. Subdivisions for the Arts, for Individual Literatures . . .

Notation from Table 3 . . . may be used . . . with the base numbers for individual literatures identified by * under 810-890

[프랑스 소설]

84 프랑스 문학의 기본 기호

−3 소설을 나타내는 문학형식구분(T.3A)의 기호

84 + −3 → 843

[그림 4-18] DDC의 개별 부가 지시에 따른 Table 3A의 적용 사례

② 종합적 부가 지시(綜合的 附加指示)를 활용하는 경우

이 경우에는 해당 문학에 대한 표목에 *를 부가하고, 해당 페이지의 각주에 "Add to base number as instructed at the beginning of Table 3"라는 지시가 표시되어 있다. 이 지시에 따라 Table 3의 시작 부분으로 가보면, "Notation from Table 3 . . . may be used . . . with the base numbers for individual literatures identified by * under 810-890"이라고 지시되어 있다.98) [그림 4-19]는 한국어에 대해 문학형식구분의 적용을 지시하고

97) Melvil Dewey. *Dewey Decimal Classification and relative index*. 23rd ed. (New York: Forest Press, 2011). Vol.1. p.637.

98) *Loc. cit.*

있는 예와 그 적용 사례('이광수의 사랑')를 보여주는 것이다. 이 예에서는 '895.7 (한국 문학을 나타내는 기본 기호) + -3(소설을 나타내는 문학형식구분의 기호) + 3(1910-1945(일제시대)를 나타내는 문학시대구분의 기호) → 895.733'이 되는 것이다.

895.7 *Korean literature

PERIOD TABLE

1 Early period to 1392

2 Yi period, 1392-1910

28 1894-1910

3 1910-1945

4 1945-1999

Class here 20th century

For 1900-1910, see 28; for 1910-1945, see 3

5 2000-

---

* Add to base number as instructed at the beginning of Table 3

Table 3. Subdivisions of for the Arts, for Individual Literatures . . .

Notation from Table 3 . . . may be used . . . with the base numbers for individual literatures identified by * under 810-890

[사랑 / 이광수 (일제시대의 한국 소설)]

895.7 한국 문학의 기본 기호

-3 소설을 나타내는 DDC 문학형식구분의 기호

3 일제시대(1910-1945)를 나타내는 문학시대구분의 기호

895.7 + -3 + 3 → 895.733

[그림 4-19] 종합적 부가 지시에 따른 Table 3A의 적용 사례

[그림 4-20]은 Table 3A를 적용한 이상의 분류 과정을 흐름도로 나타낸 것이다.[99]

---

99) *Ibid.*, p.26.

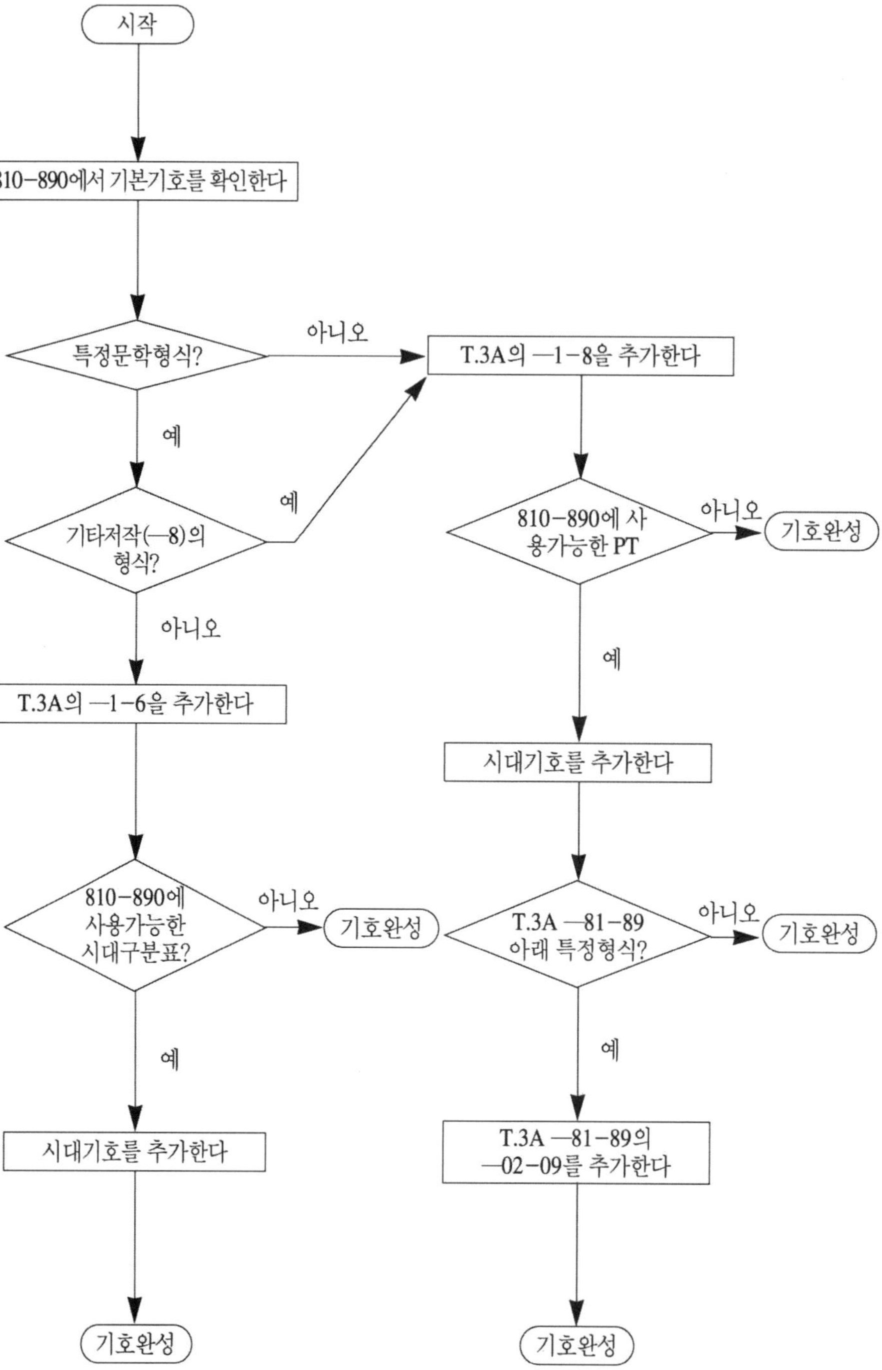

[그림 4-20] DDC의 Table 3A를 적용한 분류 과정의 흐름도

(3) 개인 저자 취급상의 유의 사항

문학형식구분과 문학시대구분을 적용할 때는 특히 개인 저자를 다루면서 주의해야 하는 경우가 많은데, DDC에서는 다음과 같은 지침을 제시하고 있다.100)

① 언어는 저자가 동일한 언어로 작품 활동을 하는 경우에는 거주 장소(居住場所)나 국적(國籍)에 관계없이 저자가 작품을 쓰거나 저술하고 있는 언어에 분류해야 한다.

② 저자가 거주지나 국적을 옮겼을 경우:
- 옮긴 나라가 저자가 작품 활동을 하고 있는 언어와 같은 언어를 사용하는 나라일 때는 저자가 시민권(市民權)이 있는 나라의 기호를 사용해야 한다.
- 저자의 국적을 확인하기 어려울 때는 저자의 출생국(出生國)이나 저자의 이전 작품을 발표한 나라의 기호를 사용해야 한다.

③ 둘 이상의 언어로 작품 활동을 하고 있을 경우:
- 저자의 포괄적인 저작을 분류할 때는 저자가 마지막으로 사용한 언어를 사용해야 한다.
- 어느 한 언어를 주로 사용할 때는 그 언어에 분류해야 한다.

④ 포괄적인 저작의 문학 형식을 다룰 경우:
- 그 저자를 주로 식별할 수 있는 문학 형식(예를 들면 주로 시를 많이 쓰는 저자일 경우는 시)을 사용해야 한다.
- 그러한 형식을 확인할 수 없을 때는 기타 저작(DDC T.3A의 경우는 -8)에 분류해야 한다.

⑤ 둘 이상의 문학 형식을 가진 작품의 경우, '희곡 → 시 → 소설 → 수필 → 연설문 → 서간문 → 기타'의 우선 순위를 따라야 한다.

---

100) Melvil Dewey. *Dewey Decimal Classification and relative index.* 23rd ed.(New York: Forest Press, 2011). Vol.1. pp.24-25.와 오동근. 『DDC 22의 이해』(대구: 태일사, 2007). pp.153-155.의 내용을 요약하여 정리한 것임.

⑥ 특정 저자와 그 저자의 모든 작품의 문학 시대:

- 그 저자가 가장 활발하게 활동한 시대에 대한 학자들의 합의(合意)를 바탕으로 단 하나의 문학 시대(文學時代)만 사용해야 한다.
- 활발하게 활동한 시대에 대한 합의가 없을 때는 그 저자를 최초로 알린 문학 작품을 발행한 시대를 사용해야 한다.

⑦ 작가의 전기(傳記)에 대해 표준세구분의 전기 기호(-092)를 추가해서는 안된다.

⑧ 개인 저작의 번역서(飜譯書)는 원저작(原著作)과 동일한 분류 기호에 분류해야 한다.

(4) 문학형식구분표의 적용 사례 분석

① The tale of Genji(源氏物語)

- 895.6 + -3(T.3A) + 1(문학시대) → 895.631

② Fantasy and horror : a critical and historical guide to literature

- 700.41 + -5(T.3C) → 700.415

③ Don Quixote

- 860 - 0 + -3(T.3A) + 3(문학시대) → 863.3

④ Anton Chekhov's plays

- 891.7 + -2(T.3A) + 3(문학시대) →891.723

⑤ Goethe's plays : Faust

- 830 - 0 + -2(T.3A) + 6(문학시대) → 832.6

⑥ Poems and sonnets in Renaissance England: Sidney, Spenser, Shakespeare & Jonson

- 820 - 0 + -1(T.3B) + 3(문학시대) →821.3

⑦ 토지(土地) / 박경리 소설

- 895.7 + -3(T.3A) + 4(문학시대) → 895.734

⑧ Collection of Korean Literature

- 895.7 + -08(T.3B) →895.708

⑨ The Tin Drum

- 830 - 0 + -3(T.3A) + 914(문학시대) → 833.914

⑩ Lady Chatterley's lover

- 820 - 0 + -3(T.3A) + 912(문학시대) → 823.912

4.4.4. 제4보조표 언어공통구분표(Table 4 Subdivisions of individual languages and language families)[101]

제4보조표 언어공통구분표는 주요 언어에 공통적으로 나타나는 언어상의 주요 특성들을 모아 기호화하여 이를 각국의 언어에 공통적으로 적용함으로써 조기성을 갖도록 하기 위해 만들어진 것이다. 즉 그 언어가 한국어이든, 영어이든, 독일어이든, 각 언어의 사전이라는 표현 형식(表現形式)에 대해서는 추가 전개를 위해 어떤 언어에 대해서나 동일한 기호를 추가할 수 있도록 하기 위해 마련된 것이 언어공통구분표인 것이다.

(1) 언어공통구분표의 구성과 특성

언어공통구분표는 주류 400 언어류(Languages)의 개별 언어와 어족을 나타내는 420부터 490에 적용되는 보조표로, 이 때문에 언어류는 문학류(800)와 마찬가지로, 여러 주류 중 분석합성식 분류법(analytico-synthetic classification)의 성격이 강한 주류의 하나가 되고 있다.[102] 언어류의 기본적인 열거 순서(列擧順序, citation order)는 대개 [그림 4-21]과 같은 순서로 되어 있다. 즉 언어공통구분은 언어류의 세 번째 패싯에 적용된다.

주류	+ 언어	+ 언어의 제요소
(언어류)	(국어구분)	(언어공통구분)

[그림 4-21] DDC 언어류(400)의 기본적인 열거 순서

---

101) 오동근. 『DDC 22의 이해』 (대구: 태일사, 2007). pp.161-174.의 내용을 제23판에 적용하여 정리하였음.

102) 오동근, 배영활, 여지숙. 『KDC의 이해』 (대구: 태일사, 2002). p.90.

DDC의 언어공통구분의 기본 틀은 -1-5에 표준어(標準語)의 언어적 특성을 배정하고, 표준어 이외의 변형을 -7, 표준적인 언어를 사용하기 위한 규범 문법(規範文法)을 -8에 배정하는 순서로 되어 있다([그림 4-22] 참조).

-01-09	Standard subdivisions
-1	Writing systems, phonology, phonetics of the standard form of the language
-2	Etymology of the standard form of the language
-3	Dictionaries of the standard form of the language
-5	Grammar of the standard form of the language
-7	Historical and geographic variations, modern non-geographic variations
-8	Standard usage of the language (Prescriptive linguistics)

[그림 4-22] DDC 언어공통구분표(T.4)의 개요

아울러 DDC에서는 -7에 고어(古語)와 방언(方言), 비어(卑語), 속어(俗語) 등을 함께 포함시키고 있다. 문법은 -5와 -9로 구분하고 있는데, -5는 "문법에 관한 포괄적인 저작과 기술 문법(記述文法: descriptive grammar), 즉 어느 한 언어의 특정 시기의 언어나 문법 현상을 있는 그대로 객관적으로 기술하는 문법에 사용하고, -8은 규범 문법(規範文法: prescriptive grammar), 즉 언어 생활을 올바르게 하기 위한 실용적인 목적에서 언어 사용상의 옳고 그름을 결정하는 규칙(規則)을 설정하고 그것을 지키도록 명령하는 문법에 사용한다."[103] 따라서 언어 학습을 위한 교재류는 모두가 -8을 적용해야 한다는 사실에 유의해야 한다.

103) 오동근. 『DDC 22의 이해』 (대구: 태일사, 2007). p.168.

(2) 언어공통구분표의 적용 방법

언어공통구분 역시 본표의 주기에 제시된 사용 지시에 따라 본표의 기호에 추가하여 전개하게 된다. DDC에서는 개별 주기 형태로 지시되는 경우와 종합적 부가 지시를 활용하는 경우가 있다.

① 개별 주기 형태로 지시되는 경우

이 경우는 주기에 직접 "Except for modifications shown under specific entries, add to base number □□ notation 1-8 from Table 4"와 같은 형태로 지시 사항이 제시된다. [그림 4-23]은 DDC에서 프랑스어에 대해 언어공통구분의 적용을 지시하고 있는 예와 그 적용 사례('프랑스어의 어원')를 보여 주는 것이다. 이 예에서는 '44(프랑스어를 나타내는 기본 기호) + -2(어원을 나타내는 DDC 언어공통구분의 기호) → 442'가 되는 것이다.

441-448 Subdivisions of French

Except for modifications shown under specific entries, add to base number 44 notation 1-8 from Table 4 . . .

[프랑스어의 어원]

44 프랑스어의 기본 기호

−2 어원을 나타내는 언어공통구분(T.4)의 기호

44 + −2 → 442

[그림 4-23] 개별 부가 지시에 따른 DDC Table 4의 적용 사례

② 종합적 부가 지시를 활용하는 경우

이 경우는 해당 언어에 대한 표목에 *를 부가하고, 해당 페이지의 각주에 "Add to base number as instructed under 420-490"이라는 지시가 표시되어 있다. 이 지시에 따라 '420-490 Specific languages'에 가보면 주기에 "Except for modifications shown under specific entries, add to base number for each language identified by * as instructed at the beginning of Table 4"라는 내용이 포함되어 있다.[104] Table 4의 시작 부분에는 이와 관련하여, "The following notation . . . may be used . . . with the base numbers for individual languages identified by * under 420-490"이라고 지시되어 있다.[105] [그림 4-24]는 DDC에서 한국어에 대해 언어공통구분의 적용을 지시하고 있는 예와 그 적용 사례('한국어의 어원')를 보여 주는 것이다. 이 예에서는 '495.7(한국어를 나타내는 기본 기호) + -2 (어원을 나타내는 DDC 언어공통구분의 기호) → 495.72'가 되는 것이다.

495.7 *Korean
495.8 *Burmese

*Add to base number as instructed under 420-490

〉 **420-490 Specific languages**

Except for modifications shown under specific entries, add to base number for each language identified by * as instructed at the beginning of Table 4 . . .

Table 4. Subdivisions of Individual Languages . . .

The following notation . . . may be used . . . with the base numbers for individual languages identified by * under 420-490

[한국어의 어원]

495.7 한국어
　　-2 어원을 나타내는 언어공통구분(T.4)의 기호

495.7 + -2 → 495.72

[그림 4-24] 종합적 부가 지시에 따른 DDC Table 4의 적용 사례

---

104) Melvil Dewey. *Dewey Decimal Classification and relative index*. 23rd ed. (New York: Forest Press, 2011). Vol.2. p.939.

105) Melvil Dewey. *op. cit.*, Vol.1. p.678.

(3) 2개 국어 사전의 분류

언어공통구분표를 적용할 때는 특히 2개 국어 사전(bilingual dictionaries)의 분류에 유의해야 한다. 2개 국어 사전의 합성에 대해서는 Table 4의 -32-39 아래에서 지시하고 있는데, 그 표준적인 열거 순서는 [그림 4-25]와 같은 순서를 갖는다. 여기서 -3은 언어공통구분의 사전을 의미하는 -3이다.

첫 번째 언어의 기본 기호 + −3 + 두 번째 언어의 국어구분의 기호

[그림 4-25] DDC의 2개 국어 사전의 표준적인 열거 순서

DDC의 2개 국어 사전의 분류는 기본적으로 표제어를 기준으로 삼도록 되어 있는데, 하나의 언어만을 표제어로 사용할 경우와 두 언어를 모두 표제어로 사용할 경우에 따라, 유의해야 한다.

−32-39 **Bilingual dictionaries**

Add to the base number −3 notation 2-9 from Table 6, e.g., dictionaries of the language and English −321, dictionary of French and English 443.21

[English–Korean dictionary, with English entry words]

42	Base number for English
−3	Dictionaries (T.4)
−957	Korean (T.6)

42 + −3 + −957 → 423.957

[그림 4-26] DDC의 2개 국어 사전에 대한 분류 지시와 적용 사례[106)]

106) Melvil Dewey. *Dewey Decimal Classification and relative index.* 23rd ed. (New York: Forest Press, 2011). Vol.1. p.683.

① 하나의 언어만을 표제어(標題語, entry word)로 사용하는 경우

표제어로 사용되는 해당 언어를 분류의 기준으로 삼아 분류한다. [그림 4-26]은 DDC에서 영어를 표제어로 하는 2개 국어 사전에 대해 언어공통구분의 적용을 지시하고 있는 예와 그 적용 사례('영한사전')를 보여 주는 것이다. 이 예에서는 '42(영어를 나타내는 기본 기호) + -3(사전을 나타내는 언어공통구분의 기호) + -957(한국어를 나타내는 국어구분표의 기호) → 423.957'이 되는 것이다.

② 두 언어를 모두 표제어로 사용하고 있는 경우[107)]

- 두 언어 중 어느 한 언어를 사용하는 사람들을 목표로 하고 있을 때: 목표로 하지 않는 언어에 분류한다. 예를 들면, 한국어와 영어를 둘 모두 표제어로 하는 한영사전에 한국어로만 서문과 해설 등이 추가되어 있으면, 이 2개 국어 사전은 영어를 기본 기호로 사용하여 423.957에 분류해야 한다.
- 두 언어를 사용하는 사람들을 둘 모두 목표로 하고 있을 때: DDC 본표의 420-490에서 뒤에 오는 언어에 분류한다. 예를 들면, 한국어와 영어를 둘 모두 표제어로 하고 있고 서문과 해설 등도 두 언어로 모두 제시되어 있는 영한사전은 영어(420)가 아니라 DDC의 본표에서 뒤에 오는 한국어(495.7)를 기본 기호로 사용하여 495.7321(495.7 + -3 + -21 → 495.7321)에 분류해야 한다.

---

107) Melvil Dewey. Loc. cit.

(4) 언어공통구분표의 적용 사례 분석

① The Science of etymology

- 410 - 0 + -2(T.4) → 412

② Survey of English Dialects

- 420 - 0 + -7(T.4) → 427

③ Spanish grammar advanced

- 460 - 0 + -5(T.4) → 465

④ Better reading French

- 440 - 0 + 86(T.4 및 추가세분) → 448.6

⑤ The Syntax of Chinese aspects

- 495.1 + -5(T.4) → 495.15

⑥ Phonological variation and change in Portuguese

- 469 + -15(T.4 및 추가세분) → 469.15

⑦ Easy ways to enlarge German vocabulary

- 430 - 0 + -81(T.4 및 추가세분) → 438.1

⑧ Introducing English semantics

- 420 - 0 + -0143(T.4 및 추가세분) → 420.143

⑨ Elements of Japanese writing systems

- 495.6 + -11(T.4 및 추가세분) → 495.611

⑩ A Study of French phonetics

- 440 - 0 + -15(T.4 및 추가세분) → 441.5

4.4.5. 제5보조표 민족 및 국가군 구분표 (Table 5 Ethnic and national groups)

(1) 민족 및 국가군 구분표의 구성과 특성

민족 및 국가군 구분표는 특정 민족이나 국가에 한정하여 다루는 주제들을 세분하기 위해 사용되는 보조표이다. 그 개요는 [그림 4-27]과 같다.

-1	North Americans
-2	British, English, Anglo-Saxons
-3	Germanic peoples
-4	Modern Latin peoples
-5	Italians, Romanians, related groups
-6	People who speak, or whose ancestors spoke, Spanish and Portuguese, Galician
-7	Other Italic peoples
-8	Greeks and related groups
-9	Other ethnic and national groups
-957	Koreans

[그림 4-27] DDC 민족 및 국가군 구분표(T.5)의 개요

(2) 민족 및 국가군 구분의 적용 방법

민족 및 국가군 구분표는 일반적으로 본표의 부가 지시 사항에 따라 추가되며, 필요할 경우에는 표준세구분표(T.1)의 -089 민족 및 국가군 기호를 앞세워 추가할 수도 있다. [그림 4-28]은 민족 및 국가군 구분표의 적용을 지시하고 있는 예와 그 적용 사례('한민족 집단의 미술')를 보여주는 것이다. 이 예에서는 '704.03(특정 민족 집단의 미술을 나타내는 기본 기호) + -957(한민족을 나타내는 민족 및 국가군 구분표의 기호) → 704.03957'이 되는 것이다. 그 사용법은 지역구분표(T.2)와 거의 유사하다.

(3) 민족 및 국가군 구분표의 적용 사례 분석

① Ideologies of Hispanism

- 305.8 + -68(T.5) → 305.868

② The art of Italians

- 704.03 + -51(T.5) → 704.51

③ Social problems and service to African in Germany

- 362.84 + -96(T.5: African) + 0 + -43(T.2: Germany) → 362.96043

704.03 Ethnic and national groups (Special topics in fine and decorative arts)
.031-.039 Specific ethnic and national groups
Add to base number 704.03 notation 1-9 from Table 5, e.g., art of North American native peoples 704.0397

[한민족의 미술]
704.03 특정 민족 집단의 미술
-957 한민족을 나타내는 민족 및 국가군 구분표의 기호

704.03 + -957 → 704.03957

[그림 4-28] DDC 민족 및 국가군 구분표(T.5)의 사용을 지시하는 주기와 적용 사례[108)]

④ Folk music of Tibetans
- 781.62 + -9541(T.5) → 781.629541

⑤ Developmental psychology of Anglo-Saxon
- 155.84 + -2(T.5) → 155.842

(4) 한국도서관을 위한 DDC 민족 및 국가군 구분의 재전개[109)]

한편 DDC의 민족 및 국가군 구분표는 서양 중심으로 전개되어 있기 때문에, 한국도서관을 위해서는 재전개(再展開)가 필요하다. DDC 제23판의 -1 North Americans의 아래에 자국 우위(自國優位, local emphasis)를 부여할 수 있는 임의 규정을 마련하고 있다.[110)] 즉 특정 집단에 자국 우위를 부여하거나 짧은 기호를 부여하기 위해서는 -1에 해당 집단을 분류하고, North Americans는 -2에 분류하도록 하고 있는 것이다. 따라서 이 임의규정을 활용하여 이 보조표를 〈표 4-8〉과 같이 재전개할 수 있을 것이다. 이것은 기본적으로 DDC 임의 규정을 활용하여 원안의 골격을 최대한 유지하고, "한국 → 중국 → 일본"의 순서를 유지하도록

108) Melvil Dewey. *Dewey Decimal Classification and relative index.* 23rd ed. (Dublin, OH: OCLC, 2011). Vol.2. p.535.

109) 이 소절의 내용은 다음 자료의 내용을 DDC 제23판의 내용에 맞게 수정하여 적용한 것이다. 오동근, DDC 22의 이해 (대구: 태일사, 2007), pp.185-186.; 오동근. "한국도서관을 위한 DDC의 재전개 방안." 한국문헌정보학회지 35(4)(2001). pp.79-95.

110) Melvil Dewey. *op. cit.,* Vol.1. p.663.

하고 있다. 이 재전개안은 국어구분표(T.6)의 재전개안과 조기성을 가지며, 유사한 방식으로 적용할 수 있다.

〈표 4-8〉 DDC 민족 및 국가군 구분표(T.5)의 재전개

DDC 23	재전개안
–1 North Americans –2 British, English, Anglo–Saxons –9 Other ethnic and national groups –95 East and Southeast Asian Peoples; Mundas –951 Chinese –954 Tibetans –956 Japanese –957 Koreans –958 Burmese –959 Miscellaneous . . .	–1 East and Southeast Asian Peoples; Mundas –11 Koreans –12 Chinese –13 Japanese –14 Tibetans –18 Burmese –19 Miscellaneous . . . –2 British, English, Anglo–Saxons; North Americans

이상에서 제시한 DDC의 재전개 방식에 따라, 몇몇 예들을 재전개해보면 다음과 같다.

① 한민족의 미술
- DDC 23: 704.03 + -957(T.5) → 704.03957
- 재전개: 704.03 + -11(T.5) → 704.0311

② 중국민족음악사
- DDC 23: 781.62 + -951(T.5) + 0 + -09(T.1) → 781.62951009
- 재전개: 781.62 + -12(T.5) + 0 + -09(T.1) → 781.6212009

③ 티벳인의 예술세계
- DDC 23: 700 - 00 + -089(T.1) + -954(T.5) → 708.9954
- 재전개: 700 - 00 + -089(T.1) + -14(T.5) → 708.914

4.4.6. 제6보조표 국어구분표(Table 6 Languages)

제6보조표 국어구분표는 어떤 문헌이나 자료가 어떤 주제를 다루면서 특정의 언어적 측면에 한정하여 기술하고 있을 때 사용할 수 있는 보조표이다. 예를 들면, 독일어에 국한하여 다루고 있는 언어에 관한 자료와 문학에 관한 자료에 대해, 독일어에 관한 분류 기호를 공통적으로 부여할 수 있도록 하기 위해 마련된 것이 국어구분표인 것이다.

(1) 국어구분표의 구성과 특성

국어구분표의 구성 내용을 구체적으로 살펴보면 [그림 4-29]와 같다. 국어구분표는 어족(語族)에 따라 그룹화된 전 세계의 다양한 언어들로 이루어지는 체계적인 리스트로 구성되며, 기본적인 개요는 400 언어류 및 800 문학류의 개요와 조기성을 갖는다.

-1	Indo-European languages
-2	English and Old English (Anglo-Saxon)
-3	Germanic languages
-4	Romance Languages
-5	Italian, Dalmatian, Romanian, Rhaetian, Sardinian, Corsican
-6	Spanish, Portuguese, Galician
-7	Italic languages
-8	Hellenic languages
-9	Other languages
-957	Korean

[그림 4-29] DDC 국어구분표(T.6)의 개요

국어구분표의 가장 중요한 용도는 490과 890에서 개별 언어와 개별 문학의 기호 합성의 기초를 제공해주는 것이지만, 그 밖에도 본표와 보조표 전반에 걸쳐 다양한 기호들과 결합하여 사용된다. 예를 들면, 주류 총류(000)의 경우에도 일반 백과사전류(030), 일반 연속간행물류(050), 일반 전집류(080) 등의 언어적 취급이 필요한 주요 강목에도 광범위하게 적용되고 있다. 따라서 국어구분표와 이상의 유들이 서로 조기성을 갖게 되는 것은 당연한 이치이다.

DDC의 경우에는 언어류(400)나 문학류(800)의 강목(100구분)에서 국어구분을 활용할 때는 기본 기호 부분만을 활용하고 있다는 사실에 유의해야 한다. 즉 언어류의 영어의 기본 기호는 '421'이 아닌 '420'이고, 영문학의 기본 기호는 '821'이 아닌 '820'이 된다. 그러나 세목 이하에서 이 Table 6를 적용할 때는 영어는 '-21', 독일어는 '-31' 등으로 적용되게 된다.

(2) 국어구분표의 적용 방법

국어구분표는 본표의 주기에 제시된 사용 지시에 따라 본표의 기호에 추가하여 전개하게 된다. DDC에서는 "Add to base number □ □ □ notation 3-9 from Table 6"와 같은 형태로 주기가 제시되는 경우가 많다. [그림 4-30]은 '220.53-.59 Versions in other languages (Bible)'에서 Table 6의 적용을 지시하고 있는 주기와 그 적용 사례('중국어로 된 성서')를 보여주는 것이다.[111] 이 예에서는 '220.5(성서를 나타내는 기본 기호) + -951(중국어를 나타내는 DDC의 기호) → 220.5951'이 되는 것이다.

220.53-.59 Version in other languages (Bible)
Add to base number 220.5 notation 3-9 from Table 6. . .

[중국어로 된 성서]
220.5 그 밖의 언어로 된 성서
−956 중국어를 나타내는 Table.6의 기호

220.5 + −956 → 220.5956

[그림 4-30] DDC 국어구분표(T.6)의 전개를 지시하는 주기와 적용 사례

---

111) Melvil Dewey. *Dewey Decimal Classification and relative index*. 23rd ed. (New York: Forest Press, 2011). Vol.2. p.184.

(3) 국어구분표의 적용 사례 분석

① Folk literature of Spanish

- 398.204 + -61(T.6) → 398.20461

② The Bible in Modern Greek

- 220.5 + -89(T.6) → 220.589

③ The Sense of French rhetoric and style : guide to writing of the day

- 808.04 + -41(T.6) → 808.0441

④ Best Russian short stories

- 800 – 00 + -917(T.6) → 891.7

⑤ Der Spiegel : das Deutsche Nachrichten Magazin

- 050 - 0 + -3(T.6) → 053

(4) 한국도서관을 위한 DDC 국어구분표의 재전개[112)]

DDC의 국어구분표는 서양 언어를 중심으로 전개되고 있다. 다만 –1 Indo-European languages의 아래에 자국 우위(自國優位, local emphasis)를 부여할 수 있는 임의 규정 B를 마련하고 있다.[113)] 즉 특정 언어에 자국 우위를 부여하거나 짧은 기호를 부여하기 위해서는 -1에 해당 언어를 분류하고, Indo-European languages는 -91에 분류하도록 하고 있는 것이다. 따라서 기본적으로 이 임의 규정을 적용하고 DDC 원안의 골격을 최대한 유지하면서, "한국어 → 중국어 → 일본어"의 순서를 유지하는 방식으로 국어구분표를 〈표 4-9〉과 같이 재전개할 수 있을 것이다. 이 국어구분표의 재전개안은 민족 및 국가군 구분표(T.5)의 재전개안과 조기성을 갖도록 하였다.

112) 이 소절의 내용은 다음 자료의 내용을 DDC 제23판의 내용에 맞게 수정하여 적용한 것이다. 오동근, 『DDC 22의 이해』(대구: 태일사, 2007), pp.177-178.; 오동근. "한국도서관을 위한 DDC의 재전개 방안." 한국문헌정보학회지 35(4)(2001). pp.79-95.

113) Melvil Dewey. *Dop. cit.*, Vol.1. pp.727-728.

〈표 4-9〉 DDC 국어구분표(T.6)의 재전개

DDC 23	재전개안
–1 Indo–European languages	–1 Languages of East and Southeast Asia Sino–Tibetan languages
–9 Other languages	–11 Korean
–95 Languages of East and Southeast Asia Sino–Tibetan languages	–12 Chinese
–951 Chinese	–13 Japanese
–954 Tibeto–Burman languages	–14 Tibeto–Burman languages
–956 Japanese	–18 Burmese
–957 Korean	–19 Miscellaneous . . .
–958 Burmese	–9 Other languages
–959 Miscellaneous . . .	–91 Indo–European languages

이상에서 제시한 DDC의 재전개 방식에 따라, 몇몇 예들을 재전개해보면 다음과 같다.

① 중국어 성서

- DDC 23: 220.5 + -951(T.6) → 220.5951
- 재전개: 220.5 + -11(T.6) → 220.511

② 일본어로 된 일반 전집

- DDC 23: 089 + -956(T.6) → 089.956
- 재전개: 08 + -13(T.6) → 081.3

③ 한국어 문법

- DDC 23: 4 + -957(T.6) + -5(T.4) → 495.77
- 재전개: 4 + -11(T.6) + -7(T.4) → 411.7

4.5. 본표의 이해와 적용

DDC의 10개의 주류(主類)의 전개는 이미 앞서 살펴본 것처럼, Bacon의 학문 분류의 영향을 받은 Harris의 역베이컨식의 순서를 채택하여 이루어지고 있다. 이 절에서는 DDC 제23판의 내용을 바탕으로, 강목표(100구분)를 중심으로 그 전개에 대해 살펴보고, 실제 분류 사례들을 구체적으로 살펴보고자 한다.

4.5.1. 000 컴퓨터과학 · 정보 · 총류 (Computer science, information & general works)

주류 000 컴퓨터과학·정보·총류류는 원래 형식류(形式類)로서, 그 특성은 형식적이고 아주 일반적이며, 많은 주제를 포함하고 있어 어떤 특정 주제나 학문 분야에 분류될 수 없는 유이다. 즉 모든 학문 분야와 관련되거나 어느 한 학문 분야에 분류하기 어려운 학문 분야의 문헌들을 분류하기 위한 유이다.[114] 1876년의 초판에는 아무런 이름도 부여되지 않았으나, “General works”, “Generalia” 등의 이름을 거쳐, 22판부터 현재의 이름으로 변경되었는데, 여전히 통상 총류(總類)라고 부르는 경우가 많다.

(1) 전개상의 개요와 특성

컴퓨터과학·정보·총류류는 가장 일반적인 유로, 일반 백과사전이나 신문과 같이 어느 한 특정 학문에 국한되어 있지 않은 저작이나 지식과 정보를 다루는 몇몇 전문화된 학문 분야들을 포함하고 있는데,[115] 그 개요를 살펴보면 [그림 4-31]과 같다.

---

114) 오동근, 여지숙, 배영활. 『한국십진분류법 제6판의 이해와 적용』 (대구: 태일사, 2014). p.151.

115) OCLC. “The introduction to Dewey Decimal Classification” (〈https://www.oclc.org/content/dam/oclc/dewey/versions/print/intro.pdf〉. p.3.

000 컴퓨터과학, 지식, 시스템 (Computer science, knowledge & systems)
010 서지, 서지학 (Bibliographies)
020 문헌정보학 및 도서관학 (Library & information science)
030 백과사전 및 사실에 관한 책 (Encyclopedias & books of facts)
040 [미사용기호] ([Unassigned])
050 잡지, 저널, 연속간행물 (Magazines, journals & serials)
060 학회, 협회, 단체, 조직, 박물관 (Associations, organizations & museums)
070 뉴스미디어, 저널리즘, 출판 (News media, journalism & publishing)
080 일반 전집(General collections)
090 필사본 및 희귀자료, 고서 (Manuscripts & rare books)

[그림 4-31] DDC 컴퓨터과학·정보·총류(000)의 개요

(2) 컴퓨터과학 · 정보 · 총류류의 적용 사례 분석

① Reading and therapy : a systemic view
- 028.9(Reading interests)

② Cambridge university library: the great collections
- 027.7 + -42(T.2) → 027.742

③ Report on forgery works and their cultures
- 098(Prohibited works, forgeries)

④ Design methods and applications for personal computer systems
- 004.25 + -6(004.16 personal computer) → 004.256

⑤ The New encyclopaedia Britannica
- DDC 23: 031

⑥ Chinese publishing: culture of printing
- 070.5 + -09(T.1) + -52(T.2) → 070.50952

⑦ Museum exhibition : theory and practice
- 069.5(Exhibition of museum objects)

⑧ Information sources in management and business
- 016 + 658(General management) → 016.658

⑨ Making the move to RDA : a guide for the occasional cataloger
- 025.32(Descriptive cataloging)

⑩ Defense and detection strategies against computer viruses and anti-virus
- 005.84(Malware)

4.5.2. 100 철학 · 심리학(Philosophy & psychology)

주류 100 철학류는 철학과 그 관련 학문, 심리학 등을 포함하고 있다.

(1) 전개상의 개요와 특성

철학류는 사회과학에 속하는 심리학을 150에 배치한 것 때문에 많은 비판을 받고 있음에도 불구하고, 철학의 전통적인 주요 분과인 형이상학(形而上學, metaphysics)(110), 인식론(epistemology)(120), 철학적 논리학(philosophical logic)(160), 윤리학(ethics)(170), 미학(aesthetics) 등에서 미학을 제외하고는, 비교적 적절한 순서로 다루고 있다는 평가를 받고 있다.[116] 그 개요를 살펴보면 [그림 4-32]와 같다.

100	철학 (Philosophy)
110	형이상학 (Metaphysics)
120	인식론 (Epistemology)
130	초심리학, 신비주의 (Parapsychology & occultism)
140	특정철학학파 (Philosophical schools of thought)
150	심리학 (Psychology)
160	철학적 논리학 (Philosophical Logic)
170	윤리학(도덕철학) (Ethics)
180	고대철학, 중세철학, 동양철학 (Ancient, medieval & eastern philosophy)
190	근대서양철학 (Modern western philosophy)

[그림 4-32] DDC 철학류(100)의 개요

116) J. P. Comaromi. *Dewey Decimal Classification, 20th edition : A study manual* (Colorado: Libraries Unlimited, Inc. 1991). p.143.

(2) 철학류의 적용 사례 분석

① Stoicism : traditions and transformations

- 188(Stoic philosophy)

② Confucian traditions in east Asian modernity

- 181.112(Confucian philosophy)

③ Environmental psychology: advances in theory, methods and applications

- 155.9 (Environmental psychology)

④ Philosophy in classical India: a phenomenological approach

- 181.4(India philosophy)

⑤ Nursing ethics : across the curriculum and into practice

- 174.2(Medical and health professions)

⑥ A guide to teaching research methods in psychology

- 150 − 0 + -072(T.1) → 150.72

⑦ 하서 김인후의 도학사상과 현대문명

- 181.119(Korean philosophy)

⑧ Witchcraft and black magic

- 133.4(Demonology and witchcraft)

⑨ Encyclopedia of applied ethics

- 170 − 0 + -03(T.1) → 170.3

⑩ German psychology of today

- 155.89 + -43(T.2) → 155.8943

4.5.3. 200 종교(Religion)

주류 200 종교류은 초판에서는 종교를 위한 것이 아니라 신학(神學, theology)을 위한 것으로 제시되었으나, 제2판부터 종교라는 이름으로 바뀌어 현재에 이르고 있다.

(1) 전개상의 개요와 특성

종교류는 강목(綱目)의 대부분인 220-280을 기독교에 배정하여, 기독교 중심의 편향된 시각을 가졌다는 비판을 받고 있는 유이다. 그 개요를 살펴보면 [그림 4-33]과 같다.

200	종교 (Religion)
210	종교철학 및 종교이론 (Philosophy & theory of religion)
220	성서 (The Bible)
230	기독교 (Christianity)
240	예배 및 행사 (Christian practice & observance)
250	목회 및 목회학 (Christian pastoral practice & religious orders)
260	기독교단체, 사회사업, 참배 (Christian organization, social work & worship)
270	기독교사 (History of Christianity)
280	기독교교파 (Christian denominations)
290	기타 종교 (Other religions)

[그림 4-33] DDC 종교류(200)의 개요

(2) 종교류의 적용 사례 분석

① The emergence of Jewish theology and process thought

- 296(Judaism) + 3(Theology) → 296.3

② The New Testament: a critical introduction

- 225 + -3(220.6 Interpretation and criticism) → 225.3

③ Tenrikyo: a pilgrimage faith in contemporary Japan

- 299 + -561(Shinto) → 299.561

④ Zen Buddhism: a philosophical investigation and phenomenology

- 294.39 + -27(Zen) → 294.3927

⑤ Catholic church in China

- 282 + -51(T.2) → 282.51

⑥ Rethinking The Koran : its interpretations

- 297.122 + -6(interpretation) → 297.1226

⑦ Buddhist worship and experience in contemporary Korea
- 294.34 + -4(204 Religious experience) → 294.344

⑧ An encyclopedia of world religions
- 200 - 0 + -03(T.1) → 200.3

⑨ The sources of Christian ethics in the Christian tradition
- 241(Christian ethics)

⑩ The mind of God: modern cosmological basis for a rational world
- 215(Science and religion) + 2(Astronomy) → 215.2

(3) 한국 도서관을 위한 DDC 종교류의 재전개[117)]

DDC 제23판의 종교류는 220-280의 7개 강목을 기독교에 배정하여, 기독교 중심성을 보여주고 있다. DDC의 종교류에서는 기독교 이외의 종교를 특별히 강조하고자 하는 특정 종교에 우위를 둘 수 있도록 하는 임의 규정들을 두고 있다.

그러나 기본적으로 이 임의 규정들은 모두 하나의 종교만이 중요시되는 경우에 대비한 것들이기 때문에, 특정의 국교(國教)가 있거나 국민의 대다수가 하나의 종교만을 가지고 있어서 어느 한 종교의 자료가 도서관 장서의 대부분을 차지하는 국가의 경우에는 아주 유익하다. 그러나 한국과 같이, 다수의 종교가 다양하게 공존하는 국가의 경우는 이 임의 규정들이 큰 도움이 되지 못한다. 〈표 4-10〉은 다양한 종교를 수용할 수 있는 재전개 방안으로 고안된 것이다.[118)]

이 재전개안은 DDC 제23판의 220-280에 배정된 성서 및 기독교를 220으로 축소하고, 기타 종교를 230과 280에 배정하고 있다. 이 때 기독교에 관련된 분류 기호는 두 번째 자리에 "2"를 삽입하여 재전개한다. 예를 들면 220인 Bible은 222, 232인 Jesus Christ & his family는 223.2, 285.8인 Puritanism은 228.59로 재전개된다. 또한 230부터 270에는 불교를 비롯한 그 밖의 종교를 배정하여, 여러

117) 이 소절의 내용은 다음 자료의 내용을 DDC 제23판의 내용에 맞게 수정하여 적용한 것이다. 오동근. 『DDC 22의 이해』 (대구: 태일사, 2007). pp.228-230.; 오동근. "한국도서관을 위한 DDC의 재전개 방안." 한국문헌정보학회지 제35권 제4호(2001.12). pp.79-95.

118) Oh Dong-Geun & Yeo Ji-Suk. "Suggesting an option for DDC class religion (200) for nations in which religious diversity predominates." *Knowledge Organization* Vol. 28, No.2 (2001). pp.75-84.

종교간의 균형을 유지하고 있다. 특히 동양 3국의 주요 종교를 상위(240)에 배치시켰는데, 241 도교 및 중국 유래 종교, 242 천도교 및 한국 유래 종교, 243 신도 및 일본 유래 종교가 그것이다.

이 재전개 방식에서 불교(230)와 도교 및 중국 유래 종교(241), 천도교 및 한국 유래 종교(242), 신도 및 일본 유래 종교(243) 등은 290 Other religions 아래에 제시되어 있는 부가표(附加表, add table)[119]를 적용하여 추가로 세분할 수 있다. 이 부가표는 표준세구분 이외에도 종교에 관련된 특정 요소들의 전개 방식을 지시하고 있다. 즉 기타 종교의 해당 종교에 대해서는 201-209에서 20 다음에 오는 기호를 추가하도록 지시하고 있는 것이다. 특히 한국 관련 종교 항목의

〈표 4-10〉 DDC 종교류(200)의 재전개

DDC 23	재전개안
220–280 Subdivisions of Bible & Christianity	220 Christianity & Ancient religion
290 Other religions	222–228 Subdivisions of Bible& Christianity
292 Classical religion	229 Classical & Germanic religion
293 Germanic religion	.2 Classical (Greek & Roman) religion
294 Religions of Indic origin	.3 Germanic religion
.3 Buddhism	230 Buddhism
.4 Jainism	240 Religions of Oriental origin
.5 Hinduism	241 Taoism & Religions of Chinese origin
.6 Sikhism	.9 Other religions of Chinese origin
295 Zoroastrianism	242 Chondoism & Religions of Korean origin
296 Judaism	.9 Other religions of Korean origin
297 Islam, Babism, Bahai Faith	.91 Dankunism(단군교, 대종교)
299 Religions not provided for elsewhere	.92 Jeungsando(증산도)
.51 Religions of Chinese origin	.93 Daesunjinrihoi(대순진리회)
.512 Confusianism	243 Shinto(신도) and Religions of Japanese
.514 Taoism	244 Jainism
.56 Religions of Japanese origin	245 Hinduism
.561 Shinto	246 Sikhism
.57 Religions of Korean Origin	250 Zoroastrianism
	260 Judaism
	270 Islam, Babism, Bahai Faith
	280 [Blank]
	290 Other religions

119) Melvil Dewey. *Dewey Decimal Classification and relative index*. 23rd ed. (Dublin, OH: OCLC, 2011). Vol.2. p.273.

추가의 구체적인 전개가 필요할 경우에는, 부가표를 추가한 후 KDC 제6판의 관련 항목의 전개에 따라 추가로 세분할 수 있다. 이 방식은 기존의 DDC 임의규정의 방식과 동일한 것은 아니지만, 가능한 한 DDC의 기본적인 체계를 따르면서, 한국 도서관의 실정에 맞도록 재전개한 것이다.

이상에서 제시한 DDC의 재전개 방식에 따라, 몇몇 예들을 재전개해보면 다음과 같다.

① The Holly Bible
- DDC 23: 220
- 재전개: 222(두 번째 자리에 "2" 추가)

② 중국어로 된 현대 신약 성서
- DDC 23: 225 + -5(DDC 23 220.5) + -951(T.6) → 225.5951
- 재전개: 222.5 + -5(재전개된 222.05) + -12(재전개된 T.6) → 222.5512

③ 석가모니의 생애
- DDC 23: 294.3 + -63(DDC 23 206.3) → 294.363
- 재전개: 23 + -63(DDC 23 206.3) → 236.3

④ 코 란
- DDC 23: 297.122
- 재전개: 27 + 122(DDC 23 297.122) → 271.22

⑤ 증산도의 전도활동
- DDC 23: 299.57
- 재전개: 242.92 + -7(전도: 종교공통구분안) → 242.927

4.5.4. 300 사회과학(Social sciences)

주류 300 사회과학류는 “인간 사회와 그러한 사회 내에서 이루어지는 개인 간의 관계에 관한 연구”[120]에 해당하는 사회과학의 여러 영역들을 다룬다.

(1) 전개상의 개요와 특성

사회과학류는 DDC의 10개 주류 중 두 번째로 긴 주류로, 문헌정보학(020), 저널리즘(070), 심리학(150), 역사학(900), 자연인류학(physical anthropology, 599.9)을 제외한 사회과학의 제 분야를 포함하고 있다. 그 개요를 살펴보면 [그림 4-34]와 같다.

300	사회과학, 사회학, 인류학 (Social sciences, sociology & anthropology)
301-307	사회학, 인류학 (Sociology and anthropology)
310	통계, 통계학 (Statistics)
320	정치학 (Political science)
330	경제학 (Economics)
340	법률 (Law)
350	행정, 행정학, 군사학 (Public administration & military science)
360	사회문제 및 사회서비스 (Social problems & social services)
370	교육 (Education)
380	통상, 커뮤니케이션, 무역 (Commerce, communications & transportation)
390	관습, 에티켓, 민속, 민속학 (Customs, etiquette & folklore)

[그림 4-34] DDC 사회과학류(300)의 개요

(2) 사회과학류의 적용 사례 분석

① Russian proverbs

- 398.9 + -9171(T.6) → 398.99171

120) “Social science.” 위키피디아 〈https://en.wikipedia.org/wiki/Social_science〉. 2020. 1. 5.

② Labor and employment compliance law in France

- 344 + -44(T.2) + 01(labor law) → 344.4401

③ Taxes in Brasil: what everyone needs to know

- 336.2 + 0 + -09(T.1) + -81(T.2) → 336.200981

④ New trends in chemistry curricula and teaching

- 375 + 540(Chemistry) → 375.54

⑤ Textiles industries in the 21st century

- 338.47 + 677(Textiles) → 338.47677

⑥ School counseling in the secondary school: practical strategies & techniques

- 373.1 + -4(371.4 counseling) → 373.14

⑦ The Journal of political science

- 320 + -05(T.1) → 320.05

⑧ Social futures, global visions: the next forty years

- 303.49

⑨ The philosophy of criminal law: the prevention and the limits

- 345 + 0 + -01(T.1) → 345.001

⑩ Dilemmas of care in the Swedish welfare state

- 361.9 + -485(T.2) → 361.9485

4.5.5. 400 언어(Language)

주류 400 언어류는 전 세계의 거의 모든 언어들을 다루고 있는 주류로, 10개 주류 중 그 길이가 가장 짧다.

(1) 전개상의 개요와 특성

언어류는 문학류(800)와 마찬가지로, 서양 언어(西洋言語)를 중심으로 하여 전개하고 있다. 이러한 문제점을 보완하기 위해, 그 밖의 특정 언어에 대해 자국우위(自國優位, local emphasis)를 부여할 수 있도록 하기 위해 임의 규정(任意

規程, options)을 마련하고 있다. 또한 언어류의 각국어의 전개는 제4보조표(T.4)를 활용하여 이루어지므로 패싯식 분류법의 성격이 강한 주류의 하나이다. 그 개요를 살펴보면 [그림 4-35]과 같다.

400	언어 (Language)
410	언어학 (Linguistics)
420	영어 및 고대영어 (English & Old English Languages)
430	독일어 및 관련어 (German & related languages)
440	불어 및 관련어 (French & related languages)
450	이탈리아어, 루마니아어 등 관련어 (Italian, Romanian & related languages)
460	스페인어, 포르투갈어, 갈리시안어 (Spanish & Portuguese, Galician)
470	라틴어 및 고대이탈리아어 (Latin & Italic languages)
480	고대 및 현대 그리스어 (Classical & modern Greek languages)
490	기타 언어 (Other languages)

[그림 4-35] DDC 언어류(400)의 개요

(2) 언어류의 적용 사례 분석

① The psychology of language

- 401.9

② Noun phrase complexity in English

- 42 - 0 + -55(T.4) → 425.5

③ Dirty French : everyday slang

- 44 - 0 + -7(T.4) → 447

④ An etymological study of the Chinese

- 495.1 + -2(T.4) → 495.12

⑤ Webster's new world German dictionary

- 43 - 0 + -3(T.4) + -21(T.6) → 433.21

⑥ Practical business Japanese

- 495.6 + -8(T.4) → 495.68

⑦ The phonetics of Russian

- 491.7 + -15(T.4) → 491.715

⑧ Research methods in dialectology

- 417.2 + + -0721(T.1) → 417.20721

⑨ Understanding semantics: an introduction to meaning in language

- 401.43

⑩ Swedish-German dictionary

- 439.7 + 3(T.4) + -31(T.6) → 439.7331

(3) 한국 도서관을 위한 DDC 언어류의 재전개[121)]

DDC 제23판의 언어류의 강목은 대부분 서양 언어(西洋言語)가 차지하고 있고, 그 밖의 언어는 490 단 하나의 강목에 분류되고 있다. 이러한 단점을 보완하기 위해 DDC에서는 특정 언어에 대해 자국 우위(自國優位, local emphasis)를 부여할 수 있도록 두 가지 임의 규정을 두고 있다. 420-490 아래에 제시되어 있는 임의 규정(Option B)[122)]은 자국 우위를 부여하고자 하는 언어에 대해 두 번째 패싯에 문자나 부호를 사용하여 표시하고 그 언어를 첫 번째로 배열하도록 하는 것이다. 예를 들면 한국어에 자국 우위를 부여하기 위해 '495.7'이라는 기호 대신 Korean의 첫 글자를 언어 패싯에 삽입하여 '4K0'으로 표시하는 것이 그것이다. 이 방식은 아라비아 숫자만으로 된 순수기호법을 사용하는 DDC의 성격에도 맞지 않을뿐더러, 특히 자동화된 상황에서 컴퓨터를 이용하여 '4K0'을 420 앞에 오도록 배열하는 것도 사실상 불가능하다는 문제점이 있다. 따라서 410에 자국 우위를 부여하고자 하는 언어를 배정하고, 401-409에 언어학의 세목들을 재배치하고, 400.1-400.9에 언어와 언어학의 표준세구분을 재배치하도록 하는 Option A를 채택하는 것이 바람직할 것이다. 〈표 4-11〉은 이 임의 규정(Option A)과 재전개된 국어구분표(T.6)[123)]를 활용하여 언어류를 재전개한 것이다.

---

121) 이 소절의 내용은 다음 자료의 내용을 DDC 제23판의 내용에 맞게 수정하여 적용한 것이다. 오동근. 『DDC 22의 이해』 (대구: 태일사, 2007). pp.260-261.; 오동근. "한국도서관을 위한 DDC의 재전개 방안." 한국문헌정보학회지 제35권 제4호(2001.12). pp.79-95.

122) Melvil Dewey. *Dewey Decimal Classification and relative index*. 23rd ed. (Dublin, OH: OCLC, 2011). Vol.2. p.939.

123) DDC의 재전개된 국어구분표에 대해서는, 4.4.6.과 〈표 4-9〉 참조.

〈표 4-11〉 DDC 언어류의 재전개

DDC 23	재전개안
400 Languages	400.1–.9 Standard subdivisions of language and of linguistics
410 Linguistics	401–409 Subdivisions of Linguistics
420 English & Old English languages	410 Languages of East and Southeast Asia
430 German & related languages	411 Korean
440 French & related languages	412 Chinese
450 Italian, Romanian & related languages	413 Japanese
460 Spanish & Portuguese languages	414 Tibetan & related languages
470 Latin & Italic languages	418 Burmese
480 Classical & modern Greek languages	420 English & Old English languages
490 Other languages	430 German & related languages
495 Languages of East and Southeast Asia	440 French & related languages
.1 Chinese	450 Italian, Romanian & related languages
.4 Tibetan & related Tibeto-Burman languages	460 Spanish & Portuguese languages
.6 Japanese	470 Latin & Italic languages
.7 Korean	480 Classical & modern Greek languages
.8 Burmese	490 Other languages

이 재전개안은 410 아래의 임의 규정에 따라, 410에 한국과 중국, 일본 및 동아시아, 동남아시아의 언어를 재전개하고, 410에 분류되었던 언어학을 400, 언어학의 세구분을 401-409에 재전개하였다. 이것은 DDC의 국어구분표(T.6)의 골격을 따르면서 한국어와 중국어, 일본어를 대등한 수준에서 다룰 수 있도록 전개한 것이다.

이러한 DDC의 재전개 방식에 따라, 몇몇 예들을 재전개해보면 다음과 같다.

① 한국어 문법

- DDC 23: 4 + -957(T.6) + -5(T.4) → 495.75
- 재전개: 4 + -11(T.6) + -5(T.4) → 411.5

② 중국어 방언

- DDC 23: 4 + -951(T.6) + -7(T.4) → 495.17
- 재전개: 4 + -12(T.6) + -7(T.4) → 412.7

③ 일본어의 어원

- DDC 23: 4 + -956(T.6) + -2(T.4) → 495.67
- 재전개: 4 + -13(T.6) + -2(T.4) → 413.7

4.5.6. 500 과학(Science)

주류 500 과학류는 "물질과 에너지 또는 자연에서 관찰할 수 있는 대상과 과정을 다루는 과학"[124)]인 자연과학 그리고 수학을 포함하고 있다.

(1) 전개상의 개요와 특성

자연과학류의 전반부에는 순수과학의 여섯 개 분야, 수학(510)과 천문학(520), 물리학(530), 화학(540), 지구과학(550), 고생물학(560)이 배정되어 있고, 후반부의 세 개 강에는 생물학 분야, 즉 생명과학(570), 식물(580), 동물(590)이 배정되어 있다. 그 개요를 살펴보면 [그림 4-36]과 같다.

500	과학 (Science)
510	수학 (Mathematics)
520	천문학 (Astronomy)
530	물리학 (Physics)
540	화학 (Chemistry)
550	지구과학 및 지학 (Earth sciences & geology)
560	화석 및 선사시대 생명체 (Fossils & prehistoric life)
570	생물학 (Biology)
580	식물 (식물학) (Plants (Botany))
590	동물 (동물학) (Animals (Zoology))

[그림 4-36] DDC 과학류(500)의 개요

124) Melvil Dewey. *Dewey Decimal Classification and relative index*. 21st ed. (New York: Forest Press, 1996). vol.2. p.899.

(2) 과학류의 적용 사례 분석

① The Christian calendars

- 529.4

② A Concise dictionary of physics

- 530 + -03(T.1) → 530.03

③ Geology and mineral resources of Japan

- 550 - 0 + -52(T.1) → 555.2

④ Insect ecology: an ecosystem approach

- 595.7 + 1 + 7(animal ecology) → 595.717

⑤ Organic, physical, and materials photochemistry

- 547.1 + 35(photochemistry) → 547.135

⑥ Aquatic and wetland plants of the Western Gulf Coast

- 581.7 + 6(Aquatic ecology) → 581.76

⑦ Antarctic climate change: from the past to the future

- 551.69 + -989(T.2) → 551.69989

⑧ Statistical computing: using Microsoft Excel

- 519.5 + -0285(T.1) → 519.50285

⑨ Plant cell death processes

- 571.93 + 6(cell biology → 571.936

⑩ Animals of the Arctic: the ecology of the Far North

- 591.7 + 586(Tundra) → 591.7586

4.5.7. 600 기술과학(Technology)

주류 600 기술과학류는 DDC 초판의 발행 이래로 가장 많은 성장을 보인 학문 분야[125]로, 10개 주류 중 가장 긴 주류이다.

(1) 전개상의 개요와 특성

기술과학류에는 인간 생활의 응용을 목적으로 하는 기술과학 또는 응용과학(applied sciences)에 해당하는 분야들이 포함되어 있다. 일반적으로 이 주류는 DDC의 강목(綱目)의 배열 순서가 가장 혼란스럽다는 비판을 받기도 하며,[126] 비논리적 배열과 학문적인 중복, 학문의 성장에 따른 불가피한 세분 전개에 대한 문제점도 지적되고 있다.[127] 그 개요를 살펴보면 [그림 4-37]과 같다.

600	기술, 테크놀로지 (Technology)
610	의학 및 보건 (Medicine & health)
620	공업, 공학 (Engineering)
630	농업, 농학 (Agriculture)
640	가정학 및 가정관리 (Home & family management)
650	경영학 및 홍보 (Management & public relations)
660	화학공학 (Chemical engineering)
670	제조업 (Manufacturing)
680	특정제조업 (Manufacture for specific uses)
690	건물의 건축 (Construction of buildings)

[그림 4-37] DDC 기술과학류(600)의 개요

---

125) Mona L. Scott. *Dewey Decimal Classification, 21st edition* (Englewood: Libraries Unlimited, Inc., 1998). p.131.

126) Marty Bloomsberg & Hans Weber. *An introduction to classification and number building in Dewey* (Colorado: Libraries Unlimited, 1976). p.114.

127) Mona L. Scott. *Dewey Decimal Classification, 21st edition* (Englewood: Libraries Unlimited, Inc., 1998). p.131.

(2) 기술과학류의 적용 사례 분석

① Medical education: developing a curriculum for practice in the Germany

- 610 + -0711((T.1) + 43(T.2) → 610.71143

② An introduction to the system of patents in China

- 608.7 + -51(T.2) → 608.751

③ Elon Musk, management pioneer: a biography

- 658 + 0 + -092((T.1) → 658.0092

④ Nutritional elements of the horses: an instructional manual for the rancher, dairyman

- 636.1 + -085(Feeds and applied nutrition) → 636.1085

⑤ Hematology of infancy and childhood

- 618.92 + -15(Diseases of blood) → 618.9215

⑥ Industrial buildings: conservation and regeneration

- 690 + -54(Industrial buildings) → 690.54

⑦ Japanese ordinary cooking

- 641.59 + -52(T.2) → 641.5952

⑧ The dyeing of sheep wools: the scientific bases and the techniques of application

- 667.3 + -31(sheep wools) → 667.331

⑨ Prospecting strategies for optimizing petroleum exploration

- 622.18 + -28(petroleum) → 622.1828

⑩ The technology of food low temperature preservations: vegetables and fruits

- 664.8 + -285(low temperature preservations) → 664.8285

4.5.8. 700 예술(Arts & recreation)

주류 700 예술류는 인간의 창조 활동의 영역인 예술과 여가 활동에 관련된 레크리에이션을 포함하고 있다.

(1) 전개상의 개요와 특성

예술류는 문학(800)을 제외한 대부분의 예술 및 레크리에이션 분야를 다루고 있는데, 그 개요를 살펴보면 [그림 4-38]과 같다.

700	예술 (Arts)
710	조경, 도시계획, 지역계획 (Area planning & landscape architecture)
720	건축술 (Architecture)
730	조각, 요업, 금속세공 (Sculpture, ceramics & metalwork)
740	그래픽아트, 장식예술 (Graphic arts & decorative arts)
750	회화, 회화작품 (Painting)
760	판화, 판화작품 (Printmaking & prints)
770	사진술, 사진작품, 컴퓨터아트, 영화, 비디오 (Photography & computer art, film, video)
780	음악 (Music)
790	스포츠, 게임, 오락 (Sports, games & entertainment)

[그림 4-38] DDC 예술류(700)의 개요

(2) 예술류의 적용 사례 분석

① Traditional Korean ceramics

- 738 + -09(T.1) + -519(T.2) → 738.09519

② The Concise Oxford dictionary of arts

- 700 - 0 + -03(T.1) → 700.3

③ Landscape design: commercial and shopping centre

- DDC 23: 711.552

④ Recreation management for today's society

- 790 + -069(T.1) → 790.069

⑤ Cézanne, Matisse and Picasso: masterpieces from the Musée d'Orsay

- 759 + -4(T.2) → 759.4

⑥ Aldo Rossi, buildings and projects: biography

- 720 - 0 + -092(T.1) → 720.92

⑦ The human figures image: masters of portraits photography

- 779 + -2(human figures) → 779.2

⑧ Foundations and principles of music higher education in Italy

- 780 - 0 + -071(T.1) + 1 + -45(T.2) → 780.71145

⑨ Origins of Egyptian printmaking

- 769.9 + -62(T.2) → 769.962

⑩ Religious television program: the critical view

- 791.456 + -82(T.3-C, religious themes) → 791.45682

4.5.9. 800 문학(Literature)

주류 800 문학류는 전 세계의 거의 모든 문학 작품들과 문학에 관한 저작들을 다루고 있다.

(1) 전개상의 개요와 특성

문학류는 언어류(400)와 마찬가지로, 서양 문학을 중심으로 전개하고 있다. 이와 관련하여, 특정 문학에 대해 자국 우위(自國優位, local emphasis)를 부여할 수 있도록 하기 위해 임의 규정(任意規程, options)을 마련하고 있다. 또한 각국어 문학의 전개는 제3보조표(T.3)를 활용하여 이루어지므로, 패싯식 분류법의 성격이 강한 주류의 하나이다. 그 개요를 살펴보면 [그림 4-39]와 같다.

800	문학, 수사학, 비평 (Literature, rhetoric & criticism)
810	미국문학 (American literature in English)
820	영문학 (English & Old English literatures)
830	독일문학 (German & related literatures)
840	프랑스문학 (French & related literatures)
850	이탈리아 및 루마니아문학 (Italian, Romanian & related literatures)
860	스페인문학, 포르투갈문학, 갈리시안문학 (Spanish & Portuguese, Galician literatures)
870	라틴문학, 고대 이탈리아문학 (Latin & Italic literatures)
880	고대 및 현대 그리스문학 (Classical & modern Greek literatures)
890	기타문학 (Other literatures)

[그림 4-39] DDC 문학류(800)의 개요

(2) 문학류의 적용 사례 분석

① Faust / Johann Wolfgang von Goethe

- 830 − 0 + -2(T.3A) +6(period) → 832.6

② War and peace / Leo Tolstoy

- 891.7 + -3(T.3A) + 3(period) → 891.733

③ Rhetoric of epic poetry

- 808.1 + 32(T.3B: epic poetry) → 808.132

④ Traditional Japanese poetry: waka and haiku

- 895.6 + -1(T.3B) +1(period) → 895.611

⑤ Modernism, feminism, and Jewishness of French literature

- 840 - 0 + -09(T.1) → 840.9

⑥ Anthology of short stories from the world's literature

- 808.8 + 3(T.3B: fiction) → 808.83

⑦ Gone girl: a novel / Gillian Flynn(미국소설가)

- 810 − 0 + -3(T.3A) + 6(period) → 813.6

⑧ Nationalism, exoticism, imperialism of nineteenth-century literature: History and criticism

- 809 + 93 + -358(T.3C) → 809.93358

⑨ Dreams in ancient Greek comedy, Aristophanes and Sophocles

- 880 - 0 + -2(T.1) + 0(facet indicator) + 1(period) → 882.01

⑩ English for academic writing: essential skills and exercises

- 808.04 + -2(T.6) → 808.042

(3) 한국 도서관을 위한 DDC 문학류의 재전개[128)]

DDC 제23판 문학류의 강목은 서양 문학이 대부분을 차지하고 있고, 그 밖의 문학은 890 단 하나의 강목에 분류되고 있다. 이러한 단점을 보완하기 위해 DDC에서는 특정 문학에 대해 자국 우위(自國優位, local emphasis)를 부여할 수 있는 세 개의 임의 규정을 두고 있다.[129)] 810-890 아래에 제시되어 있는 임의 규정(Option B)[130)]은 언어의 Option B와 마찬가지로, 자국 우위를 부여하고자 하는 문학에 대해 두 번째 패싯에 문자나 부호를 사용하여 표시하고 그 언어를 첫 번째로 배열하도록 하는 것으로, 앞서 지적한 언어의 임의 규정과 동일한 문제점이 있다. Option C는 동일한 언어를 사용하는 서로 다른 문학을 구별하기 위한 것으로, 한국 문학에는 해당되지 않는다. 810 아래에 제시되어 있는 Option A는 자국 우위를 부여하고자 하는 문학을 810에 분류하고, 원래 810에 분류되었던 미국 문학을 820으로 옮기도록 하는 것이다. 따라서 이 임의 규정(Option A)이 우리의 상황에서는 더 적합할 것이다. 〈표 4-12〉는 이 Option A와 재전개된 국어구분표(T.6)[131)]를 활용하여 문학류를 재전개한 것이다.

---

128) 이 소절의 내용은 다음 자료의 내용을 DDC 제23판의 내용에 맞게 수정하여 적용한 것이다. 오동근. 『DDC 22의 이해』(대구: 태일사, 2007). pp.320-330.; 오동근. "한국도서관을 위한 DDC의 재전개 방안." 한국문헌정보학회지 제35권 제4호(2001.12). pp.79-95.

129) Melvil Dewey. *Dewey Decimal Classification and Relative Index.* 23rd ed.(New York: Forest Press, 2011). Vol.3. p.794.

130) *Loc. cit.*

131) DDC의 재전개된 국어구분표에 대해서는, 4.4.6.과 〈표 4-9〉 참조.

〈표 4-12〉 DDC 문학류(800)의 재전개

DDC 23	재전개안
810 American literature in English	810 Literatures of East and Southeast Asia
820 English & Old English literatures	811 Korean literature
830 German & related literatures	812 Chinese literature
840 French & related literatures	813 Japanese literature
850 Italian, Romanian & related literatures	814 Tibetan & related Tibeto-Burman literatures
860 Spanish & Portuguese literatures	818 Burmese literature
870 Latin & Italic literatures	820 English & Old English literatures
880 Classical & modern Greek literatures	830 German & related literatures
890 Other literatures	840 French & related literatures
895 Literatures of East and Southeast Asia	850 Italian, Romanian & related literatures
.1 Chinese literature	860 Spanish & Portuguese literatures
.4 Tibetan & related Tibeto-Burman literatures	870 Latin & Italic literatures
.6 Japanese literature	880 Classical & modern Greek literatures
.7 Korean literature	890 Other literatures
.8 Burmese literature	

이 재전개안은 810 아래의 임의 규정에 따라, 810에 한국과 중국, 일본 및 동아시아, 동남아시아 등의 문학을 재전개하고, 810에 분류되었던 미국 문학을 820 영국 문학과 통합하고 있다. 이것은 DDC의 국어구분표(T.6)의 골격을 따르면서 한국어와 중국어, 일본어를 대등한 수준에서 다룰 수 있도록 전개한 것이다.

이러한 DDC의 재전개 방식에 따라, 몇몇 예들을 재전개해보면 다음과 같다.

① 미국대표문학선집

- DDC 23: 81 + -08(T.3B) → 810.8
- 재전개: 82 + -08(T.3B) → 820.8

② 이태백 시선

- DDC 23: 895.1 + -1(T.3A) → 895.11
- 재전개: 812 + + -1(T.3A) → 812.1

③ 사랑 / 이광수 (한국소설)

- DDC 23: 895.7 + -3(T.3A) → 895.73
- 재전개: 811 + -3(T.3A) → 811.3

4.5.10. 900 역사 · 지리(History & geography)

주류 900 역사 · 지리류는 전 세계의 역사와 지리를 다루며, 통상 "역사류"로 불린다. 특히 이 주류의 전개는 제2보조표(T.2) 지역구분표와 밀접한 관련을 갖는다.

(1) 전개상의 개요와 특성

역사 · 지리류는 910에 지리, 920에 전기를 분류한 후, 930-990의 7개 강목은 제2보조표의 -3-9와 조기성을 갖도록 하여, 전 세계의 역사를 분류하도록 하고 있다. 그 개요를 살펴보면 [그림 4-40]과 같다.

900	역사 (History)
910	지리, 지리학, 여행 (Geography & travel)
920	전기 및 보학 (Biography & genealogy)
930	고대사 (History of ancient world (to ca. 499))
940	유럽사 (History of Europe)
950	아시아사 (History of Asia)
960	아프리카사 (History of Africa)
970	북미사 (History of North America)
980	남미사 (History of South America)
990	기타 지역 역사(History of other areas)

[그림 4-40] DDC 역사·지리류(900)의 개요

(2) 역사 · 지리류의 적용 사례 분석

① The Visions of time: a new look at the philosophy of history

- 900 - 00 + -01(T.1) → 901

② Genealogy of the Herbert Hoover family

- 929.2 + -09(T.1) + -42(T.2) → 929.20942

③ Facts and figures of The Russia: a systematic geography

- 910 - 0 + -47(T.2) → 914.7

④ The Chinese neolithic: before the Shang dynasty, ancient peoples and places

- 931.01

⑤ Of men and science: the autobiography of the world's most famous chemist

- 925.4
- 또는 540 - 0 + -092(T.1) → 540.92

⑥ The Unification of Germany: Politics and government, 1815-1866

- 900 − 00 + -43(T.2) + 07 → 943.07

⑦ Studies of the era under the colonial administration of imperial Japan

- 900 − 00 + -519(T.2) + 03 → 9451.903

⑧ A Wonderful journey through history, culture and art of Italy

- 910 − 0 + -45(T.2) + -04(travel) → 914.504

⑨ 100 Great Asians of the early 21st century: an autobiography

- 920.0 + -5(T.2) → 920.05

⑩ World War II, causes and outbreak

- 909.825
- 또는 940.5311

(2) 한국 도서관을 위한 DDC 역사 · 지리류의 재전개[132)]

DDC 제23판의 역사류에서 재전개가 가장 필요한 부분은 각국 지리(913-919)와 각국 역사(930-990)로, 두 경우 모두 해당 주제의 기본 기호에 재전개된 지역구분표(T.2)의 기호[133)]를 붙여 재전개할 수 있다. <표 4-13>은 아시아 역사에 관련된 재전개 부분을 제시한 것이다. 또한 한국과 중국, 일본의 세분전개는 KDC 제6판 지역구분표의 -11-13에 전개된 해당 국가의 지리 구분의 전개를 그대로 채용하여,[134)] 필요할 경우 추가 전개가 가능하게 된다.

〈표 4-13〉 아시아역사(950)의 재전개안 (일부)

DDC 23	재전개안
950 History of Asia Orient Far East 951 China and adjacent areas .1–.8 Subdivisions of China 951.9 Korea .93 North Korea .95 South Korea 952 Japan 953 Arabian Peninsula and adjacent areas	950 General history of Asia Orient Far East 951 Korea .1–.9 Subdivisions of Korea 952 China and Japan .1–.8 Subdivisions of China .9 Japan 953 Arabian Peninsula and adjacent areas

이러한 DDC의 재전개 방식에 따라, 몇몇 예들을 재전개해보면 다음과 같다.

① 제주도 지리

- DDC 23: 91 + -5195(T.2) → 915.195(한국지리)
- 재전개: 91 + -51(T.2) + -99(KDC6 911.99) → 915.199

② 일본 지리

- DDC 23: 91 + -52(T.2) → 915.2
- 재전개: 91 + -529(T.2) → 915.29

---

132) 이 소절의 내용은 다음 자료의 내용을 DDC 제23판의 내용에 맞게 수정하여 적용한 것이다. 오동근. 『DDC 22의 이해』 (대구: 태일사, 2007). pp.344-345.; 오동근. "한국도서관을 위한 DDC의 재전개 방안." 한국문헌정보학회지 제35권 제4호(2001.12). pp.79-95.

133) DDC의 재전개된 지역구분표에 대해서는, 4.4.2.와 〈표 4-5〉 및 〈표 4-6〉 참조.

134) 한국도서관협회. 한국십진분류법(KDC). 제6판. (서울: 한국도서관협회. 2013). 제1권. pp.17-26.

③ 서울의 역사

- DDC 23: 9 + -5195(T.2) → 951.95(한국사)
- 재전개: 9 + -51(T.2) + -6(KDC6 911.6) → 951.6

④ 당사(唐史)

- DDC 23: 9 + -51(T.2) + -017(본표) → 951.017
- 재전개: 9 + -52(T.2) + -038(KDC6 912.038) → 952.038

제 5 장

KDC의 이해와 적용

한국십진분류법은 한국도서관협회의 분류위원회에서 개발과 개정 등을 맡아 관리하고 있는 대한민국의 표준분류표이다. 영어로는 Korean Decimal Classification 이라고 하며, 약칭으로 KDC라고 부른다. 이 장에서는 KDC의 역사와 현황, 특성, 사용법 등을 구체적으로 살펴보고자 한다.

5.1. 발전 과정과 이용 현황

KDC는 1964년에 초판이 발행된 이후 발전을 거듭하면서, 2013년에 제6판이 발행되어 공공도서관과 학교도서관을 비롯한 많은 도서관에서 활용되고 있다. 이 소절에서는 그 역사적 발전 과정과 이용 현황에 대해 다루어 보고자 한다.

5.1.1. 개발과 발전 과정

한국의 도서관 현장에서는 일제로부터의 독립과 함께, 일제 강점기에 사용되던 조선총독부도서관 분류법이나 경성제국대학 부속도서관 화한서분류표(和漢書分類表)[1)]이나 양서분류표(洋書分類表)[2)] 등은 자취를 감추게 되고, 한국인에

1) 『和漢書分類表』(發行地未詳: 發行處未詳).

2) Keijo Imperial University Library, *Classification of European books* (Keijo, 1934).

의해 개발된 박봉석의 조선십진분류표(KDCP)[3]나 고재창의 한은분류표(韓銀分類表),[4] 국방연구원의 국연십진분류표(國硏十進分類表)[5] 등이 사용되기 시작하였다. 또한 서양의 문헌정보학이 도입되기 시작하면서는 듀이십진분류법(Dewey Decimal Classification)도 널리 사용되기 시작하였다.

그러나 기존의 분류표에 대해 다양한 문제점이 제기되었는데, 예를 들면 조선십진분류표는 네 자리까지만 전개했기 때문에 분류 항목이 부족하여 규모가 큰 도서관으로부터 불만을 샀고, DDC는 서양 중심의 전개로 우리 실정에 맞지 않는다는 점에서 비판을 받고 있었다.

이러한 상황에서, 한국도서관협회의 결성과 더불어 1963년에 분류분과위원회가 구성되면서 한국형 분류표의 편찬이 결정되고, 1964년 5월 그 초판[6]이 발행되었다. 이 분류표는 듀이십진분류법과 일본십진분류법, 박봉석의 조선십진분류표, 구개명(裘開明)의 한화도서분류법(漢和圖書分類法), 성균관대학교 도서관의 한적분류법, 미국의회도서관분류법, 국제십진분류법 등을 참고하여 개발

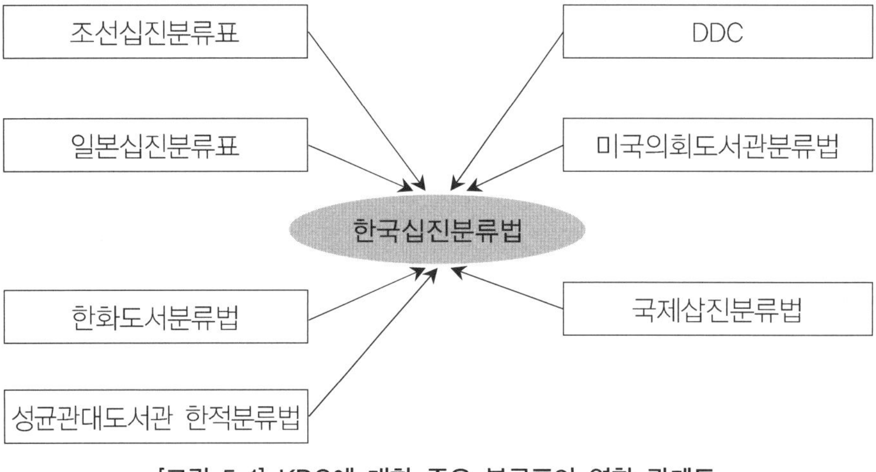

[그림 5-1] KDC에 대한 주요 분류표의 영향 관계도

---

3) 朴奉石 編.『韓國十進分類法』(서울: 國立圖書館, 1947).

4) 한국은행 조사부,『한은도서분류법』(1954).

5) 國防硏究院.『國硏十進分類表』(1958).

6) 韓國圖書館協會 編.『韓國十進分類法』(서울: 韓國圖書館協會, 1964).

되었다[7]([그림 5-1] 및 〈표 5-1〉 참조). 결국 당대의 최고의 분류표들을 모두 참고하여 그 장점들을 한국십진분류법에 도입하고자 시도하였던 것이다. 저자는 한국십진분류법의 이러한 특징을 들어 "찌개 분류표"라는 용어로 설명한 바 있다.[8]

〈표 5-1〉 KDC와 주요분류표 참고 내용

분류표	참고내용
듀이십진분류법(DDC)	주류 배열 등 전반
일본십진분류법(NDC)	일부 강목과 요목 및 세목의 전개
조선십진분류표(KDCP)	한국과 동양 관련 주제의 전개
구개명 한화도서분류법	한국과 동양 관련 주제의 전개
성균관대도서관 한적분류법	한국과 동양 관련 주제의 전개
미국의회도서관분류법(LCC)	사회과학 분야 강목의 전개
국제십진분류법(UDC)	의학 분야 요목의 전개

한국십진분류법은 이후 개정을 거듭하여 현재 제6판을 발행하고 있다(〈표 5-2〉 참조).

〈표 5-2〉 KDC의 발행 역사

판차	발행연도	권수	구성	전체 페이지	편집책임자
1	1964	1	본표(상관색인 포함)	642	천혜봉
2	1966	1	본표(상관색인 포함)	686	천혜봉
3	1980	2	본표, 상관색인	1,027	이병수
4	1996	2	본표, 상관색인	1,516	권기원
5	2009	2	본표, 상관색인	1,540	남태우
6	2013	3	본표, 상관색인, 해설서	1,719	오동근

7) 오동근, 배영활, 여지숙. 『KDC의 이해』 (대구: 태일사, 2002). p.24.

8) 이것은 분류표에도 그 나라의 문화적 특성이 반영된다는 설명으로, 이러한 시각에서 다양한 MARC 시스템의 특성들을 도입하고자 한 KORMARC은 "찌개 MARC"로 설명할 수 있을 것이다. 자세한 내용은 Dong-Geun Oh. "Developing and maintaining a national classification system, Experience from Korean Decimal Classification." *Knowledge Organization,* Vol. 39, No.2 (2012). pp.72-82. 참조.

최신판인 제6판은 2013년 7월에 발행되었다. 개정은 가능한 한 기존의 기본 골격을 유지하면서, 필요할 경우 특정 주제 분야는 적극적으로 개정한다는 방침에 따라 이루어졌다. 그 주요 방침을 살펴보면 다음과 같다.9)

① 주류와 강목은 제5판의 골격을 가능한 한 그대로 유지하되, 학문의 발전과 도서관의 실제 장서 구성에서 많은 차이를 보이거나 필요할 경우 특정 주제 분야는 적극적으로 개정하도록 한다.
② 조기표(助記表)의 개정 및 본표의 조기성(助記性)은 일관성 있게 유지한다.
③ 기술 방식(記述方式)을 전체적으로 통일하고, 용어를 최신화 · 현대화한다.
④ 북한 관련 항목을 분류표에 적절하게 반영한다.
⑤ KDC 제5판의 오류와 표기상의 미비점(未備點) 등을 수정 · 보완한다.
⑥ 분류 기호 합성 방식(合成方式)을 적극적으로 도입하고, 분류 항목에 다양한 주기(註記)를 기술한다.
⑦ 의미상 한자(漢字)의 병기(倂記)가 필요한 경우에는 이를 ( ) 속에 병기한다.
⑧ 조기표 중 지역구분표에 통합된 한국지역구분표 그리고 사실상 제한적으로 사용되고 있는 한국시대구분표는 별도의 조기표로 유지하지 않는다.
⑨ 도서관에 따라 선택적으로 적용할 수 있는 별법(別法)에 대해서는, 맨 앞에 "별법: "을 명시하여 표시하기로 한다.
⑩ KDC를 사용하는 도서관의 분류 실무(分類實務)와 이용자의 주제 접근(主題接近)에 유용하게 사용할 수 있도록 제6판의 간략판 및 해설서(매뉴얼)를 발간하고, 차후 KDC를 기반으로 한 시소러스도 함께 편찬할 수 있도록 대비한다.10)

이상의 방침에 따른 특징 이외에도, 한국십진분류법 제6판은 다음과 같은 주요 특징을 추가로 가지고 있다.11)

---

9) 한국도서관협회 편. 『한국십진분류법』 제6판.(서울: 한국도서관협회, 2013). 제1권. p.x.

10) 해설서는 제6판과 함께 발행되었으나, 간략판은 아직 발행되지 못하였다.

11) 오동근, 여지숙, 배영활. 『한국십진분류법 제6판의 이해와 적용』 (대구: 태일사, 2014). pp.6-7, KDC 제6판의 개정과정에 대해서는, 제1권의 "분류위원회보고"(ix-xvi) 참조.

① 학문 발전 및 도서관의 실제 장서 구성의 최신 동향(最新動向)에 따른 필요한 부분들의 재전개
② 불합리하다고 지적된 일부 강목('건축술 및 건물' → '540 건축, 건축학') 및 요목(要目)의 통폐합(統廢合)
③ 주요 분류 항목에 대한 상세한 주기(註記)의 추가
④ 인덴션의 도입을 포함한 상관색인(相關索引)의 대대적인 수정 및 보완
⑤ 국립중앙도서관 국가서지과와의 지속적 협의 및 자문을 통한 도서관 현장의 의견 반영
⑥ 주요 주제 분야의 전문가 및 교수의 자문을 통한 주제 분야의 전문성(專門性) 강화

특히 제6판의 개정 작업에는 한국도서관협회 분류위원회의 전문위원들의 참여뿐만 아니라, 다양한 주제 분야의 주제 전문가들이 자원 봉사(自願奉仕) 컨설턴트의 형식으로 참여하여 자문하고, 국립중앙도서관에서는 태스크포스팀을 만들어 지원하고 협력하는 등 많은 외부 인력들의 적극적인 참여와 협력이 있었다.[12)]

5.1.2. 이용 현황

KDC는 우리나라의 대부분의 공공도서관과 학교도서관이 채택하고 있는 표준분류법이다. 최근의 통계를 살펴보면, 2018년 현재 공공도서관에서는 동양서의 경우 99.5%, 서양서의 경우 99.3%가 한국십진분류법을 사용하고 있는 것으로 나타나고 있다.[13)] 2017년의 자료에 의하면, 대학도서관에서는 2016년 현재 동양서의 경우 55.8%, 서양서의 경우 38.7%가 한국십진분류법을 사용하고 있는 것으로 나타났다.[14)] (〈표 5-3〉와 〈표 5-4〉 참조). 공공도서관의 경우는 대부분

12) 이러한 과정은 분류표 개정의 하나의 모범 사례로서 다음 자료에 국제적으로 소개된 바 있다: Dong-Geun Oh. "Revision of the national classification system through cooperative efforts: A case of Korean Decimal Classification 6th edition (KDC 6)." *Knowledge Organization,* Vol. 45, No.7 (2018). pp.559-573.

13) 문화체육관광부. 국가도서관통계시스템(〈https://www.libsta.go.kr/〉)의 2018년 데이터 분석 결과임.

14) 한국교육학술정보연구원. 학술정보통계시스템(〈http://www.rinfo.kr〉의 2016년 데이터 분석 결과임.

동양서와 서양서의 분류에 KDC를 채택하고 있는 반면, 대학도서관의 경우는 DDC를 채택하는 경향이 많음을 알 수 있다.

KDC의 분류 기호는 국립중앙도서관 CIP센터에서 제공하는 '출판예정도서목록'15)(CIP, Cataloging In Publication) 데이터([그림 5-2] 참조)와 국립중앙도서관의 온라인 종합 목록(http://www.nl.go.kr)과 MARC 레코드([그림 5-3]과 [그림 5-4] 참조)에 포함되어 있다. KORMARC 레코드에는 056 필드에 KDC, 082 필드에 DDC의 분류 기호를 각각 수록하고 있다. 이러한 정보는 특히 카피 편목(copy cataloging)을 수행하는 도서관에서 편리하게 활용할 수 있을 것이다.

〈표 5-3〉 공공도서관의 KDC 채택 현황

분류표	1986		2009		2018	
	동양서	서양서	동양서	서양서	동양서	서양서
KDC	97.7% (84)	80.3% (49)	99.1% (541)	97.8% (534)	99.5% (1,002)	99.3% (1,000)
DDC	0% (0)	8.2% (5)	0.2% (1)	1.5% (8)	0.2% (2)	0.5% (5)
기타	2.3% (2)	11.5% (7)	0.7% (4)	0.7% (4)	0.3% (3)	0.2% (2)
도서관수	86개관	61개관	546개관		1,007개관	

〈표 5-4〉 대학도서관의 KDC 채택 현황

분류표	2001		2007		2010		2016	
	동양서	서양서	동양서	서양서	동양서	서양서	동양서	서양서
KDC	45.3% (68)	26.0% (39)	43.1% (72)	23.3% (39)	43.2% (73)	23.7% (40)	55.8% (258)	38.7% (179)
DDC	52.0% (78)	71.3% (107)	54.5% (91)	74.3% (124)	54.4% (92)	73.4% (124)	35.3% (163)	51.3% (237)
기타	2.7% (4)	2.7% (4)	2.4% (4)	2.4% (4)	2.4% (4)	2.9% (5)	8.9% (41)	10.0% (46)
도서관수	150개관		167개관		169개관		462개관	

15) 국립중앙도서관의 출판예정도서목록은 2020년 12월말로 종료되었음.

국립중앙도서관 출판시도서목록(CIP)

출판시도서목록(CIP) 편람 / 국립중앙도서관 [편]. - - 개정4판.
- - 서울 : 국립중앙도서관, 2010
p. ; cm

ISBN 978-89-7383-583-6 03020 : 비매품

출판시 표준 목록[出版時標準目錄]

026.111-KDC5
027.5519-DDC21 CIP2010004718

[그림 5-2] 출판예정도서목록의 분류 기호 데이터[16)]

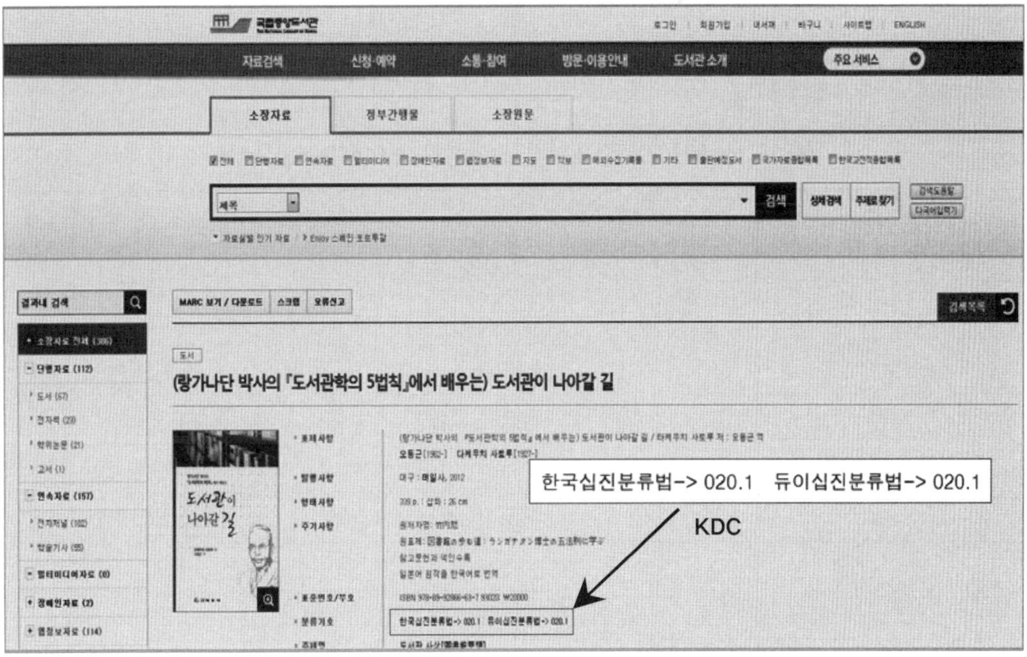

[그림 5-3] 국립중앙도서관의 온라인 목록의 분류 기호

16) 국립중앙도서관 홈페이지의 데이터를 참고하였음(〈http://seoji.nl.go.kr/style/file/cip_4.pdf〉).

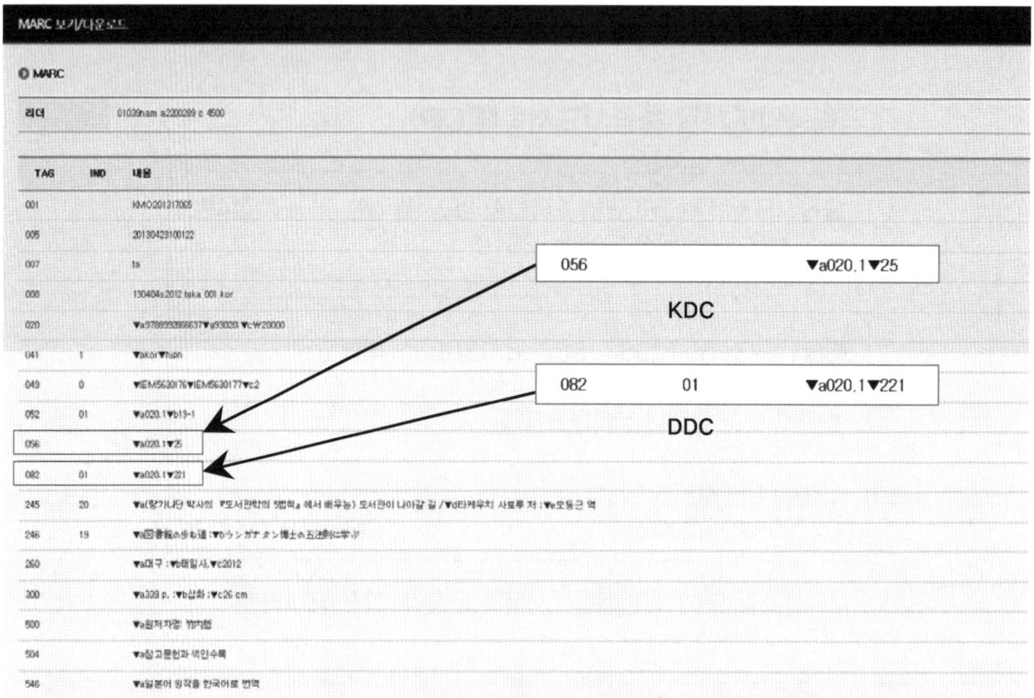

[그림 5-4] 국립중앙도서관의 온라인 목록의 MARC 데이터의 분류 기호

〈표 5-5〉 KDC의 주제분류적 특성을 보여주는 예(일부)

해당 주제	KDC의 기호	DDC의 기호	
컴퓨터과학	004	소프트웨어 일반	005
		하드웨어 일반	004
		하드웨어 공학	621.39
조 경	525.9	조경용 작물	635
		건축관련조경	712
		치료적 활용	615.8515
건축, 건물, 건축술	540	건축시공	690
		건축예술	720
종교음악	672	종교음악 일반	203.7
		각 종교의 음악	해당종교 내 별도기호

5.2. 일반적 특성과 장점 및 단점

KDC는 십진식 분류법이기 때문에 특성상의 공통점과 함께, 고유의 특성을 가지고 있다. 이 절에서는 KDC의 주요한 특성들과, 장점 및 단점에 대해 살펴보고자 한다.[17)]

5.2.1. 일반적 특성

(1) 학문에 의한 분류에 대한 주제에 의한 분류의 보완

KDC는 DDC와 마찬가지로, 기본적으로 학문적 분류를 채택하고 있다. 다만 KDC는 학문에 의한 분류에 추가하여, "부분적으로 주제에 의한 분류를 보완"[18)] 하고 있다는 사실에 유의해야 한다. 이러한 KDC의 특성을 보여주는 대표적인 예들로, 컴퓨터 하드웨어와 소프트웨어를 포함한 컴퓨터 과학의 전 영역이 004에 통합되어 있고, 건축과 건물, 건축술에 관련된 모든 주제들이 '540 건축, 건축학'으로 통합되어 있다(〈표 5-5〉 참조). 이러한 원칙이 주류와 강목, 요목, 세목의 모든 단계에서 완벽하게 지켜지고 있는 것은 아니지만, 최근의 개정을 통해서는 적어도 요목(要目) 단계까지는 이를 가능한 한 지키고자 노력하고 있음을 알 수 있다.

KDC의 주류(主類)의 배열은 DDC와 마찬가지로, Francis Bacon의 학문 분류[19)]의 역순(逆順)을 채택하고 있는 W. T. Harris의 분류법의 영향을 받고 있다고 할 수 있다. 다만 KDC의 순서는 지식의 전 분야를 9개의 주류와 1개의 총류

---

17) 이 절은 주로 오동근, 여지숙, 배영활. 『한국십진분류법 제6판의 이해와 적용』 (대구: 태일사, 2014)의 주요 내용을 주로 참고하였음.

18) 한국도서관협회 편. 『한국십진분류법』 제6판. 제3권 (서울: 한국도서관협회, 2013). p.7.

19) Bacon은 인간의 정신 능력을 기억(memory)과 상상(imagination), 오성(悟性(understanding); 또는 이성(理性, reason))으로 구분하고, 그에 대응하여 학문을 사학(史學: history)과 시학(詩學: poesy), 이학(理學: philosophy)으로 분류하였다. 자세한 내용은 오동근, 배영활, 여지숙. 『KDC의 이해』 (대구: 태일사, 2002). p.30. 참조.

(總類)로 구분하면서도, 언어(400)와 문학(800)을 각각 700과 800에 근접시키고, 자연과학과 기술과학, 예술을 각각 한 단계씩 위로 이동시켜, 400과 500, 600에 배열함으로써, DDC의 단점을 보완하고 있다(〈표 5-6〉 참조).

(2) 순수 기호법을 이용한 십진식 전개

KDC는 그 이름에 포함되어 있는 'decimal classification'이 나타내고 있는 것처럼, DDC와 같은 계열의 십진식 분류법이다. 이것은 0부터 9까지의 10개의 숫자를 사용하여 수를 나타내는 수학의 십진법의 원리를 분류법에 적용한 것을 의미한다. 즉 KDC는 학문의 전 분야를 10개의 주류(主類, main classes)로 나누고, 각각의 주류를 다시 10개의 강목(綱目, divisions)으로 나누고, 각각의 강목은 다시 10개의 요목(要目, sections)으로 나누고, 각각의 요목은 다시 10개의 세목(細目, subdivisions)으로 나누고, 추가의 세분이 필요할 경우는 그 필요한 만큼 이러한 십진식 방식으로 계속적으로 세분해 나가는 것을 기본으로 하고 있다.

한편 십진식 기호를 표기할 때, KDC는 DDC와 마찬가지로, 아라비아 숫자를 기반으로 하는 순수 기호법(純粹記號法, pure notation)을 채택하고 있다. 또

〈표 5-6〉 Bacon 및 Harris의 분류와 DDC 및 KDC의 주류 배열의 관계

Bacon	Harris	DDC와 KDC		
		기호	DDC 23	KDC 6
History	1-63 Science	000	Computer science, information & general works	총 류
		100	Philosophy & psychology	철 학
		200	Religion	종 교
		300	Social sciences	사회과학
		400	Language	자연과학
		500	Sciences	기술과학
		600	Technology	예 술
	64-78 Art	700	Arts & recreation	언 어
Poesy		800	Literature	문 학
Philosophy	79-97 History	900	History & geography	역 사

한 세 자리가 모자랄 때에는 그 모자라는 자리를 '0'으로 채우고, 세 자리가 넘을 때에는 세 번째 자리와 네 번째 자리 사이에 소수점을 찍도록 하고 있다.

(3) 계층적 구조

KDC는 각 학문 분야 주제들의 전개가 모두 일반적인 것들로부터 시작하여 점차 구체적인 것들로 확장되는 계층적 분류표(階層的 分類表, hierarchical classification)이다.[20] 그 단계는 주류(主類, main classes)와 강목(綱目, divisions), 요목(要目, sections), 세목(細目, subdivisions)으로 이어지는 구조를 갖는다. 다만 이 계층적 구조의 원칙은 분류표 전체에 걸쳐 모든 경우에 항상 적용되는 것은 아니라는 사실에 유의해야 한다.

KDC의 주류와 강목, 요목의 계층적 구조를 300 사회과학의 320 경제학의 경우를 예를 들어 살펴보면 〈표 5-7〉과 같다.

〈표 5-7〉 KDC의 계층적 구조: 주류, 강목, 요목

주 류	강 목	요 목
000 총 류		
100 철 학		
200 종 교		
300 사회과학	300 사회과학	
400 자연과학	310 통계자료	
500 기술과학	320 경 제 학	320 경 제 학
600 예 술	330 사회학, 사회문제	321 경제각론
700 언 어	340 정 치 학	322 경제정책
800 문 학	350 행 정 학	323 산업경제 일반
900 역 사	360 법률, 법학	324 기업경제
	370 교 육 학	325 경 영
	380 풍습, 예절, 민속학	326 상업, 교통, 통신
	390 국방, 군사학	327 금 융
		328 보 험
		329 재 정

20) Marty Bloomsberg and Hans Weber. *An introduction to classification and number building in Dewey* (Colorado: Libraries Unlimited, 1976). p.17.

KDC의 주류(主類, main classes)는 학문이나 지식의 모든 영역을 전통적 구분에 따라 각각 광범위한 분야나 일단의 상호 관련된 분야로 이루어지는 9개로 나누고, 각각에 대해 100부터 900까지의 기호를 부여하고 있다. 아울러 이상의 9개의 어떤 유에도 분류하기 어렵거나 여러 유를 망라적으로 다루고 있는 주제들을 모아 총류(總類, 000)에 분류하도록 하고 있다. 그 결과 〈표 5-7〉과 같은 10개 주류를 구성하게 된다. 주류의 3자리 기호는 첫 번째 자리만 의미를 갖게 되며, 나머지 2개의 '0'은 3자리로 유지하기 위해 덧붙여진 기호이다.

강목(綱目, divisions)은 각각의 주류를 각각 10개씩 추가로 세분하여 이루어지게 된다. 〈표 5-7〉의 강목은 KDC의 300 사회과학을 예로 든 것이다. 여기서 강목의 의미는 두 번째 자리의 기호로 나타난다. 따라서 주류의 기호 '300'과 강목의 기호 '300'은 외견상으로는 동일한 기호이지만, 각각 의미를 갖는 부분이 한 자리와 두 자리로 서로 다르기 때문에, 그 의미는 다른 것이다.

요목(要目, sections)은 각각의 강목을 각각 10개씩 추가로 세분하여 이루어지게 된다. 〈표 5-7〉의 요목은 KDC의 320 경제학을 예로 든 것이다. 여기서 요목의 의미는 세 번째 자리의 기호로 나타난다. 따라서 강목의 기호 '320'과 요목의 기호 '320'은 외견상으로는 동일한 기호이지만, 각각 의미를 갖는 부분이 두 자리와 세 자리로 서로 다르기 때문에, 그 의미는 다른 것이다.

세목(細目, subdivisions)은 필요에 따라 요목을 계속적으로 세분하여 이루어지게 된다. 세 자리가 넘는 분류 기호는 3자리 다음에 소수점을 찍도록 하고 있기 때문에, 세목들은 기본적으로 소수점 아래의 기호로 표현된다.

이상에서 살펴본 KDC의 계층적 구조는 기본적으로 기호법을 통해 나타나게 된다. 즉 KDC의 계층적 구조는 [그림 5-5]의 예에서 볼 수 있는 것처럼, 의미를 갖는 분류 기호의 자리 수(밑줄로 표시)에 의해 그 상하 관계(上下關係)나 대등 관계(對等關係)가 표현된다. '농업, 농학'류(520)는 의미를 갖는 자리 수가 그보다 하나 더 적은 '기술과학'류(500)의 하위류(下位類, subordinate class)가 되고, 그보다 자리 수가 하나 더 많은 '축산학'류(527)의 상위류(上位類, superordinate class)가 된다. '가축'류(527.4)와 '낙농'류(527.5)는 둘 모두 '축산학'류(527)의 하위류가 되지만, 이 두개 유는 서로 동위류(同位類) 또는 등위류(等位類, coordinate class)가 된다. '소'류(527.43)는 '가축'류(527.4)의 하위류가 되지만, '돼지'류(527.44)와는 동위류가 되는 것이다.

500	**기술과학**
520	농업, 농학
527	축 산 학
527.4	가 축
527.43	소
527.44	돼 지
527.5	낙 농

[그림 5-5] KDC의 기호법에 의한 계층적 구조의 표현

(4) 조기성(助記性)

기억을 도와주는 특성인 조기성(mnemonics)과 관련하여, KDC는 DDC와 마찬가지로, 반복적으로 나타나는 주제나 개념, 형식, 특성에 대해 동일한 기호를 일관성(一貫性) 있게 부여함으로써 분류 담당자나 이용자가 이러한 것들을 더 쉽게 기억할 수 있도록 하기 위해 이러한 조기성의 기법을 활용하고 있다. 이를 위해, 동일한 개념에 대해 동일한 기호를 부여하는 체계적 조기성(體系的 助記性, systematic mnemonics)을 광범위하게 도입하고 있다.

이와 관련하여, KDC는 6개의 조기표는 물론 본표의 다른 부분에서 사용하는 기호를 해당 부분에 직접 추가하도록 하는 장치 등을 사용하고 있다.

5.2.2. 장점과 단점

KDC는 십진식 분류법이 공통적으로 갖는 장점 및 단점과 아울러 그 고유의 특성으로 인한 특유의 장점과 단점을 가지고 있을 것이다.

(1) 장점(長點)[21]

① 대한민국 고유(固有)의 분류표로, 국립중앙도서관을 비롯한 전국의 많은 도서관에서 사용하고 있는 실용적 분류표(實用的 分類表)이다.

② 한국도서관협회라는 영구적 기관(永久的 機關)에 의해 지속적으로 유지·관리하며 개정판을 발행하고 있기 때문에, 분류표의 최신성(最新性)을 유지할 수 있다.

③ 비교적 우수한 상관색인(相關索引, relative index)을 갖추고 있다. 그 덕택에 이를 통해, 학문 분야에 따라 본표의 여러 곳에 분산되거나 흩어져 있는 관련 주제들과 항목들을 일목요연하게 한곳에서 찾아볼 수 있다.

④ 6개의 조기표를 포함하여 다양하고 풍부한 조기성(助記性)을 유지하기 위한 장치를 갖추고 있기 때문에 분류 기호를 기억하고 활용하기에 용이하다.

⑤ 분류 기호의 계층적 성격(階層的 性格)을 유지하고 있기 때문에 분류 기호 간의 상호 관계(相互關係)를 이해하고 이를 통해 탐색(探索)에 도움이 될 수 있다.

⑥ 국립중앙도서관과 국회도서관에서 KDC 기호를 부여한 목록 정보를 제공하고 있기 때문에, 도서관 현장에서는 이를 활용한 카피 편목(copy cataloging)이 가능하다.

⑦ 아라비아 숫자만으로 된 순수 기호법(純粹記號法, pure notation)을 채택하고 있어, 단순하고 이해하기 쉽기 때문에, 분류표의 확산과 보급에 도움이 되고 있다.

⑧ 십진식에 의한 추가 전개를 통해 새로운 지식 영역을 수용할 수 있기 때문에, 분류표의 확장(擴張)이 비교적 용이하다.

⑨ 분류표를 이해하고 사용하기가 편리하도록 본표에 사용법에 관한 다양한 주기(註記)를 수록하고 있고 해설서(解說書)도 함께 발행하고 있다.

---

21) 오동근, 여지숙, 배영활. 『한국십진분류법 제6판의 이해와 적용』 (대구: 태일사, 2014). pp.18-19.의 내용을 주로 참고하였음.

⑩ 분류표 전체에 걸쳐 기호의 계층적 구조를 광범위하게 적용함으로써, 이를 활용한 탐색에 도움을 줄 수 있도록 하고 있다. 십진식 분류법의 특성상 모든 주제에 대해 계층적 구조를 완전하게 유지할 수는 없지만, 주제의 상하 관계 등을 활용하여 탐색의 범위를 확대하거나 좁혀감으로써 주제에 대해 탐색에 도움을 줄 수 있도록 하고 있다.

⑪ 별법(別法, option)을 마련하여 도서관의 상황에 맞게 적용할 수 있도록 하고 있다. '별법: '이라는 지시를 명시하여 표준적인 방식 이외의 기호를 부여하고자 하는 도서관들을 배려하고 있다.

(2) 단점(短點)[22]

① 학문 분야나 주제를 10구분법에 의해 기계적으로 구분해야 하기 때문에, 학문간 및 주제간 불균형(不均衡)이 생기게 되는 경우가 많다.

② 십진식 전개에 따라 기존의 분류 기호가 대부분 사용된 경우 새로운 주제를 적절한 위치에 삽입하기가 어렵고, 계속적으로 전개할 경우 분류 기호가 길어진다.

③ 분류표의 개정으로 특정 분야의 전면 개정(全面改正)이나 주제의 재배치(再配置, relocation)가 이루어질 경우, 기존 장서를 재분류(再分類, reclassification)해야 한다.

④ 정기적이고 주기적인 개정이 이루어지지 못하는 경우가 많기 때문에, 그 발행 주기(發行週期)를 예측하기 어렵고 도서관 현장에서 특정판의 채택이나 판의 변경에 어려움을 겪고 있다.

⑤ 웹 버전(Web version)의 발행을 포함한 도서관계의 새로운 변화에 적응하기 위한 노력이 부족하다.

⑦ 간략판의 발행 등 도서관의 규모에 따른 이용상의 편리성을 제공하지 못하고 있다.

---

22) 오동근, 여지숙, 배영활. *op. cit.*, p.19.의 내용을 주로 참고하였음.

5.3. KDC 제6판의 구조와 특성

5.3.1. 제6판의 포맷과 기본 구조

KDC 제6판은 제1권 조기표와 본표, 제2권 상관색인, 제3권 해설서의 3권으로 간행되었다([그림 5-6] 참조).

KDC 제6판의 각 권별 주요 구성 부분을 살펴보면 다음과 같다.

① 제1권: 서문, 분류위원회 보고, 각 판의 서문 및 위원회 보고, 서설(序說), 조기표, 개요표, 본표 등

- 서문(序文): 한국도서관협회 회장의 제6판 서문 등을 수록하고 있다.
- 분류위원회 보고: 제6판의 개정 및 발행 과정에 대한 상세한 설명과 제6판 발행을 위한 주요 개정 방침, 각종 지침 등에 대해 설명하고 있다.
- KDC 이전판(以前版)의 각 판의 서문 및 분류위원회 보고, 목차

[그림 5-6] KDC 제6판의 구성[23)]

23) 오동근, 여지숙, 배영활. 『한국십진분류법 제6판의 이해와 적용』(대구: 태일사, 2014). p.21.

- 서설(序說): "I. 분류법의 해설"과 "II. 사용법"의 두 부분으로 구성되는데, "해설" 부분은 주류의 배열과 분류 기호의 조직, 조기성, 주기의 설명, 별법(別法), 상관색인에 대한 설명, "사용법" 부분은 실제로 분류표를 사용한 도서 기호와 배가 등에 대한 설명으로 이루어져 있다.
- 조기표: 다음과 같은 6개의 조기표와 그 내용을 다루고 있다.
  - 표준구분표
  - 지역구분표
  - 국어구분표
  - 문학형식구분표
  - 언어공통구분포
  - 종교공통구분표
- 개요표: 다음과 같은 3종의 개요표(概要表)를 제시하여 본표를 간단하게 전체적으로 살펴볼 수 있도록 하고 있다.
  - 주류표(主類表): 10개 주류를 한 눈에 볼 수 있도록 한 개요표
  - 강목표(綱目表): 100 구분표
  - 요목표(要目表): 1000 구분표
- 범례(凡例): 본표의 이용에 도움을 주기 위해, 본표에 사용된 표기법과 용어, 부호 및 표시 등에 대해 설명하고 있다.
- 본표(本表): "000 총류(總類) General works"부터 "999.99 국기, 휘장"까지 분류 기호 순으로 제시되어 있다

② 제2권: 상관색인

- 본표에 분산되어 있는 동일한 주제에 대한 여러 관련 항목들을 함께 모아 각 표목 아래에 가나다순으로 배열되어 있다.

③ 제3권: 해설서

- KDC의 일반적 내용과 문헌 분류에 관한 일반적 내용을 다루고 있는 "제1장 총론," 분류 작업에 관련된 다양한 실제적 측면들을 다루고 있는 "제2장 분류의 실제," 구체적 분류 규정을 다루고 있는 "제3장 분류 규정"으로 구성되어 있다.

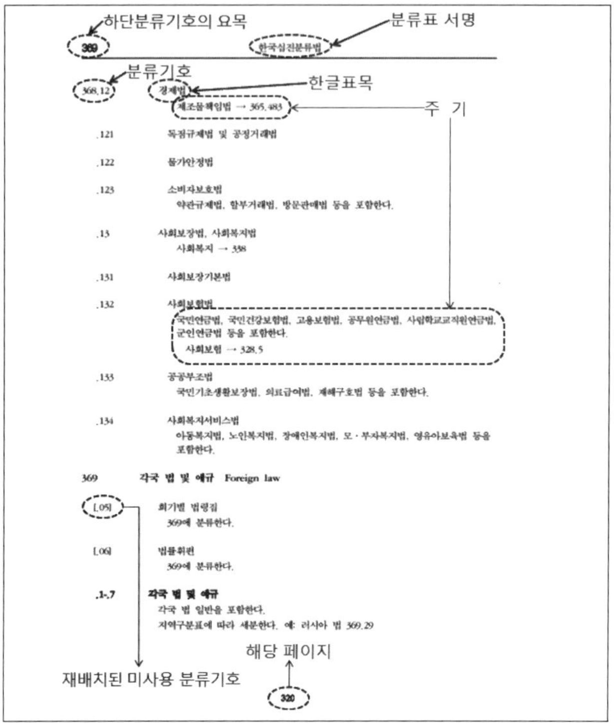

369 한국십진분류법

368.12 경제법
제조물책임법 → 365.483

.121 독점규제법 및 공정거래법

.122 물가안정법

.123 소비자보호법
약관규제법, 할부거래법, 방문판매법 등을 포함한다.

.13 사회보장법, 사회복지법
사회복지 → 338

.131 사회보장기본법

.132 사회보험법
국민연금법, 국민건강보험법, 고용보험법, 공무원연금법, 사립학교교직원연금법, 군인연금법 등을 포함한다.
사회보험 → 328.5

.133 공공부조법
국민기초생활보장법, 의료급여법, 재해구호법 등을 포함한다.

.134 사회복지서비스법
아동복지법, 노인복지법, 장애인복지법, 모·부자복지법, 영유아보육법 등을 포함한다.

369 각국 법 및 예규 Foreign law

[.05] 회기별 법령집
369에 분류한다.

[.06] 법률휘편
369에 분류한다.

.1-.7 각국 법 및 예규
각국 법 일반을 포함한다.
지역구분표에 따라 세분한다. 예: 러시아 법 369.29

320

[그림 5-7-1] KDC 제6판 본표의 한 페이지: 짝수면 (제1권, p.320).

5.3.2. 엔트리의 구조와 내용

KDC의 본표의 각 엔트리(entry)는 기본적으로 분류 기호 칼럼과, 표목, 주기 칼럼의 세 요소로 이루어진다. 다만 분류 기호 칼럼과 표목은 필수 요소인 반면, 주기 칼럼은 필요할 경우에 한해 기재된다. [그림 5-7-1]과 [그림 5-7-2]는 KDC 제6판 본표의 레이아웃을 보여주는 예이다.

(1) 엔트리의 구성 요소

① 분류 기호 칼럼[24]

분류 기호를 표시하는 칼럼으로, 본표의 분류 기호는 해당 엔트리의 맨 앞에 표시되는데, 주류와 강목, 요목을 의미하는 처음 3자리의 기호는 기호 칼럼의

24) 오동근, 여지숙, 배영활. *op. cit.*, p.27.

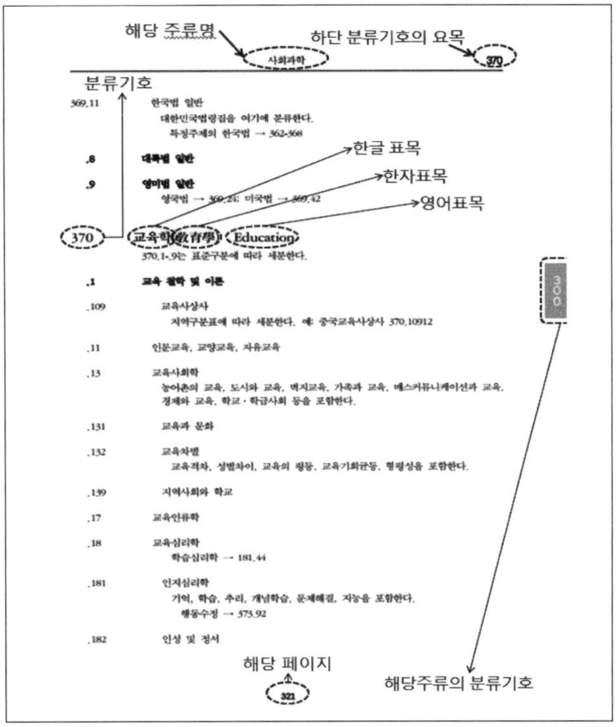

[그림 5-7-2] KDC 제6판 본표의 한 페이지: 홀수면 (제1권, p.321)

맨 처음에 한 번만 표시된다. 다만 페이지가 바뀔 경우에는 새 페이지의 첫 번째 엔트리는 주류와 강목, 요목 등의 기호를 포함하는 완전한 분류 기호를 표시한다. 또한 보조표의 기호는 붙임표(-)를 앞세워 적는다. 모든 분류 기호는 최소한 3자리를 유지하도록 하고 있으며, 3자리가 넘는 경우에는 3번째 자리와 4번째 자리 사이에 소수점을 찍는다.

② 표목 칼럼[25)]

해당 분류 기호에 상응하는 분류 항목으로, 일반적으로 주류, 강목, 요목에는 항목명에 영어를 부기하고 있고, 세목의 경우는 필요에 따라 영어를 부기하고 있다. 이 기호 칼럼과 표목 칼럼은 분류표 내에서의 계층 구조(階層構造)의 위치에 따라 서로 다른 크기의 활자로 인쇄된다. 이 표목들은 분류표 상에 주제의

---

25) *Loc. cit.*

층 구조를 나타낼 수 있도록, 주제가 세분되어 더 하위 주제로 갈수록 오른쪽으로 들이켜 기재하도록 하는 인덴션(indention)을 사용하고 있다.

③ 주기(註記)
표목만으로는 설명하기 어려운 경우, 필요에 따라 분류에 관련된 다양한 측면을 설명하기 위해 기재한다.

(2) 주기의 내용

KDC의 주기의 일반적인 내용은 다음과 같다.[26)]

① 주요 분류 항목에 대한 정의(定義)와 간단한 설명 제시 또는 내포된 개념의 범위 표시
② 분류 항목에 관련된 주제, 접근된 주제, 오분류(誤分類) 가능성이 높은 다른 분류 기호를 갖는 주제에 대한 안내 사항 표시
③ 앞으로의 연구를 기다려야 할 세분(細分), 즉 입석(立席: standing room)의 토픽 열거
④ 고문헌(古文獻) 분류에 도움이 되도록 하기 위한 특정 서명(特定書名)의 예시
⑤ 분류에 도움이 될 수 있는 인명(人名)과 지명(地名) 수록
⑥ 각종 조기표의 효과적 사용을 위한 구분의 전개 지시 및 예시
⑦ 별법(別法) 선택에 대한 설명
⑧ 참조가 필요한 항목에 대한 참조 표시 열거

26) 한국도서관협회 편. 『한국십진분류법』 제6판, 제1권 (서울: 한국도서관협회, 2013). pp.7-8.

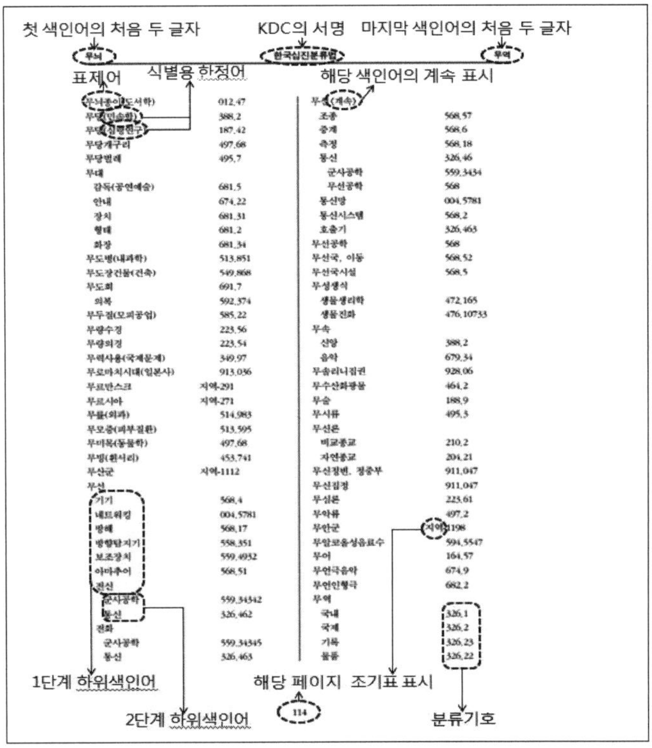

[그림 5-8] KDC 상관색인의 한 페이지

5.3.3. 상관색인(相關索引)[27)]

KDC의 상관색인은 특정 주제와 관련된 모든 주제의 명사와 그 주제를 도치형식(倒置形式)으로 표현한 명사를 가나다순으로 배열하여 특정 주제의 분류 위치, 항목의 관련성과 하위 관계, 다른 입장에서 본 분류 기호를 한 곳에 전부 제시하였기 때문에, 분류 항목과 중요한 주기를 정확하게 찾을 수 있도록 해주고 있다.[28)] 가나다순으로 배열한 표목의 바로 옆에는 그 표목에 대한 분류 기호가 제시된다. 색인을 통해 분류 기호를 찾은 후에 반드시 본표에서 이를 대조하여 확인해야 하며, 만일 본표에서 해당 주제의 분류 기호를 구했다면 정확한 분류를 위해 색인과 대조·검토한 후에 분류 기호를 결정해야 한다.

[그림 5-8]은 KDC 제6판 상관색인의 한 페이지를 보여주는 예이다.

---

27) 오동근, 여지숙, 배영활. *op. cit.*, pp.30-33.

28) 한국도서관협회 편. *op. cit.*, p.13.

5.4. 조기표의 이해와 적용

KDC는 DDC와 마찬가지로, 본표의 여러 유에 적용할 수 있는 주제나 형식 등에 대해 동일한 기호를 부여하기 위해, 다음과 같은 6개의 조기표(助記表)들을 만들어 활용하고 있다.

① 표준구분표(標準區分表)
② 지역구분표(地域區分表)
③ 국어구분표(國語區分表)
④ 문학형식구분표(文學形式區分表)
⑤ 언어공통구분포(言語共通區分表)
⑥ 종교공통구분표(宗教共通區分表)

조기표의 기호는 항상 본표의 기호와 합성하여 사용해야 하며, 단독으로는 사용할 수 없다. 이 때문에 보조표의 기호는 붙임표(-)를 붙여 적고 있다. 이 소절에서는 KDC의 조기표들에 대해 구체적으로 살펴보고자 한다.

5.4.1. 표준구분표(標準區分表)

표준구분표는 KDC 본표 전반에 걸쳐 가장 광범위하게 적용되는 조기표로, 주제의 취급 형식, 체제(體制), 자료의 눌리적 형태가 농일한 것은 어떤 주제에서든 동일 기호를 부여하기 위해 마련된 것으로, DDC의 Table 1. Standard subdivisions에 해당한다. 초판에서는 '형식 구분'으로 도입되어 사용되었으며, 제4판부터 현재의 이름으로 불리게 되었다.

(1) 표준구분표의 구성과 특성

표준구분표의 구성 내용을 구체적으로 살펴보면 [그림 5-9]와 같다. 이것은 전개된 항목들 중 중요 항목만을 제시한 것으로, KDC에는 십진식에 따라 추가로 전개되어 있다.

-01	**철학 및 이론**
-012	분류론
-02	**잡저(雜著)**
-021	편람, 핸드북, 포켓북
-022	스크랩북, 클리핑 등
-023	법령 및 규정
-024	시청각자료 및 디지털자료
-025	제표, 사물목록, 도보, 도감
-026	서지, 도서목록, 초록, 색인, 해제
-027	보조기법 및 절차
-028	특정직업 종사자를 위한 저작
-029	특허, 규격, 상표
-03	**사전(辭典), 사전(事典), 인용어사전, 약어집**
-034	커뮤니케이션, 용어연구, 술어, 명명법
-04	**강연집, 수필집, 연설문집**
-05	**연속간행물**
-059	연감, 통계연감, 연보, 역(曆)
-06	**각종 단체, 조직(학회, 단체, 협회, 기관, 회의) 및 경영**
-061~067	국가 및 지방조직
-068	경 영
-069	박물관 및 상설전시장
-07	**지도법, 연구법 및 교육, 교육자료**
-071	교육 · 양성기관(강습회, 연구집회)
-072	지도법
-073	연구방법론
-074	기술, 기기, 기구, 비품
-077	각종 시험 대비용 교재 및 문제집, 면허증
-079	경시/경진대회, 포상, 상품, 상장
-08	**총서, 전집, 선집**
-081	개인 전집, 총서, 선집
-082	2인 이상의 전집, 총서, 선집
-09	**역사 및 지역구분**
-0901	원시시대(1 BC까지)
-0902	고대(1 ~ 499)
-0903	중세(500 ~ 1499)
-0904	근세(1500 ~ 1899)
-0905	20세기(1900 ~ 1999)
-0906	21세기(2000 ~ 2099)
-091~096	대륙, 국가, 지방 구분
-097	지역구분 일반
-098	해양구분
-099	전 기

[그림 5-9] KDC 표준구분표의 개요

KDC의 표준구분표는 대부분의 경우 DDC를 참고하고 있으나, KDC의 '-04 강연집, 수필집, 연설문집'과 '-08 총서, 전집, 선집'이 추가로 전개되어 있다.

표준구분표의 대부분은 '000' 총류의 강목(綱目)과 상당 부분이 조기성(助記性)을 갖고 있음을 알 수 있다. 다만 −02는 020과 유사한 정도이고, −07은 370 교육학과 조기성을 가지며, −01과 −09는 각각 100 및 900과 조기성을 갖는다([그림 5-10] 참조).

−01	철학 및 이론	←	100	철 학
−02	잡 저	←	(020)	문헌정보학
−03	사전(辭典), 사전(事典) 등	←	030	백과사전
−04	강연집, 수필집, 연설문집	←	040	강연집, 수필집, 연설문집
−05	연속간행물	←	050	일반연속간행물
−06	각종 단체, 조직 및 경영	←	060	일반 학회, 단체 등
−07	지도법, 연구법 및 교육 등	←	370	교육학
−08	총서, 전집, 선집	←	080	일반 전집, 총서
−09	역사 및 지역구분	←	900	역 사

[그림 5-10] KDC 표준구분표와 총류(000)의 조기성

(2) 표준구분표의 적용 방법

표준구분표의 기호들은 원칙적으로 본표에서 추가하지 못하도록 하는 지시가 없는 한, 모든 분류 항목에 대해 이를 추가할 수 있다. KDC의 표준구분에 관련된 대부분의 적용 방법은 DDC의 Table 1. Standard subdivisions와 같은 방식으로 사용되기 때문에, DDC의 해당 부분에 대한 설명을 참고하기 바란다.[29)]

표준구분을 적용하여 문헌을 분류할 때는 해당 문헌의 고유 주제(固有主題)에 대한 본표의 분류 기호를 부여한 후, 그 기호에 표준구분의 기호를 추가하게 된다. 예를 들어, '교육학 용어 사전'을 분류하면, '37(교육학의 기본 기호) +

---

29) DDC의 Table 1. Standard subdivision의 구체적인 내용에 대해서는, 이 책의 4.4.1. 참조.

-03(용어 사전을 나타내는 표준세구분의 기호) → 370.3'이 된다. 이를 그림으로 나타내면 [그림 5-11]과 같다.

[교육학 용어사전]
370 교육학
-03 용어 사전을 나타내는 KDC 표준구분의 기호

370 − 0 + −03(표준) → 370.3

[그림 5-11] KDC를 활용한 '교육학 용어 사전'의 분류 사례

표준구분을 적용할 때는, 역사류(900)의 주제에 대해 역사를 의미하는 -09를 다시 추가하거나, 언어류(700)의 사전(辭典)을 나타내는 기호에 -03을 다시 추가하여 자칫 중복된 기호를 부여하지 않도록 유의해야 한다.

'0'의 사용 규칙과 관련해서는, 표준구분의 기호를 합성하기에 앞서, 본표에서 세 자리를 맞추기 위해 추가된 주류나 강목의 '0'은 삭제하는 것이 원칙이지만, 예외(例外)들이 많기 때문에 유의해야 한다. [그림 5-12]는 KDC 예술류에서 주기(註記)로 예술에 대한 표준구분과 미술에 대한 표준구분의 적용을 구별하여 지시하고 있는 예와 그 적용 사례('예술의 교육과 연구')를 보여주는 것이다. 이 예에서는 '6(3자리를 맞추기 위해 추가된 00을 제외한 예술의 기본 기호) + 0(기호의 중복을 피하기 위해 추가된 패싯 지시 기호) + -07(교육과 연구를 나타내는 KDC 표준구분의 기호) → 600.7'이 되는데, 패싯 지시 기호 '0'을 추가함으로써, '607 미술의 교육과 연구'와의 기호의 중복을 피할 수 있게 되는 것이다.

600 예 술(藝術) Arts

미술, 장식미술, 음악, 연극, 영화, 오락 등에 관한 종합저작을 포함한다.
예술에 관한 표준구분은 600.1-.9에, 미술에 관한 표준구분은 601-609에 분류한다.

[예술의 교육과 연구]

600	예 술
0	패싯 지시 기호
–07	교육과 연구를 나타내는 KDC 표준구분의 기호

600 – 00 + 0 + –07(표준) → 600.7

[그림 5-12] KDC 예술류의 표준구분의 전개를 지시하는 주기와 적용 사례

KDC 제6판의 경우에는 많은 부분에서 특히 기호의 중복이 우려되는 기호들의 분류 항목에서 필요할 경우 표준구분의 '0'의 사용을 구체적으로 지시해주는 주기를 추가하고 있어 도움을 주고 있다([그림 5-13] 참조). [그림 5-13]에 따를 경우, '경제학 저널'은 '32(경제학의 기본 기호) + 0(주기의 지시에 따라 추가된 패싯 지시 기호) + -05(연속간행물을 나타내는 표준세구분의 기호) → 320.05'가 된다.

320 경제학(經濟學) Economics

특수주제의 경제학은 해당주제 아래에 분류한다. 예: 농업경제 522
320.01–.09는 표준구분에 따라 세분한다.

[그림 5-13] 표준구분의 '0'의 사용을 지시해주는 KDC 주기의 예

(3) 표준구분표의 적용 사례 분석

① The Journal of Technology

- 500 - 00 + -05(표준구분) → 505

② Encyclopedia of Philosophy & psychology

- 100 + -03(표준구분) → 103

③ Biographies of mineralogists

- 460 + -099(표준구분) → 460.099 (460.99 ×)

④ Geometry for Sculpture

- 415 + -028(표준구분) + 620 - 0 → 415.02862

⑤ Practice problems for the civil engineering PE exam

- 531 + -077(표준구분) → 531.077

⑥ Agricultural systems management : its efficiency and performance

- 520 − 0 + -068(표준구분) → 520.68

⑦ Teaching and learning mathematics

- 410 - 0 + -071(표준구분) → 410.71

⑧ Basic geological illustrations and mapping

- 450 − 0 + -024(표준구분) → 450.24

⑨ John Dewey and the art of teaching

- 370 − 0 + -01(표준구분) → 370.1

⑩ An Encyclopedia of English Literature

- 840 - 0 + -03(표준구분) → 840.3

5.4.2. 지역구분표(地域區分表)

지역구분표는 분류의 대상이 되는 문헌의 주제가 특정 국가나 특정 지역에 국한하여 다루어질 때 그 특정 지역을 나타내기 위해 사용하기 위한 조기표로, DDC의 Table 2에 해당한다. KDC 3판에서는 지리구분이라 부르던 것이 4판부터 지역구분표로 변경되었다.

(1) 지역구분표의 구성과 특성

지역구분표는 6개 조기표 중 가장 긴 것으로, 역사상의 시대와 인물, 지역을 나타내 주는 기호로 이루어져 있다.

−1-6의 기호는 대륙별 구분(大陸別 區分)을 바탕으로 하고 있으며, 제6판에서는 -7에 지역구분 일반, −8에 해양구분을 추가하고 있다([그림 5-14] 참조). 그 순서는 우리나라를 중심으로 구대륙(舊大陸)에 이어 신대륙(新大陸)의 순서로 기호를 부여하고 있다([그림 5-15] 참조).

-1 아시아
-11 대한민국
-12 중 국
-13 일 본
-14 동남아시아
-15 인디아와 남부아시아
-16 중앙아시아
-17 시베리아
-18 서남아시아, 중동
-19 아라비아반도와 인접지역
-2 유 럽
-21 고대 그리스
-22 고대 로마
-23 스칸디나비아
-24 영국, 아일랜드
-25 독일과 중앙유럽
-26 프랑스와 인접국가
-27 스페인과 인접국가
-28 이탈리아와 인접국가
-29 러시아와 동부유럽
-3 아프리카
-31 북아프리카
-34 서아프리카
-36 중앙아프리카
-37 동아프리카
-38 남아프리카
-39 남인도양제도
-4 북아메리카
-41 캐나다
-42 미 국
-43 멕시코
-44 중앙아메리카
-45 과테말라, 벨리즈, 엘살바도르
-46 온두라스
-47 니카라과
-48 코스타리카, 파나마
-49 서인도제도
-5 남아메리카
-51 콜롬비아
-52 베네수엘라와 기아나 지역
-53 브라질
-54 에콰도르
-55 페 루
-56 볼리비아
-57 파라과이, 우루과이
-58 아르헨티나
-59 칠 레
-6 오세아니아, 양극지방
-62 오스트레일리아(호주)
-63 뉴질랜드
-64 파푸아뉴기니
-65 멜라네시아
-66 미크로네시아와 인접국가
-67 폴리네시아와 하와이
-68 대서양제도
-69 양극지방
-7 지역구분 일반
-71 기후에 따른 구분
-72 지형에 따른 구분
-74 식생에 따른 구분
-76 사회경제적 구분
-79 기타 구분
-8 해 양
-81 태평양
-84 인도양
-85 대서양
-87 북극해(북빙양)
-88 남극해(남빙양)

[그림 5-14] KDC 지역구분표의 개요

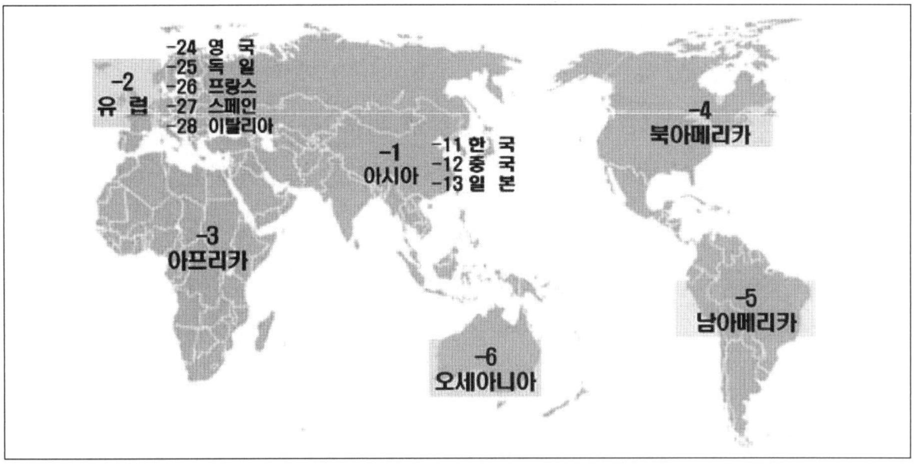

[그림 5-15] KDC 지역구분표의 대륙별 구분

(2) 지역구분표의 적용 방법

지역구분표는 다음과 같은 두 가지 방식으로 사용할 수 있다.

① 본표의 주기(註記)에 따라 지역구분을 추가하는 방식: 지역구분을 직접 추가하도록 하는 주기가 있을 경우에는 해당 분류 기호에 지역구분의 기호를 직접 추가한다. [그림 5-16]은 KDC에서 각국의 지방 재정에 지역구분의 적용을 지시하고 있는 예와 그 적용 사례('프랑스의 지방 재정')를 보여주는 것이다. 이 예에서는 '329.90(각국 재정을 나타내는 기본 기호) + -26(프랑스를 나타내는 KDC 지역구분의 기호) → 329.40126'이 되는 것이다.

329.9 지방재정
　.901-.907 각국 지방재정
　　　지역구분표에 따라 세분한다. 예: 중국지방재정 329.9012

[프랑스의 지방재정]
　329.90　각국 조세
　　−26 프랑스를 나타내는 KDC 지역구분의 기호

　329.90 + −26(지역) → 329.9026

[그림 5-16] KDC 지역구분의 전개를 지시하는 주기와 적용 사례

② 표준구분의 지역을 나타내는 -09를 추가하고 해당하는 지역구분의 기호를 부기하는 방식: 본표에 지역구분표의 사용에 대한 주기가 제시되어 있지 않으나, 자관(自館)의 장서 상황에 비추어 볼 때 지역에 대한 기호를 추가하는 것이 바람직한 것으로 판단될 때는 표준구분표의 기호 '-09 역사 및 지역구분'을 본표의 해당 분류 기호에 추가하고 이어서 지역구분표의 기호를 추가할 수 있다. [그림 5-17]은 KDC에서 표준구분표의 -09를 활용하여 지역에 관련된 자료를 추가로 세분한 예('중국의 공공도서관')이다. 이 예에서는 '026.3(공공도서관을 나타내는 기본 기호) + -09(역사/지리를 나타내는 KDC 표준구분표의 기호) + -12(중국을 나타내는 KDC 지역구분표의 기호) → 026.30912'가 되는 것이다.

[중국의 공공도서관]

026.3		공공도서관
	-09	역사 및 지리구분을 나타내는 표준구분의 기호
	-12	중국을 나타내는 지역구분표의 기호

026.3 + -09 + -12(지역) → 026.30912

[그림 5-17] KDC의 표준구분의 -09를 활용한 지역구분의 전개 사례

(3) 지역구분표의 적용 사례 분석

① Russia and China: foreign policy and the end of the Cold War
- 349 + -29(지역구분) + 0 + -12(지역구분) → 349.29012

② Economic policy making in India
- 322 + -15(지역구분) → 322.15

③ Mediterranean sea ecology
- 477.3 + -56(지역구분) → 477.356

④ Matisse, Monet and Manet; late works
- 653 + -26(지역구분) → 653.26

⑤ Improving higher education in Japan
- 377 + 0 + -13(지역구분) → 377.013

⑥ The Volcanoes of Chile
- 451.31 + -09(표준구분) + -59(지역구분) → 451.310959

⑦ Contemporary architecture in Germany

- 540 - 0 + -09(표준구분) + -25(지역구분) → 540.925

⑧ Constitutional law in America

- 362 + -42(지역구분) → 362.42

⑨ Folklore about the Mississippi river

- 388 + -09(표준구분) + -4244(지역구분) → 388.094244

⑩ Patriotic societies in France

- 339.1 + -09(표준구분) + -26(지역구분) → 339.0926

5.4.3. 국어구분표(國語區分表)

국어구분표는 어떤 주제가 특정의 언어적 측면에 한정하여 기술하고 있을 때 해당 언어를 나타내기 위해 사용할 수 있는 보조표로, DDC의 Table 6에 해당한다.

(1) 국어구분표의 구성과 특성

국어구분표는 어족(語族)에 따라 그룹화된 전 세계의 다양한 언어들로 이루어지는 체계적인 리스트로 구성되는데, 그 구성 내용을 구체적으로 살펴보면 [그림 5-18]과 같다.

-1	한국어
-2	중국어
-3	일본어
-39	기타 아시아 제어
-4	영 어
-5	독일어
-59	기타 게르만어
-6	프랑스어
-7	스페인어
-79	포르투갈어
-8	이탈리아어
-9	기타 제어
-928	러시아어

[그림 5-18] KDC 국어구분표의 개요

국어구분과 관련하여 KDC의 구조에서 주목할만한 중요한 특징은 국어구분을 설계할 때 지역구분표와 조기성(助記性)을 갖도록 독창적으로 설계했다는 점이다.[30] [그림 5-19]에서 볼 수 있는 것처럼, 국어구분표의 기호 -1-3은 지역구분표의 아시아 각국을 나타내는 -11-13의 두 번째 자리의 기호를 사용하고, -4-8은 유럽 각국을 나타내는 -24-28의 두 번째 기호를 활용하여 전개하고 있다.

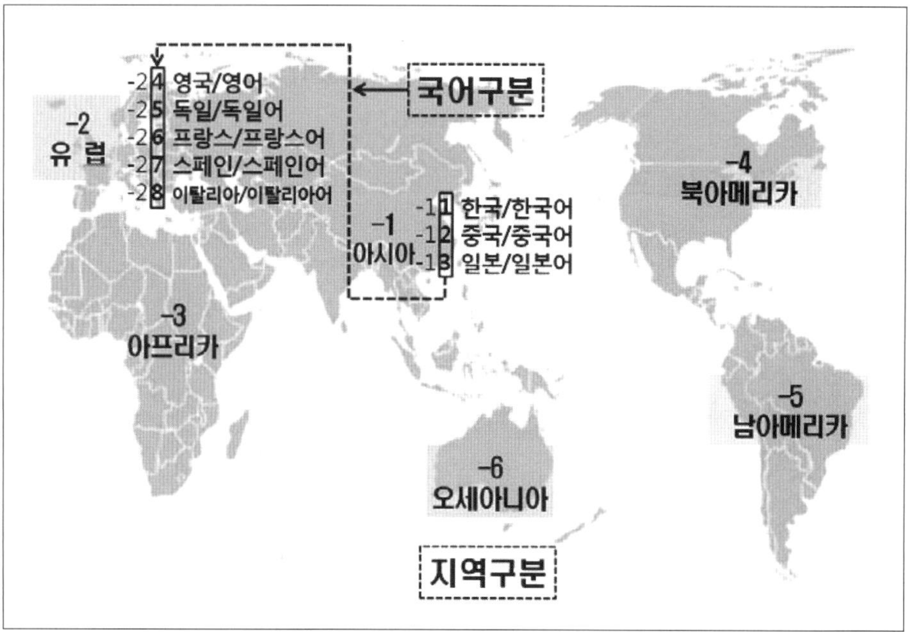

[그림 5-19] KDC의 국어구분표와 지역구분표의 조기성

국어구분표를 사용하는 대표적인 예는 언어류(700)와 문학류(800)이지만, 특히 주류 총류(000)의 경우에도 일반백과사전(030), 일반강연집 등(040), 일반연속간행물(050), 일반전집(080)[31] 등 언어적 취급이 필요한 주요 강목(綱目)에서도 국어구분이 광범위하게 적용되고 있다. 따라서 국어구분표와 이상의 유들은 서로 조기성(助記性)을 갖게 된다. KDC에서 볼 수 있는 국어구분에 관련된 조기성의 예의 일부를 살펴보면 〈표 5-8〉과 같다.

30) 오동근, 배영활, 여지숙. 『KDC의 이해』 (대구: 태일사, 2002). pp.86-87.

31) 080에서는 개인과 2인 이상 저자의 경우를 081과 082로 구분한 후, 081.1-.99 및 082.1-.99에 세분하도록 하고 있다는 점에 유의해야 한다.

〈표 5-8〉 KDC 국어구분표와 언어류, 문학류, 백과사전류의 조기성

국어구분표	700 언어류	800 문학류	030 백과사전류
-1 한국어	710 한국어	810 한국문학	031 한 국 어
-2 중국어	720 중국어	820 중국문학	032 중 국 어
-3 일본어	730 일본어	830 일본/기타아시아문학	033 일 본 어
-4 영 어	740 영 어	840 영미문학	034 영 어
-5 독일어	750 독일어	850 독일문학	035 독 일 어
-6 프랑스어	760 프랑스어	860 프랑스문학	036 프랑스어
-7 스페인어	770 스페인어	870 스페인/포르투갈문학	037 스페인어
-8 이탈리아어	780 이탈리아어	880 이탈리아문학	038 이탈리아어
-9 기타 제어	790 기타 제어	890 기타 제문학	039 기타 제언어

(2) 국어구분표의 적용 방법

국어구분표는 우선 700 언어류의 국어구분을 기본으로 하고 그 밖의 주제에 대해 이 국어구분표를 적용하도록 하고 있다. 이 경우 대개 “710-799와 같이 구분한다”와 같은 유형의 주기가 표시되는데, 이에 따라 본표의 해당 분류 기호에 국어구분표의 기호를 추가하여 전개하게 된다. [그림 5-20]은 KDC에서 전집에 대해 국어구분의 적용을 지시하고 있는 예와 그 적용 사례(‘영어로 된 개인의 일반 전집’)를 보여주는 것이다. 이 예에서는 ‘081(개인의 일반 전집을 나타내는 기본 기호) + -4(영어를 나타내는 KDC 국어구분의 기호) → 081.44’가 되는 것이다.

081 개인의 일반전집 Collected works of individual authors
특수주제의 개인전집은 해당주제 아래에 분류한다. 예: 과학전집 408.1

.1-.99 언어에 의한 일반 개인전집
710-799와 같이 구분한다. 예: 한국어의 개인 일반전집 081.1

[영어로 된 개인의 일반 전집]
081 개인의 일반전집
-4 영어를 나타내는 KDC 국어구분의 기호

081 + -4(국어) → 081.4

[그림 5-20] KDC 국어구분의 전개를 지시하는 주기와 적용 사례

(3) 국어구분표의 적용 사례 분석

① Folk literature of Spanish

- 398.1 + -27(지역구분*) → 398.127 (KDC에서는 지역구분을 사용함)

② The Bible in Modern Greek

- 233.077 + -921(국어구분) → 233.077921

③ The Sense of French rhetoric and style: guide to writing of the day

- 802.04 + -6(국어구분) → 802.046

④ Best Russian short stories

- 800 - 00 + -928(국어구분) → 892.8

⑤ Der Spiegel: das Deutsche Nachrichten Magazin

- 050 - 0 + -5(국어구분) → 055

5.4.4. 언어공통구분표(言語共通區分表)

언어공통구분표는 주류 700 언어류의 각국어(各國語)의 공통적인 형식이나 특성에 대해 공통의 기호를 부여하기 위해 마련된 조기표로, DDC의 Table 4에 해당한다.

(1) 언어공통구분표의 구성과 특성

이 조기표는 언어류(700)에서 '7(주류: 언어류) + 언어(국어구분) + 언어의 제요소(언어공통구분표)'로 이어지는 열거 순서(列擧順序)의 세 번째 패싯에 사용되며, 언어류의 개별 언어와 어족을 나타내는 710-790의 주요 기호에 대해서만 사용된다. 언어학의 여러 요소들과 문제, 그 밖의 측면들을 포함하고 있는데, 그 개요는 [그림 5-21]과 같다.

언어공통구분의 구성 내용을 구체적으로 살펴보면, 언어의 기본을 이루는 음운/문자(-1)과 어원(-2), 사전(-3), 문법(-5)에 대해서는 DDC와 동일한 기호를 부여하고 있으나, 그 밖의 전개에서는 차이를 보이고 있다. 특히 어휘(-4)와 작문(-6),

-1	음운 및 문자
-2	어 원
-3	사 전
-4	어 휘
-5	문 법
-6	작 문
-7	독본, 해석, 회화
-8	방언(사투리)

[그림 5-21] KDC 언어공통구분표의 개요

독본/회화(-7) 등의 예에서는 외국어를 배워야 하는 입장에 있는 이용자들을 위한 자료들이 많은 동양의 특성을 잘 반영하고 있는 NDC의 아이디어를 KDC에서 잘 활용하고 있음을 볼 수 있다.[32] 아울러 DDC에서는 -7에 고어(古語)와 방언(方言), 비어(卑語), 속어(俗語) 등을 함께 포함시키고 있으나, KDC에서는 -8에는 방언만을 포함하고, 고어는 언어사(710.9) 아래에 시대별로 세분하고 있고, 비어(卑語), 속어(俗語) 등은 -4 어휘 아래에 전개(KDC의 경우 714.9)하고 있다는 사실에 유의해야 한다.[33]

(2) 언어공통구분표의 적용 방법

언어공통구분표는 기본적으로 본표의 기호에 추가하여 전개하여 사용하게 된다. 그러나 KDC에서 주요 언어의 경우, 실제로는 해당 언어와 언어공통구분이 합성된 기호들이 대부분 본표에 표시되어 있기 때문에, 언어공통구분표의 기호를 활용하여 합성해야 하는 경우는 분류 담당자가 기타 언어(790)에서 별법(別法)을 사용하는 경우 등에 국한될 것이다. 그러나 이론적인 측면에서 그와 같은 합성이 어떻게 이루어지는지에 대해서는 충분한 이해가 필요할 것이다. [그림 5-22]는 KDC 언어공통구분표의 기본적인 합성 방식의 예(독일어의 어원)를 보여 주고 있다. 이 예에서는 '700(주류 언어를 나타내는 기본 기호) - 00 +

32) 오동근. 『최신분류론』 (대구: 태일사, 2015). p.240.

33) 관련 내용에 대해서는 다음 자료 참고: 오동근, 배영활, 여지숙. "KDC 제4판 언어 및 문학류 전개의 개선 방안." 한국문헌정보학회지 제42권 제4호(2008.12). pp.141-157.

-5(독일어를 나타내는 KDC 국어구분의 기호)[34] + -2(어원을 나타내는 언어공통구분의 기호) → 752'가 되는 것이다.

[독일어의 어원]
700　　언 어
　-5　　독일어(국어구분)
　-2　　어원(언어공통구분)

700 － 00 + -5(국어) + -2(언어) → 752

[그림 5-22] KDC 언어공통구분표의 합성 방식의 예

〈표 5-9〉는 KDC의 주요 언어들이 언어공통구분의 기호와 어떻게 합성되는지를 잘 보여주고 있다.[35]

〈표 5-9〉 KDC 언어공통구분표의 상세 전개표

구분	기본 기호	-1 음운	-2 어원	-3 사전	-4 어휘	-5 문법	-6 작문	-7 회화	-8 방언
한 국 어	71	711	712	713	714	715	716	717	718
중 국 어	72	721	722	723	724	725	726	727	728
일 본 어	73	731	732	733	734	735	736	737	738
영 어	74	741	742	743	744	745	746	747	748
독 일 어	75	751	752	753	754	755	756	757	758
프 랑 스 어	76	761	762	763	764	765	766	767	768
스 페 인 어	77	771	772	773	774	775	776	777	778
이탈리아어	78	781	782	783	784	785	786	787	788

(3) 2개 국어 사전의 분류

언어공통구분을 적용할 때는 특히 2개 국어 사전(bilingual dictionaries)의 분류에 유의해야 한다. KDC는 표제어(標題語, entry word)를 분류의 제1기준으로

34) 물론 주류 700의 첫 기호 7과 독일어를 나타내는 국어구분의 5를 합성하고 세 자리를 채우기 위한 0을 붙여 독일어의 기호는 750이 되며, 분류 기호의 합성을 위해 사용되는 독일어의 기본 기호는 750에서 세 자리를 채우기 위해 무의미하게 추가된 0을 삭제한 75가 된다.

35) 이 표는 志保田務, 高鷲忠美, 平井尊士. 『情報資源組織法』 (東京: 第一法規, 2012). p.197에 수록된 NDC '언어공통구분의 상세표'의 내용을 참고하여 KDC에 맞도록 재구성한 것임.

삼는 방식을 표준으로 채택하고 있고, 별법(別法, option)으로 2개 국어 중 이용자의 입장에서 비교적 덜 알려진 언어를 기준으로 하는 방식을 채택하고 있다. 2개 국어 사전의 표준적인 열거 순서는 DDC와 마찬가지로, [그림 5-23]과 같은 순서를 갖는다. 여기서 -3은 언어공통구분의 사전을 의미하는 -3이다.

첫 번째 언어의 기본 기호 + −3 + 두 번째 언어의 국어구분의 기호

[그림 5-23] KDC의 2개 국어 사전의 표준적인 열거 순서

[그림 5-24]는 KDC에서 한국어를 표제어로 하는 2개 국어 사전에 대해 언어공통구분의 적용을 지시하고 있는 예와 그 적용 사례('한독사전')를 보여주는 것이다. 표준적인 방법을 사용할 경우에는, '71(한국어를 나타내는 기본 기호) + -3(사전을 나타내는 언어공통구분의 기호) + -5(독일어를 나타내는 국어구분의

713.2-.9 2개 국어 사전
2개 국어 사전은 표제어에 분류하고 해설어를 국어구분의 기호를 사용하여 부가 한다.
예: 한영사전(표제어: 한국어) 713.4; 영한사전 743.1
710-799와 같이 언어구분 한다.
별법: 도서관에 따라 2개 국어 사전은 이용자의 입장에서 비교적 덜 알려진 언어에 분류하고, 상대어를 부가할 수 있다. 예: 한영(영한)사전 713.4(미국의 입장); 한영(영한)사전 743.1 (한국의 입장)

[한독사전]: 표준적인 방법
710 한국어(표제어)
−3 사전을 나타내는 KDC 언어공통구분의 기호
−5 독일어를 나타내는 국어구분의 기호

710 − 0 + −3(언어) + −5(국어) → 713.5

[한독사전]: 별법
750 독일어(한국 이용자에게 덜 알려진 언어)
−3 사전을 나타내는 KDC 언어공통구분의 기호
−1 한국어를 나타내는 국어구분의 기호

750 − 0 + −3(언어) + −1(국어) → 753.1

[그림 5-24] KDC의 2개 국어 사전에 대한 분류 지시와 적용 사례

기호) → 713.5'가 된다. 한편 별법을 사용할 경우에는, '75(독일어를 나타내는 기본 기호) + -3(사전을 나타내는 언어공통구분의 기호) + -1(한국어를 나타내는 국어구분의 기호) → 753.1'이 된다.

(4) 언어공통구분표의 적용 사례 분석

① The Science of etymology

- 701 + -2(언어공통구분) → 701.2

② Survey of English Dialects

- 740 - 0 + -8(언어공통구분) → 748

③ Spanish grammar advanced

- 770 - 0 + -5(언어공통구분) → 775

④ Better reading French

- 760 - 0 + -72(언어공통구분) → 767.2

⑤ The Syntax of Chinese aspects

- 720 - 0 + -58(언어공통구분) → 725.8

⑥ Phonological variation and change in Portuguese

- 779 + -11(언어공통구분 및 추가세분) → 779.11

⑦ Easy ways to enlarge German vocabulary

- 750 - 0 + -4(언어공통구분) → 754

⑧ Introducing English semantics

- 740 - 0 + -2(언어공통구분) → 742

⑨ Elements of Japanese writing systems

- 730 - 0 + -12(언어공통구분 및 추가세분) → 731.2

⑩ A Study of French phonetics

- 760 - 0 + -11(언어공통구분 및 추가세분) → 761.1

5.4.5. 문학형식구분(文學形式區分)

문학형식구분은 문학류(800) 내에서 문학의 형식인 시, 희곡, 소설 등을 표시하는 기호가 각국 문학에 공통적으로 적용되는 조기표로, 특정 언어로 된 문학 작품이나 문학에 관련된 문헌들을 분류하기 위한 것이다. 이것은 DDC의 Table 3에 해당한다.

(1) 문학형식구분표의 구성과 특성

문학형식구분표는 문학류(800)에서 '주류(문학류) + 언어 + 문학 형식 + 문학 시대'로 이어지는 열거 순서에서 세 번째 패싯에 사용된다. 그 구성 내용을 구체적으로 살펴보면 [그림 5-25]와 같다. 대부분이 DDC와 유사하게 전개되어 있다.

-1	시
-2	희 곡
-3	소 설
-4	수필, 소품
-5	연설, 웅변
-6	일기, 서간, 기행
-7	풍자 및 유머
-8	르포르타주 및 기타

[그림 5-25] KDC 문학형식구분의 개요

(2) 문학형식구분표의 적용 방법

문학형식구분표는 기본적으로 본표의 기호에 추가하여 전개하여 사용하게 된다. 그러나 KDC에서 주요 문학의 경우, 실제로는 해당 문학과 문학형식구분이 합성된 기호들이 대부분 본표에 표시되어 있기 때문에, 문학형식구분표의 기호를 활용하여 합성해야 하는 경우는 분류 담당자가 기타 문학(890)에서 별법(別法)을 사용하는 경우 등에 국한될 것이다. 그러나 이론적인 측면에서 그와 같은 합성이 어떻게 이루어지는지에 대해서는 충분한 이해가 필요할 것이다.

[그림 5-26]은 KDC 문학형식구분표의 기본적인 합성 방식의 예(프랑스 소설)를 보여 주고 있다. 이 예에서는 '800(주류 문학을 나타내는 기본 기호) - 00 + -6(프랑스어를 나타내는 국어구분의 기호)[36] + -3(소설을 나타내는 문학형식구분의 기호) → 863'이 되는 것이다.

[프랑스 소설]

800	문 학
–6	프랑스어(국어구분)
–3	소설(문학형식구분)

800 – 00 + –6(국어) + –3(문학) → 863

[그림 5-26] KDC 문학형식구분표의 합성 방식의 예

〈표 5-10〉은 KDC의 주요 문학들이 문학형식구분의 기호와 어떻게 합성되는지를 잘 보여주고 있다.[37]

〈표 5-10〉 KDC 문학형식구분표의 상세 전개표

구분	기본 기호	–1 시	–2 희곡	–3 소설	–4 수필	–5 연설	–6 일기	–7 풍자	–8 르포
한 국 문 학	81	811	812	813	814	815	816	817	818
중 국 문 학	82	821	822	823	824	825	826	827	828
일 본 문 학	83	831	832	833	834	835	836	837	838
영 문 학	84	841	842	843	844	845	846	847	848
독 일 문 학	85	851	852	853	854	855	856	857	858
프 랑 스 문 학	86	861	862	863	864	865	866	867	868
스 페 인 문 학	87	871	872	873	874	875	876	877	878
이탈리아문학	88	881	882	883	884	885	886	887	888

36) 물론 주류 800의 첫 기호 8과 프랑스어를 나타내는 국어구분의 6를 합성하고 세 자리를 채우기 위한 0을 붙여 프랑스 문학의 기호는 860이 되며, 분류 기호의 합성을 위해 사용되는 프랑스 문학의 기본 기호는 860에서 세 자리를 채우기 위해 무의미하게 추가된 0을 삭제한 86이 된다.

37) 이 표는 志保田務, 高鷲忠美, 平井尊士.『情報資源組織法』(東京: 第一法規, 2012). p.198에 수록된 NDC '문학공통구분의 상세표'의 내용을 참고하여 KDC에 맞도록 재구성한 것임.

(3) 문학형식구분표의 적용 사례 분석

① The tale of Genji(源氏物語)

- 830 - 0 + -3(문학형식구분) + -25(문학시대) → 833.25

② Fantasy and horror: a critical and historical guide to literature

- 600.48 + -8(문학) → 600.488

③ Don Quixote

- 870 - 0 + -3(문학형식구분) → 873

④ Anton Chekhov's plays

- 892.8 + -2(문학형식구분) → 892.82

⑤ Goethe's plays: Faust

- 850 - 0 + -2(문학형식구분) → 852

⑥ Poems and sonnets in Renaissance England: Sidney, Spenser, Shakespeare and Jonson

- 840 - 0 + -1(문학형식구분) + -2(문학시대) → 841.2

⑦ 토지(土地)

- 810 - 0 + -3(문학형식구분) + 62(문학시대) → 813.62

⑧ Collection of Korean Literature

- 810.82

⑨ The Tin Drum

- 850 - 0 + -3(문학형식구분) → 853

⑩ Lady Chatterley's lover

- 840 - 0 + -3(문학형식구분) + 5(문학시대) → 843.5

5.4.6. 종교공통구분표(宗教共通區分表)

KDC에서는 종교류(200)의 강목 전개를 기독교 중심으로 전개된 DDC와는 달리, 220-280에 주요 종교를 균형있게 포함시키고 있다. 그 결과 주요 종교의 요목(要目) 단계에 포함된 주요 종교를 비롯한 여러 종교에 대해 공통적인 보조

기호를 부여할 수 있게 되었다. 종교공통구분표는 이러한 가능성을 바탕으로 개발된 KDC 특유(特有)의 조기표로, 다양한 종교가 공존하는 나라의 도서관에서 충분히 활용할 수 있는 KDC의 독창적인 아이디어라고 할 수 있다.[38]

(1) 종교공통구분표의 구성과 특성

종교공통구분표는 각 종교에 내포된 공통적 특성을 추출한 것으로, 그 개요를 기독교의 요목 전개에 적용된 예와 함께 살펴보면 〈표 5-11〉과 같다.

(2) 종교공통구분표의 적용 방법

종교공통구분표는 기본적으로 본표의 기호에 추가하여 전개하여 사용하게 된다. 그러나 KDC에서 주요 종교의 경우, 실제로는 해당 종교와 종교공통구분이 합성된 기호들이 대부분 본표에 표시되어 있기 때문에, 종교공통구분표의 기호를 활용하여 합성해야 하는 경우는 분류 담당자가 기타 종교(290)에서 별법(別法)을 사용하는 경우 등에 국한될 것이다. 그러나 이론적인 측면에서 그와 같은 합성이 어떻게 이루어지는지에 대해서는 충분한 이해가 필요할 것이다.

〈표 5-11〉 KDC 종교공통구분표의 개요와 기독교의 요목

종교공통구분		기독교의 요목전개	
기호	내 용	기호	내 용
-1	교리, 교의	231	기독교 신학, 교의학(조직신학)
-2	종교창시자(교주) 및 제자	232	예수 그리스도, 사도
-3	경전, 성전	233	성서(성경)
-4	종교신앙, 신앙록, 신앙생활, 수도생활	234	종교신앙, 신앙록, 신앙생활
-5	선교, 포교, 전도, 교화(교육)활동	235	전도, 교육, 교화 활동, 목회학
-6	종단, 교단	236	교회론
-7	예배형식, 의식, 의례	237	예배, 의식, 성례
-8	종파, 교파	238	교 파

38) Dong-Geun Oh & Ji-Sook Yeo. "Suggesting an Option for DDC Class Religion (200) for Nations in which Religious Diversity Predominates." *Knowledge Organization,* Vol.28, No.2(2001). pp.75-84.

[그림 5-27]은 KDC에서 종교공통구분표의 적용을 지시하고 있는 별법의 예와 그 적용 사례('증산도 경전')를 보여주는 것이다. 이 예에서는 '291.12(증산도를 나타내는 기본 기호) + -3(경전을 나타내는 종교공통구분표의 기호) → 291.123'이 되는 것이다.

290 기타 제종교(諸宗敎) Other religions
별법: 도서관에 따라 211-218과 같이 세분할 수 있다. . . .
291 아시아
.1 한 국
.12 증산도(甑山道)

[증산도 경전: 별법]
291.12 증산도
-3 경전을 나타내는 종교공통구분표의 기호

291.12 + -3(종교) → 291.123

[그림 5-27] KDC 종교공통구분표의 사용을 지시하는 별법의 주기와 적용 사례

〈표 5-12〉는 KDC의 주요 종교들이 종교공통구분표의 기호와 어떻게 합성되는지를 잘 보여주고 있다.[39]

〈표 5-12〉 KDC 종교공통구분표의 상세 전개표

구분	기본 기호	-1 교리	-2 창시자	-3 경전	-4 종교신앙	-5 선교	-6 종단	-7 예배형식	-8 종파
불 교	22	221	222	223	224	225	226	227	228
기독교	23	231	232	233	234	235	236	237	238
도 교	24	241	242	243	244	245	246	247	248
천도교	25	251	252	253	254	255	256	257	258
힌두교	27	271	272	273	274	275	276	277	278
이슬람교	28	281	282	283	284	285	286	287	288

39) 이 표는 志保田務, 高鷲忠美, 平井尊士. 『情報資源組織法』(東京: 第一法規, 2012). p.198에 수록된 NDC '문학공통구분의 상세표'의 내용을 참고하여 KDC 종교류에 맞도록 재구성한 것임.

(3) 종교공통구분표의 적용 사례 분석

① 문답으로 배우는 불교강좌

- 220 - 0 + -5(종교공통구분) → 225

② 구약성서 요해

- 230 - 0 + -31(종교공통구분 및 추가세분) → 233.1

③ 21세기 종교와 성숙한 사회

- 210 - 0 + -4(종교공통구분) → 214

④ 한국의 禪師들의 화두

- 220 - 0 + -87(종교공통구분 및 추가세분) → 228.7

⑤ 지혜의 바다 탈무드

- 239 + -3(종교공통구분) → 239.3

5.5. 주제 구분을 사용한 기호의 합성 방법

KDC에서는 본표의 전체 주제에 대한 분류 기호 또는 특정 주제에 대한 분류 기호의 일부를 해당 분류 기호에 직접 추가하여 전개할 수 있도록 하는 기호 합성 방법(주제 구분)을 사용하고 있다. 이러한 방식은 전 주제 구분과 특정 주제 구분의 두 가지 방식이 있다.

① 전 주제 구분: KDC의 전 주제(全主題), 즉 '001-999'를 해당 기호에 추가되는 방식으로, [그림 5-28]은 KDC의 전 주제 구분의 기본적인 합성 방식의 예를 보여 주고 있다.

② 특정 주제 구분: 특정 주제의 분류 기호의 일부를 해당 기호에 추가하는 방식으로, [그림 5-29]은 KDC의 특정 주제 구분의 기본적인 합성 방식의 예를 보여 주고 있다.

016 주제별 서지 및 목록 Subject bibliographies and catalogs
001-999와 같이 주제구분한다. 예: 정치서지 및 목록 016.34

[한국어 서지]
016 주제별 서지
710 한국어를 나타내는 본표의 기호
016 + 710 → 016.71

[그림 5-28] KDC의 전 주제 구분의 사용을 지시하는 주기와 적용 사례

750.9 **독일어사 및 언어정책**
750.91-.98은 710.91-.98과 같이 세분한다. 예: 독일어계통론 750.95

[독일어 정책]
750.9 독일어사 및 언어정책
-8 국어정책(710.98)의 일부기호
750.9 + -8 → 750.98

[그림 5-29] KDC의 특정 주제 구분의 사용을 지시하는 주기와 적용 사례

5.6. 본표의 이해와 적용

KDC의 10개의 주류(主類)의 전개는 이미 앞서 살펴본 것처럼, DDC와 마찬가지로, Bacon의 학문 분류의 영향을 받은 Harris의 역베이컨식(inverted Bacon)의 순서를 채택하여 이루어지고 있다. KDC는 언어와 문학이 분리되어 있는 DDC의 단점을 보완하여 이 두 유를 근접시키고 자연과학과 기술과학, 예술을 한 단계씩 옮겨 배열하고 있다. 따라서 KDC는 주류 배열에서 4개 주류, 즉 400, 500, 600, 700에서 그 내용을 달리하고 있다(〈표 5-13〉 참조).

〈표 5-13〉 KDC와 DDC의 주류 배열

분류기호	KDC6의 주류	DDC23의 주류
000	총 류	Computer science, information & general works
100	철 학	Philosophy & Psychology
200	종 교	Religion
300	사회과학	Social sciences
400	**자연과학**	**Language**
500	**기술과학**	**Science**
600	**예 술**	**Technology**
700	**언 어**	**Arts & recreation**
800	문 학	Literature
900	역 사	History & geography

이 절에서는 KDC 제6판의 내용을 강목표(100구분)를 중심으로, 그 전개 내용을 DDC 제23판과 비교하여 살펴보고, 실제 분류 사례들에 대해서도 구체적으로 분석해 보고자 한다.

5.6.1. 000 총류(總類)

주류 000 총류는 원래 형식류(形式類)로서, 그 특성은 형식적이고 아주 일반적이며, 많은 주제를 포함하고 있어 어떤 특정 주제나 학문 분야에 분류할 수 없는 유이다. 즉 모든 학문 분야와 관련되거나 어느 한 학문 분야에 분류하기 어려운 학문 분야의 문헌들을 분류하기 위한 유이다.40)

KDC 총류의 강목들은 대체로 DDC에 준하여 설정되어 있는데, NDC의 강목과 유사하게 '040 강연집, 수필집, 연설문집'과 '090 향토자료'를 추가로 설정되어 있다. 그 개요를 살펴보면 〈표 5-14〉와 같다.

40) 오동근, 여지숙, 배영활. 『한국십진분류법 제6판의 이해와 적용』(대구: 태일사, 2014). p.151.

〈표 5-14〉 KDC 총류(000)의 개요

기호	KDC 6	DDC 23
000	총 류	Computer science, knowledge & systems
010	도서학, 서지학	Bibliographies
020	문헌정보학	Library & information sciences
030	백과사전	Encyclopedias & books of facts
040	강연집, 수필집, 연설문집	[Unassigned]
050	일반연속간행물	Magazines, journals & serials
060	일반 학회, 단체, 협회, 기관, 연구기관	Associations, organizations & museums
070	신문, 저널리즘	News media, journalism & publishing
080	일반 전집, 총서	Quotations
090	향토자료	Manuscripts & rare books

총류(000)의 적용 사례를 살펴보면 다음과 같다.

① Reading and therapy: a systemic view
- 029.4(독서법)

② Cambridge university library: the great collections
- 027.6 + -24(T2) → 027.624

③ Report on forgery works and their cultures
- 011.5(위작)

④ Design methods and applications for personal computer systems
- 004.25 + -5(004.15 소형컴퓨터) → 004.255

⑤ The New encyclopaedia Britannica
- 034

⑥ Chinese publishing: culture of printing
- 013.9 + -12(지역구분) → 013.912

⑦ Museum exhibition : theory and practice
- 069.5(박물관서비스 및 활동)

⑧ Information sources in management and business
- 016 + 325(경영학) → 016.325

⑨ Making the move to RDA : a guide for the occasional cataloger
- 024.32(목록규칙)

⑩ Defense and detection strategies against computer viruses and anti-virus
- 004.66(컴퓨터 바이러스)

5.6.2. 100 철학(哲學)

주류 100 철학류는 철학 각론(110 형이상학, 130 철학의 세계, 170 논리학, 180 심리학, 190 윤리학)과 각국 철학(140 경학, 150 아시아 철학, 사상, 160 서양 철학)으로 이루어져 있다. 철학류의 강목에서는 동양 관련 부문을 우선적으로 배치할 수 있도록 조정하고, 경학(經學)을 독립된 강목(140)으로 설정하고 있는데, 그 개요를 살펴보면 〈표 5-15〉와 같다.

〈표 5-15〉 KDC 철학류(100)의 개요

기호	KDC 6	DDC 23
100	철　학	Philosophy
110	형이상학	Metaphysics
120	인식론, 인과론, 인간학	Epistemology
130	철학의 체계	Parapsychology & occultism
140	경　학	Philosophical schools of thought
150	동양철학, 동양사상	Psychology
160	서양철학	Logic
170	논 리 학	Ethics
180	심 리 학	Ancient, medieval & eastern philosophy
190	윤리학, 도덕철학	Modern western philosophy

철학류(100)의 적용 사례를 살펴보면 다음과 같다.

① Stoicism : traditions and transformations
- 160.25(스토아학파)

② Confucian traditions in east Asian modernity

- 152.212(공자)

③ Environmental psychology: advances in theory, methods and applications

- 182.3(환경심리)

④ Philosophy in classical India: a phenomenological approach

- 155(인도철학, 사상)

⑤ Nursing ethics : across the curriculum and into practice

- 195.2(의료인 윤리)

⑥ A guide to teaching research methods in psychology

- 180 – 0 + -073(표준구분) → 180.723

⑦ 하서 김인후의 도학사상과 현대문명

- 151.52(주자학파)

⑧ Witchcraft and black magic

- 187.4(귀신론)

⑨ Encyclopedia of applied ethics

- 190 – 0 + -03(표준구분) → 190.3

⑩ German psychology of today

- 182.69 + -25(지역구분) → 182.6925

5.6.3. 200 종교(宗敎)

주류 200 종교류는 비교 종교를 210에 먼저 배정한 후, 세계 각국의 주요 종교를 7개의 강목(220-280)에 균등하게 배정하고, 마지막 강목인 290에 기타 제 종교를 배정하고 있다. 이것은 7개 강목(220-280)에 기독교를 배정하여 기독교 위주의 전개를 채택하고 있는 DDC와는 다른 것이다. 그 결과 KDC는 요목(要目)의 단계에서 각 종교에 대해 종교공통구분을 공통적으로 적용할 수 있게 된다.[41] 그 개요를 살펴보면 〈표 5-16〉과 같다.

41) 종교공통구분표의 구체적인 내용에 대해서는, 5.4.6. 참조.

〈표 5-16〉 KDC 종교류(200)의 개요

기호	KDC 6	DDC 23
200	종　　교	Religion
210	비교종교	Philosophy and theory of religion
220	불　　교	Bible
230	기 독 교	Christianity & Christian theology
240	도　　교	Christian practice & observance
250	천 도 교	Christian pastoral practice & religious orders
260	[미 사 용]	Christian organizations, social work & worship
270	힌두교, 브라만교	History of Christianity
280	이슬람교(회교)	Christian denominations
290	기타 제종교	Other religions

종교류(200)의 적용 사례를 살펴보면 다음과 같다.

① The emergence of Jewish theology and process thought

- 239 + -1(종교공통구분) → 239.1

② The New Testament: a critical introduction

- 230 - 0 + -3(종교공통구분) + 5(신약) + -8(233.08 성서해석학) → 233.58

③ Tenrikyo: a pilgrimage faith in contemporary Japan

- 291.3(일본 종교)

④ Zen Buddhism: a philosophical investigation and phenomenology

- 220 - 0 + -8(종교공통구분) + 7(禪宗) → 228.7

⑤ Catholic church in China

- 220 - 0 + -82(종교공통구분) + -09(표준구분) + -12(지역구분) → 228.20912

⑥ Rethinking The Koran: its interpretations

- 280 - 0 + -3(종교공통구분) → 283

⑦ Buddhist worship and experience in contemporary Korea

- 220 - 0 + -4(종교공통구분) + 8(신앙생활) → 224.8

⑧ An encyclopedia of world religions

- 200 - 00 + -03(표준구분) → 203

⑨ The sources of Christian ethics in the Christian tradition

- 230 - 0 + -4(종교공통구분) + 1(기독교윤리) → 234.1

⑩ The mind of God: modern cosmological basis for a rational world

- 204(자연종교) + 4(과학과 종교) → 204.4

5.6.4. 300 사회과학(社會科學)

주류 300 사회과학류는 강목의 구분과 순서는 대략 LCC를 참고하고 있기 때문에, DDC와는 다소 다른 양상을 보이고 있다. KDC는 풍속, 민속학(380)과 '국방, 군사학'(390)에 관련된 강목을 설정하고 있고, 경영학에 관련된 내용을 경제학의 요목(325 경영)에 설정하고 있다. 그 개요를 살펴보면 〈표 5-17〉과 같다.

〈표 5-17〉 KDC 사회과학류(300)의 개요

기호	KDC 6	DDC 23
300	사회과학	Social sciences, sociology & anthropology
310	통계자료	Statistics
320	경 제 학	Political science
330	사회학, 사회문제	Economics
340	정 치 학	Law
350	행 정 학	Public administration & military science
360	법률, 법학	Social problems & social services
370	교 육 학	Education
380	풍습, 예절, 민속학	Commerce, communications & transportation
390	국방, 군사학	Customs, etiquette & folklore

사회과학류(300)의 적용 사례를 살펴보면 다음과 같다.

① Russian proverbs

- 388.6 + -29(지역구분) →388.629

② Labor and employment compliance law in France

- 368.11 + -09(표준구분) + -26(지역구분) →368.110926

③ Taxes in Brasil: what everyone needs to know

- 329.4 + 0 + -53(지역구분) → 329.4053

④ New trends in chemistry curricula and teaching

- 374 + 430(화학) → 374.43

⑤ Textiles industries in the 21st century

- 323 + 587(섬유공학) → 323.587

⑥ School counseling in the secondary school: practical strategies & techniques

- 376 + -26(372.6 교육지도) → 376.26

⑦ The Journal of political science

- 340 - 0 + -05(표준구분) → 340.5

⑧ Social futures, global visions: the next forty years

- 331.544(사회예측)

⑨ The philosophy of criminal law: the prevention and the limits

- 364 + 0 + -01(표준구분) → 364.001

⑩ Dilemmas of care in the Swedish welfare state

- 338 + -09(표준구분) +-231(지역구분) →338.09231

5.6.5. 400 자연과학(自然科學)

주류 400 자연과학류는 전반부에는 순수과학(純粹科學)의 강목들을 배정하고, 후반부에는 생물학(生物學) 분야의 강목들을 배정하고 있는데, 천문학(440)과 지학(450)을 인접하도록 배열하고 있다. KDC는 DDC에서 강목에 배정된 고생물학(560)을 457로 조정하고, DDC의 요목에 설정된 광물학을 '460 광물학'으로 강목에 배정하고 있다. 그 개요를 살펴보면 〈표 5-18〉과 같다.

〈표 5-18〉 KDC 자연과학류(400)의 개요

KDC 6	DDC 23
400 자연과학	500 Science
410 수 학	510 Mathematics
420 물 리 학	520 Astronomy
430 화 학	530 Physics
440 천 문 학	540 Chemistry
450 지 학	550 Earth sciences & geology
460 광 물 학	560 Fossils & prehistoric life
470 생명과학	570 Life science; Biology
480 식 물 학	580 Plants (Botany)
490 동 물 학	590 Animals (Zoology)

자연과학류(400)의 적용 사례를 살펴보면 다음과 같다.

① The Christian calendars

- 448.39

② A Concise dictionary of physics

- 420 + -03(T1) → 420.03

③ Geology and mineral resources of Japan

- 450 - 0 + -09(표준구분) + -13(지역구분) → 450.913

④ Insect ecology: an ecosystem approach

- 495.2

⑤ Organic, physical, and materials photochemistry

- 437 + 01 + 45(광화학) → 437.0145

⑥ Aquatic and wetland plants of the Western Gulf Coast

- 481.526

⑦ Antarctic climate change: from the past to the future

- 453.918 + -88(지역구분) → 453.91888

⑧ Statistical computing: using Microsoft Excel

- 413.8 + -027(표준구분) → 413.8027

⑨ Plant cell death processes
- 472.21

⑩ Animals of the Arctic: the ecology of the Far North
- 491.54

5.6.6. 500 기술과학(技術科學)

주류 500 기술과학류에는 의학, 농학, 공학 및 관련 공학, 제조, 가정학 등이 포함된다. KDC에서는 경영학에 관련된 내용을 사회과학류의 경제학의 요목(325 경영)에 설정하고, 강목의 배열 순서도 DDC의 공업과 농업의 위치를 전도하여 농업(520)을 앞에 배치하고, 생활과학(가정학)과 건축공학의 위치를 전도하여 건축공학을 540, 생활과학을 590으로 하는 등 대폭적으로 조정하고 있다. 제6판에서는 특히 제5판까지 예술류에 포함되어 있던 건축학을 통합하여 '540 건축, 건축학'으로 변경하였는데, 그 개요를 살펴보면 〈표 5-19〉와 같다.

〈표 5-19〉 KDC 기술과학류(500)의 개요

KDC 6	DDC 23
500 기술과학	600 Technology
510 의　　학	610 Medicine & health
520 농업, 농학	620 Engineering
530 공학, 공업일반, 토목공학, 환경공학	630 Agriculture
540 건축, 건축학	640 Home & family management
550 기계공학	650 Management & public relations
560 전기공학, 통신공학, 전자공학	660 Chemical engineering
570 화학공학	670 Manufacturing
580 제 조 업	680 Manufacture for specific uses
590 생활과학	690 Buildings & construction

기술과학류(500)의 적용 사례를 살펴보면 다음과 같다.

① Medical education: developing a curriculum for practice in the Germany

- 510 + -071((T1) → 510.711

② An introduction to the system of patents in China

- 502.9 + -12(지역구분) → 502.912

③ Elon Musk, management pioneer: a biography

- 325 + -099((표준구분) → 325.099

④ Nutritional elements of the horses: an instructional manual for the rancher, dairyman

- 527.42 + -37(사료) → 527.4237

⑤ Hematology of infancy and childhood

- 516.9 + -311(혈액) → 516.9311

⑥ Industrial buildings: conservation and regeneration

- 549(각종 건물) + 5(공업용) → 549.5

⑦ Japanese ordinary cooking

- 594.52 + -3(T2) → 594.523

⑧ The dyeing of sheep wools: the scientific bases and the techniques of application

- 577.3 + -31(양모) → 577.331

⑨ Prospecting strategies for optimizing petroleum exploration

- 559.628 + -782(석유) → 559.628782

⑩ The technology of food low temperature preservations: vegetables and fruits

- 574.8 + -285(저온 보존기법) → 574.8285

5.6.7. 600 예술(藝術)

주류 600 예술류는 강목의 구분과 배열 순서는 DDC와 NDC를 기초로 하고 있는데, 그 배열 순서는 DDC와 거의 일치하고 있으나, 강목의 구분은 NDC에 가깝다고 할 수 있다. DDC의 740과 750을 합하여 650 회화, 도화(圖畵)로 설정하고, 640 서예(書藝)와 680 공연 예술 및 매체 예술을 강목에 설정하였다. DDC에서 강목(710)에 설정되어 있는 조경 및 도시계획은 관련 주제(조경은 525.9, 도시계획은 539.7)에 분류하도록 하고 있다. 제6판에서는 기존에 610에 전개되었던 건축술을 "건축, 건축학"으로 통합하여 540에 배정하였다. 그 개요를 살펴보면 〈표 5-20〉과 같다.

〈표 5-20〉 KDC 예술류(600)의 개요

KDC 6	DDC 23
600 예　　술	700 Arts
610 [미사용]	710 Landscaping & area planning
620 조각, 조형미술	720 Architecture
630 공　　예	730 Sculpture, ceramics & metal work
640 서　　예	740 Drawing & decorative arts
650 회화, 도화, 디자인	750 Painting
660 사진예술	760 Graphic arts
670 음　　악	770 Photography & computer arts
680 공연예술, 매체예술	780 Music
690 오락, 스포츠	790 Sports, games & entertainment

예술류(600)의 적용 사례를 살펴보면 다음과 같다.

① Traditional Korean ceramics

- 631.2 + -11(지역구분) → 636.2111

② The Concise Oxford dictionary of arts

- 600 - 0 + -03(표준구분) → 600.3

③ Landscape design: commercial and shopping centre
- 539.73

④ Recreation management for today's society
- 690 - 0 + -068(표준구분) → 690.68

⑤ Cézanne, Matisse and Picasso: masterpieces from the Musée d'Orsay
- 653 + -26(지역구분) → 653.26

⑥ Aldo Rossi, buildings and projects: biography
- 540 - 0 + -099(표준구분) → 540.99

⑦ The human figures image: masters of portraits photography
- 668 + -5(600.45 인물) → 668.5

⑧ Foundations and principles of music higher education in Italy
- 670 - 0 + -071(표준구분) + -9 + -28(지역구분) → 670.71928

⑨ Origins of Egyptian printmaking
- 659 + -09(표준구분) + -311(지역구분) → 659.09311

⑩ Religious television program: the critical view
- 687.7(텔레비전극 프로그램)

5.6.8. 700 언어(言語)

주류 700 언어류는 서양어 중심의 전개를 동양 특히 한국어를 중심으로 한국의 실정에 맞게 전개하고 있다. 동양 언어의 전개에서 KDC는 '한국어 → 중국어 → 일본어 및 기타 아시아제어'의 순서로 전개하고 있고, 서양어의 전개에서는 '영어 → 독일어 → 프랑스어 → 스페인어 및 포르투갈어 → 이탈리아어'의 순서로 전개하고 있다. 언어류(700)의 개요를 살펴보면 〈표 5-21〉과 같다.

〈표 5-21〉 KDC 언어류(700)의 개요

KDC 6	DDC 23
700 언　　어	400 Language
710 한 국 어	410 Linguistics
720 중 국 어	420 English & Old English languages
730 일본어 및 기타 아시아 제어	430 German & related languages
740 영　　어	440 French & related languages
750 독 일 어	450 Italian, Romanian & related languages
760 프랑스어	460 Spanish & Portuguese languages
770 스페인어 및 포르투갈어	470 Latin & Italic languages
780 이탈리아어	480 Classical & modern Greek languages
790 기타 제어	490 Other languages

언어류의 전개는 국어구분의 기호에 따르고 있기 때문에,[42] 같은 국어구분의 기호를 따르고 있는 문학류와 조기성을 갖게 된다. 〈표 5-22〉는 KDC의 언어류(700) 및 문학류(800)의 전개와 국어구분과의 조기성을 분석한 예이다. 개별 언어의 세분과 전개를 위해서는 언어공통구분의 기호를 추가하여 사용하게 됨은 물론이다.[43]

〈표 5-22〉 KDC의 언어류(700) 및 문학류(800)의 전개와 국어구분과의 조기성

700 언어류	국어구분표	800 문학류
710 한 국 어	–1 한 국 어	810 한국문학
720 중 국 어	–2 중 국 어	820 중국문학
730 일 본 어	–3 일 본 어	830 일본문학
740 영　　어	–4 영　　어	840 영미문학
750 독 일 어	–5 독 일 어	850 독일문학
760 프랑스어	–6 프랑스어	860 프랑스문학
770 스페인어	–7 스페인어	870 스페인문학
780 이탈리아어	–8 이탈리아어	880 이탈리아문학
790 기타 제어	–9 기타 제어	890 기타 제문학

42) 국어구분표의 구체적인 내용에 대해서는, 5.4.3. 참조.
43) 언어공통구분표의 구체적인 내용에 대해서는, 5.4.4. 참조.

언어류(700)의 적용 사례를 살펴보면 다음과 같다.

① The psychology of language

- 701.018

② Noun phrase complexity in English

- 740 - 0 + -58(언어공통구분) → 745.8

③ Dirty French: everyday slang

- 760 - 0 + -49(언어공통구분) → 764.9

④ An etymological study of the Chinese

- 720 - 0 + -2(언어공통구분) → 722

⑤ Webster's new world German dictionary

- 750 - 0 + -3(언어공통구분) + -4(국어구분) → 753.4

⑥ Practical business Japanese

- 730 - 0 + -75(언어공통구분) → 737.5

⑦ The phonetics of Russian

- 792.8 + -11(언어공통구분) → 792.811

⑧ Research methods in dialectology

- 701.8 + + -073(표준구분) → 701.8073

⑨ Understanding semantics: an introduction to meaning in language

- 701.2

⑩ Swedish-German dictionary

- 759.7 + -3(언어공통구분) + -5(국어구분) → 759.735

5.6.9. 800 문학(文學)

주류 800 문학류는 서양 문학 중심의 전개를 동양 특히 한국 문학을 중심으로 한국의 실정에 맞게 전개하고 있다. 동양 문학의 전개에서 KDC는 '한국 문학 → 중국 문학 → 일본 문학 및 기타 아시아 제문학'의 순서로 전개하고 있고, 서양 문학의 전개에서는 '영문학 → 독일 문학 → 프랑스 문학 → 스페인 문학 및 포르투갈 문학 → 이탈리아 문학'의 순서로 전개하고 있다. 문학류(800)의 개요를 살펴보면 〈표 5-23〉과 같다.

〈표 5-23〉 KDC 문학류(800)의 개요

기호	KDC 6	DDC 23
800	문　　학	Literature, rhetoric & criticism
810	한국문학	American literature in English
820	중국문학	English & Old English literatures
830	일본문학 및 기타 아시아 제문학	German & related literatures
840	영미문학	French & related literatures
850	독일문학	Italian, Romanian & related literatures
860	프랑스문학	Spanish & Portuguese literatures
870	스페인 및 포르투갈 문학	Latin & Italic literatures
880	이탈리아문학	Classical & modern Greek literatures
890	기타 제문학	Other literatures

문학류의 전개는 국어구분의 기호에 따르고 있기 때문에, 같은 국어구분의 기호를 따르고 있는 언어류와 조기성을 갖게 된다(〈표 5-22〉 참조). 개별 문학의 세분과 전개를 위해서는 문학형식구분[44]의 기호를 추가하여 사용하게 됨은 물론이다.

44) 문학형식구분표의 구체적인 내용에 대해서는, 5.4.5. 참조.

문학류(800)의 적용 사례를 살펴보면 다음과 같다.

① Faust / Johann Wolfgang von Goethe

- 850 - 0 + -2(문학형식구분) → 852

② War and peace / Leo Tolstoy

- 892.8 + -3(문학형식구분) → 892.83

③ Rhetoric of epic poetry

- 802 + 1(문학형식구분) → 802.1

④ Traditional Japanese poetry: waka and haiku

- 830 - 0 + -1(문학형식구분) + 1(와카) → 831.1

⑤ Modernism, feminism, and Jewishness of French literature

- 860 − 0 + -09(표준구분) → 860.9

⑥ Anthology of short stories from the world's literature

- 808 + 3(문학형식구분) → 808.3

⑦ Gone girl: a novel / Gillian Flynn(미국소설가)

820 0 + -3(문학형시구분) + -6(문하시대) → 823.6

⑧ Nationalism, exoticism, imperialism of nineteenth-century literature: History and criticism

- 809

⑨ Dreams in ancient Greek comedy, Aristophanes and Sophocles

- 892.1 + -1(문학형식구분) → 892.11

⑩ English for academic writing: essential skills and exercises

- 802.04 + -4(국어구분) → 802.044

5.6.10. 900 역사(歷史)

주류 900 역사류는 DDC가 전기와 지리를 앞세워 전개하고 있는데 대해, KDC는 일반 역사를 먼저 전개하고 있다. 일반 역사의 전개에서는 '구대륙의 역사 → 신대륙의 역사'의 순서로 전개하고 있는데, DDC가 '고대사 → 유럽사 → 아시아사 → 아프리카사'의 순서를 채택하고 있는 반면, KDC는 '아시아사 → 유럽사 → 아프리카사'의 순서를 채택하고 있다. 역사류(900)의 개요를 살펴보면 〈표 5-24〉와 같다.

〈표 5-24〉 KDC 역사류(900)의 개요

기호	KDC 6	DDC 23
900	역　　사	History
910	아 시 아	Geography & travel
920	유　　럽	Biography & genealogy
930	아프리카	History of ancient world (to ca. 499)
940	북아메리카	History of Europe
950	남아메리카	History of Asia
960	오세아니아, 양극지방	History of Africa
970	[미 사 용]	History of North America
980	지　　리	History of South America
990	전　　기	History of other areas

역사류의 전개는 기본적으로 지역구분의 기호에 따라 전개되며, 따라서 지역구분과 조기성(助記性)을 갖게 된다.[45] 아울러 지리류(980)와 전기류(990)도 이러한 지역구분에 따라 전개되며, 그 결과 지역구분과 역사류, 지리류, 전기류는 조기성을 갖게 된다. 또한 KDC의 경우는, 지역구분과 국어구분이 조기성을 갖기 때문에, 〈표 5-25〉에서 볼 수 있는 것처럼, 언어류(700)와 문학류(800), 역사류(900)는 물론 지리류(980)와 전기류(990)는 서로 조기성을 갖게 된다.

45) 지역구분의 구체적인 내용에 대해서는, 5.4.2. 참조.

〈표 5-25〉 KDC의 언어류와 문학류, 역사류, 지리류, 전기류의 조기성

700 언어류	800 문학류	900 역사류	980 지 리	990 전 기
710 한국어	810 한국문학	911 한국	981.1 한국지리	991.1 한국전기
720 중국어	820 중국문학	912 중국	981.2 중국지리	991.2 중국전기
730 일본어	830 일본문학	913 일본	981.3 일본지리	991.3 일본전기
740 영어	840 영미문학	924 영국	982.4 영국지리	992.4 영국전기
750 독일어	850 독일문학	925 독일	982.5 독일지리	992.5 독일전기
760 프랑스어	860 프랑스문학	926 프랑스	982.6 프랑스지리	992.6 프랑스전기
770 스페인어	870 스페인문학	927 스페인	982.7 스페인지리	992.7 스페인전기
780 이탈리아어	880 이탈리아문학	928 이탈리아	982.8 이탈리아지리	992.8 이탈리아전기
790 기타 제어	890 기타 제문학			

역사류(900)의 적용 사례를 살펴보면 다음과 같다.

① The Visions of time: a new look at the philosophy of history
- 900 - 00 + -01(표준구분) → 901

② Genealogy of the Herbert Hoover family
- 999 + -24(지역구분) → 999.24

③ Facts and figures of The Russia: a systematic geography
- 980 - 0 + -29(지역구분) → 982.9

④ The Chinese neolithic: before the Shang dynasty, ancient peoples and places
- 912.01

⑤ Of men and science: the autobiography of the world's most famous chemist
- 998 + 430 - 0 → 998.43
또는 430 + -099(표준구분) → 430.99

⑥ The Unification of Germany: Politics and government, 1815-1866
- 900 - 00 + -25(지역구분) + 05(통일기) → 925.05

⑦ Studies of the era under the colonial administration of imperial Japan
- 900 - 00 + -11(지역구분) + 06(항일시대) → 911.06

⑧ A Wonderful journey through history, culture and art of Italy

- 980 - 0 + -28(지역구분) + -024(여행기) → 982.8024

⑨ 100 Great Asians of the early 21st century : an autobiography

- 990 - 0 + -1(지역구분) → 991

⑩ World War II, causes and outbreak

- 909.54

제 3 부

청구 기호의 구성과 분류 작업

제 6 장

청구 기호의 구성

6.1. 청구 기호의 기능과 구성 요소

청구 기호(請求記號, call number)라는 이름은 원래 폐가제(閉架制)로 운영되는 도서관에서 도서관 이용자가 자료나 문헌을 이용하기 위해 해당 자료나 문헌의 대출(貸出)과 반납(返納)을 청구하는 기호라는 의미에서 유래된 것이라고 한다.[1] 그러한 연원(淵源)에서도 알 수 있는 것처럼, 청구 기호는 도서관 이용자가 자신이 찾고사 하는 자료나 문헌을 표목(標目)이나 접근점(接近點)을 통해 검색하고, 그 자료나 문헌이 다른 자료와 어떻게 다른지를 분명하게 식별한 후, 그 자료를 입수하고자 할 때, 그 소재(所在)를 확인하고 도서관에 해당 자료나 문헌을 요청하기 위한 기호인 것이다. 따라서 청구 기호는 이용자의 입장에서는 필요로 하는 자료를 요구하기 위한 기호가 되는 것이다.[2]

6.1.1. 청구 기호의 기능

청구 기호는 아울러 해당 자료나 문헌의 서가상의 배열 위치를 결정해주고, 다른 자료나 문헌과의 관계를 통해 그 관련된 위치를 나타내주게 된다.[3] 이와

1) 일본도서관정보학회 용어사전편집위원회 편; 오동근 역. 『문헌정보학 용어 사전』 (대구: 태일사, 2011). p.500; Lois Mai Chan. *Cataloging and classification: An introduction* (New York: McGraw-Hill Book Company, 1981). p.257.

2) 김남석. 『도서기호. 제3개정증보판』 (대구: 계명대학교출판부. 1999). p.13.

3) 사공철 등편. 『문헌정보학용어사전』 (서울: 한국도서관협회, 1996). p.362.

같이 청구 기호는 해당 자료나 문헌의 소장 위치(所藏位置)를 나타내주기 때문에 소재 기호(所在記號, location mark)[4]라고도 하고,[5] 서가상의 위치를 나타내주기 때문에 서가 기호(書架記號, shelf mark)[6]라고도 한다. 즉 자료의 배가 위치를 결정함과 동시에, 열람이나 대출 또는 장서 점검 등의 때에 자료를 특정(特定)하는 기호로서 사용되는 것이다.[7] 따라서 자료나 문헌을 관리하는 도서관인의 입장에서 보면, 청구 기호는 도서관의 자료나 문헌을 조직하기 위해 자료의 배열 위치를 결정해주는 일종의 재고 번호(在庫番號)[8]인 동시에 해당 자료의 진정한 주소(true address)[9]라고 할 수 있을 것이다.

이러한 청구 기호의 기능을 구체적으로 살펴보면 다음과 같다.[10]

① 자료의 유형 구분, 해당 도서관 내의 실별 위치(室別位置), 특정 자료실 내의 서가 위치(書架位置), 특정 서가 내의 배가 위치를 결정해주는 수단이 된다. 따라서 이러한 주소(住所)로서의 역할을 통해, 신착 자료(新着資料)나 반납 자료의 서가 배열, 장서 점검(藏書點檢)에 직접적인 도움을 주게 된다.

② 이용자와 도서관, 목록 시스템, 자료실, 서가, 해당 자료를 직접적으로 연결해주는 매개 기호(媒介記號)가 된다.

---

4) 志保田務, 高鷲忠美, 平井尊士. 『情報資源組織法』(東京: 第一法規, 2012). p.258.

5) 소재 기호(location symbol; location mark)는 협의로는 별치 기호를 의미하는 용어로 사용하기도 하지만, 일반적으로는 ① 도서관 자료의 배가 위치를 나타내는 청구 기호나, ② 종합 목록의 자료의 소장관(所藏館)을 나타내는 소장 기호를 의미한다.(일본도서관정보학회 용어사전편집위원회 편; 오동근 역. 『문헌정보학 용어 사전』(대구: 태일사, 2011). p.300). 영문 표기인 location mark도 마찬가지이다.

6) J. Rowley & J. Farrow. *Organizing knowledge: An introduction to managing access to information*. 3rd ed. (Hampshire: Gower, 2000). p.209.

7) 일본도서관정보학회 용어사전편집위원회 편; 오동근 역. *op. cit.*, p.300.

8) 김남석. 『도서기호』. 제3개정증보판.(대구: 계명대학교출판부. 1999). p.13.

9) Lois Mai Chan. *Cataloging and classification: An introduction* (New York: McGraw-Hill Book Company, 1981), p.260.

10) 김남석. *op. cit.*, p.13.

③ 이용자들이 특정 자료를 찾기 위해 특정 서가에 접근하거나 특정 자료의 대출을 요청할 때 도움을 준다. 특히 폐가제(閉架制)로 운영되는 도서관의 경우, 이용자에게 대출 청구의 편의성(便宜性)을 제공해준다.

④ 이용자들이 청구 기호에 포함되어 있는 분류 기호 등의 도움을 받아 해당 자료는 물론 관련된 자료들을 체계적으로 브라우징(browsing)하는 데 도움을 준다. 청구 기호는 같은 종류의 자료를 한 곳에서 발견할 수 있게 해주고, 저자 기호를 사용할 경우에는 동일 저자의 저작들을 한 곳에서 검색할 수 있게 해준다. 청구 기호를 사용하여 동일한 분류 기호를 갖는 자료를 저자순이나 서명순, 연대순 등으로 배열하고 유사 자료(類似資料)를 인접하여 배치하기 때문에, 특히 개가제(開架制)로 운영되는 도서관의 경우, 특정 자료를 검색하거나 관련 자료를 브라우징할 수 있도록 하는 기능을 제공하게 된다.

6.1.2. 청구 기호의 구성 요소

청구 기호는 기본적으로 자료를 주제별(主題別)로 그룹화하는 분류 기호, 동일 분류 기호 내의 자료를 개별화(個別化)하는 도서 기호, 별치(別置)의 장소를 나타내는 별치 기호 등으로 구성되는데,[11] 추가의 구별이 필요할 때는 여기에 각종의 부가적 기호가 추가되기도 한다.[12] 이를 '(참) 411.3 한글학ㅇ -3'이라는 청구 기호(계명대학교 도서관의 실제 예)를 가진 한글학회에서 발행한 '우리말 큰사전'에 대한 예시와 함께 표로 나타내면 〈표 6-1〉과 같다. 이 예에서 '(참)'은 참고도서를 의미하는 별치 기호이며, '411.3'은 한국어 사전을 의미하는 DCC의 분류 기호(한국 관련 항목을 재전개한 예)이고, '한글학ㅇ'은 저자 기호(한글학회의 첫 세 글자)와 저작 기호(서명의 첫 자음)이며, '-3'은 권호를 나타내는 부차적 기호이다.

---

11) 일본도서관정보학회 용어사전편집위원회 편; 오동근 역. *op. cit.*, p.300.

12) 윤희윤. 『정보자료분류론』. 제5판. (대구: 태일사, 2015). p.273.

〈표 6-1〉 청구 기호의 구성 요소와 예시(한글학회의 우리말 큰사전)

구성 요소	예시
별치 기호	(참)
분류 기호	411.3
도서 기호	한글학ㅇ
부차적 기호	-3

청구 기호의 구성 요소 중 분류 기호에 대해서는 이미 각종 분류표에 대한 부분에서 분석하였으므로, 이하에서는 별치 기호와 도서 기호에 대해 상세히 분석해 보고자 한다. 그에 앞서 도서 기호의 일부로 사용되는 저작 기호와 다양한 종류의 부차적 기호에 대해 살펴보고자 한다.

6.1.3. 저작 기호

저작 기호(著作記號, work mark, work letter, title mark)는 "동일 주제에 관한 한 저자의 여러 저작물을 구별하기 위하여 보통 저자 기호 뒤에 부기하여 서가상의 위치를 정해 주는 기호"[13]이다. 즉 "동일 저자에 의한 저작을 다시 개개의 저작마다 개별화(個別化)하기 위한 기호"[14]로, 해당 자료나 문헌을 저자 기호 등의 도서 기호만으로 완전히 개별화되지 못할 경우 이를 보완해주는 역할을 수행하는 것이다.

서양서의 저작 기호의 일반적인 채택 방법은 다음과 같다.[15]

① 통상 서명이나 표제의 첫 글자를 소문자(小文字)로 하여 채택한다. 예를 들면 'Hamlet'의 저작 기호는 'h'가 된다.

---

13) 사공철 등편. 『문헌정보학용어사전』 (서울: 한국도서관협회, 1996). p.310.

14) 일본도서관정보학회 용어사전편집위원회 편; 오동근 역. 『문헌정보학 용어 사전』 (대구: 태일사, 2011). p.426.

15) Lois Mai Chan. *Cataloging and classification: An introduction* (New York: McGraw-Hill Book Company, 1981). pp.260-261.

② 서명이나 표제가 'A'나 'An,' 'The' 등과 같은 관사(冠詞)로 시작되는 경우에는 그 다음에 오는 첫 키워드를 기호화한다. 예를 들면 'An Introduction to Christianity / G. Smith'는 'i'가 된다.

③ 동일 저자의 동일 분류 기호 내의 저작들이 동일한 저작 기호를 가질 경우에는 그 다음 글자를 하나 더 추가하여 구별한다. 예를 들면 'Introducing the Christian Theology / G. Smith'가 앞서 예시한 책과 함께 소장될 경우에는 두 번째 책의 저작 기호는 'in'이 될 것이다.

④ 동일 저자의 동일 주제에 관한 총서(叢書)의 저작들이 동일한 단어로 시작된 경우에는, 서명이나 표제의 각 키워드의 첫 자를 사용한다. 예를 들면 'Hamilton's India Sketch'와 'Hamilton's Japan Sketch,' 'Hamilton's France Sketch'의 저작 기호는 각각 'hi,' 'hj,' 'hf'가 될 것이다.

⑤ 전기(傳記)의 경우는 피전자(被傳者)의 성(姓, last name or surname)을 저자 기호로 채택하고 전기 작가의 성의 첫 글자를 저작 기호로 삼는다. 다만 자서전(自敍傳)의 경우는 다른 전기 작가에 의한 해당 피전자의 어띤 진기보다도 앞에 배열되도록 하기 위해 지작 기호 'a'를 부여힌다.

동양서는 서명이나 표제의 첫 자음(子音) 또는 첫 음절(音節)을 기호화한다. 이 때 채택한 기호가 기존의 다른 자료에 대해 사용하고 있는 기호와 중복될 때는 추가의 개별화가 가능하도록 저작 기호를 조정해야 한다. 저작 기호의 몇몇 사례를 예시해보면 〈표 6-2〉와 같다.

〈표 6-2〉 동양서 저작 기호의 예시

서 명	저작 기호	
	자음 표시	음절 표시
사랑 / 김갑돌	ㅅ	사
산다는 것의 의미 / 김갑돌	사	산
산중일기 / 김갑돌	산	산중

저작 기호는 많은 장서들이 동일한 분류 기호를 갖게 되는 도서관의 경우에는 자료들의 개별화가 필요하기 때문에 특히 중요하다. 그럼에도 불구하고 저작 기호나 부차적 기호의 사용에 대해서는 분명한 규칙들이 마련되어 있지 못한 것이 사실이라는 점에서 각 도서관에서는 자체의 분류 규정(分類規程) 등을 통해 이를 명확히 해야 한다는 점을 유의해야 한다.

6.1.4. 부차적 기호

도서 기호와 저작 기호만으로 충분한 개별화가 불가능할 경우에는, 해당 자료의 서지적 특성을 반영하는 부차적 기호(副次的 記號, additional number)를 사용하게 된다. 부차적 기호의 대표적 유형으로는 판차 기호, 역자 기호, 권호 기호, 복본 기호, 연도 기호 등이 있으며, 앞서 살펴본 저작 기호를 부차적 기호에 포함시키기도 한다.[16] 이하에서는 각각의 기호들에 대해 살펴보고자 한다.[17]

① 전기 기호(傳記記號): 전기의 도서 기호는 전기의 대상이 되는 피전자(被傳者)를 대상으로 하여 작성하게 된다. 이 경우에 피전자와 그 전기의 저자의 관계를 식별하고, 동일 피전자에 대한 여러 전기 작가의 저작을 구별하기 위해 부여하는 기호로, 도서 기호 다음에 저자에 대한 기호를 표시한다. 예를 들면 George Washington의 전기들은 그 저자들에 따라 Washington에 대한 저자 기호 다음에 그 전기 작가의 저자명의 첫 글자(Bellamy의 경우는 b, Delaware의 경우는 d 등)를 추가하는 것과 같다. 아울러 서양서의 경우에는 자서전에 대해서는 다른 저자에 의한 전기들보다 앞에 배열하기 위해 저작 기호 'a'를 부여하는데, 여러 종류의 자서전이 발행되어 있을 경우에도, 그 각각의 자서전을 구별하기 위해 임의의 아라비아 숫자를 추가할 수 있다.

---

16) 윤희윤. 『정보자료분류론』. 제5판. (대구: 태일사, 2015). p.274.

17) 이 부분의 내용은 다음 자료를 참고하였음. Lois Mai Chan. *Cataloging and classification: An introduction* (New York: McGraw-Hill Book Company, 1981), pp.260-261.; 윤희윤. *op. cit.,* p.274.

② 판차 기호(版次記號, edition mark): 개정이나 증보(增補) 등과 같은 도서의 내용 변화나 물리적 체제의 변화가 있을 때 이를 반영하여 표시해주는 기호로, 도서 기호 다음에 판의 변화를 나타내는 아라비아 숫자를 추가한다. 예를 들면 개정판은 '2,' 제3판은 '3'으로 추가하거나 각 개정판의 판차가 없을 경우에는 개정판의 발행 연도를 추가하는 것과 같다.

③ 연도 기호(年度記號): 매년 동일한 서명이나 표제(標題)로 연차적으로 발행되는 연감(年鑑)이나 연보(年報), 백서(白書), 연차 보고서, 연차 회의 등의 자료를 구별하기 위해 그 출판 연도나 개최 연도를 나타내는 기호로, 통상 그 연도를 기호화하는 경우가 많다.

④ 권호 기호(卷號記號, volume number): 다권본(多卷本)으로 이루어지는 총서(叢書)나 전집(全集), 선집(選集), 연속간행물의 권호를 구별하기 위해 표시하는 기호이다. 통상 "v." 뒤에 권수(volume), "n." 뒤에 호수(number)를 표시하는데, 이재철의 한글순도서기호법의 용례에 따라 대시("-") 뒤에 권호를 표시하는 경우도 있다.

⑤ 복본 기호(複本記號, copy number): 해당 도서관에 동일 자료가 여러 권 입수되었을 때, 그 복본을 구별하기 위해 표시하는 두 번째 이후에 입수되는 복본에 부여하는 기호이다. 통상 "c" 다음에 숫자로 복본을 표시하는데, 동양서에 대해서는 이재철의 한글순도서기호법의 용례에 따라 "c" 대신 등호("=")를 사용하는 경우도 있다.

⑥ 역자 기호(譯者記號): 번역서를 원저작(原著作)과 구별하고, 동일 원저작의 여러 번역자의 번역본을 구별하기 위해 부여하는 기호로, 도서 기호 다음에 번역자에 대한 기호를 표시한다. 예를 들면 햄릿의 정문영의 번역서에 대해 번역자 정문영의 저자 기호를 추가로 부여하는 것과 같다.

⑦ 색인(索引) 및 부록 기호(附錄記號): 특정 저작에 대해 부록 자료로 딸려 있는 색인이나 부록을 원저작과 구별하기 위해 부여하는 기호로, 통상 "색인," "부록"이라고 적어 표시한다.

6.2. 별치 기호의 특성과 유형

도서관의 자료는 청구 기호에 따라 한곳에 배치되는 것이 원칙이다. 그러나 어떤 자료들은 관리상이나 이용의 빈도, 형태의 특수성 등의 이유로,[18] 일반 자료와는 별도로 배가(排架)하는 것이 더 편리한 경우도 있다. 이와 같은 자료들에 대해 별치(別置)를 표시하기 위해 사용하는 기호가 별치 기호(別置記號)이다. 즉 "자료를 특별한 장소에 배가하거나 자료의 특수한 형태를 표시하기 위하여 분류 기호의 앞이나 위에 덧붙여 사용하는 별도의 문자"[19]를 별치 기호라고 한다. 용어와 관련해서는, 소재 기호나 영어의 location symbol이나 location mark는 모두 넓은 의미로는 청구 기호와 동일한 의미로 사용되는데, 이들 용어는 협의로는 별치 기호를 의미하기도 한다.[20] Chan은 별치 기호를 '청구 기호의 접두어(接頭語)'(prefixes to call numbers)라고 표현하고 있다.[21]

실제로 이러한 별치가 바람직한 것인지에 대해서도 도서관 경영상의 논란이 없지 않지만, 분명한 것은 별치하는 자료의 양이 많아지면 관리가 불편할 뿐만 아니라, 이용자의 자료 이용에도 불편을 초래한다는 것이다. 이러한 별치 기호는 목록의 저록(著錄)에는 해당 자료의 소장 장소(所藏場所)를 나타내기 위해 항상 사용하지만, 실제 자료에는 굳이 기록하지 않고 별치의 종류에 따라 별도의 색깔별 레이블을 만들어 부착하는 방법을 채택하는 도서관들도 많다.

별치되는 자료들의 대표적인 유형으로는 참고 자료(參考資料)와 연속간행물, 학위논문, 정부간행물(政府刊行物), 아동도서 등이 있다. 각 유형별로 주로 사용되는 별치 기호들을 정리해보면 〈표 6-3〉과 같다. 다만 유의해야 할 점은 이러한 별치 기호들은 해당 도서관에서 해당 자료들을 별치하고자 할 경우에만 사용해야 한다는 사실이다.

---

18) 志保田務. 『情報資源組織論』(京都: ミネルヴァ書房, 2013). p.112.

19) 한국도서관협회. 『한국십진분류법』. 제6판. (서울: 한국도서관협회, 2014). p.11.

20) 일본도서관정보학회 용어사전편집위원회 편; 오동근 역. 『문헌정보학 용어 사전』(대구: 태일사, 2011). p.300.

21) Lois Mai Chan. *Cataloging and classification: An introduction* (New York: McGraw-Hill Book Company, 1981), p.266.

〈표 6-3〉 주요 별치 기호의 유형

자료별	별치기호	
	영문	국문
참고도서(reference)	R	참
연속간행물(serials)	S	연
정기간행물(periodicals)	P	정
석사/박사학위논문 (thesis and dissertation)	TD(석사/박사학위논문) T(석사학위논문) S(박사학위논문)	학(석사/박사학위논문) 석(석사학위논문) 박(박사학위논문)
고서 및 귀중도서	O(old book) C(curiosity)	고(고서) 귀(귀중본), 희(희귀서)
향토자료(local collection)	L	향 또는 향토
정부간행물	G(government)	관(관공서) 또는 정(정부간행물)
교과서(textbook)	T	교
지정도서(reserve book)	Res	지
아동도서	J(juvenile) 또는 C(child)	아 또는 아동
대형본	E(extra large size) L(large size)	대
소형본	M(minute)	소
맹인용 점자도서	B(blind)	맹
악 보	M(music) 또는 S(sound)	악
시청각자료	TA(tape), SL(slide), S(film strip)	
소설(fiction)	F	
전기(biography)	B	

6.3. 도서 기호의 기능과 종류

많은 장서를 소장하고 있는 도서관에서 입수하는 자료나 문헌에 대해 분류 기호를 부여하고 나면 다수의 자료나 문헌들이 동일한 분류 기호를 갖게 되는 경우가 발생한다. 따라서 이러한 자료나 문헌을 개별화(個別化, individualizing)하기 위해서는 추가의 기호가 필요하게 된다. 도서 기호는 이와 같이 "동일한 분류 기호를 가진 도서를 개별화하고, 배열과 검색의 편의를 위해 순서를 정할 목적으로 부여되는 기호"[22]이다. 결국 도서 기호는 "도서가 분류된 다음 동일 분류 기호 내에서 각 도서의 서가상이나 서가 목록(書架目錄) 또는 분류 목록상의 배열 순위를 결정하기 위해 분류 기호 다음에 주어지는 기호"[23]이다. 그러므로 도서 기호는 "동일 분류 아래의 배열 단위, 제2차의 배열 단위"[24]가 되는 것이다.

도서 기호는 다음과 같은 점에서 그 필요성이 인정되고 있다.[25]

① 도서나 자료를 일정한 순서에 따라 서가상(書架上)에 배열하기 위해
② 각 도서나 자료에 상호배타적인 성격의 간결하고 정확한 청구 기호를 부여하기 위해
③ 특수한 형태의 자료를 서가상에 배열하기 위해
④ 도서나 자료의 대출을 청구하는 이용자에게 편리한 기호를 제공하기 위해
⑤ 새로 입수되거나 대출 후 반납된 도서나 자료를 용이하게 서가상에 재배열(再排列)할 수 있도록 하기 위해
⑥ 도서관의 장서를 검색하거나 장서 점검(藏書點檢, inventory)을 실시할 때 신속하고 정확하게 식별하기 위해

이러한 도서 기호의 유형은 ① 수입순 기호법, ② 연대순 기호법, ③ 저자 기호법의 세 종류로 구분하는 경우가 많다. 이하에서는 그 각각의 유형에 대해 그 특징과 장단점, 종류별 사용법 등에 대해 구체적으로 살펴보고자 한다. 다만 이러한 세 가지 유형의 도서 기호법은 어떤 유형이 절대적으로 우월하다고 단정하기 어렵기 때문에, 이를 사용하는 도서관의 요구와 그 기호법이 사용되는 시대적 및 사회적 상황을 고려하여 가장 적합한 기호법을 선택해야 할 것이다.[26]

---

22) 사공철 등편. 『문헌정보학용어사전』 (서울: 한국도서관협회, 1996). p.88.
23) 정필모. 『문헌분류론』 (서울: 구미무역출판부, 1991). p.276.
24) 志保田務, 高鷲忠美, 平井尊士. 『情報資源組織法』 (東京: 第一法規, 2012). p.258.
25) 김남석. 『도서기호』. 제3개정증보판.(대구: 계명대학교출판부. 1999). p.24.; 윤희윤. 『정보자료분류론』. 제5판. (대구: 태일사, 2015). pp.280-281.
26) 김성원. "새 연대순 도서기호법에 관한 연구." 한국문헌정보학회지 31(2)(1997). p.80.

6.3.1. 수입순 기호법의 특성

수입순 기호법(受入順記號法, accession number system)은 동일한 분류 기호를 가지고 있는 자료나 문헌을 개별화하기 위해 자료가 해당 도서관에 입수된 순서에 따라 일련 번호(一連番號)를 붙여 도서 기호를 부여하는 방법이다. 그런 이유 때문에 수입순 기호법은 도착순 기호법(到着順記號法) 또는 고정식 기호법(固定式記號法)이라고도 한다.

수입순 기호법은 서고 내 자료의 배열을 위해서는 우수하지만, 개가 자료(開架資料)에는 적합지 못하다는 평가를 받고 있다.[27] 저자 기호표가 출현 이전에는 많은 도서관에서 채택하였으나, 이용의 증대나 열람 방식의 변화에 대응할 수 없다는 점 때문에,[28] 현재는 이 기호법을 채택하고 있는 도서관은 많지 않다.

(1) 장점과 단점

수입순 기호법은 다음과 같은 점에서 장점을 갖는다.[29]

① 도서 기호를 간단한 방법으로 결정하고 부여할 수 있다.
② 도서를 용이하게 배열하고 점검할 수 있다.
③ 서가상의 배열 공간(排列空間)을 절약할 수 있다.
④ 기호가 숫자로 이루어지기 때문에 이용자에게 편리하다.
⑤ 도서 기호를 배정할 때 체계적인 표를 사용할 필요가 없다.
⑥ 일련번호를 사용하기 때문에 자료를 용이하고 완전하게 개별화(個別化) 할 수 있다.
⑦ 고정식 배가법을 사용하기 때문에 신착 도서(新着圖書)를 배가하기 위해 기존 도서의 서가 배치를 이동시킬 필요성이 적다.

---

27) 志保田務. 『情報資源組織論』 (京都: ミネルヴァ書房, 2013). p.110.
28) 일본도서관정보학회 용어사전편집위원회 편; 오동근 역. 『문헌정보학 용어 사전』 (대구: 태일사, 2011). p.305.
29) 김남석. 『도서기호』. *op. cit.*, pp.43-45.; 정필모. *op. cit.*, pp.276-277.; 志保田務, 高鷲忠美, 平井尊士. *op. cit.*, p.258.

수입순 기호법은 다음과 같은 점에서 단점을 갖는다.[30]

① 수입순이라는 우연적 요소를 바탕으로 기호화하기 때문에 자료들을 체계적으로 군집화(群集化)할 수 없다. 따라서 자료의 군집화가 작위적(作爲的)이고 비논리적(非論理的)으로 이루어지게 된다.
② 서가 목록에서 해당 분류 기호의 자료에 대해 마지막으로 부여된 도서 기호를 확인하고 새로운 도서 기호를 부여해야 한다.
③ 동일한 분류 기호를 갖는 동일 저자의 여러 저작들이 입수 순서에 따라 무질서(無秩序)하게 분산된다.
④ 해당 도서 기호와 해당 자료의 서지 사항(書誌事項)이 일치하지 않는다.
⑤ 자료의 발행 연도에 따른 순서가 무질서하게 배열된다.
⑥ 이용자가 직접 자료를 검색할 때 불편을 겪게 된다.

6.3.2. 연대순 기호법의 특성과 유형

연대순 기호법(年代順記號法, chronological order number system)은 동일한 분류 기호를 가지고 있는 자료나 문헌을 개별화하기 위해 자료가 해당 자료의 출판 연도를 알파벳 문자나 아라비아 숫자로 기호화하여 도서 기호를 부여하는 방법이다. 동일한 연도에 발행되는 자료들이 많기 때문에, 그와 같은 자료에 대해서는 보조 기호(補助記號)를 추가하는 경우가 많은데, 동일한 출판 연도의 것은 수입순 기호를 부여하는 것도 하나의 방법이 될 것이다.[31] 최신의 자료들을 함께 모을 수 있다는 점에서, 학문의 발전 속도가 빠른 과학 기술 분야에 적합한 기호법으로 인정되고 있다.

---

30) 김남석. 『도서기호』. 제3개정증보판. (대구: 계명대학교출판부. 1999). pp.43-45.; 정필모. 『문헌분류론』 (서울: 구미무역출판부, 1991). pp.276-277.; 志保田務, 高鷲忠美, 平井尊士. 『情報資源組織法』 (東京: 第一法規, 2012). p.258.

31) 志保田務, 高鷲忠美, 平井尊士. *op. cit.*, p.260.

(1) 장점과 단점

연대순 기호법은 다음과 같은 점에서 장점을 갖는다.[32]

① 도서 기호를 간단한 방법으로 결정하고 부여할 수 있다.
② 자료의 발행 연도를 기호화하기 때문에 그 순서가 분명하다.
③ 도서 기호가 간단한 문자나 숫자로 구성되기 때문에 이용자에게 편리하다.
④ 발행 연도를 그대로 연대순 도서 기호로 사용하는 경우에는 체계화(體系化)된 표를 사용할 필요가 없다.
⑤ 최신의 자료를 함께 모을 수 있기 때문에 도서 기호를 통해 최신 자료를 용이하게 검색할 수 있다.

연대순 기호법은 다음과 같은 점에서 단점을 갖는다.[33]

① 동일한 분류 기호를 갖는 동일 저자의 여러 저작들이 한 곳에 집중되지 않는다.
② 이용자가 직접 자료를 검색할 때 불편을 겪게 된다.
③ 해당 도서 기호와 해당 자료의 서지 사항(書誌事項)이 일치하지 않는다.
④ 동일 주제나 형식의 자료를 한 곳에 모은다는 분류의 일반 원칙에 어긋난다.
⑤ 동일한 연도에 발행되는 자료들이 많기 때문에 자료의 개별화(個別化)가 용이하지 않다.
⑥ 이상과 같은 이유로 자료를 점검(點檢)하기가 어렵다.

---

32) 김남석. *op. cit.*, pp.55-65.; 정필모. *op. cit.*, pp.276-284.; 志保田務, 高鷲忠美, 平井尊士. *op. cit.*, p.260.

33) 김남석. *op. cit.*, pp.55-65.; 정필모. *op. cit.*, pp.276-284.; 志保田務, 高鷲忠美, 平井尊士. *op. cit.*, p.260.

(2) 대표적인 예

연대순 기호법의 대표적인 예로는 Biscoe의 연대순 기호법과 Brown의 연대순 기호법, Ranganathan의 연대순 기호법, Merrill의 연대순 기호법, 리재철의 새연대순도서기호법 등이 있다. 이하에서는 외국의 주요 연대순 기호법에 대해 간략하게 살펴보고, 리재철의 기호법에 대해서는 별도의 소절에서 상세하게 살펴보고자 한다.

① Biscoe의 연대순 기호법: H. S. Biscoe가 1885년 *Library Journal*에 발표한 최초의 연대순 도서기호법으로, DDC 제13판까지와 Cutter의 전개분류법(Expansive Classification)에도 부록으로 게재된 바 있다.[34] 각 연대를 알파벳 문자와 아라비아 숫자를 결합하여 기호화하고 있다. 기원전(BC)은 A, 서기 1-999는 B, 1000-1499는 C, . . . 1990-1999는 Z로 배정하고 있다. 각 연도는 이 알파벳 문자와 출판 연도의 간략화된 형태의 결합으로 표시되는데, AD 1년은 B001, 1988년은 Y8로 표시하는 등과 같다.

② Brown의 연대순 기호법: J. D. Brown이 1906년 주제분류법(Subject Classification)에 발표한 기호법이다. 알파벳 소문자 2글자에 의해 기호를 구성하는데, 서양에서 이른바 요람기본(搖籃期本, incunabula)이 출판된 1450년을 기점으로 하고 있다. 매 1년마다 aa부터 시작하는 두 자리 기호를 부여하고 있는데, 1450년은 aa, 1451년은 ab, 1452년은 ac . . . 2124년은 zy, 2125년은 zz와 같은 방식이다.

③ Ranganathan의 연대순기호법은 S. R. Ranganathan이 1933년 콜론분류법(Colon Classification)에서 도서기호용 연대기호표(Chronological table for book numbers)로 발표한 기호법이다.[35] CC의 제6판까지는 별도의 연대기호표를 제시하였으나, 재7판부터는 본표의 시대구분표(time isolate)를 그대로 사용하도록 하고 있다.[36] 시대구분표에서는 연대를 100년 단위로

34) 정필모. 『문헌분류론』 (서울: 구미무역출판부, 1991). p.278.

35) *Ibid.,* p.281.

36) S. R. Ranganathan. *Colon Classification,* 7th ed. 2nd reprint. (Bangalore: Sarada Ranganathan Endowment for Library Science, 1989). p.43. Time isolate는 p.72에 열거되어 있음.

하여 B부터 Z까지의 알파벳 대문자 한 글자로 표시하고, 이를 출판 연도의 간략화된 형태와 결합하여 기호화하고 있다(다만 대문자 O는 아라비아 숫자 0과 혼동하기 쉬우므로 기호로 사용하지 않고 있다). 예를 들면 9999-1000 BC는 B, 1500-1599는 J . . . 2000-2099는 P, 2100-2199는 Q의 기호를 부여하고, 이를 바탕으로 하여, 2015년의 연대순 기호는 Q15로 표시하게 된다.

④ Merrill의 연대순 기호법은 W. S. Merill이 고안한 것으로, 2000년 이전에는 아라비아 숫자를 사용하여 10년 단위로 기호화하고, 2000년부터는 A를 앞세워 전개하고 있다. 예를 들면 1500-1509는 50, 1510-1519는 51 . . . 1990-1999는 99, 2000-2009는 A00의 기호를 부여한다. 다만 세기별 기호는 1500년대(16세기)는 5, 1600년대(17세기)는 6 . . . 2000년대(21세기)는 A0의 기호를 부여한다.

(3) 리재철의 새연대순도서기호법

새연대순도서기호법은 리재철이 고안한 국내 유일의 연대순 기호법이다. 이것은 원래 1983년에 연세대학교 중앙도서관에서 사용하기 위해 고안되어, 1985년에 연대순도서기호법으로 발표되었으며,[37] 1986년에 이를 수정하여 단행본으로 발행한 바 있다.[38]

아라비아 숫자만으로 이루어지는 순수 기호법으로 연대 기호를 구성하여 단순성(單純性)이 있고, 독립적 보편적인 성격을 가지고 있어 어느 분류표 아래에서나 적용할 수 있으며, 1900년대의 기호는 끝 두 자리로, 2000년대의 것은 끝 세 자리로 기호를 구성함으로써 그 기호만으로도 발행년을 짐작할 수 있는 조기성(助記性)을 부여한다는 점 등의 특징을 갖는다.[39] 특히 이 기호법에서는 전기나 문학 등의 일부 예들은 종래의 저자 기호법에 따라 자모순(字母順)으로 된 도서 기호를 부여한 다음에 연대 기호를 부기하도록 하고 있다. 이하에서는 1986년의 단행본의 내용들을 중심으로, 자모순 도서 기호법에 해당되지 않는 자료의 연대순 기호법과 자모순 도서 기호법의 적용 대상이 되는 자료로 구분하여 살펴보고자 한다.

---

37) 리재철. "새 연대순 도서기호법의 연구." 도서관학 제12집(1985.12). pp.7-37.

38) 리재철. 『새 연대순도서기호법』 (서울: 아세아문화사, 1986).

39) 김성원. "새 연대순 도서기호법에 관한 연구." 한국문헌정보학회지 제32권 제2호(1997.6). pp.79-93.

(가) 자모순 도서 기호법에 해당되지 않는 자료의 연대순 기호법

① 연대 기호: 연대 기호는 발행 연도를 서기와 아라비아 숫자로 통일하되, 1900년대의 것은 그 마지막 두 자리 숫자, 2000년대의 것은 마지막 세 자리 숫자를 기호화한다. 다만 서양서는 기호의 마지막에 "a"를 추가하여 동양서와 구별한다. 따라서 1988년에 발행된 동양서의 기호는 '81'이 되고, 서양서의 기호는 '81a'가 되고, 2015년에 발행된 동양서의 기호는 '015'가 되고, 서양서의 기호는 '015a'가 된다.

② 추정 발행 연도: 발행 연도의 표시가 없는 자료는 추정되는 발행 연도를 연대 기호로 하는데, 2년 이상의 폭을 가진 것은 최근 연도를 기호화한다. 따라서 2014년이나 2015년에 발행된 것으로 추정되는 서양서의 기호는 '015a'가 된다.

③ 신간 자료로 발행 연도를 추정할 수 없는 도서는 해당 도서관에 입수된 연도를 기호화한다.

④ 다른 판의 연대 기호: 동일 저작의 판이 다른 것(개정판, 번역판, 주해판(註解版) 포함)은 그 특정판의 발행 연도를 기호화하여 연대 기호를 부여한다. 별법(別法)으로 원저작의 초판 발행 연도 대상으로 기호를 부여하거나, 초판 발행 연도를 대상으로 한 기호에 그 특정판의 발행 연도를 그대로 판기호(版記號)로 추가하여 함께 표시할 수도 있다. 따라서 1988년에 초판이 발행된 동양 자료의 2015년도 개정판의 기호는 '015'가 되는데, 별법으로 초판에 대한 기호 '88'로 표시하거나, '88'에 개정판의 발행 연도 '2015'를 추가하여 표시할 수 있다.

⑤ 발행 연도가 다른 다권본(多卷本)과 일반도서적 성격을 가진 연속간행물: 두 권 이상으로 구성되는 도서 및 일반도서적 성격을 띤 연속간행물을 한 곳에 모을 경우에는 그 최초로 발행된 권책(卷册)의 발행 연도를 기준으로 전체의 연대 기호를 부여한다.

(나) 부차적 기호로 입수순 기호, 권차 기호, 판차 기호, 복본 기호를 부여하는 경우

① 입수순 기호: 동일 분류 항목 내에 동일한 연대 기호를 갖는 도서가 둘 이상 있을 경우에는 두 번째 들어온 것부터 입수순 표시를 추가한다. 추가 기호로는 동양서는 '가갸거겨순'의 한글 기본 음절표의 음절자(音節字)를 사용하고, 서양서는 'b'로부터 시작하는 알파벳 소문자를 사용하는데, 'z' 다음에는 'za,' 'zz' 다음에는 'zza'로 시작하는 방식으로 기호를 확장하여 사용한다. 따라서 1988년에 발행된 '330'이라는 동일한 분류 기호를 갖는 동양 자료들은 그 입수 순서에 따라 첫 번째 자료에는 '88,' 두 번째 자료에는 '88가,' 세 번째 자료에는 '88갸'의 기호가 부여된다. 1988년에 발행된 '330'이라는 동일한 분류 기호를 갖는 서양 자료들은 그 입수 순서에 따라 첫 번째 자료에는 '88a,' 두 번째 자료에는 '88b,' 세 번째 자료에는 '88c'의 기호가 부여된다.

② 판차 기호: 동일 저작의 개정판 등을 별법(別法)에 따라 원저작(原著作)의 초판 발행 연도를 기호화하여 연대 기호를 부여했을 경우에는, 그 개정판이나 번역판, 주해판(註解版) 등의 발행 연도의 서기 연도를 그대로 판차 기호로 추가하여 사용한다. 따라서 1962년에 초판이 발행된 동양 자료의 2015년 개정판을 별법을 사용하여 기호화할 경우에는 초판의 기호 '62'에 개정판의 발행 연도를 기호화한 '2015'를 추가하여 사용해야 한다.

③ 권차 기호: 권차는 아라비아 숫자로 통일하여 연대 기호 다음 줄에 기재한다. 판차 기호가 있는 것은 판차 기호 다음에 이를 기재한다.

④ 복본 기호: 동일한 자료의 복본(複本)이 있을 경우에는 두 번째 이후에 들어온 자료에 대해 '2'부터 시작하는 일련 번호를 부여한다. 동양서는 등호(=), 서양서는 "c"를 앞세워 연대 기호 및 권차 기호의 다음 줄에 기재한다.

(다) 자모순 도서 기호법의 적용 도서

이 기호법에서는 전기(傳記)나 문학 등의 일부 예들에 대해서는, 종래의 저자 기호법에 따라 자모순으로 된 도서 기호를 부여한 다음에 연대 기호를 부여하도록 하고 있다(〈표 6-4〉 참조).

① 전기와 인물평: 피전자(被傳者)나 피평자(被評者)의 성명을 대상으로 자모순 도서 기호(통상은 저자 기호)를 부여하고 난 후에 연대 기호를 부여한다.

② 족보(族譜), 세록(世錄), 가문(家門)의 인물지: 그 대상이 되는 성씨(姓氏)에 의해 자모순 도서기호를 부여하고 난 후 연대 기호를 부여한다. "본관-성"의 순서는 동일한 성씨를 가진 자료들이 한곳에 모일 수 있도록 "성-본관"의 순서로 도치하여 기호를 부여한다. 예를 들면 '경주김씨종친회'는 '김경주'를 대상어로 해야 한다.

③ 조직체에 관한 도서: 단체나 기관 등에 관한 도서는 해당 조직의 명칭에 의해 자모순 도서 기호를 부여한 후 연대 기호를 부여한다.

④ 지방지(地方誌) 및 지방사: 특정한 분류 기호를 갖지 않는 지역이나 강, 산, 고적 해당 지역 등은 그 이름을 대상으로 자모순 도서 기호를 부여한 후 연대 기호를 부여한다. 그러나 특정 분류 기호를 갖는 경우는 별도의 도서 기호를 부여하지 않고 연대 기호를 부여한다.

〈표 6-4〉 새연대순도서기호법의 자모순 도서 기호 적용 대상

자모순 도서기호 적용대상 유형	도서기호 부여대상
전기 및 인물평	피전자(被傳者)나 피평자(被評者)의 성명
족보, 세록(世錄), 가문의 인물지	그 대상이 되는 성씨(姓氏)
조직체(단체나 기관)에 관한 도서	해당 조직(단체나 기관 등)의 명칭
지방지 및 지방사	- 해당명칭: 특정분류기호가 없는 지역, 강, 산, 고적 등 - 도서기호 미부여(연대기호 부여): 분류기호 있는 경우
개인의 문학작품, 예술작품, 주요 철학자 및 사상가의 논저	해당 저자명이나 작가명
분류표상 항목 미설정 경전, 고전	통일서명(통일표제)
1900년 이전도서와 그 영인본, 신판, 번역서 등	저자명: 저자 있는 경우 무저자명 통일서명: 저자 없는 경우
연속간행물	해당 연속간행물명
특정저작의 비평, 해설, 색인 등	그 대상이 된 도서 및 그 특정판

⑤ 개인의 문학 작품, 예술 작품, 두드러진 철학자 및 사상가의 논저(論著): 먼저 자모순 도서 기호로 저자 기호와 저작 기호를 함께 부여한 후 특정판의 연대 기호를 부여한다.

⑥ 분류표상 특정 항목으로 설정되지 않은 특정 경전(經典) 및 고전: 해당 경전이나 고전의 통일 서명(統一書名, 통일표제)을 대상으로 자모순 도서 기호를 부여한 후 연대 기호를 부여한다.

⑦ 1900년 이전 도서 및 그 영인본(影印本), 신판, 번역서 등: 그 원본(原本)의 저자 표시의 첫머리에 나오는 저자의 표목으로 올림형의 이름, 저자가 없는 경우는 그 통일 서명을 대상으로 자모순 도서 기호와 서명 기호를 부여한 후 연대 기호를 부여한다.

⑧ 연속간행물: 해당 연속간행물명을 대상으로 자모순 도서 기호를 부여한다.

⑨ 특정 저작의 비평(批評), 해설, 색인(索引) 등: 그 대상이 된 도서 및 그 특정판을 중심으로 도서 기호를 부여한 후, 동양서는 'ㅛ,' 서양서는 'Y'를 앞에 적고 해당 자료의 연대 기호를 부여한다.

6.3.3. 저자기호법의 특성과 유형

저자기호법은 기본적으로 동일한 분류 기호를 가지고 있는 자료나 문헌을 개별화하기 위해 저자명을 문자나 숫자, 기타 기호로 조립하여 기호화하는 것이다. 그러나 여기에서 말하는 저자의 범위에는 기본 저록(基本著錄, 기본 기입)의 표목의 대상이 되는 개인이나 단체, 회의, 통일 서명(統一書名, 통일 표제), 서명(표제) 등이 포함된다. 따라서 저자 기호를 부여할 때는 해당 도서관에서 사용하는 편목 규칙(編目規則)을 바탕으로 기본 저록의 표목을 확인해야 한다. 또한 자료의 성격에 따라서는 전기에서 피전자(被傳者)의 이름을 기호화하는 경우와 같이, 그 적용에 있어 예외들이 있기 때문에 유의해야 한다.

저자기호법은 여러 가지 장점을 가지고 있기 때문에, 많은 도서관에서 도서 기호로 가장 널리 사용하고 있다. 이하에서는 이러한 저자기호법이 갖는 장점과 단점, 주요 종류, 대표적인 종류들에 대해 구체적으로 살펴보고자 한다.

(1) 장점과 단점

저자 기호법은 다음과 같은 점에서 장점을 갖는다.[40)]

① 기호를 논리적(論理的)으로 조직할 수 있다.
② 기호가 저자의 문자순 배열(文字順排列)과 일치한다.
③ 기호를 무한히 전개할 수 있다.
④ 서지적 특징을 살린 대표적인 기호법이다.
⑤ 도서를 서가에 조직적으로 배열할 수 있다.
⑥ 도서를 저자명에 의해 함께 모으고 작품을 개별화(個別化)하기가 용이하다.

저자 기호법은 다음과 같은 점에서 단점을 갖는다.[41)]

① 기호의 구성 방법이 다른 도서 기호법에 비해 복잡하다.
② 저자 기호를 부여하기 위해서는 저자 기호표를 확인해야 한다.
③ 도서를 개별화하기 위해 복잡한 기호가 필요하게 된다.
④ 기호가 복잡해질 경우 도서를 서가에 배열하기가 어렵다.
⑤ 도서를 점검하기가 어렵다.

(2) 종 류

저자 기호법은 그 구조에 따라 열거식 기호법과 분석합성식 기호법으로 구분할 수 있다. 열거식 기호법에 해당하는 기호표로는 박봉석의 성별기호표, 고재창의 한국저자기호표, 이춘희의 동서저자기호표, 장일세의 동서저자기호표, 정필모의 한국문헌기호표, 국립중앙도서관의 동양서저자기호표, 박준식의 영미

---

40) 김남석. 『도서기호』. 제3개정증보판.(대구: 계명대학교출판부. 1999). pp.43-45.; 박준식. 『영미저자기호표연구』(대구: 계명대출판부, 1998). pp.15-131.; 정필모. 『문헌분류론』(서울: 구미무역출판부, 1991). pp.276-277.; 志保田務, 高鷲忠美, 平井尊士. 『情報資源組織法』(東京: 第一法規, 2012). p.258.

41) 김남석. *op. cit.,* pp.43-45.; 박준식. *op. cit.,* pp.15-131.; 정필모. *op. cit.,* pp.276-277.; 志保田務, 高鷲忠美, 平井尊士. *op. cit.,* p.258.

저자기호표, Cutter-Sanborn의 저자기호표, Olin의 저자기호표, Merrill의 저자기호표 등이 있고, 분석합성식 기호법에 해당하는 표로는 리재철의 한글순도서기호법과 LC의 저자기호법(Cutter Table)이 대표적이다. 이를 표로 정리하면 〈표 6-5〉와 같다.

〈표 6-5〉 열거식 저자 기호법과 분석합성식 저자 기호법

구 분	저자 기호법
열거식 저자기호법	박봉석의 성별기호표 고재창의 한국저자기호표 이춘희의 동서저자기호표 장일세의 동서저자기호표 정필모의 한국문헌기호표 국립중앙도서관의 동양서저자기호표 박준식의 영미저자기호표 Cutter-Sanborn의 저자기호표 Olin의 저자기호표 Merrill의 저자기호표
분석합성식 저자기호법	리재철의 한글순도서기호법 LC의 저자기호법(Cutter Table)

이 밖에도 소규모 도서관에서 활용할 수 있도록 고안된 약식(略式)의 저자 기호법들이 있다. 이하에서는 이러한 저자 기호법 중 도서관에서 널리 사용되는 유형들을 중심으로 상세하게 살펴보고자 한다.

(3) 리재철의 한글순도서기호법

리재철의 한글순 도서기호법은 그가 1958년에 발행한 동서저자기호표 제1-2표에 기원을 두고 있다. 이후 동서저자기호표는 제7-8표까지 발표되었는데, 이 중 제7-8표를 수정하여 1982년에 한글순도서기호법으로 발행하게 되었다.[42] 한글순도서기호법은 제1표에서 제8표까지 여덟 개의 표를 마련하고 도서관의 장서

---

42) 이재철. 『한글순도서기호법』 (서울: 아세아문화사, 1982).

규모나 특성에 따라 적합한 표를 택일하여 사용하도록 하고 있다. 한글순도서기호법은 현재 우리나라에서 동양 자료의 도서 기호로 가장 널리 사용되는 분석합성식 저자기호표로 알려져 있다.[43] 이 책에서는 가장 전형적인 형태인 제5표(완전형가표)를 중심으로 분석하고자 한다.

(가) 기호표의 구성

한글순도서기호법은 한글을 크게 자음과 모음으로 구분하고, 각각의 자음과 모음에 대해 1-9까지의 숫자를 한 자리 또는 두 자리로 배정하고 있다. 이를 구체적으로 살펴보면 〈표 6-6〉과 같다. 저자 기호를 적용할 때는 사용법의 지시에 따라 이를 합성하여 사용하게 된다.

〈표 6-6〉 리재철의 한글순도서기호법(제5표)의 구성

자음기호		모음기호			
		초성이 "ㅊ"이 아닌 글자		초성이 "ㅊ"인 글자	
ㄱ ㄲ	1				
ㄴ	19				
ㄷ ㄸ	2				
ㄹ	29	ㅏ	2		
ㅁ	3	ㅐ(ㅑ ㅒ)	3	ㅏ(ㅐ ㅑ ㅒ)	2
ㅂ ㅃ	4	ㅓ(ㅔ ㅕ ㅖ)	4	ㅓ(ㅔ ㅕ ㅖ)	3
ㅅ ㅆ	5	ㅗ(ㅘ ㅙ ㅚ ㅛ)	5	ㅗ(ㅘ ㅙ ㅚ ㅛ)	4
ㅇ	6	ㅜ(ㅝ ㅞ ㅟ ㅠ)	6	ㅜ(ㅝ ㅞ ㅟ ㅠ ㅡ ㅢ)	5
ㅈ ㅉ	7	ㅡ(ㅢ)	7	ㅣ	6
ㅊ	8	ㅣ	8		
ㅋ	87				
ㅌ	88				
ㅍ	89				
ㅎ	9				

43) 이양숙. "우리나라 도서관에서 사용되고 있는 도서기호법에 관한 실태조사연구." 한국문헌정보학회지 제28호(1995). p.40.

(나) 사용 방법

① 저자 기호의 기본 기호는 문자 기호와 숫자 기호의 합성으로 이루어진다. 문자 기호는 대상어의 첫 자(음절)를 그대로 채택하고, 숫자 기호는 대상어의 둘째 자(음절)를 자음(초성)과 모음(중성)으로 분석하여 각각 표의 기호로 바꾸어 이를 합성한다. 예를 들면 '이광수'는 문자 기호로 첫 자 '이'를 그대로 채택하고, 둘째 자 '광'의 자음 'ㄱ'의 자음 기호 '1'과 'ㅘ'의 모음 기호 '5'를 합성하여, '이15'의 저자 기호로 완성하게 된다.

② 표에 대표 모음으로 나와 있지 않은 모음은 한글의 배열순위(ㅏ ㅐ ㅑ ㅒ ㅓ ㅔ ㅕ ㅖ ㅗ ㅘ ㅙ ㅚ ㅛ ㅜ ㅝ ㅞ ㅟ ㅠ ㅡ ㅢ ㅣ)에서 앞에 오는 대표 모음의 기호를 선택한다. 그러나 일반적으로는 이러한 모음들을 모두 표에 포함시켜 두고 활용하기 때문에 실제로는 표의 기호를 그대로 확인하여 적용하면 된다.

③ 기호화하고자 하는 글자가 한 글자(단음절)일 경우에는 문자 기호 다음에 콤마를 붙이고, 그 다음 글자의 자음(초성)만을 숫자로 기호화한다. 배열에서는 콤마가 있는 기호를 콤마가 없는 기호의 앞에 배열한다. 예를 들면 '싱, 비제이'는 문자 기호로 첫 자 '싱'를 그대로 채택하고, 이어서 표의 지시에 따라 콤마(,)를 붙이고, 그 다음 글자 '비'의 자음 'ㅂ'의 자음 기호 '4'와 'ㅣ'의 모음 기호 '8'을 합성하여, '비,48'의 저자 기호로 완성하게 된다.

④ 사용하는 표목은 다른 데도 불구하고, 저자 기호를 부여한 결과 기존 자료와 중복되는 동일한 기호를 갖게 될 경우에는, 나중에 입수된 자료의 저자 기호에 임의의 숫자(보통은 5부터 시작)를 추가하여 개별화한다. 예를 들면 650이라는 동일한 분류 기호를 갖는 자료들의 저자인 '박수동,' '박숙희,' '박순철'(입수순임) 등은 모두 '박56'이라는 동일한 저자 기호를 갖게 된다. 따라서 이들을 개별화하기 위해서는, 첫 번째로 입수된 '박수동'에 대해서는 그대로 '박56'의 기호를 부여하고, '박숙희'는 '박565,' '박순철'은 '박568'과 같은 방식으로 기호를 부여해야 한다. 이것은 '박수-'로 시작하는 저자들에 대한 예를 일반적인 방식을 설명한 것으로, 개별 도서관의 상황에 따라 다를 수 있으므로, 각 도서관에서는 이러한 경우에 대한 분류 규정을 마련하여 대처해야 한다.

⑤ 동일한 저자의 여러 저작들에 대해 저자 기호를 부여한 결과 기존의 자료와 동일한 기호를 갖게 되는 경우에는 기본 기호 다음에 서명의 첫 자를 부차적 기호로 부가하여 이를 개별화한다. 아울러 기호의 중복(重複)으로 추가의 개별화가 필요할 경우에는 저작 기호를 조정하여 차별화한다. 예를 들면 동일한 분류 기호를 갖는 '이광수'의 작품 '여성개조론,' '이차돈의 사,' '인생의 향기'는 모두 '이15'라는 동일한 저자 기호를 갖게 된다. 아울러 저작 기호로 서명의 첫 자음을 사용하는 경우에는 역시 '이15ㅇ'까지 동일하게 되므로, 개별화가 불가능해진다. 따라서 이 경우에는 개별화를 위해 저작 기호로 서명의 첫 음절까지를 사용하여 각각 '이15여,' '이15이,' '이15인'과 같은 방식으로 기호를 부여해야 한다. 이것은 '이광수'라는 개별 저자의 저작에 대한 예를 일반적인 방식을 설명한 것으로, 개별 도서관의 상황에 따라 다를 수 있으므로, 각 도서관에서는 이러한 경우에 대한 분류 규정을 마련하여 대처해야 한다.

⑥ 판차(版次)가 있을 경우에는 저작 기호 다음에 판차를 숫자로 기재하고, 서명을 기본 저록(基本著錄)의 표목(標目)으로 채택한 경우에는 출판사의 첫 자를 저작 기호로 사용하고 그 뒤에 판차를 기재한다. 판차보다 출판 연도를 표시하는 것이 바람직한 것으로 판단되는 경우에는 판차 대신 출판 연도를 사용한다. 예를 들면 '경제학원론 / 조순, 제4판'은 '조56경4'가 되며, 서명 기본 저록을 사용하는 '한영사전, 민중서관 발행, 제20판'은 '한64민20'이 된다. '한국도서관통계, 한국도서관협회 발행, 2011'은 '한16한 2011'이 될 것이다.

⑦ 권호 기호와 복본 기호는 도서 기호와 다른 행에 기재한다. 권호 기호는 대쉬(–), 복본 기호는 등호(=)를 앞세워 적는다. 예를 들면 '정보관리학회지 / 한국정보관리학회, 제20권 제4호'는 '정45한-20-1'이 되고, '문화사 / 조좌호, 5번째 복본'은 '조75문=5'가 된다.

⑧ 개인에 대한 전기서(傳記書)나 비평서(批評書)는 그 대상 인물(被傳者)의 이름을 기호화하고, 저자명을 저작 기호로 기재한다. 자서전(自敍傳)은 저자명을 저자 기호로 사용하며 저작 기호는 부여하지 않는다. '성웅 이순신

/ 박성순'은 피전자인 '이순신'을 기호화하고 '박성순'을 저작 기호화하여 '이56박'이 되고, 박지성의 자서전 '박지성 마이스토리'는 '박78'이 된다.

⑨ 번역서(飜譯書)는 원저작(原著作)을 기준으로 저자 기호를 부여하고 그 저작 기호나 판차 기호 다음에 번역자의 성을 기재한다. 예를 들면 '햄릿 / 세익스피어 저; 김종환 역'은 원저자 '세익스피어'를 저자 기호화('세68') 하고 저작 기호('햄')를 부여한 후 번역자의 성('김')을 부여하여 '세68햄김'으로 완성한다.

(4) LC 저자기호법(LC Cutter Table)[44]

LC 저자기호법(LC Cutter Table)은 미국의회도서관(Library of Congress)에서 개발한 기호법으로, 저자 기호로 구성되는 기본 저록(基本著錄)의 표목(標目)의 첫 글자에 아라비아 숫자를 합성하여 작성하는 분석합성식 저자 기호법이다. 이것은 원래 C. A. Cutter가 고안한 전개분류표(EC)를 사용할 때 동일한 분류 기호를 갖는 개개 저작을 다른 저작과 알파벳 문자와 숫자로 구분하기 위해 EC에 마련되었던 테이블로부터 유래되었기 때문에[45] 'Cutter Table'로 불리고 있는 것이다.

(가) 기호표의 구성

LC 저자기호법은 처음 글자가 ① 모음으로 시작되는 경우, ② "S"로 시작되는 경우, ③ "Qu"로 시작되는 경우, ④ 기타 자음으로 시작되는 경우와, ⑤ 이상의 경우를 적용하여 저자 기호를 부여한 후 추가 전개를 위해 숫자를 추가하는 경우로 구분하여, 각각 2-9까지의 숫자를 배정하고 이를 합성하여 사용하도록 하고 있다. LC 저자기호법의 개요는 〈표 6-7〉이나 [그림 6-1]과 같은 두 가지 방식으로 표현할 수 있다.

---

44) 이하의 설명은 주로 다음 자료를 참고하였음. A. G. Taylor. *Wyner's introduction to cataloging and classification*. 9th ed. (Englewood, Col.; Libraries Unlimited, 2000). pp.326-330.

45) R. C. Winke. "The contracting world of Cutter's Expansive Classification." *Library resources & technical services*, Vol.48, No.2 (2013). p.123.

〈표 6-7〉 LC 저자기호법의 개요: 형식 1

처음글자 이후의문자 / 사용숫자	첫 글자가 모음일 경우 (둘째문자)	첫 글자가 "S"일 경우 (둘째문자)	처음 글자가 "Qu"일 경우 (셋째문자)	첫 글자가 기타자음일 경우(둘째문자)	추가전개를 위해 숫자를 추가할 경우 (셋째 또는 넷째문자)
2	b	a			
3	d	ch	a	a	a–d
4	l, m	e	e	e	e–h
5	n	h, i	i	i	i–l
6	p	m–p	o	o	m–o
7	r	t	r	r	p–s
8	s, t	u	t	u	t–v
9	u–y	w–z	y	y	w–z

① 첫 글자가 모음일 경우:
둘째 글자: b d l–m n p r s–t u–y
사용 기호: 2 3 4 5 6 7 8 9

② 첫 글자가 "S" 일 경우:
둘째 글자: a ch e h–i m–p t u w–z
사용 기호: 2 3 4 5 6 7 8 9

③ 첫 글자가 "Qu" 일 경우:
다음 글자: a e i o r t y
사용 기호: 3 4 5 6 7 8 9

④ 첫 글자가 기타 자음일 경우:
둘째 글자: a e i o r u y
사용 기호: 3 4 5 6 7 8 9

③ 추가전개의 경우:
다음 글자: a–d e–h i–l m–o p–s t–v w–z
사용 기호: 3 4 5 6 7 8 9

[그림 6-1] LC 저자기호법의 개요: 형식 2

(다) 사용 방법과 예시

① 저자 기호의 기본 기호는 문자 기호와 숫자 기호로 구성한다. 문자 기호는 대상어의 첫 문자를 그대로 채택하고, 숫자 기호는 표의 지시에 따라 대상어의 둘째 또는 셋째 문자를 분석하여 표의 기호로 바꾸어 이를 합성한다. 해당 도서관의 추가 세분 필요성에 따라서는 셋째 또는 넷째 문자를 표의 지시에 따라 기호화하여 추가할 수 있다.

② 저자 기호는 첫 글자의 유형에 따라 조정되는데, 이를 추가 세분의 경우를 포함하여, 구체적으로 살펴보면 다음과 같다.

ⓐ 모음으로 시작되는 경우: 'Anderson, Samuel'을 예로 들면, 대상어의 첫 글자 'A'를 채택하고, 둘째 문자 'n'의 모음 칼럼의 기호 '5,' 추가 세분을 위해 셋째 문자 'a'의 모음 칼럼의 기호 '3'을 합성하여 'A53'이 된다.

ⓑ "S"로 시작되는 경우: 'Scott, Walter'를 예로 들면, 대상어의 첫 글자 'S'를 채택하고, 둘째 문자 'c'의 S 칼럼의 기호 '3,' 추가 세분을 위해 셋째 문자 'o'의 S 칼럼의 기호 '6'을 합성하여 'S36'이 된다.

ⓒ "Qu"로 시작되는 경우: 'Quality Control, An International Journal'을 예로 들면, 대상어의 첫 글자 'Q'를 채택하고, 세 번째 문자 'a'의 Qu 칼럼의 기호 '3,' 추가 세분을 위해 네 번째 문자 'l'의 Qu 칼럼의 기호 '5'을 합성하여 'Q35'가 된다.

ⓓ 기타 자음으로 시작되는 경우: 'Johnson, Samuel'을 예로 들면, 대상어의 첫 글자 'J'를 채택하고, 둘째 문자 'o'의 기타 자음 칼럼의 기호 '6,' 추가 세분을 위해 셋째 문자 'h'의 기타 자음 칼럼의 기호 '4'를 합성하여 'J64'가 된다.

(5) Cutter-Sanborn 세 자리 저자기호표

Cutter-Sanborn 세 자리 저자기호표(Three-Figure Author Table)는 원래 C. A. Cutter가 개발하고, K. G. Sanborn, E. M. Swift, P. K. Swanson 등에 의해 개정되고 발전된 열거식 저자 기호표이다. 서양서의 저자 기호표로 외국에서는 물론 국내에서도 널리 사용되고 있다.[46)]

기호법은 기본적으로 성의 첫 글자와 아라비아 숫자로 이루어지게 된다. 저자기호표는 [그림 6-2]에서 볼 수 있는 것처럼, 이러한 기호의 작성이 가능하도록 각 저자명을 확인하기 위한 문자들과 기호들로 표시되어 있다. 상세한 내용은 부록 V를 참고하기 바란다.

Blanch — Bruns / Clin — Craw

Blanche	641	Clin	Bond	711	Colling	Boure	771	Cook	Brer	841	Costel
Bland	642	Cliv	Bone	712	Collins	Bourg	772	Cooke	Bres	842	Coster
Blanq	643	Clo	Bonf	713	Collins,S.	Bourgo	773	Cooke,M.	Bress	843	Cot
Blas	644	Clon	Bonh	714	Collo	Bouri	774	Cool	Bret	844	Coti
Blau	645	Clos	Boni	715	Colly	Bourn	775	Coom	Brett	845	Coto
Ble	646	Clot	Bonn	716	Colm	Bourr	776	Coop	Breu	846	Cott
Blen	647	Clou	Bonnet	717	Coln	Bous	777	Cooper,H.	Brew	847	Cotter
Bli	648	Clow	Bonni	718	Colo	Bout	778	Cooper,O.	Brews	848	Cotti
Blis	649	Clu	Bono	719	Colon	Bouth	779	Coot	Bri	849	Cottl
Blo	651	Cn	Bons	721	Colp	Bouto	781	Cop	Brid	851	Cotto
Blod	652	Co	Bont	722	Colq	Bouv	782	Cope	Bridgm	852	Coty
Blom	653	Cobb	Bonv	723	Cols	Bov	783	Copi	Brie	853	Cou
Blon	654	Cobbet	Boo	724	Colt	Bow	784	Copl	Brig	854	Coud
Bloo	655	Cobd	Boot	725	Colto	Bowdi	785	Copp	Brigh	855	Coul
Blos	656	Cobh	Bor	726	Colu	Bowe	786	Coq	Brighto	856	Coup
Blou	657	Cobo	Bord	727	Colv	Bowl	787	Cor	Bril	857	Coupl
Blu	658	Cobu	Borden	728	Com	Bowr	788	Coran	Brin	858	Cour
Blunt	659	Coc	Bordi	729	Comb	Boy	789	Corb	Bris	859	Courc
Bly	661	Coch	Bore	731	Combes	Boye	791	Corbin	Brist	861	Courl
Bo	662	Cochin	Borg	732	Come	Boyl	792	Corbo	Brit	862	Court
Bob	663	Cochr	Borgi	733	Comi	Boys	793	Corc	Bro	863	Courte
Boc	664	Cock	Borgo	734	Comm	Br	794	Cord	Brock	864	Courti
Bock	665	Cockb	Borl	735	Como	Brab	795	Cordi	Broe	865	Courtn
Bod	666	Cocke	Born	736	Comp	Brac	796	Cordo	Brog	866	Courto
Bodi	667	Coco	Borr	737	Compan	Brack	797	Core	Brok	867	Cous
Bodl	668	Cocq	Bors	738	Compt	Brad	798	Cori	Brom	868	Couss
Boe	669	Cod	Bort	739	Coms	Bradf	799	Cork	Bron	869	Coust

[그림 6-2] Cutter-Sanborn 세 자리 저자기호표의 일부 예

46) 이양숙. "우리나라 도서관에서 사용되고 있는 도서기호법에 관한 실태조사연구." 한국문헌정보학회지 제 28호(1995). p.38.

Cutter-Sanborn 기호표의 장점에 대해 박준식은 다음과 같이 분석하고 있다.[47]

① 열거식 구조로 서수적(序數的)형식의 기호 체계를 가지고 있기 때문에 이해하기가 쉽고 자동 검색 시스템을 설계하기가 용이하다.
② 저자 성의 첫 문자와 숫자를 결합한 혼합 기호법을 채택함으로써 구분 능력을 극대화하고, 기호의 자릿수를 경제적 한계(經濟的 限界)에 적합하도록 하고, 저자의 철저한 알파벳순 배열과 배열시 중간 삽입이 가능하도록 하였다.
③ 단순하고 간결한 기호를 사용함으로써 기호 매김과 배열, 검색을 용이하게 해준다.

Cutter-Sanborn 기호표의 단점에 대해 박준식은 다음과 같이 분석하고 있다.[48]

① 인명(人名)을 중심으로 표목을 선정하였기 때문에 단체 저자(團體著者)나 연속간행물, 참고 도서의 표제(標題)를 기호화하기가 어렵다.
② 알파벳 26개 각 문자그룹별 번호 할당 비율이 기준 없이 이루어져 그룹별로 저자가 밀집되거나 극도로 분산되는 결과를 초래하고 있다.
③ 표목별 저자 집중이 심할 경우 개별화가 어려운 경우나 해당 문헌이 전혀 없는 표목들이 발생할 소지가 많다.

(가) 사용 방법

① 해당 저자의 성의 첫 글자를 대문자로 기재하고, 그 다음에 그 저자에 해당하는 표의 숫자를 확인하여 기재한다. 'Scott, Walter'를 예로 들면, 대상어의 첫 글자 'S'를 채택하고, 표에서 'Scott, Walter'에 해당하는 '431 Scott, W'를 찾아 그에 해당하는 기호 '431'을 합성하여 'S431'이 된다.

---

47) 박준식. "Cutter-Sanborn 저자기호표에 관한 분석적 고찰." 한국문헌정보학회지 제23호(1992). p.60.
48) *Ibid.*, pp.60-61.

② 해당하는 번호가 없는 저자명의 경우에는 바로 앞의 번호를 채택하여 기재한다. 'Anderson, Samuel'을 예로 들면, 대상어의 첫 글자 'A'를 채택하고, 표에서 'Anderson, Samuel'을 확인한 결과 해당하는 기호가 없으므로, 그 바로 앞에 기재된 '551 Anderson, R'에 해당하는 기호 '551'을 합성하여 'A551'이 된다.

③ 저자 기호 다음에는 추가의 식별을 위해 저작 기호(著作記號)를 기재한다. 이때는 정관사나 부정 관사를 제외한 서명의 첫 글자, 즉 첫 번째 키워드의 첫 글자를 소문자로 기재한다. 서명이 연도 등의 숫자로 시작될 때는 이를 영어로 읽어 그 첫 자를 기호화한다. 판차가 있을 경우에는 저작 기호 다음에 부가한다. 예를 들면 'Cataloging and Classification / Lois Mai Chan. 2nd edition'을 예로 들면, 대상어(Chan)의 첫 글자 'C'를 채택하고, 표에서 '454 Chan'을 찾아 그에 해당하는 기호 '454'를 합성한 후, 서명의 첫 글자의 소문자 'c'를 추가하고, 다시 판차 기호 '2'를 추가하여, 'C454c2'가 된다.

④ 동일한 분류 기호를 갖는 자료의 서로 다른 두 저자가 동일한 저자 기호를 갖게 될 경우에는 숫자 하나를 더 붙이는 것이 좋은데, 이때는 앞뒤에 여백이 있는 "5"를 사용하는 것이 좋다. 예를 들면 '020'이라는 동일한 분류 기호를 갖는 자료들의 서로 다른 두 저자 'Ashok Kumar'와 'Krishan Kumar'의 자료들이 입수되었을 경우, 두 저자의 저자 기호는 'K96'로 동일하다. 따라서 이 두 저자를 개별화하기 위해, 첫 번째 저자에게는 그대로 'K96'을 부여하고, 두 번째로 기호를 부여하게 되는 저자에 대해서는 '5'를 추가한 'K965'를 부여한다.

⑤ 표에서는 숫자 '0'(zero)은 알파벳 대문자 'O'와 혼동되기 쉽다는 이유로, 사용하지 않고 있다.

⑥ 저자명 중 Mc, Mac, M'으로 시작되는 저자명은 자료의 표기에 관계없이 모두 "Mac"으로 처리하여 기호를 부여한다.

⑦ 서명이나 표제를 기본 저록의 표목으로 사용하는 자료(예를 들면 사전류, 연감류, 연속간행물, 종교 경전(宗教經典), 무저자명 고전(無著者名古典) 등)는 서명이나 표제의 첫 번째 키워드의 첫 글자를 기호화한다. 'The Educational Research Journal'을 예로 들면, 정관사를 제외한 대상어의 첫 글자 'E'를 채택하고, 표에서 그에 적용해야 하는 '24 Edm'을 찾아 그에 해당하는 기호 '24'를 합성하여 'E24'가 된다.

⑧ 전기서(傳記書)는 그 대상 인물(被傳者)의 이름을 기호화하고, 저자명을 저작 기호로 기재한다. 자서전은 저자명을 저자 기호화로 사용하며 저작 기호는 부여하지 않는다. 'The Private Life of George Washington / F. R. Bellamy'를 예로 들면, 피전자의 대상어 'Washington'의 첫 글자 'W'를 채택하고, 표에서 '317 Washington, G'를 찾아 그에 해당하는 기호 '317'을 합성하고, 저자명 'Bellamy'의 첫 글자의 소문자 'b'를 추가하여 'W317b'가 된다.

(6) 간략 저자 기호표

소규모의 도서관에서는 동일한 분류 기호 아래에 중복되는 저자 기호를 갖는 자료들이 많은 대규모의 도서관과는 달리, 동일한 분류 기호 아래에서 저자 기호의 중복이 비교적 적기 때문에 복잡하고 정교한 저자 기호를 부여할 필요성이 적다. 따라서 이러한 도서관들의 경우에는 간략 방식의 저자 기호를 채택할 수 있을 것이다. 이하에서는 Elrod식 저자 기호법과 DDC의 간략 저자 기호법에 대해 분석해 보고자 한다.

(가) Elrod식 저자 기호법

Elrod식 저자 기호법은 연세대학교 도서관학과에 재직한 바 있는 J. McRee Elrod가 고안한 저자 기호법으로, 국내의 몇몇 도서관에서 사용하고 있는 비교적 간략한 방식의 저자 기호법이다.[49)]

① 기호의 구성은 저자 기호의 대상어(대개는 기본 저록(基本著錄)의 표목)의 첫 세 글자와 서명이나 표제의 첫 글자를 그대로 음절철로 기재한다. 예를 들면 '정보서비스론 / 박준식'의 기호는 저자명 '박준식'에 서명의 첫 글자 '정'을 추가하여 '박준식정'이 된다.

② 공저자(共著者)는 첫 저자(기본 저록의 표목)를 기준으로 기호화한다. 예를 들면 '한국십진분류법 제6판의 이해와 적용 / 오동근, 여지숙, 배영활'의 기호는 첫 번째 저자명 '오동근'에 서명의 첫 글자 '한'을 추가하여 '오동근한'이 된다.

③ 번역서의 경우, 서양서는 Cutter-Sanborn Three-Figure Author Table에 따라 기호를 부여하고, 동양서는 표시된 음절을 적는다. 예를 들면 '햄릿 / 세익스피어 저; 김종환 역'은 'Shakespeare, William'의 첫 글자 'S'에 그에 해당하는 Cutter-Sanborn Three-Figure Author Table의 '527 Shak'의 기호 '527'을 추가하고, 서명의 첫 글자 '햄'과 번역자명의 첫 글자 '김'을 추가하여, 'S527햄김'이 된다. '삼국지연의 / 나관중 저; 김구용 역'은 저자명 '나관중'에 서명의 첫 글자 '삼'과 번역자명의 첫 글자 '김'을 추가하여, '나관중삼김'이 된다.

④ 전기서(傳記書)는 피전자(被傳者)를 기호화하고 저자명의 첫 글자를 저작 기호로 추가한다. 예를 들면 '성웅 이순신 / 박성순'는 피전자의 이름 '이순신'을 기호화하고 저자명의 첫 글자 '박'을 저작 기호로 하여 '이순신박'이 된다.

49) 이하의 설명은 주로 다음 자료를 참고하였다. 김연경. 『문헌자료조직론』 (서울: 경인문화사, 2002). pp.239-240.

⑤ 서명(書名, 표제) 기본 저록의 경우는 기본 저록으로 사용되는 표제의 첫 세 글자를 기재한다. 예를 들면 '영한사전, 동아출판사 발행'은 '한영사'가 된다.

⑥ 단체명(團體名) 기본 저록의 경우는 기본 저록으로 사용되는 단체명의 첫 세 글자를 기재한다. 예를 들면 '계명대학교'의 저자 기호는 '계명대'가 된다.

⑦ 통일 서명(統一書名, 통일 표제)은 통일 서명으로 사용되는 표제의 첫 세 글자를 기재한다. 예를 들면 '열녀춘향수절가'는 통일 서명으로 사용되는 '춘향전'을 저자 기호로 한다.

(나) DDC의 간략저자기호법

이것은 DDC 제20판의 서론에 소개된 것으로, 소규모 도서관에서 도서 기호(저자 기호)를 대신하여 사용할 수 있는 일반적인 배열 장치로 마련된 것이다. 그 주요 내용은 다음과 같다.[50)]

① 책등(spine)에 기본 저록(대개는 저자)의 첫 세 글자를 그대로 기재한다. 예를 들면 'Scott, Walter'는 'Sco,' 'Anderson, Samuel'은 'And,' 'C. A. Cutter'는 'Cut'가 된다.

② 전기(傳記) 및 소설: 전기는 분류 기호 대신 "B," 소설은 분류 기호 대신에 "F"를 부여한다. 특히 소설은 어느 저자의 작품을 나타내기 위해 서명(표제)의 첫 글자를 저작 기호로 추가할 수 있다. 이 경우 도서 기호(저자 기호)로 사용되는 문자는 대문자로 표시하고, 저작 기호로 추가되는 문자는 소문자로 표시한다. 'The Private Life of George Washington / F. R. Bellamy'를 예로 들면, 분류 기호는 'B'가 되며, 피전자를 기호화한 'Was'를 저자 기호로 사용하게 된다. 소설 'The Oldman and the Sea / Ernest Hemingway'를 예로 들면, 분류 기호는 'F'가 되고, 저자명의 세 글자를 대문자로 한 'HEM'을 저자 기호로 하고, 정관사 'The'를 제외한 서명의 첫 글자의 소문자 'o'를 추가하여, 'HEMo'가 된다.

---

50) Melvil Dewey. *Dewey Decimal Classification and relative index.* 20th ed. (New York: Forest Press, 1989). pp.xlix-l. DDC의 서론에 소개되어 있던 도서 기호에 대한 이 내용은 제21판 이후에는 삭제되었다.

제 7 장

분류 작업과 분류 규정

7.1. 분류표와 분류 기호의 선택

7.1.1. 분류 작업의 과정

분류 작업을 수행하기 위해서는, 해당 자료나 문헌이 담고 있는 내용을 파악하여, 분류 기호를 부여하고, 필요에 따라 별치 기호, 도서 기호 등을 추가하여, 서가상에 해당 자료를 배열해야 한다. 이러한 일련의 과정은 다음과 같이 요약할 수 있다.[1)]

① 자관(自館)에 맞는 분류표의 선정
② 분류표 및 그 사용법에 대한 이해
③ 분류 대상 자료나 문헌의 내용에 대한 정확한 파악
④ 분류 대상 자료나 문헌의 내용에 적합한 분류 기호의 부여
⑤ 소정의 도서 기호 및 필요할 경우 추가의 부차적 기호 부여
⑥ 완성된 청구 기호에 의한 서가상의 배열

---

1) 志保田務, 高鷲忠美, 平井尊士.『情報資源組織法』(東京: 第一法規, 2012). p.199.; 한국도서관협회.『개정제4판한국십진분류법해설』(서울: 한국도서관협회, 1997). pp.21-24.

7.1.2. 분류표의 선정

분류표는 해당 도서관의 자료 분류에 가장 중요한 서지 도구이므로, 분류표의 기본적인 요건을 잘 갖추고 있고, 해당 도서관의 상황과 환경에 가장 적합한 분류표를 선택할 수 있도록 그 선정에 유의해야 한다. 일반적으로 제시되고 있는 분류표의 요건과 선정상의 유의 사항은 다음과 같다.[2)]

① 분류표의 본질적인 기본 조건을 잘 갖추고 있어야 한다.
② 분류표를 편리하고 용이하게 사용할 수 있어야 한다.
③ 입수가 용이하고 정기적인 개정이 이루어져야 한다.
④ 해당 도서관의 일반적인 성격, 소장 자료, 이용자의 특성과 지적 수준 등을 포함한 특수한 요구에 적합해야 한다.
⑤ 해당 도서관의 장서 구성의 범위를 고려하여 적절한 분류표를 선택해야 한다. 모든 학문 범위를 포괄하는 광범위한 주제를 대상으로 하는 도서관은 종합 분류표, 특정의 한정된 주제를 대상으로 하는 도서관은 특수 분류표를 채택할 수 있을 것이다.
⑥ 종합 분류표를 선택하는 경우에도 해당 도서관의 성격과 장서 구성을 반영해야 한다. 서양서의 비중이 높은 대학 도서관은 DDC, 특정 학문 분야를 중심으로 하는 단과대학성격의 대학도서관은 LCC나 UDC, 동양서를 중심으로 하는 공공도서관은 KDC를 채택하는 것이 바람직할 것이다.
⑦ 널리 보급된 분류표의 장점을 고려해야 한다. 오늘날에는 MARC나 국가서지 등 외부의 서지 도구(bibliographic tool)를 활용하여 카피 편목(copy cataloging)이 가능한 경우가 많기 때문에, 분류 기호를 포함한 편목 데이터를 외부에서 쉽게 얻을 수 있는 분류표를 채택하는 것이 바람직하다. 이와 관련하여, KORMARC은 KDC와 DDC 기호, MARC 21은 DDC와 LCC 기호를 제공하고 있다.

---

2) 김정소. 『자료분류론』 (대구: 계명대학교출판부, 1983). pp.56-58.; 윤희윤. 『정보자료분류론』. 제5판. (대구: 태일사, 2015). p.60.; 최달현, 이창수. 『정보자료의 분류』 (서울: 한국도서관협회, 1998). pp.165-166.

7.1.3. 문헌의 내용 및 주제 파악

어떤 자료나 문헌을 분류하기 위해서는 해당 자료의 내용과 주제를 정확하게 파악하는 것이 중요하다. 이러한 내용 파악을 위해서는 해당 자료나 문헌은 물론 그 밖의 참고 자료들을 참고하여 결정할 수 있을 것이다. DDC의 서문에서는 주제를 파악하기 위해 다음과 같은 방법을 제시하고 있다.[3)]

① 서명 또는 표제(title): 서명이나 표제는 자료나 문헌의 내용을 표현해주는 핵심적인 요소로, 특히 전문 서적(專門書籍)의 경우에는 그러한 경향이 더 강하다. 그러나 서명이나 표제는 상업적인 목적 등을 위해 정해지는 경우도 많기 때문에, 전적으로 서명이나 표제에만 의존하여 주제를 결정하는 것은 바람직하지 않다.

② 목차나 차례(table of contents): 목차는 자료의 내용을 서명이나 표제보다 훨씬 더 상세하게 구체적으로 열거하고 있기 때문에 주제 파악에 도움이 된다.

③ 서언, 서문, 서론, 발문(跋文) 등: 이러한 부분들은 해당 저작에 관련된 저자의 집필 의도나 목적, 관점 등을 이해하는 데 도움이 되기 때문에 주제 파악에 유익하다.

④ 본문 자체: 본문은 해당 자료나 문헌의 핵심 부분으로, 서론과 결론 등에 중점을 두고 해당 자료나 문헌의 핵심 포인트를 잘 파악하는 것이 중요하다.

⑤ 해당 자료에 수록된 참고 문헌, 서지, 색인 등: 해당 자료나 문헌에 관련된 자료들을 제시해주는 참고 문헌 등과 핵심 용어들을 열거한 권말 색인(卷末索引) 등은 주제 파악에 유용하게 활용될 수 있을 것이다.

---

3) 오동근. 『DDC 22의 이해』 (대구: 태일사, 2007). pp.95-96.; 한국도서관협회. 『한국십진분류법』. 제6판. 제3권 해설서.(서울: 한국도서관협회, 2013). pp.26-27.에도 유사한 내용이 포함되어 있음.

⑥ 저자 정보: 해당 자료나 문헌을 집필한 저자의 전문 분야나 경력 등의 배경을 파악하게 되면 주제를 파악하는 데 도움이 되는 경우가 많다.

⑦ 외부의 서지 정보 관련 기관에서 제공하는 목록 정보: 국립중앙도서관이나 미국의회도서관(LC) 등에서 제공하는 MARC 데이터나 CIP(Cataloging in Publication) 데이터는 분류하고자 하는 자료에 대한 분류 기호와 주제명을 포함하고 있는 경우가 많기 때문에 유용하게 활용할 수 있을 것이다.

⑧ 외부의 참고 정보원(參考情報源): 각종 출판사나 관련 기관 등에서 제공하는 서평(書評)이나 서지(書誌), 색인(索引) 등의 참고 자료, 해당 관련 분야의 외부 전문가 등도 주제나 내용을 파악하기 위한 유용한 정보원이 될 수 있다.

7.1.4. 분류 기호 선정상의 유의 사항

숙련된 분류 전문가는 해당 자료나 문헌에 대한 내용 파악이 끝나면, 비교적 용이하게 분류 기호를 부여할 수 있을 것이다. 그럼에도 불구하고, 분류 작업을 수행할 때는 다음과 같은 몇 가지 점에 유의해야 한다.[4] 더 구체적인 내용은 다음에 살펴보게 될 분류 규정(分類規程)에 명시될 것이다.

① 유용성(有用性, usefulness)의 고려: 어떤 자료나 저작을 둘 이상의 곳에 분류할 수 있을 경우에는, 일시적 요구보다는 영구적 유용성을 바탕으로 하여, 독자에게 가장 유용한 분류 기호, 해당 도서관의 성격에 가장 적합한 분류 기호를 우선적으로 선택해야 한다.

② 주제 우선의 원칙: 대부분의 경우에는 형식(形式, form)보다는 주제(主題, subject)를 우선적으로 고려하여 분류한다. 즉 우선 주제에 따라 분류하고 필요에 따라 형식에 의해 세분한다. 다만 문학류와 총류(總類)의 일부 예들은

---

4) 志保田務, 高鷲忠美, 平井尊士. 『情報資源組織法』(東京: 第一法規, 2012). p.200.; Lois Mai Chan. *Cataloging and classification: An introduction* (New York: McGraw-Hill Book Company, 1981). pp.213-214.

분류표의 지시에 따라 형식을 우선적으로 고려해야 하는 경우도 있다.

③ 해당 도서관이 정한 범위에서 가장 상세한 분류 기호의 사용: 해당 도서관이 정한 분류의 수준과 범위를 고려하여, 사용하는 분류표에 명시되어 있는 분류 기호 중 분류 대상 자료나 문헌의 내용에 적합한 가장 구체적인 분류 기호를 부여한다. 분류표에 해당하는 기호가 없을 경우에는 그 상위 범주를 나타내는 분류 기호를 부여한다.

④ 본표(本表) 기호 우선의 원칙: 해당 분류표의 분류 기호를 용이하게 찾을 수 있게 하기 위해 대부분의 분류표는 색인을 갖추고 있는데, 해당 색인에 원하는 자료나 문헌을 분류하기 위한 정확한 분류 기호가 제시되어 있는 경우라고 하더라도, 잘못된 분류를 예방하기 위해서는 반드시 본표에서 그 분류 기호를 확인하고, 해당 자료나 문헌에 부여해야 한다.

⑤ 일관성(一貫性)의 유지: 해당 도서관의 분류 기호 부여는 정당한 이유에 의해 원칙에 따라 결정하고 분류 규정 등의 명문화(明文化)된 지침에 따라 일관성을 유지하여 이루어져야 한다.

7.2. 분류 규정의 이해

7.2.1. 분류 규정의 정의와 특성

분류 규정(分類規程, classification code)은 분류표를 일관성 있게 적용하고 운용(運用)하기 규칙 또는 지침으로, 자관(自館)의 분류 방침이나 규칙을 공식화(公式化)한 것이다. 따라서 분류가 하나의 선체(船體)라면, 분류 규정은 그 배의 조타법(操舵法)이고, 분류표가 하나의 기계라면 분류 규정은 그 기계의 조종법에 해당한다고 할 수 있을 것이다.[5] 이 분류 규정을 통해 분류표만으로는 이해하기 어려운 분류표의 사용 방법을 더 용이하고 명확하게 이해할 수 있게 되는 것이다.

---

5) 최정태, 양재한, 도태현. 『문헌분류의 이론과 실제』(부산: 부산대출판부, 1998). pp.217-227.; 志保田務, 高鷲忠美, 平井尊士. *op. cit.*, p.201.

이러한 분류 규정은 분류표의 대상이 되는 모든 주제에 적용되는 지침으로, 다음과 같은 요소들을 필수적으로 포함해야 한다.[6]

① 분류표 운용상의 기본적인 방침
② 해당 도서관에서 사용할 도서 기호 등을 부여하기 위한 분류 도구의 결정
③ 분류표상의 별법(別法) 또는 양자 택일 규정(임의 규정, options)의 취사 선택(取捨選擇)에 관한 결정
④ 오분류(誤分類) 가능성이 있는 분류 항목(명사, 名辭)의 의미나 범위의 한정(限定)과 해석의 통일
⑤ 분류 기호의 적용 수준과 범위, 추가 전개, 재전개, 세구분에 대한 결정
⑥ 분류표에 전개되지 않은 새로운 주제에 관련된 항목의 추가 여부의 결정

7.2.2. 분류 규정의 유형

분류 규정은 일반 규정과 특수 규정으로 구분된다.

일반 규정은 문헌 분류의 기본 방침이나 원칙을 규정하는 것으로, 분류의 기본 원칙, 주제와 형식의 취급, 복수 주제 및 복합 주제의 처리, 원저작(原著作)과 관련 저작의 취급, 신주제(新主題)의 처리 등에 관한 규정 등이 포함된다.

특수 규정은 각 분류표의 개개의 분류 항목에 적용하는 구체적인 규정이다.

(1) 복수 주제의 처리

해당 자료나 문헌이 둘 이상의 주제를 다루고 있을 경우에는 다음과 같은 방식으로 분류 기호를 선정한다.[7] 다만 이하의 설명은 해당 자료나 문헌에 직접

---

6) 윤희윤. 『정보자료분류론』. 제5판. (대구: 태일사, 2015). p.72.; 志保田務, 高鷲忠美, 平井尊士. 『情報資源組織法』(東京: 第一法規, 2012). p.201.; 한국도서관협회. 『한국십진분류법』. 제6판. 제3권 해설서.(서울: 한국도서관협회, 2013). p.29.

7) 김정소. 『자료분류론』(대구: 계명대학교출판부, 1983). pp.155-159.; 윤희윤. *op. cit.*, pp.72-73.; 志保田務, 高鷲忠美, 平井尊士. *op. cit.*, p.201.

부여되어 서가상의 배열 기준으로 활용되는 일차적인 분류 기호를 의미하며, 일차적으로 선택되지 않은 부차적인 주제에 대한 분류 기호는 필요할 경우 목록상에 분류 기호의 부출(副出)을 통해 검색의 접근점(接近點)이 될 수 있도록 추가할 수 있다는 점에 유의해야 한다.

① 복수 주제의 각 주제가 독립성을 갖는 경우: 저자가 강조하거나 중점을 두고 다루는 주제 또는 더 포괄적으로 다루고 있는 주제에 우선적으로 분류한다. 다만 각 주제가 균등하게 다루어져 중요성을 파악할 수 없을 경우에는, DDC의 경우와 같이, 해당 분류표의 배열에서 앞에 나타나는 주제에 분류할 수도 있다(선행 규칙(先行規則), first of two rule).

② 영향 관계: 적용 규칙(適用規則, rule of application)에 따라 영향을 받는 주제에 분류한다.

③ 원인과 결과 관계(인과 관계): 결과에 해당하는 주제에 분류한다.

④ 어떤 상위 주제의 하위 주제에 해당하는 셋 이상의 주제: 3자 규칙(三者規則, rule of three)에 따라, 그 주제들을 모두 포괄하는 상위 주제(上位主題)에 분류한다.

⑤ 이론과 응용의 경우: 양 측면을 함께 다루고 있는 경우는 응용에 해당하는 곳에 분류한다.

⑥ 어떤 주제를 설명하기 위한 재료로 다른 주제를 사용하는 경우: 설명의 재료나 도구로 사용된 주제가 아니라, 저자가 원래 설명하고자 하는 주제에 분류한다.

⑦ 특정 이용자만을 대상으로 하는 저작: 원칙적으로 그 목적에 따라 해당 이용자에 관련된 곳에 분류한다. 다만 일반적으로도 활용할 가능성이 높을 경우에는 그 주제에 의해 분류한다.

⑧ 둘 이상의 관점(觀點)의 저작: 주된 관점에 의해 분류하되, 주된 관점을 파악하기 어려울 경우에는 저자의 전공 분야(專功分野)를 고려하여 분류한다.

(2) 원저작과 관련 저작의 처리[8)]

① 원저작(原著作)의 번역이나 비평 등: 원저작의 번역, 비평(批評), 해설, 주석(註釋), 연구, 색인 등은 모두 원저작과 함께 분류한다.

② 언어 학습용 대역서 등: 언어를 학습하거나 습득하는 것을 주목적으로 하는 원저작의 대역서(對譯書), 주해서(註解書)는 학습 대상이 되는 언어의 해석이나 독본(讀本)에 분류한다.

③ 원저작의 번안(飜案)이나 각색(脚色): 번안가 및 각색자의 작품으로 분류한다.

④ 원저작의 발췌본(拔萃本): 어떤 특정의 의도를 가지고 원저작의 일부를 발췌하여 단독으로 간행한 것은 발췌된 부분의 해당 주제에 분류한다.

(3) 총서(叢書) 및 다권본(多卷本)의 처리[9)]

① 망라적 총서 및 전집: 특정 주제에 한정되지 않고 여러 주제를 망라하고 있는 총서나 전집으로 총서명과 권호 표시가 있는 것은 총류(總類)의 일반 전집에 분류한다. 그러나 문학 전집은 문학류의 해당 기호에 분류한다.

② 총서명은 표시되어 있으나, 권호 표시가 없는 경우, 해당 총서의 일부만을 소장하고 있는 경우 등은 단행본으로 취급하여 각각의 해당 주제에 분류한다.

③ 출판사가 판매를 목적으로 임의로 부여한 총서: 단행본으로 취급하여 분류한다.

④ 개인 총서: 개인의 전집, 선집, 작품집 등 개인의 저작집은 일괄하여 그 개인의 총서로 분류한다.

⑤ 여러 사람의 저작집으로 내용의 배열이 체계적이거나 연대순(年代順)인 것 그리고 총서의 각 책에 다수의 저작을 포함하고 있는 것은 일괄하여 총서로 분류한다.

---

8) 한국도서관협회. 『한국십진분류법』. 제6판. 제3권 해설서. (서울: 한국도서관협회, 2013). p.32.; 윤희윤. 『정보자료분류론』. 제5판. (대구: 태일사, 2015). p.78.

9) 한국도서관협회. *op. cit.*, p.32.; 윤희윤. *op. cit.*, pp.78-79.

⑥ 특정 주제의 총서로 체계적으로 편집된 것, 특히 마지막 권에 총목차(總目次)나 총색인(總索引) 등이 붙어있는 것은 총서로 분류한다. 다만 권차가 없고 독립의 서명을 가지며 총서명이 작게 표시되어 있는 것은 단행본으로 취급하여 분류한다.

(4) 분류표에 해당 항목이 설정되어 있지 않은 새로운 주제의 처리

최신 분야로 분류표에 해당 항목에 대한 분류 기호가 아직 설정되어 있지 않은 신주제(新主題)는 그 주제와 가장 밀접한 관계가 있다고 생각되는 주제를 찾아 그 주제에 부가하거나, 그 주제를 전개하거나, 그 안에 신주제의 항목을 신설하여 분류한다.

7.3. 서가상의 배열

분류 기호와 도서 기호를 포함한 부차적 기호의 배정이 끝나면, 해당 자료나 문헌은 일반적으로 장비 작업(裝備作業)을 거쳐 이용자들이 편리하게 이용할 수 있도록 하기 위해 서가상에 배열하게 된다.

서가상의 자료의 배열, 즉 배가(配架)의 기본 원칙은 분류 기호, 도서 기호, 부차적 기호 등을 포함한 청구 기호의 순서에 따라, "서가의 첫 칸 상단 좌측부터 우측으로 향하여 배열되며, 첫 단이 끝나면 그 다음 단, 그 다음 칸으로 연속하여 배열한다."[10] 최근에는 주류별로 같은 색깔의 라벨을 부착하여 배가에 도움을 주는 경우도 많다.

도서관을 개가제(開架制)로 운영하는 경우에는 도서관 입구에 관내 안내도(館內案內圖)를 마련해두고, 도서관의 각 층별이나 자료실별 소장 자료들을 포함한 도서관의 전반적인 구조에 대해 안내하는 것이 바람직하다. 또한 각 자료실에는 해당 자료실의 서가 배치표(書架配置表)를 마련해 두거나, 서가에 나무나

---

10) 한국도서관협회. 『한국십진분류법』. 제6판. 제1권 본표. (서울: 한국도서관협회, 2013). p.12.

종이, 아크릴판 등으로 된 서가 안내판을 붙여 특정 도서의 서가상의 위치를 표시해줄 필요가 있다. 이용자들이 불편함 없이 자신들이 원하는 자료가 배가되어 있는 서가로 용이하게 접근할 수 있도록 하는 것이 중요하다.

때에 따라서는 이용자의 편의를 위하여, 분류 기호의 순서와는 다르게 자료들을 배열하는 이른바 파순법(破順法)을 택할 수도 있다.[11] 이용률이 높은 소설이나 아동 도서를 출입구 가까이에 배가하거나, 신간 자료나 신착 자료(新着資料)를 일시적으로 '신간 코너' 등과 같은 특정 서가에 별도로 배열해두고 이용자에게 서비스하는 것 등이 그 예이다. DDC를 채택하는 도서관에서 때로는 언어 자료(400류)와 문학 자료(800류)를 인접하여 배가하거나 같은 자료실에 배가하는 경우도 있는데, 이러한 예도 그에 해당한다고 할 수 있을 것이다.

11) 志保田務, 高鷲忠美, 平井尊士. 『情報資源組織法』(東京: 第一法規, 2012). p.262.

결 언

문헌 분류의 미래, 미래의 문헌 분류

정보 시대를 맞이하면서 국내외에서는 한때 문헌정보학의 위기설이 대두되었고, 특히 문헌 분류를 포함한 자료 조직이 그 위기의 최전선에 놓이게 될 것이라는 우려가 없지 않았다. 그 후로도 분류 무용론(分類無用論)이나 간략 분류에 대한 의견들이 도서관 안팎에서 끊임없이 제기되고 있는 것 또한 사실이다. 도서관 현장의 관점에서 보면, 과거에는 전적으로 자체 편목(自體編目, original cataloging)에 의존하던 분류 업무들이 외부의 목록 정보를 가져다 쓰는 카피 편목(copy cataloging)의 방식을 채택하거나 분류를 포함한 편목 업무 거의 대부분을 외부에 맡기는 아웃소싱(outsourcing)의 형태로 바뀌면서, 분류 업무를 포함한 자료 조직 전반에 대한 이해 필요성이 낮아지고 있다는 견해들도 없지 않은 것이 사실이다.

그럼에도 불구하고, 다수의 이론가들이 옹호했던 대로, 그리고 일부의 기술숭배론자(技術崇拜論者)들의 우려, 아니면 어느 의미에서는 그들의 바람과는 달리, 문헌정보학은 시대의 요구에 부응하고 이에 적응하면서, 여전히 소기의 학문적 · 실무적 책임과 의무, 역할을 다하고자 노력하고 있다. 자료 조직의 영역 역시 정보와 자료의 폭발적 증가에 따른 혼란 상황 속에서 나름대로의 길을 모색하고 있는 것 같다.

도서관 현장의 시각에서도, 설사 장서를 정리하기 위해 카피 편목의 방식을 채택하거나 자료 조직 업무의 상당 부분을 외부에 맡기는 경우라고 하더라도, 그러한 서지 정보들을 이용자들이 효율적으로 활용할 수 있도록 그 품질을 제대로 관리하기 위해서는 분류와 편목의 이론에 대한 기본적인 이해와 그에 대한 지식은 필수적인 것이다. 현장의 업무 담당자가 그러한 분야에 대한 기본적이고 전문적인 지식이 결여된 채 해당 업무의 처리를 전적으로 외부에만 의존하게 되면, 그러한 서비스의 품질의 질적 저하에 따른 피해는 고스란히 이용자들이 입게 되는 것이다.

아울러 오늘날에는 특히나 데이터와 정보, 지식의 양이 폭발적으로 증가하고 있기 때문에, 혼돈에 질서를 부여하고자 하는 인간의 기본적인 욕구에 효율적으로 부응할 수 있는 효과적인 이론으로서의 문헌 분류의 이론적 가치는 더욱 증가할 것이다. 즉 학문 세계에서든 일상 생활에서든, 데이터와 정보, 지식, 자료, 문헌 등의 양적 증가(量的增加)는 필연적으로 질적 선택(質的選擇)의 어려움을 초래하게 될 것이기 때문에, 이러한 것들을 체계적으로 정리하고 효과적인 이용에 대비하여 이용자에게 제공하는 데 있어 문헌 분류는 충분한 역할을 할 수 있을 것이다.

다만 우리가 유의해야 할 점은 분류는 문헌정보학 분야에서 개발한 중요하고 가치 있는 서지 도구(書誌道具)의 하나라는 점이다. 이 말은 문헌정보학 분야의 서지 도구는 분류 이외에도 목록(目錄)과 색인(索引) 등을 비롯한 수많은 도구들이 있다는 의미이다. 분류가 데이터와 정보, 자료, 문헌을 체계적으로 정리하고 찾아내기 위한 효과적인 도구이기는 하지만, 이러한 것들을 정리하고 검색하기 위한 유일한 도구는 아니라는 점이다. 따라서 서지 정보 관리의 모든 문제를 분류로만 해결하려는 이른바 분류 만능론(分類萬能論)은 분류 무용론 못지않게 위험한 발상이라는 점을 경계해야 할 것이다. 유능한 목수라면 나무를 자를 때는 톱을 사용할 것이고, 나무를 가를 때는 도끼를 쓸 것이며, 나무를 대패질할 때는 당연히 대패를 쓸 것이다. 아무리 도끼를 잘 쓰는 목수라도 나무를 자르는 데 톱을 사용하지 않고 도끼를 쓴다면 당연히 효율이 떨어질 뿐 아니라 현명한 판단이라고도 하기 어려울 것이다.

분류는 기본적으로 체계적 순서(體系的 順序, systematic order)를 통한 체계적 브라우징(systematic browsing)에 도움을 주고자 하는 서지 도구이다. 분류표를 영어로 'classification system'이라고 부르는 경우가 많은 것처럼, 각각의 분류표는 이러한 체계를 유지하기 위한 하나의 시스템인 것이다. 체계적 순서는 필연적으로 어느 하나의 특정의 체계에 바탕을 둘 수밖에 없는 것이다. 따라서 그 체계를 이해하는 사람에게는 도움이 되겠지만, 그 체계를 이해하지 못하는 사람에게는 여전히 혼돈스러울 수밖에 없는 것이다. 이러한 시각에서 보면, 문헌 분류를 올바로 수행하기 위해서는, 분류 이론 자체에 대한 이해는 물론 문헌정보학 분야의 다양한 서지 도구에 대한 올바른 이해가 필수적이 될 것이다.

오늘날과 같이 여러 학문 분야들이 서로 융합하고 통섭(統攝)하는 시대에는, 각 학문 분야의 고유 연구들이 다른 분야의 이론들과 결합하고 융합하여 시너지 효과(synergy effects)를 발휘하는 경우들을 자주 보게 된다. 이를 위해서는 문헌 분류 이론에 대한 연구와 더불어 관련 주제 분야에 대해 관심을 갖는 것도 중요할 것이다. 이미 우리가 경험하고 있는 것처럼, 전통적인 주제 분석(主題分析)과 주제명표목표(主題名標目表)에 대해 좀 더 새로운 시각에서 접근하고자 하는 시소러스(thesaurus)에 대한 연구나 개발, 새로운 정보 기술을 바탕으로 하는 인공 지능(AI, artificial intelligence)의 성과를 문헌 분류 및 주제 분석에 도입하기 위한 다양한 연구와 시도나, 철학 및 컴퓨터 과학 분야의 관련 이론과 연구를 분류 이론의 개발과 실제 적용에 도입하고자 시도하는 온톨로지(ontology) 분야의 연구, 소수의 분류 전문가의 노력이 아니라 다수의 대중들의 집단 지성(集團知性, collective intelligence)을 실제 분류에 도입하기 위한 폭소노미(folksonomy)와 같은 시도와 노력 등에 대해서도 더 많은 관심을 가져야 할 것이다.

이미 한국연구재단의 학문 분류에서 문헌정보학을 이른바 복합학(複合學)으로 분류하고 있는 것에서도 볼 수 있는 것처럼, 문헌정보학의 연구는 이미 다학문적(多學問的)·학제적(學際的) 성격을 가지고 있는 것으로 인정되고 있다. 이른바 글로컬리제이션(glocalization)의 시대에, 세계화가 가속화될수록 지역화(地域化) 내지 지방화가 그에 못지않게 중요한 의미를 갖는 것처럼, 주제 분석을 바탕으로 하는 문헌 분류 이론의 훌륭한 연구 성과들이 단순히 주제의 분석과 표현에 국한된 실용성(實用性)을 갖는다는 일부의 그릇된 편견(偏見)을 극복하고 문헌정보학의 학문적 범위를 넘어서서 학문 전반에 걸쳐 기여하고 실생활에도 실질적으로 활용될 수 있게 되기를 기대해본다. 다만 기존의 문헌 분류에 대한 연구나 교육이 상당 부분에서는 분류 이론에 대한 심도있는 분석과 고찰보다는 DDC나 KDC와 같은 특정 분류 시스템에 초점을 맞추어 이루어져 오고 있는 것이 사실이라는 점에서, 그에 대한 좀 더 균형잡힌 접근이 이루어지는 것이 바람직한 것은 아닐는지 하는 생각을 가져본다.

모든 사물 간에는 만유인력(萬有引力)이라는 것이 있어서 서로 끌어당기고 있으니, 사물 간의 관계(關係)가 중요하다. 그러나 우리별이 우주 공간에서 작은 별똥별로 떨어져 사라지지 않기 위해서는, 우리 자체의 나름의 충분한 중력(重力)을 가져야 한다. 수 세기에 걸쳐 자료 조직 또는 정보 조직을 통해 다져지고 체계화된 문헌 분류의 많은 이론들이 다양한 관련 분야의 새로운 이론들을 적극적으로 수용하여 발전해 나간다면, 좀 더 성숙되고 한층 업그레이드된 모습으로 충분한 자체의 중력을 갖추고 앞으로도 더욱 빛나는 별로 우리의 밤하늘을 빛내줄 수 있을 것이다.

부 록

Ⅰ. DDC 제23판과 KDC 제6판의 주류 비교표

Ⅱ. DDC 제23판과 KDC 제6판의 강목(100구분) 비교표

Ⅲ. DDC 제23판의 주류표, 강목표, 조기표

Ⅳ. KDC 제6판의 주류표, 강목표, 요목표, 조기표

Ⅴ. Cutter-Sanborn Three-Figure Author Table

I DDC 제23판과 KDC 제6판의 주류 비교표

	DDC 23	KDC 6
000	Computer science, information & general works	총 류
100	Philosophy & psychology	철 학
200	Religion	종 교
300	Social sciences	사회과학
400	Language	자연과학
500	Sciences	기술과학
600	Technology	예 술
700	Arts & recreation	언 어
800	Literature	문 학
900	History & geography	역 사

Ⅱ DDC 제23판과 KDC 제6판의 강목(100구분) 비교표

KDC		DDC	
000	**총 류**	**000**	**Computer science, knowledge & systems**
010	도서학, 서지학	010	Bibliographies
020	문헌정보학	020	Library & information sciences
030	백과사전	030	Encyclopedias & books of facts
040	강연집, 수필집, 연설문집	040	[Unassigned]
050	일반 연속간행물	050	Magazines, journals & serials
060	일반 학회, 단체, 협회, 기관, 연구기관	060	Associations, organizations & museums
070	신문, 저널리즘	070	News media, journalism & publishing
080	일반 전집, 총서	080	Quotations
090	향토자료	090	Manuscripts & rare books
100	**철 학**	**100**	**Philosophy**
110	형이상학	110	Metaphysics
120	인식론, 인과론, 인간학	120	Epistemology
130	철학의 체계	130	Parapsychology & occultism
140	경 학	140	Philosophical schools of thought
150	동양철학, 동양사상	150	Psychology
160	서양철학	160	Philosophical logic
170	논 리 학	170	Ethics
180	심 리 학	180	Ancient, medieval & eastern philosophy
190	윤리학, 도덕철학	190	Modern western philosophy
200	**종 교**	**200**	**Religion**
210	비교종교	210	Philosophy & theory of religion
220	불 교	220	The Bible
230	기 독 교	230	Christianity
240	도 교	240	Christian practice & observance
250	천 도 교	250	Christian pastoral practice & religious orders
260	[미 사 용]	260	Christian organization, social work & worship
270	힌두교, 브라만교	270	History of Christianity
280	이슬람교(회교)	280	Christian denominations
290	기타 제종교	290	Other religions
300	**사회과학**	**300**	**Social sciences, sociology & anthrophology**
310	통계자료	310	Statistics
320	경 제 학	320	Political science
330	사회학, 사회문제	330	Economics
340	정 치 학	340	Law
350	행 정 학	350	Public administration & military science
360	법률, 법학	360	Social problems & social services
370	교 육 학	370	Education
380	풍속, 예절, 민속학	380	Commerce, communications & traortation
390	국방, 군사학	390	Customs, etiquette & folklore

KDC		DDC	
400	**자연과학**	**500**	**Sciences**
410	수 학	510	Mathematics
420	물 리 학	520	Astronomy
430	화 학	530	Physics
440	천 문 학	540	Chemistry
450	지 학	550	Earth sciences & geology
460	광 물 학	560	Fossils & prehistoric life
470	생명과학	570	Biology
480	식 물 학	580	Plants (Botany)
490	동 물 학	590	Animals (Zoology)
500	**기술과학**	**600**	**Technology**
510	의 학	610	Medicine & health
520	농업, 농학	620	Engineering
530	공학, 공업 일반, 토목공학, 환경공학	630	Agriculture
540	건축, 건축학	640	Home & family management
550	기계공학	650	Management & public relations
560	전기공학, 통신공학, 전자공학	660	Chemical engineering
570	화학공학	670	Manufacturing
580	제 조 업	680	Manufacture for specific uses
590	생활과학	690	Construction of buildings
600	**예 술**	**700**	**Arts**
610	[미 사 용]	710	Area planning & landscape architecture
620	조각, 조형예술	720	Architecture
630	공 예	730	Sculpture, ceramics & metalwork
640	서 예	740	Graphic arts & decorative arts
650	회화, 도화, 디자인	750	Painting
660	사진예술	760	Printmaking & prints
670	음 악	770	Photography, computer art, film, video
680	공연예술, 매체예술	780	Music
690	오락, 스포츠	790	Sprots, games & entertainment
700	**언 어**	**400**	**Language**
710	한 국 어	410	Linguistics
720	중 국 어	420	English & Old English languages
730	일본어 및 기타 아시아제어	430	German & related languages
740	영 어	440	French & related languages
750	독 일 어	450	Italian, Romanian & related languages
760	프랑스어	460	Spanish, Portuguese, Galician
770	스페인어 및 포르투갈어	470	Latin & Italic languages
780	이탈리아어	480	Classical & modern Greek languages
790	기타 제어	490	Other languages

KDC		DDC	
800	**문　　학**	**800**	**Literature, rhetoric & criticism**
810	한국문학	810	American literature in English
820	중국문학	820	English & Old English literatures
830	일본문학 및 기타 아시아 제문학	830	German & related literatures
840	영미문학	840	French & related literatures
850	독일문학	850	Italian, Romanian & related literatures
860	프랑스문학	860	Spanish, Portuguese, Galician literatures
870	스페인 및 포르투갈문학	870	Latin & Italic literatures
880	이탈리아문학	880	Classical & modern Greek literatures
890	기타 제문학	890	Other literatures
900	**역　　사**	**900**	**History**
910	아 시 아	910	Geography & travel
920	유　　럽	920	Biography & genealogy
930	아프리카	930	History of ancient world (to ca. 499)
940	북아메리카	940	History of Europe
950	남아메리카	950	History of Asia
960	오세아니아, 양극지방	960	History of Africa
970	[미 사 용]	970	History of North America
980	지　　리	980	History of South America
990	전　　기	990	History of other areas

Ⅲ DDC 제23판의 주류표, 강목표, 보조표

주 류 표

000	컴퓨터과학·정보·일반저작 (Computer science, information & general works)
100	철학 및 심리학 (Philosophy & Psychology)
200	종교 (Religion)
300	사회과학 (Social sciences)
400	언어 (Language)
500	과학 (Science)
600	기술 (Technology)
700	예술 및 레크리에이션 (Arts & recreation)
800	문학 (Literature)
900	역사 및 지리 (History & geography)

강목표(The Hundred Divisions)

000	컴퓨터과학, 지식, 시스템	Computer science, knowledge & systems
010	서지, 서지학	Bibliographies
020	문헌정보학 및 도서관학	Library & information sciences
030	백과사전 및 사실에 관한 책	Encyclopedias & books of facts
040	[미사용기호]	[Unassigned]
050	잡지, 저널, 연속간행물	Magazines, journals & serials
060	학회, 협회, 단체, 조직, 박물관	Associations, organizations & museums
070	뉴스미디어, 저널리즘, 출판	News media, journalism & publishing
080	인 용	Quotations
090	필사본 및 희귀자료, 고서	Manuscripts & rare books
100	철 학	Philosophy
110	형이상학	Metaphysics
120	인 식 론	Epistemology
130	초심리학, 신비주의	Parapsychology & occultism
140	특정철학학파	Philosophical schools of thought
150	심 리 학	Psychology
160	철학적 논리학	Philosophical logic
170	윤리학(도덕철학)	Ethics
180	고대철학, 중세철학, 동양철학	Ancient, medieval & eastern philosophy
190	근대서양철학	Modern western philosophy
200	종 교	Religion
210	종교철학 및 종교이론	Philosophy & theory of religion
220	성 서	The Bible
230	기 독 교	Christianity
240	예배 및 행사	Christian practice & observance
250	목회 및 목회학	Christian pastoral practice & religious orders
260	기독교단체, 사회사업, 참배	Christian organization, social work & worship
270	기독교사	History of Christianity
280	기독교교파	Christian denominations
290	기타 종교	Other religions
300	사회과학, 사회학, 인류학	Social sciences, sociology & anthropology
310	통계, 통계학	Statistics
320	정 치 학	Political science
330	경 제 학	Economics
340	법 률	Law
350	행정, 행정학, 군사학	Public administration & military science
360	사회문제 및 사회서비스	Social problems & social services
370	교 육	Education
380	통상, 커뮤니케이션, 무역	Commerce, communications & transportation
390	관습, 에티켓, 민속, 민속학	Customs, etiquette & folklore
400	언 어	Language
410	언 어 학	Linguistics
420	영어 및 고대영어	English & Old English Languages
430	독일어 및 관련어	German & related languages
440	불어 및 관련어	French & related languages
450	이탈리아어, 루마니아어 등 관련어	Italian, Romanian & related languages
460	스페인어, 포르투갈어, 갈리시아어	Spanish & Portuguese, Galician
470	라틴어 및 고대이탈리아어	Latin & Italic languages
480	고대 및 현대 그리스어	Classical & modern Greek languages
490	기타 언어	Other languages

500	과 학	Science
510	수 학	Mathematics
520	천 문 학	Astronomy
530	물 리 학	Physics
540	화 학	Chemistry
550	지구과학 및 지학	Earth sciences & geology
560	화석 및 선사시대 생명체	Fossils & prehistoric life
570	생 물 학	Biology
580	식물(식물학)	Plants (Botany)
590	동물(동물학)	Animals (Zoology)
600	기술, 테크놀로지	Technology
610	의료 및 보건	Medicine & health
620	공업, 공학	Engineering
630	농업, 농학	Agriculture
640	가정학 및 가정관리	Home & family management
650	경영학 및 홍보	Management & public relations
660	화학공학	Chemical engineering
670	제 조 업	Manufacturing
680	특정제조업	Manufacture for specific uses
690	건물 건축	Construction of buildings
700	예 술	Arts
710	지역계획, 조경	Area planning & landscape architecture
720	건 축 술	Architecture
730	조각, 요업, 금속세공	Sculpture, ceramics & metalwork
740	그래픽아트, 장식예술	Graphic arts & decorative arts
750	회화, 회화작품	Painting
760	판화, 판화작품	Printmaking & prints
770	사진술, 컴퓨터아트, 필름, 비디오	Photography & computer art, film, video
780	음 악	Music
790	스포츠, 게임, 오락	Sports, games & entertainment
800	문학, 수사학, 비평	Literature, rhetoric & criticism
810	미국문학	American literature in English
820	영 문 학	English & Old English literatures
830	독일문학	German & related literatures
840	프랑스문학	French & related literatures
850	이탈리아 및 루마니아문학	Italian, Romanian & related literatures
860	스페인문학, 포르투갈문학, 갈리시아문학	Spanish, Portuguese, Galician literatures
870	라틴문학, 고대이탈리아문학	Latin & Italic literatures
880	고대 및 현대 그리스문학	Classical & modern Greek literatures
890	기타문학	Other literatures
900	역 사	History
910	지리, 지리학, 여행	Geography & travel
920	전기 및 보학	Biography & genealogy
930	고 대 사	History of ancient world (to ca. 499)
940	유 럽 사	History of Europe
950	아시아사	History of Asia
960	아프리카사	History of Africa
970	북 미 사	History of North America
980	남 미 사	History of South America
990	기타 지역 역사	History of other areas

보 조 표

Table 1. Standard Subdivisions

– 01	**Philosophy and theory**
– 011	Systems
– 012	Classification
– 014	Communication
– 015	Scientific principles
– (016)	Bibliographies, catalogs, indexes
– 019	Psychological principles
– 02	**Miscellany**
– 021	Tabulated and related materials
– 022	Illustrations, models, miniatures
– 023	The subject as a profession, occupation, hobby
– 024	The subject for people in specific occupations
025	Directories of persons and organizations
– (026)	Law
– 027	Patents and identification marks
– 028	Auxiliary techniques and procedures; apparatus, equipment, materials
– 029	Commercial miscellany
– 03	**Dictionaries, encyclopedias, concordances**
– 04	**Special topics**
– 05	**Serial publications**
– 06	**Organizations and management**
– 068	Management

– 07	**Education, research, related topics**
– 071	Education
– 072	Research
– 074	Museums, collections, exhibits
– 075	Museum activities and services
– 076	Review and exercise
– 078	Use of apparatus and equipment in study and teaching
– 079	Competitions, awards, awards, financial support
– 08	**Group of people**
– 081	People by gender or sex
– 082	Women
– 083	Young people
– 084	People in specific stages of adulthood
– 085	Relatives
– 086	People by miscellaneous social attributes
– 087	People with disabilities and illnesses, gifted persons
– 088	Occupational and religious groups
– 089	Ethnic and national groups
– 09	**History, geographic treatment, biography**
– 091	Areas, regions, places in general
– 092	Biography
– 093–099	Specific continents, countries, localities; extraterrestrial worlds

Table 2. Geographic Areas, Historical Periods, Biography

– 001 – 009	Standard subdivisions
– 01 – 05	Historical periods
– 1	**Areas, regions, places in general; oceans and seas**
– 11	Frigid zones
– 12	Temperate zones (Middle latitude zones)
– 13	Torrid zone (Tropics)
– 14	Land and landforms
– 15	Regions by type of vegetation
– 16	Air and water
– 17	Socioeconomic regions
– 18	Other kinds of terrestrial regions
– 19	Space
– 2	**Biography**
– 3	**Ancient world**
– 31	China to 420
– 32	Egypt to 640
– 33	Palestine to 70
– 34	South Asia to 647
– 35	Mesopotamia and Iranian Plateau to 637
– 36	Europe north and west of Italian Peninsula to ca.499
– 37	Italian Peninsula to 476 and adjacent territories to 476
– 38	Greece to 323
– 39	Other parts of ancient world

– 4	**Europe**
– 41	British Isles
– 42	England and Wales
– 43	Germany and neighboring central European countries
– 44	France and Monaco
– 45	Italy, San Marino, Vatican City, Malta
– 46	Spain, Andorra, Gibraltar, Portugal
– 47	Russia and neighboring east European countries
– 48	Scandinavia
– 49	Other parts of Europe
– 5	**Asia**
– 51	China and adjacent areas
– 519	Korea
– 52	Japan
– 53	Arabian Peninsula and adjacent areas
– 54	India and neighboring south Asian countries
– 55	Iran
– 56	Middle East (Near East)
– 57	Siberia (Asiatic Russia)
– 58	Central Asia
– 59	Southeast Asia
– 6	**Africa**
– 61	Tunisia and Libya
– 62	Egypt and Sudan
– 63	Ethiopia and Eritrea
– 64	Morocco, Ceuta, Melilla, Western Sahara, Canary Islands
– 65	Algeria
– 66	West Africa and offshore islands
– 67	Central Africa and offshore islands
– 68	Republic of South Africa and neighboring southern African countries
– 69	South Indian Ocean islands

–7	**North America**
–71	Canada
–72	Mexico, Central America, West Indies, Bermuda
–73	United States
–74	Northeastern United States (New England and Middle Atlantic states)
–75	Southeastern United States (South Atlantic states)
–76	South central United States
–77	North central United States
–78	Western United States
–79	Great Basin and Pacific Slope of United States
–8	**South America**
–81	Brazil
–82	Argentina
–83	Chile
–84	Bolivia
–85	Peru
–86	Colombia and Ecuador
–87	Venezuela
–88	Guiana
–89	Paraguay and Uruguay
–9	**Australasia, Pacific Ocean islands, Atlantic Ocean islands, Arctic islands, Antarctica, extraterrestrial worlds**
–93	New Zealand
–94	Australia
–95	New Guinea and neighboring countries of Melanesia
–96	Polynesia and other Pacific Ocean islands
–97	Atlantic Ocean islands
–98	Arctic islands and Antarctica
–99	Extraterrestrial worlds

Table 3. Subdivisions for the Arts, for Individual Literatures, for Specific Literary Forms

Table 3A. Subdivisions for Works by or about Individual Authors

- −1 Poetry
- −2 Drama
- −3 Fiction
- −4 Essays
- −5 Speeches
- −6 Letters
- −8 Miscellaneous writings

Table 3B. Subdivisions for Works by or about More than One Author

- −01 − 09 [Standard subdivisions; collections; history, description, critical appraisal]
- −1 Poetry
- −2 Drama
- −3 Fiction
- −4 Essays
- −5 Speeches
- −6 Letters
- −7 Humor and satire
- −8 Miscellaneous writings

Table 3C. Notation to Be Added Where Instructed in Table 3B, 700.4, 791.4, 808-809

- −001 − 009 Standard subdivisions
- −01− 09 Specific periods
- −1 Arts and literature displaying specific qualities of style, mood, viewpoint
- −2 Literature displaying specific elements
- −3 Arts and literature dealing with specific themes and subjects
- −4 Literature emphasizing subjects
- −8 Literature for and by ethnic and national groups
- −9 Literature for and by groups of people with specific attributes, residents of specific areas

Table 4. Subdivisions of Individual Languages and Language Families

－01－09	Standard subdivisions and special topics of subdivisions of individual languages and language families
－1	**Writing systems, phonology, phonetics of the standard form of the language**
－2	**Etymology of the standard form of the language**
－3	**Dictionaries of the standard form of the language**
－5	**Grammar of the standard form of the language**
－7	**Historical and geographic variations, modern nongeographic variations**
－8	**Standard usage of the language (Prescriptive linguistics)**

Table 5. Ethnic and National Groups

－05－09	[People of mixed ancestry with ethnic origins from more than one continent; Europeans and people of European descent]
－1	**North Americans**
－2	**British, English, Anglo-Saxons**
－3	**Germanic people**
－4	**Modern Latin peoples**
－5	**Italians, Romanians, related groups**
－6	**Peoples who speak, or whose ancestors spoke, Spanish, Portuguese, Galician**
－7	**Other Italic peoples**
－8	**Greeks and related groups**
－9	**Other ethnic and national groups**

Table 6. Languages

– 1	**Indo-European languages**
– 2	**English and Old English (Anglo-Saxon)**
– 21	English
– 3	**Germanic languages**
– 31	German
– 4	**Romance Languages**
– 41	French
– 5	**Italian, Dalmatian, Romanian, Rhaetian, Sardinian, Corsican**
– 51	Italian
– 6	**Spanish and Portuguese, Galician**
– 61	Spanish
– 69	Portuguese and Galician
– 7	**Italic languages**
– 71	Latin
– 8	**Hellenic languages**
– 81	**Classical Greek**
– 89	Modern **Greek**
– 9	**Other languages**
– 95	Languages of east and southeast Asia
– 951	Chinese
– 956	Japanese
– 957	Korean

Ⅳ KDC 제6판의 주류표, 강목표, 요목표, 조기표

주 류 표

000	총 류
100	철 학
200	종 교
300	사회과학
400	자연과학
500	기술과학
600	예 술
700	언 어
800	문 학
900	역 사

강 목 표

000 총 류	500 기술과학
010 도서학, 서지학	510 의 학
020 문헌정보학	520 농업, 농학
030 백과사전	530 공학, 공업일반, 토목공학, 환경공학
040 강연집, 수필집, 연설문집	540 건축, 건축학
050 일반연속간행물	550 기계공학
060 일반 학회, 단체, 협회, 기관, 연구기관	560 전기공학, 통신공학, 전자공학
070 신문, 저널리즘	570 화학공학
080 일반 전집, 총서	580 제 조 업
090 향토자료	590 생활과학
100 철 학	600 예 술
110 형이상학	610 [미 사 용]
120 인식론, 인과론, 인간학	620 조각, 조형미술
130 철학의 체계	630 공 예
140 경 학	640 서 예
150 동양철학, 동양사상	650 회화, 도화, 디자인
160 서양철학	660 사진예술
170 논 리 학	670 음 악
180 심 리 학	680 공연예술, 매체예술
190 윤리학, 도덕철학	690 오락, 스포츠
200 종 교	700 언 어
210 비교종교	710 한 국 어
220 불 교	720 중 국 어
230 기 독 교	730 일본어 및 기타 아시아 제어
240 도 교	740 영 어
250 천 도 교	750 독 일 어
260 [미 사 용]	760 프랑스어
270 힌두교, 브라만교	770 스페인어 및 포르투갈어
280 이슬람교(회교)	780 이탈리아어
290 기타 제종교	790 기타 제어
300 사회과학	800 문 학
310 통계자료	810 한국문학
320 경 제 학	820 중국문학
330 사회학, 사회문제	830 일본문학 및 기타 아시아 제문학
340 정 치 학	840 영미문학
350 행 정 학	850 독일문학
360 법률, 법학	860 프랑스문학
370 교 육 학	870 스페인 및 포르투갈 문학
380 풍습, 예절, 민속학	880 이탈리아문학
390 국방, 군사학	890 기타 제문학
400 자연과학	900 역 사
410 수 학	910 아 시 아
420 물 리 학	920 유 럽
430 화 학	930 아프리카
440 천 문 학	940 북아메리카
450 지 학	950 남아메리카
460 광 물 학	960 오세아니아, 양극지방
470 생명과학	970 [미 사 용]
480 식 물 학	980 지 리
490 동 물 학	990 전 기

요 목 표

000 총 류

000 총 류	050 일반연속간행물
001 지식 및 학문 일반	051 한 국 어
002 [미 사 용]	052 중 국 어
003 이론 체계 및 시스템	053 일 본 어
004 컴퓨터과학	054 영 어
005 프로그래밍, 프로그램, 데이터	055 독 일 어
006 [미 사 용]	056 프랑스어
007 [미 사 용]	057 스페인어
008 [미 사 용]	058 기타 제언어
009 [미 사 용]	059 연 감
010 도서학, 서지학	060 일반 학회, 단체, 협회, 기관, 연구기관
011 저 작	061 아 시 아
012 필사본, 판본, 제본	062 유 럽
013 출판 및 판매	063 아프리카
014 개인서지 및 목록	064 북아메리카
015 국가별 서지 및 목록	065 남아메리카
016 주제별 서지 및 목록	066 오세아니아, 양극지방
017 특수서지 및 목록	067 일반지역
018 일반서지 및 목록	068 해 양
019 장서목록	069 박물관학
020 문헌정보학	070 신문, 저널리즘
021 도서관 행정 및 재정	071 아 시 아
022 도서관 건축 및 설비	072 유 럽
023 도서관 경영, 관리	073 아프리카
024 수서, 정리 및 보존	074 북아메리카
025 도서관 봉사 및 활동	075 남아메리카
026 일반도서관	076 오세아니아, 양극지방
027 학교 및 대학 도서관	077 일반지역
(028) 기록관리	078 특정주제의 신문
029 독서 및 정보매체의 이용	079 [미 사 용]
030 백과사전	080 일반 전집, 총서
031 한 국 어	081 개인의 일반전집
032 중 국 어	082 2인 이상의 일반 전집, 총서
033 일 본 어	083 [미 사 용]
034 영 어	084 [미 사 용]
035 독 일 어	085 [미 사 용]
036 프랑스어	086 [미 사 용]
037 스페인어	087 [미 사 용]
038 이탈리아어	088 [미 사 용]
039 기타 제언어	089 [미 사 용]
040 강연집, 수필집, 연설문집	090 향토자료
041 한 국 어	091 [미 사 용]
042 중 국 어	092 [미 사 용]
043 일 본 어	093 [미 사 용]
044 영 어	094 [미 사 용]
045 독 일 어	095 [미 사 용]
046 프랑스어	096 [미 사 용]
047 스페인어	097 [미 사 용]
048 이탈리아어	098 [미 사 용]
049 기타 제언어	099 [미 사 용]

100 철 학

100 철 학	150 동양철학, 동양사상
101 철학 및 이론의 효용	151 한국 철학, 사상
102 잡 저	152 중국 철학, 사상
103 사전, 사전, 용어사전	153 일본 철학, 사상
104 강연집, 수필집	154 동남아시아 제국 철학, 사상
105 연속간행물	155 인도 철학, 사상
106 학회, 단체, 협회, 기관, 회의	156 중앙아시아 제국 철학, 사상
107 지도법, 연구법 및 교육, 교육자료	157 시베리아 철학, 사상
108 총서, 전집, 선집	158 서남아시아 제국 철학, 사상
109 철 학 사	159 아라비아반도 철학, 사상
110 형이상학	160 서양철학
111 방 법 론	161 [미 사 용]
112 존 재 론	162 미국철학
113 우주론 및 자연철학	163 북구철학
114 공 간	164 영국철학
115 시 간	165 독일, 오스트리아 철학
116 운동과 변화	166 프랑스, 네덜란드 철학
117 구 조	167 스페인철학
118 힘과 에너지	168 이탈리아철학
119 물질과 질량	169 러시아철학
120 인식론, 인과론, 인간학	170 논 리 학
121 인 식 론	171 연 역 법
122 인 과 론	172 귀 납 법
123 자유 및 필연	173 변증법적 논리학
124 목 적 론	174 기호, 수리 논리학
125 가 치 론	175 오 류
126 철학적 인간학	176 삼단논법
127 [미 사 용]	177 가설, 가정
128 [미 사 용]	178 유 추
129 [미 사 용]	179 논증, 설득
130 철학의 체계	180 심 리 학
131 관념론 및 연관철학	181 심리학각론
132 비판철학	182 차이심리학
133 합 리 론	183 발달심리학
134 인문주의	184 이상심리학
135 경 험 론	185 생리심리학
136 자연주의	186 임상심리학
137 유 물 론	187 심령연구 및 비학, 초심리학
138 과학주의	188 상법, 운명판단
139 기 타	189 응용심리학 일반
140 경 학	190 윤리학, 도덕철학
141 역류(한역)	191 일반윤리학 각론
142 서 류	192 가정윤리
143 시 류	193 국가 및 정치 윤리
144 예 류	194 사회윤리
145 악 류	195 직업윤리 일반
146 춘 추 류	196 오락 및 경기 윤리
147 효 경	197 성윤리 및 생식윤리
148 사 서	198 소비윤리
149 [미 사 용]	199 도덕훈, 교훈

200 종 교

200 종 교
201 종교철학 및 종교사상
202 잡 저
203 사전, 사전
204 자연종교, 자연신학
205 연속간행물
206 학회, 단체, 협회, 기관, 회의
207 지도법, 연구법 및 교육, 교육자료
208 총서, 전집, 선집
209 종 교 사
210 비교종교

211 교 리
212 종교창시자(교주) 및 제자
213 경전, 성전
214 종교신앙, 신앙록, 신앙생활, 수도생활
215 선교, 포교, 전도, 교육 활동
216 종단, 교단(교당론)
217 예배형식, 의식, 의례
218 종파, 교파
219 신화, 신화학
220 불 교

221 불교교리
222 부처, 보살, 불제자
223 경전(불전, 불경, 대장경)
224 종교신앙, 신앙록, 신앙생활
225 포교, 교육, 교화 활동
226 사 원 론
227 법회, 의식, 행사(의궤)
228 종 파
229 라 마 교
230 기 독 교

231 기독교 신학, 교의학(조직신학)
232 예수 그리스도, 사도
233 성서(성경)
234 종교신앙, 신앙록, 신앙생활
235 전도, 교육, 교화 활동, 목회학
236 교 회 론
237 예배, 의식, 성례
238 교 파
239 유대교(유태교)
240 도 교

241 교의, 신선사상
242 교주, 개조(장도릉)
243 도 장
244 신앙록, 신앙생활
245 포교, 전도, 교육, 교육 활동
246 사원론(도관)
247 행사, 법술
248 교 파
249 [미 사 용]

250 천 도 교
251 교리, 교의
252 창시자(교주) 및 제자
253 경전, 성전
254 신앙록, 신앙생활, 수도생활
255 선교, 포교, 전도, 교육 활동
256 종단, 교단
257 예배형식, 의식, 의례
258 동학교분파
259 단군교, 대종교
260 [미 사 용]

261 [미 사 용]
262 [미 사 용]
263 [미 사 용]
264 [미 사 용]
265 [미 사 용]
266 [미 사 용]
267 [미 사 용]
268 [미 사 용]
269 [미 사 용]
270 힌두교, 브라만교

271 교리, 교의
272 창시자(교주) 및 제자
273 경전, 성전
274 신앙록, 신앙생활, 수도생활
275 선교, 포교, 전도, 교육 활동
276 종단, 교단
277 예배형식, 의식, 의례
278 종파, 교파
279 자이나교
280 이슬람교(회교)

281 교리, 교의
282 창시자(교주) 및 제자
283 경전, 성전
284 신앙록, 신앙생활, 수도생활
285 선교, 포교, 전도, 교육 활동
286 종단, 교단
287 예배형식, 의식, 의례
288 종파, 교파
289 조로아스터교(요교, 배화교)
290 기타 제종교

291 아 시 아
292 유 럽
293 아프리카
294 북아메리카
295 남아메리카
296 오세아니아, 양극지방
297 [미 사 용]
298 [미 사 용]
299 기타 다른 기원의 종교

300 사회과학

300 사회과학	350 행 정 학
301 사회사상	351 아 시 아
302 잡 저	352 유 럽
303 사전, 사전	353 아프리카
304 강연집, 수필집, 연설문집	354 북아메리카
305 연속간행물	355 남아메리카
306 학회, 단체, 협회, 기관, 회의	356 오세아니아, 양극지방
307 연구법, 연구방법 및 교육, 교육자료	357 일반지역
308 총서, 전집, 선집	358 [미 사 용]
309 사회·문화 사정	359 지방자치 및 지방행정
310 통계자료	360 법률, 법학
311 아 시 아	361 국 제 법
312 유 럽	362 헌 법
313 아프리카	363 행 정 법
314 북아메리카	364 형 법
315 남아메리카	365 민 법
316 오세아니아, 양극지방	366 상 법
317 일반지역	367 사법제도 및 소송법
318 [미 사 용]	368 기타 제법
319 인구통계	369 각국 법 및 예규
320 경 제 학	370 교 육 학
321 경제각론	371 교육 정책 및 행정
322 경제정책	372 학교 행정 및 경영, 보건 및 교육 지도
323 산업경제 일반	373 학습지도, 교육방법
324 기업경제	374 교육과정
325 경 영	375 유아 및 초등 교육
326 상업, 교통, 통신	376 중등교육
327 금 융	377 대학, 전문, 고등 교육
328 보 험	378 평생교육
329 재 정	379 특수교육
330 사회학, 사회문제	380 풍습, 예절, 민속학
331 사 회 학	381 의식주의 풍습
332 사회 조직 및 제도	382 연령별, 성별, 신분별 사회계층의 풍습
333 [미 사 용]	383 사회생활의 풍습
334 사회문제	384 관혼상제
335 생활문제	385 예 절
336 [미 사 용]	386 축제, 세시풍속
337 여성문제	387 [미 사 용]
338 사회복지	388 민 속 학
339 사회단체	389 문화인류학
340 정 치 학	390 국방, 군사학
341 국가형태	391 군사행정
342 국가와 개인 및 집단	392 전략, 전술
343 [미 사 용]	393 군사 교육 및 훈련
344 선 거	394 군사 시설 및 장비
345 입 법	395 군특수기술근무
346 정 당	396 육 군
347 [미 사 용]	397 해 군
348 [미 사 용]	398 공 군
349 외교, 국제 관계	399 고대병법

400 자연과학

400 자연과학	450 지 학
401 철학 및 이론	451 지구물리학
402 잡저(편람, 제표, 서지, 인명록)	452 지 형 학
403 사전, 백과사전	453 기상학, 기후학
404 강연집, 수필집, 연설문집	454 해 양 학
405 연속간행물	455 구조지질학
406 학회, 단체, 기관, 회의	456 지 사 학
407 지도법, 연구법 및 교육, 교육자료	457 고생물학(화석학)
408 전집, 총서	458 응용지질학 일반 및 광상학
409 과 학 사	459 암 석 학
410 수 학	460 광 물 학
411 산 수	461 원소광물
412 대 수 학	462 황화광물
413 통 계 학	463 할로겐화광물
414 해 석 학	464 산화광물
415 기 하 학	465 규산 및 규산염광물
416 위상수학	466 기타 산화물을 포함한 광물
417 삼 각 법	467 유기광물
418 해석기하학	468 [미 사 용]
419 기타 산법	469 결 정 학
420 물 리 학	470 생명과학
421 고체역학	471 인 류 학
422 유체역학	472 생 물 학
423 기체역학	473 생명론, 생물철학
424 음향학, 진동학	474 세포학(세포생물학)
425 광 학	475 미생물학
426 열 학	476 생물진화
427 전기학 및 전자학	477 생물지리학
428 자 기	478 현미경 및 현미경검사법 일반
429 현대물리학	479 생물 채집 및 보존
430 화 학	480 식 물 학
431 이론화학과 물리화학	481 일반 식물학
432 화학 실험실, 기기, 시설	482 은화식물
433 분석화학	483 엽상식물
434 합성화학 일반	484 조 균 류
435 무기화학	485 현화식물, 종자식물
436 금속원소와 그 화합물	486 나자식물
437 유기화학	487 피자식물
438 고리형화합물	488 단자엽식물
439 고분자화합물과 기타 유기물	489 쌍자엽식물
440 천 문 학	490 동 물 학
441 이론천문학	491 일반 동물학
442 실지천문학	492 무척추동물
443 기술천문학	493 원생동물, 해면동물, 자포동물, 선형동물
444 [미 사 용]	494 연체동물, 의연체동물
445 지 구	495 절지동물, 곤충류
446 측 지 학	496 척삭(척색)동물
447 항해천문학	497 어류, 양서류, 파충류
448 역법, 측시법	498 조 류
449 각국의 역	499 포 유 류

500 기술과학

500 기술과학 501 기술 철학 및 이론 502 잡 저 503 사전, 백과사전, 용어집 504 강연집, 수필집, 연설문집 505 연속간행물 506 학회, 단체, 기관, 회의 507 연구법 및 교육지도법 508 전집, 총서 509 기 술 사 510 의 학	550 기계공학 551 기계 역학, 요소 및 설계 552 공구와 가공장비 553 열공학과 원동기 554 유체역학, 공기역학, 진공학 555 정밀기계 556 자동차공학 557 철도차량, 기관차 558 항공우주공학, 우주항법학 559 기타 공학 560 전기공학, 통신공학, 전자공학
511 기초의학 512 임상의학 일반 513 내 과 학 514 외 과 515 치과의학, 이비인후과학, 안과학 및 기타 임상의학 516 산부인과, 소아과학 517 건강증진, 공중보건 및 예방의학 518 약 학 519 한 의 학 520 농업, 농학	561 전기 회로, 계측, 재료 562 전기 기계 및 기구 563 발 전 564 송전, 배전 565 전등, 조명, 전열 566 [미 사 용] 567 통신공학 568 무선공학 569 전자공학 570 화학공학
521 농업기초학 522 농업경제 523 재배 및 보호 524 작 물 학 525 원 예 526 임학, 임업 527 축 산 학 528 수 의 학 529 수산업, 생물자원의 보호, 수렵업 530 공학, 공업일반, 토목공학, 환경공학	571 공업화학약품 572 폭발물, 연료 공업 573 음료기술 574 식품공학 575 납, 유지, 석유, 가스 공업 576 요업 및 관련공업 577 세탁, 염색 및 관련공업 578 고분자화학공업 579 기타 유기화학공업 580 제 조 업
531 토목공학 532 토목역학, 토목재료 533 측 량 534 도로공학 535 철도공학 536 교량공학 537 수리공학 538 항만공학 539 위생, 도시, 환경 공학 540 건축, 건축학	581 금속 제조 및 가공업 582 철 및 강철 제품 583 철기류 및 소규모철공 584 제재업, 목공업, 목제품 585 피혁 및 모피 공업 586 펄프, 종이 및 관련공업 587 직물 및 섬유 공업 588 의류제조 589 소형상품제조 590 생활과학
541 건축재료 542 건축 시공 및 적산 543 구조역학 및 건축일반구조 544 친환경건축 및 특정목적건축 545 건물 세부구조 546 건축 환경, 설비, 배관 및 파이프 부설 547 난방, 환기 및 공기조화 공학 548 건축마감 및 인테리어 549 각종 건물	591 가정관리 및 가정생활 592 의 복 593 몸치장(몸단장), 화장 594 식품과 음료 595 주택관리 및 가정설비 596 공동주거용 주택 시설관리 597 가정위생 598 육 아 599 [미 사 용]

600 예 술

600 예 술
601 미술이론, 미학
602 미술 재료 및 기법
603 미술 용어사전, 백과사전
604 미술의 주제
605 미술연속간행물
606 미술분야의 학회, 단체, 기관, 회의
607 미술의 지도법, 연구법 및 교육, 교육자료
608 미술 전집, 총서
609 미 술 사
610 [미 사 용]

611 [미 사 용]
612 [미 사 용]
613 [미 사 용]
614 [미 사 용]
615 [미 사 용]
616 [미 사 용]
617 [미 사 용]
618 [미 사 용]
619 [미 사 용]
620 조각, 조형미술

621 [미 사 용]
622 조소 재료 및 기법
623 목 조
624 석 주
625 금 동 조
626 점토조소, 소조
627 기타 재료
628 전각, 인장
629 제 상
630 공 예

631 도자공예, 유리공예
632 금속공예
633 보석, 갑각, 패류, 알 공예
634 목, 죽, 화훼, 왕골 공예
635 칠 공 예
636 염직물공예, 섬유공예
637 고무, 플라스틱 공예
638 미술가구
639 [미 사 용]
640 서 예

641 한자서체
642 한자서법
643 한글서체
644 기타 서법
645 [미 사 용]
646 펜 습 자
647 낙관, 수결(서명)
648 서보, 서첩, 법첩
649 문 방 구

650 회화, 도화, 디자인
651 채색 이론 및 실제
652 회화의 재료 및 기법
653 시대별 및 국별 회화
654 주제별 회화
655 [미 사 용]
656 소묘, 도화
657 만화, 삽화
658 디 자 인
659 판 화
660 사진예술

661 사진기, 사진재료
662 사진촬영기술
663 음화처리
664 양화처리(인화)
665 [미 사 용]
666 특수사진술
667 사진응용
668 사 진 집
669 [미 사 용]
670 음 악

671 음악 이론 및 기법
672 종교음악
673 성 악
674 극음악, 오페라
675 기악합주
676 건반악기 및 타악기
677 현 악 기
678 관악기(취주악기)
679 한국음악 및 동양전통음악
680 공연예술, 매체예술

681 극장, 제작, 연출, 연기
682 연 희
683 [미 사 용]
684 각종 연극
685 무용, 발레
686 라디오극(방송극) 및 음성(소리)매체 예술
687 텔레비전극 및 시청각매체 방송 예술
688 영 화
689 대중연예
690 오락, 스포츠

691 오 락
692 체육학, 스포츠
693 체조, 놀이
694 육상경기
695 구 기
696 수상경기, 공중경기
697 동계스포츠
698 무예 및 기타 경기
699 기타 오락 및 레저스포츠

700 언 어

700 언 어 701 언 어 학 702 잡 저 703 사 전 704 강연집, 수필집 705 연속간행물 706 학회, 단체, 기관, 회의 707 지도법, 연구법 및 교육, 교육자료 708 전집, 총서 709 언어사 및 언어정책, 언어행정 710 한 국 어	750 독 일 어 751 음운, 음성, 문자 752 어원, 어의 753 사 전 754 어 휘 755 문 법 756 작 문 757 독본, 해석, 회화 758 방언(사투리) 759 기타 게르만어파 760 프랑스어
711 음운, 음성, 문자 712 어원, 어의 713 사 전 714 어 휘 715 문 법 716 작 문 717 독본, 해석, 회화 718 방언(사투리) 719 [미 사 용] 720 중 국 어	761 음운, 음성, 문자 762 어원, 어의 763 사 전 764 어 휘 765 문 법 766 작 문 767 독본, 해석, 회화 768 방언(사투리) 769 프로방스어 770 스페인어 및 포르투갈어
721 음운, 음성, 문자 722 어원, 어의 723 사 전 724 어 휘 725 문법, 어법 726 작 문 727 독본, 해석, 회화 728 방언(사투리) 729 [미 사 용] 730 일본어 및 기타 아시아 제어	771 음운, 음성, 문자 772 어원, 어의 773 사 전 774 어 휘 775 문 법 776 작 문 777 독본, 해석, 회화 778 방언(사투리) 779 포르투갈어 780 이탈리아어
731 음운, 음성, 문자 732 어원, 어의 733 사 전 734 어 휘 735 문법, 어법 736 작 문 737 독본, 해석, 회화 738 방언(사투리) 739 기타 아시아 제어 740 영 어	781 음운, 음성, 문자 782 어원, 어의 783 사 전 784 어 휘 785 문 법 786 작 문 787 독본, 해석, 회화 788 방언(사투리) 789 루마니아어 790 기타 제어
741 음운, 음성, 문자 742 어원, 어의 743 사 전 744 어 휘 745 문 법 746 작 문 747 독본, 해석, 회화 748 방언(사투리) 749 앵글로색슨어	791 [미 사 용] 792 인도-유럽어족 793 아프리카 제어 794 북아메리카 인디언어 795 남아메리카 인디언어 796 오스트로네시아어족 797 셈어족(셈어파) 798 함어족(함어파) 799 국제어(인공어) 및 기타 언어

800 문 학

800 문 학 801 문학이론 802 문장작법, 수사학 803 사전, 사전 804 수필집, 강연집 805 연속간행물 806 학회, 단체, 기관, 회의 807 지도법 및 연구법, 교육, 교육자료 808 전집, 총서 809 문학사, 평론 810 한국문학	850 독일문학 851 시 852 희 곡 853 소 설 854 수 필 855 연설, 웅변 856 일기, 서간, 기행 857 풍자 및 유머 858 르포르타주 및 기타 859 기타 게르만문학 860 프랑스문학
811 시 812 희 곡 813 소 설 814 수 필 815 연설, 웅변 816 일기, 서간, 기행 817 풍자 및 유머 818 르포르타주 및 기타 819 [미 사 용] 820 중국문학	861 시 862 희 곡 863 소 설 864 수 필 865 연설, 웅변 866 일기, 서간, 기행 867 풍자 및 유머 868 르포르타주 및 기타 869 프로방스문학 870 스페인 및 포르투갈 문학
821 시 822 희 곡 823 소 설 824 수 필 825 연설, 웅변 826 일기, 서간, 기행 827 풍자 및 유머 828 르포르타주 및 기타 829 [미 사 용] 830 일본문학 및 기타 아시아 제문학	871 시 872 희 곡 873 소 설 874 수 필 875 연설, 웅변 876 일기, 서간, 기행 877 풍자 및 유머 878 르포르타주 및 기타 879 포르투갈문학 880 이탈리아문학
831 시 832 희 곡 833 소 설 834 수 필 835 연설, 웅변 836 일기, 서간, 기행 837 풍자 및 유머 838 르포르타주 및 기타 839 기타 아시아 제문학 840 영미문학	881 시 882 희 곡 883 소 설 884 수 필 885 연설, 웅변 886 일기, 서간, 기행 887 풍자 및 유머 888 르포르타주 및 기타 889 루마니아문학 890 기타 제문학
841 시 842 희 곡 843 소 설 844 수 필 845 연설, 웅변 846 일기, 서간, 기행 847 풍자 및 유머 848 르포르타주 및 기타 (849) 미국문학	891 [미 사 용] 892 인도-유럽계문학 893 아프리카 제문학 894 북아메리카 인디언문학 895 남아메리카 인디언문학 896 오스트로네시아문학 897 셈족문학 898 함족문학 899 기타 문학

900 역 사

900 역 사	950 남아메리카
901 역사 철학 및 이론	951 콜롬비아
902 역사보조학	952 베네수엘라와 기아나 지역
903 사전, 사전	953 브 라 질
904 강연집, 사평	954 에콰도르
905 연속간행물	955 페 루
906 학회, 단체, 기관, 회의	956 볼리비아
907 지도법, 연구법 및 교육, 교육자료	957 파라과이, 우루과이
908 전집, 총서	958 아르헨티나
909 세계사, 세계문화사	959 칠 레
910 아 시 아	960 오세아니아, 양극지방
911 한 국	961 [미 사 용]
912 중 국	962 오스트레일리아(호주)
913 일 본	963 뉴질랜드
914 동남아시아	964 파푸아뉴기니
915 인디아와 남부아시아	965 멜라네시아
916 중앙아시아	966 미크로네시아와 인접국가
917 시베리아	967 폴리네시아와 하와이
918 서남아시아, 중동	968 대서양제도
919 아라비아반도와 인접지역	969 양극지방
920 유 럽	970 [미 사 용]
921 고대 그리스(희랍고대사)	971 [미 사 용]
922 고대 로마	972 [미 사 용]
923 스칸디나비아	973 [미 사 용]
924 영국, 아일랜드	974 [미 사 용]
925 독일과 중앙유럽	975 [미 사 용]
926 프랑스와 인접국가	976 [미 사 용]
927 스페인과 인접국가	977 [미 사 용]
928 이탈리아와 인접국가	978 [미 사 용]
929 러시아와 동부유럽	979 [미 사 용]
930 아프리카	980 지 리
931 북아프리카	981 아시아지리
932 [미 사 용]	982 유럽지리
933 [미 사 용]	983 아프리카지리
934 서아프리카	984 북아메리카지리
935 [미 사 용]	985 남아메리카지리
936 중앙아프리카	986 오세아니아와 양극 지리
937 동아프리카	987 지역구분 일반지리
938 남아프리카	988 해 양
939 남인도양제도	989 지도 및 지도책
940 북아메리카	990 전 기
941 캐 나 다	991 아시아전기
942 미국(미합중국)	992 유럽전기
943 멕 시 코	993 아프리카전기
944 중앙아메리카(중미제국)	994 북아메리카전기
945 과테말라, 벨리즈, 엘살바도르	995 남아메리카전기
946 온두라스	996 오세아니아와 양극 전기
947 니카라과	997 [미 사 용]
948 코스타리카, 파나마	998 주제별 전기
949 서인도제도	999 계보, 족보

조 기 표

1. 표준구분표

- －01　철학 및 이론
- －02　잡저(雜著)
- －03　사전(辭典), 사전(事典), 인용어사전, 용어집, 약어집
- －04　강연집, 수필집, 연설문집
- －05　연속간행물
- －06　각종 단체, 조직(학회, 단체, 협회, 기관, 회의) 및 경영
- －07　지도법, 연구법 및 교육, 교육자료
- －08　총서, 전집, 선집
- －09　역사 및 지역구분

2. 지역구분표

- －1　아시아
- －11　대한민국
- －12　중국
- －13　일본
- －14　동남아시아
- －15　인디아와 남부아시아
- －16　중앙아시아
- －17　시베리아
- －18　서남아시아, 중동(中東)
- －19　아라비아반도와 인접지역

-2	유 럽
-21	고대 그리스
-22	고대 로마
-23	스칸디나비아
-24	영국, 아일랜드
-25	독일과 중앙유럽
-26	프랑스와 인접국가
-27	스페인과 인접국가
-28	이탈리아와 인접국가
-29	러시아와 동부유럽
-3	아프리카
-4	북아메리카
-41	캐나다
-42	미국(미합중국)
-43	멕시코
-44	중앙아메리카(중미제국)
-45	과테말라, 벨리즈, 엘살바도르
-5	남아메리카(남미)
-6	오세아니아, 양극지방 [전 오세아니아]
-7	지역구분 일반
-8	해 양

[3. **한국지역구분표**]

한국지역구분표는 지역구분표로 통합한다.

지역구분표 -111-1199와 같이 세분한다.

[4. **한국시대구분표**]

한국시대구분표는 본표의 기호로 대체한다.

본표 911.01-.082와 같이 세분한다.

3. 국어구분표

- -1 한국어
- -2 중국어
- -3 일본어
  - -39 기타 아시아 제어
- -4 영어
- -5 독일어
  - -59 기타 게르만어
- -6 프랑스어
- -7 스페인어
  - -79 포르투갈어
- -8 이탈리아어
- -9 기타 제어
  - -928 러시아어

4. 문학형식구분표

- -1 시
- -2 희곡
- -3 소설
- -4 수필, 소품
- -5 연설, 웅변
- -6 일기, 서간, 기행
- -7 풍자 및 유머
- -8 르포르타주 및 기타

5. 언어공통구분표

- 1 음운 및 문자
- 2 어원
- 3 사전
- 4 어휘
- 5 문법
- 6 작문
- 7 독본, 해석, 회화
- 8 방언(사투리)

6. 종교공통구분표

- 1 교리, 교의
- 2 종교창시자(교주) 및 제자
- 3 경전, 성전
- 4 종교신앙, 신앙록, 신앙생활, 수도생활
- 5 선교, 포교, 전도, 교화(교육) 활동
- 6 종단, 교단
- 7 예배형식, 의식, 의례
- 8 종파, 교파

V Cutter-Sanborn Three-Figure Author Table

Ba	111	Ca	Ba	171	Calz	Barbu	241	Capet	Basi	311	Carr
Bab	112	Cab	Balb	172	Cam	Barc	242	Capg	Basili	312	Carr,M.
Babe	113	Cabas	Balbo	173	Camas	Barch	243	Capi	Basin	313	Carrar
Babi	114	Cabe	Balc	174	Camb	Barcl	244	Capit	Basir	314	Carre
Babr	115	Cabi	Bald	175	Cambi	Bard	245	Capo	Bask	315	Carret
Bac	116	Cabo	Balder	176	Cambo	Bardi	246	Capon	Basn	316	Carri
Bacci	117	Cabr	Baldi	177	Cambr	Bardo	247	Capp	Bass	317	Carril
Bach	118	Cac	Baldo	178	Cambri	Bare	248	Capper	Basse	318	Carrin
Bache	119	Cach	Baldu	179	Camd	Barf	249	Cappo	Basset	319	Carro
Bachell	121	Cad	Baldw	181	Came	Barg	251	Capr	Bassi	321	Cars
Bachet	122	Cade	Baldwin,M.	182	Camer	Bari	252	Capre	Basso	322	Cart
Bachi	123	Cadet	Bale	183	Cami	Barin	253	Capri	Bassu	323	Carter
Bachm	124	Cadi	Bales	184	Camm	Bark	254	Capro	Bast	324	Carter,L.
Baci	125	Cado	Balf	185	Camo	Barker	255	Capu	Baste	325	Carter,S.
Back	126	Cad	Bali	186	Camp	Barki	256	Caq	Basti	326	Carth
Bacm	127	Cae	Ball	187	Campbell	Barl	257	Car	Basto	327	Carti
Baco	128	Caes	Balla	188	Campbell,H.	Barlo	258	Caraf	Bat	328	Carto
Bacon,M.	129	Caf	Ballar	189	Campbell,M.	Barn	259	Caram	Bates	329	Cartw
Bacr	131	Cag	Balle	191	Campbell,S.	Barnes	261	Caran	Bath	331	Carv
Bad	132	Cah	Balli	192	Campbell,W.	Barnh	262	Carat	Bathu	332	Cary
Bade	133	Cai	Ballo	193	Campe	Barnu	263	Carb	Bati	333	Cary,M
Baden	134	Cail	Balm	194	Campen	Baro	264	Carbo	Bato	334	Cas
Badg	135	Cain	Balo	195	Camper	Baron	265	Carc	Batt	335	Casan
Badi	136	Cair	Bals	196	Campi	Baroni	266	Card	Batti	336	Casat
Bado	137	Cais	Balt	197	Campis	Barot	267	Cardi	Bau	337	Case
Badr	138	Caiu	Balu	198	Campo	Barr	268	Cardo	Baud	338	Casen
Bac	139	Caj	Bam	199	Campr	Barras	269	Cardw	Baudio	339	Casi
Baer	141	Cal	Bamp	211	Camu	Barre	271	Care	Baudo	341	Caso
Baert	142	Calan	Ban	212	Can	Barrer	272	Carew	Baudr	342	Casp
Baf	143	Calas	Banc	213	Canan	Barret	273	Carey	Baudu	343	Cass
Bag	144	Calc	Band	214	Canb	Barrett	274	Carey,H.	Baue	344	Casse
Bagi	145	Cald	Bane	215	Canc	Barri	275	Carey,M.	Bauf	345	Cassi
Bagl	146	Calde	Bang	216	Cand	Barrin	276	Carey,S.	Baug	346	Cast
Bagn	147	Caldw	Bani	217	Candi	Barro	277	Cari	Baum	347	Caste
Bago	148	Cale	Bank	218	Candl	Barrow	278	Carl	Baumg	348	Castel
Bags	149	Calen	Bann	219	Cando	Barry	279	Carlet	Baun	349	Casteln
Bah	151	Calf	Bao	221	Cane	Barry,L.	281	Carleton	Baur	351	Casten
Bai	152	Calh	Bap	222	Canf	Bars	282	Carli	Baut	352	Casti
Bail	153	Cali	Bar	223	Cani	Bart	283	Carlis	Bav	353	Castil
Baile	154	Calin	Barag	224	Cann	Barth	284	Carlo	Bavi	354	Castl
Bailey,L.	155	Calk	Baran	225	Canni	Barthel	285	Carlt	Bax	355	Casto
Bailey,S.	156	Call	Barat	226	Canno	Bartho	286	Carly	Bay	356	Castr
Baill	157	Calle	Barau	227	Cano	Bartholo	287	Carm	Baye	357	Casw
Baillo	158	Calli	Barb	228	Cans	Barti	288	Carn	Bayl	358	Cat
Bails	159	Callim	Barbar	229	Cant	Bartl	289	Carne	Bayly	359	Catel
Baily	161	Callin	Barbat	231	Canti	Bartlett,M.	291	Carno	Bayn	361	Cath
Bain	162	Callis	Barbau	232	Canto	Barto	292	Caro	Baz	362	Cathc
Bair	163	Callo	Barbe	233	Cantr	Barton	293	Caron	Bazi	363	Cathe
Bait	164	Calm	Barber	234	Cantw	Bartr	294	Carp	Bazo	364	Cati
Baj	165	Calo	Barbet	235	Canu	Baru	295	Carpenter	Be	365	Catl
Bak	166	Calt	Barbi	236	Cap	Barw	296	Carpenter,L.	Beal	366	Cato
Bake	167	Calv	Barbil	237	Cape	Bas	297	Carpenter,S.	Bean	367	Catr
Baker,M.	168	Calvi	Barbo	238	Capel	Basc	298	Carpi	Bear	368	Catt
Baks	169	Calvo	Barbou	239	Capen	Base	299	Carpo	Beat	369	Catto

Beau — Clift

Beau	371	Cau	Bellen	441	Chalt	Beri	511	Chauv	Bev	571	Cig
Beauch	372	Caul	Beller	442	Cham	Berk	512	Chav	Bew	572	Cil
Beaucl	373	Caum	Belli	443	Chamber	Berkl	513	Chaz	Bey	573	Cim
Beauf	374	Caus	Bellin	444	Chambers	Berl	514	Che	Bez	574	Cin
Beaug	375	Caut	Bellm	445	Chambers,M.	Berlin	515	Chee	Bh	575	Cini
Beauh	376	Cav	Bello	446	Chambo	Berm	516	Chel	Bi	576	Cio
Beaul	377	Caval	Bellon	447	Chambr	Bern	517	Chem	Bian	577	Cip
Beaum	378	Cave	Bellow	448	Chami	Bernar	518	Chen	Bianco	578	Cir
Beaumo	379	Caven	Bellu	449	Champ	Bernard,J.	519	Chep	Biar	579	Cis
Beaun	381	Cavendish,L	Belm	451	Champe	Bernard,M.	521	Cher	Bib	581	Cit
Beaup	382	Cavi	Belo	452	Champi	Bernard,T.	522	Chero	Bibl	582	Civ
Beaur	383	Cavo	Belt	453	Champl	Bernardi	523	Cheru	Bic	583	Cl
Beaus	384	Cax	Belv	454	Chan	Bernat	524	Ches	Bid	584	Clag
Beauv	385	Cay	Bem	455	Chandl	Berne	525	Chest	Bide	585	Clai
Beauvo	386	Caz	Ben	456	Chandler,M.	Bernet	526	Chet	Bie	586	Clam
Beb	387	Ce	Benc	457	Chanl	Bernh	527	Chev	Biel	587	Clan
Bec	388	Ceci	Bend	458	Chann	Berni	528	Chevi	Bien	588	Clap
Bece	389	Ced	Bendo	459	Chant	Berno	529	Chevr	Bies	589	Clapp
Bech	391	Cei	Bene	461	Chao	Berns	531	Chey	Bif	591	Clar
Bechs	392	Cel	Benede	462	Chap	Bero	532	Chi	Big	592	Clark
Beck	393	Cell	Benedi	463	Chapi	Berr	533	Chich	Bigl	593	Clark,G.
Becke	394	Cels	Benef	464	Chapl	Berry	534	Chif	Bigo	594	Clark,M.
Becker	395	Cen	Benel	465	Chapm	Bers	535	Chil	Bil	595	Clark,S.
Becker,P.	396	Cens	Beng	466	Chapman	Bert	536	Child	Bill	596	Clark,W.
Becki	397	Cent	Beni	467	Chapp	Berte	537	Childs	Bille	597	Clarke
Becm	398	Ceo	Benj	468	Chapu	Berth	538	Chill	Billi	598	Clarke,G.
Bed	399	Cep	Benn	469	Char	Berthe	539	Chin	Billo	599	Clarke,M.
Bede	411	Cer	Bennett	471	Chard	Berthi	541	Chip	Bim	611	Clarke,S.
Bedi	412	Cerc	Bennett,M.	472	Chare	Bertho	542	Chis	Bin	612	Clarke,W.
Bedr	413	Cerd	Beno	473	Chari	Berti	543	Chit	Bing	613	Clarks
Bee	414	Cere	Bens	474	Charl	Bertin	544	Chla	Binn	614	Clary
Beer	415	Ceri	Bent	475	Charles	Berto	545	Cho	Bio	615	Clau
Beg	416	Cero	Benth	476	Charles,M.	Bertol	546	Chois	Bior	616	Claus
Begi	417	Cerr	Bentl	477	Charles,S.	Berton	547	Chol	Bir	617	Clav
Begu	418	Cert	Bento	478	Charlet	Bertr	548	Chom	Bird	618	Clax
Beh	419	Cerv	Benw	479	Charlo	Bertrand,F	549	Chop	Birk	619	Clay
Behr	421	Ces	Beo	481	Charlt	Bertrand,N.	551	Chor	Bis	621	Clay,M.
Bei	422	Ceso	Ber	482	Charm	Bertu	552	Chou	Bish	622	Clay,T.
Beis	423	Cet	Berar	483	Charn	Berw	553	Chr	Biss	623	Cle
Bek	424	Cev	Berau	484	Charp	Bes	554	Chri	Bit	624	Clee
Bel	425	Cey	Berc	485	Charr	Besl	555	Christi	Biz	625	Clem
Belan	426	Ch	Berck	486	Chart	Beso	556	Christo	Bj	626	Clement
Belch	427	Chabe	Bere	487	Chas	Bess	557	Chro	Bl	627	Clen
Bele	428	Chabo	Beren	488	Chass	Bessem	558	Chry	Blackb	628	Cleo
Belg	429	Chabr	Berens	489	Chast	Bessi	559	Chu	Blackm	629	Cler
Beli	431	Chac	Beres	491	Chastil	Best	561	Church	Blacks	631	Clerk
Belk	432	Chad	Beret	492	Chat	Bet	562	Church,M.	Blackw	632	Clerke
Bell	433	Chaf	Berg	493	Chath	Bethm	563	Churchill	Blag	633	Clerm
Bell L	434	Chai	Bergan	494	Chati	Beto	564	Chut	Blai	634	Cles
Bell R	435	Chais	Berge	495	Chatt	Bett	565	Ci	Blair	635	Clev
Bellan	436	Chal	Berger	496	Chau	Beu	566	Cian	Blak	636	Cli
Bellav	437	Chall	Bergh	497	Chaul	Beul	567	Cib	Blakes	637	Clif
Belle	438	Chalm	Bergi	498	Chaun	Beus	568	Cic	Blan	638	Clifford,M.
Bellege	439	Chalo	Bergm	499	Chaus	Beut	569	Cie	Blanch	639	Clift

Blanche	641	Clin	Bond	711	Colling	Boure	771	Cook	Brer	841	Costel
Bland	642	Cliv	Bone	712	Collins	Bourg	772	Cooke	Bres	842	Coster
Blanq	643	Clo	Bonf	713	Collins,S.	Bourgo	773	Cooke,M.	Bress	843	Cot
Blas	644	Clon	Bonh	714	Collo	Bouri	774	Cool	Bret	844	Coti
Blau	645	Clos	Boni	715	Colly	Bourn	775	Coom	Brett	845	Coto
Ble	646	Clot	Bonn	716	Colm	Bourr	776	Coop	Breu	846	Cott
Blen	647	Clou	Bonnet	717	Coln	Bous	777	Cooper,H.	Brew	847	Cotter
Bli	648	Clow	Bonni	718	Colo	Bout	778	Cooper,O.	Brews	848	Cotti
Blis	649	Clu	Bono	719	Colon	Bouth	779	Coot	Bri	849	Cottl
Blo	651	Cn	Bons	721	Colp	Bouto	781	Cop	Brid	851	Cotto
Blod	652	Co	Bont	722	Colq	Bouv	782	Cope	Bridgm	852	Coty
Blom	653	Cobb	Bonv	723	Cols	Bov	783	Copi	Brie	853	Cou
Blon	654	Cobbet	Boo	724	Colt	Bow	784	Copl	Brig	854	Coud
Bloo	655	Cobd	Boot	725	Colto	Bowdi	785	Copp	Brigh	855	Coul
Blos	656	Cobh	Bor	726	Colu	Bowe	786	Coq	Brighto	856	Coup
Blou	657	Cobo	Bord	727	Colv	Bowl	787	Cor	Bril	857	Coupl
Blu	658	Cobu	Borden	728	Com	Bowr	788	Coran	Brin	858	Cour
Blunt	659	Coc	Bordi	729	Comb	Boy	789	Corb	Bris	859	Courc
Bly	661	Coch	Bore	731	Combes	Boye	791	Corbin	Brist	861	Courl
Bo	662	Cochin	Borg	732	Come	Boyl	792	Corbo	Brit	862	Court
Bob	663	Cochr	Borgi	733	Comi	Boys	793	Corc	Bro	863	Courte
Boc	664	Cock	Borgo	734	Comm	Br	794	Cord	Brock	864	Courti
Bock	665	Cockb	Borl	735	Como	Brab	795	Cordi	Broe	865	Courtn
Bod	666	Cocke	Born	736	Comp	Brac	796	Cordo	Brog	866	Courto
Bodi	667	Coco	Borr	737	Compan	Brack	797	Core	Brok	867	Cous
Bodl	668	Cocq	Bors	738	Compt	Brad	798	Cori	Brom	868	Couss
Boe	669	Cod	Bort	739	Coms	Bradf	799	Cork	Bron	869	Coust
Boeh	671	Codm	Bos	741	Comt	Bradl	811	Corm	Broo	871	Cout
Boer	672	Coe	Bosch	742	Comy	Brads	812	Corn	Brooke	872	Coutu
Boet	673	Coes	Bose	743	Con	Brag	813	Corne	Brooks	873	Cov
Bog	674	Cof	Boso	744	Conc	Brai	814	Cornel	Bros	874	Cow
Bogi	675	Coffin	Boss	745	Cond	Bram	815	Corner	Brou	875	Cowl
Boh	676	Cog	Bossu	746	Condo	Bran	816	Cornet	Brous	876	Cowp
Bohn	677	Cogs	Bost	747	Cone	Brand	817	Cornh	Brow	877	Cox
Boi	678	Coh	Bot	748	Conf	Brandi	818	Corni	Brown,H.	878	Cox,R.
Boil	679	Coig	Both	749	Cong	Brando	819	Corno	Brown,M.	879	Coxe
Boin	681	Coit	Bott	751	Coni	Brandt	821	Cornw	Brown,T.	881	Coy
Bois	682	Cok	Bou	752	Conk	Brar	822	Coro	Browne	882	Coz
Boisg	683	Col	Bouche	753	Cono	Bras	823	Corr	Browne,M.	883	Cr
Boiss	684	Colb	Bouchi	754	Conr	Brat	824	Corre	Browne,S.	884	Crad
Boit	685	Colbu	Boucho	755	Cons	Brau	825	Corri	Browni	885	Craf
Bok	686	Colby	Boud	756	Const	Brav	826	Cors	Bru	886	Crai
Bol	687	Colc	Bouf	757	Constan	Bray	827	Cort	Bruce,J.	887	Craik
Bole	688	Cold	Boug	758	Constanti	Bre	828	Cortes	Bruck	888	Crak
Boli	689	Cole	Bouh	759	Cont	Brec	829	Corti	Brue	889	Cram
Boll	691	Coleb	Boui	761	Conte	Bred	831	Corto	Brug	891	Cran
Bolli	692	Colem	Bouil	762	Conti	Bree	832	Corv	Bruh	892	Crao
Bolo	693	Coler	Boul	763	Conto	Breg	833	Cory	Brum	893	Crap
Bolt	694	Colet	Boull	764	Contr	Breh	834	Cos	Brun	894	Cras
Bom	695	Colev	Boun	765	Contu	Brei	835	Cosp	Brunet	895	Crat
Bomi	696	Coli	Bour	766	Conv	Brem	836	Coss	Bruni	896	Crato
Bon	697	Coll	Bourc	767	Conw	Bren	837	Cost	Brunn	897	Crau
Bonap	698	Collet	Bourd	768	Cony	Brenn	838	Costan	Bruno	898	Crav
Bonar	699	Colli	Bourdi	769	Coo	Brent	839	Coste	Bruns	899	Craw

Brunsw — Bz / Crawl — Cza

Brunsw	911	Crawl
Brus	912	Cre
Brut	913	Cree
Bruy	914	Crei
Bry	915	Crel
Bryc	916	Creo
Bu	917	Crep
Buc	918	Creq
Buche	919	Cres
Bucho	921	Cresp
Buck	922	Cress
Bucki	923	Cresw
Buckl	924	Cret
Buckm	925	Creu
Bucks	926	Crev
Bud	927	Crew
Bue	928	Cri
Buf	929	Cril
Bug	931	Crin
Bui	932	Cris
Bul	933	Crist
Bulk	934	Crit
Bull	935	Critt
Bulle	936	Criv
Bulli	937	Cro
Bullo	938	Crock
Bulo	939	Croe
Bulw	941	Crof
Bun	942	Croi
Bu	943	Crok
Buoni	944	Crol
Bur	945	Crom
Burb	946	Cromw
Burc	947	Cron
Burck	948	Croo
Burd	949	Cros
Burdet	951	Cross
Bure	952	Crou
Burf	953	Crow
Burg	954	Croy
Burges	955	Cru
Burgh	956	Crum
Burgo	957	Crus
Burh	958	Cs
Burk	959	Ct
Burl	961	Cu
Burm	962	Cub
Burn	963	Cuc
Burnet	964	Cud
Burney	965	Cue
Burnh	966	Cui
Burns	967	Cul
Burr	968	Culp
Burre	969	Cum
Burri	971	Cumm
Burro	972	Cun
Burt	973	Cunn
Burto	974	Cup
Bury	975	Cur
Bus	976	Curr
Busch	977	Curs
Bush	978	Curt
Bushn	979	Curtis,J.
Buss	981	Curtis,P.
Bust	982	Curw
But	983	Curz
Buti	984	Cus
Butl	985	Cushing,M.
Butler,M.	986	Cushm
Butler,T.	987	Cust
Butt	988	Cut
Butto	989	Cutl
Bux	991	Cutt
Buy	992	Cuv
By	993	Cuy
Byn	994	Cy
Byr	995	Cyc
Byro	996	Cyl
Bys	997	Cyr
Byt	998	Cz
Bz	999	Czo

Da — Dem / Fa — Ferral

Da	111	Fa	Dana,S.	171	Fairh	Daum	241	Farran	Dee	311	Feit
Dabi	112	Fab	Danb	172	Fairl	Daun	242	Farrar	Deer	312	Feld
Dabl	113	Fabb	Danc	173	Fais	Daur	243	Farrar,J.	Def	313	Feli
Dabn	114	Fabe	Danck	174	Fait	Daus	244	Farrar,S.	Defo	314	Felic
Dabo	115	Faber	Danco	175	Faiv	Dav	245	Farre	Defor	315	Felin
Dabr	116	Faberi	Dand	176	Fak	Dave	246	Farri	Defr	316	Felix
Dac	117	Fabert	Dando	177	Fal	Davenp	247	Fars	Deg	317	Fell
Daci	118	Fabi	Dandr	178	Falc	Daves	248	Fas	Degl	318	Felle
Dacr	119	Fabil	Dane	179	Falck	Davi	249	Fass	Dego	319	Felli
Dad	121	Fabiu	Danf	181	Falco	Davids	251	Fast	Degr	321	Fello
Dae	122	Fabr	Dang	182	Falcone	Davidson	252	Fat	Deh	322	Fellow
Dael	123	Fabre	Dani	183	Falconer,M.	Davidson,M.	253	Fati	Deho	323	Felo
Daf	124	Fabri	Daniel	184	Falconet	Davie	254	Fato	Dei	324	Fels
Dag	125	Fabrian	Daniell	185	Falcu	Davies	255	Fau	Deis	325	Felt
Dagl	126	Fabric	Daniels	186	Fald	Davies,J.	256	Fauch	Dej	326	Felto
Dago	127	Fabrin	Dank	187	Fale	Davies,P.	257	Fauci	Dejo	327	Felton,M.
Dagu	128	Fabris	Dann	188	Falg	Davig	258	Faud	Dek	328	Feltr
Dah	129	Fabriz	Danp	189	Fali	Davil	259	Faug	Dekr	329	Felv
Dahl	131	Fabro	Dans	191	Falk	Davis	261	Faul	Del	331	Fen
Dai	132	Fabrot	Dant	192	Falken	Davis,H.	262	Faulh	Delac	332	Fene
Dail	133	Fabry	Danti	193	Falkn	Davis,M.	263	Faulk	Delaf	333	Feni
Dair	134	Fabu	Danto	194	Fall	Davis,S.	264	Faun	Delai	334	Fenn
Dak	135	Fabv	Dantz	195	Fallet	Davis,W.	265	Faur	Delal	335	Fennel
Dal	136	Faby	Danv	196	Fallo	Davo	266	Fauri	Delam	336	Fenner
Dalb	137	Fac	Danvi	197	Fals	Davr	267	Faus	Delan	337	Fenni
Dalc	138	Faccio	Dany	198	Fam	Davy	268	Fausti	Delap	338	Fenno
Dale	139	Fach	Danz	199	Fan	Daw	269	Faustu	Delar	339	Feno
Dales	141	Faci	Dao	211	Fane	Dawk	271	Fauv	Delat	341	Fens
Dalg	142	Facis	Dap	212	Fani	Daws	272	Fav	Delau	342	Fent
Dalh	143	Facu	Dar	213	Fann	Day	273	Fave	Delav	343	Fenw
Dall	144	Fad	Darc	214	Fano	Day,J.	274	Favi	Delb	344	Feo
Dallas	145	Fadi	Dard	215	Fans	Day,S.	275	Favo	Delc	345	Fer
Dalle	146	Fadl	Darde	216	Fant	Dayt	276	Favr	Dele	346	Ferb
Dalli	147	Fae	Dare	217	Fanto	Daz	277	Favre	Deles	347	Ferd
Dalm	148	Faen	Dari	218	Fantu	De	278	Faw	Deleu	348	Ferdo
Dalp	149	Faes	Dark	219	Far	Deal	279	Fawe	Delf	349	Fere
Dalr	151	Fag	Darl	221	Farc	Dean	281	Fawk	Delfo	351	Ferg
Dalt	152	Fage	Darm	222	Fare	Dean,M.	282	Fay	Delg	352	Fergu
Daly	153	Fagel	Darn	223	Farg	Deane	283	Faye	Deli	353	Ferguson,M.
Dam	154	Fagg	Daro	224	Fari	Deane,M.	284	Fayet	Delis	354	Ferguss
Damas	155	Fagi	Darr	225	Farin	Dear	285	Fayo	Deliu	355	Ferh
Damb	156	Fagn	Dart	226	Faring	Deb	286	Fayt	Delk	356	Feri
Dame	157	Fah	Daru	227	Farini	Debo	287	Faz	Dell	357	Ferl
Dami	158	Fahr	Darw	228	Faris	Debr	288	Fe	Dello	358	Ferm
Damin	159	Fai	Das	229	Farj	Debu	289	Feb	Delm	359	Ferme
Damis	161	Fail	Dass	231	Farl	Dec	291	Fec	Delo	361	Fermo
Damm	162	Fain	Dat	232	Farley,M.	Dece	292	Fed	Delor	362	Fern
Damo	163	Fair	Dath	233	Farm	Dech	293	Feder	Delp	363	Fernand
Damop	164	Fairban	Dati	234	Farmer,M.	Deci	294	Fedo	Delr	364	Ferne
Damp	165	Fairc	Dau	235	Farn	Deck	295	Fee	Dels	365	Ferni
Dampi	166	Fairf	Daubi	236	Farnh	Deco	296	Feh	Delt	366	Ferno
Dan	167	Fairfax,M.	Dauc	237	Faro	Decour	297	Fei	Delv	367	Fero
Dana,H.	168	Fairfie	Daud	238	Farq	Decr	298	Feildi	Delz	368	Ferr
Dana,M.	169	Fairfield,M.	Daul	239	Farr	Ded	299	Fein	Dem	369	Ferral

Deman — Dodd / Ferram — Floris

Deman	371	Ferram	Des	441	Fian	Devons	511	Finl	Dig	571	Flach
Demar	372	Ferran	Desau	442	Fias	Devos	512	Finlays	Dige	572	Flaco
Demau	373	Ferrant	Desb	443	Fib	Devot	513	Finley	Digg	573	Flad
Demb	374	Ferrar	Desbo	444	Fic	Devr	514	Finn	Digh	574	Flag
Dembo	375	Ferrari	Desc	445	Fich	Dew	515	Fino	Dign	575	Flah
Deme	376	Ferraro	Desch	446	Fici	Dewe	516	Fins	Dil	576	Flai
Demet	377	Ferrars	Descl	447	Fick	Dewes	517	Fio	Dilk	577	Flam
Demi	378	Ferrary	Desco	448	Fico	Dewet	518	Fiore	Dill	578	Flamen
Demid	379	Ferrat	Descr	449	Fid	Dewey	519	Fiori	Dillo	579	Flami
Demil	381	Ferrau	Dese	451	Fide	Dewi	521	Fiorin	Dilw	581	Flamm
Demm	382	Ferre	Deses	452	Fie	Dewitt	522	Fir	Dim	582	Flams
Demo	383	Ferrei	Desf	453	Field	Dewitt,M.	523	Fire	Din	583	Flan
Demon	384	Ferreo	Desg	454	Field,H.	Dewl	524	Firm	Ding	584	Fland
Demop	385	Ferrer	Desgr	455	Field,M.	Dex	525	Firmin	Dini	585	Flandr
Demor	386	Ferrero	Desh	456	Field,S.	Dext	526	Firn	Dino	586	Flat
Demos	387	Ferret	Desi	457	Field,W.	Dexter,M.	527	Firo	Dins	587	Flau
Demou	388	Ferri	Desir	458	Fielde	Dey	528	Fis	Dio	588	Flav
Demp	389	Ferrib	Desj	459	Fieldi	Deyn	529	Fische	Diod	589	Flavi
Den	391	Ferric	Desl	461	Fields	Deys	531	Fise	Diog	591	Flavu
Dene	392	Ferrin	Deslo	462	Fields,J.	Dez	532	Fish	Dion	592	Flax
Denh	393	Ferrio	Desm	463	Fields,S.	Dh	533	Fisher	Diop	593	Fle
Deni	394	Ferris	Desmo	464	Fien	Dhe	534	Fisher,J.	Dios	594	Flee
Denis	395	Ferro	Desmou	465	Fier	Dho	535	Fisher,M.	Diot	595	Fleetw
Denison	396	Ferron	Desn	466	Fies	Di	536	Fisher,S.	Dip	596	Flei
Denm	397	Ferrou	Deso	467	Fiesco	Diam	537	Fisher,W.	Dir	597	Flem
Denn	398	Ferru	Desp	468	Fieso	Dian	538	Fisk	Dirc	598	Fleming,M.
Denne	399	Ferry	Despl	469	Fif	Diap	539	Fisk,M.	Dirk	599	Flemm
Denni	411	Fert	Despo	471	Fig	Dias	541	Fiske	Dis	611	Fles
Denny	412	Feru	Despor	472	Figi	Diaz	542	Fiske,M.	Disn	612	Flet
Deno	413	Fes	Despr	473	Figo	Dib	543	Fiss	Disr	613	Fletcher,J.
Dent	414	Fessen	Desr	474	Figr	Dibd	544	Fit	Dist	614	Fletcher,P.
Denton	415	Fessenden,M.	Dess	475	Figu	Dic	545	Fitch,J.	Dit	615	Fletcher,S.
Denv	416	Fessi	Dest	476	Figui	Dice	546	Fitch,S.	Dits	616	Fleu
Deny	417	Fessl	Destr	477	Figul	Dick	547	Fitt	Ditt	617	Fleuri
Deo	418	Fest	Desv	478	Fil	Dicke	548	Fitz	Div	618	Fleury
Dep	419	Fet	Det	479	Filas	Dicker	549	Fitza	Dix	619	Flex
Depl	421	Fett	Deti	481	File	Dickey	551	Fitzb	Dixo	621	Fli
Depo	422	Feu	Deto	482	Fili	Dicki	552	Fitzc	Dixw	622	Flin
Depp	423	Feuer	Detr	483	Filip	Dickinso	553	Fitzg	Dj	623	Flint
Depr	424	Feug	Detz	484	Fill	Dicks	554	Fitzgerald,M	Dje	624	Flint,J.
Depu	425	Feui	Deu	485	Fille	Did	555	Fitzh	Dji	625	Flint,S.
Deq	426	Feuill	Deus	486	Filli	Didi	556	Fitzj	Djo	626	Flip
Der	427	Feut	Deux	487	Fillm	Dido	557	Fitzm	Dm	627	Flit
Derby,M.	428	Fev	Dev	488	Filo	Didr	558	Fitzn	Dmi	628	Flo
Derc	429	Fevr	Deve	489	Fils	Die	559	Fitzp	Dmo	629	Flog
Dere	431	Fevret	Dever	491	Fin	Diel	561	Fitzr	Do	631	Floo
Derh	432	Few	Devi	492	Finch	Dien	562	Fitzs	Dob	632	Flor
Deri	433	Fey	Devig	493	Finck	Dier	563	Fitzt	Dobe	633	Florent
Derl	434	Feyer	Devil	494	Find	Dies	564	Fitzw	Dobr	634	Flores
Derm	435	Feyn	Devin	495	Fine	Diet	565	Fiu	Dobs	635	Flori
Dern	436	Ffa	Devis	496	Finet	Dietr	566	Fix	Doc	636	Florid
Dero	437	Ffo	Devl	497	Fing	Dieu	567	Fiz	Doch	637	Florin
Derr	438	Fi	Devo	498	Fini	Diez	568	Fl	Dod	638	Florio
Derw	439	Fiam	Devon	499	Fink	Dif	569	Flac	Dodd	639	Floris

Doddr — Dunbar. M. / Floru — Frie

Doddr	641	Floru	Dorl	711	Ford,M.	Dre	771	Foun	Ducon	841	Fras
Dodds	642	Flot	Dorm	712	Fordh	Drel	772	Fouq	Ducr	842	Fraser M
Dode	643	Flott	Dorn	713	Fordy	Dres	773	Four	Ducro	843	Frass
Dodg	644	Flow	Dorni	714	Fore	Dreu	774	Fourcr	Dud	844	Frat
Dodge,M.	645	Floy	Doro	715	Forem	Drev	775	Fouri	Dude	845	Frau
Dodi	646	Flu	Dorr	716	Fores	Drew	776	Fourm	Dudi	846	Frav
Dods	647	Flur	Dors	717	Forester	Drex	777	Fourn	Dudl	847	Fray
Dodw	648	Fly	Dorse	718	Foresti	Drey	778	Fourni	Dudley,L.	848	Fraz
Doe	649	Fo	Dort	719	Forf	Dri	779	Fourniv	Dudley,S.	849	Fre
Doel	651	Fob	Dorv	721	Forg	Drink	781	Fourq	Dudo	851	Frec
Doer	652	Foc	Dos	722	Forl	Driv	782	Fout	Due	852	Fred
Does	653	Fod	Dosi	723	Form	Dro	783	Fov	Duer	853	Free
Dog	654	Foe	Doss	724	Forman	Drog	784	Fow	Duf	854	Freel
Doh	655	Fog	Dot	725	Forme	Drol	785	Fowl	Duff	855	Freem
Dohn	656	Fogl	Dou	726	Formo	Drom	786	Fowler,H.	Duffe	856	Freer
Doi	657	Foh	Doubl	727	Forn	Dros	787	Fowler,M.	Duffi	857	Frees
Dois	658	Foi	Douc	728	Forr	Drou	788	Fowler,S.	Duffy	858	Freg
Dol	659	Foin	Doue	729	Forrest,M.	Drouo	789	Fowler,W.	Dufl	859	Frego
Dolb	661	Foix	Doug	731	Forrester	Drov	791	Fox	Dufo	861	Freh
Dolc	662	Fok	Dough	732	Fors	Droy	792	Fox,M.	Dufourn	862	Frei
Dole	663	Fol	Dougl	733	Forst	Droz	793	Fox,S.	Dufr	863	Freig
Dolg	664	Folg	Douglas,G.	734	Forster,M.	Dru	794	Fox,X.	Dufres	864	Freil
Doll	665	Foli	Douglas,M.	735	Forsy	Drum	795	Foxe	Dufu	865	Freim
Dom	666	Folk	Douglas,S.	736	Fort	Drur	796	Foy	Dug	866	Freir
Domb	667	Foll	Douglas,W.	737	Forte	Drus	797	Fr	Dugo	867	Frek
Dome	668	Folli	Doul	738	Fortes	Dry	798	Frach	Dugu	868	Frel
Domi	669	Folq	Dour	739	Forth	Dryd	799	Frad	Duh	869	Frem
Domin	671	Fols	Dous	741	Forti	Drys	811	Frag	Duhe	871	Fremi
Domit	672	Fom	Douv	742	Fortin	Du	812	Frai	Duho	872	Fremo
Domn	673	Fomtani	Dov	743	Fortis	Dub	813	Fram	Dui	873	Fren
Don	674	Fon	Dow	744	Forto	Dube	814	Fran	Duil	874	French,H.
Donal	675	Fonf	Dowd	745	Fortu	Dubo	815	France	Duis	875	French,M.
Donalds	676	Fonn	Dowe	746	Fos	Dubois M	816	Franch	Duj	876	French,S.
Donat	677	Fons	Dowl	747	Fosc	Dubos	817	Franci	Duk	877	French,W.
Donc	678	Font	Down	748	Fosd	Dubou	818	Francis	Dul	878	Frend
Dond	679	Fontai	Downh	749	Fosg	Dubr	819	Francis,M.	Dulau	879	Freni
Done	681	Fontan	Downi	751	Foss	Dubu	821	Franciu	Dulc	881	Frer
Dong	682	Fonte	Dows	752	Fosse	Duc	822	Franck	Duli	882	Freret
Doni	683	Fonten	Doy	753	Fost	Ducar	823	Francke	Dull	883	Frero
Donk	684	Fonti	Doyl	754	Foster	Ducas	824	Franckl	Dulo	884	Fres
Donn	685	Fontr	Doz	755	Foster,H.	Duce	825	Franco	Dum	885	Fresh
Donner	686	Foo	Dr	756	Foster,M.	Duch	826	Francon	Dumas	886	Fresn
Dono	687	Foot	Drac	757	Foster,S.	Duchat	827	Frang	Dumay	887	Fress
Dont	688	Foote	Drae	758	Foster,W.	Duche	828	Frank	Dume	888	Fret
Donz	689	Foote,M.	Drag	759	Fot	Duches	829	Franke	Dumm	889	Freu
Doo	691	Fop	Drak	761	Fother	Duchi	831	Frankl	Dumo	891	Frev
Dop	692	For	Drake,M.	762	Fou	Ducho	832	Franklin,H.	Dumon	892	Frew
Dor	693	Forbes,H.	Drake,S.	763	Fouch	Duci	833	Franklin,M.	Dumont	893	Frey
Dorat	694	Forbes,M.	Dran	764	Foud	Duck	834	Franklin,S.	Dumor	894	Freyl
Dore	695	Forbes,S.	Drap	765	Foug	Ducke	835	Franq	Dumou	895	Freyt
Dori	696	Forbi	Draper,M	766	Foui	Duckw	836	Frant	Dumour	896	Frez
Dorig	697	Forc	Drapp	767	Foul	Ducl	837	Franz	Dun	897	Fri
Dorio	698	Forch	Dray	768	Foulo	Duclo	838	Frap	Dunb	898	Frid
Doris	699	Ford	Drayt	769	Foulq	Duco	839	Frar	Dunbar,M.	899	Frie

Dunc — Dz / Friedl — Fyr

Dunc	911	Friedl
Duncan,M.	912	Fries
Dunco	913	Fril
Dund	914	Frin
Dundo	915	Frip
Dung	916	Frir
Dunh	917	Fris
Duni	918	Frisw
Dunk	919	Frit
Dunl	921	Friz
Dunlo	922	Fro
Dunn	923	Frobi
Dunni	924	Froc
Duno	925	Froe
Duns	926	Froel
Dunt	927	Frog
Dunu	928	Froh
Dup	929	Froi
Dupar	931	From
Dupe	932	Fromm
Duperr	933	Fron
Dupi	934	Frons
Dupl	935	Front
Duples	936	Fronto
Dupo	937	Fror
Dupont	938	Fros
Dupor	939	Frost
Dupp	941	Frot
Dupr	942	Frou
Dupres	943	Frow
Dupu	944	Fru
Dupuy	945	Frun
Duq	946	Fry
Dur	947	Fry,M.
Duran	948	Frye
Durand,M.	949	Fu
Durant	951	Fuchs
Duras	952	Fud
Duraz	953	Fue
Durd	954	Fuen
Dure	955	Fues
Duret	956	Fuf
Durey	957	Fug
Durf	958	Fugg
Durfo	959	Fuh
Durh	961	Fui
Duri	962	Ful
Duriv	963	Fulg
Duro	964	Fulk
Durr	965	Full
Durs	966	Fuller,H.
Duru	967	Fuller,M.
Duruy	968	Fuller,S.
Dury	969	Fuller,W.
Dus	971	Fullert
Duse	972	Fullo
Dusi	973	Fulm
Duss	974	Fult
Dut	975	Fulv
Duti	976	Fum
Duto	977	Fume
Dutr	978	Fumi
Dutt	979	Fun
Dutton	981	Fund
Duv	982	Funk
Duval	983	Fur
Duvau	984	Furi
Duve	985	Furl
Duvet	986	Furm
Duvi	987	Furn
Duy	988	Furnes
Dw	989	Furni
Dwi	991	Furs
Dwight,J.	992	Furt
Dwight,S.	993	Fus
Dy	994	Fuss
Dye	995	Fust
Dyer	996	Fusu
Dym	997	Fy
Dyr	998	Fyo
Dz	999	Fyr

Ga — Geri / Ha — Hauf

Ga	111	Ha	Gallio	171	Halh	Garri	241	Hank	Geh	311	Harrington,M.
Gab	112	Haas	Gallo	172	Hali	Garris	242	Hanm	Gei	312	Harrio
Gabi	113	Hab	Gallois	173	Halif	Garro	243	Hann	Geis	313	Harris
Gabio	114	Haber	Gallow	174	Hall	Gart	244	Hanne	Gel	314	Harris,F.
Gabl	115	Habert	Gallu	175	Hall,D.	Garz	245	Hanni	Geld	315	Harris,M.
Gabo	116	Habi	Gallus	176	Hall,G.	Gas	246	Hanno	Gele	316	Harris,S.
Gabr	117	Hac	Gallw	177	Hall,J.	Gasco	247	Hano	Geli	317	Harris,W.
Gabriel	118	Hack	Galo	178	Hall,M.	Gask	248	Hanr	Gell	318	Harrison
Gabro	119	Hacket	Galt	179	Hall,S.	Gasp	249	Hans	Gelli	319	Harrison,F.
Gac	121	Hackett	Galto	181	Hall,W.	Gass	251	Hanso	Gelo	321	Harrison,M.
Gaco	122	Hackl	Galv	182	Hallam	Gasset	252	Hanw	Gem	322	Harrison,S.
Gad	123	Hackm	Galw	183	Halle	Gassi	253	Haq	Gemm	323	Harrison,W.
Gade	124	Haco	Gam	184	Hallec	Gasso	254	Har	Gen	324	Hars
Gado	125	Had	Gamai	185	Haller	Gast	255	Harb	Gend	325	Hart
Gads	126	Hadd	Gamal	186	Hallet	Gaston	256	Harc	Gene	326	Hart,M.
Gae	127	Haddo	Gamb	187	Halley	Gastr	257	Harcou	Genes	327	Harte
Gaer	128	Hade	Gambar	188	Halli	Gat	258	Hard	Genet	328	Harte,M.
Gaet	129	Hadf	Gambe	189	Hallig	Gates	259	Harden	Geng	329	Harti
Gaf	131	Hadl	Gambi	191	Halliw	Gati	261	Hardi	Geni	331	Hartl
Gag	132	Hadr	Gambo	192	Hallo	Gatt	262	Hardie	Genl	332	Hartley
Gage,M.	133	Hae	Gamm	193	Hallow	Gatti	263	Harding	Genn	333	Hartm
Gagi	134	Hael	Gamo	194	Halm	Gau	264	Hardinge	Genne	334	Harto
Gagl	135	Haen	Gan	195	Halp	Gauc	265	Hardo	Geno	335	Harts
Gago	136	Haer	Gando	196	Hals	Gaud	266	Hardt	Gens	336	Hartu
Gai	137	Haeu	Gang	197	Halt	Gaudi	267	Hardw	Gent	337	Hartw
Gail	138	Haf	Gann	198	Ham	Gauf	268	Hardy	Gentil	338	Hartz
Gaill	139	Hafi	Gans	199	Hamb	Gaul	269	Hardy,G.	Gentr	339	Harv
Gaim	141	Hag	Gant	211	Hamd	Gault	271	Hardy,M.	Genu	341	Harvey
Gain	142	Hagem	Gar	212	Hame	Gaun	272	Hardy,S.	Geo	342	Harvey,M.
Gains	143	Hagen	Garb	213	Hameli	Gaur	273	Hardy,W.	Geof	343	Harw
Gair	144	Hager	Garbo	214	Hamer	Gaus	274	Hare	Geoffri	344	Has
Gaj	145	Hagg	Garc	215	Hamert	Gaut	275	Hare,M.	Geoffro	345	Hasd
Gal	146	Hags	Garci	216	Hami	Gauth	276	Haren	Geor	346	Hase
Galau	147	Hagu	Gard	217	Hamil	Gauti	277	Harew	George	347	Hasel
Galb	148	Hah	Garde	218	Hamilton,G.	Gauz	278	Harf	George,H.	348	Hasen
Gald	149	Hai	Gardi	219	Hamilton,M.	Gav	279	Harg	George,S.	349	Hask
Gale	151	Hail	Gardiner	221	Hamilton,S.	Gavau	281	Hari	Georges	351	Haski
Gale,M.	152	Hain	Gardiner,H.	222	Hamilton,W.	Gave	282	Hario	Georgi	352	Hasl
Galen	153	Haines	Gardiner,M.	223	Haml	Gavi	283	Harl	Gep	353	Hass
Galer	154	Haj	Gardiner,S.	224	Hamm	Gaw	284	Harle	Ger	354	Hasse
Galf	155	Hak	Gardn	225	Hammo	Gay	285	Harley	Geran	355	Hassel
Gali	156	Hakl	Gardner	226	Hammond,G.	Gaye	286	Harlo	Gerar	356	Hast
Galig	157	Hal	Gardner,H.	227	Hammond,M.	Gayl	287	Harm	Gerard,M.	357	Hastings
Galil	158	Hald	Gardner,P.	228	Hamo	Gayo	288	Harmo	Gerardi	358	Hastings,M.
Galit	159	Halde	Gare	229	Hamp	Gaz	289	Harn	Gerau	359	Hasw
Galitz	161	Hale	Garf	231	Hamps	Gazo	291	Harni	Gerb	361	Hat
Gall	162	Hale,G.	Gari	232	Hampt	Ge	292	Haro	Gerber	362	Hatf
Gallan	163	Hale,M.	Garl	233	Han	Geb	293	Harp	Gerbi	363	Hath
Gallat	164	Hale,S.	Garn	234	Hanc	Gec	294	Harper,G.	Gerbo	364	Hathert
Gallau	165	Hale,W.	Garnet	235	Hancock,M.	Ged	295	Harper,M.	Gerc	365	Hats
Galle	166	Halen	Garni	236	Hand	Gedi	296	Harr	Gerd	366	Hatt
Gallet	167	Hales	Garo	237	Hane	Gee	297	Harri	Gere	367	Hatz
Galli	168	Halet	Garr	238	Hanf	Geer	298	Harriman,M.	Gerh	368	Hau
Gallim	169	Half	Garre	239	Hang	Gef	299	Harrin	Geri	369	Hauf

Gerl — Gonn / Haug — Hij

Gerl	371	Haug	Gibbons	441	Heathe	Giot	511	Heng	Gn	571	Hersc
Germ	372	Haul	Gibbs	442	Heato	Giov	512	Henk	Gni	572	Herse
German	373	Haun	Gibbs,H.	443	Heb	Giove	513	Henkel	Go	573	Hert
Germi	374	Haup	Gibbs,S.	444	Heben	Giovi	514	Henl	Gob	574	Hertf
Germo	375	Haur	Gibe	445	Heber	Gir	515	Henn	Gobi	575	Herts
Gern	376	Haus	Gibi	446	Hebert	Giral	516	Henni	Goc	576	Hertz
Gero	377	Hauss	Gibn	447	Hec	Girar	517	Hennin	God	577	Herv
Gerr	378	Hausso	Gibs	448	Heck	Girard M	518	Henr	Godd	578	Hervey
Gerry	379	Haut	Gibson,H.	449	Hecker	Girarde	519	Henrio	Gode	579	Hervey,M.
Gers	381	Hautem	Gibson,S.	451	Hect	Girardi	521	Henry	Godef	581	Herw
Gerso	382	Hautp	Gic	452	Hed	Girau	522	Henry,G.	Godes	582	Herz
Gerst	383	Hav	Gid	453	Hedg	Giraul	523	Henry,M.	Godf	583	Hes
Gert	384	Havel	Gie	454	Hedi	Gird	524	Henry,S.	Godi	584	Hese
Gerv	385	Haven	Gies	455	Hedl	Giri	525	Henry,W.	Godin	585	Hesm
Gervas	386	Haven,M.	Gif	456	Hedo	Giro	526	Hens	Godk	586	Hess
Gervi	387	Haver	Giffe	457	Hedw	Giron	527	Hent	Godm	587	Hesse
Gery	388	Havi	Giffo	458	Hee	Girou	528	Hentz	Godo	588	Hest
Ges	389	Haw	Gig	459	Heer	Girt	529	Hep	Godon	589	Het
Gesn	391	Hawes	Gigo	461	Hef	Gis	531	Her	Godw	591	Hett
Gess	392	Hawk	Gih	462	Heg	Gise	532	Herar	Godwin,M	592	Heu
Gest	393	Hawkins	Gil	463	Heges	Gisl	533	Herau	Goe	593	Heum
Get	394	Hawkins,M.	Gilbert	464	Hegh	Gism	534	Herb	Goed	594	Heur
Geu	395	Hawks	Gilbert,J.	465	Hei	Giso	535	Herber	Goel	595	Heus
Gev	396	Hawl	Gilbert,S.	466	Heil	Git	536	Herbert	Goep	596	Hev
Gey	397	Hawo	Gilc	467	Heim	Giu	537	Herbert,M.	Goer	597	Hew
Gez	398	Haws	Gild	468	Hein	Gius	538	Herbi	Goes	598	Hewe
Gf	399	Hawt	Gildo	469	Heinr	Giv	539	Herc	Goet	599	Hewi
Gh	411	Hax	Gile	471	Heins	Gl	541	Herd	Goetz	611	Hewit
Ghei	412	Hay	Giles	472	Heinz	Glad	542	Here	Gof	612	Hewl
Gher	413	Hay,M.	Gilf	473	Heis	Glads	543	Hereu	Gog	613	Hews
Gherard	414	Hayden	Gili	474	Hel	Glai	544	Herf	Goh	614	Hex
Gherardi	415	Hayden,M.	Gill	475	Heli	Glan	545	Herg	Goi	615	Hey
Gherardo	416	Haydon	Gille	476	Hell	Glanv	546	Heri	Gois	616	Heyf
Gherl	417	Haye	Gilles	477	Helle	Glap	547	Herio	Gol	617	Heyl
Ghes	418	Hayes,M.	Gillesp	478	Helm	Glas	548	Heris	Gold	618	Heym
Ghey	419	Hayg	Gillet	479	Helmh	Glass	549	Herl	Goldi	619	Heyn
Ghez	421	Hayl	Gilli	481	Helmo	Glau	551	Herm	Goldo	621	Heys
Ghi	422	Haym	Gillm	482	Helo	Glauc	552	Hermann	Golds	622	Heyw
Ghid	423	Hayn	Gillo	483	Help	Glaz	553	Herme	Goldsc	623	Hi
Ghil	424	Haynes	Gills	484	Helps	Gle	554	Hermi	Goldsm	624	Hib
Ghir	425	Hays	Gilly	485	Helv	Gled	555	Hermo	Gole	625	Hibo
Ghis	426	Hayt	Gilm	486	Helw	Glei	556	Hermon	Goli	626	Hic
Ghisli	427	Hayw	Gilman	487	Hem	Gleig	557	Hern	Golo	627	Hick
Gi	428	Haz	Gilmo	488	Heme	Glen	558	Hernd	Golov	628	Hicke
Giac	429	Haze	Gilp	489	Hemm	Gli	559	Hero	Golt	629	Hicko
Gial	431	Hazl	Gim	491	Hemp	Glin	561	Herol	Gom	631	Hicks
Giam	432	He	Gin	492	Hems	Glo	562	Heron	Gombe	632	Hid
Gian	433	Headl	Gino	493	Hen	Glos	563	Herp	Gome	633	Hie
Gianno	434	Heal	Gio	494	Henc	Glou	564	Herr	Gomm	634	Hig
Giar	435	Hear	Giof	495	Hend	Glov	565	Herrer	Gon	635	Higg
Giat	436	Hearn	Giol	496	Henderson	Glover	566	Herri	Gond	636	Higgins
Gib	437	Heat	Gior	497	Henderson,M.	Glu	567	Herrin	Gondi	637	Higginson
Gibbe	438	Heath,M.	Giorg	498	Hendr	Gly	568	Herrn	Gone	638	High
Gibbo	439	Heathc	Giorgio	499	Henf	Gm	569	Hers	Gonn	639	Hij

Gont	641	Hil	Goun	711	Hoffman,M.	Grat	771	Hond	Grew	841	Hour
Gonz	642	Hild	Goup	712	Hofl	Grati	772	Hone	Grey	842	Hous
Gonzal	643	Hilder	Gour	713	Hofm	Gratt	773	Honi	Grey,G.	843	Houst
Goo	644	Hildr	Gourd	714	Hog	Grau	774	Hono	Grey,M.	844	Hout
Gooc	645	Hill	Gourg	715	Hogar	Grav	775	Hont	Grey,S.	845	Hov
Good	646	Hill,G.	Gourl	716	Hogg	Graves	776	Hoo	Gri	846	Hovey
Goode	647	Hill,M.	Gous	717	Hoh	Gravi	777	Hood,M.	Grid	847	How
Goodel	648	Hill,S.	Gout	718	Hohenl	Gray	778	Hoof	Grie	848	Howard
Gooden	649	Hilla	Gouv	719	Hohenz	Gray,G.	779	Hoog	Grif	849	Howard,G.
Goodf	651	Hille	Gov	721	Hok	Gray,M.	781	Hook	Griffin	851	Howard,M.
Goodh	652	Hiller	Gow	722	Hol	Gray,S.	782	Hooke	Griffin,M.	852	Howard,S.
Goodm	653	Hillh	Gower	723	Holb	Gray,W.	783	Hooker	Griffith	853	Howard,W.
Goodr	654	Hilli	Goy	724	Holbr	Grays	784	Hooker,M.	Griffith,M.	854	Howd
Goodrich,M.	655	Hills	Goz	725	Holc	Graz	785	Hoop	Griffiths	855	Howe
Goodw	656	Hilt	Gr	726	Hold	Gre	786	Hooper,G.	Griffo	856	Howe,G.
Goodwin,M.	657	Him	Grab	727	Holder	Greav	787	Hooper,M.	Grig	857	Howe,M.
Goody	658	Himi	Graber	728	Holds	Greb	788	Hooper,S.	Gril	858	Howe,S.
Gook	659	Hin	Grac	729	Hole	Grec	789	Hoor	Grillo	859	Howel
Gor	661	Hincks	Graci	731	Holg	Greco	791	Hop	Grim	861	Howi
Gordon	662	Hind	Grad	732	Holi	Gred	792	Hopf	Grime	862	Howis
Gordon,G.	663	Hing	Grado	733	Holl	Gree	793	Hopk	Grimk	863	Howit
Gordon,M.	664	Hinr	Grae	734	Holland	Greel	794	Hopkins,G.	Grimm	864	Howl
Gordon,S.	665	Hins	Graes	735	Holland,G.	Green	795	Hopkins,M.	Grimo	865	Howle
Gore	666	Hint	Graf	736	Holland,M.	Green,G.	796	Hopkins,S.	Grin	866	Hows
Gorg	667	Hip	Graft	737	Holland,S.	Green,M.	797	Hopkinson	Grinf	867	Hox
Gorh	668	Hir	Grah	738	Holley	Green,S.	798	Hopp	Grinn	868	Hoy
Gori	669	Hirs	Graham,G.	739	Holli	Greene	799	Hopt	Gris	869	Hoyt
Gorm	671	Hirt	Graham,M.	741	Hollin	Greene,J.	811	Hor	Grisw	871	Hoyt,M.
Goro	672	Hirz	Graham,S.	742	Hollis	Greene,S.	812	Horl	Griv	872	Hoz
Gorr	673	His	Grai	743	Hollis,M.	Greenh	813	Horn	Gro	873	Hr
Gors	674	Hit	Gral	744	Hollist	Greenl	814	Hornb	Groe	874	Hu
Gort	675	Hitchi	Gram	745	Hollo	Greeno	815	Horne	Grol	875	Hub
Gos	676	Hitt	Grammo	746	Holly	Greenw	816	Horner	Gron	876	Hubbard,M.
Goss	677	Hj	Gramo	747	Holm	Gref	817	Hors	Gros	877	Hube
Gosse	678	Ho	Gran	748	Holme	Greg	818	Horsl	Gross	878	Hubert
Gossel	679	Hoar	Granc	749	Holmes	Gregg	819	Horst	Grosv	879	Hubn
Gosso	681	Hob	Grand	751	Holmes,G.	Gregori	821	Hort	Grot	881	Hubs
Gost	682	Hobb	Grandes	752	Holmes,M.	Gregory	822	Horten	Grou	882	Huc
Got	683	Hobh	Grandi	753	Holmes,S.	Gregory,M.	823	Horto	Grov	883	Hud
Goth	684	Hobs	Grandm	754	Holo	Grei	824	Horw	Groves	884	Huddl
Gott	685	Hoc	Grandv	755	Holr	Grel	825	Hos	Gru	885	Huds
Gotti	686	Hocd	Grane	756	Hols	Gren	826	Hosk	Grue	886	Hudson,M.
Gottis	687	Hod	Grang	757	Holste	Greni	827	Hosm	Grul	887	Hue
Gou	688	Hodg	Granger	758	Holt	Grenv	828	Hosp	Grun	888	Huet
Gouf	689	Hodges,M.	Grani	759	Holw	Grep	829	Hoss	Grund	889	Huf
Goug	691	Hodgs	Grant	761	Holy	Gres	831	Host	Grune	891	Hug
Gough	692	Hods	Grant,H.	762	Holz	Gress	832	Hot	Grup	892	Hugh
Gouj	693	Hoe	Grant,S.	763	Hom	Gresw	833	Hotm	Grut	893	Hughes
Goul	694	Hoel	Grantl	764	Homb	Gret	834	Hott	Gry	894	Hughes,M.
Goulb	695	Hoes	Granv	765	Home	Gretto	835	Hou	Gryp	895	Hugo
Gould	696	Hoey	Grap	766	Homer	Greu	836	Houd	Gu	896	Hugon
Gould,J.	697	Hof	Gras	767	Homes	Grev	837	Houe	Guad	897	Hugu
Gould,S.	698	Hoff	Grass	768	Homm	Grevi	838	Houg	Guai	898	Hugui
Gouls	699	Hoffm	Grassi	769	Hon	Grevy	839	Houn	Gual	899	Hui

Guald — Gyz / Huit — Hyr   Ja — Jy / Ka — Ky

Guald	911	Huit	Gul	971	Husk
Gualt	912	Hul	Gulg	972	Huss
Guan	913	Hull	Gull	973	Hut
Guar	914	Hulli	Gum	974	Hutchins
Guari	915	Hulm	Gun	975	Hutchinson
Guarn	916	Hulo	Gunn	976	Hutchinson,G.
Guas	917	Huls	Gunt	977	Hutchinson,M.
Guat	918	Hum	Gur	978	Hutchinson,S.
Guaz	919	Humb	Gure	979	Huth
Gub	921	Hume	Gurn	981	Huti
Gud	922	Hume,M.	Gus	982	Hutt
Gudm	923	Humf	Gut	983	Hutter
Gue	924	Humi	Guth	984	Hutto
Guel	925	Humm	Gutt	985	Hutton,M.
Guen	926	Hump	Guy	986	Hux
Gueno	927	Humphreys	Guyar	987	Huy
Guep	928	Humphri	Guye	988	Huys
Guer	929	Humps	Guyo	989	Huz
Guere	931	Hun	Guys	991	Hw
Gueri	932	Hunc	Guyt	992	Hy
Guern	933	Hund	Guz	993	Hyde
Guerr	934	Hune	Gw	994	Hyde,H.
Guerri	935	Hunf	Gwy	995	Hyde,P.
Gues	936	Hung	Gy	996	Hyl
Guet	937	Huni	Gyll	997	Hyn
Gueu	938	Hunn	Gys	998	Hyp
Guev	939	Hunt	Gyz	999	Hyr
Guf	941	Hunt,G.			
Gug	942	Hunt,M.			
Gui	943	Hunt,S.			
Guib	944	Hunte			
Guic	945	Hunter			
Guid	946	Hunter,M.			
Guidi	947	Hunter,S.			
Guido	948	Hunting			
Guie	949	Huntington			
Guig	951	Huntington,G.			
Guij	952	Huntington,M.			
Guil	953	Huntington,S.			
Guild	954	Huntl			
Guild,M.	955	Hunto			
Guile	956	Hunts			
Guill	957	Huo			
Guille	958	Hup			
Guilli	959	Hur			
Guillo	961	Hurd,M.			
Guillot	962	Hurdi			
Guim	963	Hure			
Guin	964	Huri			
Guir	965	Hurl			
Guis	966	Hurls			
Guise	967	Hurt			
Guit	968	Hus			
Guiz	969	Huse			

Ja	11	Ka	Johnson,W.	71	Knight,M.
Jac	12	Kah	Johnst	72	Kno
Jackson,J.	13	Kai	Johnston,M.	73	Know
Jackson,S.	14	Kal	Joi	74	Knox
Jaco	15	Kam	Jol	75	Ko
Jacobi	16	Kan	Jon	76	Koc
Jacobs	17	Kap	Jones,G.	77	Koe
Jacop	18	Kar	Jones,M.	78	Koen
Jacq	19	Kas	Jones,S.	79	Koh
Jacqui	21	Kau	Jons	81	Kol
Jae	22	Kaw	Jor	82	Kon
Jaf	23	Kay	Jos	83	Kop
Jag	24	Ke	Joss	84	Kor
Jah	25	Keat	Jot	85	Kort
Jal	26	Kee	Jou	86	Kos
Jam	27	Kei	Jow	87	Kot
James,M.	28	Keith	Joy	88	Kou
James,S.	29	Kel	Joyc	89	Kr
Jameso	31	Kem	Ju	91	Krau
Jami	32	Kemp	Jud	92	Kre
Jan	33	Ken	Juds	93	Kro
Jann	34	Kenn	Jul	94	Kru
Jans	35	Kennedy	Jun	95	Ku
Jaq	36	Kennedy,M.	Jus	96	Kuh
Jar	37	Kent	Juv	97	Kus
Jarv	38	Kep	Jux	98	Kw
Jas	39	Ker	Jy	99	Ky
Jau	41	Kerr			
Jay	42	Kes			
Je	43	Ket			
Jeb	44	Key			
Jeff	45	Kh			
Jeffre	46	Ki			
Jeffri	47	Kie			
Jel	48	Kil			
Jem	49	Kim			
Jen	51	Kin			
Jenk	52	King			
Jenks	53	King,J.			
Jenn	54	King,P.			
Jer	55	Kings			
Jero	56	Kins			
Jerv	57	Kip			
Jes	58	Kir			
Jew	59	Kirk			
Ji	61	Kirs			
Jo	62	Kit			
Joc	63	Kl			
Joe	64	Klein			
Joh	65	Kli			
Johnso	66	Klo			
Johnson,G.	67	Kn			
Johnson,M.	68	Kne			
Johnson,S.	69	Kni			

La — Lauderd / Ma — Marshall.M.

La	111	Ma	Lafu	171	Maco	Lams	241	Malb	Lape	311	Maran
Lab	112	Mab	Lag	172	Macp	Lamy	242	Malc	Laph	312	Marb
Labar	113	Mac	Lagar	173	Macq	Lan	243	Malco	Lapi	313	Marc
Labat	114	Macal	Lage	174	Macr	Lanc	244	Mald	Lapl	314	Marcel
Labbe	115	Macar	Lagi	175	Macs	Lancaster,M.	245	Male	Lapo	315	March
Labe	116	Macart	Lagn	176	Macv	Lance	246	Males	Lapp	316	Marche
Labeo	117	Macau	Lago	177	Macw	Lancel	247	Malet	Lapr	317	Marchet
Labi	118	Macb	Lagr	178	Mad	Lancey	248	Malev	Lar	318	Marchm
Labil	119	Macbr	Lagre	179	Madd	Lanci	249	Malh	Larc	319	Marci
Labl	121	Macc	Lagu	181	Made	Lanco	251	Mali	Lard	321	Marco
Labo	122	Maccal	Lagui	182	Madi	Lancr	252	Mall	Larg	322	Marcu
Labor	123	Maccar	Lah	183	Mado	Land	253	Mallet	Lari	323	Mare
Labou	124	Macch	Laho	184	Mae	Lande	254	Malli	Lark	324	Maren
Labour	125	Macci	Lai	185	Mael	Lander	255	Mallo	Larn	325	Mares
Labr	126	Maccl	Lain	186	Maes	Landes	256	Malm	Laro	326	Maret
Labru	127	Maccli	Laing	187	Maf	Landi	257	Malo	Larochef	327	Marg
Lac	128	Macclu	Lair	188	Mag	Lando	258	Malou	Larochej	328	Marge
Lacam	129	Macco	Lais	189	Magat	Landon	259	Malp	Larom	329	Margo
Lace	131	Maccor	Laj	191	Mage	Landor	261	Malt	Laron	331	Margu
Lach	132	Maccr	Lak	192	Magen	Landr	262	Malv	Larou	332	Mari
Lachap	133	Maccu	Lal	193	Magg	Lands	263	Mam	Larr	333	Marian
Lachas	134	Macd	Lalann	194	Magi	Landu	264	Mame	Larri	334	Marie
Lachat	135	Macdon	Lali	195	Magl	Lane	265	Mami	Lart	335	Marig
Lachau	136	Macdonn	Lall	196	Magn	Lane,M.	266	Man	Laru	336	Maril
Lache	137	Macdou	Lalle	197	Magni	Laneh	267	Manas	Las	337	Marin
Lachm	138	Macdow	Lalli	198	Magno	Lanf	268	Manc	Lasal	338	Marine
Laci	139	Macdu	Lallo	199	Magnu	Lang	269	Manci	Lasan	339	Marini
Lack	141	Mace	Lally	211	Mago	Lang,M.	271	Mand	Lasc	341	Mario
Laco	142	Macer	Lalo	212	Magr	Langd	272	Mander	Lasco	342	Mariot
Lacor	143	Macf	Lam	213	Magu	Langdo	273	Mandr	Lase	343	Mariu
Lacos	144	Macfi	Laman	214	Mah	Lange	274	Mane	Lasi	344	Marj
Lacou	145	Macg	Lamar	215	Mahm	Langen	275	Manet	Lask	345	Mark
Lacr	146	Macgo	Lamarm	216	Maho	Langer	276	Manf	Lass	346	Markl
Lacro	147	Macgr	amart	217	Mai	Langet	277	Mang	Lasse	347	Marl
Lacros	148	Macgu	Lamb	218	Maig	Langf	278	Mani	Lassu	348	Marli
Lacru	149	Mach	Lamba	219	Mail	Langh	279	Manl	Last	349	Marlo
Lact	151	Macho	Lambe	221	Maille	Langi	281	Mann	Lat	351	Marm
Lacy	152	Maci	Lambert	222	Mailly	Langl	282	Mann,M.	Lath	352	Marmon
Lad	153	Mack	Lamberti	223	Maim	Langle	283	Manni	Lathr	353	Marn
Ladd	154	Macke	Lambi	224	Main	Langlo	284	Manning,M.	Lathrop,G.	354	Maro
Ladi	155	Macken	Lambo	225	Maine	Langr	285	Manno	Lathrop,M.	355	Marot
Lado	156	Mackenz	Lambr	226	Maint	Langt	286	Mans	Lati	356	Marou
Ladr	157	Mackenzie,M.L	Lambt	227	Mainw	Langu	287	Mansf	Latim	357	Marq
Lae	158	Macki	Lame	228	Mair	Lanj	288	Mansi	Lato	358	Marr
Laf	159	Mackn	Lamet	229	Mairo	Lank	289	Manso	Latour	359	Marri
Lafay	161	Macl	Lami	231	Mais	Lanm	291	Mant	Latourr	361	Marro
Lafe	162	Maclay	Lamir	232	Mait	Lann	292	Mantel	Latr	362	Marry
Laff	163	Macle	Lamo	233	Maj	Lano	293	Manto	Latri	363	Mars
Lafi	164	Maclel	Lamon	234	Majo	Lans	294	Manu	Latro	364	Marsd
Lafo	165	Macleo	Lamot	235	Mak	Lansd	295	Manv	Latu	365	Marsh
Lafont	166	Maclu	Lamou	236	Mal	Lant	296	Manz	Lau	366	Marsh,M.
Lafor	167	Macm	Lamp	237	Malan	Lanz	297	Map	Laud	367	Marshall
Lafos	168	Macmu	Lampi	238	Malas	Lao	298	Mar	Laude	368	Marshall,G.
Lafr	169	Macn	Lampr	239	Malat	Lap	299	Marai	Lauderd	369	Marshall,M.

Laudi — Lessi / Marshm — Milc

Laudi	371	Marshm	Leb	441	Matthews,M.	Legen	511	Meier	Lenoir	571	Merril
Laudo	372	Marsi	Lebe	442	Matthews,S.	Leger	512	Meig	Lenor	572	Merrit
Lauf	373	Marso	Leber	443	Matthi	Legg	513	Meil	Lens	573	Merry
Laug	374	Marst	Lebi	444	Matti	Legi	514	Mein	Lent	574	Mers
Laum	375	Mart	Lebl	445	Matu	Legn	515	Meis	Lenz	575	Mert
Laun	376	Martel	Leblo	446	Maty	Lego	516	Mej	Leo	576	Merv
Laur	377	Marten	Lebo	447	Mau	Legr	517	Mel	Leod	577	Merz
Laure	378	Marti	Lebor	448	Mauds	Legras	518	Melc	Leof	578	Mes
Laurenc	379	Martin	Lebou	449	Maug	Legro	519	Mele	Leon	579	Mesm
Laurens	381	Martin,G.	Lebr	451	Maun	Legu	521	Melf	Leonard	581	Mesn
Laurent	382	Martin,M.	Lebret	452	Maup	Leh	522	Meli	Leonc	582	Mesni
Laurenti	383	Martin,S.	Lebri	453	Maur	Lehm	523	Melis	Leone	583	Mess
Lauri	384	Martind	Lebru	454	Mauri	Leho	524	Mell	Leonh	584	Messe
Laurie	385	Martine	Lec	455	Maurice,M.	Lei	525	Mellen	Leoni	585	Messi
Lauris	386	Martini	Lecar	456	Maurit	Leic	526	Melli	Leont	586	Mest
Lauro	387	Marto	Lecc	457	Mauro	Leid	527	Mello	Leop	587	Met
Laus	388	Martu	Lech	458	Mauru	Leig	528	Melo	Leot	588	Metc
Laut	389	Marty	Leche	459	Maury	Leigh,M.	529	Melu	Leow	589	Mete
Lauv	391	Marv	Leck	461	Mav	Lein	531	Melv	Lep	591	Metey
Lav	392	Marx	Lecl	462	Maw	Leis	532	Melz	Lepai	592	Meth
Lavale	393	Mary	Leclu	463	Max	Leit	533	Mem	Lepau	593	Meto
Lavall	394	Mas	Leco	464	Maxi	Lej	534	Men	Lepe	594	Metr
Lavalli	395	Masc	Lecom	465	Maxw	Lejo	535	Menar	Lepell	595	Mett
Lavar	396	Mase	Lecon	466	May	Lek	536	Menc	Lepi	596	Metz
Lavat	397	Mash	Lecoq	467	May,M.	Lel	537	Mend	Lepl	597	Meu
Lavau	398	Maso	Lecou	468	Mayer	Leland,M.	538	Mendes	Lepo	598	Meur
Lave	399	Mason,G.	Lecr	469	Mayh	Lele	539	Mendo	Lepr	599	Meus
Lavi	411	Mason,M.	Lect	471	Mayn	Leli	541	Mene	Leps	611	Mew
Lavil	412	Mason,S.	Led	472	Mayne	Lell	542	Menen	Lepu	612	Mey
Lavis	413	Masq	Lede	473	Mayo	Lelo	543	Menes	Leq	613	Meyer,M.
Lavo	414	Mass	Ledo	474	Mayr	Lem	544	Meng	Ler	614	Meyn
Law	415	Masse	Ledr	475	Maz	Lemai	545	Meni	Lerd	615	Meyr
Law,M.	416	Massey	Ledy	476	Maze	Lemais	546	Menl	Lerm	616	Meys
Lawe	417	Massi	Lee	477	Mazz	Lemait	547	Menn	Lero	617	Mez
Lawl	418	Massing	Lee,G.	478	Mazzon	Lemar	548	Mens	Leroux	618	Mi
Lawrence	419	Masso	Lee,M.	479	Me	Lemas	549	Ment	Leroy	619	Mic
Lawrence,G.	421	Masson,M.	Lee,S.	481	Meade	Leme	551	Menz	Leroy,M.	621	Mich
Lawrence,M.	422	Massu	Lee,W.	482	Meado	Lemere	552	Mer	Les	622	Michau
Lawrence,S.	423	Mast	Leec	483	Mean	Lemet	553	Merc	Lesb	623	Miche
Lawrence,W.	424	Masu	Leed	484	Meas	Lemi	554	Mercer	Lesc	624	Michi
Laws	425	Mat	Leek	485	Meb	Lemo	555	Merci	Lesch	625	Micho
Lay	426	Math	Leen	486	Mec	Lemon	556	Merco	Lesco	626	Mico
Layc	427	Mather	Lees	487	Meck	Lemonn	557	Mercy	Lescu	627	Mid
Layn	428	Mathew	Lef	488	Med	Lemot	558	Mere	Lesd	628	Middleton
Layt	429	Mathews	Lefebv	489	Medi	Lemoy	559	Meredith	Lesg	629	Middleton,M
									Lesl	631	Mie
Laz	431	Mathi	Lefer	491	Medn	Lemp	561	Meri	Lesley	632	Mier
Lazz	432	Matho	Lefeu	492	Medo	Lemu	562	Merin	Lesley,M.	633	Mif
Le	433	Mati	Lefev	493	Medu	Len	563	Meriv	Leslie	634	Mig
Leac	434	Mats	Lefo	494	Mee	Lend	564	Merl	Leslie,G.	635	Mign
Leak	435	Matt	Lefr	495	Meer	Lene	565	Merli	Leslie,M.	636	Migno
Leam	436	Matth	Leg	496	Meg	Leng	566	Merm	Leslie,S.	637	Mil
Lean	437	Matthew	Legar	497	Meger	Lenn	567	Mero	Less	638	Milb
Lear	438	Matthews	Legat	498	Meh	Lennox	568	Merr	Lessi	639	Milc
Leav	439	Matthews,G.	Lege	499	Mei	Leno	569	Merrif			

Lesso	641	Mild	Lici	711	Mohu	Lisl	771	Montc	Lombard	841	Morell
Lest	642	Mile	Lid	712	Moi	Liss	772	Monte	Lombardi	842	Morelli
Lestr	643	Miles	Liddo	713	Moir	List	773	Monteb	Lombe	843	Moren
Lesu	644	Milf	Lide	714	Mois	Lisz	774	Montef	Lombr	844	Moret
Let	645	Mill	Lido	715	Moit	Lit	775	Monteg	Lome	845	Moreti
Letell	646	Mille	Lie	716	Mok	Litch	776	Montel	Lomo	846	Morf
Leth	647	Miller	Liebn	717	Mol	Litte	777	Montem	Lon	847	Morg
Leti	648	Miller,G.	Liec	718	Mole	Littl	778	Monter	Long	848	Morgan,G
Leto	649	Miller,M.	Lief	719	Moles	Littleb	779	Montes	Long,M.	849	Morgan,M.
Lett	651	Miller,S.	Lieu	721	Moli	Littlet	781	Montess	Longc	851	Morge
Leu	652	Miller,W.	Liev	722	Molin	Littr	782	Montf	Longe	852	Morgeus
Leul	653	Millet	Lig	723	Molini	Liu	783	Montfl	Longf	853	Morh
Leus	654	Milli	Lightf	724	Molis	Liv	784	Montfo	Longh	854	Mori
Lev	655	Millin	Lign	725	Molit	Livermore,M.	785	Montg	Longi	855	Morie
Levas	656	Millo	Ligo	726	Moll	Livings	786	Montgo	Longl	856	Morig
Leve	657	Mills	Ligu	727	Mollo	Livingston,M	787	Montgomery	Longs	857	Moril
Lever	658	Milm	Lil	728	Molo	Livingstone	788	Montgomery,M	Longu	858	Morin
Lever,M.	659	Miln	Lill	729	Molt	Liz	789	Month	Longus	859	Morini
Levere	661	Milo	Lily	731	Moly	Ll	791	Monti	Loni	861	Moris
Leves	662	Milt	Lim	732	Mom	Llo	792	Montig	Lons	862	Morit
Levet	663	Min	Limb	733	Momm	Lloyd	793	Montl	Loo	863	Morl
Levi	664	Mine	Limi	734	Mon	Lly	794	Montlu	Lop	864	Morle
Levin	665	Mini	Lin	735	Monal	Lo	795	Montm	Lor	865	Morlo
Levis	666	Mino	Linc	736	Monas	Lob	796	Montmi	Lord	866	Morn
Levr	667	Mint	Lincoln,G.	737	Monc	Lobe	797	Montmo	Lord,M.	867	Moro
Levy	668	Minu	Lincoln,M.	738	Moncl	Lobk	798	Monto	Lore	868	Moron
Lew	669	Mio	Lincoln,S.	739	Moncr	Lobo	799	Montp	Lorenz	869	Moros
Lewe	671	Mir	Lincoln,W.	741	Mond	Loc	811	Montr	Lorg	871	Moroz
Lewin	672	Miran	Lind	742	Mone	Loch	812	Montri	Lori	872	Morr
Lewis	673	Mirb	Linde	743	Mong	Lock	813	Montro	Loring	873	Morrell
Lewis,G.	674	Mire	Linden	744	Moni	Locke	814	Montv	Loring,M	874	Morri
Lewis,M.	675	Miri	Lindes	745	Monk	Locker	815	Monu	Lorm	875	Morris
Lewis,S.	676	Miro	Lindl	746	Monl	Lockh	816	Monz	Lorr	876	Morris,G
Lewis,W.	677	Mirz	Lindn	747	Monm	Lockw	817	Moo	Lorry	877	Morris,M
Lewk	678	Mis	Linds	748	Monn	Locky	818	Moon	Lort	878	Morrison
Lex	679	Mit	Lindsay,M.	749	Monni	Loco	819	Moor	Los	879	Morrison,G
Ley	681	Mitchell	Lindsel	751	Mono	Lod	821	Moore	Loso	881	Morrison,M.
Leybu	682	Mitchell,M.	Lindsey	752	Monr	Lodg	822	Moore,G.	Lot	882	Morrison,S.
Leyd	683	Mitf	Lindsey,M.	753	Monroe	Lodi	823	Moore,M.	Loti	883	Morrison,W.
Leyl	684	Mith	Lindw	754	Mons	Lodo	824	Moore,S.	Lott	884	Mors
Leys	685	Mitt	Ling	755	Monso	Loe	825	Moore,W.	Lotz	885	Morse,G.
Lez	686	Mn	Lini	756	Monst	Loes	826	Moq	Lou	886	Morse,M.
Lezo	687	Mo	Linl	757	Mont	Loew	827	Mor	Loug	887	Mort
Lh	688	Moce	Linn	758	Montag	Lof	828	Moral	Loui	888	Morti
Lheu	689	Mod	Lins	759	Montague	Loft	829	Moran	Loun	889	Morto
Lho	691	Modes	Lint	761	Montai	Log	831	Morat	Loup	891	Morton,M.
Lhu	692	Modi	Linw	762	Montal	Loge	832	Moraz	Lour	892	Morv
Li	693	Moe	Lio	763	Montale	Loh	833	Morc	Lout	893	Mory
Lib	694	Moer	Lip	764	Montan	Loi	834	Mord	Louv	894	Mos
Liber	695	Mof	Lipp	765	Montano	Loisel	835	More	Louvo	895	Mosch
Libo	696	Mog	Lippm	766	Montar	Lok	836	More,M.	Lov	896	Moscho
Libr	697	Moh	Lips	767	Montau	Lol	837	Moreau	Love	897	Mose
Lic	698	Mohl	Lir	768	Montb	Lolm	838	Moreh	Lovel	898	Mosel
Licht	699	Mohr	Lis	769	Montbr	Lom	839	Morel	Lovell	899	Moser

Lovell, M. — Lyv / Moses — Myt

Lovell,M.	911	Moses
Low	912	Mosl
Lowe	913	Moss
Lowell	914	Mosso
Lowell,G	915	Most
Lowell,M	916	Mosto
Lowell,S	917	Mot
Lowi	918	Moth
Lown	919	Motl
Lowr	921	Mott
Lowt	922	Motte
Loy	923	Motz
Loys	924	Mou
Loz	925	Mouf
Lu	926	Moul
Lubbo	927	Moult
Lube	928	Moun
Lubi	929	Mour
Luc	931	Moure
Lucan	932	Mous
Lucas	933	Mouss
Lucc	934	Mout
Luce	935	Mov
Luch	936	Mow
Luci	937	Mox
Lucin	938	Moy
Luciu	939	Moz
Luck	941	Mu
Lucr	942	Muc
Lucy	943	Mud
Lud	944	Mudg
Ludl	945	Mudi
Ludo	946	Muel
Ludr	947	Mueller,M.
Ludw	948	Muen
Luf	949	Muf
Lug	951	Mug
Lui	952	Muh
Luis	953	Mui
Luk	954	Mul
Lul	955	Mulf
Lully	956	Mulg
Lum	957	Muli
Luml	958	Mull
Lums	959	Mulli
Lun	961	Mulr
Lund	962	Mum
Lung	963	Mun
Lunt	964	Munck
Lup	965	Mund
Lupt	966	Munf
Lur	967	Muno
Lus	968	Munr
Lush	969	Muns
Lusi	971	Munt
Luss	972	Mur
Lut	973	Murc
Luto	974	Murd
Lutz	975	Mure
Luv	976	Murg
Lux	977	Muri
Luy	978	Murp
Luz	979	Murr
Ly	981	Murray
Lycu	982	Murray,G.
Lyd	983	Murray,M.
Lye	984	Murray,S.
Lyl	985	Mus
Lym	986	Muse
Lyn	987	Musg
Lynd	988	Musp
Lynn	989	Muss
Lyo	991	Must
Lyr	992	Mut
Lys	993	Mutr
Lysi	994	Muz
Lyso	995	My
Lyt	996	Mye
Lyttl	997	Myl
Lytto	998	Myr
Lyv	999	Myt

Na	111	Pa	Nali	171	Palm	Nas	241	Parker,J.	Naumann	311	Patm
Naas	112	Pab	Nall	172	Palme	Nasaf	242	Parker,M.	Naun	312	Pato
Nab	113	Pac	Nals	173	Palmer	Nasal	243	Parker,S.	Naus	313	Patou
Nabb	114	Pacc	Nam	174	Palmer,G.	Nasc	244	Parker,W.	Nauss	314	Patr
Nabe	115	Pace	Nan	175	Palmer,M.	Nasco	245	Parkes	Nauz	315	Patt
Nabi	116	Pach	Nanc	176	Palmer,S.	Nase	246	Parkh	Nav	316	Patten
Nabo	117	Paci	Nane	177	Palmer,W.	Naser	247	Parki	Navag	317	Patterson
Nac	118	Pacin	Nang	178	Palmers	Nash	248	Parkinson,M	Navai	318	Patterson,M.
Nach	119	Pack	Nani	179	Palmi	Nash,F.	249	Parkman	Navar	319	Pattes
Nachi	121	Paco	Nanin	181	Palo	Nash,J.	251	Parkman,M.	Navarr	321	Patti
Nachm	122	Pacu	Nanini	182	Pals	Nash,M.	252	Parks	Navarro	322	Patto
Nacho	123	Pad	Nann	183	Palt	Nash,S.	253	Parm	Nave	323	Pau
Nacht	124	Pado	Nanni	184	Palu	Nasi	254	Parment	Navez	324	Paul
Nack	125	Padu	Nanno	185	Pam	Nasm	255	Parmi	Navi	325	Pauld
Nad	126	Pae	Nannu	186	Pamph	Nasmith	256	Parn	Navil	326	Paule
Nadal	127	Paez	Nanq	187	Pan	Nasmith,M.	257	Paro	Navo	327	Pauli
Nadar	128	Pag	Nans	188	Panc	Nasmyth	258	Parr	Naw	328	Paulin
Nadas	129	Pagani	Nanso	189	Pand	Nasmyth,M.	259	Parr,M.	Nawr	329	Paull
Nadast	131	Pagano	Nant	191	Pane	Naso	261	Parri	Nay	331	Paulm
Nadau	132	Page	Nanteu	192	Pani	Nasol	262	Parro	Nayli	332	Pauls
Nadaul	133	Page,M.	Nanti	193	Paniz	Nason	263	Parrot	Naylo	333	Paulu
Nade	134	Pagen	Nao	194	Pann	Nasr	264	Parry	Naz	333	Paus
Nader	135	Paget	Nap	195	Pano	Nass	265	Parry,M.	Nazar	335	Paut
Nadi	136	Pagi	Napier	196	Pans	Nassau	266	Pars	Nazo	336	Pauw
Nadj	137	Pagit	Napier,C.	197	Pant	Nasse	267	Parsons	Nazz	337	Pav
Nado	138	Pagl	Napier,F.	198	Panto	Nassi	268	Parsons,G.	Ne	338	Pavi
Nae	139	Pagn	Napier,J.	199	Panz	Nast	269	Parsons,M.	Neal,F.	339	Pavo
Naeg	141	Pah	Napier,M.	211	Pao	Nat	271	Parsons,S.	Neal,J.	341	Pax
Naek	142	Pai	Napier,S.	212	Paolo	Natali	272	Parsons,W.	Neal,M.	342	Paxt
Nael	143	Pail	Napier,W.	213	Pap	Natar	273	Part	Neal,S.	343	Pay
Naer	144	Pain	Napio	214	Pape	Nath	274	Parto	Neal,W.	344	Payer
Naev	145	Paine,G.	Napl	215	Papi	Nathans	275	Partr	Neale	345	Payn
Naf	146	Paine,M.	Napo	216	Papil	Nathu	276	Parv	Neale,G.	346	Payne
Nag	147	Paine,S.	Napp	217	Papin	Nati	277	Pas	Neale,M.	347	Pays
Nagi	148	Paint	Nar	218	Papo	Nativ	278	Pasc	Neale,S.	348	Paz
Nagl	149	Pais	Narbo	219	Paq	Nato	279	Pasch	Neander	349	Pe
Nagli	151	Paj	Narbor	221	Par	Natt	281	Pasco	Neander,J.	351	Peabody
Nago	152	Pak	Narc	222	Parad	Natte	282	Pasi	Neander,P.	352	Peabody,G.
Nah	153	Pal	Nard	223	Paran	Natti	283	Paso	Neap	353	Peabody,M.
Nahl	154	Palai	Nardin	224	Parav	Natto	284	Pasq	Near	354	Peabody,S.
Nai	155	Palaz	Nare	225	Parc	Natu	285	Pass	Neat	355	Peac
Nail	156	Pale	Nares	226	Pard	Natz	286	Passan	Neate	356	Peaco
Naim	157	Pales	Nares,M.	227	Pare	Nau	287	Passe	Neav	357	Peak
Nair	158	Paley	Narg	228	Paren	Naub	288	Passi	Neb	358	Peal
Nait	159	Palf	Nari	229	Parf	Nauc	289	Passo	Nebe	359	Pear
Naiv	161	Palg	Narin	231	Pari	Naud	291	Past	Neben	361	Pears
Naj	162	Pali	Narn	232	Paris	Naudet	292	Pasto	Nebr	362	Pearson,M.
Nak	163	Palis	Narp	233	Parish	Naudi	293	Pastor	Nebu	363	Peas
Nakw	164	Pall	Narr	234	Parisi	Naudo	294	Pat	Nec	364	Pec
Nal	165	Pallav	Nars	235	Park	Naue	295	Pate	Neck	365	Pecc
Naldi	166	Palle	Narst	236	Park,M.	Nauer	296	Paters	Necker	366	Peck
Naldin	167	Palli	Naru	237	Parke	Naug	297	Paterson,M.	Necker,M.	367	Peck,M.
Naldo	168	Pallis	Narv	238	Parker	Naul	298	Pati	Neco	368	Peckh
Nale	169	Pallu	Narvy	239	Parker,F.	Naum	299	Patis	Nect	369	Peco

Ned — Nicolau / Ped — Pilk

Ned	371	Ped	Nepo	441	Peri	Neve	511	Petti	Ney,P.	571	Philp
Nee	372	Pedro	Nepos	442	Perier	Nevel	512	Petty	Neyl	572	Phin
Neeb	373	Pee	Ner	443	Perig	Never	513	Petz	Neyn	573	Phip
Need	374	Peel	Nere	444	Perigo	Nevers	514	Peu	Neyr	574	Pho
Needham,M.	375	Peer	Neri	445	Perin	Nevers,G.	515	Pey	Nez	575	Phor
Neef	376	Peg	Nerin	446	Peris	Nevers,M.	516	Peyro	Ng	576	Phr
Neefe	377	Pei	Nerit	447	Perk	Nevers,S.	517	Peys	Ni	577	Phry
Neel	378	Peirc	Nerl	448	Perkins	Nevers,W.	518	Peyst	Nib	578	Phy
Neele	379	Peirs	Nero	449	Perkins,J.	Neveu	519	Peyt	Nibe	579	Pi
Neer	381	Pel	Neroc	451	Perkins,P.	Nevi	521	Pez	Nibo	581	Pian
Nees	382	Pelet	Neron	452	Pern	Nevill	522	Pezr	Nic	582	Piat
Nef	383	Pelh	Ners	453	Pero	Neville	523	Pf	Nican	583	Piatt
Neg	384	Peli	Neru	454	Perr	Neville,J.	524	Pfe	Nicc	584	Piaz
Negr	385	Pell	Nerv	455	Perre	Neville,P.	525	Pfei	Niccoli	585	Pic
Negri	386	Pelle	Nervet	456	Perri	Nevin	526	Pfeiffer	Niccolini	586	Picar
Negri,G.	387	Peller	Nes	457	Perrier	Nevins	527	Pfeiffer,M.	Niccolo	587	Picc
Negri,M.	388	Pellet	Nesb	458	Perrin	Nevins,M.	528	Pfen	Nice	588	Piccin
Negri,S.	389	Pellew	Nese	459	Perro	Nevit	529	Pfi	Nicep	589	Piccio
Negri,W.	391	Pelli	Nesl	461	Perrot	Nevy	531	Pfl	Nicer	591	Picco
Negrier	392	Pello	Nesm	462	Perry	New	532	Ph	Nicet	592	Pich
Negro	393	Pelt	Ness	463	Perry,G.	Newb	533	Phal	Nicetas	593	Picho
Negron	394	Pemb	Nessel	464	Perry,M.	Newbe	534	Phale	Nich	594	Pick
Neh	395	Pemberton	Nessi	465	Perry,S.	Newbu	535	Phan	Nichol	595	Picker
Nehr	396	Pembr	Nessm	466	Pers	Newc	536	Phar	Nichol,M.	596	Pickering,M
Nei	397	Pen	Nesso	467	Perso	Newco	537	Phe	Nicholas	597	Picket
Neil	398	Pendl	Nest	468	Pert	Newcomb,M.	538	Phel	Nicholas,J.	598	Pico
Neile	399	Penh	Net	469	Perti	Newcombe	539	Phelps,J.	Nicholas,P.	599	Picou
Neill	411	Peni	Nets	471	Peru	Newcome	541	Phelps,P.	Nicholl	611	Pict
Neill,J.	412	Penn	Nett	472	Pes	Newd	542	Pher	Nicholl,M.	612	Pid
Neill,P.	413	Pennel	Nette	473	Pesc	Newe	543	Phi	Nicholls	613	Pie
Neils	414	Penni	Netter	474	Pese	Newell	544	Phil	Nicholls,G.	614	Pien
Neip	415	Penno	Nettl	475	Pess	Newell,G.	545	Philb	Nicholls,M.	615	Pier
Neis	416	Penny	Nettleton	476	Pest	Newell,M.	546	Phile	Nichols	616	Pierce,G.
Neit	417	Penr	Neu	477	Pet	Newell,S.	547	Phili	Nichols,C.	617	Pierce,M.
Nek	418	Pens	Neube	478	Peter	Newh	548	Philid	Nichols,F.	618	Pierce,S.
Nel	419	Pent	Neud	479	Peterb	Newl	549	Philip	Nichols,J.	619	Pierl
Nell	421	Pep	Neue	481	Peters	Newm	551	Philipp	Nichols,M.	621	Pierp
Nelli	422	Pepi	Neuf	482	Peters,J.	Newman,D.	552	Philippi	Nichols,S.	622	Pierr
Nello	423	Pepo	Neufv	483	Peters,P.	Newman,J.	553	Philippu	Nichols,W.	623	Pierres
Nels	424	Pepp	Neug	484	Petersen	Newman,M.	554	Philips	Nicholson	624	Piers
Nelson,C.	425	Pepy	Neuh	485	Peterson	Newman,S.	555	Philips,M.	Nicholson,D.	625	Piet
Nelson,F.	426	Per	Neuk	486	Peth	Newman,W.	556	Phill	Nicholson,J.	626	Pietro
Nelson,J.	427	Perau	Neul	487	Peti	Newn	557	Phillip	Nicholson,M.	627	Pif
Nelson,M.	428	Perc	Neum	488	Petis	Newp	558	Phillips	Nicholson,S.	628	Pig
Nelson,R.	429	Perci	Neuman	489	Petit	Newt	559	Phillips,F.	Nicholson,W.	629	Pige
Nelson,S.	431	Percy	Neuman,G.	491	Petito	Newton	561	Phillips,J.	Nici	631	Pigg
Nelson,W.	432	Percy,M.	Neuman,M.	492	Peto	Newton,C.	562	Phillips,M.	Nick	632	Pign
Nem	433	Perd	Neumar	493	Petr	Newton,F.	563	Phillips,S.	Nico	633	Pigo
Nemi	434	Pere	Neun	494	Petrei	Newton,J.	564	Phillips,W.	Nicol	634	Pih
Nemn	435	Pereg	Neus	495	Petri	Newton,M.	565	Philo	Nicolai	635	Pik
Nemo	436	Perei	Neusi	496	Petrin	Newton,S.	566	Philoc	Nicolai,J.	636	Pike,M.
Nen	437	Perel	Neut	497	Petro	Newton,W.	567	Philom	Nicolai,P.	637	Pil
Neo	438	Perez	Neuv	498	Petru	Ney	568	Philos	Nicolas	638	Piles
Nep	439	Perg	Nev	499	Pett	Ney,J.	569	Philox	Nicolau	639	Pilk

Nicolay	641	Pill	Niles,S.	711	Planchet	Noes	771	Poll	Nori	841	Portaf
Nicole	642	Pillo	Niles,W.	712	Plane	Noet	772	Pollard,M.	Norm	842	Portal
Nicolet	643	Pilo	Nim	713	Plant	Nof	773	Polle	Norman,M.	843	Porte
Nicoli	644	Pim	Nin	714	Planti	Nog	774	Polli	Normanb	844	Porter
Nicoll	645	Pin	Nini	715	Plas	Nogaro	775	Pollio	Normand	845	Porter,F.
Nicollet	646	Pinar	Nino	716	Plat	Noge	776	Pollo	Normand,J.	846	Porter,J.
Nicolls	647	Pinc	Ninu	717	Platn	Nogh	777	Pollock,M.	Normand,P.	847	Porter,M.
Nicolls,J.	648	Pind	Nio	718	Plato	Nogu	778	Polo	Normandy	848	Porter,S.
Nicolls,P.	649	Pine	Nip	719	Platt	Noh	779	Polt	Normann	849	Porter,W.
Nicolo	651	Pinel	Niq	721	Plau	Nohr	781	Poly	Normant	851	Porth
Nicols	652	Pinet	Nis	722	Play	Noi	782	Polyc	Noro	852	Porti
Nicolson	653	Ping	Nisb	723	Playfo	Noiret	783	Polym	Norr	853	Portm
Nicolson,M.	654	Pinh	Nisbet,M.	724	Ple	Noirot	784	Pom	Norris,C.	854	Porz
Nicom	655	Pink	Nisl	725	Plen	Nok	785	Pome	Norris,F.	855	Pos
Nicome	656	Pinn	Niss	726	Ples	Nol	786	Pomf	Norris,J.	856	Poss
Nicon	657	Pino	Nisso	727	Pley	Nolan	787	Pomm	Norris,M.	857	Post
Nicop	658	Pins	Nit	728	Pli	Nolan,J.	788	Pomp	Norris,R.	858	Postl
Nicor	659	Pint	Nith	729	Plo	Nolan,P.	789	Pompi	Norris,S.	859	Pot
Nicos	661	Pinz	Nito	731	Plou	Nold	791	Pompo	Norris,W.	861	Pote
Nicot	662	Pio	Nits	732	Plow	Noli	792	Pon	Norry	862	Poth
Nicou	663	Pioz	Nitt	733	Plu	Noll	793	Poncel	Nors	863	Poti
Nid	664	Pip	Niv	734	Plum	Nollek	794	Poncet	North	864	Poto
Nie	665	Piper	Niver	735	Plumm	Nollet	795	Ponch	North,G.	865	Pott
Nied	666	Piq	Nix	736	Plump	Nolli	796	Pond	North,M.	866	Potter
Niel	667	Pir	Niz	737	Plun	Nolp	797	Poni	North,S.	867	Potter,G.
Niell	668	Piri	Nj	738	Pluy	Nolt	798	Pons	Northa	868	Potter,M.
Niels	669	Pirk	No	739	Po	Nom	799	Ponso	Northampton	869	Potter,S.
Niem	671	Piro	Noail	741	Poco	Nomu	811	Pont	Northampton,M	871	Potti
Nieme	672	Piron	Noailles,M.	742	Pod	Non	812	Pontb	Northb	872	Pou
Niemo	673	Pis	Noak	743	Poe	Noni	813	Ponte	Northc	873	Poui
Niep	674	Pisani	Nob	744	Poel	Nonn	814	Pontec	Northe	874	Poul
Nier	675	Pisano	Nobi	745	Poer	Nonz	815	Pontev	Northn	875	Poull
Niero	676	Pisc	Nobl	746	Pog	Noo	816	Ponti	Northo	876	Poult
Niet	677	Pise	Noble	747	Poh	Noom	817	Pontm	Northr	877	Pour
Nieu	678	Piso	Noble,D.	748	Pohl	Noor	818	Ponto	Northu	878	Pous
Nieul	679	Pist	Noble,J.	749	Poi	Noot	819	Ponz	Northw	879	Pout
Nieup	681	Pit	Noble,M.	751	Poin	Nop	821	Poo	Northwo	881	Pow
Nieuw	682	Pitc	Noble,S.	752	Poins	Nor	822	Poole	Norto	882	Powell
Nif	683	Pith	Noble,W.	753	Poir	Norbert	823	Poor	Norton,C.	883	Powell,F
Nig	684	Piti	Nobr	754	Pois	Norbert,M.	824	Poort	Norton,F.	884	Powell,J
Niger	685	Pitm	Noby	755	Poisso	Norbl	825	Pop	Norton,J.	885	Powell,M
Niget	686	Pitr	Noc	756	Poit	Norby	826	Pope,M.	Norton,M.	886	Powell,S
Nigh	687	Pits	Noch	757	Poiti	Norc	827	Poph	Norton,R.	887	Power
Nightengale	688	Pitt	Noci	758	Poix	Nord	828	Popi	Norton,S.	888	Powers
Nigr	689	Pitti	Nocr	759	Poj	Norden	829	Popo	Norton,W.	889	Pown
Nih	691	Pitto	Nod	761	Pok	Nordenh	831	Popp	Norv	891	Poy
Nik	692	Pitts	Nodu	762	Pol	Nordens	832	Por	Norw	892	Poyn
Niko	693	Piu	Noe	763	Pole	Nordt	833	Porc	Norwich,M.	893	Poz
Nikon	694	Pix	Noed	764	Polem	Nore	834	Porci	Norwo	894	Pozzo
Nil	695	Piz	Noel	765	Polen	Norf	835	Pord	Norwood,M.	895	Pr
Niles	696	Pl	Noel,D.	766	Poli	Norfolk,J.	836	Pori	Norz	896	Prad
Niles,D.	697	Plac	Noel,J.	767	Polier	Norfolk,P.	837	Porp	Nos	897	Prae
Niles,J.	698	Placi	Noel,M.	768	Polig	Norg	838	Porr	Nost	898	Praet
Niles,M.	699	Plan	Noel,S.	769	Polit	Norgh	839	Port	Not	899	Pran

Note — Nyt / Pras — Pyt / Qua — Quo

Note	911	Pras	Num	971	Pru
Noth	912	Prat	Nun	972	Prun
Notk	913	Pratt	Nunu	973	Pry
Notr	914	Pratt,F.	Nur	974	Ps
Nott	915	Pratt,J.	Nus	975	Pt
Nott,G.	916	Pratt,M.	Nut	976	Pu
Nott,M.	917	Pratt,S.	Nutt,J.	977	Puc
Nott,S.	918	Prau	Nutt,P.	978	Pug
Notti	919	Prax	Nutta	979	Pui
Nottingham	921	Pray	Nuttall,M.	981	Pul
Nottn	922	Pre	Nutter	982	Pull
Notto	923	Prec	Nutter,G.	983	Pult
Nou	924	Prei	Nutter,M.	984	Pun
Noue	925	Prem	Nutter,S.	985	Pur
Nouet	926	Pren	Nutting	986	Purs
Noug	927	Prent	Nutting,G.	987	Pus
Nouh	928	Pres	Nutting,M.	988	Put
Noul	929	Prescott	Nuv	989	Putnam
Nour	931	Prescott,G.	Nuy	991	Putnam,G.
Nourr	932	Prescott,M.	Nuz	992	Putnam,M.
Nours	933	Prescott,S.	Ny	993	Putnam,S.
Nouv	934	Presl	Nye	994	Puy
Nov	935	Press	Nyk	995	Py
Novar	936	Prest	Nym	996	Pyl
Nove	937	Preston	Nyo	997	Pyn
Novelli	938	Preston,G.	Nys	998	Pyr
Novello	939	Preston,M.	Nyt	999	Pyt
Nover	941	Preston,S.	Qua	1	
Noves	942	Preston,W.	Quat	2	
Novi	943	Preu	Que	3	
Novio	944	Prev	Quer	4	
Noviu	945	Pri	Ques	5	
Now	946	Price,M.	Qui	6	
Nowe	947	Prich	Quin	7	
Nowell,M.	948	Prie	Quir	8	
Noy	949	Pries	Quo	9	
Noyer	951	Prieu			
Noyes	952	Prim			
Noyes,C.	953	Prime			
Noyes,F.	954	Prin			
Noyes,J.	955	Prince,G.			
Noyes,M.	956	Prince,M.			
Noyes,R.	957	Prince,S.			
Noyes,S.	958	Prio			
Noyes,W.	959	Pris			
Noz	961	Prit			
Nu	962	Pro			
Nuce	963	Proc			
Nuci	964	Proct			
Nug	965	Prom			
Nugent	966	Pros			
Nugent,J.	967	Prot			
Nugent,S.	968	Prou			
Nul	969	Prov			

Ra — Reinhard / Ta — Thay

Ra	111	Ta	Rame	171	Tanz	Rauch	241	Taylor,F.	Reco	311	Tenni
Rab	112	Tab	Ramel	172	Tap	Rauco	242	Taylor,H.	Red	312	Tenny
Rabau	113	Tabe	Rami	173	Tapl	Raud	243	Taylor,J.	Redd	313	Tent
Rabe	114	Tabo	Ramm	174	Tapp	Rauf	244	Taylor,M.	Rede	314	Teo
Raben	115	Tac	Ramo	175	Tappan,M.	Raul	245	Taylor,P.	Redf	315	Ter
Rabi	116	Tacf	Ramou	176	Tar	Raum	246	Taylor,S.	Redg	316	Tere
Rabu	117	Tach	Ramp	177	Taras	Raup	247	Taylor,W.	Redi	317	Terg
Rac	118	Taci	Rams	178	Tarau	Raus	248	Taz	Redm	318	Terh
Rach	119	Taco	Ramsay,J.	179	Tarb	Raut	249	Tc	Redo	319	Term
Raci	121	Tad	Ramsay,P.	181	Tard	Rauz	251	Tche	Redp	321	Tern
Rack	122	Tado	Ramsd	182	Tardieu	Rav	252	Tcho	Ree	322	Terp
Raco	123	Tae	Ramse	183	Tardif	Raven	253	Te	Reed	323	Terr
Rad	124	Taf	Ramu	184	Tare	Ravens	254	Teb	Reed,G.	324	Terras
Radc	125	Tag	Ran	185	Targ	Raves	255	Tec	Reed,M.	325	Terre
Rade	126	Tagl	Rand	186	Tari	Ravi	256	Ted	Reed,S.	326	Terri
Radem	127	Taglias	Rand,M.	187	Tarin	Raw	257	Tedm	Reed,W.	327	Terrin
Radet	128	Taglio	Randall	188	Tarl	Rawl	258	Tee	Rees	328	Terro
Radi	129	Tai	Randall,M.	189	Tarn	Rawlin	259	Tef	Reese	329	Terry
Rado	131	Tail	Rande	191	Taro	Rawlinson	261	Teg	Reev	331	Ters
Radu	132	Taille	Rando	192	Tarr	Raws	262	Tei	Reeves	332	Tert
Radz	133	Tailli	Randolph,G.	193	Tars	Ray	263	Teif	Reg	333	Terw
Rae	134	Tain	Randolph,M.	194	Tartar	Ray,M.	264	Teil	Regg	334	Terz
Raen	135	Tais	Randon	195	Tarti	Rayb	265	Teis	Regi	335	Tes
Raf	136	Tak	Rang	196	Taru	Raye	266	Teix	Regio	336	Tesau
Raffen	137	Tal	Rani	197	Tas	Raym	267	Tel	Regis	337	Tesc
Raffl	138	Talbot	Rank	198	Task	Raymond	268	Telem	Regn	338	Tess
Rafn	139	Talbot,G.	Ranken	199	Tasm	Raymond,G.	269	Teles	Regnau	339	Tessi
Rag	141	Talbot,M.	Ranki	211	Tass	Raymond,M.	271	Telf	Regne	341	Tessin
Ragg	142	Talbot,S.	Rans	212	Tasse	Raymond,S.	272	Teli	Regni	342	Test
Ragl	143	Tale	Rant	213	Tassi	Raymond,W.	273	Tell	Rego	343	Teste
Rago	144	Talf	Ranz	214	Tasso	Rayn	274	Teller	Regu	344	Testi
Ragu	145	Talh	Rao	215	Tasson	Rayne	275	Tellez	Reh	345	Testo
Ragus	146	Tali	Rap	216	Tat	Rayno	276	Telli	Reht	346	Testu
Rah	147	Tall	Raph	217	Tate,M.	Rayo	277	Tello	Rei	347	Tet
Rahn	148	Talley	Rapi	218	Tath	Raz	278	Tem	Reicha	348	Tetr
Rai	149	Talli	Rapo	219	Tati	Razou	279	Teme	Reiche	349	Tetz
Raik	151	Talm	Rapp	221	Tatt	Re	281	Temm	Reichen	351	Teu
Rail	152	Talo	Ras	222	Tau	Read	282	Temp	Reichm	352	Teut
Raim	153	Tam	Rasch	223	Taubn	Read,H.	283	Tempest,M.	Reid	353	Tev
Rain	154	Tamb	Rase	224	Tauc	Read,M.	284	Templ	Reid,D.	354	Tew
Raine	155	Tambe	Rask	225	Taul	Reade	285	Temple,G.	Reid,F.	355	Tex
Rainey	156	Tambou	Rasp	226	Taun	Reade,M.	286	Temple,M.	Reid,J.	356	Tey
Raini	157	Tame	Raspo	227	Taup	Reading	287	Temple,S.	Reid,M.	357	Th
Raino	158	Tami	Rass	228	Taus	Real	288	Templet	Reid,S.	358	Thac
Rainv	159	Tamp	Rast	229	Taut	Reb	289	Ten	Reid,W.	359	Thacher,G.
Rait	161	Tan	Rasto	231	Tav	Rebell	291	Tend	Reif	361	Thacher,M.
Rak	162	Tanc	Rat	232	Tave	Rebo	292	Tene	Reil	362	Thacher,S.
Ral	163	Tand	Ratc	233	Taver	Rebs	293	Teni	Reim	363	Thack
Rals	164	Tane	Rath	234	Taverni	Rec	294	Tenis	Rein	364	Thai
Ram	165	Tank	Raths	235	Tax	Recco	295	Tenn	Reine	365	Thal
Ramaz	166	Tann	Rati	236	Tay	Rech	296	Tennant,M.	Reinec	366	Tham
Ramb	167	Tanner,M.	Ratt	237	Tayler	Rechen	297	Tenne	Reiner	367	Than
Rambu	168	Tans	Ratz	238	Taylor	Reck	298	Tenney	Reinh	368	Thau
Ramd	169	Tant	Rau	239	Taylor,C.	Recl	299	Tenney,M.	Reinhard	369	Thay

Reinhart — Robert / Thayer, G. — Todl

Reinhart	371	Thayer,G.	Retz	441	Thil	Richard	511	Thorne	Righ	571	Tild
Reinho	372	Thayer,M.	Reu	442	Thilo	Richard,G.	512	Thorney	Rign	572	Tile
Reinm	373	Thayer,S.	Reul	443	Thim	Richard,M.	513	Thornt	Ril	573	Tili
Reins	374	The	Reum	444	Thio	Richards	514	Thornton,M.	Rill	574	Till
Reis	375	Theb	Reus	445	Thir	Richards,F.	515	Thornw	Rim	575	Tille
Reiset	376	Thei	Reuss	446	Thirl	Richards,J.	516	Thoro	Rimi	576	Tillet
Reisi	377	Theim	Reut	447	Thiro	Richards,M.	517	Thorp	Rimm	577	Tilli
Reiss	378	Thek	Reuv	448	This	Richards,S.	518	Thorpe	Rin	578	Tillo
Reit	379	Thel	Rev	449	Tho	Richards,W.	519	Thorpe,G.	Rinc	579	Tilly
Rej	381	Thelo	Revell	451	Thol	Richardson	521	Thorpe,M.	Ring	581	Tils
Rel	382	Thelw	Rever	452	Thom	Richardson,D.	522	Thorpe,S.	Ringo	582	Tim
Rell	383	Them	Reves	453	Thoman	Richardson,J.	523	Thort	Rint	583	Timb
Rem	384	Then	Revi	454	Thomas	Richardson,M.	524	Thou	Rinu	584	Timm
Remb	385	Theo	Rex	455	Thomas	Richardson,S.	525	Thoui	Rio	585	Timo
Reme	386	Theoc	Rey	456	Thomas,C.	Richardson,W.	526	Thour	Rios	586	Timp
Remi	387	Theod	Reyb	457	Thomas,F.	Riche	527	Thout	Riou	587	Tin
Remin	388	Theodo	Reym	458	Thomas,H.	Richel	528	Thouv	Rip	588	Tind
Remo	389	Theodos	Reyn	459	Thomas,J.	Richer	529	Thr	Ripley	589	Tink
Remu	391	Theog	Reyni	461	Thomas,M.	Richi	531	Thre	Ripley,R.	591	Tinn
Remy	392	Theon	Reyno	462	Thomas,P.	Richm	532	Thu	Riplry,H.	592	Tins
Ren	393	Theop	Reynolds,G.	463	Thomas,S.	Richmond,M.	533	Thui	Ripp	593	Tint
Renar	394	Theophi	Reynolds,M.	464	Thomas,W.	Richt	534	Thul	Riq	594	Tio
Renau	395	Theopo	Reynolds,S.	465	Thomass	Richter	535	Thun	Ris	595	Tip
Renaul	396	Theor	Reynolds,W.	466	Thomassy	Richter,M.	536	Thur	Riss	596	Tir
Rend	397	Theos	Rez	467	Thomo	Richter,S.	537	Thurl	Rist	597	Tiri
Rendu	398	Ther	Rh	468	Thomp	Rici	538	Thurlo	Rit	598	Tis
Rene	399	Theri	Rhe	469	Thompson	Rick	539	Thurm	Ritchie,G	599	Tisch
Renes	411	Therm	Rhen	471	Thompson,C.	Rico	541	Thurn	Ritchie,M.	611	Tische
Reng	412	Thero	Rhet	472	Thompson,F.	Rid	542	Thuro	Rits	612	Tischl
Reni	413	Thes	Rhi	473	Thompson,H.	Riddel	543	Thurs	Ritt	613	Tisd
Renn	414	Thess	Rho	474	Thompson,J.	Ride	544	Thurston	Ritter	614	Tiss
Rennev	415	Theu	Rhod	475	Thompson,M.	Ridl	545	Thurston,G.	Ritter,M.	615	Tissi
Renni	416	Thev	Rhodes	476	Thompson,P.	Ridley,M.	546	Thurston,M.	Riv	616	Tisso
Renny	417	Theveni	Rhodes,M.	477	Thompson,S.	Rido	547	Thurston,S.	Rivan	617	Tit
Reno	418	Theveno	Rhodo	478	Thompson,T.	Rie	548	Thw	Rivar	618	Titi
Renou	419	Thew	Rhou	479	Thompson,W.	Riec	549	Thy	Rivau	619	Titin
Rens	421	Thex	Ri	481	Thomsen	Ried	551	Ti	Rive	621	Tito
Rent	422	Thi	Rib	482	Thomson	Riedi	552	Tib	Rivers	622	Titt
Renu	423	Thiard	Ribb	483	Thomson,G.	Rief	553	Tibe	Rives	623	Titu
Renv	424	Thib	Ribe	484	Thomson,M.	Rieg	554	Tibn	Rivet	624	Tix
Rep	425	Thibaul	Ribes	485	Thomson,S.	Rieh	555	Tic	Rivi	625	Tiz
Rept	426	Thibaut	Ribo	486	Thomson,W.	Riem	556	Tick	Rivo	626	Tk
Req	427	Thibo	Ric	487	Thor	Rien	557	Ticknor	Riz	627	To
Rer	428	Thic	Ricardo	488	Thore	Riep	558	Tid	Ro	628	Tob
Res	429	Thie	Ricc	489	Thores	Ries	559	Tie	Robar	629	Tobi
Resch	431	Thiel	Ricci	491	Thori	Riese	561	Tief	Robb	631	Toc
Rese	432	Thielm	Ricciar	492	Thoris	Riesn	562	Tiel	Robbins	632	Tocq
Resen	433	Thiem	Riccio	493	Thork	Riet	563	Tiep	Robbins,F.	633	Tod
Resn	434	Thien	Ricco	494	Thorl	Rieu	564	Tier	Robbins,J.	634	Todd,G.
Ress	435	Thier	Rice	495	Thorm	Rig	565	Tif	Robbins,M.	635	Todd,M.
Rest	436	Thierry	RiceG	496	Thorn	Rigaul	566	Tig	Robbins,S.	636	Todd,S.
Ret	437	Thierry,M.	RiceM	497	Thornb	Rigb	567	Tigl	Robbins,W.	637	Tode
Reth	438	Thiers	Rich	498	Thornd	Rige	568	Tigr	Robe	638	Todh
Rett	439	Thies	RichM	499	Thorndi	Rigg	569	Til	Robert	639	Todl

Robert, G. — Rost / Toe — Trit

Robert,G.	641	Toe	Roeb	711	Torti	Rond	771	Tram
Robert,M.	642	Toep	Roed	712	Torto	Rone	772	Tran
Roberts	643	Toes	Roeh	713	Tos	Rong	773	Trap
Roberts,F.	644	Tof	Roel	714	Tose	Rons	774	Trapp
Roberts,J.	645	Tog	Roem	715	Toss	Ronz	775	Tras
Roberts,M.	646	Toi	Roep	716	Tost	Roo	776	Trat
Roberts,S.	647	Tol	Roer	717	Tot	Rook	777	Trau
Roberts,W.	648	Tolb	Roes	718	Tott	Roop	778	Trauts
Robertson	649	Tole	Roet	719	Totten	Roor	779	Trav
Robertson,J.	651	Toll	Rog	721	Tottl	Roos	781	Travers,M.
Robertson,S.	652	Tolm	Roger	722	Tou	Root	782	Travi
Robes	653	Tolo	Roger,M.	723	Toul	Root,M.	783	Trax
Robi	654	Tols	Rogers	724	Toulm	Rop	784	Tre
Robin	655	Tom	Rogers,D.	725	Toulo	Ropes	785	Trebo
Robine	656	Tomb	Rogers,G.	726	Toup	Roq	786	Tred
Robins	657	Tomi	Rogers,J.	727	Tour	Ror	787	Trei
Robinson	658	Tomk	Rogers,M.	728	Tourn	Ros	788	Trel
Robinson,D.	659	Toml	Rogers,S.	729	Tourno	Rosar	789	Trem
Robinson,G.	661	Tomm	Rogers,W.	731	Touro	Rosc	791	Tremo
Robinson,J.	662	Tomp	Roget	732	Tourr	Rosco	792	Tren
Robinson,M.	663	Ton	Rogg	733	Tourv	Roscoe,G.	793	Trench,M.
Robinson,S.	664	Tone	Rogi	734	Tous	Roscoe,M.	794	Trenck
Robinson,T.	665	Tong	Rogn	735	Tousse	Rose	795	Trent
Robinson,W.	666	Tonn	Rogu	736	Tout	Rose,G.	796	Tres
Robs	667	Tont	Roh	737	Tow	Rose,M.	797	Tresh
Roby	668	Too	Rohl	738	Tower,M.	Roseb	798	Tresi
Roc	669	Tooke,M.	Rohr	739	Towers	Rosec	799	Tress
Rocc	671	Tool	Roi	741	Towg	Rosel	811	Treu
Roch	672	Toom	Rok	742	Towl	Rosem	812	Trev
Roche	673	Top	Roko	743	Town	Rosen	813	Trevi
Rochef	674	Toph	Rol	744	Towne	Rosenk	814	Trevis
Rochem	675	Topl	Role	745	Townel	Rosenm	815	Trevo
Roches	676	Tor	Rolf	746	Townl	Rosenw	816	Trevor,M.
Rochet	677	Tord	Rolfe,M.	747	Towns	Roset	817	Trew
Rochf	678	Tore	Roli	748	Townsend,G.	Rosew	818	Trez
Rochm	679	Toren	Roll	749	Townsend,M.	Rosi	819	Tri
Rocho	681	Tores	Rolles	751	Townsend,S.	Rosin	821	Trian
Rock	682	Torg	Rollett	752	Townsend,W.	Rosn	822	Trib
Rocki	683	Tori	Rolli	753	Townsh	Ross	823	Tric
Rockw	684	Torl	Rollin	754	Townsend,M.	Ross,G.	824	Trico
Rod	685	Torn	Rollo	755	Townso	Ross,M.	825	Trie
Rodd	686	Torno	Rom	756	Toy	Ross,S.	826	Trier
Rode	687	Torq	Romai	757	Toz	Ross,W.	827	Tries
Roder	688	Torr	Roman	758	Tr	Rossel	828	Trig
Rodew	689	Torre	Romano	759	Trac	Rosset	829	Tril
Rodg	691	Torren	Romanu	761	Tracy	Rossi	831	Trim
Rodi	692	Torrent	Romb	762	Tracy,M.	Rossi,G.	832	Trin
Rodm	693	Torres	Rome	763	Trad	Rossi,M.	833	Trinci
Rodn	694	Torrey	Romey	764	Trae	Rossig	834	Trio
Rodo	695	Torri	Romi	765	Trag	Rossin	835	Trip
Rodr	696	Torrig	Romm	766	Trai	Rossl	836	Tripp
Rodw	697	Torrin	Romu	767	Traill,M.	Rossm	837	Tris
Roe	698	Tors	Ron	768	Train	Rosso	838	Trist
Roe,M.	699	Tort	Ronc	769	Tral	Rost	839	Trit

Rosw — Rz / Triv — Tzs

Rosw	841	Triv
Rot	842	Trivu
Rote	843	Tro
Rotg	844	Trog
Roth	845	Troi
Rothen	846	Trol
Roths	847	Trollo
Rothw	848	Trollope,M.
Rotr	849	Trom
Rott	851	Tromp
Rou	852	Tron
Roub	853	Tronci
Rouc	854	Trons
Roug	855	Troo
Rouget	856	Trop
Roui	857	Tros
Rouj	858	Trot
Roul	859	Trou
Roup	861	Troui
Rouq	862	Trouv
Rous	863	Trow
Rouss	864	Troy
Roussel	865	Tru
Roussele	866	Trud
Rousset	867	Trum
Roust	868	Trumbull
Rout	869	Trumbull,J.
Roux	871	Trumbull,S.
Rouy	872	Trur
Rov	873	Trus
Rovet	874	Trut
Rovi	875	Try
Row	876	Tryp
Rowan	877	Ts
Rowe	878	Tscher
Rowe,M.	879	Tschi
Rowel	881	Tschu
Rowi	882	Tse
Rowl	883	Tu
Rowle	884	Tub
Rows	885	Tuber
Rox	886	Tuc
Roxb	887	Tuch
Roy	888	Tucher
Roye	889	Tuck
Royer	891	Tucker
Royo	892	Tucker,G.
Roz	893	Tucker,M.
Ru	894	Tucker,S.
Ruben	895	Tucker,W.
Rubi	896	Tuckerman
Rubr	897	Tuckerman,M.
Ruc	898	Tucket
Ruch	899	Tud
Ruck	911	Tudi
Ruckers	912	Tudo
Rud	913	Tue
Rudd	914	Tuf
Rude	915	Tufts,M.
Rudi	916	Tuk
Rudo	917	Tul
Rue	918	Tull
Ruef	919	Tulloch
Ruel	921	Tulloch,M.
Ruf	922	Tullus
Ruffi	923	Tully
Ruffn	924	Tulo
Ruffo	925	Tum
Rufi	926	Tun
Rufu	927	Tuns
Rug	928	Tup
Rugg	929	Tur
Ruggi	931	Turb
Ruggl	932	Turc
Ruh	933	Turco
Rui	934	Ture
Rul	935	Turen
Rum	936	Turg
Rumm	937	Turgo
Rums	938	Turi
Run	939	Turk
Rund	941	Turl
Rung	942	Turn
Runn	943	Turnbull,M.
Ruo	944	Turne
Rup	945	Turner,C.
Rupp	946	Turner,F.
Rupr	947	Turner,H.
Rur	948	Turner,J.
Rus	949	Turner,M.
Rusch	951	Turner,P.
Rush	952	Turner,S.
Rush,M.	953	Turner,T.
Rusht	954	Turner,W.
Rushw	955	Turnh
Rusk	956	Turno
Rusp	957	Turp
Russ	958	Turr
Russel	959	Turrett
Russell	961	Turri
Russell,D.	962	Turt
Russell,F.	963	Turv
Russell,J.	964	Tus
Russell,M.	965	Tuss
Russell,P.	966	Tut
Russell,S.	967	Tutt
Russell,W.	968	Tuy
Russi	969	Tw
Rust	971	Twee
Rut	972	Twi
Rutg	973	Twin
Ruth	974	Twis
Rutherf	975	Twy
Ruthv	976	Twys
Ruti	977	Ty
Rutl	978	Tyc
Rutland,M.	979	Tye
Rutledge	981	Tyl
Rutt	982	Tyler,G.
Ruv	983	Tyler,M.
Rux	984	Tyler,S.
Ruy	985	Tyler,W.
Ruyt	986	Tym
Ruz	987	Tyn
Ry	988	Tyndall
Ryan,M.	989	Tyng
Ryc	991	Typ
Ryd	992	Tyr
Rye	993	Tyrrell
Ryl	994	Tys
Rym	995	Tyt
Rys	996	Tytler
Ryt	997	Tytler,S.
Ryv	998	Tz
Rz	999	Tzs

Va	111	Wa	Valh	171	Walei	Vanders	241	Walton,M.	Varil	311	Warwick,M.
Vac	112	Waas	Vali	172	Wales	Vanderw	242	Walw	Varin	312	Was
Vacc	113	Wac	Valin	173	Wales,M.	Vandeu	243	Wam	Variu	313	Waser
Vaccar	114	Wachs	Valk	174	Walf	Vandev	244	Wan	Varl	314	Wash
Vacco	115	Wack	Vall	175	Walg	Vandi	245	Wand	Varley	315	Washburn,M.
Vach	116	Wad	Vallad	176	Wali	Vando	246	Wang	Varlo	316	Washi
Vach	117	Waddi	Vallan	177	Walk	Vandy	247	Wanh	Varn	317	Washington
Vachi	118	Wade	Vallar	178	Walker,D.	Vandyk	248	Wanl	Varney	318	Washington,G.
Vacho	119	Wade,M.	Vallau	179	Walker,F.	Vane	249	Wann	Varnh	319	Washington,M.
Vacq	121	Wadh	Valle	181	Walker,J.	Vane,M.	251	Wans	Varni	321	Wass
Vad	122	Wadington	Vallee	182	Walker,M.	Vanee	252	Wap	Varnu	322	Wasser
Vade	123	Wadl	Vallem	183	Walker,P.	Vang	253	War	Varo	323	Wassi
Vadi	124	Wads	Valler	184	Walker,S.	Vanh	254	Warburton	Varot	324	Wat
Vae	125	Wadsworth,M.	Valles	185	Walker,T.	Vanhe	255	Warburton,M.	Varr	325	Waterf
Vag	126	Wae	Vallet	186	Walker,W.	Vanho	256	Ward	Vart	326	Waterh
Vah	127	Wael	Vallett	187	Wall	Vanhu	257	Ward,C.	Varu	327	Waterl
Vai	128	Waf	Valli	188	Wallace,D.	Vani	258	Ward,F.	Vas	328	Waterm
Vail	129	Wag	Vallis	189	Wallace,F.	Vanl	259	Ward,J.	Vasc	329	Waters
Vaill	131	Wagen	Vallo	191	Wallace,J.	Vanloo	261	Ward,M.	Vasco	331	Waters,M.
Vais	132	Wagn	Vallon	192	Wallace,M.	Vanm	262	Ward,P.	Vase	332	Waterst
Vaj	133	Wagner,G.	Vallot	193	Wallace,P.	Vanmo	263	Ward,S.	Vash	333	Waterw
Vak	134	Wagner,M.	Vallou	194	Wallace,S.	Vann	264	Ward,W.	Vasi	334	Watk
Val	135	Wagner,S.	Valls	195	Wallace,W.	Vanne	265	Warde	Vasq	335	Watke
Valad	136	Wah	Valm	196	Wallc	Vannes	266	Wardl	Vass	336	Watkinson
Valar	137	Wahlen	Valmy	197	Wallen	Vannet	267	Ware	Vassall	337	Wats
Valaz	138	Wai	Valo	198	Waller	Vanni	268	Ware,D.	Vasse	338	Watson,D.
Valb	139	Waill	Valor	199	Walley	Vannin	269	Ware,J.	Vassi	339	Watson,J.
Valc	141	Wain	Valp	211	Walli	Vannu	271	Ware,M.	Vast	341	Watson,M.
Valck	142	Wainwright	Valpy	212	Wallingf	Vano	272	Ware,S.	Vat	342	Watson,S.
Valckenb	143	Wais	Valr	213	Wallingt	Vanp	273	Ware,W.	Vater	343	Watson,W.
Vald	144	Wait	Vals	214	Wallis	Vanr	274	Waren	Vath	344	Watt
Valdes	145	Waite	Valt	215	Wallo	Vanro	275	Warh	Vati	345	Watt,J.
Valdi	146	Wak	Vam	216	Walm	Vans	276	Wari	Vatin	346	Watt,P.
Valdo	147	Wakef	Van	217	Waln	Vansa	277	Waring,M.	Vatk	347	Watti
Valdr	148	Wakeh	Vanb	218	Walp	Vansc	278	Warn	Vato	348	Watts
Vale	149	Wakel	Vanbr	219	Walpole,M.	Vansi	279	Warner	Vatr	349	Watts,D.
Valeg	151	Wal	Vanbu	221	Walr	Vansp	281	Warner,D.	Vatt	351	Watts,J.
Valen	152	Walch	Vanc	222	Wals	Vant	282	Warner,J.	Vatti	352	Watts,M.
Valens	153	Walch,J.	Vanco	223	Walsh	Vanu	283	Warner,M.	Vau	353	Watts,S.
Valent	154	Walch,P.	Vand	224	Walsh,D.	Vanv	284	Warner,S.	Vauban	354	Wau
Valenti	155	Walck	Vande	225	Walsh,J.	Vanw	285	Warner,W.	Vaubl	355	Waut
Valentin	156	Walco	Vandel	226	Walsh,M.	Vap	286	Warr	Vauc	356	Waw
Valentine	157	Wald	Vanden	227	Walsh,S.	Var	287	Warren,C.	Vauch	357	Way
Valentine,J	158	Walde	Vander	228	Walsh,W.	Varan	288	Warren,F.	Vaud	358	Wayl
Valentine,P	159	Waldeg	Vanderbu	229	Walsi	Varc	289	Warren,J.	Vaudoy	359	Wayn
Valentini	161	Waldem	Vanderc	231	Walt	Vard	291	Warren,M.	Vaudr	361	We
Valer	162	Walden	Vanderd	232	Walter,G.	Vare	292	Warren,P.	Vaudrey	362	Weal
Valeri	163	Walder	Vanderh	233	Walter,M.	Varel	293	Warren,S.	Vaug	363	Weav
Valerio	164	Waldm	Vanderho	234	Walter,S.	Varen	294	Warren,W.	Vaughan	364	Web
Valeriu	165	Waldo	Vanderl	235	Walters	Varenn	295	Warri	Vaughan,C.	365	Webb
Valery	166	Waldor	Vanderm	236	Walth	Vares	296	Wart	Vaughan,F.	366	Webb,G.
Vales	167	Waldr	Vanderme	237	Walther	Varg	297	Wartens	Vaughan,J.	367	Webb,M.
Valet	168	Walds	Vandermo	238	Walto	Vargu	298	Warto	Vaughan,M.	368	Webb,S.
Valg	169	Wale	Vanderp	239	Walton,G.	Vari	299	Warw	Vaughan,S.	369	Webbe

Vaughan, W. — Vicom / Webber — Wide

Vaughan,W.	371	Webber	Vello	441	Welch,M.	Verh	511	Wes	Verv	571	Whi
Vaugi	372	Webber,M.	Vellu	442	Welck	Verhag	512	Wesen	Verw	572	Whid
Vaugo	373	Weber	Velly	443	Weld	Verhe	513	Wesl	Very	573	Whip
Vaul	374	Weber,G.	Velp	444	Weld,M.	Verho	514	Wesley,M.	Verz	574	Whipple,J.
Vaulo	375	Weber,M.	Velt	445	Welde	Verhu	515	Wess	Ves	575	Whipple,P.
Vault	376	Weber,S.	Veltr	446	Welh	Veri	516	West	Vesey	576	Whis
Vaum	377	Webs	Ven	447	Well	Verin	517	WestD	Vesi	577	Whit
Vauq	378	Webster,C.	Venan	448	Weller	Verj	518	WestJ	Vesl	578	Whitaker,M.
Vaus	379	Webster,F.	Venc	449	Welles	Verk	519	WestM	Vesp	579	Whitb
Vaut	381	Webster,J.	Vences	451	Wellesl	Verl	521	West,S.	Vespu	581	Whitc
Vauv	382	Webster,M.	Vend	452	Welli	Verm	522	West,W.	Vesq	582	White
Vauvi	383	Webster,P.	Vendr	453	Wells	Verme	523	Westb	Vest	583	White,C.
Vaux	334	Webster,S.	Vene	454	Wells,G.	Vermeu	524	Westc	Vestr	584	White,F.
Vaux,G.	385	Webster,W.	Veneg	455	Wells,M.	Vermi	525	Weste	Vet	585	White,J.
Vaux,M.	386	Wech	Venel	456	Wells,S.	Vermil	526	Wester	Vetch	586	White,M.
Vauxc	387	Weck	Venet	457	Wellw	Vermo	527	Westerm	Veth	587	White,P.
Vauz	388	Wed	Venez	458	Wels	Vermoo	528	Westg	Veti	588	White,S.
Vav	389	Wede	Veni	459	Welse	Vern	529	Westh	Vetr	589	White,W.
Vavi	391	Wedel	Venin	461	Welsh	Verne	531	Westm	Vett	591	Whitef
Vay	392	Wedg	Venn	462	Welsh,J.	Vernet	532	Westmi	Vetto	592	Whiteh
Vaz	393	Wedgw	Venner	463	Welsh,P.	Verneu	533	Westmo	Vetu	593	Whiteho
Ve	394	Wee	Venni	464	Welt	Verney	534	Westo	Veu	594	Whitel
Veau	395	Weeks	Vent	465	Welw	Verney,M.	535	Weston,G.	Vey	595	Whitf
Vec	396	Weeks,M.	Vento	466	Wem	Verni	536	Weston,P.	Veys	596	Whitg
Vecchi	397	Weem	Ventr	467	Wen	Vernin	537	Westp	Vez	597	Whiti
Vecchio	398	Weer	Ventu	468	Wenc	Verniz	538	Westr	Vi	598	Whiting
Vece	399	Weev	Venturi	469	Wend	Verno	539	Wet	Vial	599	Whiting,G.
Vecellio	411	Weg	Venu	471	Wendl	Vernon,G.	541	Wetm	Viale	611	Whiting,M.
Vecn	412	Wegn	Venut	472	Wendo	Vernon,M.	542	Wett	Viall	612	Whiting,S.
Veco	413	Weh	Ver	473	Wendt	Vernon,S.	543	Wetts	Vialo	613	Whiting,W.
Ved	414	Wehr	Verac	474	Weng	Vernu	544	Wetz	Vian	614	Whitm
Vedd	415	Wei	Veral	475	Weni	Verny	545	Wex	Vianen	615	Whitman,M.
Vedo	416	Weich	Verar	476	Wenl	Vero	546	Wey	Viani	616	Whitmore
Vee	417	Weid	Verb	477	Went	Veron	547	Weye	Viann	617	Whitney
Veen	418	Weidm	Verbi	478	Wentworth,G.	Verona	548	Weyl	Viar	618	Whitney,D.
Veer	419	Weig	Verbo	479	Wentworth,M.	Verone	549	Weym	Viardo	619	Whitney,J.
Vees	421	Weik	Verc	481	Wentz	Verp	551	Wh	Viart	621	Whitney,M.
Veg	422	Wcil	Vcrci	482	Wenz	Verpo	552	Whal	Vias	622	Whitney,S.
Vegi	423	Wein	Verd	483	Wep	Verr	553	Whart	Viau	623	Whitney,W.
Vegl	424	Weinm	Verdi	484	Wer	Verri	554	Wharton,M.	Vib	624	Whitt
Veh	425	Weir	Verdig	485	Werde	Verril	555	What	Vibi	625	Whitti
Vei	426	Weis	Verdo	486	Were	Verrim	556	Whe	Vibn	626	Whitting
Veil	427	Weise	Verdu	487	Weren	Verrio	557	Wheatl	Vic	627	Whittl
Veit	428	Weisk	Verdy	488	Werf	Verro	558	Wheato	Vicar	628	Whitw
Veitch	429	Weiss	Vere	489	Werl	Verru	559	Whed	Vicars	629	Why
Veith	431	Weiss,J.	Verel	491	Wern	Vers	561	Whee	Vicat	631	Wi
Vel	432	Weiss,P.	Verels	492	Werner	Verschu	562	Wheeler	Vice	632	Wib
Velas	433	Weissen	Verg	493	Werner,G.	Verse	563	Wheeler,G.	Vicenti	633	Wic
Velasq	434	Weit	Vergar	494	Werner,M.	Verso	564	Wheeler,P.	Vich	634	Wichi
Veld	435	Weits	Verge	495	Wernh	Verst	565	Wheelo	Vici	635	Wichm
Vele	436	Weitz	Verger	496	Werni	Versto	566	Wheelw	Vick	636	Wick
Veli	437	Wek	Vergi	497	Werns	Vert	567	Whelp	Vickers	637	Wickh
Vell	438	Wel	Vergn	498	Werp	Verto	568	Whet	Vico	638	Wid
Velle	439	Welch	Vergy	499	Wert	Veru	569	Whew	Vicom	639	Wide

Vicq — Vol / Widm — Woodw

Vicq	641	Widm	Vilh	711	Willen	Vincent,F.	771	Wingf	Vitelli	841	Woe
Vict	642	Wie	Vill	712	Willer	Vincent,J.	772	Wingr	Viten	842	Woel
Victor,G.	643	Wiede	Villaf	713	Willes	Vincent,M.	773	Wink	Viter	843	Woer
Victor,M.	644	Wiedem	Villal	714	Willey	Vincent,S.	774	Winkelm	Vitet	844	Wof
Victor,S.	645	Wieg	Villam	715	Willi	Vincent,W.	775	Winkl	Vito	845	Wog
Victorin	646	Wiel	Villan	716	William	Vinch	776	Winn	Vitr	846	Woh
Vicu	647	Wien	Villano	717	William,G.	Vinci	777	Wins	Vitro	847	Woi
Vid	648	Wier	Villanu	718	William,M.	Vinck	778	Winslow	Vitru	848	Wol
Vidal,M.	649	Wies	Villar	719	William,S.	Vind	779	Winslow,G.	Vitry	849	Wolcott
Vidau	651	Wiese	Villaret	721	Williams	Vindi	781	Winslow,M.	Vitt	851	Wolcott,M.
Vide	652	Wiess	Villari	722	Williams,D.	Vine	782	Winslow,S.	Vitti	852	Wold
Vidi	653	Wif	Villars	723	Williams,F.	Vinet	783	Winst	Vitto	853	Wolf
Vido	654	Wig	Villars,G.	724	Williams,J.	Ving	774	Wint	Vitu	854	Wolf,J.
Vidu	655	Wigg	Villars,M.	725	Williams,M.	Vini	785	Winter,G.	Viv	855	Wolf,P.
Vie	656	Wiggl	Villars,S.	726	Williams,P.	Vink	786	Winter,M.	Vivari	856	Wolffe
Viei	657	Wigh	Villav	727	Williams,S.	Vinn	787	Winter,S.	Vive	857	Wolffe,J.
Vieillo	658	Wightm	Ville	728	Williams,W.	Vino	788	Winterf	Vivi	858	Wolffe,P.
Viel	659	Wigm	Villec	729	Williamson	Vint	789	Winth	Viviani	859	Wolfg
Viell	661	Wign	Villef	731	Williamson,J.	Vinton	791	Winthrop	Vivien	861	Wolfr
Vien	662	Wigr	Villeg	732	Williamson,P.	Vinton,G.	792	Winthrop,J.	Vivier	862	Wolk
Vienne	663	Wik	Villego	733	Willin	Vinton,M.	793	Winthrop,P.	Vivo	863	Woll
Vienno	664	Wil	Villeh	734	Willis	Vinton,S.	794	Wintr	Viz	864	Wolle
Vier	665	Wilbr	Villel	735	Willis,M.	Vio	795	Winw	Vl	865	Wolm
Viet	666	Wilbu	Villem	736	Willist	Violl	796	Wio	Vlam	866	Wolo
Vieu	667	Wilc	Villen	737	Willm	Viom	797	Wip	Vlas	867	Wols
Vieus	668	Wild	Villene	738	Willmo	Vion	798	Wir	Vle	868	Wolt
Vieuv	669	Wildb	Villep	739	Willo	Viot	799	Wirt	Vli	869	Woltm
Vieux	671	Wilde	Villeq	741	Wills	Vip	811	Wis	Vliet	871	Wolz
Vig	672	Wilde,M.	Viller	742	Willso	Vipo	812	Wise	Vo	872	Wom
Vige	673	Wilder	Villerm	743	Wilm	Vir	813	Wise,M.	Voelc	873	Woo
Viger	674	Wildm	Villero	744	Wilmo	Vire	814	Wisem	Voell	874	Wood,C.
Vigh	675	Wildt	Villers	745	Wilr	Virey	815	Wisn	Voer	875	Wood,F.
Vigi	676	Wile	Villers,M.	746	Wils	Virg	816	Wiss	Voet	876	Wood,J.
Vigil	677	Wilf	Villes	747	Wilson,C.	Virgin	817	Wist	Vog	877	Wood,M.
Vign	678	Wilh	Villet	748	Wilson,F.	Viri	818	Wisw	Vogel	878	Wood,P.
Vignal	679	Wili	Villeu	749	Wilson,J.	Virl	819	Wit	Vogel,M.	879	Wood,S.
Vignau	681	Wilk	Villi	751	Wilson,M.	Viru	821	Wite	Vogh	881	Wood,W.
Vigne	682	Wilkes	Villiers	752	Wilson,P.	Vis	822	With	Vogi	882	Woodbri
Vigner	683	Wilki	Villiers,F	753	Wilson,S.	Visch	823	Witheri	Vogl	883	Woodbridge,M
Vignes	684	Wilkins	Villiers,J	754	Wilson,W.	Visco	824	Withers	Vogler,M.	884	Woodbu
Vigni	685	Wilkins,M.	Villiers,M	755	Wilt	Visconti,G	825	Witi	Vogo	885	Woodbury,M.
Vigno	686	Wilkinson	Villiers,S	756	Wilton,M.	Visconti,M	826	Wits	Vogt	886	Woodc
Vignon	687	Wilkinson,M.	Villiers,W	757	Wim	Visconti,S	827	Witt	Vogt,M.	887	Woodf
Vigny	688	Wilks	Villo	758	Win	Visd	828	Witte	Vogu	888	Woodh
Vigo	689	Will	Villon	759	Winche	Vise	829	Witten	Voi	889	Woodho
Vigor	691	Willar	Villot	761	Winck	Visi	831	Wittg	Voigt	891	Woodhu
Vigr	692	Willard,D.	Vilm	762	Winckl	Vism	832	Witti	Voigt,G.	892	Woodm
Vigu	693	Willard,J.	Vils	763	Wind	Viss	833	Witz	Voigt,M.	893	Woodr
Vigui	694	Willard,M.	Vim	764	Windh	Visse	834	Witzl	Voigt,S.	894	Woods
Vil	695	Willard,S.	Vimo	765	Windi	Vit	835	Wix	Voil	895	Woods,J.
Vilain	696	Willard,W.	Vin	766	Winds	Vital	836	Wl	Voir	896	Woods,M.
Vilar	697	Willc	Vinc	767	Wine	Vitalis	837	Wo	Vois	897	Woods,S.
Vilat	698	Wille	Vincent	768	Wines	Vite	838	Wod	Voit	898	Woods,W.
Vilb	699	Willem	Vincent,C.	769	Wing	Vitel	839	Wodes	Vol	899	Woodw
			Vincent,F.	771	Wingf	Vitelli	841	Woe			

Volc – Vz / Woodward, J. – Wz / Xa – Xy / Ya – Yvo / Za – Zy

Volc	911	Woodward,J.	Vossi	971	Wurtz	Ya	11	Za	Young,E.	71	Zim
Volck	912	Woodward,P.	Vou	972	Wurz	Yac	12	Zab	Young,G.	72	Zimmer
Volckm	913	Wool	Voul	973	Wus	Yah	13	Zac	Young,J.	73	Zimmermann
Vold	914	Woolm	Vow	974	Wy	Yai	14	Zacco	Young,M.	74	Zimmermann,G.
Volg	915	Woolr	Voy	975	Wyatt	Yak	15	Zach	Young,P.	75	Zimmermann,M.
Volk	916	Wools	Voys	976	Wyatt,M.	Yal	16	Zachar	Young,S.	76	Zimmermann,S.
Volke	917	Woolw	Voz	977	Wyc	Yale	17	Zacu	Young,T.	77	Zin
Volkh	918	Woot	Vr	978	Wyd	Yale,M.	18	Zag	Young,W.	78	Zink
Volkm	919	Wor	Vre	979	Wye	Yales	19	Zah	Youngm	79	Zinz
Volko	921	Worcester,G.	Vri	981	Wyk	Yan	21	Zai	Youngs	81	Zir
Volky	922	Worcester,M.	Vries	982	Wyl	Yane	22	Zal	Yous	82	Zit
Voll	923	Worcester,S.	Vril	983	Wyle	Yani	23	Zam	Youss	83	Zo
Vollm	924	Word	Vro	984	Wym	Yann	24	Zambo	Yoz	84	Zoc
Vollw	925	Wordsw	Vs	985	Wyn	Yao	25	Zamo	Yp	85	Zoe
Volm	926	Wordsworth,S.	Vu	986	Wynf	Yar	26	Zamp	Yps	86	Zol
Voln	927	Worl	Vui	987	Wyng	Yard	27	Zan	Yr	87	Zon
Volney	928	Worm	Vuil	988	Wynn	Yarf	28	Zane	Yri	88	Zop
Volo	929	Woro	Vuit	989	Wynne,M.	Yarr	29	Zang	Yrie	89	Zot
Volp	931	Wors	Vul	991	Wynt	Yat	31	Zani	Ys	91	Zou
Volpi	932	Wort	Vulp	992	Wyo	Yates,G.	32	Zann	Ysen	92	Zs
Volpin	933	Worthington	Vuls	993	Wyr	Yates,M.	33	Zano	Yss	93	Zu
Vols	934	Worthington,M	Vuo	994	Wys	Yates,S.	34	Zant	Yu	94	Zuc
Volt	935	Wortl	Vuy	995	Wyss	Yatm	35	Zap	Yule	95	Zun
Voltch	936	Wot	Vy	996	Wyt	Yb	36	Zar	Yv	96	Zur
Volte	937	Wott	Vyr	997	Wytt	Ye	37	Zari	Yve	97	Zw
Volto	938	Wou	Vys	998	Wyv	Yeam	38	Zaro	Yves	98	Zwi
Voltr	939	Wr	Vz	999	Wz	Year	39	Zau	Yvo	99	Zy
Voltu	941	Wran	Xa	1		Yeat	41	Ze			
Voltz	942	Wrat	Xan	2		Yeb	42	Zec			
Volu	943	Wrax	Xav	3		Yef	43	Zed			
Volv	944	Wre	Xe	4		Yem	44	Zeg			
Von	945	Wren	Xen	5		Yen	45	Zei			
Vond	946	Wri	Xer	6		Yeo	46	Zeif			
Vonk	947	Wright	Xl	7		Yep	47	Zeis			
Vono	948	Wright,C.	Xu	8		Yet	48	Zeit			
Voo	949	Wright,F.	Xy	9		Yez	49	Zel			
Voor	951	Wright,J.				Yh	51	Zell			
Vop	952	Wright,M.				Yl	52	Zelo			
Vor	953	Wright,S.				Yn	53	Zelt			
Voro	954	Wright,W.				Yo	54	Zen			
Vors	955	Wris				Yon	55	Zeno			
Vorster	956	Writ				Yonge,G.	56	Zent			
Vort	957	Wro				Yonge,M.	57	Zep			
Vory	958	Wroth				Yonge,S.	58	Zer			
Vos	959	Wu				Yonge,W.	59	Zes			
Vose	961	Wul				Yor	61	Zet			
Vose,D.	962	Wulfh				York,J.	62	Zeu			
Vose,H.	963	Wulfr				York,P.	63	Zev			
Vose,J.	964	Wulfs				Yorke	64	Zi			
Vose,M.	965	Wun				Yorke,M.	65	Zie			
Vose,S.	966	Wuns				Yot	66	Zieg			
Vose,W.	967	Wur				You	67	Zies			
Vosm	968	Wurm				Young	68	Zif			
Voss	969	Wurt				Young,C.	69	Zil			

Aa — Allison, M.

111	Aa	171	Acci	241	Ador	311	Ait	371	Ales
112	Aal	172	Acco	242	Adr	312	Aj	372	Alessi
113	Aar	173	Ace	243	Adri	313	Ak	373	Alew
114	Aars	174	Aces	244	Ads	314	Aker	374	Alex
115	Aas	175	Ach	245	Ady	315	Akers	375	Alexander,C.
116	Aba	176	Achar	246	Ae	316	Al	376	Alexander,J.
117	Abal	177	Ache	247	Aeg	317	Alain	377	Alexander,M.
118	Abar	178	Achi	248	Ael	318	Alam	378	Alexander,S.
119	Abat	179	Achm	249	Aem	319	Alan	379	Alexander,W.
121	Abau	181	Aci	251	Aen	321	Alar	381	Alexandre
122	Abb	182	Ack	252	Aer	322	Alard	382	Alexandre,M.
123	Abbat	183	Ackw	253	Aes	323	Alary	383	Alexandro
124	Abbe	184	Acl	254	Aeso	324	Alav	384	Alexi
125	Abbo	185	Aco	255	Aet	325	Alb	385	Alfa
126	Abbot	186	Acq	256	Afa	326	Alban	386	Alfe
127	Abbot,J.	187	Acr	257	Affl	327	Albar	387	Alfi
128	Abbot,M.	188	Act	258	Afr	328	Albe	388	Alfo
129	Abbot,S.	189	Acu	259	Aga	329	Alber	389	Alford
131	Abbott	191	Ada	261	Agar	331	Alberi	391	Alfr
132	Abbott,J.	192	Adal	262	Agas	332	Albero	392	Alfred
133	Abbott,M.	193	Adam	263	Agat	333	Albert	393	Alfri
134	Abbott,S.	194	Adam,J.	264	Agay	334	Alberti	394	Alg
135	Abd	195	Adam,M.	265	Age	335	Albi	395	Alger
136	Abdul	196	Adam,S.	266	Agg	336	Albini	396	Algh
137	Abdy	197	Adam,W.	267	Agi	337	Albinu	397	Alh
138	Abe	198	Adami	268	Agis	338	Albiz	398	Ali
139	Abel	199	Adamo	269	Agl	339	Albo	399	Alif
141	Abel,L.	211	Adams	271	Agn	341	Albr	411	Alig
142	Aben	212	Adams,F.	272	Agnes	342	Albri	412	Alip
143	Aber	213	Adams,G.	273	Agnew	343	Albriz	413	Alis
144	Abercr	214	Adams,J.	274	Agno	344	Albro	414	Alison,M.
145	Aberd	215	Adams,M.	275	Ago	345	Albu	415	Alk
146	Abern	216	Adams,N.	276	Agou	346	Alc	416	All
147	Abert	217	Adams,S.	277	Agr	347	Alcan	417	Allan
148	Abi	218	Adams,T.	278	Agri	348	Alcar	418	Allan,M.
149	Abing	219	Adams,W.	279	Agrip	349	Alcaz	419	Allard
151	Abk	221	Adamson	281	Agro	351	Alce	421	Allas
152	Abl	222	Add	282	Agu	352	Alci	422	Alle
153	Abn	223	Adde	283	Aguil	353	Alcip	423	Allein
154	Abo	224	Addi	284	Aguir	354	Alco	424	Allem
155	Abou	225	Addison	285	Ah	355	Alcot	425	Allen
156	About	226	Addison,M.	286	Ahm	356	Alcu	426	Allen,H.
157	Abov	227	Ade	287	Ahr	357	Ald	427	Allen,J.
158	Abr	228	Adelh	288	Ai	358	Alden	428	Allen,N.
159	Abrah	229	Adelo	289	Aig	359	Alden,S.	429	Allen,S.
161	Abrai	231	Aden	291	Aik	361	Alder	431	Allen,T.
162	Abre	232	Adet	292	Aiki	362	Alders	432	Allen,W.
163	Abri	233	Adh	293	Ail	363	Aldi	433	Allens
164	Abru	234	Adi	294	Aim	364	Aldo	434	Aller
165	Abu	235	Adison,S.	295	Ain	365	Aldr	435	Alle
166	Abul	236	Adk	296	Ains	366	Ale	436	Alli
167	Abur	237	Adl	297	Ainsw	367	Alem	437	Alling
168	Aca	238	Adm	298	Air	368	Alen	438	Allis
169	Acc	239	Ado	299	Ais	369	Alep	439	Allison,M.

Allo — Aro

441	Allo	511	Amen	571	Andrews,T.	641	Apel	711	Arin
442	Alls	512	Amer	572	Andrews,W.	642	Api	712	Ario
443	Ally	513	Ames	573	Andri	643	Apo	713	Arip
444	Alm	514	Ames,M.	574	Andro	644	Apollo	714	Aris
445	Alman	515	Amh	575	Andron	645	Apos	715	Aristi
446	Almas	516	Ami	576	Andros	646	App	716	Aristo
447	Alme	517	Amin	577	Andry	647	Appi	717	Aristop
448	Almen	518	Amm	578	Ane	648	Appl	718	Ariu
449	Almi	519	Ammir	579	Aner	649	Appleton	719	Ariz
451	Almo	521	Ammo	581	Ang	651	Appleton,J.	721	Ark
452	Almon	522	Amn	582	Angeli	652	Appleton,T.	722	Arkw
453	Alo	523	Amo	583	Angell	653	Appu	723	Arl
454	Alon	524	Amor	584	Angelo	654	Apr	724	Arling
455	Alos	525	Amos	585	Angelu	655	Apt	725	Arlo
456	Alp	526	Amp	586	Angen	656	Aqu	726	Arlu
457	Alpi	527	Amps	587	Anger	657	Aquin	727	Arm
458	Alq	528	Ams	588	Angi	658	Ara	728	Arme
459	Alr	529	Amu	589	Angl	659	Arag	729	Armi
461	Als	531	Amy	591	Anglu	661	Aram	731	Armis
462	Alsop	532	Ana	592	Ango	662	Aran	732	Armit
463	Alste	533	Anam	593	Angou	663	Arat	733	Armitage,M.
464	Alsto	534	Anas	594	Angu	664	Arb	734	Arms
465	Alt	535	Anat	595	Angus	665	Arbl	735	Armstrong
466	Alte	536	Anax	596	Anh	666	Arbo	736	Armstrong,J.
467	Alth	537	Anb	597	Ani	667	Arbu	737	Armstrong,M.
468	Alti	538	Anc	598	Anim	668	Arc	738	Armstrong,S.
469	Alto	539	Anch	599	Anis	669	Arch	739	Armstrong,W.
471	Alu	541	Anci	611	Ank	671	Archer	741	Army
472	Alv	542	Anco	612	Anl	672	Archer,M.	742	Arn
473	Alvare	543	And	613	Ann	673	Archi	743	Arnal
474	Alve	544	Andereas	614	Annes	674	Arci	744	Arnau
475	Alvi	545	Anders	615	Anni	675	Arco	745	Arnaul
476	Alvo	546	Anderson	616	Anq	676	Ard	746	Arnay
477	Alvw	547	Anderson,D.	617	Ans	677	Ardo	747	Arnd
478	Alz	548	Anderson,J.	618	Ansel	678	Are	748	Arne
479	Ama	549	Anderson,M.	619	Ansi	679	Areh	749	Arni
481	Amad	551	Anderson,R.	621	Ansl	681	Aren	751	Arno
482	Amal	552	Anderson,T.	622	Anso	682	Aret	752	Arnold
483	Amalt	553	Anderson,W.	623	Ansp	683	Aretin	753	Arnold,D.
484	Aman	554	Andr	624	Anst	684	Arez	754	Arnold,G.
485	Amar	555	Andral	625	Anstey	685	Arf	755	Arnold,H.
486	Amas	556	Andre	626	Ansti	686	Arg	756	Arnold,J.
487	Amat	557	Andrea	627	Ant	687	Argel	757	Arnold,M.
488	Amato	558	Andree	628	Antho	688	Argen	758	Arnold,S.
489	Amau	559	Andrei	629	Anti	689	Argent	759	Arnold,T.
491	Amb	561	Andres	631	Antim	691	Argenti	761	Arnold,W.
492	Ambi	562	Andrew	632	Antio	692	Argi	762	Arnoldi
493	Ambl	563	Andrew,M.	633	Antip	693	Argo	763	Arnon
494	Ambo	564	Andrewe	634	Anto	694	Argu	764	Arnot
495	Ambr	565	Andrews	635	Antoni	695	Argy	765	Arnou
496	Ambros	566	Andrews,E.	636	Antr	696	Ari	766	Arnoult
497	Ambu	567	Andrews,J.	637	Anv	697	Arib	767	Arns
498	Ame	568	Andrews,M.	638	Ao	698	Arid	768	Arnu
499	Amelo	569	Andrews,R.	639	Ap	699	Arig	769	Aro

771	Arou	841	Aspi	911	Audi	971	Axo
772	Arp	842	Aspl	912	Audin	972	Axt
773	Arr	843	Aspr	913	Audl	973	Aya
774	Arre	844	Ass	914	Audo	974	Ayc
775	Arri	845	Assen	915	Audr	975	Ayd
776	Arrig	846	Asser	916	Audu	976	Aye
777	Arriv	847	Assh	917	Aue	977	Ayers
778	Arro	848	Assi	918	Auf	978	Ayl
779	Arrows	849	Asso	919	Aug	979	Aylm
781	Ars	851	Assu	921	Augi	981	Aylw
782	Arsi	852	Ast	922	Augu	982	Aym
783	Arsl	853	Aste	923	Augus	983	Ayn
784	Art	854	Asti	924	Aul	984	Ayr
785	Artau	855	Astl	925	Aum	985	Ayres
786	Arte	856	Asto	926	Aun	986	Ayrt
787	Arth	857	Aston,M.	927	Aur	987	Ays
788	Arthur	858	Astor	928	Auri	988	Ayt
789	Arthur,M.	859	Astr	929	Auriv	989	Ayton
791	Arthur,S.	861	Asu	931	Auro	991	Aza
792	Arto	862	Ata	932	Aus	992	Azar
793	Aru	863	Atch	933	Austen	993	Aze
794	Arunt	864	Ate	934	Austen,M.	994	Azev
795	Arv	865	Ath	935	Austin	995	Azi
796	Arw	866	Athe	936	Austin,J.	996	Azo
797	Arz	867	Athen	937	Austin,M.	997	Azr
798	Asa	868	Ather	938	Austin,T.	998	Azy
799	Asb	869	Atherton,M.	939	Aut	999	Azz
811	Asc	871	Athi	941	Autr		
812	Asch	872	Ati	942	Auv		
813	Aschen	873	Atk	943	Aux		
814	Ascl	874	Atkins,M.	944	Auz		
815	Asco	875	Atkinson	945	Ava		
816	Ase	876	Atkison,J.	946	Avan		
817	Asf	877	Atkison,M.	947	Avau		
818	Asg	878	Atkison,T.	948	Ave		
819	Ash	879	Atky	949	Avell		
821	Ashbu	881	Atl	951	Aven		
822	Ashburt	882	Atr	952	Aver		
823	Ashby	883	Att	953	Avero		
824	Ashe	884	Atter	954	Avery		
825	Asher	885	Atti	955	Avery,M.		
826	Ashl	886	Attw	956	Avez		
827	Ashm	887	Atw	957	Avi		
828	Asht	888	Aub	958	Avil		
829	Ashton,M.	889	Aubert	959	Avit		
831	Ashw	891	Aubery	961	Avo		
832	Asi	892	Aubes	962	Avos		
833	Asio	893	Aubi	963	Avr		
834	Ask	894	Aubin	964	Awa		
835	Askew	895	Aubr	965	Awb		
836	Asm	896	Aubry	966	Awd		
837	Aso	897	Aubu	967	Awi		
838	Asp	898	Auc	968	Ax		
839	Asper	899	Aud	969	Axel		

Ea — Ez / Ia — Izm / Oa — Oz

11	Ea	71	Erm	11	Ia	71	Iro	11	Oa	71	Ori
12	Eam	72	Err	12	Ib	72	Irv	12	Ob	72	Orl
13	Eas	73	Ers	13	Ibn	73	Is	13	Obr	73	Orlo
14	Eat	74	Es	14	Ibr	74	Isab	14	Obs	74	Orm
15	Eb	75	Esd	15	Ic	75	Isam	15	Oc	75	Orn
16	Eber	76	Esl	16	Ich	76	Isar	16	Och	76	Orr
17	Ec	77	Esp	17	Ick	77	Isc	17	Oco	77	Ors
18	Ech	78	Ess	18	Id	78	Ise	18	Oconn	78	Ort
19	Eck	79	Est	19	Ide	79	Ish	19	Ocor	79	Orto
21	Ed	81	Esti	21	Ido	81	Isi	21	Oct	81	Os
22	Eden	82	Estr	22	Ie	82	Isl	22	Od	82	Osg
23	Edg	83	Et	23	If	83	Ism	23	Ode	83	Osm
24	Edm	84	Eth	24	Ig	84	Isn	24	Odi	84	Oss
25	Edw	85	Eto	25	Ih	85	Iso	25	Odo	85	Ost
26	Edwards	86	Eu	26	Ik	86	Iss	26	Odon	86	Osw
27	Ef	87	Eug	27	Il	87	Ist	27	Odr	87	Ot
28	Eg	88	Eul	28	Ili	88	It	28	Oe	88	Oti
29	Ege	89	Eup	29	Ill	89	Ith	29	Oer	89	Ott
31	Egl	91	Eus	31	Im	91	Itt	31	Of	91	Ottl
32	Egr	92	Ev	32	Imb	92	Iu	32	Off	92	Otw
33	Eh	93	Eve	33	Iml	93	Iv	33	Ofl	93	Ou
34	Ei	94	Ew	34	Imp	94	Ive	34	Og	94	Ous
35	Ein	95	Ewi	35	In	95	Ives	35	Ogl	95	Ouv
36	Eis	96	Ex	36	Inc	96	Ivo	36	Oh	96	Ov
37	El	97	Ey	37	Inch	97	Ix	37	Ohe	97	Ow
38	Elea	98	Eyr	38	Ind	98	Iz	38	Ohm	98	Ox
39	Elen	99	Ez	39	Indi	99	Izm	39	Oi	99	Oz
41	Elg			41	Indo			41	Ok		
42	Eli			42	Indu			42	Ol		
43	Elis			43	Inf			43	Olb		
44	Ell			44	Ing			44	Old		
45	Elle			45	Inge			45	Ole		
46	Elli			46	Ingel			46	Oli		
47	Ellis			47	Inger			47	Olip		
48	Elm			48	Ingh			48	Oliv		
49	Els			49	Ingi			49	Olivi		
51	Elt			51	Ingl			51	Olm		
52	Elw			52	Ingli			52	Olo		
53	Em			53	Ingo			53	Oly		
54	Emm			54	Ingr			54	Om		
55	Emp			55	Ingre			55	Ome		
56	En			56	Ini			56	Omo		
57	Eng			57	Inm			57	Omu		
58	Engl			58	Inn			58	On		
59	Enn			59	Ins			59	Ons		
61	Ent			61	Int			61	Oov		
62	Eo			62	Inv			62	Op		
63	Ep			63	Inw			63	Opp		
64	Epi			64	Io			64	Or		
65	Er			65	Ir			65	Orb		
66	Erd			66	Iren			66	Ord		
67	Ere			67	Iret			67	Ore		
68	Eri			68	Iri			68	Orf		
69	Erl			69	Irl			69	Org		

111	Sa	171	Salm	241	Sap	311	Schar	371	Schom
112	Saar	172	Salmon	242	Saq	312	Schat	372	Schon
113	Sab	173	Salo	243	Sar	313	Schau	373	Schoo
114	Sabb	174	Salomon	244	Sard	314	Sche	374	Schop
115	Sabe	175	Salon	245	Sarg	315	Sche	375	Schor
116	Sabi	176	Salt	246	Sarm	316	Sched	376	Schot
117	Sabl	177	Salter	247	Sarr	317	Schef	377	Schou
118	Sabr	178	Saltm	248	Sars	318	SchefferJ	378	Schra
119	Sac	179	Salto	249	Sart	319	Schei	379	Schrei
121	Sach	181	Salu	251	Sarto	321	Scheif	381	Schrey
122	Saco	182	Salv	252	Sas	322	Scheit	382	Schro
123	Sacr	183	Salve	253	Sat	323	Schel	383	Schroet
124	Sad	184	Salvi	254	Satu	324	Schem	384	Schu
125	Sade	185	Salvin	255	Sau	325	Schen	385	Schube
126	Sadl	186	Salvo	256	Saul	326	Schep	386	Schul
127	Sae	187	Sam	257	Saun	327	Scher	387	Schultz
128	Saf	188	Samh	258	Saup	328	Schet	388	Schulz
129	Sag	189	Samm	259	Saur	329	Scheu	389	Schulz,J.
131	Sah	191	Samo	261	Saut	331	Schi	391	Schulze
132	Sai	192	Samp	262	Sauv	332	Schick	392	Schum
133	Saint,A	193	Sams	263	Sav	333	Schie	393	Schun
134	Saint,An	194	San	264	SavageJ	334	Schif	394	Schur
135	Saint,B	195	SanF	265	Savar	335	Schil	395	Schus
136	Saint,C	196	SanL	266	Savars	336	Schim	396	Schut
137	Saint,E	197	SanS	267	Savi	337	Schin	397	Schuy
138	Saint,F	198	Sanb	268	Savo	338	Schir	398	Schw
139	Saint,G	199	Sanc	269	Savot	339	Schl	399	Schwar
141	Saint,H	211	Sanch	271	Saw	341	Schle	411	Schwarz
142	Saint,I	212	Sancr	272	Sax	342	Schlei	412	Schwe
143	Saint,Ju	213	Sand	273	Saxo	343	Schles	413	Schwei
144	Saint,J	214	Sande	274	Say	344	Schleu	414	Schwem
145	Saint,L	215	Sanders	275	Sayl	345	Schli	415	Schwer
146	Saint,M	216	Sanderson	276	Sba	346	Schlo	416	Sci
147	Saint,N	217	Sandf	277	Sca	347	Schlu	417	Scin
148	Saint,O	218	Sando	278	Scae	348	Schm	418	Scip
149	Saint,P	219	Sandr	279	Scal	349	Schmi	419	Scir
151	SaintR	221	Sands	281	Scalab	351	Schmidt	421	Sco
152	SaintS	222	Sandy	282	Scali	352	Schmidt,F.	422	Scog
153	SaintSimon	223	Sane	283	Scam	353	Schmidt,J.	423	Scor
154	SaintU	224	Sanf	284	Scap	354	Schmidt,L.	424	Scot
155	SaintV	225	Sang	285	Scar	355	Schmidt,S.	425	Scott
156	Sainte	226	Sangr	286	Scarl	356	Schmit	426	Scott,G.
157	SainteM	227	Sani	287	Scars	357	Schmo	427	Scott,J.
158	Sais	228	Sann	288	Scav	358	Schn	428	Scott,M.
159	Sal	229	Sans	289	Sce	359	Schneider,J.	429	Scott,S.
161	Salan	231	Sant	291	Sch	361	Schni	431	Scott,W.
162	Sald	232	Santag	292	Schad	362	Schnne	432	Scou
163	Sale	233	Santar	293	Schae	363	Schno	433	Scr
164	Salg	234	Sante	294	Schaef	364	Scho	434	Scri
165	Sali	235	Santi	295	Schaer	365	Schoe	435	Scro
166	Salis	236	Santis	296	Schaf	366	Schoen	436	Scu
167	Salisbury	237	Santo	297	Schal	367	Schoenl	437	Scul
168	Sall	238	Sanu	298	Schall	368	Schoep	438	Sea
169	Sallo	239	Sao	299	Scham	369	Schol	439	Sear

Seat — Spri

441	Seat	511	Sevi	571	Sie	641	Smil	711	Soo
442	Seav	512	Sew	572	Sien	642	Smit	712	Sop
443	Seb	513	Sewall,S.	573	Sies	643	Smith,B.	713	Sor
444	Sec	514	Seward	574	Sig	644	Smith,C.	714	Sori
445	Seco	515	Sewel	575	Sigf	645	Smith,D.	715	Sos
446	Secr	516	Sewell	576	Sigi	646	Smith,E.	716	Sost
447	Sed	517	Sewell,S.	577	Sigis	647	Smith,F.	717	Sot
448	Sedg	518	Sex	578	Sign	648	Smith,G.	718	Soto
449	Sedl	519	Sey	579	Sigu	649	Smith,H.	719	Sou
451	See	521	Seym	581	Sil	651	Smith,J.	721	Souf
452	Seel	522	Seyt	582	Silb	652	Smith,John	722	Soul
453	Seem	523	Sfo	583	Sili	653	Smith,Jos	723	Souli
454	Seg	524	Sha	584	Sill	654	Smith,L.	724	Soum
455	Segr	525	Shaf	585	Silo	655	Smith,M.	725	Sous
456	Segu	526	Shai	586	Silv	656	Smith,O.	726	Sout
457	Sei	527	Shak	587	Silve	657	Smith,R.	727	Southe
458	Seid	528	Shal	588	Sim	658	Smith,Rob't	728	Southw
459	Seif	529	Shap	589	Sime	659	Smith,S.	729	Souv
461	Seil	531	Shar	591	Siml	661	Smith,Sol.	731	Sow
462	Seis	532	Sharpe	592	Simm	662	Smith,T.	732	Spa
463	Sej	533	Shat	593	Simo	663	Smith,W.	733	Spaf
464	Sel	534	Shaw	594	Simon	664	Smith,Wm.	734	Spal
465	Self	535	Shaw,L.	595	Simon,J.	665	Smits	735	Span
466	Selk	536	Shaw,S.	596	Simon,P.	666	Smo	736	Spar
467	Sell	537	Shaw,W.	597	Simond	667	Smy	737	Sparr
468	Sello	538	Shay	598	Simone	668	Smythe	738	Spat
469	Selv	539	She	599	Simoni	669	Sna	739	Spau
471	Sem	541	Shed	611	Simons	671	Sne	741	Spe
472	Seml	542	Shef	612	Simp	672	Sni	742	Spee
473	Semp	543	Shei	613	Simps	673	Sno	743	Spel
474	Sen	544	Shel	614	Sims	674	Snow	744	Spen
475	Sene	545	Shelley	615	Sin	675	Sny	745	Spencer
476	Senf	546	Shen	616	Sincl	676	Soa	746	Spencer,S.
477	Seni	547	Shep	617	Sing	677	Sob	747	Spene
478	Senn	548	Sheph	618	Sins	678	Soc	748	Spens
479	Sep	549	Shepp	619	Sir	679	Sod	749	Sper
481	Ser	551	Sher	621	Sirm	681	Soe	751	Sperr
482	Seras	552	Sheri	622	Sis	682	Sog	752	Spet
483	Sere	553	Sherm	623	Sism	683	Soi	753	Sph
484	Serg	554	Sherw	624	Siv	684	Sol	754	Spi
485	Seri	555	Shi	625	Six	685	Sole	755	Spie
486	Serm	556	Shil	626	Ska	686	Soli	756	Spil
487	Serr	557	Ship	627	Ske	687	Solis	757	Spin
488	Serre	558	Shir	628	Ski	688	Soll	758	Spino
489	Serro	559	Sho	629	Skr	689	Solo	759	Spir
491	Serv	561	Shr	631	Sla	691	Solt	761	Spit
492	Servin	562	Shu	632	Sle	692	Soly	762	Spo
493	Ses	563	Sib	633	Sli	693	Som	763	Spon
494	Sest	564	Sibl	634	Slo	694	Somer	764	Spoo
495	Set	565	Sic	635	Sma	695	Somerse	765	Spot
496	Seu	566	Sici	636	Smar	696	Somerv	766	Spr
497	Sev	567	Sico	637	Sme	697	Somm	767	Spran
498	Sever	568	Sid	638	Smel	698	Son	766	Spre
499	Severus	569	Sidn	639	Smi	699	Sonn	769	Spri

Spro — Szy

771	Spro	841	Stet	911	Stratt	971	Swa
772	Spu	842	Steu	912	Strau	972	Swan
773	Squ	843	Stev	913	Straw	973	Swar
774	Squir	844	Stevens	914	Stre	974	Swe
775	Sta	845	Stevens,M.	915	Street	975	Swet
776	Stad	846	Stevens,S.	916	Stri	976	Swi
777	Stadl	847	Stevenson	917	Strickl	977	Swift
778	Stae	848	Stevenson,M.	918	Strin	978	Swin
779	Staf	849	Stew	919	Stro	979	Swint
781	Stah	851	Stewart,M.	921	Strog	981	Sya
782	Stai	852	Stewart,T.	922	Stron	982	Syd
783	Stam	853	Stey	923	Strong	983	Syk
784	Stan	854	Sti	924	Strong,P.	984	Syl
785	Stand	855	Stie	925	Strot	985	Sylv
786	Stanh	856	Stil	926	Stroz	986	Sym
787	Stanl	857	Still	927	Stru	987	Symm
788	Stanley,J.	858	Stim	928	Stry	988	Symo
789	Stanley	859	Stimp	929	Stu	989	Symp
791	Stans	861	Stir	931	Stuart,J.	991	Syms
792	Stant	862	Stit	932	Stuart,M.	992	Syn
793	Stap	863	Sto	933	Stud	993	Syng
794	Stapl	864	Stoc	934	Stuk	994	Syp
795	Star	865	Stockl	935	Stur	995	Syr
796	Starr	866	Stockt	936	Sturm	996	Sza
797	Stat	867	Stod	937	Stut	997	Sze
798	Stau	868	Stoddard,M.	938	Stuy	998	Szi
799	Ste	869	Stoddard,S.	939	Sua	999	Szy
811	Steb	871	Stoe	941	Sub		
812	Sted	872	Stoel	942	Suc		
813	Stee	873	Stof	943	Sud		
814	Steele	874	Stok	944	Sue		
815	Steev	875	Stol	945	Suev		
816	Stef	876	Stolt	946	Suf		
817	Steffe	877	Ston	947	Sug		
818	Stei	878	Stone,J.	948	Sui		
819	Stein	879	Stone,M.	949	Sul		
821	Steind	881	Stone,T.	951	Sullivan,M.		
822	Steine	882	Stoo	952	Sullivan,S.		
823	Steinm	883	Stop	953	Sully		
824	Stel	884	Stor	954	Sulp		
825	Sten	885	Stork	955	Sum		
826	Steno	886	Storr	956	Sumn		
827	Step	887	Story	957	Sun		
828	Stephen	888	Story,S.	958	Sunderl		
829	Stephen,M.	889	Stou	959	Sup		
831	Stephen,S.	891	Stow	961	Sur		
832	Stephens	892	Stowe	962	Surr		
833	Stephens,G.	893	Stowell	963	Surv		
834	Stephens,L.	894	Stra	964	Sus		
835	Stephens,R.	895	Strad	965	Sut		
836	Stephenson	896	Straf	966	Suth		
837	Stephenson,R.	897	Stran	967	Sutt		
838	Ster	898	Strat	968	Suz		
839	Stern	899	Strath	969	Svi		

Ua — Uz

11	Ua
12	Ub
13	Ube
14	Uber
15	Ubi
16	Uc
17	Uch
18	Ud
19	Ude
21	Udi
22	Ue
23	Uf
24	Uffi
25	Uffo
26	Ug
27	Ugo
28	Uh
29	Uhd
31	Uhl
32	Uht
33	Ui
34	Uk
35	Ukr
36	Ul
37	Ule
38	Ulf
39	Uli
41	Ull
42	Ullo
43	Ulm
44	Ulp
45	Ulr
46	Uls
47	Ult
48	Um
49	Umbr
51	Umf
52	Uml
53	Ums
54	Un
55	Unde
56	Underw
57	Ung
58	Uni
59	Uns
61	Unt
62	Unw
63	Unz
64	Uo
65	Up
66	Upd
67	Uph
68	Upm
69	Ups
71	Upt
72	Ur
73	Urbi
74	Urc
75	Ure
76	Uri
77	Url
78	Uro
79	Urq
81	Urr
82	Urs
83	Urv
84	Us
85	Ush
86	Usl
87	Uss
88	Ust
89	Ut
91	Utl
92	Utr
93	Utt
94	Uv
95	Uw
96	Ux
97	Uy
98	Uyt
99	Uz

참고문헌

Bliss, H. E. 1939. The organization of knowledge on libraries and the subject approach to books. 2nd ed. New York: The H. W. Wilson Company.

Bloomsberg, Marty & Hans Weber. 1976. *An introduction to classification and number building in Dewey.* Colorado: Libraries Unlimited.

Buchanan, Brian 저; 정필모, 오동근 공역. 1998. 『문헌분류이론』. 서울: 구미무역출판부.

Chan, Lois Mai. 1981. *Cataloging and classification: An introduction.* New York: McGraw-Hill Book Company.

Chan, Lois Mai, et. al. 1996. *Dewey Decimal Classification: A practical guide.* 2nd ed. New York: Forest Press.

Chan, Lois Mai, P. A. Richmond & E. Svenonius, ed. 1985. *Theory of subject analysis: A sourcebook.* Littleton: Libraries Unlimited.

Chapman, E. A., P. L. St. Pierre, & J. Lubans, Jr. 1970. *Library systems analysis guidelines.* New York: Wiley-Interscience.

Dawe, G. G. ed. 1932. *Melvil Dewey: seer, inspirer, doer, 1851-1931.* New York: Lake Placid Club.

Dewey, Melvil. 2011. *Dewey Decimal Classification and relative index.* 23rd ed. New York: Forest Press.

Hunter, Eric. 1988. *Classification made simple.* Aldershot: Gower.

Kumar, Krishan. 1981. Theory of classification. 2nd ed. New Delhi: Vikas Publishing House.

Maltby, A. 1978. *Sayers' manual of classification for librarians.* 5th ed. London: Andre Deutsch.

Marcella, Rita & Robert Newton. 1994. *A New Manual of Classification.* Hampshire: Gower.

Mattews, G. O. 1980. "The influence of faceted classification." Doctoral Dissertation. Case Western Reserve University. School of Library Science.

Oh, Dong-Geun. 2012. "Developing and maintaining a national classification system, experience from Korean Decimal Classification." *Knowledge organization,* 39(2): 72-82.

Oh, Dong-Geun. 2018. “Revision of the national classification system through cooperative efforts: A case of Korean Decimal Classification 6th edition (KDC 6).” *Knowledge organization,* 45(7): 559-573.

Oh, Dong-Geun & Ji-Suk Yeo. 2001. “Suggesting an option for DDC class religion (200) for nations in which religious diversity predominates.” *Knowledge organization,* 28(2): 75-84.

Parkhi, R. S. 1972. *Library classification: Evolution of a dynamic theory.* Delhi: Vikas Publishing House.

Ranganathan, S. R. 1967. *Prolegomena to library classification.* 3rd ed. New York: Asia Publishing House.

Ranganathan, S. R. 1989. *Colon Classification.* 7th ed. Bangalore: Sarada Ranganathan Endowment for Library Science.

Rowley, J. & J. Farrow. 2000. *Organizing knowledge: An introduction to managing access to information.* 3rd ed. Hampshire: Gower.

Saye, Jerry D. 2000. *Manheimer's cataloging and classification.* 4th ed. New York: Marcel Dekker, Inc.

Taylor, A. G. 2006. *Wyner's introduction to cataloging and classification.* 10th ed. Englewood, Col.; Libraries Unlimited, Inc.

강영계. 2003.『논리정석』. 서울: 답게.

髙橋良平. 2015. “日本十進分類法新訂10版の概要.” カレントアウェアネス 324: 11-14.

국립중앙도서관. 2006.『국립중앙도서관 60년사』. 서울: 국립중앙도서관.

김정소. 1983.『자료분류론』. 대구: 계명대학교출판부.

김정현. 2009.『문헌분류의 실제』. 개정판. 대구: 태일사.

김상하. 2007. 서양 목록법 이론 연구. 박사학위논문. 중앙대학교 문헌정보학과.

김태수. 2000.『분류의 이해』. 서울: 문헌정보처리연구회.

남태우. 1992. “분류기호법에서의 조기성 연구.” 도서관학 22: 179-217.

박봉석. 1947.『조선십진분류표』. 서울: 국립도서관.

박준택. 1980.『일반논리학』. 증보수정판. 서울: 박영사.

小倉親雄 저; 박희영 역. 1990.『미국도서관사상의 연구: Melvil Dewey의 사상과 그의 업적』. 서울: 아세아문화사.

오동근. 1998. “분석적 합성식 문헌분류법에 관한 연구.” 한국문헌정보학회지 32(2): 55-76.

______. 2000.『도서관인 박봉석의 생애와 사상』. 대구: 태일사.

______. 2001.『DDC 연구』. 대구: 태일사.

오동근. 2007. 『DDC 22의 이해』. 대구: 태일사.
______. 2015. 『최신분류론』. 대구: 태일사.
______. 배영활, 여지숙. 2002. 『KDC의 이해』. 대구: 태일사.
______. 배영활, 여지숙. 2009. 『KDC 5의 이해』. 대구: 태일사.
______. 배영활, 여지숙. 2011. “DDC 제23판의 특성과 KDC 제5판 개정을 위한 함의.” 한국도서관 · 정보학회지 42(3): 209-227.
______. 여지숙, 배영활. 2014. 『한국십진분류법 제6판의 이해와 적용』. 대구: 태일사.
윤희윤. 2015. 『정보자료분류론』. 제5판. 대구: 태일사.
이창수. 2014. 『자료분류론』. 서울: 한국도서관협회.
일본도서관정보학회 용어사전편집위원회 편; 오동근 역. 2011. 『문헌정보학 용어 사전』. 대구: 태일사.
日本図書館協会 分類委員会. 2015. 『日本十進分類法』. 新訂10版. 東京: 日本図書館協会.
정연경. 2017. 『지식정보분류론』. 서울: 이화여자대학교출판문화원.
정필모. 1991. 『문헌분류론』. 서울: 구미무역.
志保田務. 2013. 『情報資源組織論』. 京都: ミネルヴァ書房.
志保田務, 高鷲忠美, 平井尊士. 2012. 『情報資源組織法』. 東京: 第一法規.
천혜봉. 1970. 『고서분류목록법』. 상. 서울: 한국도서관협회.
최달현, 이창수. 1998. 『정보자료의 분류』. 서울: 한국도서관협회.
최정태, 양재한, 도태현. 2007. 『문헌분류의 이론과 실제』. 부산: 부산대학교출판부.
타케우치 사토루 저; 오동근 역. 2012. 『랑가나단 박사의 도서관학 5법칙에서 배우는 도서관이 나아갈 길』. 대구: 태일사.
韓國科學技術情報센터. 1973. 『國際十進分類法: 韓國語簡略版』. 서울: 韓國科學技術情報센터.
한국도서관협회. 1964. 『한국십진분류법』. 서울: 한국도서관협회.
____________. 1966. 『한국십진분류법』. 수정판. 서울: 한국도서관협회.
____________. 1980. 『한국십진분류법』. 제3판. 서울: 한국도서관협회.
____________. 1996. 『한국십진분류법』. 제4판. 서울: 한국도서관협회.
____________. 1997. 『개정 제4판 한국십진분류법해설』. 서울: 한국도서관협회.
____________. 2009. 『한국십진분류법』. 제5판. 서울: 한국도서관협회.
____________. 2013. 『한국십진분류법』. 제6판. 서울: 한국도서관협회.

색 인

국 문

ㄱ

가동식배열법 45
각괄호, UDC 172
간격기호, LCC 188
간결성, 분류기호의 58
간략분류 248
간략저자기호법 408-409
  DDC 409
  Elrod식 408-409
간략판, DDC 222
간소성의 법칙 80-81
개가제 48, 85, 379, 419
개괄, 개념의 30
개념 28-33
  관념과의 관계 28-29
  종류 31-33
개별화, 도서기호 380, 385
개성, 기본범주 202
개요표
  DDC 238-239, 431-433
  KDC 327, 442-453
개원석교록(開元釋敎錄) 125, 134
개유와(皆有窩) 136
개인저자, 문학의 269
거시적 순서 66
경부, 사부분류법 128
경성제국대학부속도서관
  화한서분류표(和漢書分類表) 311
경장(經藏) 125
경학(經學) 116
경험개념 32
계층구조
  DDC 199, 227-230
  KDC 321-323
계층분류법 227, 321
계층성, 분류기호의 58
계층식분류법 60
계층적 구속력 230,
고려국신조교정별록(高麗國新雕校正別錄) 135
고려대장경판 133
고유보조표, 일본십진분류법 209
고재창(高在昶) 140
  한국저자기호표 397
고정식기호법 387
고정식배가법 221
고정식배열법 45
공간, 기본범주 202
공기호, LCC 188
공자(孔子) 116
공통구분기호, CC 201
공통구분표 81
공통보조기호, UDC 169, 173-182
공통보조부호, UDC 168-169, 170-173
공통보조표, UDC 168-182
공평성의 법칙 75
『과학의 위엄과 진보에 관하여』 119-120
『과학철학시론』 120
관계 · 프로세스공통보조기호, UDC 181-182
관념, 개념과의 관계 28-29
관사, 저작기호의 381
관수목록(官修目錄) 126
광역전화통신권역 100-101
교장총록 134
교정별록 135
교착개념 32
구개명(裘開明) 312
구분(division) 21-22, 64
  규칙 34-35

구분(division) 〈계속〉
　기준　33
　분류와의 차이　22-23
　3요소　33-34, 37
　원리　33
구분장치, 분류기호의　249
구분지　33
구분특성　68
구체개념　32
구체성감소의 원칙　69
국가과학기술표준분류체계　74
국립도서관　143
국립중앙도서관　315, 316, 324, 414
　동양서저자기호표　397
국방연구원도서관　141
국어구분
　DDC　281-284, 341, 441
　KDC　341-344, 456
국연십진분류표　141, 312
국제도큐멘테이션연맹　164, 199
국제도큐멘테이션학회　164
국제산업분류표　73
국제서지학회　164
국제십진분류법(UDC)　61, 70, 73, 163-184, 312, 412
국제특허분류　73
권호기호　383
규범류　201
규범문법　272
규범적 순서　231
규범적 원칙　77-78
규장총목(奎章總目)　136-137
균형의 법칙　80
게스너(Gesner, K)　150
기능, 기본범주　202
기본범주　201, 202
기본법칙, 랑가나단　79-82
기술목록법　51-52
기술문법　272
기억, 정신능력의　119-120
기윤(紀昀)　126
기초이론, 분류의　17-74
기하　119
기호단계　56, 91-92
기호의 안정성　222
김휴(金烋)　136
꾸랑(Courant, M)　138

ㄴ

내용파악, 분류작업　413-414
내적형식, LCC　192
내포　22, 30-31
노데(Naude, G)　152
논리적 구분　64
논리학　118
논장(論藏)　125
누판고(鏤板考)　134
누판목록(鏤板目錄)　129

ㄷ

다학문적 기호　246
단순성, 분류기호　58
대상언어 83
대장각판군신기고문(大藏刻板君臣祈告文)　135
대장(경)목록　133-135
더블콜론, UDC　172
도서관업무시스템 48-49
도서관학의 5법칙, 랑가나단　80-86
도서기호　196, 385-409
　수입순기호법　387-388
　연대순기호법　388-395
　저자기호법　395-409
도착순기호법　387
동국이상국집　130
동위개념　31
동위류　66, 70
동음이의어　65, 90
동의어　65, 90
동일개념　33
동일장소이론　162
두정우(杜定友)　131
듀이(Dewey, M)　46, 213-219
듀이십진분류법(DDC)　70, 73, 80, 120, 163, 185, 213-309, 312, 412, 427-441
등가개념　33
등위류　66, 70

등치개념 33

ㄹ

라퐁텐(La Fontaine, H) 163-164
랑가나단(Ranganathan, S. R.) 56, 69, 120, 230
  기본법칙 79-82
  도서관학의 법칙 80-86, 196
  문헌분류의 3단계 87-95
  문헌분류이론 75-92
  생애와 업적 195-199
  연대순기호법 390
리재철
  새연대순기호법 391-395
  한글순도서기호법 397-401

ㅁ

마텔(Martel, C) 185
마자랭(Mazarin)추기경 152
마이크로적 순서 67
망라성 35, 65
매뉴얼, DDC 244-245
메타언어 90
명사(名辭), 개념과의 관계 28-29
명석, 개념의 29
모리 키요시(森清) 207
모순개념 32
목표 또는 최종결과의 원칙 69
무의미기호 80, 91
무의미화기호 80, 92
문법, 3학의 118
문사철(文史哲) 116
문예전고(文藝典故) 138
문학류 분류과정, DDC 268
문학형식구분
  DDC 263-271, 439
  KDC 349-251, 456
문헌분류 ↔ 분류
  개념 36-38
  도서관업무상 위치 48-50
  목록이론상 위치 51-54
문헌분류 〈계속〉
  3단계 87-95
  역사 122-211
  의의 36-48
  정의 37-38
  편목이론상 위치 51-54
  학문분류와의 관계 114-115
  효과 46-49
  일상생활활용 50, 95-105
문헌분류이론 75-92
문헌분류활용 95-105
  DDD 100-101
  광역전화통신권역 100-101
  시내버스번호시스템 102-107
  일상생활 95-105
  주민등록번호 96
  지하철노선도 98-99
  학번시스템 97
문헌적 근거(literary warrant) 193
미국의회도서관분류법(LCC) 60, 73, 121, 156, 185-194, 312, 412
미시적 순서 67
미첼(Mitchell, M) 236
민족 · 국민성공통보조기호, UDC 178
민족 및 국가군구분표, DDC 277-280, 439

ㅂ

박봉석(朴奉石) 142-145
  성별기호표 397
박준식의 영미저자기호표 397
반대개념 32
방기략(方技略) 124
배가 419-420
배열, 서가상 419-420
배열구조 70
배열순서 419-420
백진식분류법(百進式分類法) 2 27
범위주기 190, 194
범주표, SC 162
범주화 39-40
베이컨(Bacon, F) 119-120, 225, 319, 355
벽과 그림의 원칙 69
별록(別錄) 123
별법(別法) 325, 347, 352, 416 ↔ 임의규정
별치기호 307, 311-312

별표, UDC 172
병서략(兵書略) 124
보조표
DDC 250-284, 434-441
KDC 327, 332-354, 454-457
NDC 209
UDC 168-182
복본기호 383
복수주제의 처리 416-417, 245-246
본표
DDC 285-309
KDC 355-374
부가기호, UDC 171
부가표 231-232, 233
부록기호 383
부차적 기호, 청구기호 382-383
분류 ↔ 문헌분류
개념과의 관계 28-33
관념과의 관계 28-29
구분과의 차이 21-23
3요소 33-34
어원 18-19
정의 20-28
분류규정 415-419
분류규준 94-95
분류(구분)규칙 34-35
분류기호
기본요건 56-57
선정상 유의사항 414-415
분류기호컬럼
DDC 240
KDC 328-329
분류담당자(classifier) 38, 63
분류순목록 53-54
분류순배열 83
분류언어 56, 91
분류(구분)원리 33-34
분류의 미래 421-424

분류작업 20
과정 411
내용파악 413-414
주제파악 413-414
분류지 65, 33-34, 71
분류표
계층식분류법 60
기본요건 54-55
분석합성식분류표 60-70
비십진식분류표 72
선정상 유의사항 412
십진식분류표 70-71
열거식분류표 60-61
요건 54-55
유형 59-74
일반분류표 73
작성과정, 분석합성식분류표 63-70
전문분류표 73-74
절충식분류법 61
종류 59-74
종합분류표 73
주류 66-68
준열거식분류표 61
특수구분표 60, 81
특수분류표 73-74
표준분류표 73
하향식접근법 64
분류학자(classificationist) 38, 63
분서갱유 123
분석합성식분류표 60-70, 87, 199
분석합성식저자기호법 396-397
불전분류법 124-125, 133-135
브라운(Brown, J. D.) 160, 224, 390
브루네(Brunet, J. C.) 153
블리스(Bliss, H. E.) 158
비부(秘府) 123
비십진식분류표 72

ㅅ

사고전서(四庫全書) 126-130
사고전서관(四庫全書館) 127
사고전서총목제요(四庫全書總目提要) 127-130
4과, 7자유교과의 119
사람공통보조기호, UDC 182
사부(史部), 사부분류법 128-129
사부분류법 126-131
경부(經部) 128

단점 130-131
발전과정 126
사고전서총목 126-130
사부(史部) 128-129
자부(子部) 129
장점 130
중국 126-130
집부(集部) 129-130
한국 135-138
사분법(四分法) 126
사선, UDC 171
사전체편목규칙 75, 156
사지목록(史志目録) 126
사학(史學) 119-120
산술, 4과 118
3자규칙 246, 417
삼장분류법
중국 124-125
한국 133-135
삼청(森清) 207
삼투성의 법칙 81-82
3학, 7자유교과 118
상(相)관계, 분류기호의 59
상관개념 32
상관계(相關係, phase relation) 59
상관기호, UDC 171-172
상관색인 55, 71, 211, 221, 224, 233, 238
DDC 244
KDC 324, 327, 331
상관식배가법 221
상관식배열법 45
상상, 정신능력의 119-120
상세분류 249
상위개념 31
상호배타성 34
새연대순기호법 391-395
색인 및 부록기호 383
생물분류 23-27
서가기호 378
서가목록(shelf list) 45, 386
서가배열 419-420
서가배치표 419
서가분류 44-46, 154
서지분류와의 비교 46
서록(敍錄) 123
서명응(徐命膺) 136
서서서목(西序書目) 137
서수(序數) 56, 91
서양문헌분류사 148-212
서유구(徐有榘) 137
서지기술 52
서지분류 44-46
서가분류와의 비교 46
서지분류법(BC) 61, 73, 158-160
서호수(徐浩修) 137
선언개념 32
선천적 개념 32
선행규칙 246, 417
선행류, BC 160
성균관대학교도서관 한적분류법 312
세계서지, 게스너의 150, 152
소설, 저자기호의 409
소셜태깅(social tagging) 42
소재, 기본범주 202
소재기호 378
속성공통보조기호, UDC 180
속장경(續藏經)목록 134
수기법사(守其法師) 135
수도원 150
수사학, 4과의 118
수서경적지(隋書經籍志) 126
수술략(數術略) 124
수용력, 분류기호의 58, 226
수입순기호법 387-388
순수개념 32
순수기호법 57, 226, 233, 320-321, 324
순욱(荀勖) 126
스펜서(Spenser, H) 121
시간, 기본범주 202
시내버스번호시스템 102-107
시대공통보조기호, UDC 178-179
시부략(詩賦略) 124
시소러스 53, 423
시학(詩學) 119-120
신주제(新主題) 419
신축성, 분류기호의 58

신편제종교장총록(新編諸宗教藏總錄) 134
십진식기호법 221
십진식분류표 70-71

ㅇ

아리스토텔레스 117-118
아웃소싱 421
아이디어단계 88-89
알렉산드리아도서관 148
알파벳대문자, UDC 173
암페어(Ampere, A. M.) 120, 201
애매, 개념의 29
양성지(梁誠之) 136
양자택일규칙, BC 159
양피지 150
언어공통구분
  DDC 271-277, 344, 439
  KDC 344-348, 457
언어공통보조기호, UDC 174-175
언어단계 89-91
역베이컨식 224, 319, 355
역자기호 383
연대순기호법 162, 388-395
연도기호 383
연려실기술(燃藜室記述) 138
연속기호, UDC 171
연역적 사고 86
열거색인, SC 162
열거순서 63, 68-70, 160, 235, 247-248
  문학류 248, 264
  언어류 271, 344
  2개국어사전 275, 347
열거식분류표 60-61
열거식저자기호법 396-397
열고관서목(閱古觀書目) 136
영(0)의 규칙 246
영(0)의 사용규칙, DDC 254-255
오분류 416
오성(悟性), 정신능력의 119-120
오틀레(Otlet, P.) 163-164
온톨로지 40-41, 423
왕운오(王云五) 131
외연(外延) 30-31
외적형식, LCC 191-192
우선순위 68, 248
원저작 418
유개념(類概念) 31
유국균(劉國鈞) 132
유향(劉向) 123
유흠(劉歆) 123
육경(六經) 116
육예(六藝) 116, 123
육예략(六藝略) 124
율장(律藏) 125
음악, 4과의 118
의천(義天) 134
의천록(義天錄) 134
2개국어사전의 분류 243-244
  DDC 275-276
  KDC 346-348
이규보(李奎報) 135
이긍익(李肯翊) 138
이동식배열법 45
이류개념(異類概念) 32
이용자편의성 67, 379
이춘희의 동서저자기호표 397
이충(李充) 126
이학(理學) 119-120
인공언어 56, 91
일반분류표 73
일반특성공통보조기호, UDC 180-182
일본십진분류법(NDC) 70, 73, 121, 132, 207-212
일상생활, 문헌분류활용 95-109
임의규정 248-249, 416 ↔ 별법

ㅈ

자국우위 63, 261-263, 279-280, 283-284, 296-298, 305-306
자부(子部), 사부분류법 129
자서전
  저자기호 400
  저작기호 381
자체편목 421
장비작업 419
장서점검 47, 386
장소(章疏) 134

장소공통보조기호, UDC 177
장일세의 동서저자기호표 397
재고번호 378
재료공통보조기호, UDC 180-181
재분류 81-82, 235, 325
재산목록 149
재산목록시대 46
재조대장목록(再雕大藏目錄) 135
저자기호법 395-409
LC Cutter Table 401-403
Cutter-Sanborn기호법 404-407, 458-493
DDC 간략저자기호법 409
Elrod식 408-409
간략형 408-409
단점 396
리재철의 한글순도서기호법 397-401
분석합성식 396-397
열거식 396-397
장점 396
종류 396-397
저작기호 380-382, 406
적용규칙 245, 417
전개분류법(EC) 121, 155-158, 185, 187, 209, 390, 401
전기(傳記) 381, 382, 394, 400, 407, 408, 409
전기기호 382
전문분류표 73-74
전주제구분
DDC 231
KDC 354

절충식분류법 61
점진성 35, 160
점토판 149
접근점 52, 377
정부기능분류체계 74
정신능력, 인간의 51-52
정의 21-23
내포적 정의 21
논리학 21-23
외연적 정의 22
정필모의 한국문헌기호표 396-397
제1법칙, 도서관학의 5법칙 84
제2법칙, 도서관학의 5법칙 84
제3법칙, 도서관학의 5법칙 85
제4법칙, 도서관학의 5법칙 85-86
제5법칙, 도서관학의 5법칙 86
제실도서목록(帝室圖書目錄) 138
제자략(諸子略) 124
조기성 58, 62, 97, 157, 194, 230-232
DDC 230-232
KDC 323
조기표, KDC 332-354, 454-457
조선도서관협회 143
조선도서해제 138
조선동서편목규칙 144
조선십진분류표(KDCP) 70, 141-148, 312
조선총독부도서관분류표 139
조직, 지식 114
조직계통학 23-27
종개념 31
종교공통구분표, 한국십진분류법 351-4, 457
종합분류표 73, 412
주기
DDC 241-243
KDC 330
주류, 분석합성식분류표 66-68
주민등록번호 96
주제명목록 53-54
주제목록법 51-52
주제분류법(SC) 66, 160-162, 224, 390
주제분석 51, 52, 423
주제전문가 193
수제파악, 분류작업 413-414
준열거식분류법 61, 163
중개, 지식 114
중경신부(中經新簿) 126
중국과학원도서관도서분류법 132
중국도서관분류법 132
중국문헌분류사 122-132
중국인민대학도서관도서분류법 132
지승(智昇) 125
지식조직 114
지식중개 114
지식표현 113
지식활용 113

지역공통보조기호, UDC 177
지역구분
DDC 256-263, 337, 436-438
EC 157
KDC 337-341, 454-455
지역적 변형의 법칙 81
지하철노선도 98-99
진병대장경(鎭兵大藏經) 133
진시황 123
진원제서목(晋元帝書目) 126
진화 26
집략(輯略) 123
집부(集部), 사부분류법 129-130
짤막성, 분류기호의 58
찌개분류표 313

ㅊ

참고정보원 414
천문(天文), 4과의 118
철도도서관분류표 139-140
첨가기호, UDC 171
청구기호 377-409
체계적 순서 422
체계적 조기성 231, 323
초조대장목록(初雕大藏目錄) 133-134
총류 55
총서(series) 418-419
최사위(崔士威) 134
최종참고표, DDC 247
추상개념 32
출삼장기집(出三藏記集) 125
출판예정도서목록(CIP) 223, 233, 316, 317, 414
측면적 분류표 66
칙판대장경 135
칠략 123-124
칠분법 123-124
7자유교과 118-119

ㅋ

카피편목 233, 324, 412, 421
칼리마쿠스(Callimachus) 148-149
커터(Cutter, C. A.) 51, 67, 75, 120, 155-158, 185, 187-209, 390, 401, 404
커터샌본저자기호 404-407, 458-493
콜론, UDC 171-172
콜론분류법(CC) 61, 73, 75, 120, 195-206, 390
콩트(Comte, A.) 120-121, 156, 187

ㅌ

타임공통보조기호, UDC 178-179
택소노미 24, 26, 41-44
폭소노미와의 비교 43
통용성 58
통일서명 409
통제어 57, 91
특수구분기호, CC 201
특수구분표 60, 81
특수보조기호, UDC 170
특수분류표 73-74, 185
특정주제구분, KDC 354-355

ㅍ

파리서적상분류법 152
파순법 420
파피루스 149
판명, 개념의 29
판차기호 383
팔만대장경 135
패싯(facet) 89
패싯배열식 63, 68, 203 ↔ 열거순서
패싯분석 64-65
패싯순차 68 ↔ 열거순서
패싯지시기호 259
포커스 65
폭소노미 42-44, 423
택소노미와의 비교 43
표목컬럼
DDC 240
KDC 329-330
표에 의한 조기성 231
표준(세)구분
DDC 250-256, 332-334, 434-435
KDC 332-337, 454
표준분류표 73

표현, 지식 114
표현력, 분류기호의 58
프랑스분류법 152
플라톤 117
플러스기호, UDC 171
피고품(皮高品) 132
피구분체 33
피나케스(Pinakes) 148-149
피전자(被傳者) 381, 382, 394, 400, 407, 408, 409

ㅎ

하위개념 31
하향식접근법 64
학문분류 113-122,
학문에 의한 분류
  DDC 224-225
  KDC 319-320
『학문의 진보』 119
학번시스템 97
한국과학기술정보센터 166
한국관련항목 재전개, DDC
  국어구분 283-284
  문학류 304-307
한국관련항목 재전개, DDC 〈계속〉
  민족 및 국가군구분 279-280
  언어류 296-298
  역사 · 지리류 309-310
  종교류 290-292
  지역구분 261-263
한국도서관협회 324
한국문헌분류사 133-148
한국서지 138
한국십진분류법(KDC) 70, 73, 311-374, 412
한국표준산업분류 73
한국표준직업분류 74
한글순도서기호법 397-401
한은도서분류법 140-141, 312
한정, 개념의 30
한치윤(韓致奫) 137
한화도서분류법(漢和圖書分類法) 312
합목적성 35
합성주제 88
합의의 원칙 69
해동문헌총록(海東文獻總錄) 136
해동역사예문지(海東繹史藝文志) 137
해리스(Harris, W. T.) 120, 154-155, 220, 225, 319
해석의 법칙 79
해설서, KDC 327
해양구분, 일본십진분류법 210
해인사 135
핸슨(Hanson, J. C. M.) 185
협동분류 42
형식공통보조기호, UDC 174-176
형식류 55, 248
혼란, 개념의 29
혼합기호법 57, 405
활용, 지식 114
후천적 개념 32

영 문

A

access point 52, 377
add table 231-232, 233
Adjustable Classification 161
Advancement of learning 119
Advis Pour Dresser une Bibliotheque 162
Alexandria Library 148
Amherst College Library 213
Ampere, Andre Marie 120, 201
Aristoteles 117-118
array 70
artificial language 57
aspect scheme 66

B

Bacon, Francis 119-120, 225, 319, 355
BBK 131
BCA 158
Bibliographic Classification(BC) 61, 73, 158-160
bibliographic description 52
Bibliographie Corienne 138
Bibliotheca Universalis 150-152
biological classification 23
Biscoe의 연대순기호법 390
Bliss Classification Association 158
Bliss, H. E. 158
Boston Athenaeum 155-156
brevity, 분류기호의 57
BRM 74
broad classification 248
Brown, J. D. 160, 224, 390
Brunet, J. C. 153

C

call number 377
Callimachus 148-149
canons, by Ranganathan 94-95
Cataloging Distribution Service, LC 186
Cataloging in Publication (CIP) 223, 233, 316, 317, 414
categorical table 162
categorization 39-40
CC 61, 73, 75, 120, 195-206, 390
CDS, LC 186
CIP 223, 233, 316, 317, 414
Classification and Subject Index for Cataloguing and Arranging the Books and Pamphlets of a Library 230
classification code 415-419
Classification of the Sciences 121
Classification Research Group (CRG) 61, 65
Classification Web, LC 186
classificationist 38, 63
classificatory language 57
classified catalog 53
classifier 38, 63
classifying animal 50
close classification 249
Colon Classification 61, 73, 75, 120, 195-206, 390
common auxiliaries, UDC 168-182
common auxiliary numbers, UDC 169, 173-182
common auxiliary signs, UDC 170-172
common auxiliary tables, UDC 168-182
common isolate 60, 80
Comte, August 120-121, 156, 187
consensus, principle of 69
controlled vocabulary 57
Cooperative Patent Classification (CPC) 73
copy cataloging 233, 324, 412, 421
copy number 383
Courant, Mourice 138
CRG 61, 65
currency, 분류기호의 58
Cutter-Sanborn Three Figire Author Table, 404-407, 458-493
Cutter Table 401-403
Cutter, C. A. 51, 67, 75, 120, 155-158, 185,

187-209, 390, 401, 404

D

Dalberg, I 113
DC 213, 225
DDC 70, 73, 80, 120, 163, 185, 213-309, 312, 412, 427-441
DDD 100-101
Decimal Classification 213, 225
Decimal Classification Editorial Policy Committee 223
decreasing concreteness, principle of 69
descriptive cataloging 51-52
descriptive grammar 272
Dewey, Melvil 446, 213-219
Divide like 222
Documentation Research and Training Centre (DRTC) 196-197

E

EC 121, 155-158, 185, 187, 209, 390, 401
edition mark 382
Elrod식 간략저자기호법 408-409
empty digit 80, 91
emptying digit 80, 92
EPC, DDC 223
Eureka moment 218
Expansive Classification 121, 155-158, 185, 187, 209, 390, 401
expressiveness, 분류기호의 58
external format, LCC 191-192

F

facet formula 63, 68
facet indicator 259
FID 164
Five Laws of Library Science 80-86
fixed location 45
flexibility, 분류기호의 58
focus 65
folksonomy 42-44, 423
form divisions 222
French Classification System 152
fundamental categories, CC 202

G

gap notation, LC 188
general classification 73
Gesner, Konrad von 1150
Gopinath, M. A. 199

H

Hanson, J. C. M. 185
Harris, W. T. 120, 154-155, 220, 225, 319
helpful order 69
hierarchy, 분류기호의 58
history 119-120
hospitality, 분류기호의 58

I

IIB 164
IID 164
imagination 119-120
impartiality, law of 79-80
Institut Internationale de la Bibliographie 164
Institute International Documentation 164
internal format, LCC 192
International Federation for Information and Documentation 164
International Patent Classification 73
International Standard Industrial Classification (ISIC) 73
interpretation, laws of 79
IPC 73

J · K

JAPAN/MARC 211
KDC 70, 73, 311-374, 412 ↔ 한국십진분류법
KDCP 70, 141-148, 312 ↔ 조선십진분류표
knowledge mediation 114
knowledge organization 114
knowledge representation 113
knowledge utilization 113
Korean Decimal Classification (KDC) 70, 73,

311-374, 412
Korean Decimal Classification by Park (KDCP) 70, 141-148, 312
KORMARC 233, 316-318, 412
KORSTIC 166

L

La Fontaine, H. 163-164
law of impartiality 79-80
law of local variation 81
law of osmosis 81-82
law of parsimony 80-81
law of symmetry 80
laws of interpretation 79
LC Cutter Table 401-403
LCSH 186
liberal arts 118-119
Library of Congress Classification(LCC) 60, 73, 121, 156, 185-194, 312, 412 ↔ 미국의회도서관 분류법
Library of Congress Subject Heading 186
local emphasis 63, 261-263, 279-280, 283-284, 296-298, 305-306
local variation, law of 81
location mark 378
location symbol 384

M

Manual of Library Classification and Shelf Arrangement 160
Manual of Library Economy 160
Manuel du Répertoire Bibliographique Universel 164
MARC 21 186, 233, 412, 414
Martel, Charles 185
Martel's seven point 192
Mazarin Library 152
Meccano set 199
mediation, knowledge 114
memory 119-120
Merrill
연대순기호법 391
저자기호표 396-397
meta language 90
Mitchell, J. S. 236
mixed notation 57, 405
mnemonics 58, 62, 97, 157, 194, 230-232
movable location 45

N

National Library of Medicine Classification (NLMC) 73
Naudé, Gabriel 152
Nippon Decimal Classification (NDC) 70, 73, 121, 132, 207-212 ↔ 일본십진분류법
NLMC 73

O

object language 90
OCLC Forest Press 232, 236
Olin의 저자기호표 396-397
one-place theory 162
ontology 40-41, 423
Organization of Knowledge in Libraries and the Subject Approach to Books 158
organization, knowledge 114
original cataloging 421
osmosis, law of 81-82
Otlet P. 163-164
outsourcing 421

P

parsimony, law of 80-81
phase relationships 59
philosophy 119-120
Pinakes 148-149
Platon 117
PMEST 65, 202
poesy 119-120
preference order 68, 248
prescriptive grammar 272

Prolegomena to Library Classification 75, 79, 87, 90, 198

pure notation 57, 226, 233, 320-321, 324
purpose or end-product, principles of 69

Q · R

quadrivium 119
Quinn-Brown Classification 161
Ranganathan, S. R. 56, 69, 75-92, 195-199, 230, 390
reason 119-120
relative location 45
representation, knowledge 113
Rules for a Printed Dictionary Catalogue 156

S

Sarada Ranganathan Endowment for Library Science 196
shelf list 45
shelf mark 378
simplicity 58
special auxiliaries, UDC 170
special classification 73-74
special isolate 60, 81
Spencer, Herbert 121
subject analysis 52, 423
subject cataloging 51-53
Subject Classification (SC) 66, 160-162, 224, 390
summary, DDC 238-239
SuperLCCS 186
System of Bibliographic Classification 158
symmetry, law of 80
systematics 23

T

Table 1, DDC 250-256, 332-334, 434-435
Table 2, DDC 256-263, 337, 436-438
Table 3, DDC 263-271, 439
Table 4, DDC 271-277, 344, 439
Table 5, DDC 281-284, 341, 441
Table 6, DDC 277-280, 439
taxonomy 41-44
thesaurus 53-423
Thomas Jefferson System 185
title mark 380
trivium 118
true address 378

U

UDC Consortium(UDCC) 165
understanding 119-120
Universal Bibliographic Repertory 163
Universal Decimal Classification(UDC) 61, 70, 73, 163-184, 312, 412 ↔ 국제십진분류법
utilization, knowledge 113

V · W

volume number 383
wall-picture principle 69
Web-Dewey 236
work letter 380
work mark 380

◆ 저자소개 ◆

• 오 동 근(吳東根)

문학사(영어영문학), 이학사(전자계산학), 경영학사(경영학)
중앙대학교대학원 도서관학과 (도서관학석사)
경북대학교대학원 경영학과 (경영학석사)
중앙대학교대학원 문헌정보학과 (문학박사)
교육인적자원부 도서관정책자문위원 역임
국립어린이청소년도서관 자문위원 역임
한국도서관·정보학회 이사, 학술위원장, 윤리위원장, 편집위원장, 학회장 역임
한국문헌정보학회 이사, 편집위원장 역임
대구광역시 달서구립도서관 운영위원장, 수성구립도서관 운영위원장 등 역임
한국도서관협회 분류위원회 위원장(현재)
Scopus등재 국제학술지 *Journal of Information Science Theory and Practice* 공동편집위원장(2012-현재)
국제전문학술단체 I-LISS(International Library and Information Science Society) 회장(2017-현재)
계명대학교 문헌정보학과 교수(1992-현재), 계명대학교 동산도서관장(2025-현재)

〈주요 저서 및 역서〉

문헌분류이론(공역)(구미무역출판부, 1989)
도서관문화사(공저)(구미무역출판부, 1991)
공공도서관운영론(공역)(구미무역출판부, 1991)
영미편목규칙 제2판 간략판(공역)(구미무역출판부, 1992)
도서관경영론(공역)(계명대학교출판부, 1993)
서지정보의 상호교류(공역)(아세아문화사, 1993)
도서관정보관리편람(공편)(한국도서관협회, 1994)
문헌정보학 연구 입문: 의의와 방법(공역편)(계명대학교출판부, 1995)
정보사회와 공공도서관(역)(한국도서관협회, 1996)
한국십진분류법 제4판(공편)(한국도서관협회, 1996)
도서관 · 정보센터경영론(공역)(계명대학교출판부, 1997)
개정제4판 한국십진분류법 해설(공편)(한국도서관협회, 1997)
학위논문의 작성과 지도(공역)(계명대학교출판부, 1999)
도서관인 박봉석의 생애와 사상(엮음)(도서출판 태일사, 2000)
DDC 연구(저)(도서출판 태일사, 2001)
KDC의 이해(공저)(도서출판 태일사, 2002)
MARC의 이해(역)(도서출판 태일사, 2002)
학술정보론(공역)(도서출판 태일사, 2002)
주 · 참고문헌 어떻게 작성할 것인가(공저)(도서출판 태일사, 2002)
국제표준서지기술법(단행본용 2002년판)(공역편)(도서출판 태일사, 2003)
객관식 자료조직론 해설 I: 문헌분류편(편저)(도서출판 태일사, 2004)
메타데이터의 이해(역) (도서출판 태일사, 2004)
도서관 · 정보센터의 고객만족경영(공역)(도서출판 태일사, 2004)
객관식 자료조직론 해설II: 목록조직편(편저)(도서출판 태일사, 2005)
영미편목규칙 제2판 핸드북(역)(도서출판 태일사, 2005)
영미편목규칙 제2판 간략판 제4판(역)(도서출판 태일사, 2006)
MARC 21 전거레코드의 이해(역)(도서출판 태일사, 2006)
DDC 22의 이해(저)(도서출판 태일사, 2006)
〈계 속〉

〈주요 저서 및 역서〉 〈계속〉
KORMARC의 이해(공저)(도서출판 태일사, 2006)
문헌정보학연구의 현황과 과제(역)(도서출판 태일사, 2007)
객관식 자료조직론 해설 III: 목록이론 · 서지기술편(편저)(도서출판 태일사, 2008)
객관식 자료조직론 해설 IV: 표목 · 목록자동화편(편저)(도서출판 태일사, 2008)
한국십진분류법 제5판(공편)(서울: 한국도서관협회, 2009)
객관식자료조직론해설I: 문헌분류편, 제3개정판(도서출판 태일사, 2009)
공공도서관경영론(역)(도서출판 태일사 2009)
FRBR의 이해(공역)(도서출판 태일사, 2010)
공공도서관 어린이서비스(공역)(도서출판 태일사, 2010)
도서관서비스의 평가와 측정(역)(도서출판 태일사, 2010)
문헌정보학 용어 사전(역)(도서출판 태일사, 2011)
랑가나단 박사의 도서관학의 5법칙에서 배우는 도서관이 나아갈 길(역)(도서출판 태일사, 2012)
한국십진분류법 제6판(공편)(서울: 한국도서관협회, 2013)
한국십진분류법 제6판의 이해와 적용(공저)(도서출판 태일사, 2014)
최신분류론(도서출판 태일사, 2015)
정보자원의 조직화와 제공(역)(도서출판 태일사, 2016)
문헌정보학의 기초(공역)(도서출판 태일사, 2017)
정보자원의 사회제도와 경영(공역)(도서출판 태일사, 2017)
도서관 경영의 이론과 실제(역)(도서출판 태일사, 2021)

자료조직개론 I: 분류
(『최신분류론』 2015년판의 전면개정판)

2020년 2월 25일 1쇄 발행
2025년 5월 25일 3쇄 발행

저 자 _ 오동근
펴낸이 _ 김선태
발행처 _ 도서출판 태일사(www.taeilsa.kr)
41968 대구광역시 중구 2 · 28길 26-5
전화 _ (053)255-3602 / 팩스 (053)255-4374
등록일자 _ 1991. 10. 10.
등록번호 _ 제01-03-440호

값 30,000 원

 ISBN 979-11-87268-47-7 93020